전기 AutoCAD 완전정복

이충식 · 조문택 공저

동일출판사

머 리 말

설계 및 디자인 등의 설계 분야에서 가장 범용적으로 사용하는 도구가 바로 오토데스크사 제품 중의 하나인 AutoCAD 이다. 매년 새로운 버전을 출시하고 있으며, 다양한 기능들이 업그레이드되고 있다.

이 AutoCAD는 건축, 토목 및 기계 설계 그리고 디자인 계열 등에 널리 사용되고 있어 다양한 서적들이 출간되고 있다. 하지만 전기기술자들을 위한 AutoCAD 관련 서적은 본 저자가 출판한 책이 전부였는데 출간 된지 오래되어 새로운 기능들에 대한 설명과 사용법 개선들에 대한 요구도가 증가되어 본 도서를 출간하게 되었다.

저자는 30년간 대학에 재직 중으로 다년간 전기설비설계 및 AutoCAD 강의 경험을 토대로 구성한 교재로서 완전 초급부터 중급 사용자들에게 초점을 맞추어 만들었으며, 고급 사용자는 다른 저서를 참조하는 것이 좋을 것으로 생각된다. 특히, 처음 AutoCAD를 접하는 전기기술자들에게 매우 유용한 전기도면설계의 안내서이며, 대학 강의 교재로도 매우 적합할 것으로 사료된다.

본 도서가 완성되기까지 많은 도움을 주신 공동 저자와 동일출판사 정창희 대표 그리고 이정호 부장께 깊은 감사를 드리며, 독자들에게 조금이나마 도움이 되었으면 하는 바람이다.

저자 씀

목차

Chapter 05

수정(Modify) 활용하기

Chapter 06

치수【Dimension】 기입하기

Chapter 07

다중 지시선 (Mleader)

Chapter 08

전기설비 도면 그리기

Chapter 09

평면도 및 옥내배선

Chapter 10

출력하기 및 한글에 도면요소 붙이기

CHAPTER

01

CAD의 기초

Chapter 01

CAD의 기초

01 AutoCAD에 대해서

CAD(Computer-Aided Design)란 컴퓨터의 도움으로 설계 및 디자인을 한다는 것을 의미하며, 수작업으로 설계 및 디자인을 할 경우 보다 CAD를 이용하면 도면의 편집, 보관, 이동이 매우 간편할 뿐 아니라 작업의 속도, 공간, 연계성이 우수하다. 또한 설계의 정확성 및 도면의 수정이 간편하여 작업의 신뢰성이 향상되는 등의 장점을 가지고 있다.

AutoCAD는 미국의 Autodesk사에서 만든 설계 및 디자인 프로그램으로 1982년에 처음 제작 배포한 이래로 지금까지 매년 새로운 버전의 AutoCAD를 제공하고 있으며 건축설계, 기계제도, 토목 등에는 현재 보편화되어 있는 프로그램이다. 또한 전기 기술자들에게도 AutoCAD에 대한 중요성과 필요성이 점점 더 증대되고 있는 실정으로, 건축이나 기계에서 종사하는 전문가들만큼 전기 기술자들에게도 보편화되어 있는 프로그램이다.

02 AutoCAD 운영하기 위한 기본사양

구 분		선택 사양
운영체제		Autodesk의 제품 지원 수명주기 정책을 따르는 64비트 OS
CPU(중앙처리장치)		쿼드코어 이상(4코어(쿼드코어) 3.0GHz 이상), 다중 프로세서는 응용 프로그램에서 지원됨
RAM(메모리)		8GB(기본), 16GB(권장) 이상
HDD(하드 디스크)		10.0GB 이상
GRAPHIC		vram 4GB 이상(gtx960 4GB 이상)
해상도		1920×1080 트루컬러(일반 디스플레이), Windows10 64비트 시스템에서 해상도 3840×2160 지원 디스플레이카드탑재(고해상도 4K 디스플레이)
윈도우 버전		윈도우 10 이상(최신 버전 권장)
마우스		휠 마우스(권장) : 휠을 이용하여 화면을 확대·축소·이동 등이 편리
출력장치	플로터	프린터 보다 큰 용지에 도면을 출력할 수 있다. 고가인 만큼 전문 설계 사무실에서 주로 사용
	프린터	AutoCAD용 프린터는 A4 ~ A3 용지까지 출력 가능한 프린터 권장

CHAPTER

02

AutoCAD의 실행

Chapter 02

AutoCAD의 실행

01 도면 처음 시작하기

처음 AutoCAD2022 아이콘 A을 처음 시작하기 위해서 더블 클릭하면 먼저 나타나는 대화상자이다. 대화상자의 질문에 따라 필요한 사항을 선택한다. 또한 이 대화상자는 AutoCAD가 처음 부팅될 때에만 선택이 가능하다.

① AutoCAD2022 아이콘 A 더블 클릭

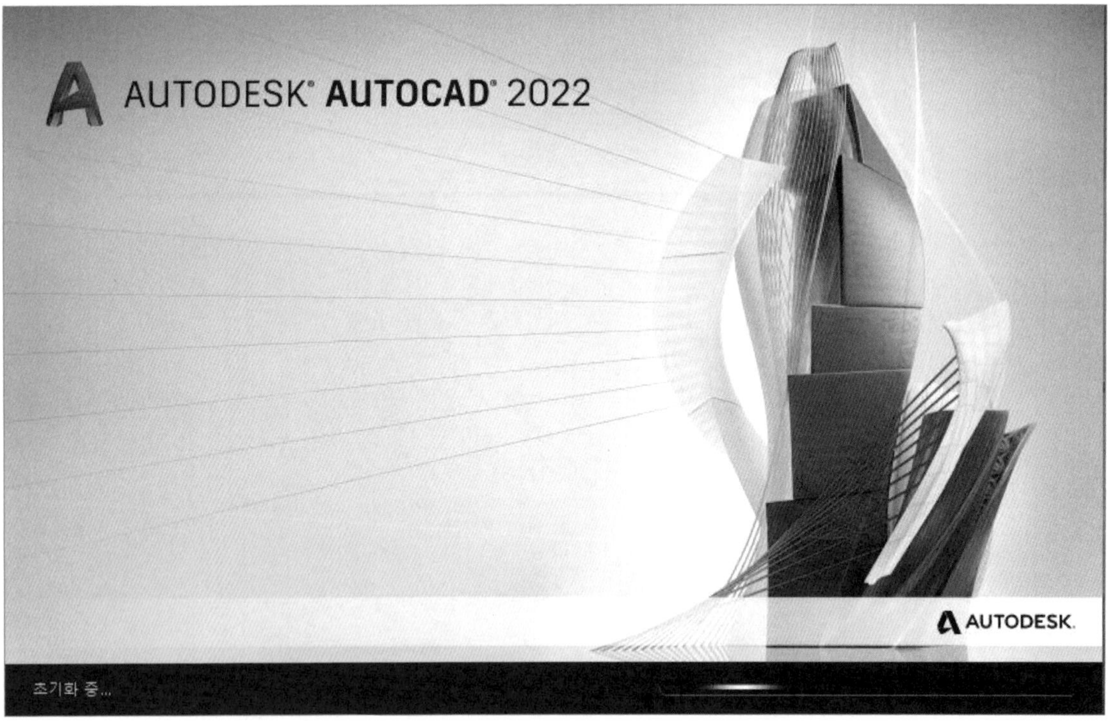

② 도면 [열기] 또는 [새로 만들기]

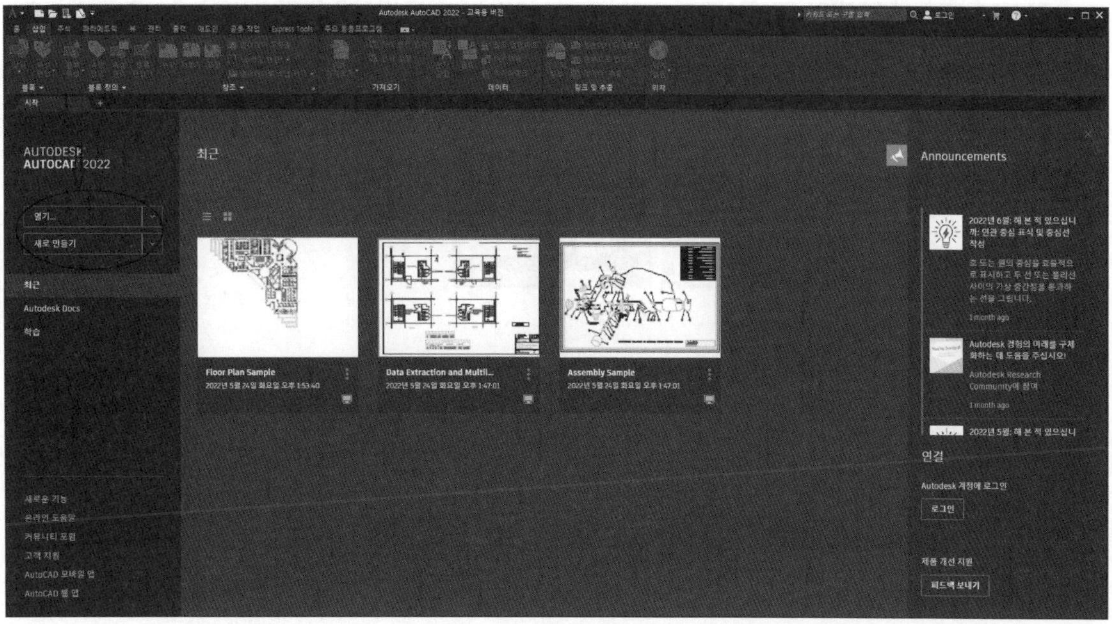

③ AutoCAD2022 [새로운 기능]을 클릭하면 다양한 기능을 검색할 수 있다.

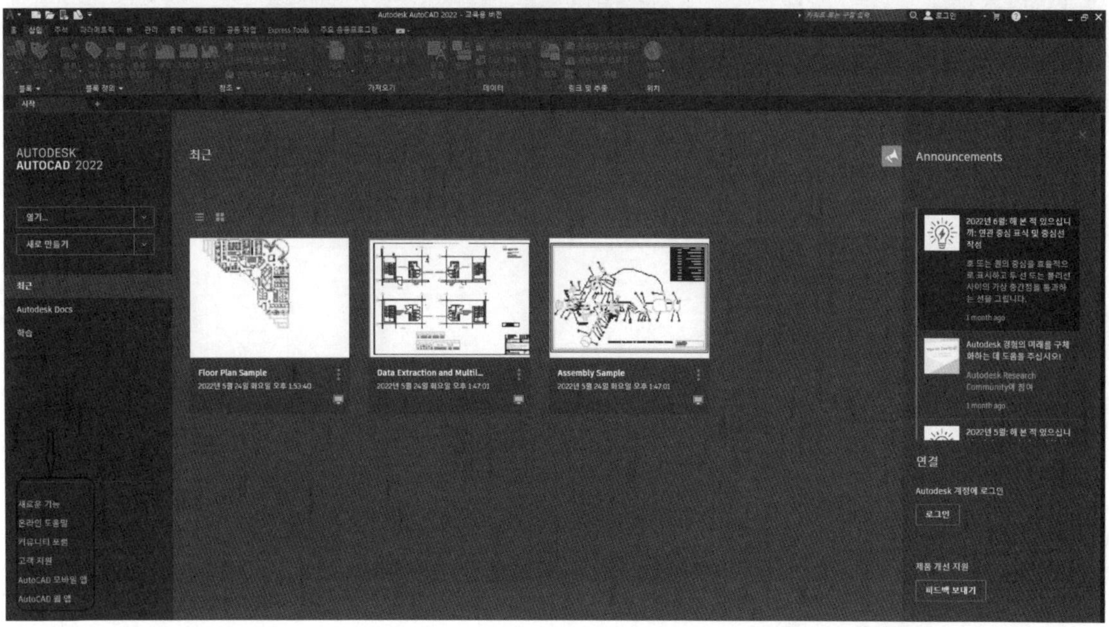

■ [새로운 기능] 클릭

④ [새로 만들기] 클릭하면 AutoCAD 초기화면이 활성화 된다.

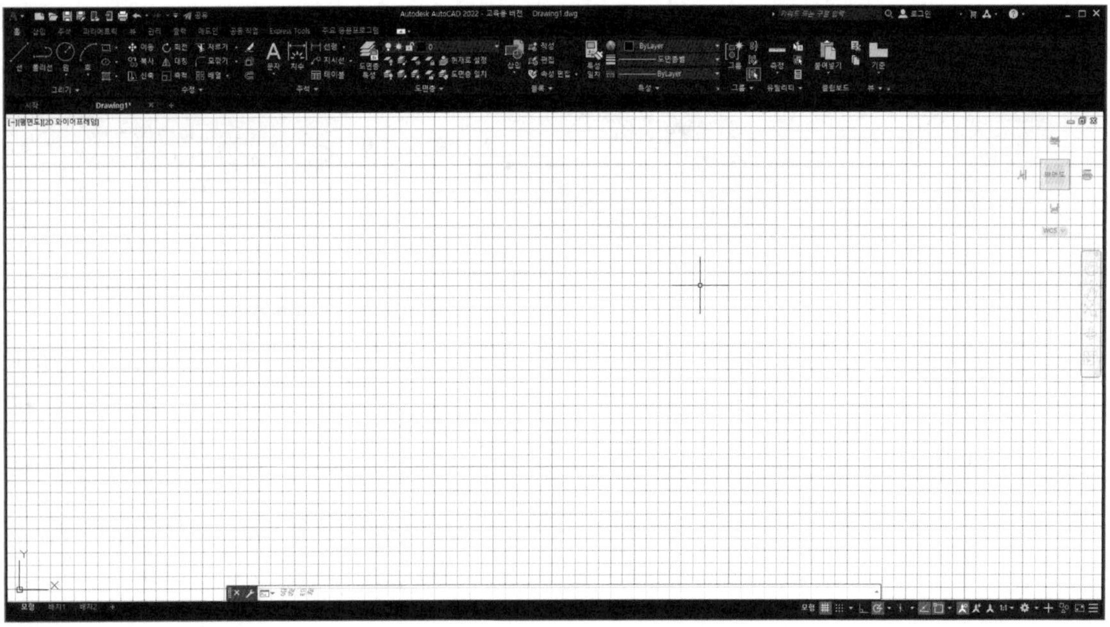

⑤ 마우스 스크롤을 움직이면 줄 간격을 조절할 수 있다.

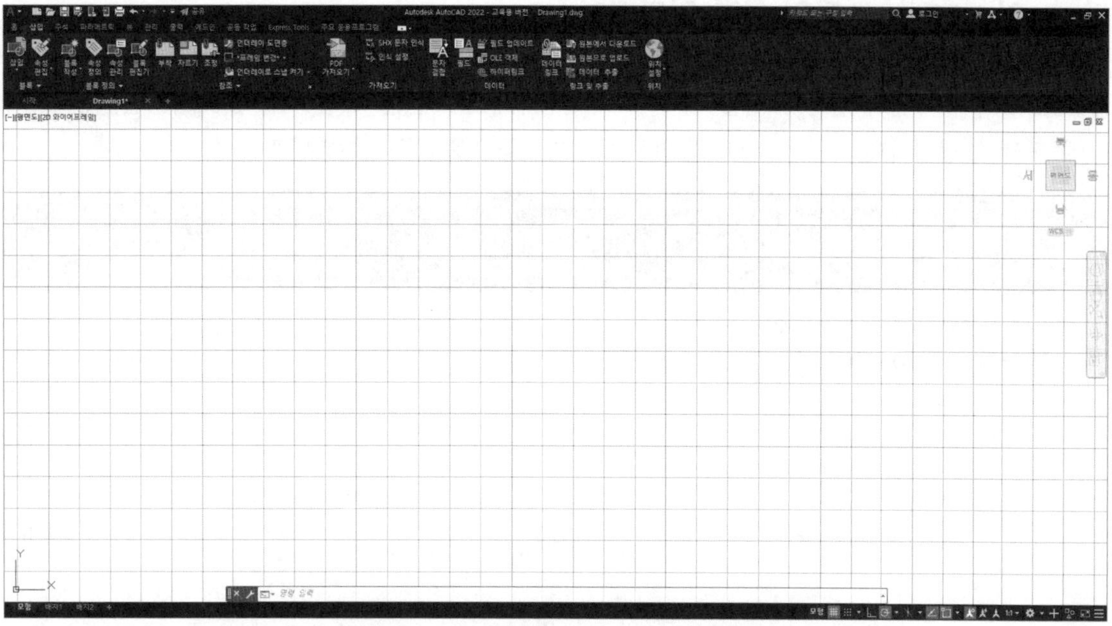

⑥ [상태] 도구막대의 [그리드] ▦모드를 클릭하면 모눈 격자가 없어진다.

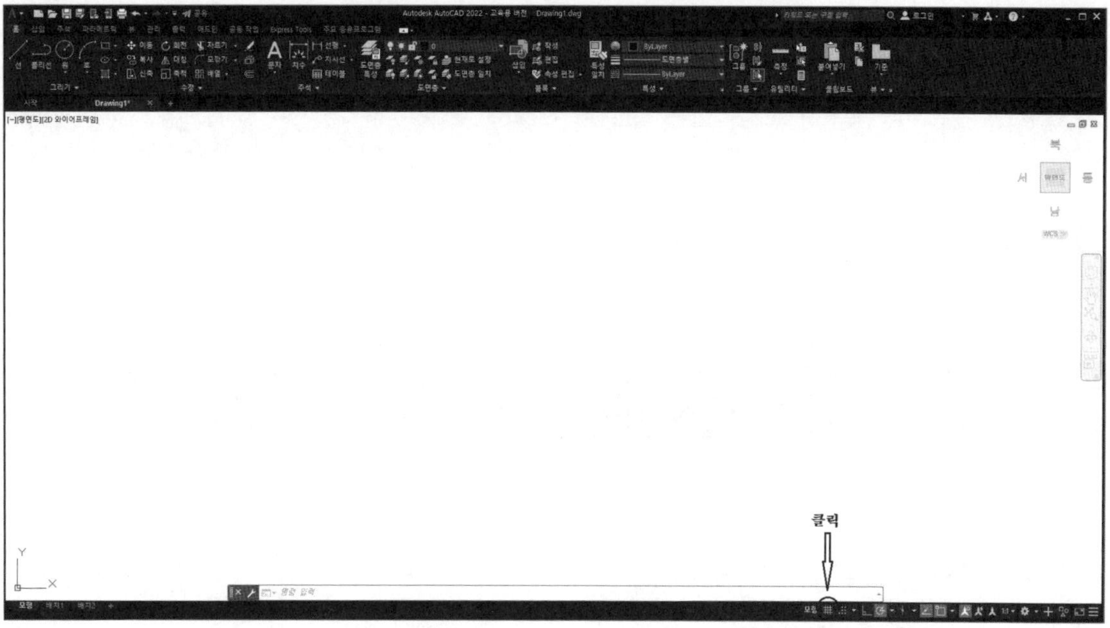

02 작업 화면 인터페이스

AutoCAD작업 화면의 기본 구성은 제목 표시줄, 도구 도구막대, 작업영역, UCS아이콘, 명령 행, 상태 표시줄, 탐색막대, View Cube 및 마우스 십자선등으로 구성되어있다.

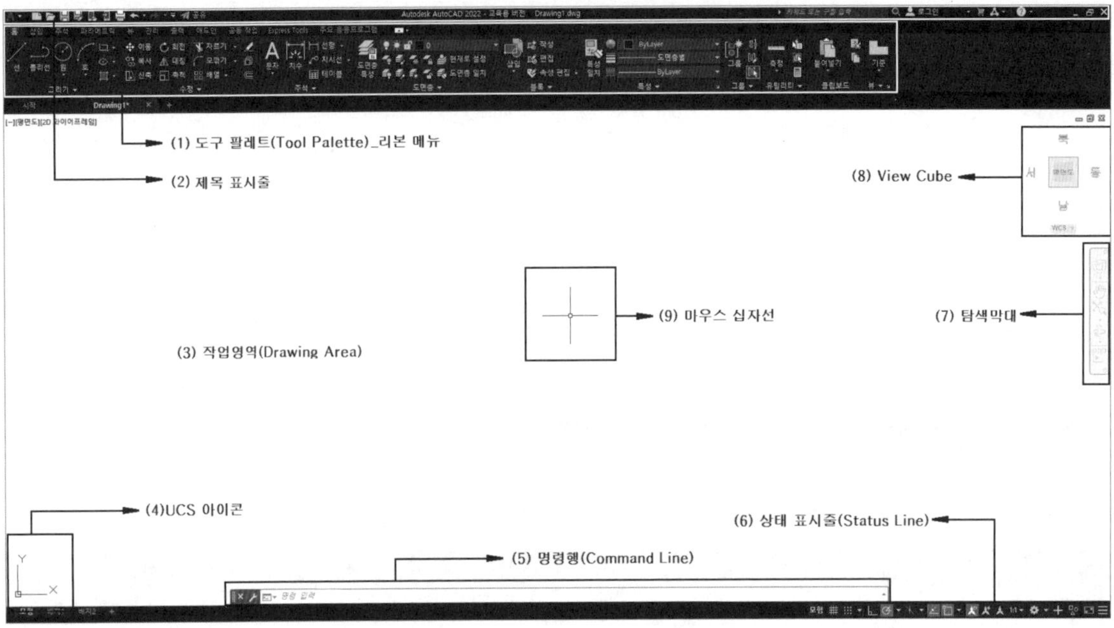

(1) 도구 도구막대(Tool Palette)_리본메뉴

① [홈] 도구 도구막대

② [삽입] 도구 도구막대

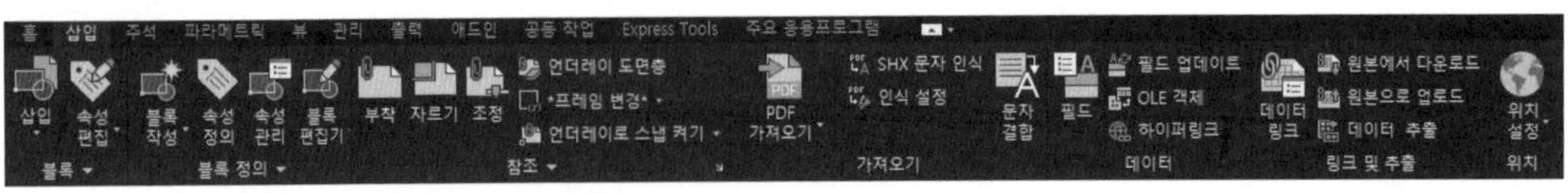

③ [주석] 도구 도구막대

④ [파라메트릭] 도구 도구막대

⑤ [뷰] 도구 도구막대

⑥ [관리] 도구 도구막대

⑦ [출력] 도구 도구막대

⑧ [애드인] 도구 도구막대

⑨ [공동작업] 도구 도구막대

⑩ [Express Tools] 도구 도구막대

⑪ [주요 응용프로그램] 도구 도구막대

(2) 제목 표시줄

화면의 최상단에 구성되어 있다. 구성은 신속도구 막대, 파일 경로, 파일 이름, 로그인 등을 표시한다.

(3) 작업 영역(Drawing Area)

작업 영역은 그림을 그리는 기본 공간이다. 초기 상태에는 검은색 바탕에 모눈격자로 설정되어 있다. 바탕색을 변경하려면 [옵션] 메뉴에서 색상을 변경할 수 있다. AutoCAD는 도면에 좌푯값을 입력하여 정밀작업을 할 수 있는 프로그램이므로 수학적인 개념이 일부 사용된다.

① [작업 영역]의 색상 변경하기

작업 영역이 기본 바탕색은 검정색 격자 눈금으로 설정되어 있다. 작업 영역의 색상 변경과정에 대하여 설명한다.

■ AutoCAD [작업 영역]에서 마우스 오른쪽 버튼 클릭 → 대화상자 [옵션] 클릭

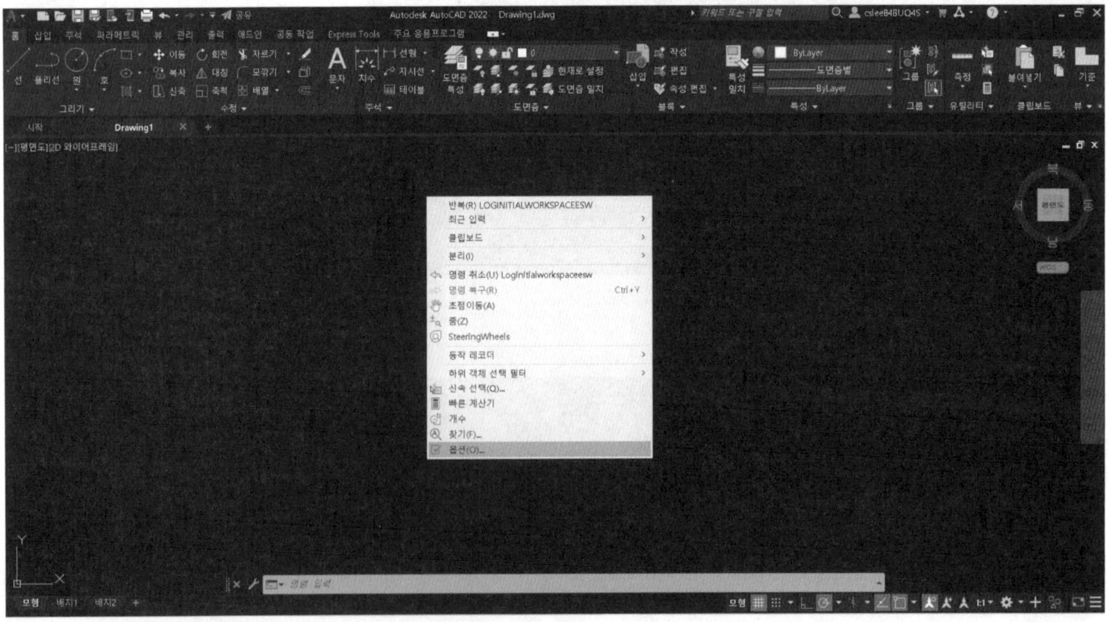

■ [옵션] 대화상자에서 [화면표시] 클릭 → [윈도우 요소] 영역의 [색상(C)] 클릭한다.

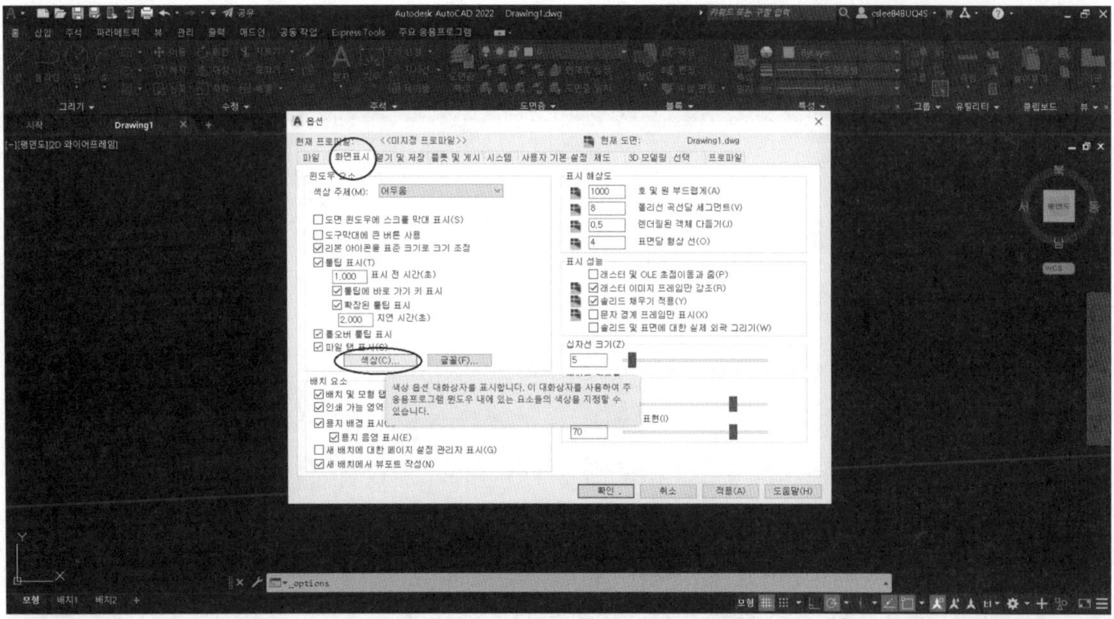

■ [도면 윈도우 색상] 대화상자에서 [색상(C)] 탭의 메뉴 화살표 클릭 → [흰색] 선택 → [적용 및 닫기] 클릭

■ [작업 영역]의 바탕 색상이 흰색으로 변경된다.

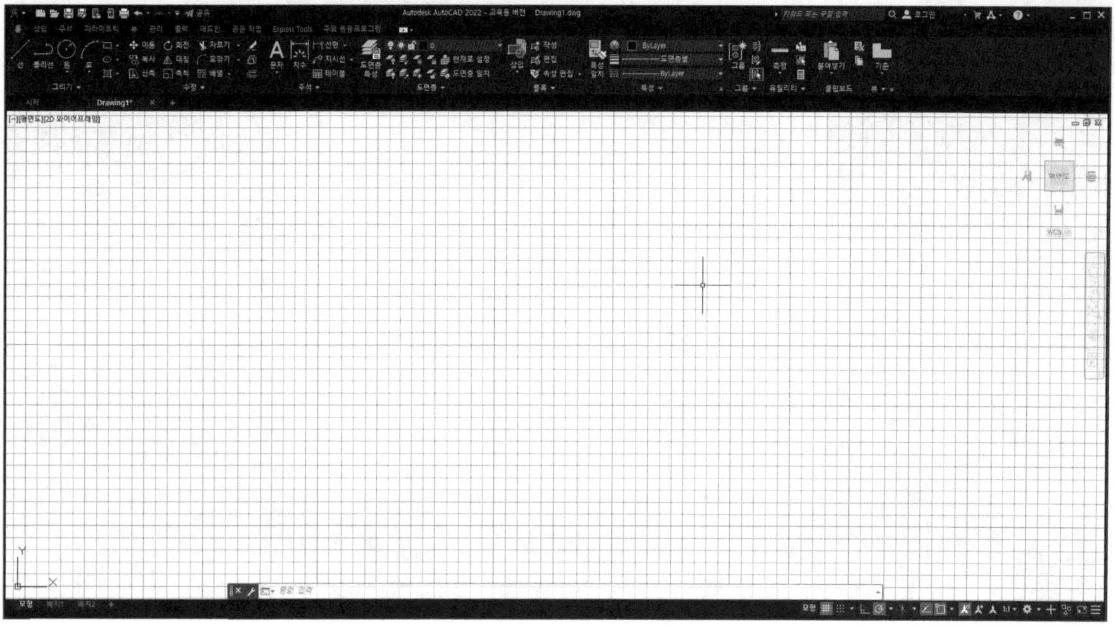

② AutoCAD 클래식 모드 작업 공간 전환

AutoCAD에서 작업 공간에 메뉴 구성은 보통 리본 메뉴와 도구막대로 나눌 수 있다. AutoCAD는 매년 출시되고 있으며, 2015년 버전 이후부터 리본 메뉴가 주를 이루고 있다. 하지만 리본 메뉴와 도구막대 중 어떤 것이 더 좋다고 나눌 수 없으므로 사용자에 맞는 툴을 이용하면 될 것이다. 아직까지는 AutoCAD 클래식 환경에서 작업을 더 선호하는 경향을 보이고 있으나, 아쉽게도 AutoCAD 2022 버전은 기존 버전과 다르게 AutoCAD 클래식 모드를 자동으로 설정할 수 없다. 지금부터 AutoCAD 2022 버전에서 AutoCAD 클래식 모드 작업 공간 전환 방법에 대하여 알아보기로 한다.

■ 인터넷 네이버에서 "CAD(오토캐드) 2022 작업 공간 전환"으로 검색 후 AutoCAD_Classic 파일을 문서에 다운로드 한다.

■ 명령 행에 CUI를 입력하고 마우스로 대화상자에서 지정 후 클릭 또는 엔터를 친다. 또는 [상태] 표시줄의 [작업공간 전환] 아이콘 을 클릭 → [사용자 인터페이스 사용자화] 대화상자가 나타난다.

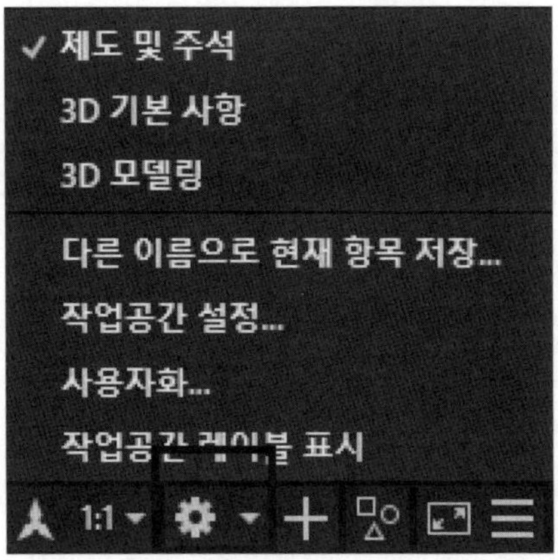

■ [작업공간 전환] 대화상자에서 [사용자화...]를 클릭 → [사용자 인터페이스 사용자화] 대화 상자가 나타난다.

■ [전송] 클릭 → [새 파일] 목록의 ① [작업공간]을 클릭 → ② [사용자 파일열기] 아이콘 을 클릭한다.

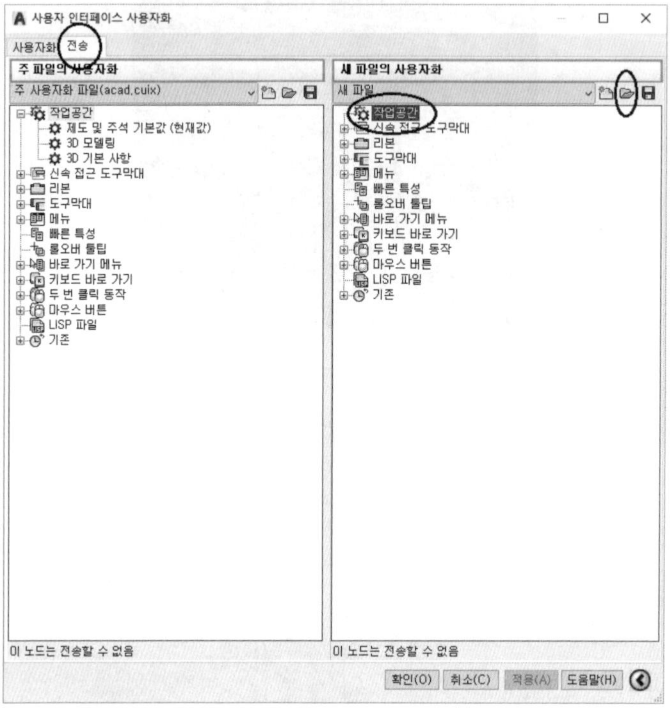

■ [사용자 파일열기] 아이콘 클릭 → 인터넷에서 다운로드 한 'AutoCAD_Classic' 파일을 선택 → [열기]를 클릭한다.

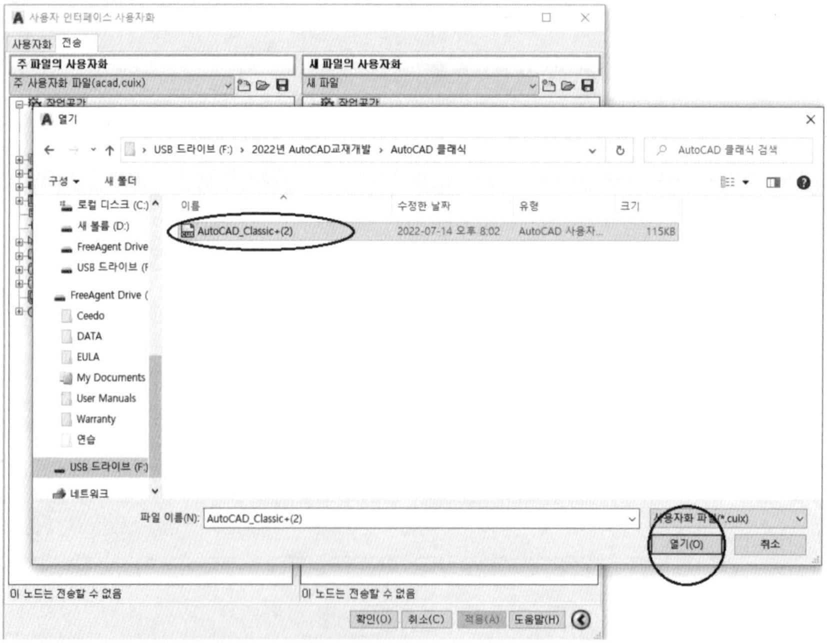

■ [새 파일]의 [작업공간]에 AutoCAD 클래식 파일이 업로드 되어 있는 것을 확인할 수 있다. 이 파일에 마우스로 지정 후 오른쪽 버튼을 클릭하여 복사한다.

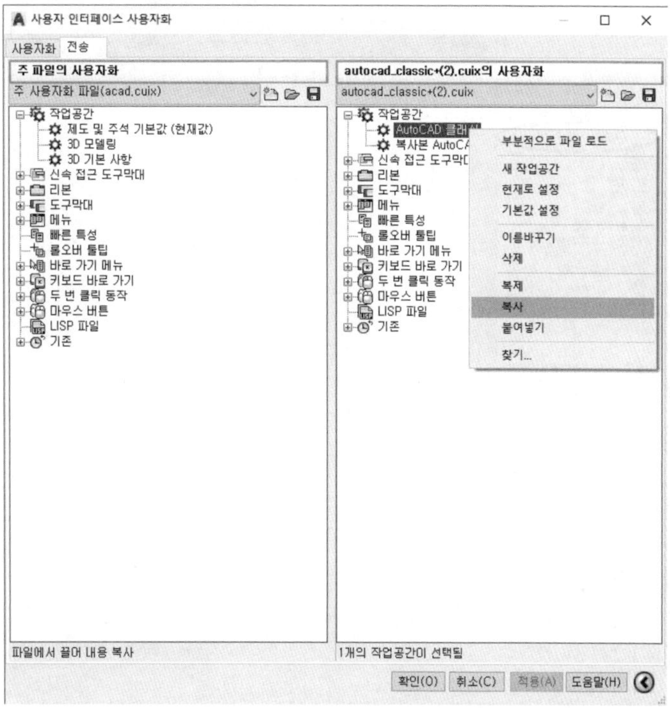

■ 왼쪽의 [주 사용자화 파일]의 [작업 공간] → 마우스로 지정 후 오른쪽 버튼을 클릭 → 복사하기를 실행한다.

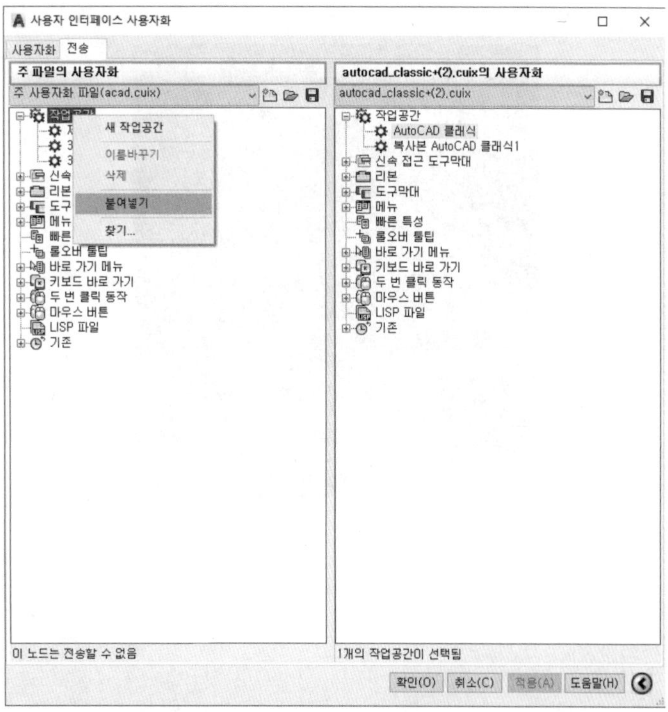

■ [작업 공간] 목록에 'AutoCAD 클래식' 파일이 복사되어 있는 것을 확인할 수 있다.

■ 위 과정을 완료 후 [상태 표시줄]의 [작업 공간 전환] 아이콘 클릭 → 대화상자에 [AutoCAD 클래식] 목록이 생성된 것으로 확인할 수 있다.

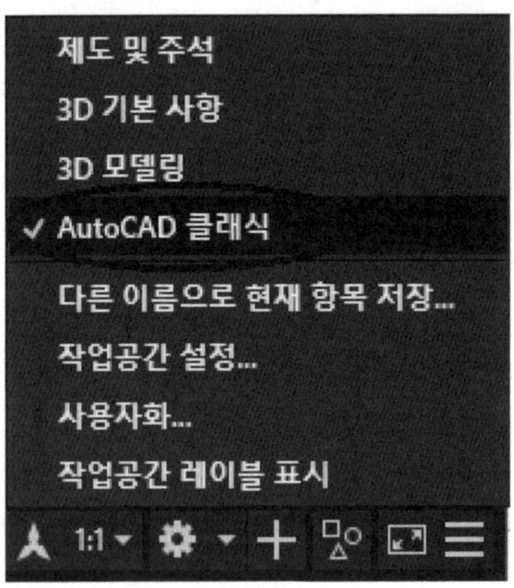

■ [AutoCAD 클래식] 클릭→ [작업 공간]에 '클래식 도구막대'가 형성되어 배치된다.

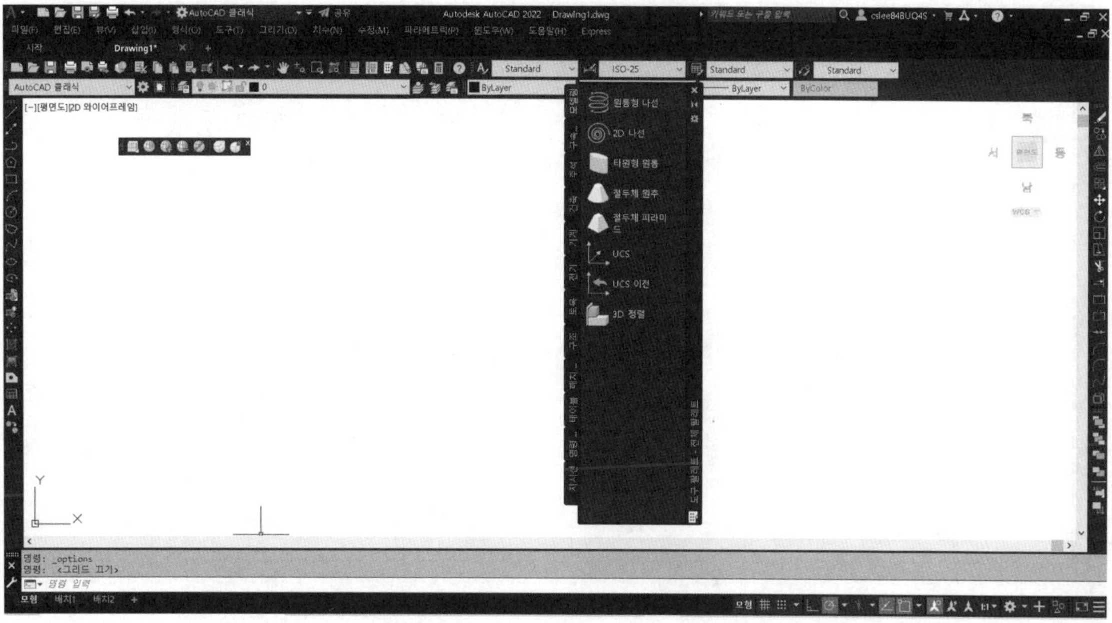

■ 사용자에 따라 도구 도구막대를 배치하여 사용하면 된다. 도구 도구막대의 이동은 도구 도구막대 아이콘을 드래그하면 원하는 위치로 이동 배치할 수 있다.

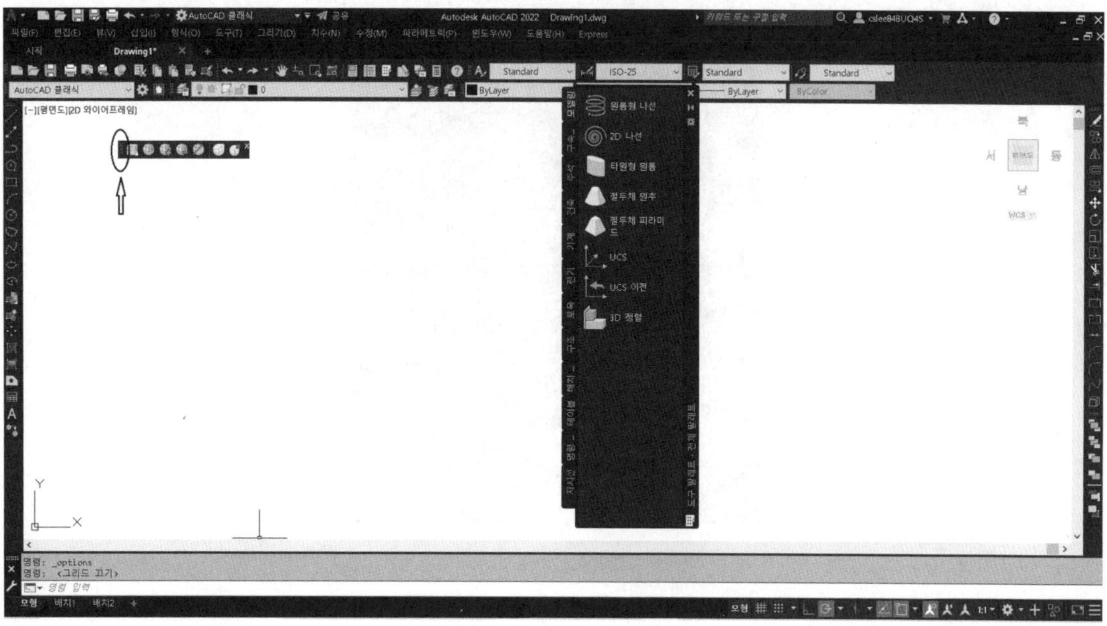

■ [AutoCAD 클래식] 모드로 변환 후 [작업 영역]에 도구 도구막대를 구성한 화면이다.

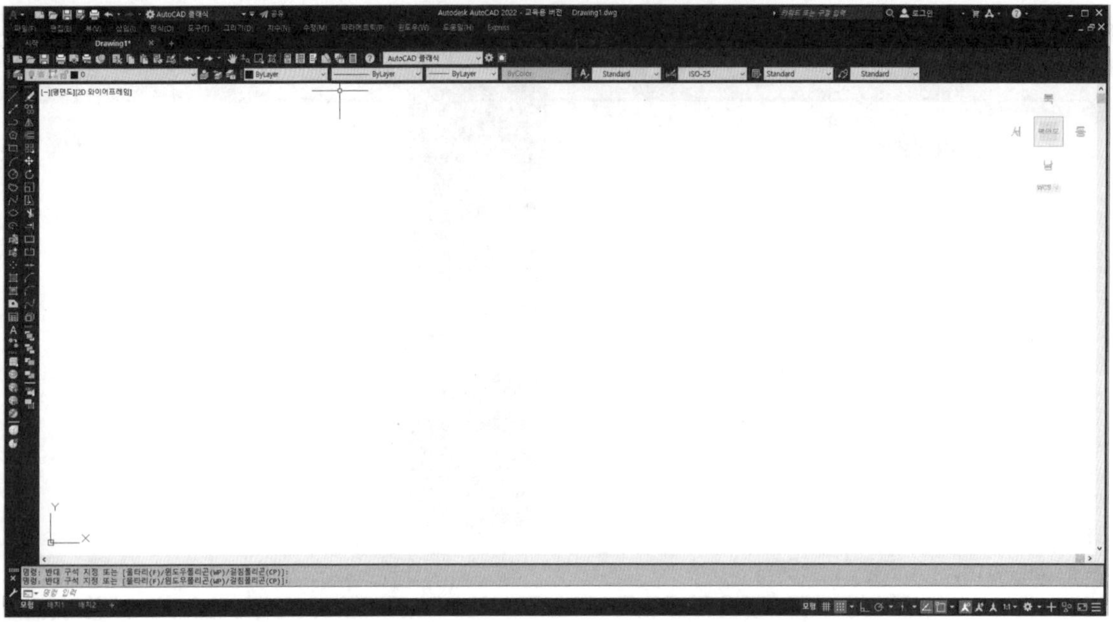

■ [AutoCAD클래식] 모드 [작업 영역]을 원래의 [리본 메뉴] 모드로 전환하려면 [상태] 표시줄의 [작업공간 전환] 아이콘 클릭 → 대화상자에서 [제도 및 주석]을 클릭하면 된다. 또는 작업 영역의 [작업공간 컨트롤]박스에서 [제도 및 주석]을 지정 후 클릭하면 된다.

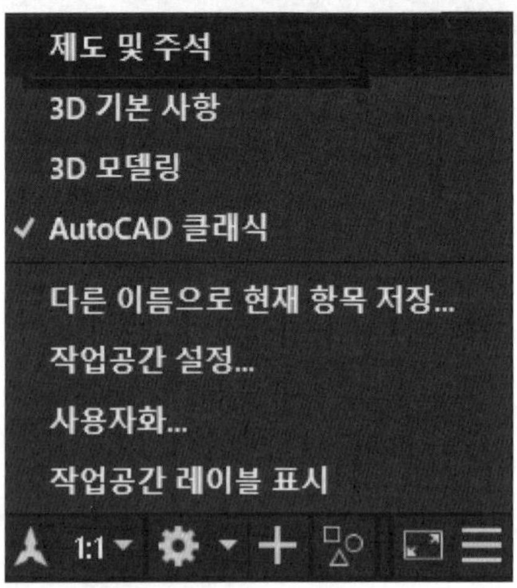

■ 초기의 [리본 메뉴]의 [작업 영역]으로 전환된다.

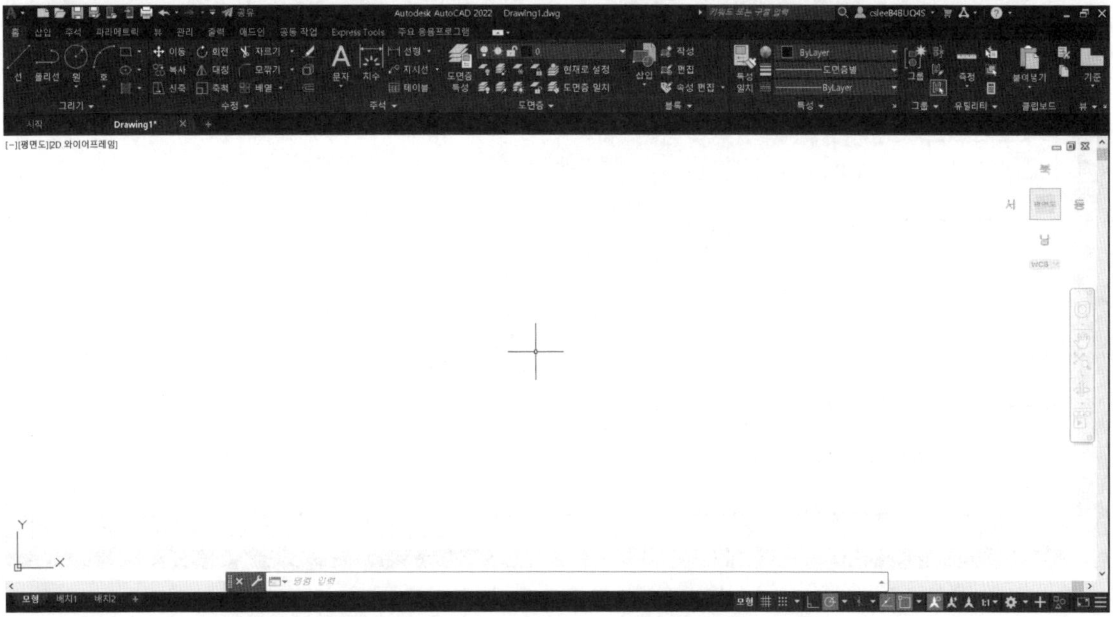

03 AutoCAD 화면 구성(AutoCAD 클래식 모드)

AutoCAD는 2015버전부터 AutoCAD 클래식 모드를 지원하고 있지 않다. 교재 앞에서 AutoCAD 리본 메뉴와 클래식 모드 전환 방법에 대하여 설명하였다. 사용자의 선호에 따라 리본 메뉴와 클래식 모드를 사용하는데 아직까지 클래식 모드를 더 선호하는 경향이 있어 AutoCAD 클래식 모드를 기준으로 사용설명을 하고자 한다. 그리고 여기서는 풀 다운 메뉴와 도구막대 새로 만들기 등에 대하여 설명한다.

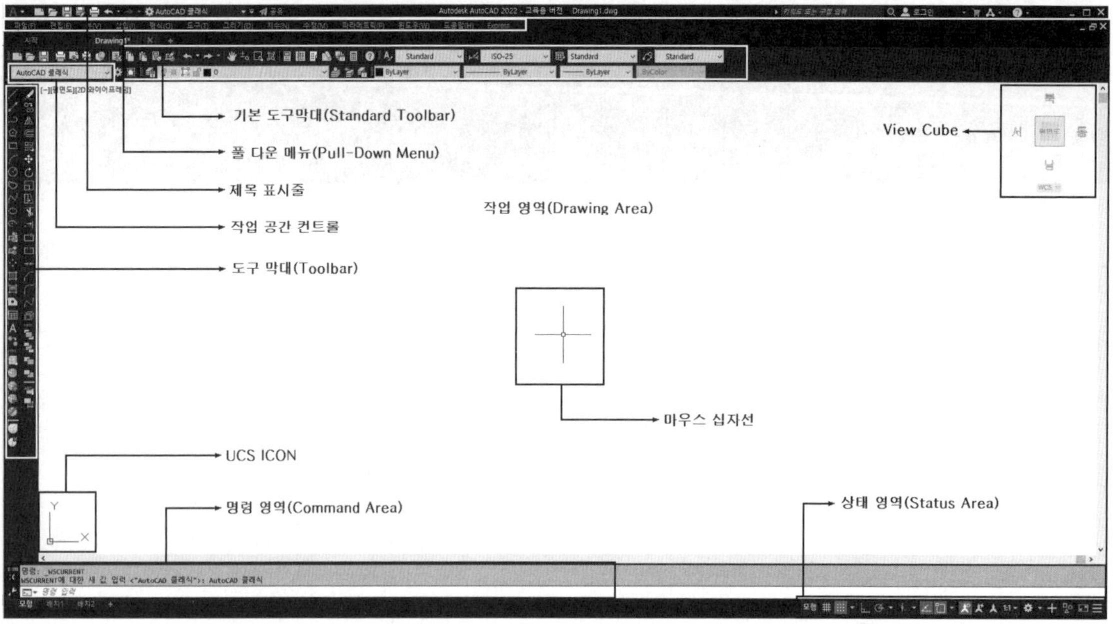

① 작업 영역: 도면 및 디자인 작업을 수행하는 도면을 그리는 도화지와 같은 영역이다.

② 풀 다운 메뉴(Pull-Down Menu) : 일반적으로 도면 작업 수행에 필요한 명령어를 모아놓은 메뉴바이다.

③ 제목 표시줄 : 화면의 최상단에 위치한 파일 열기, 저장, 프린터 등을 지원하는 바이다.

④ 작업 공간 컨트롤 : 리본 메뉴나 클래식 모드를 변경할 수 있는 대화상자로 화살표를 클릭하면 모드 대화상자가 나타나는데 필요에 따라 선택 지정하면 된다.

⑤ UCS ICON : 작업 공간의 2D, 3D 상태 조절 표시 아이콘

⑥ 명령 영역: 사용자가 명령어 또는 명령 단축키를 직접 입력하여 명령을 수행하는 영역이다. 동작은 엔터(Enter↵) 또는 스페이스바(Space Bar)를 치면 명령이 수행된다.

⑦ 상태 영역: 현재의 작업 상태를 나타내는 영역이다. 모눈, 스냅, 직교, 극좌표, 객체 스냅 추적, 동적 UCS, 동적 입력, 모형, 레이아웃, 작업공간설정 등 도면의 상태 등을 확인 할 수 있다.

(1) 풀 다운 메뉴(Pull-Down Menu)

도면 작업에 필요한 명령어 군들로서 마우스로 필요한 명령을 선택하여 사용한다. 또한 이 풀 다운 메뉴들을 툴바(Toolbar)를 이용하여 마우스 한번 클릭으로 편리하게 명령을 수행할 수 있다.

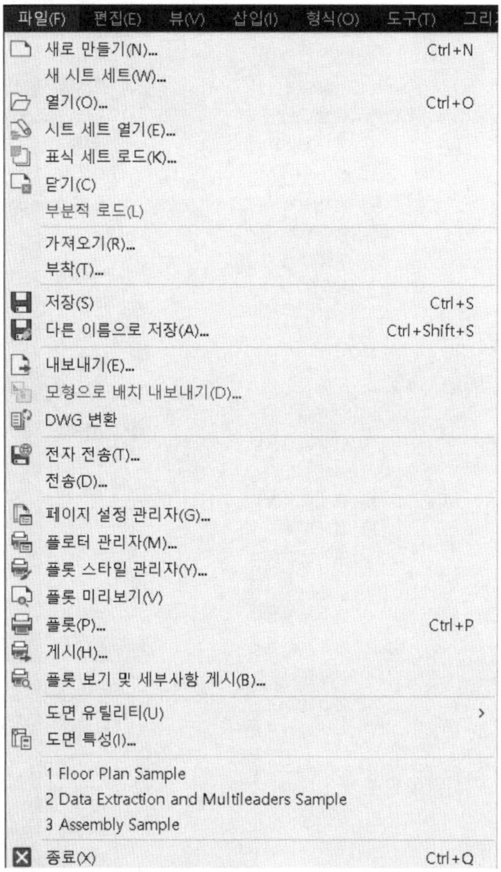
파일(F) 편집(E) 뷰(V) 삽입(I) 형식(O) 도구(T) 그리
새로 만들기(N)... Ctrl+N
새 시트 세트(W)...
열기(O)... Ctrl+O
시트 세트 열기(E)...
표식 세트 로드(K)...
닫기(C)
부분적 로드(L)
가져오기(R)...
부착(T)...
저장(S) Ctrl+S
다른 이름으로 저장(A)... Ctrl+Shift+S
내보내기(E)...
모형으로 배치 내보내기(D)...
DWG 변환
전자 전송(T)...
전송(D)...
페이지 설정 관리자(G)...
플로터 관리자(M)...
플롯 스타일 관리자(Y)...
플롯 미리보기(V)
플롯(P)... Ctrl+P
게시(H)...
플롯 보기 및 세부사항 게시(B)...
도면 유틸리티(U) ›
도면 특성(I)...
1 Floor Plan Sample
2 Data Extraction and Multileaders Sample
3 Assembly Sample
종료(X) Ctrl+Q

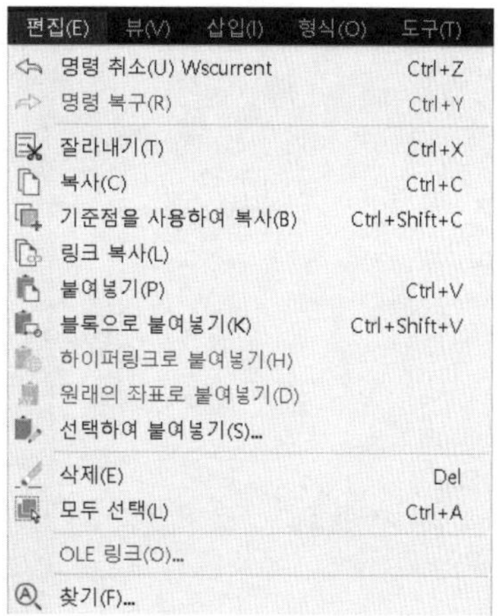
편집(E) 뷰(V) 삽입(I) 형식(O) 도구(T)
명령 취소(U) Wscurrent Ctrl+Z
명령 복구(R) Ctrl+Y
잘라내기(T) Ctrl+X
복사(C) Ctrl+C
기준점을 사용하여 복사(B) Ctrl+Shift+C
링크 복사(L)
붙여넣기(P) Ctrl+V
블록으로 붙여넣기(K) Ctrl+Shift+V
하이퍼링크로 붙여넣기(H)
원래의 좌표로 붙여넣기(D)
선택하여 붙여넣기(S)...
삭제(E) Del
모두 선택(L) Ctrl+A
OLE 링크(O)...
찾기(F)...

뷰(V) 삽입(I) 형식(O) 도구(T) 그리
다시 그리기(R)
재생성(G)
전체 재생성(A)
줌(Z) ›
초점이동(P) ›
SteeringWheels(S)
ShowMotion(M)
궤도(B) ›
카메라(C) ›
보행시선 및 조감뷰(K) ›
화면 정리(C) Ctrl+0
뷰포트(V) ›
명명된 뷰(N)...
3D 뷰(3) ›
카메라 작성(T)
주석 객체 표시(I) ›
숨기기(H)
비주얼 스타일(S) ›
렌더(E) ›
동작 경로 애니메이션(M)...
화면표시(L) ›
도구막대(O)...

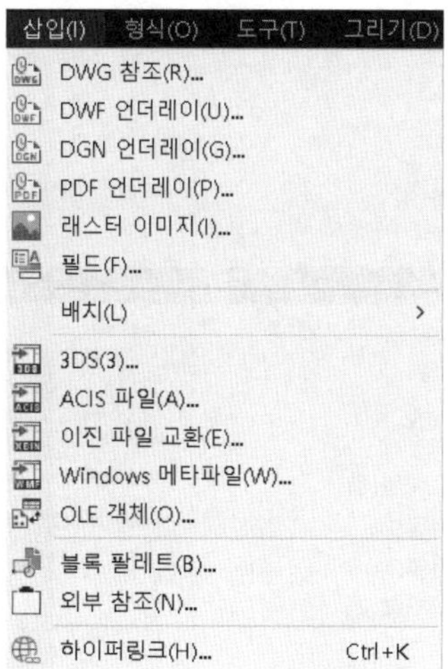
삽입(I) 형식(O) 도구(T) 그리기(D)
DWG 참조(R)...
DWF 언더레이(U)...
DGN 언더레이(G)...
PDF 언더레이(P)...
래스터 이미지(I)...
필드(F)...
배치(L) ›
3DS(3)...
ACIS 파일(A)...
이진 파일 교환(E)...
Windows 메타파일(W)...
OLE 객체(O)...
블록 팔레트(B)...
외부 참조(N)...
하이퍼링크(H)... Ctrl+K

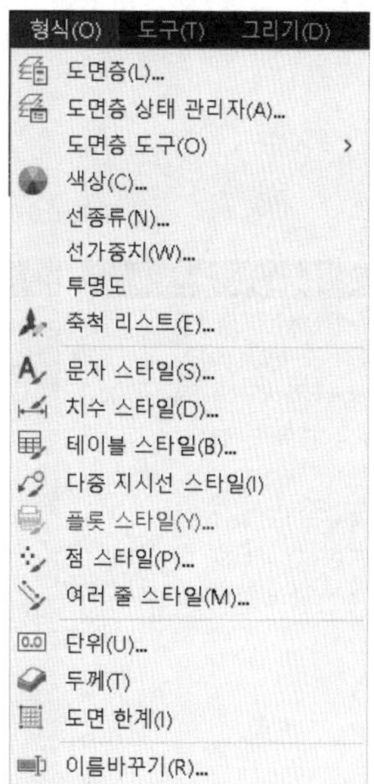
형식(O) 도구(T) 그리기(D)
도면층(L)...
도면층 상태 관리자(A)...
도면층 도구(O) ›
색상(C)...
선종류(N)...
선가중치(W)...
투명도
축척 리스트(E)...
문자 스타일(S)...
치수 스타일(D)...
테이블 스타일(B)...
다중 지시선 스타일(I)
플롯 스타일(Y)...
점 스타일(P)...
여러 줄 스타일(M)...
단위(U)...
두께(T)
도면 한계(I)
이름바꾸기(R)...

도구(T) 그리기(D) 치수(N) 수정(M)
작업공간(O)
팔레트
도구막대
명령행 Ctrl+9
화면 정리 Ctrl+0
철자 검사(E)
신속 선택(K)...
그리기 순서(D)
분리(I)
조회(Q)
필드 업데이트(T)
블록 편집기(B)
외부 참조 및 블록 내부 편집
데이터 추출(X)...
데이터 링크
동작 레코더(T)
응용프로그램 로드(L)...
스크립트 실행(R)...
매크로(A)
AutoLISP(I)
이미지 표시(Y)
새 UCS(W)
명명된 UCS(U)...
지리적 위치(L)...
CAD 표준(S)
마법사(Z)
제도 설정(F)...
그룹(G)
그룹 해제(U)
타블렛(B)
사용자화(C)
옵션(N)...

그리기(D) 치수(N) 수정
모델링(M)
선(L)
광선(R)
구성선(T)
여러 줄(U)
폴리선(P)
3D 폴리선(3)
폴리곤(Y)
직사각형(G)
나선(I)
호(A)
원(C)
도넛(D)
스플라인(S)
타원(E)
블록(K)
테이블...
점(O)
해치(H)...
그라데이션...
경계(B)...
영역(N)
객체 가리기(W)
구름형 리비전(V)
문자(X)

치수(N) 수정(M) 파라
신속 치수(Q)
선형(L)
정렬(G)
호 길이(H)
세로좌표(O)
반지름(R)
꺾어진(J)
지름(D)
각도(A)
기준선(B)
연속(C)
치수 간격(P)
치수 끊기(K)
다중 지시선(E)
공차(T)...
중심 표식(M)
검사(I)
꺾어진 선형(J)
기울기(Q)
문자 정렬(X)
치수 스타일(S)...
재지정(V)
업데이트(U)
치수 재연관(N)

수정(M) 파라메트릭(P)
특성(P)
특성 일치(M)
ByLayer로 변경(B)
객체(O)
자르기(C)
주석 객체 축척(O)
지우기(E)
복사(Y)
대칭(I)
간격띄우기(S)
배열
중복 객체 삭제
이동(V)
회전(R)
축척(L)
신축(H)
길이조정(G)
자르기(T)
연장(D)
끊기(K)
결합(J)
모따기(C)
모깎기(F)
곡선 혼합
3D 작업(3)
솔리드 편집(N)
표면 편집(F)
메쉬 편집(M)
점 구름 편집(U)
공간 변경(S)
분해(X)

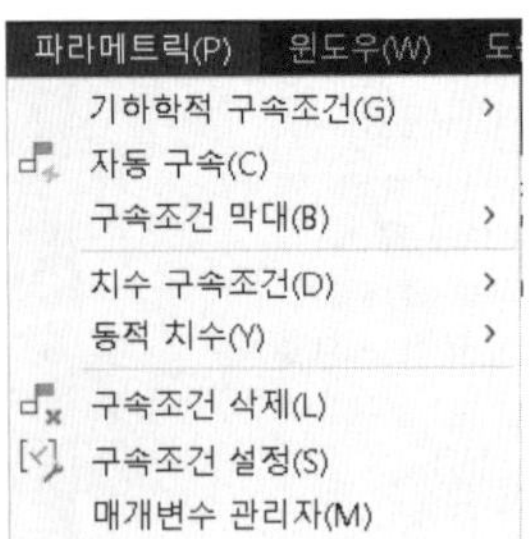
파라메트릭(P) 윈도우(W)
기하학적 구속조건(G)
자동 구속(C)
구속조건 막대(B)
치수 구속조건(D)
동적 치수(Y)
구속조건 삭제(L)
구속조건 설정(S)
매개변수 관리자(M)

윈도우(W) 도움말(H)
닫기(O)
전체 닫기(L)
위치 잠금(K)
계단식 배열(C)
수평 배열(H)
수직 배열(T)
아이콘 정렬(A)
1 Drawing1.dwg
2 Drawing2.dwg
3 시작

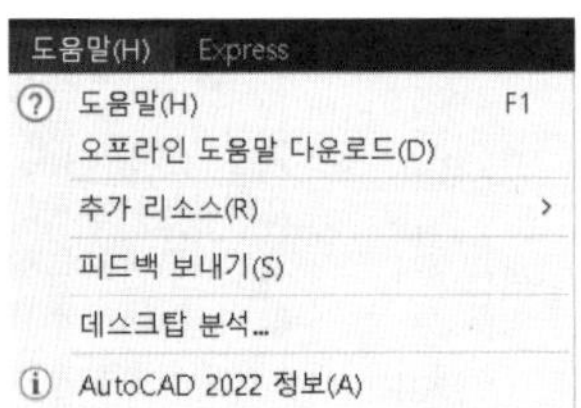
도움말(H) Express
도움말(H) F1
오프라인 도움말 다운로드(D)
추가 리소스(R)
피드백 보내기(S)
데스크탑 분석...
AutoCAD 2022 정보(A)

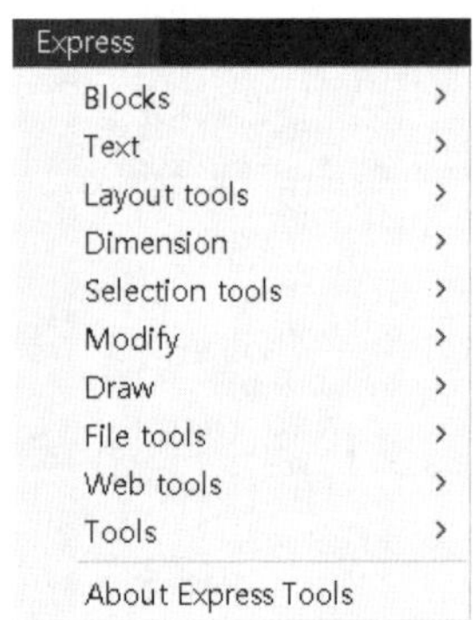
Express
Blocks
Text
Layout tools
Dimension
Selection tools
Modify
Draw
File tools
Web tools
Tools
About Express Tools

(2) 새로운 도구막대(Toolbar) 만들기

사용자에 따라 많이 사용하는 아이콘을 새로운 도구 막대를 만들어 사용하면 편리하다. 새로운 도구 막대의 사용자 인터페이스 사용자화 방법을 설명한다.

① 명령 : toolbar [Space Bar] 또는 [Pull-Down Menu] 의 [뷰(V)]에서 [도구막대(O)...] 클릭 → [사용자 인터페이스 사용자화] 대화상자 → [모든 파일의 사용자화] 다운 목록 화살표 [⌄] 클릭 → [모든 사용자화 파일] 목록에서 [도구막대]를 지정 → 마우스 오른쪽 버튼을 클릭 → 대화상자에서 [새 도구막대]를 클릭한다.

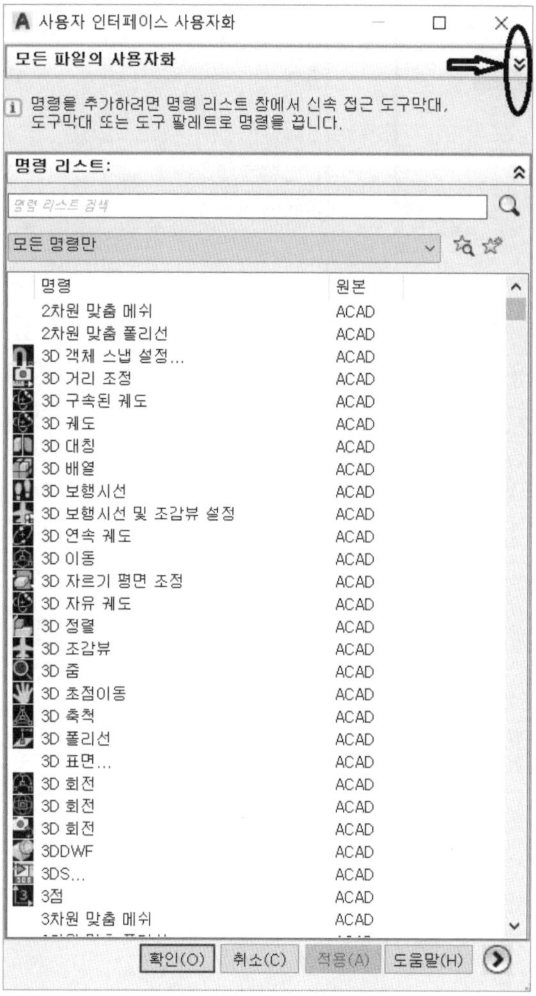

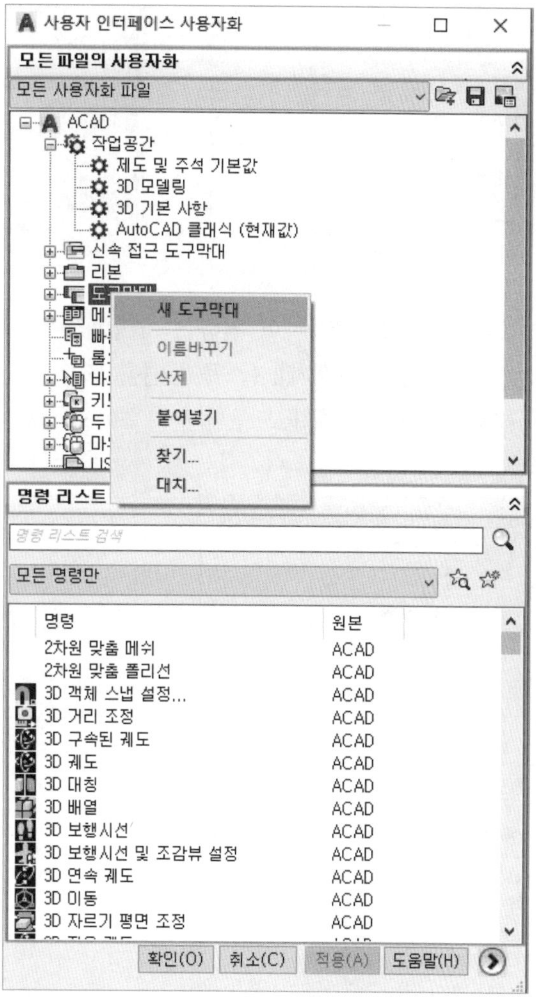

③ [사용자가 새 도구 막대에 이름을 지정할 수 있다. 여기서는 '도구막대 연습하기'로 지정하고, → [명령 리스트] 대화상자에서 [나선]을 '도구막대 연습하기'로 드래그 한다.

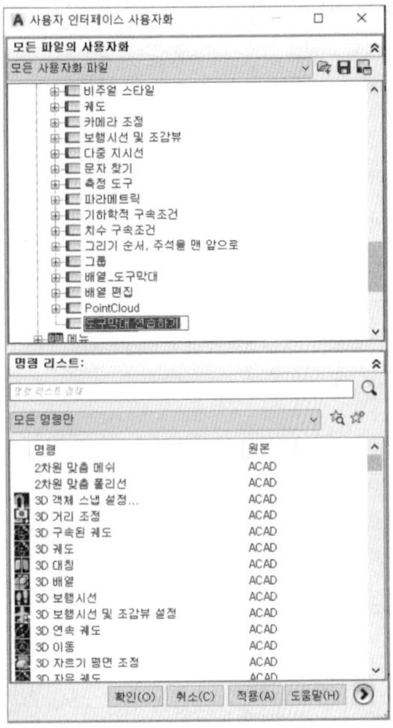
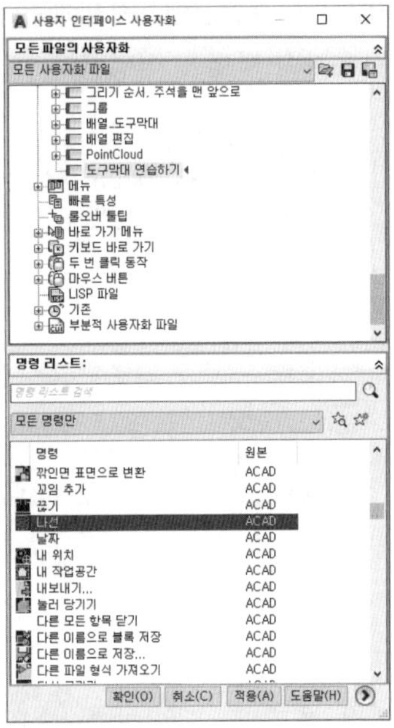
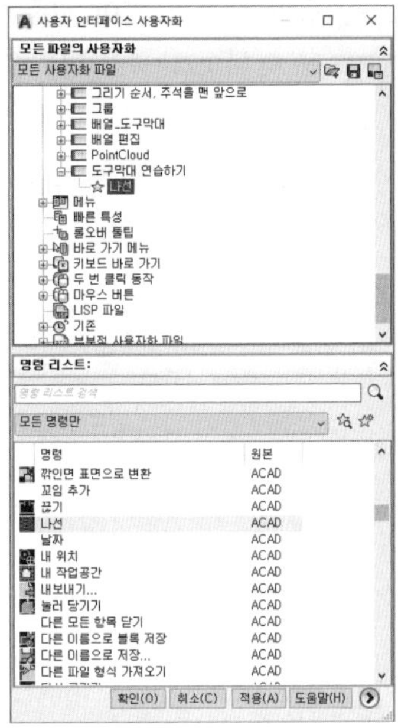

④ 위의 과정을 반복하여 원하는 아이콘을 '도구막대 연습하기'로 드래그 한다. [원], [그립, 회전], [그립, 복사], [끊기], [스플라인]을 드래그 → [적용(A)] 클릭 → [확인(O)] 클릭 → 새롭게 만든 '도구막대 연습하기' 도구막대 그룹이 생성된다.

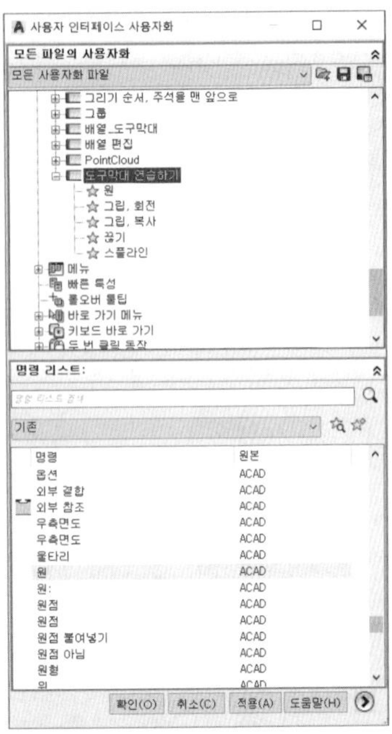

⑤ 새롭게 만든 '도구막대 연습하기' 도구막대 그룹이 생성된 것을 확인할 수 있다.

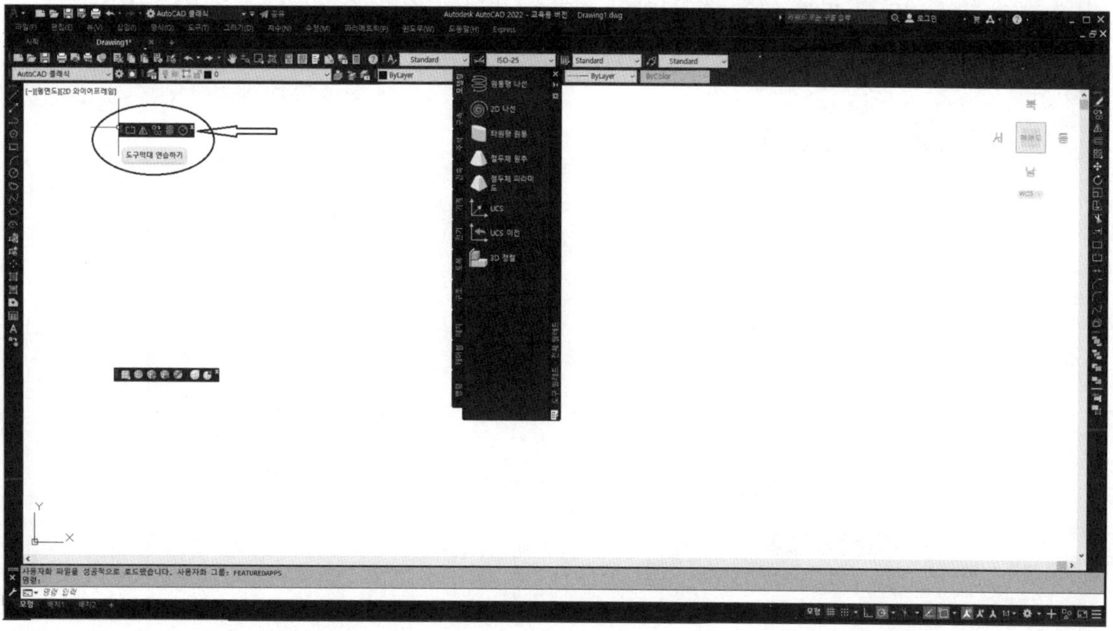

04 AutoCAD의 옵션(Options) 설정

명령: Options [Space Bar] 또는 Pull-Down Menu의 [도구(T)]의 대화상자 → [옵션(N)...] 클릭한다. 일반적으로 [작업 영역]에서 마우스 오른쪽 버튼 클릭 → 대화상자에서 [옵션(O)...] 클릭한다. [옵션] 설정은 전기기술자에게 필요한 요소별로 설명하기로 한다.

(1) [파일] – 경로, 파일 이름 및 파일 위치 검색 그리고 자동 저장 파일을 위한 드라이브 및 경로를 지정 및 변경할 수 있다.

여기서는 [자동 저장 파일 위치(Automatic Save File Location)]에 대하여 설명한다.
[파일] 대화상자에서 [자동 저장 파일 위치]를 더블 클릭하면, 현재 자동 저장 파일 위치가 나타난다. 초기에는 C:₩Users₩0849₩AppData₩Local₩Temp 로 지정되어 있는데, 사용자에 따라 다소 차이가 있을 수 있다. 이 경로를 사용자의 편리에 따라 지정 해 두면 도면 작업 후 작업 파일의 관리가 편리하다.

[C:₩Users₩0849₩AppData₩Local₩Temp]를 마우스로 더블 클릭 → [Temp] 저장 대화상자 → 사용자의 편리에 따라 자동 저장 파일 위치를 변경 지정할 수 있다. 여기서는 C:₩Temp로 지정하는 예를 보였다.

① [1단계] - 현재 자동 저장 파일 경로

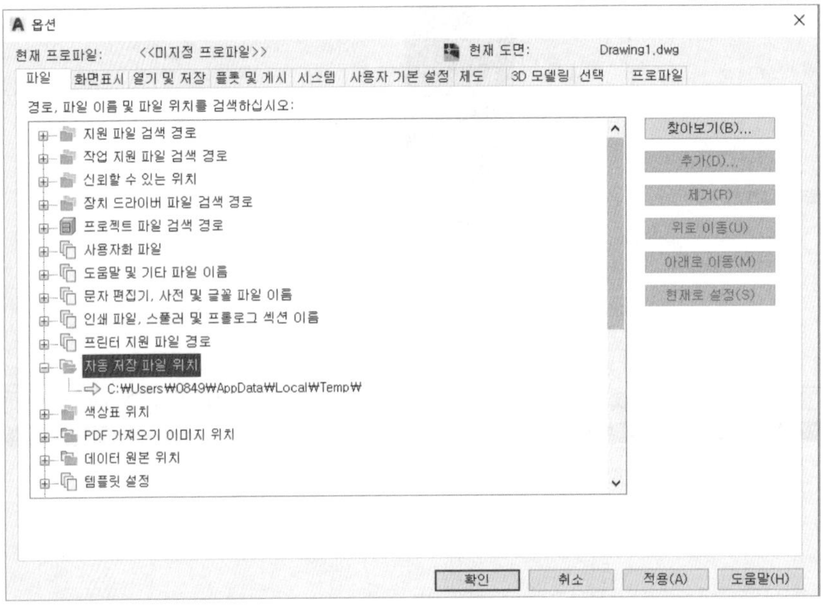

② [2단계] - C:/Users/0849/AppData/Local/Temp를 더블 클릭한다.

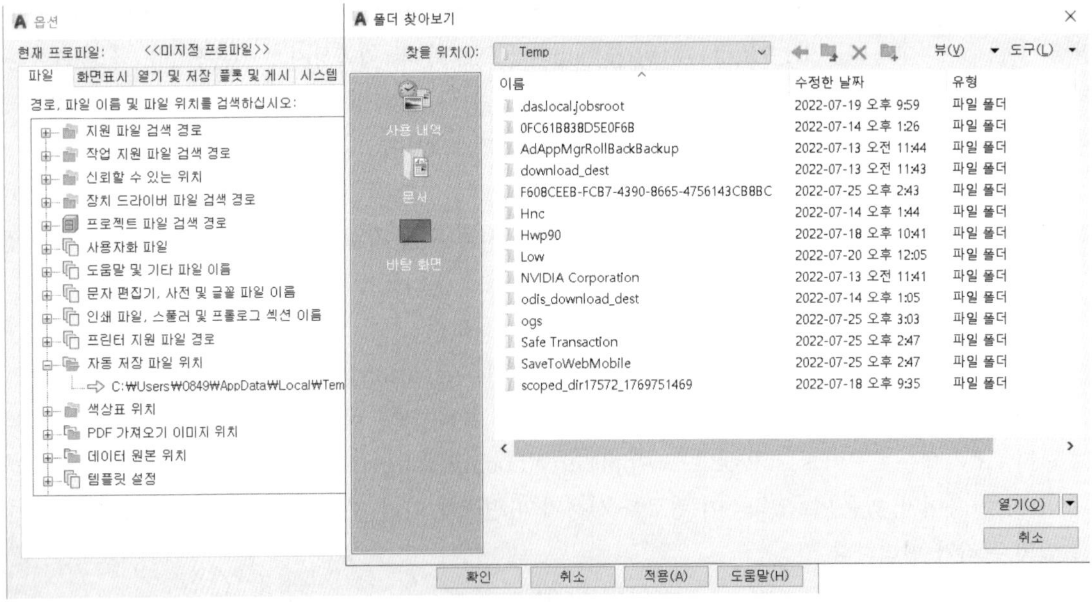

③ [3단계] – 한 수준 위로 아이콘을 클릭한다.

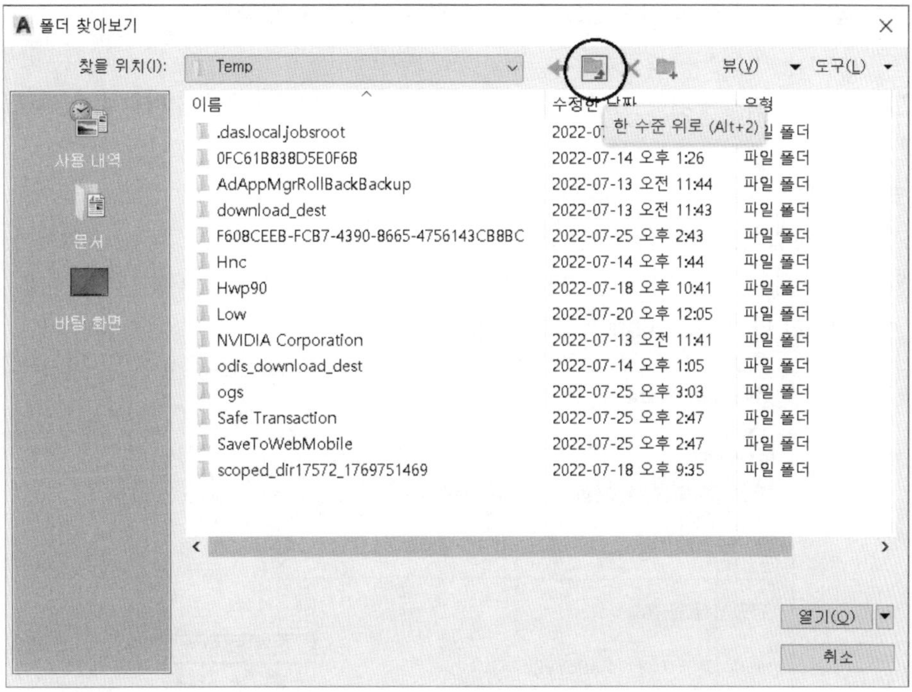

④ [4단계] – C:₩Temp로 지정한다.(사용자에 따라 지정하여 사용하면 된다)

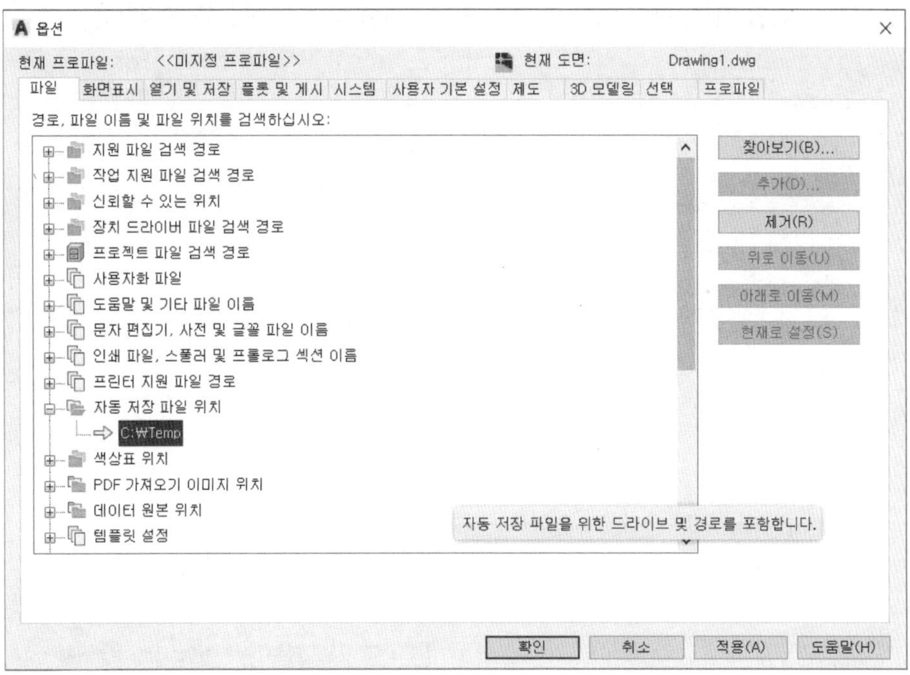

(2) [화면 표시]– 윈도우 요소(작업 영역의 색상(C)..., 글꼴(F)... 등), 배치 요소, 표시 해상도, 표시 성능, 십자선 크기(Z), 페이드 컨트롤 등의 환경을 설정할 수 있다.

① [윈도우 요소] 환경의 [색상(C)..] 설정에 관련된 사항은 앞에서 [작업 영역] 설정 설명을 참조하기 바란다.

② [글꼴(F)...] : 작업 영역의 글꼴(F), 글꼴스타일, 크기(S)의 환경을 설정하는 영역이다. [윈도우 요소]에서 [글꼴(F)...]을 클릭하면 [명령행 윈도우 글꼴] 대화상자가 나타난다. 사용자에 따라 설정하고 [적용 및 닫기]를 클릭하면 글꼴 환경이 설정된다.

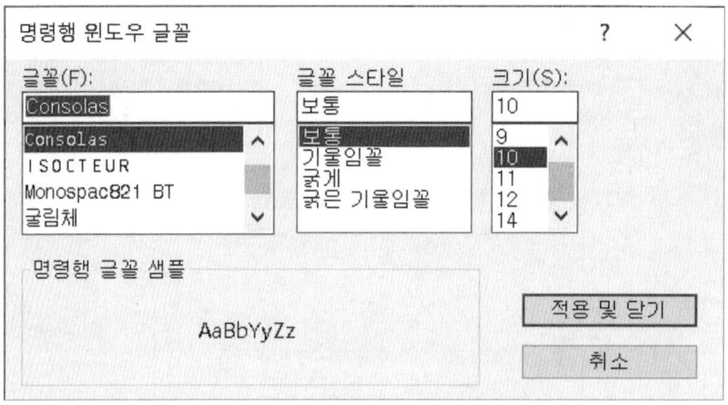

(3) [열기 및 저장] : 파일 저장, 파일 열기 및 파일 안전 예방조치 등의 옵션을 설정한다.

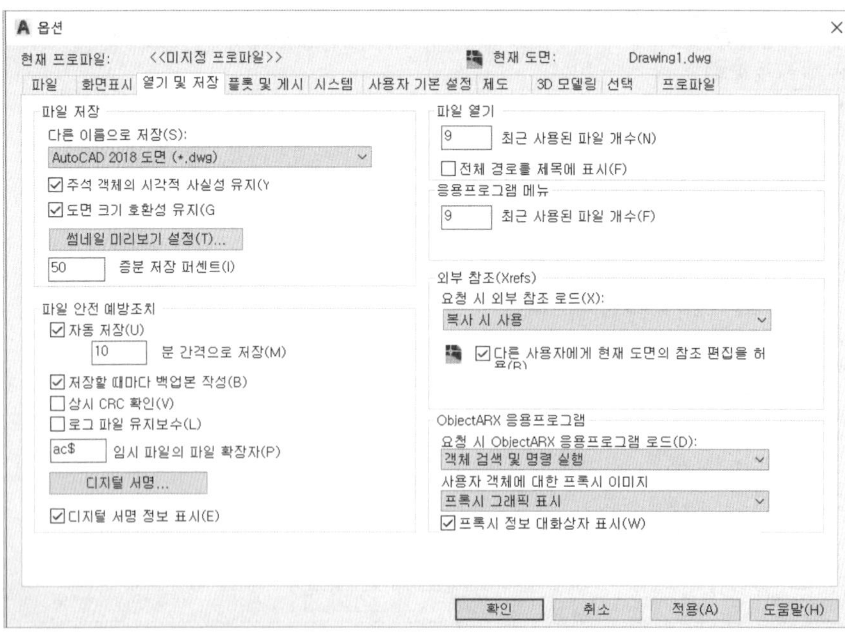

① [파일 저장]

■ 다른 이름으로 저장(S) : 현재 사용하는 이전 버전으로 저장 가능하다.

■ [썸네일 미리보기 설정(T)...] : 도면 저장 시 미리 보기의 설정을 조절한다.

■ 증분 저장 퍼센트(I) : 초기 상태는 50으로 되어있는데, 0으로 두면 도면에 포함되어있는 모든 부분을 저장하게 된다.

② [파일 안전 예방조치]

■ 자동 저장(U) : 초기 상태는 10분으로 되어있는데, 자동 저장 시간을 설정할 수 있다.

■ 저장할 때마다 백업 본 작성(B) : 도면 저장 시 백업 여부를 설정한다. 초기 상태로 두는 것이 좋다.

(4) [플롯 및 게시] : 도면의 출력에 대한 옵션을 설정한다.

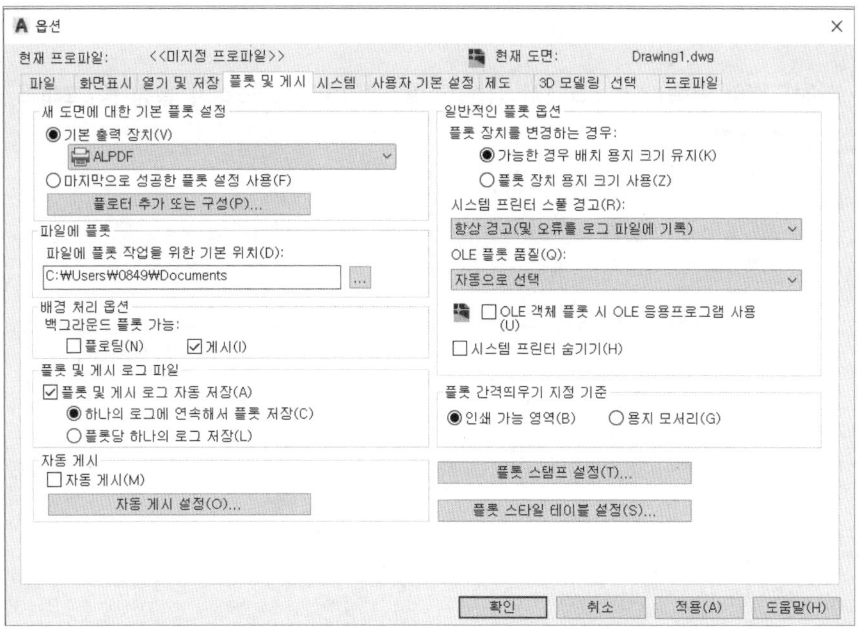

① [새 도면에 대해 기본 플롯 설정] – 작업 도면을 출력하기 위한 기본 출력 장비를 설정한다.

■ [플로터 추가 또는 구성(P)...]를 클릭하면 다음과 같은 폴더 창이 나타나는데 출력 장비의 환경 설정을 추가한다. 또한 이미 설정되어 있는 장비들은 확장자가 ~.PC3로 저장되어 Plotters 창에 ICON이 있다.

(5) [시스템] : [하드웨어 가속]에서 [그래픽 성능(G)]를 클릭하면 하드웨어 설정 등 그래픽 성능에 대한 환경을 설정할 수 있다.

① [그래픽 성능(G)] 클릭 → [그래픽 성능] 대화상자가 나타난다.

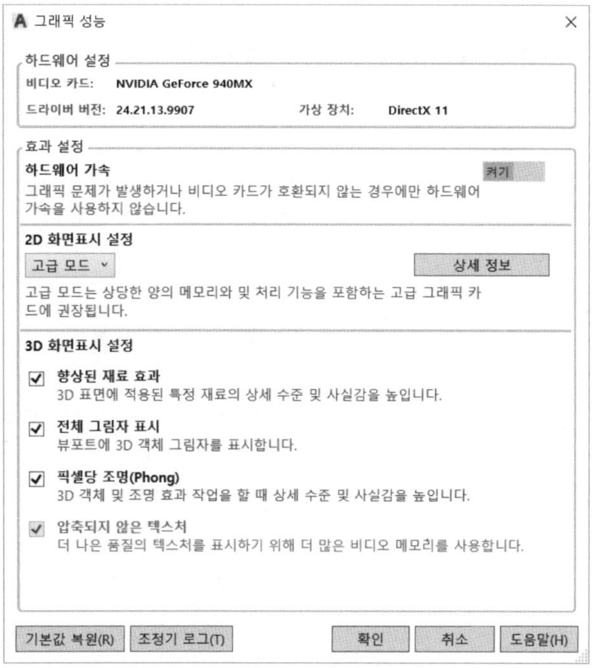

(6) [사용자 기본 설정 제도] : Windows 표준 동작, 삽입 축적, 하이퍼링크, 좌표 데이터 항목에 대한 우선순위, 연관 치수 기입 및 명령 취소/명령 복구 등 사용자가 선호하는 사항의 옵션을 설정한다.

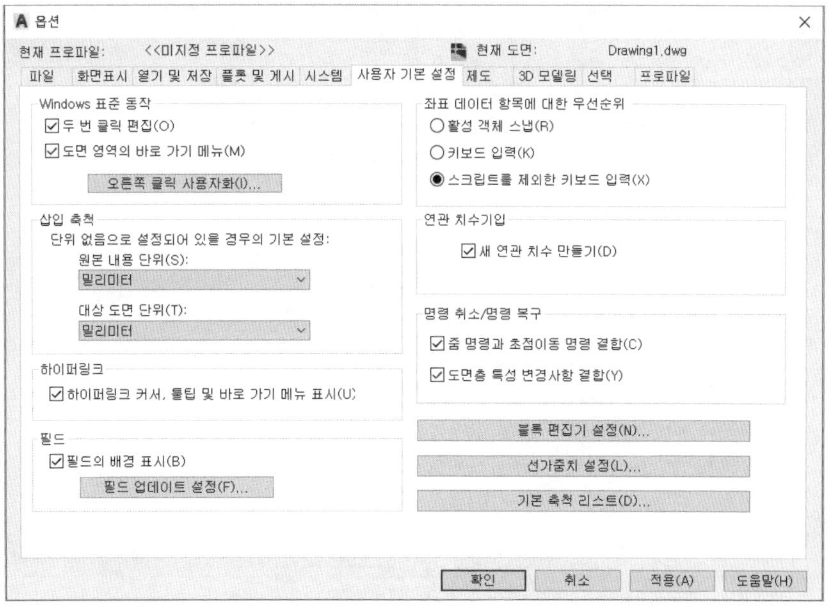

(7) [제도] : AutoSnap 설정 및 표식기 크기(S), 조준창 크기(Z)등의 옵션을 설정한다.

(8) [3D 모델링] : 3D십자선, 뷰포트에 도구 표시, 3D 객체, 3D 탐색 및 동적 입력 등에 대한 옵션을 설정한다.

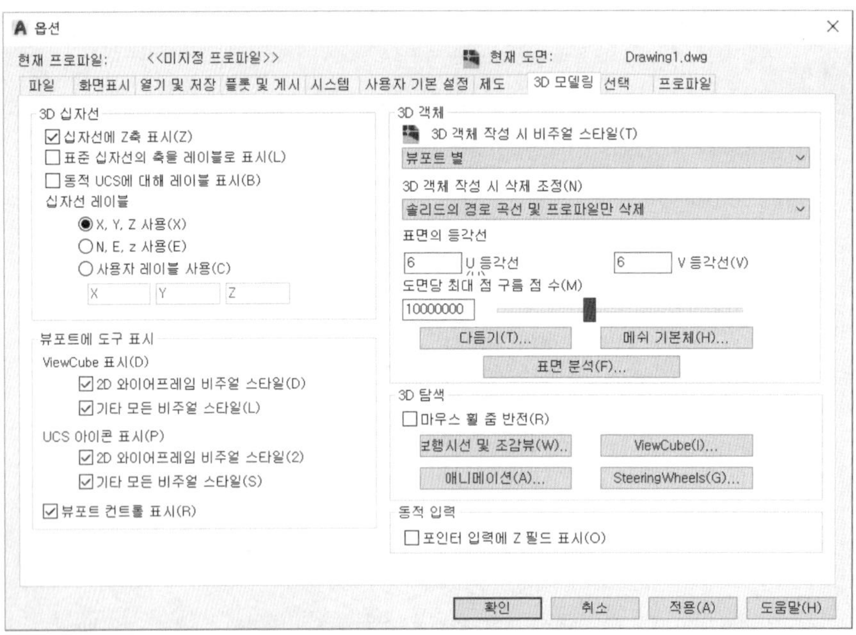

(9) [선택] : 선택 모드 등 선택 관련한 옵션을 설정한다.

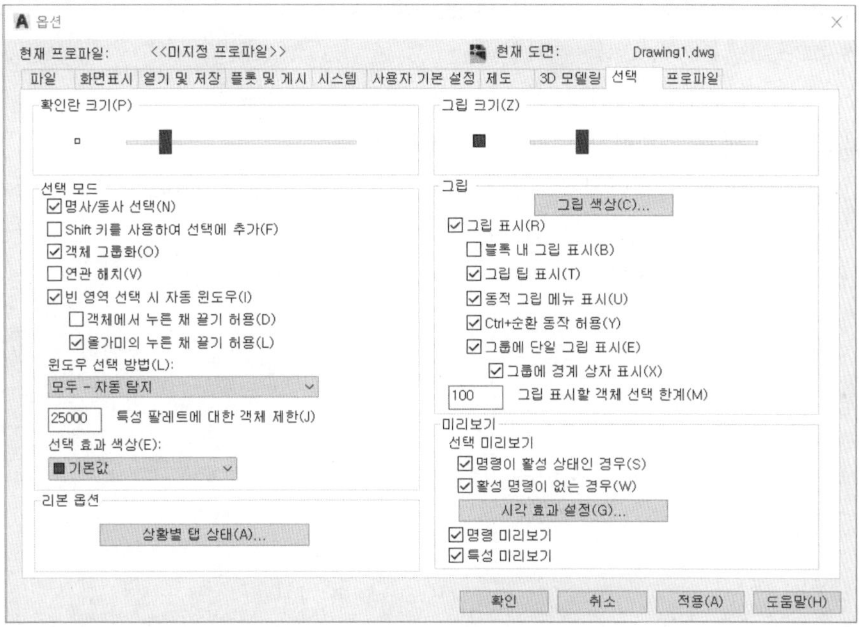

(10) [프로파일] : 환경 설정 정보들을 관리한다.

① [사용 가능한 프로파일(P)) : 사용 가능한 프로파일을 나타낸다.
② [현재로 설정(C)] : 현재 설정한 프로파일을 활성화시킨다.
③ [리스트에 추가(L)...] : 리스트를 추가한다.
④ [이름바꾸기(N)...] : 리스트에서 선택한 프로파일의 이름을 바꾼다.
⑤ [삭제(D)] : 리스트에서 선택한 프로파일을 삭제한다.
⑥ [내보내기(E)...] : 다른 컴퓨터에서도 사용할 수 있도록 확장자가 arg로 저장되게 한다.
⑦ [가져오기(I)...] : ~.arg 파일을 불러온다.
⑧ [재설정(R)] : 리스트에서 선택한 프로파일을 기본값으로 다시 설정한다.

CHAPTER

03

AutoCAD 도구막대 환경 설정

Chapter 03

AutoCAD 도구막대 환경 설정

지금부터 전기도면 설계를 위하여 기본적으로 많이 활용되는 도구 막대의 활용 방법에 대해서 설명한다. 'AutoCAD 클래식' 모드의 도구 막대를 기본으로 설명하기로 한다.

01 [특성] 도구막대 활용하기

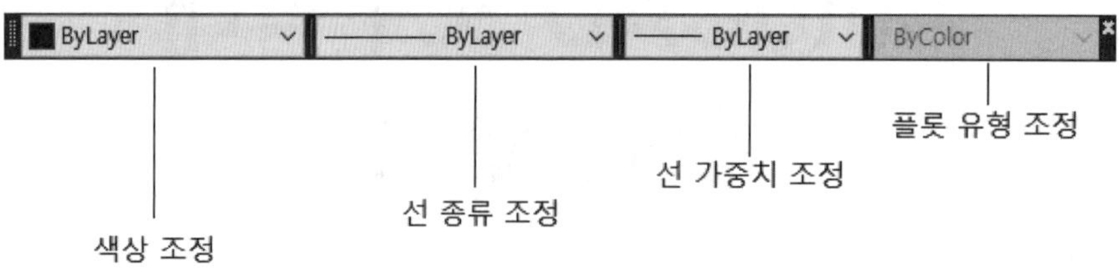

(1) 색상 조정

① 명령 : color Space Bar 또는 [특성] 도구 막대에서 ByLayer 의 목록 다운 화살표 클릭 → [선 색상] 대화 상자가 나타난다.

② 대화 상자에서 [색상 선택...] 클릭 → [색상 선택] 대화상자가 나타난다.

■ [색상 색인] – [AutoCAD 색상 색인(ACI)]에서 선 색상을 18~249번까지 세밀하게 선택하는 영역으로 마우스로 한번 클릭하면 색상을 설정할 수 있다.

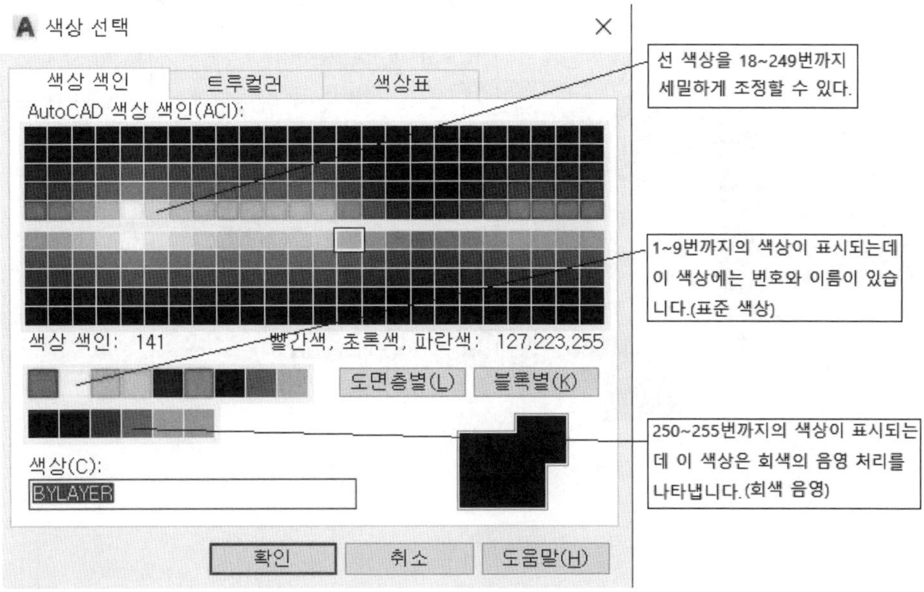

■ [트루컬러]–[색상(U)]은 색상의 색조를 지정한다. [채도(S)]는 색상의 순도를 지정한다. [광도(L)]는 색상의 밝기를 지정한다.

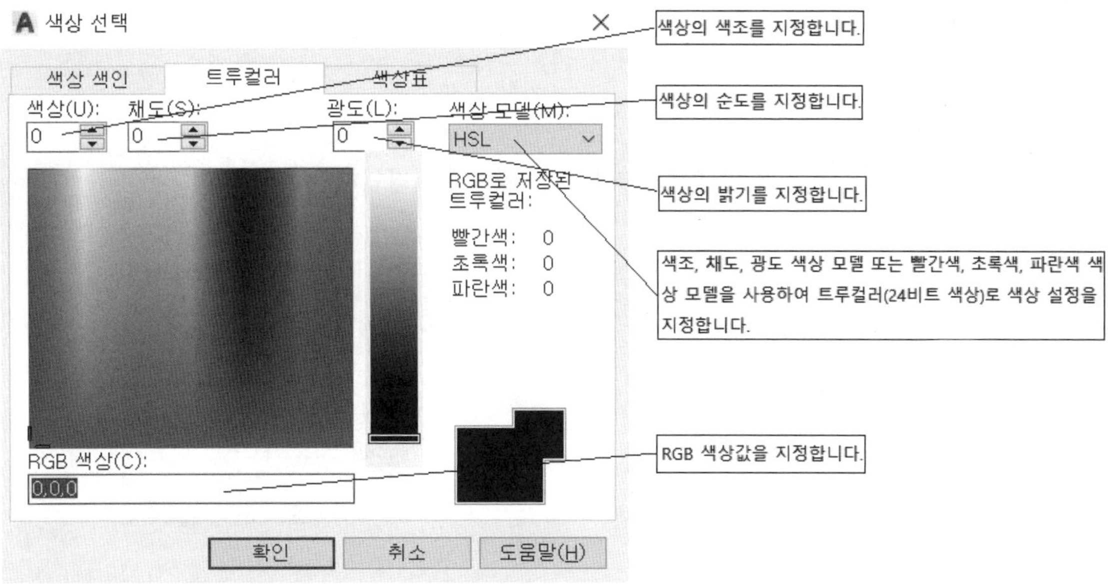

■ [색상표] – [색상표(B)]에서 색상을 선택할 때 사용할 색상표를 지정합니다.

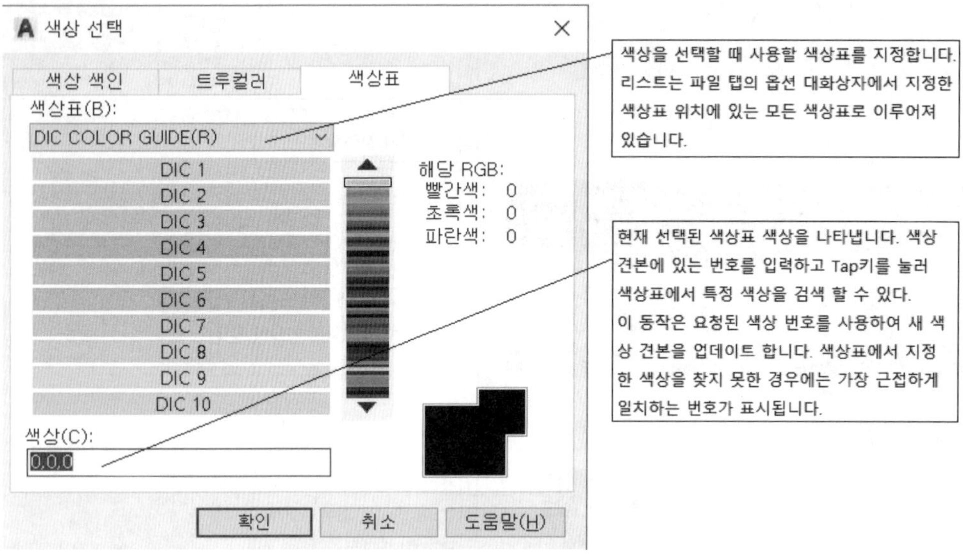

(2) 선 종류 설정

① 명령: linetype [Space Bar] 또는 [특성] 도구막대의 [선종류 조정] [ByLayer] 아이콘에서 목록 다운 화살표 [⌄] 클릭 → [선 종류] 대화상자 → 사용자의 요구에 따라 선 종류를 지정할 수 있다.

ByLayer
ByLayer
ByBlock
Continuous
기타...

② 대화상자에서 [기타] 클릭 → [선종류 관리자] 대화상자가 나타난다.

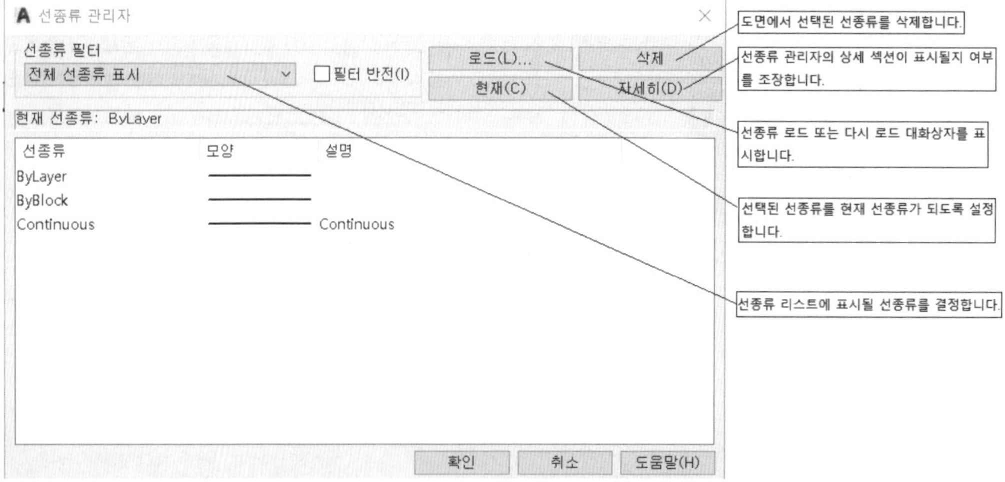

(3) 선 가중치 설정

① 명령 : lineweight Space Bar 또는 옵션 창의 [형식(O)]에서 [선가중치(W)...]를 클릭한다.

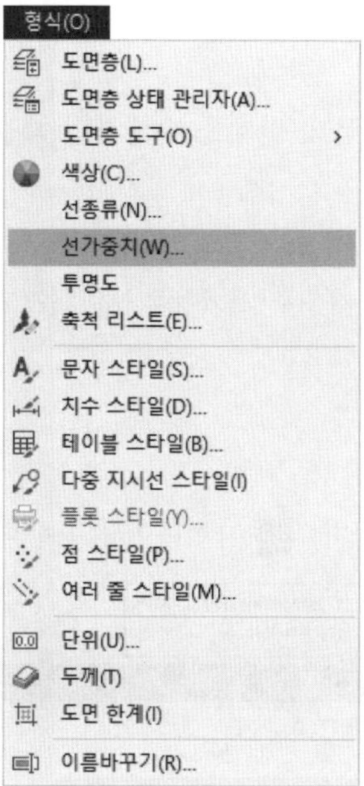

② [선가중치 설정] 대화상자 → 선가중치, 단위 지정 및 화면 표시 축척 등을 조정 → [확인]을 클릭하면 선가중치 및 단위 등이 지정된다. 단위는 기본으로 [mm]로 되어 있기 때문에 그대로 사용하면 된다.

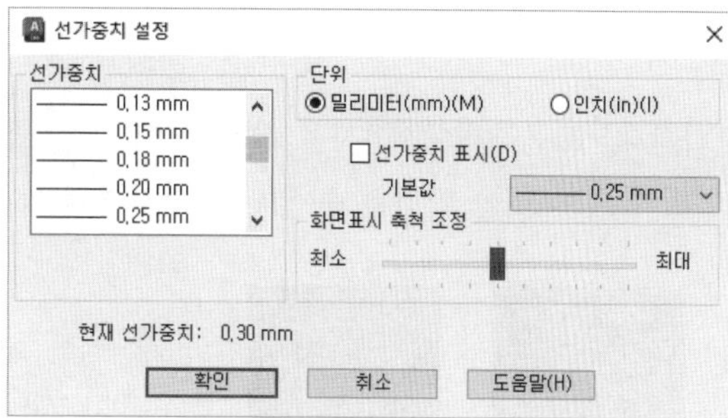

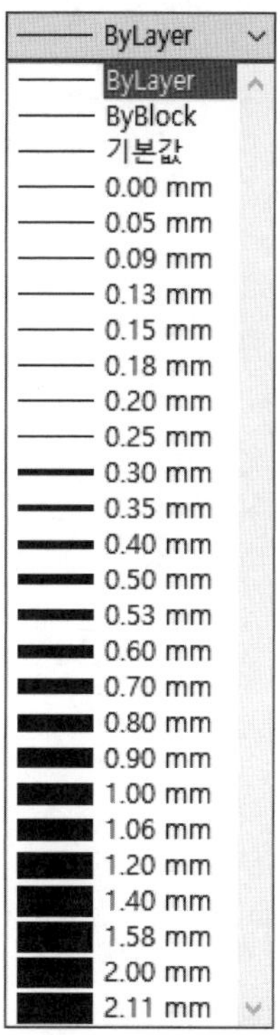

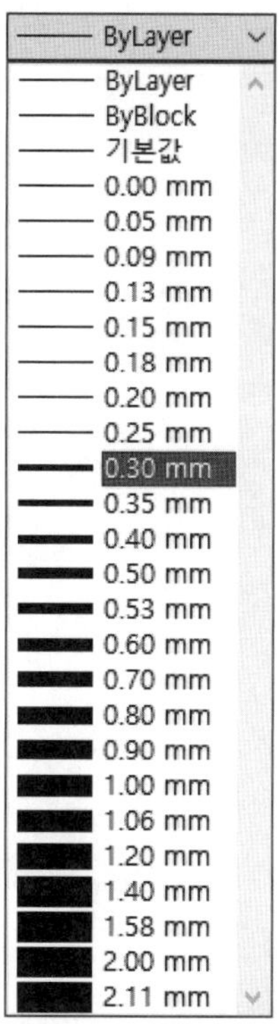

③ [특성] 도구막대의 [선가중치 조정] ByLayer 아이콘에서 목록 화살표 클릭 → [선 가중치 조정] 대화상자 → 사용자의 요구에 따라 선 가중치(굵기)를 지정할 수 있다. 이 대화상자에서 선 가중치를 0.3mm로 지정하고 클릭한다.

④ [특성] 도구막대의 [선 가중치 조정]창에 선 가중치가 0.3mm로 바뀌어 있는 것을 확인 할 수 있다.

(4) [특성] 도구막대 설정 환경이 적용되지 않을 경우 조치사항

사용자가 설정한 [특성] 도구막대 설정 값이 적용되지 않는 경우는 다음의 단계를 수행하면 해결할 수 있다.

① [상태] 도구막대에서 [사용자화] 아이콘 ☰ 클릭 → [사용자화] 대화상자 → [선가중치]가 체크되어 있지 않은 것을 확인할 수 있다. [선가중치]를 체크한다.

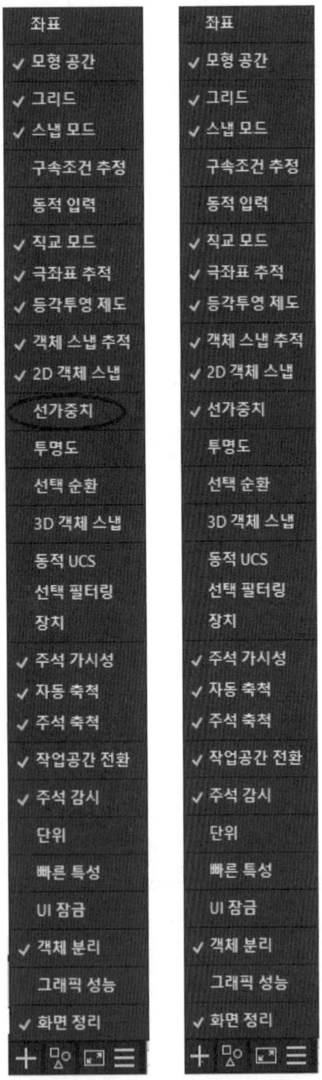

② [상태] 도구막대에 [선 가중치] ☰ 아이콘이 등록된다.

③ 마우스를 AutoCAD [작업 영역]에 두고 클릭하면 설정된다. 선 굵기가 화면에 표현되지 않더라도 출력하면 지정한 굵기대로 출력된다.

실력향상

설계자가 필요로 하는 선종류를 설정해 보자.

[1] 명령 : linetype Space Bar 또는 [특성] 도구막대에서 [선종류 조정] ByLayer 의 목록 화살표 를 클릭한다.

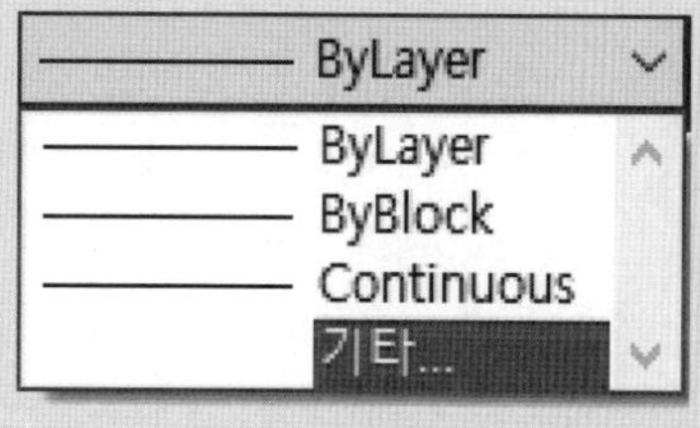

[2] 대화상자에서 [기타...]를 클릭한다.
[3] [선종류 관리자] 대화상자가 나타난다.

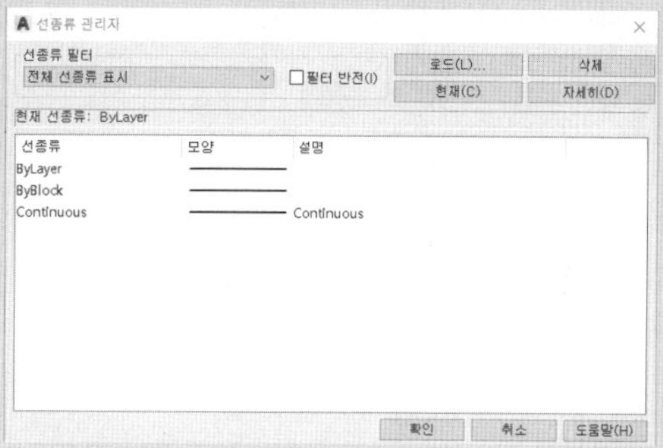

[4] 이 대화상자에서 [로드(L)...] 클릭 → [선종류 로드 또는 다시 로드] 대화상자 → 임의로 'ACAD_ISO02W100'을 클릭 → [확인]을 클릭한다.

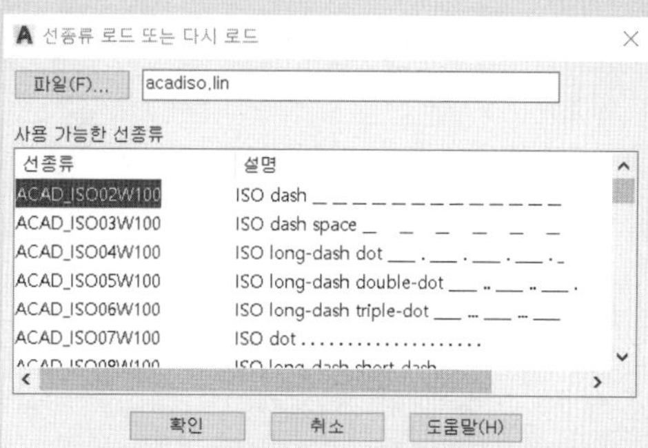

[5] [선종류 관리자] 대화상자에서 로드 한 선 종류를 클릭 → [현재(C)]를 클릭 → [확인] 클릭한다.

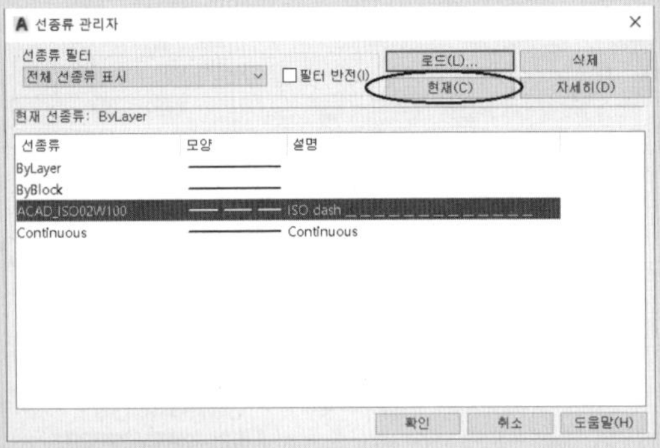

[6] [특성] 도구막대의 [선종류 조정] ByLayer 의 목록 다운 화살표 를 클릭하면 선택한 선 종류가 등록되어 있는 것을 확인할 수 있다.

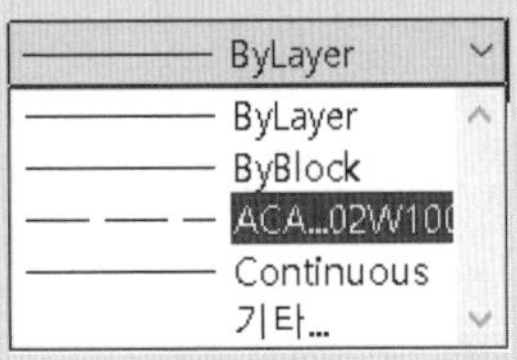

실력향상

작업 중인 도면의 요소를 선 색상조정, 선종류 및 선 가중치 조정에 대한 실력 향상을 해 보자.

[1] 샘플로 3개의 차단기 심벌을 그린다. 차단기 심벌에 마우스 십자선을 일치시키면 선 정보가 나타난다.

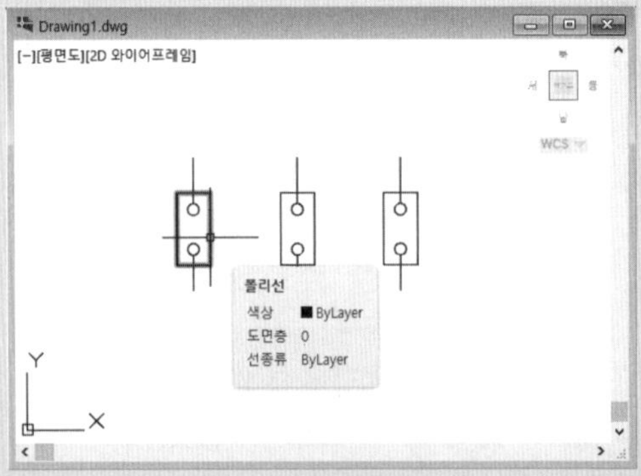

[2] 선 정보를 변경할 요소를 마우스로 클릭한다.

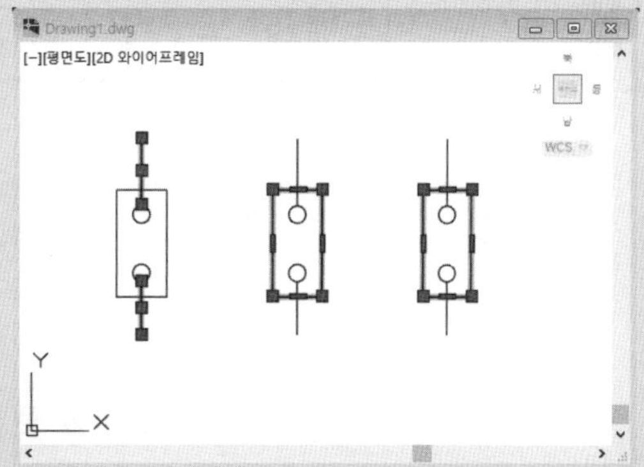

[3] [특성] 도구막대에서 선 정보를 지정한다. 여기서는 선색상-빨간색, 선종류-긴 점선, 선굵기-0.3mm로 설정한다.

[4] 선 정보를 변경하였으면 Esc를 누르면 설정이 완료된다. 선 굵기가 화면상에 표현되지 않더라도 출력하면 지정한 굵기대로 출력된다.

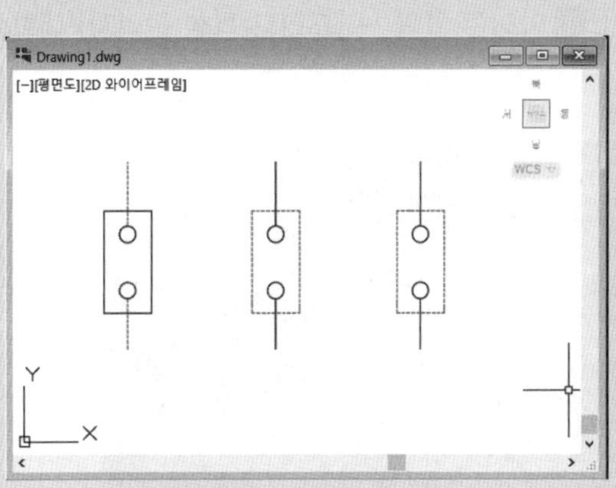

02 [도면층] 도구막대 활용하기

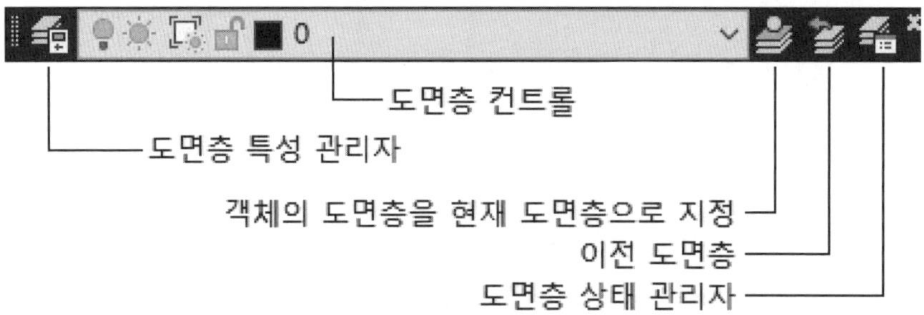

도면층(Layer)란 용어 그대로 여러 개의 도면 층을 이용하여 도면 작업을 하는 것을 말한다. 각 도면별로 도면을 작성하고 이 도면들을 한 도면의 일정한 배경에 겹침으로서 여러 도면이 하나의 도면으로 되는 도면 설계 및 디자인 작업에 매우 편리한 기능이다. 특히 이 기능은 건축설계, 기계의 요소부품 설계 및 토목 등에 아주 유효하게 사용되는 기능이다. 하지만 전기 기술자에게는 옥내배선을 위한 평면도 작성 시 에서만 이용할 수 있다. 초기 도면 상태의 도면층은 0 이다.

(1) 명령: layer Space Bar 또는 [도면층 특성 관리자] 아이콘 클릭 → [도면층 특성 관리자] 대화상자가 나타난다.

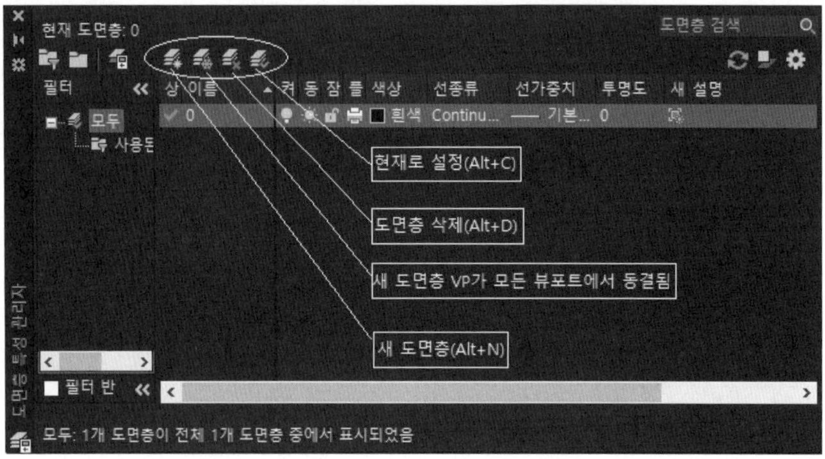

(2) 도면층(Layer)을 만들려면 위 대화상자의 [새 도면층] 아이콘을 클릭하거나 [Alt+N]을 치면, 새로운 도면층 1이 생성되고 마우스를 클릭할 때마다 도면층 2, 도면층3, 도면층 4 이라고 나오는데 사용자

가 임의로 이름을 지정할 수 있다. 그리고 각 도면층 마다의 선 색상, 선종류, 선 가중치 등을 상용자 임의대로 설정하면 된다. 설정하는 방법은 이 요소들에 마우스로 한 번 클릭하면 필요한 대화상자가 나타나므로 사용자의 의도에 따라 설정하면 된다.

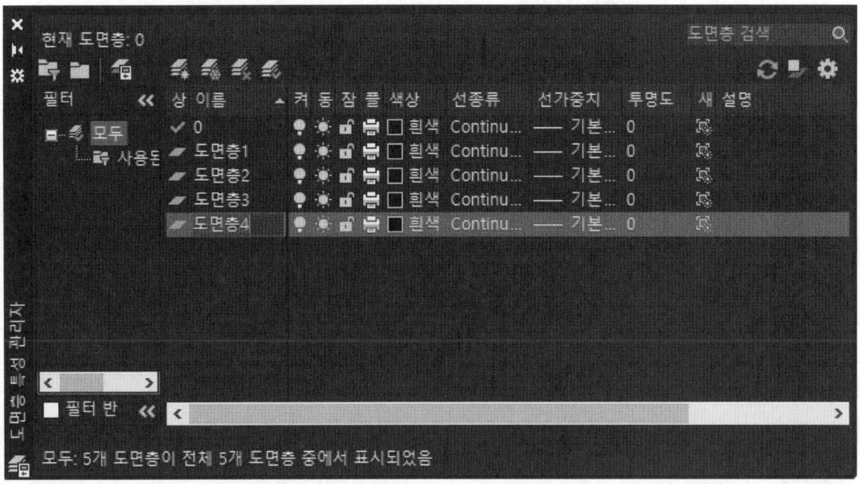

① 이름 : 구성할 도면층의 이름을 사용자 임의로 지정한다.

② 켜기 : 도면층의 ON/OFF를 제어하는 곳으로 OFF된 도면층은 도면의 일부분 만 인식한다.

③ 동결 : 전체 도면에 대해 도면층 동결 또는 동결해제 한다.

④ 잠금 : 도면 전체에 대해 도면층을 잠금 또는 해제한다. 잠금이 설정되어 있는 상태에서는 잠금 된 도면층의 편집을 할 수 없다.

⑤ 플롯 : 전체 도면에 대해 도면층을 플롯 할 수 있는지 여부를 결정한다.

⑥ 색상 : 선택한 도면층의 선 색상을 설정한다.

⑦ 선 종류 : 선택한 도면층의 선 종류를 설정한다.

⑧ 선 가중치 : 선택한 도면층의 선 가중치를 설정한다.

⑨ 투명도 : 선택한 도면층의 투명도를 변경한다. 투명도 범위는 0~90까지이며, 초기 0 으로 설정되어 있다.

⑩ 새 VP 동결 : 새로 작성된 뷰포트에서 도면층 VP 동결한다.

⑪ 설명 : 전체 도면에 대한 설명을 변경한다.

(3) 도면층 구성이 완료되면 마우스로 도면층을 지정 후 [현재로 설정(Alt+C)] 아이콘을 클릭하면 지정된 도면층에 대한 환경 등을 설정을 할 수 있다.

(4) 도면층 특성 관리 설정 후 [도면층] 도구막대에서 설정 한 도면층의 특성을 간단히 확인하고 도면층 별로 작업을 할 수 있다. 본 교재에서는 샘플로 도면층 4까지 만들었기 때문에 [도면층] 도구막대에서

4개의 도면층이 등록되어 있는 것을 확인할 수 있다.

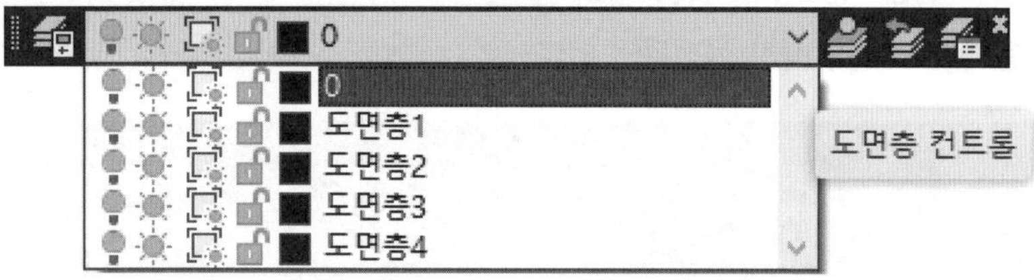

03 표준 도구막대 활용

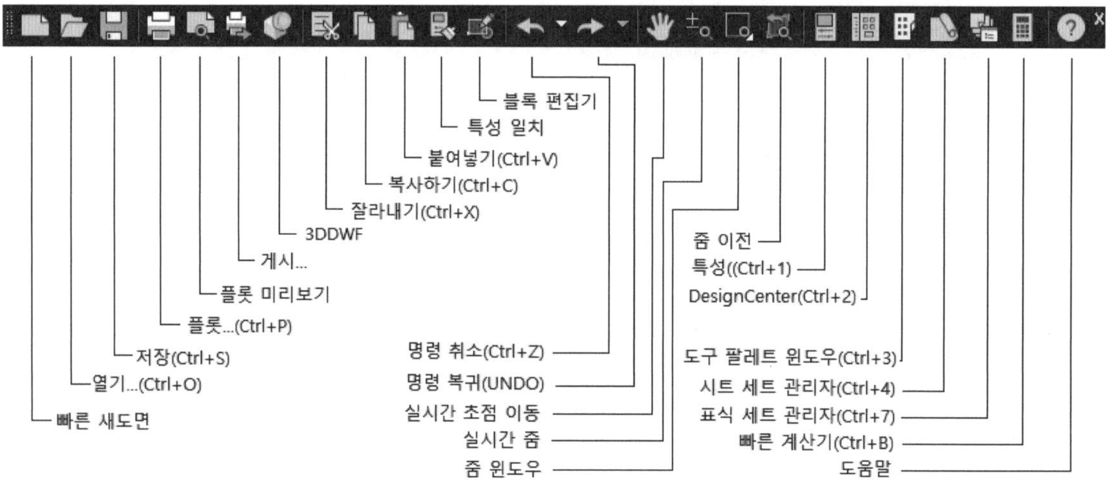

(1) **빠른 새도면** : 빈 도면 파일을 작성한다.

(2) **열기...** : 기존의 도면 파일을 열고,. 단축키는 Ctrl+O 이다.

(3) **저장** : 현재 도면을 저장하고, 단축키는 Ctrl+S 이다.

(4) **플롯...** : 도면을 플로터, 프린터 또는 파일로 인쇄하고, 단축키는 Ctrl+P 이다.

(5) **플롯 미리보기** : 플롯 되었을 때의 모양으로 도면을 표시한다.

(6) **게시...** : 도면을 전자 시트 세트(DWF, DWFx 또는 PDF 파일)나 플롯터로 게시한다. 도면 집합을 모아 종이 또는 전자 파일로 된 도면 세트를 만들 수 있다. 전자적 도면 세트는 DWF, DWFx 또는 PDF 파일로 저장된다. DWF 및 DWFx 파일은 Autodesk Design Review를 사용하여 보거나 플롯할 수 있다. PDF 파일은 PDF뷰어로 볼 수 있다.

(7) **3DDWF** : 3D DWF 게시 인터페이스를 시작한다.

(8) **잘라내기** : 선택한 객체를 클립보드로 복사하고 도면에서 제거한다. 다른 응용프로그램에서 도면 파일의 객체를 사용하려는 경우 클립보드로 해당 객체를 잘라낸 다음 다른 응용프로그램으로 붙여 넣을 수 있다. 잘라내기 및 붙여넣기 기능을 사용하여 도면 간에 객체를 이동할 수도 있다. 단축키는 Ctrl+X 이다.

(9) **복사** : 선택한 객체를 클립보드로 복사하고, 단축키는 Ctrl+C 이다.

(10) **붙여넣기** : 클립보드의 객체를 현재 도면에 붙여 넣는다. 객체를 클립보드에 복사할 경우 사용할 수 있는 모든 형식으로 정보가 저장된다. 클립보드의 내용을 도면에 붙여 넣을 때에는 가장 많은 정보를 유지하는 형식이 된다. 복사에 붙여넣기 기능을 사용하여 도면 간에 객체를 이동할 수도 있다. 단축키는 Ctrl+V 이다.

(11) **특성 일치** : 선택한 객체의 특성을 다른 객체에 적용한다. 적용할 수 있는 특성 유형에는 색상, 도면층, 선종류, 선종류 축척, 선가중치, 플롯 스타일, 투명도 및 기타 지정한 특성이 포함된다.

(12) **블록 편집기** : 블록 편집기에서 블록 정의를 연다. 블록 편집기는 현재 도면의 블록 정의를 작성하고 변경하기 위한 독립적 환경이다. 이 편집기를 사용하여 블록에 동적 동작을 추가할 수 도 있다.

(13) **명령 취소(UNDO)** : 가장 최근의 작업을 취소한다, 단축키는 Ctrl+Z 이다.

(14) **명령 복구(REDO)** : 이전의 UNDO 또는 U 명령의 효과를 되돌린다.

주의 UNDO 명령이나 REDO 명령 사용시 주의사항

도면 작업을 다 마치고 저장한 후 AutoCAD를 종료하면 그 파일의 모든 작업 내역이 삭제되기 때문에 다시 종료한 파일을 불러와서 UNDO 명령이나 REDO 명령을 실행하면 해당 명령이 실행되지 않는다.

(15) **실시간 초점이동** : 화면에 편평하게 뷰를 이동한다. 커서를 시작 위치에 놓고 마우스 버튼을 누른 상태에서 커서를 새 위치로 끈다. 마우스 스크롤 휠이나 가운데 버튼을 누르고 커서를 끌어 초점 이동할 수 도 있다.

(16) **실시간 줌** : 현재 뷰포트의 객체 표시 크기가 확대 또는 축소되도록 줌 한다.

(17) **줌 윈도우** : 현재 뷰포트의 객체 표시 크기가 확대 또는 축소되도록 줌 한다.

(18) **줌 이전** : 줌 이전의 상태로 되돌린다.

(19) **특성** : 기존 객체의 특성을 제어한다. 단축키는 Ctrl+1 이다. 객체를 여러 개 선택한 경우, 선택한 모든 객체에 대해 공통인 특성만 표시된다. 객체를 선택하지 않으면 일반 특성의 현재 설정만 표시된다.

(20) **DesignCenter** : 블록, 외부 참조, 해치 패턴 같은 컨텐츠를 관리하고 삽입한다. 왼쪽의 트리 뷰에서 컨텐츠 원본을 찾아보고 컨텐츠 영역에 컨텐츠를 표시할 수 있다. 오른쪽의 컨텐츠 영역에서는 도면 또는 도구 도구막대에 항목을 추가할 수 있다. 단축키는 Ctrl+2 이다.

(21) **도구 도구막대 윈도우** : 도구 도구막대 윈도우를 열고 닫는다. 도구 도구막대를 사용하면 윈도우에서 블록, 해치 및 사용자 도구를 구성할 수 있다. 도구 도구막대 윈도우의 여러 영역을 마우스 오른쪽 버튼으로 클릭할 때 나타나는 바로 가기 메뉴를 통해 다양한 옵션과 설정에 엑세스 할 수 있다. 단축키는 Ctrl+3 이다.

(22) **시트 세트 관리자** : 시트 세트 관리자를 연다. 시트 세트 관리자는 도면 시트의 명명된 집합인 시트 세트를 구성, 표시 및 관리한다. 시트 세트의 각 시트는 도면(DWG) 파일의 배치이다. 단축키는 Ctrl+4 이다.

(23) **표식 세트 관리자** : 로드된 마크업 세트 및 세트 상태에 대한 정보를 표시한다. 검토를 위해 설계를 전송할 때, 도면을 DWG 또는 DWGx 파일로 게시할 수 있다. 검토자는 Autodesk Design Review에서 파일을 열어 마크업 한 다음 파일을 다시 사용자에게 보내 준다. 단축키는 Ctrl+7 이다.

(24) **빠른 계산기** : 빠른 계산기를 표시하거나 숨긴다. 빠른 계산기는 수학, 과학 및 기하 계산을 모두 수행하며 변수를 작성 및 사용하고 측정 단위를 변환한다. 단축키는 Ctrl+B 이다.

(25) **도움말** : 도움말 윈도우를 연다.

04 줌(zoom) 활용

사용자의 도면 설계 시 사용자의 편리에 따라 원하는 대로 자유롭게 이동하거나 확대 및 축소하면 작업을 편리하고 쉽게 할 수 있다. 지금부터 줌 명령들의 활용 방법에 대해 설명하기로 한다.

(1) 도면 작업 중 간편한 확대 및 축소 기능

작업 도면에 마우스의 커서 이동 후(클릭하지 말 것) 마우스 스크롤을 이용하여 도면을 확대 또는 축소할 수 있다. 이때 마우스 커서의 위치를 기준으로 확대 및 축소가 된다.

① 차단기 도면의 오른쪽에 마우스 커서를 이동시키고 마우스 스크롤을 두 번 앞으로 굴린다.

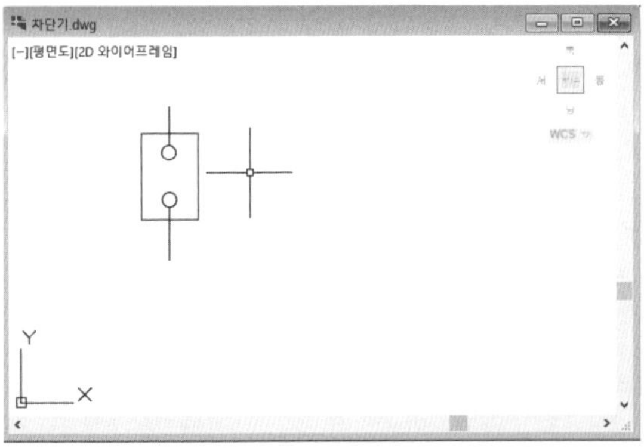

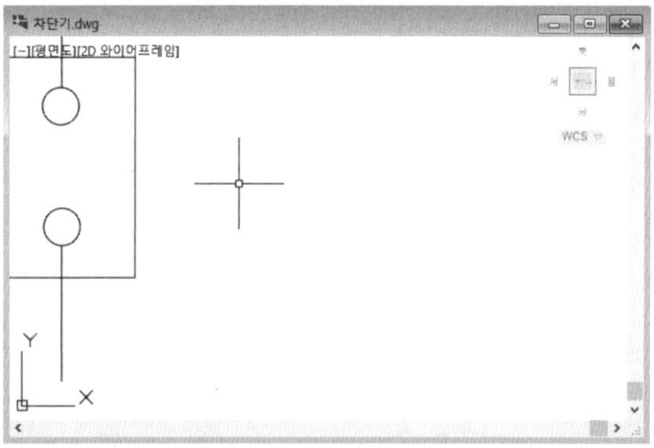

② 차단기 도면의 왼쪽에 마우스 커서를 이동시키고 마우스 스크롤을 두 번 앞으로 굴린다.

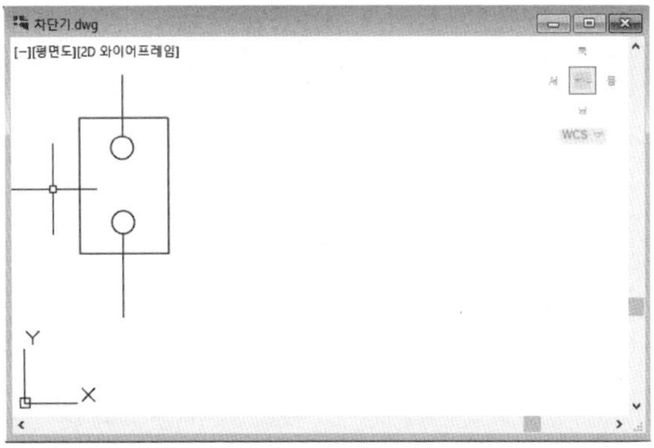

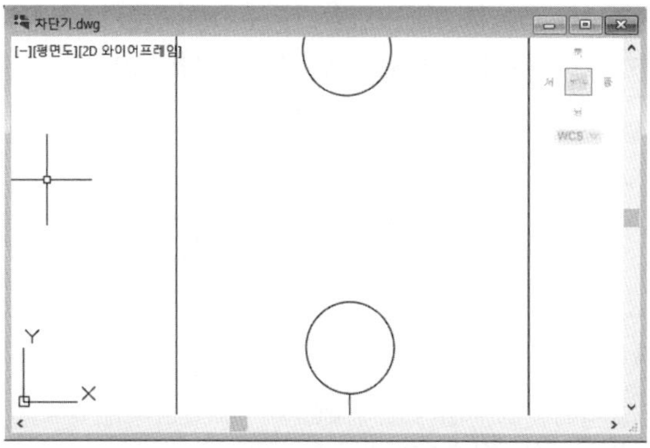

③ 차단기 도면의 아래쪽에 마우스 커서를 이동시키고 마우스 스크롤을 두 번 앞으로 굴린다.

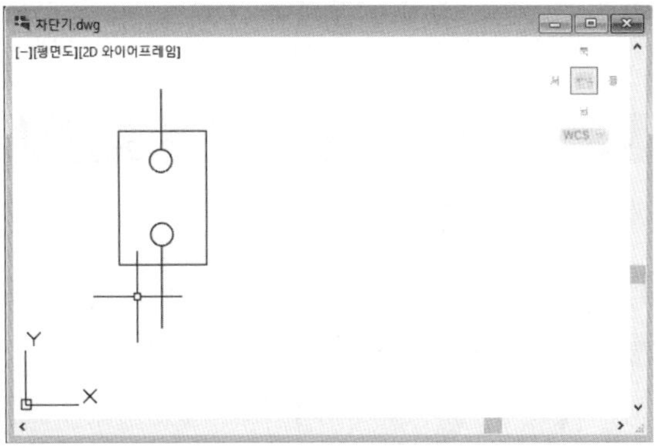

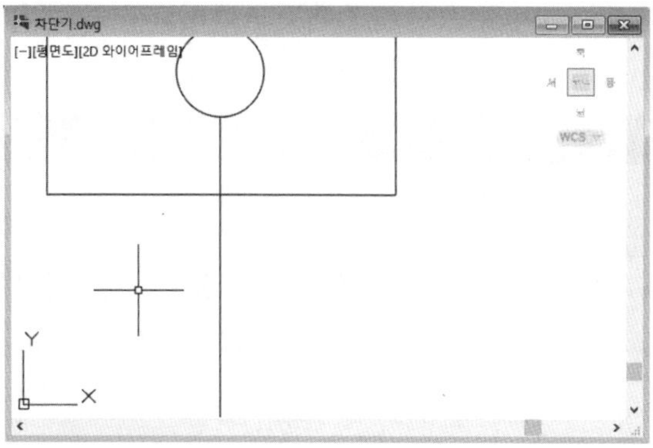

(2) 줌(zoom) 도구막대(Toolbar) 만들기

AutoCAD2022에서는 줌 기능만을 모아놓은 도구막대는 없으므로 사용자에 따라 줌[zoom] 도구막대를 만들어 사용하면 편리하다. 줌 도구막대 만들기는 AutoCAD 화면구성의 [새로운 도구막대 만들기] 과정을 참조하기 바란다.

① 명령 : Toolbar Space Bar 또는 옵션바 [뷰(V)]에서 [도구막대(O)...]를 클릭 → [사용자 인터페이스 사용자화] 대화상자 → [도구막대] 클릭 → 새 도구막대의 이름을 [줌(zoom)]으로 하고 [명령 리스트]에서 필요한 요소를 검색 → [줌(zoom)]으로 각각 드래그 한다.

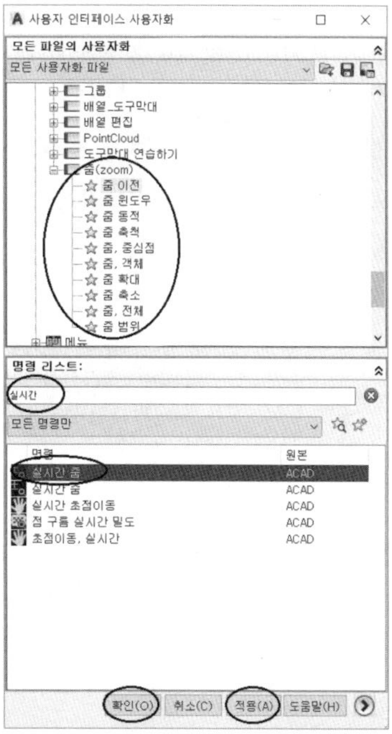

② 앞의 과정을 반복하여 줌 아이콘들을 [줌(zoom)]에 모은 다음 [적용(A)] 클릭 → [확인(O)] 클릭 → AutoCAD [작업 영역]에 줌(zoom) 도구막대가 생성된다.

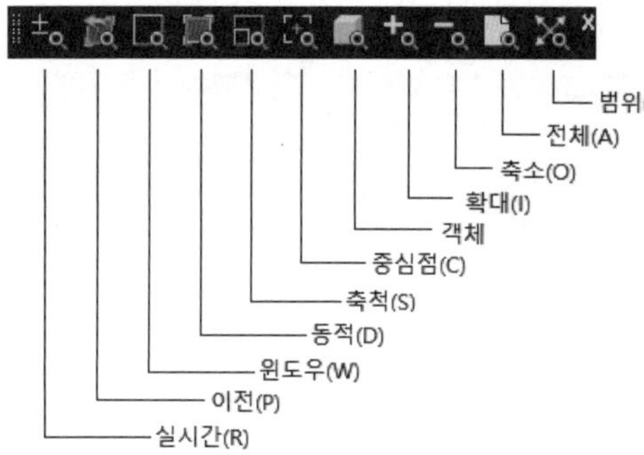

(3) 줌 윈도우(Window : W)

이 줌 명령은 확대할 영역을 직접 지정하는 방법이다. 도면 설계자가 특정 부분을 사각형 영역으로 지정하면 지정한 부분이 확대되어 보인다. 전기 도면 설계 시 가장 많이 쓰는 줌 기능 중의 하나이다.

[특성] 도구막대에도 [줌 윈도우] 와 [줌 이전] 아이콘이 등록되어 있다. 이 아이콘을 사용하여도 된다. 전기도면 설계 시 양호하게 보이더라도 화면을 확대하여 보면 그렇지 않은 경우가 많다.

① 명령 : zoom Space Bar

윈도우 구석을 지정, 축적 비율(nX 또는 nXP) 입력 또는

[전체(A)/중심(C)/동적(D)/범위(E)/이전(P)/축적(S)/윈도우(W)/객체(O)] 〈실시간〉 : w Space Bar

또는

- [특성] 도구막대에서 [줌 윈도우] 아이콘을 클릭 또는 새로 만든 [줌] 도구막대에서 아이콘을 클릭하거나 옵션바의 [뷰(V)]에서 [줌(Z)]에 마우스 커서 일치 → 오른쪽 대화상자에서 [윈도우(W)]를 클릭한다.

② [줌 윈도우] 명령 수행 중 [작업 영역]에서 마우스 오른쪽 버튼 클릭 → [옵션] 대화상자 → [반복(R) 줌 윈도우] 클릭 → [줌 윈도우] 명령을 반복 수행한다. 이 기능은 모든 명령 수행 후 선행 명령 반복 수행 시에 매우 유용하다.

③ [줌 윈도우] 명령 수행 중 [작업 영역]에서 마우스 오른쪽 버튼 클릭 → [옵션] 대화상자 → [명령 취소(U) 줌 윈도우] 클릭 → [줌 윈도우] 전 단계로 돌아간다.

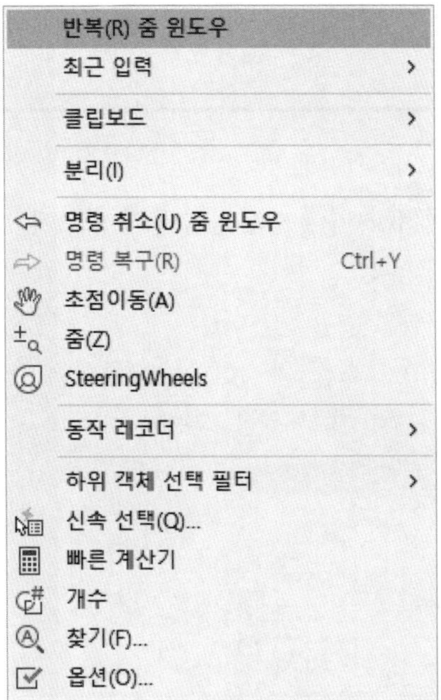

(4) 줌 이전(Previous : P)

줌 직전 단계 배율로 돌아가는 줌 이전(Previous)으로 반복 실행하면 계속해서 이전의 화면 배율로 돌아간다.

① 명령 : zoom [Space Bar]

윈도우 구석을 지정, 축적 비율(nX 또는 nXP) 입력 또는
[전체(A)/중심(C)/동적(D)/범위(E)/이전(P)/축적(S)/윈도우(W)/객체(O)] 〈실시간〉 : p [Space Bar]
또는

- [특성] 도구막대에서 [줌 이전] 아이콘을 클릭 또는 새로 만든 [줌 도구막대]에서 아이콘을 클릭 하거나 옵션바의 [뷰(V)]에서 [줌(Z)]에 마우스 커서 일치 → 오른쪽 대화상자에서 [이전(P)]를 클릭한다.

② [줌 윈도우] 명령 수행 중 [작업 영역]에서 마우스 오른쪽 버튼을 클릭 → [옵션] 대화상자 → [명령 취소(U) 줌 윈도우]를 클릭 → 확대 전 도면 상태로 돌아간다.

실력향상

[줌 윈도우(W)] 와 [줌 이전(P)] 기능을 수행하여 보자.

[1] 차단기 심벌을 그려보자.

① [상태] 도구막대의 [그리드] 모드 와 [OSNAP(중심점,사분점)] 모드를 켠다.

② [원] 아이콘 클릭 → 차단기 내부 원을 그린다.

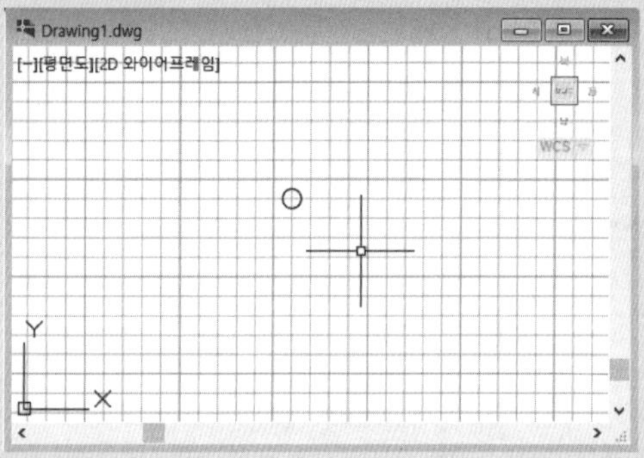

[2] 작도한 원 클릭 → [복사] 아이콘 클릭 → 커서 + 모양 →원에 일치시키고 클릭한다.

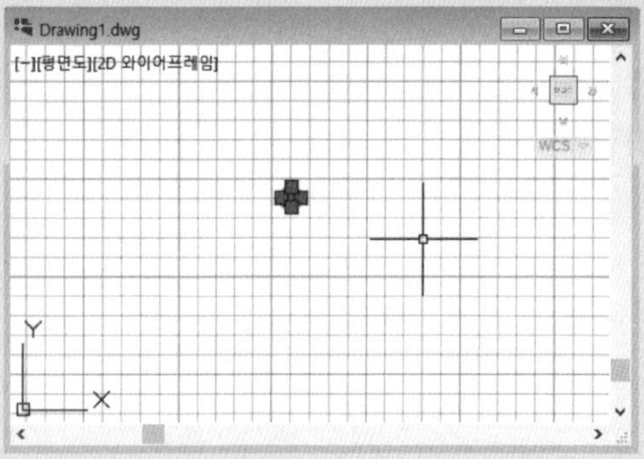

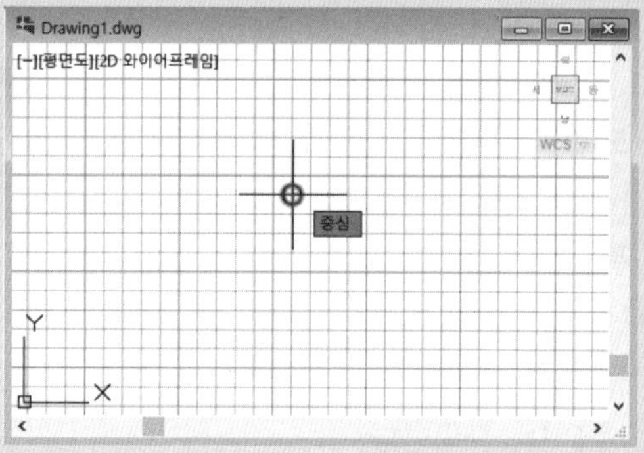

[3] 복사한 원을 아래로 이동 → 클릭한다.([직교] 모드 켠다)

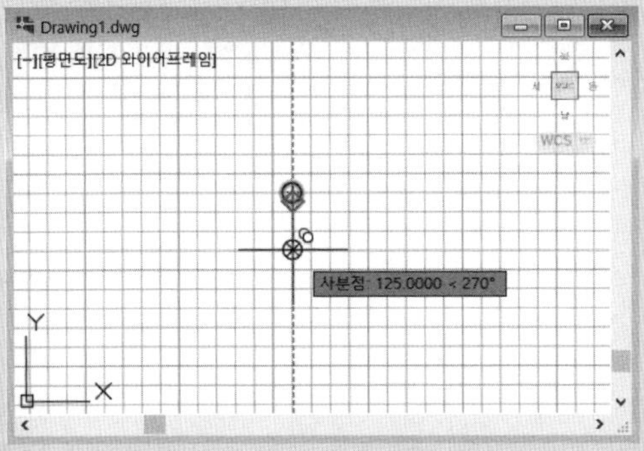

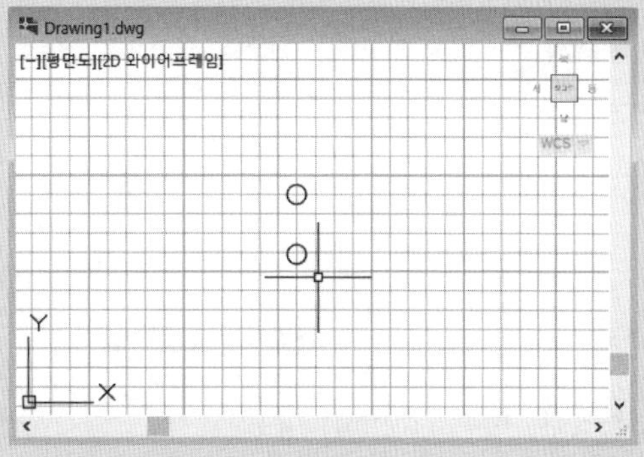

[4] [선] 아이콘 클릭 → 위쪽 원에 선을 그린다. 먼저 원에 접하는 부분 클릭 → 연장선 클릭 → Space Bar 를 친다. 아래의 원에도 동일하게 수행한다.

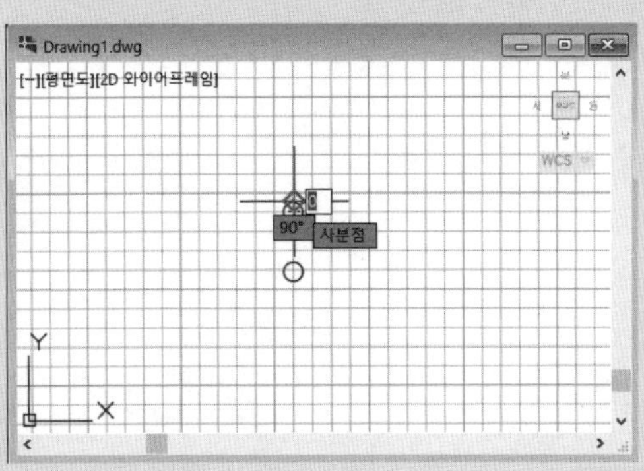

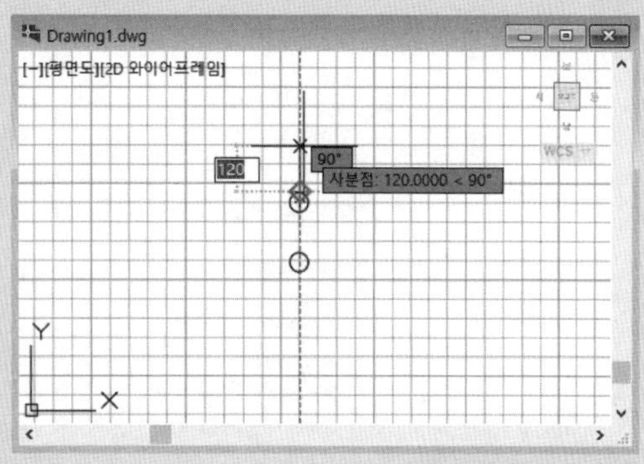

[5] [줌 윈도우] 아이콘 클릭 후 위쪽의 원과 선 접속 부분을 지정 후 클릭하면 그 부분이 확대된다.

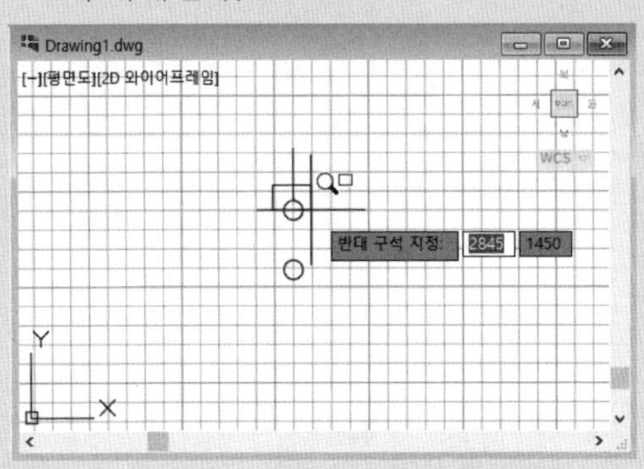

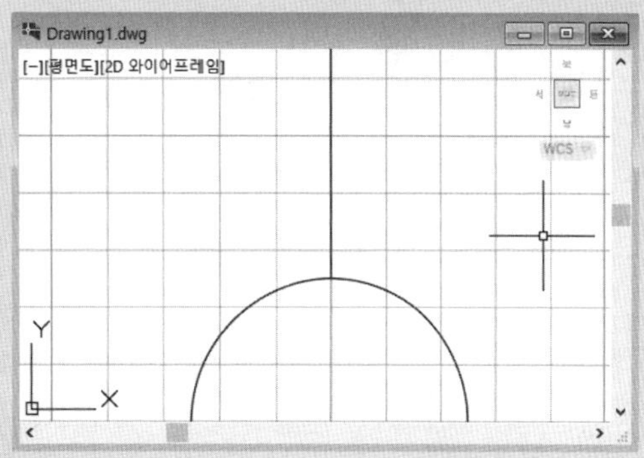

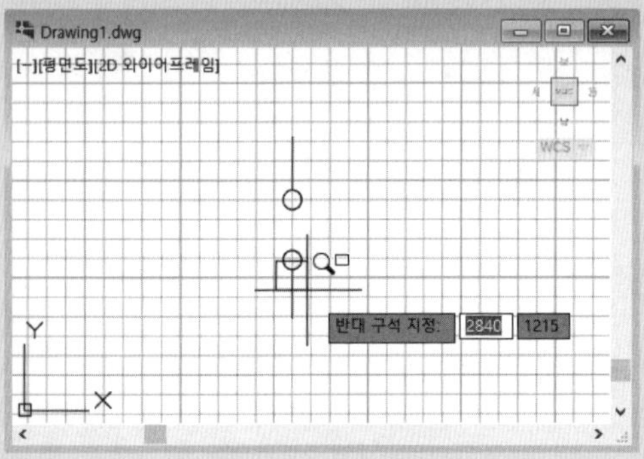

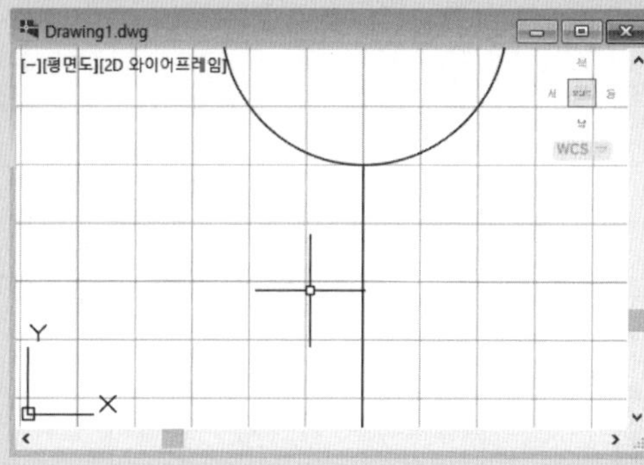

■ [줌 이전] 아이콘 클릭 또는 [작업 영역]에서 마우스 오른쪽 버튼을 클릭 → [옵션] 대화상자 → [명령 취소(U) 줌 윈도우]를 클릭 → 확대 전 도면 상태로 돌아간다.

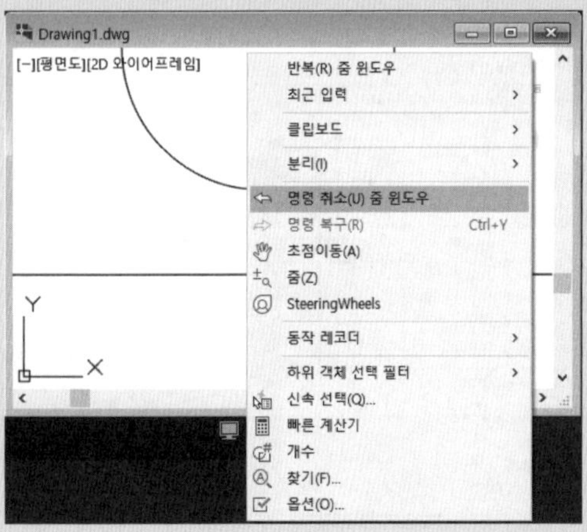

[6] [직사각형] 아이콘 클릭 → 직사각형을 그린다.

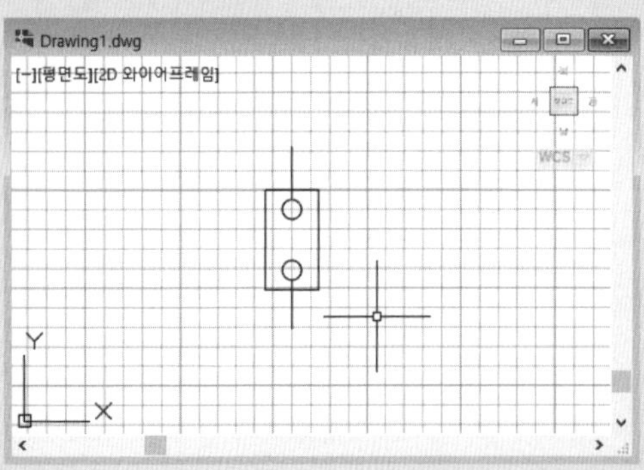

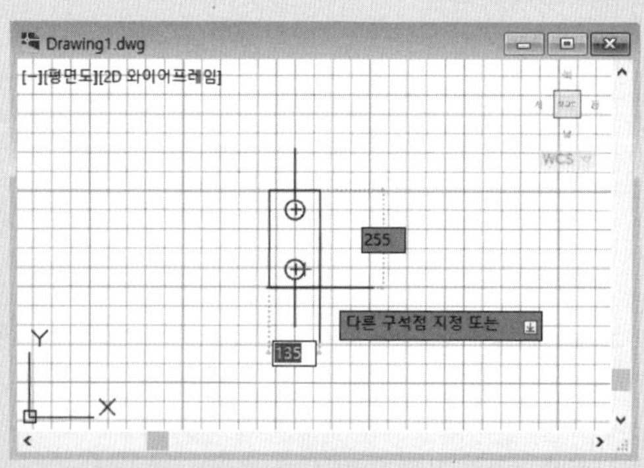

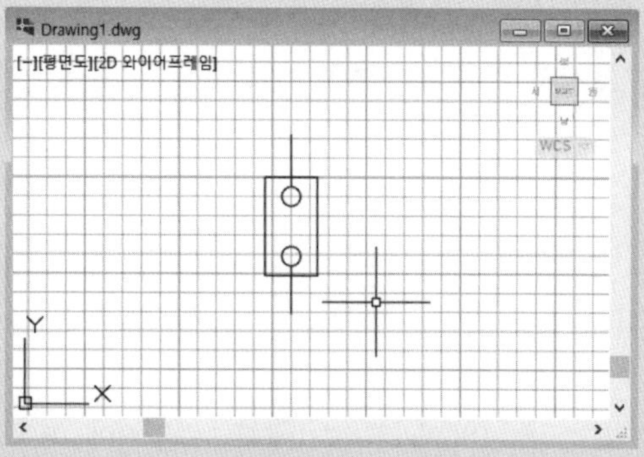

[7] [줌 윈도우] 아이콘 클릭하고 작업 상태를 확인한다.

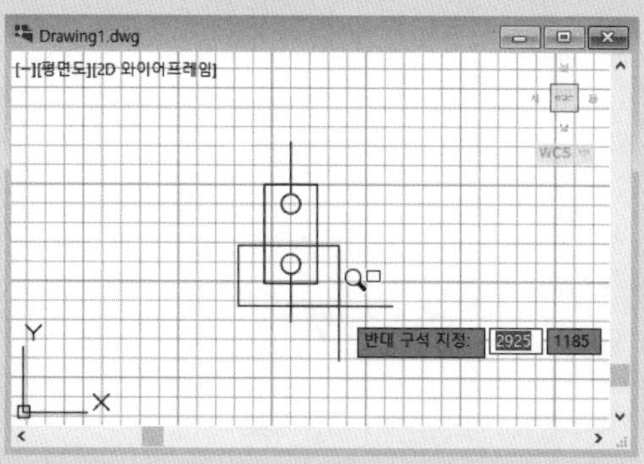

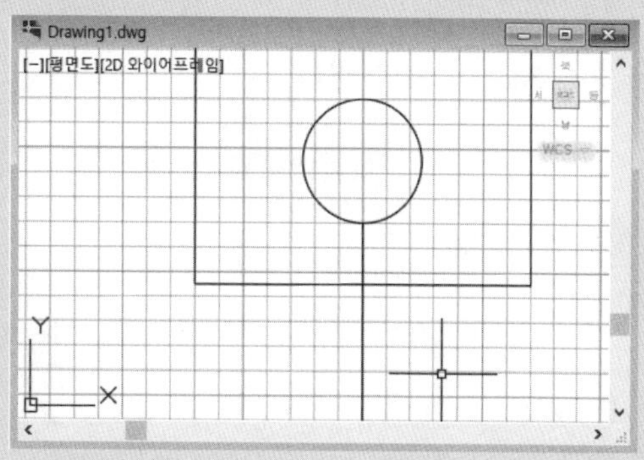

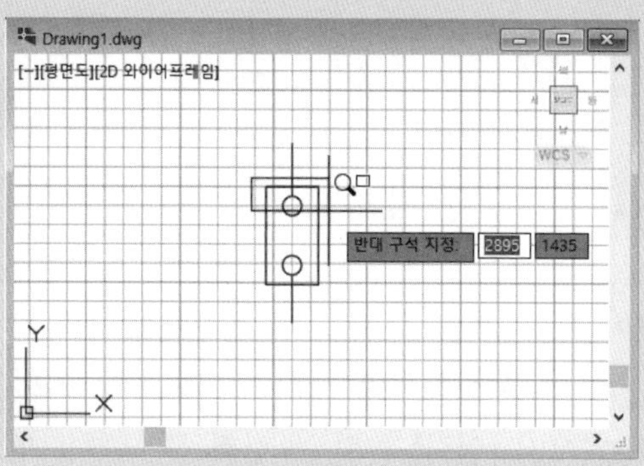

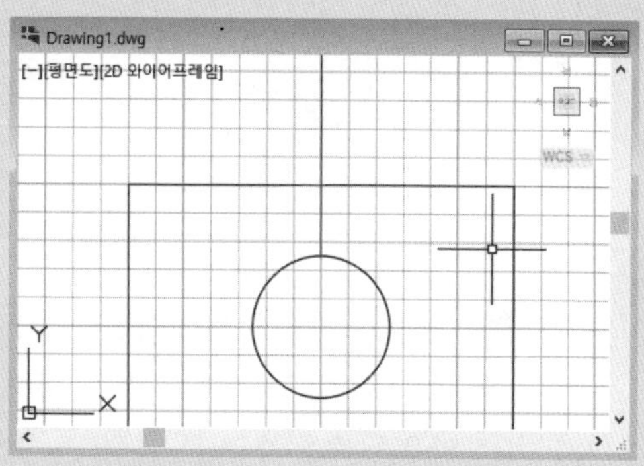

[8] [그리드] 모드를 끄면 차단기 심벌이 완성된 것을 확인할 수 있다.

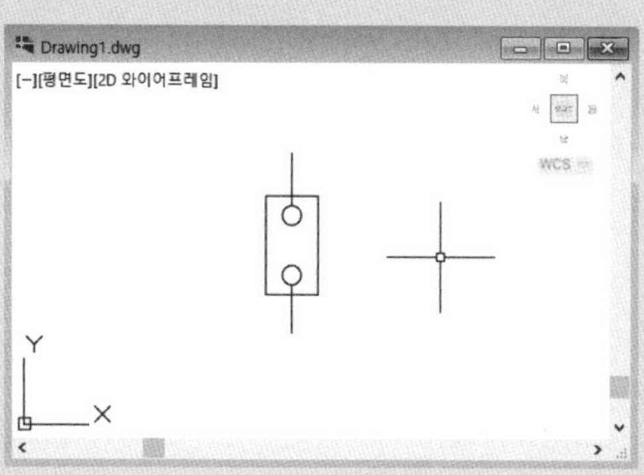

(5) 동적(Dynamic : D)

이 기능은 원하는 부분을 빠르게 볼 수 있는 것이 특징으로 도면의 전체 영역을 보여주고 화면에 상자가 나타나면 확대하려는 영역에 맞게 크기를 조절하여 지정한 영역만큼 도면을 확대해 준다.

① 명령 : zoom [Space Bar]

윈도우 구석을 지정, 축적 비율(nX 또는 nXP) 입력 또는

[전체(A)/중심(C)/동적(D)/범위(E)/이전(P)/축적(S)/윈도우(W)/객체(O)] 〈실시간〉 : d [Space Bar]

또는

- [줌] 도구막대에서 [줌 동적] 아이콘 클릭 또는 옵션바의 [뷰(V)]에서 [줌(Z)]에 마우스 커서 일치 → 오른쪽 대화상자에서 [동적(D)]를 클릭한다.

② 단로기(DS) 심벌을 그린다.

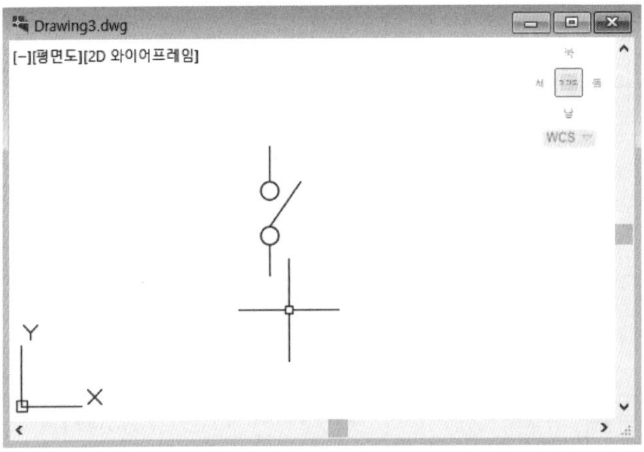

③ [줌 동적] 아이콘을 클릭 → 실선 부분(돋보기 모양 부분)을 클릭 → 마우스로 사각형 크기가 조절 → 한 번 더 클릭 → 모양이 생성 → 를 확대시키고자 하는 부분에 이동시키고 [Space Bar] 또는 마우스 오른쪽 버튼 클릭 → 대화상자에서 [입력] 클릭 → 선택 한 부분을 화면 꽉 차게 확대하여 보여준다.

- 도면 전체의 점선 : Limits 와 도면 요소를 포함한 전체의 화면을 나타낸다.
- 차단기 그림을 포함하고 있는 점선 : 현재의 화면상태
- 실선 : 사용자가 확대하고자 설정할 상자이다.

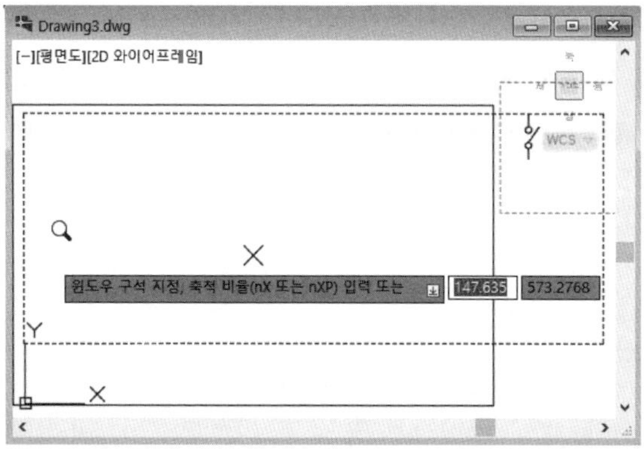

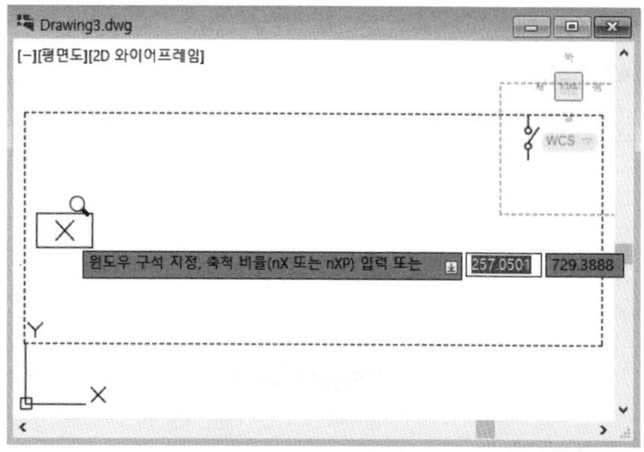

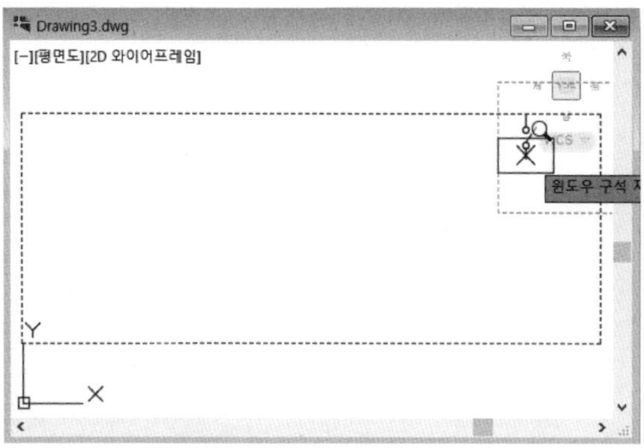

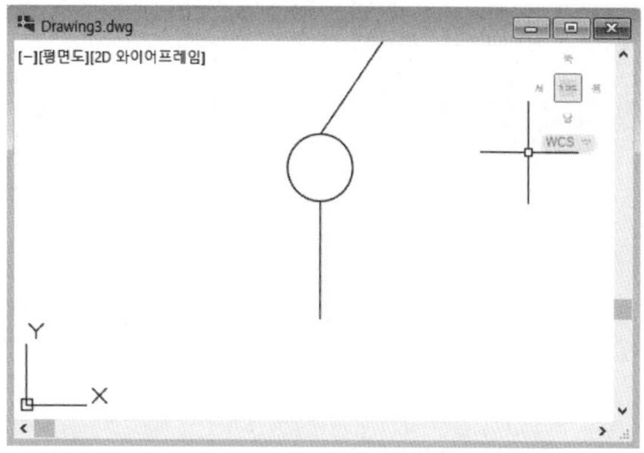

■ [줌 이전] 아이콘을 클릭 또는 [작업 영역]에서 마우스 오른쪽 버튼 클릭 → [옵션] 대화상자 → [명령 취소(U) 동적]을 클릭 → 확대 전 도면 상태로 돌아간다.

(6) 줌 축척(Scale : S)

현재 화면의 크기를 상대적 또는 절대적 크기로 원하는 배율만큼 확대 또는 축소하는 명령으로 도면의 옵션에 nX와 nXP 하위 옵션이 있다. nX는 현재의 작업 영역에서 사용하는 옵션이고, nXP는 [레이아웃]탭에서 사용하는 옵션이다. 화면을 축소하려면 1/2=0.5X 입력, 2배 확대 = 2X, 3배 확대 = 3X 입력하고 Enter↵ 또는 Space Bar 를 치면 축소 및 확대 명령이 수행된다.

① 명령 : zoom Space Bar

윈도우 구석을 지정, 축적 비율(nX 또는 nXP) 입력 또는

[전체(A)/중심(C)/동적(D)/범위(E)/이전(P)/축적(S)/윈도우(W)/객체(O)] 〈실시간〉 : s Space Bar

또는

■ [줌] 도구막대에서 [줌 축적] 아이콘 클릭 또는 옵션바의 [뷰(V)]에서 [줌(Z)]에 마우스 커서 일치 → 오른쪽에 대화상자가 나오면 [축적(S)]를 클릭한다.

② 단로기(DS) 심벌로 [줌 축척(S)] 활용 예를 설명한다.

■ [줌 축척] 아이콘 클릭 → 커서 + 모양 → 축척 기준점 클릭 → 0.5x Space Bar 반으로 축소된다)

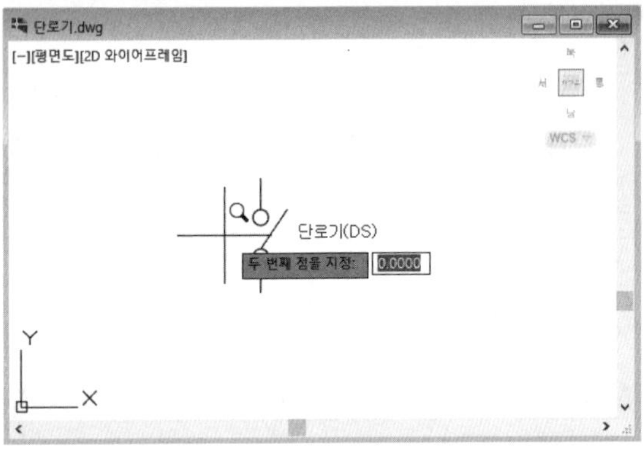

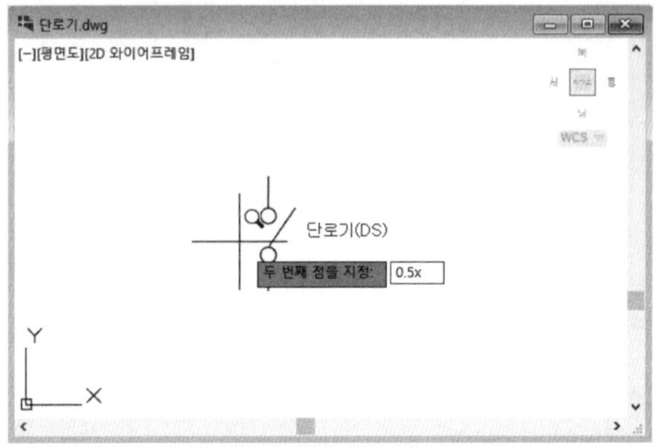

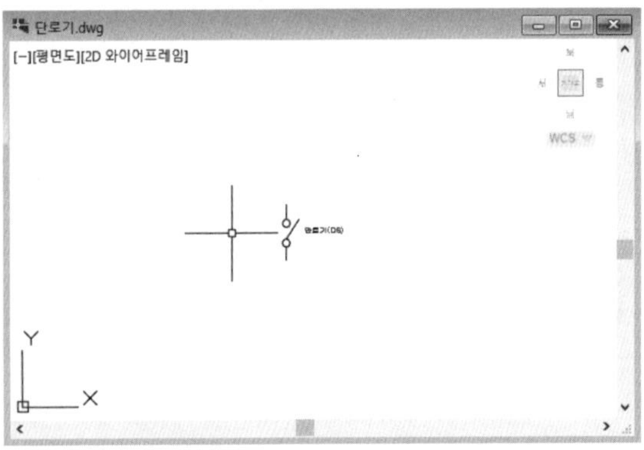

■ [줌 축척] 아이콘 클릭 → 커서 + 모양 → 축척 기준점 클릭 → 2x Space Bar (2배로 확대된다)

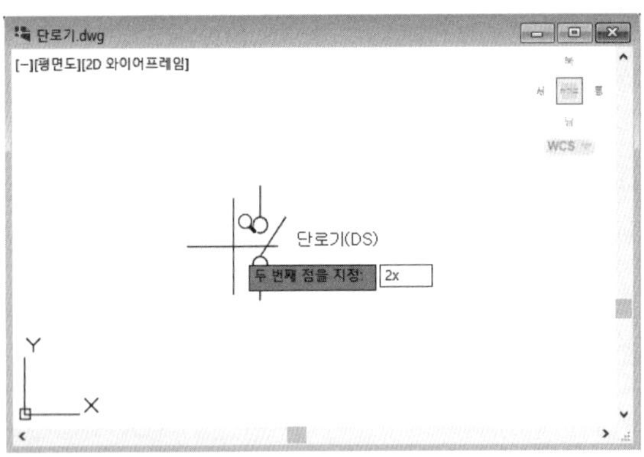

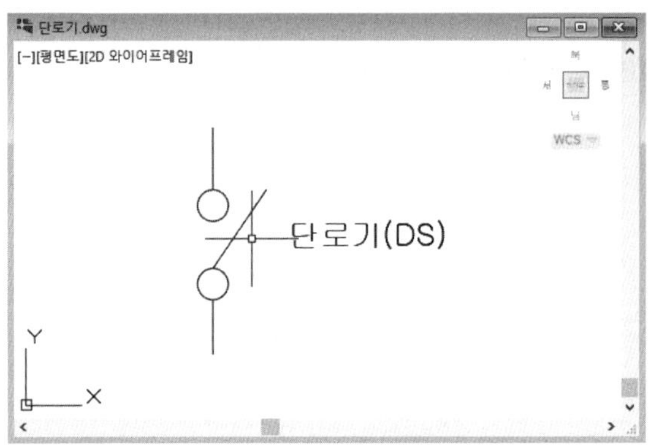

(7) 줌 중심점(Center : C)

화면의 도면을 지정하는 점을 중심으로 배율이나 높이를 설정해 주어 확대한다. 즉, 도면에서 지정한 좌표가 화면의 중심이 된다.

① 명령 : zoom Space Bar

윈도우 구석을 지정, 축적 비율(nX 또는 nXP) 입력 또는

[전체(A)/중심(C)/동적(D)/범위(E)/이전(P)/축적(S)/윈도우(W)/객체(O)] 〈실시간〉 : c Space Bar

또는

- [줌] 도구막대에서 [줌 중심점] 아이콘 클릭 또는 옵션바의 [뷰(V)]에서 [줌(Z)]에 마우스 커서 일치 → 오른쪽에 대화상자가 나오면 [중심점(C)]를 클릭한다.

② 단로기(DS) 심벌에 [줌 중심점] 명령을 수행하여 본다.

- [줌 중심점] 아이콘 클릭 → 단로기 중심을 클릭 → [배율 또는 높이 입력〈958.3736〉] 옆에 치수 입력창이 파란색으로 나타난다. 현재 도면의 배율 또는 높이가 〈958.3736〉이므로 이 값보다 작은 값을 입력하면 그 값만큼 확대된다. 큰 값을 입력하면 축소된다.

- 확대 비율 [400]을 입력하면 그 비율만큼 확대된다.

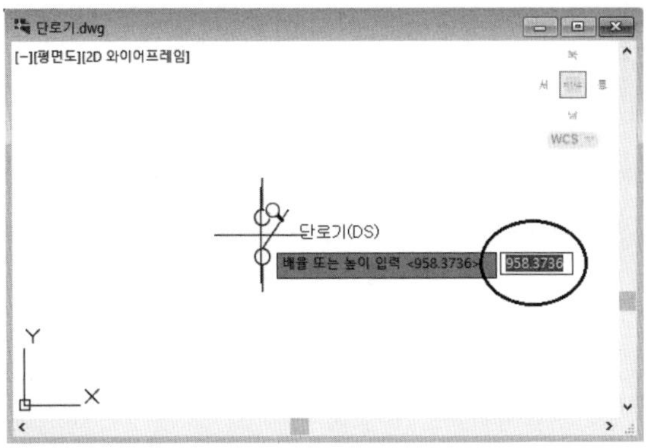

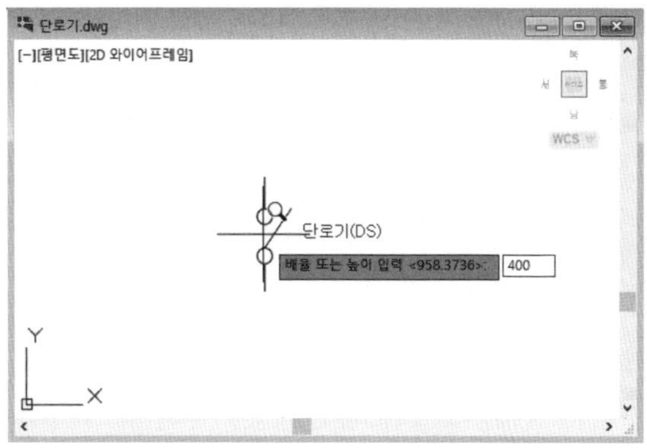

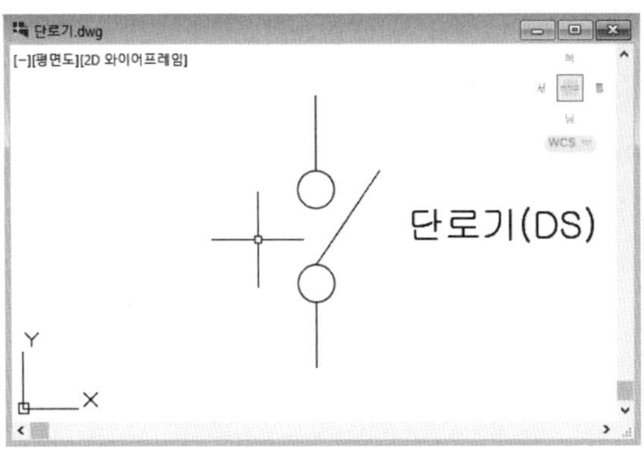

- [줌 이전] 아이콘을 클릭하면 원래의 도면 상태로 돌아간다.
- 축소 비율 2000 Space Bar 를 치면 비율만큼 축소된다.

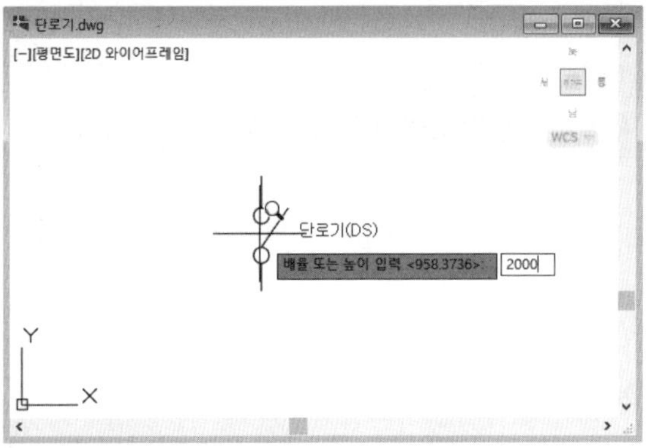

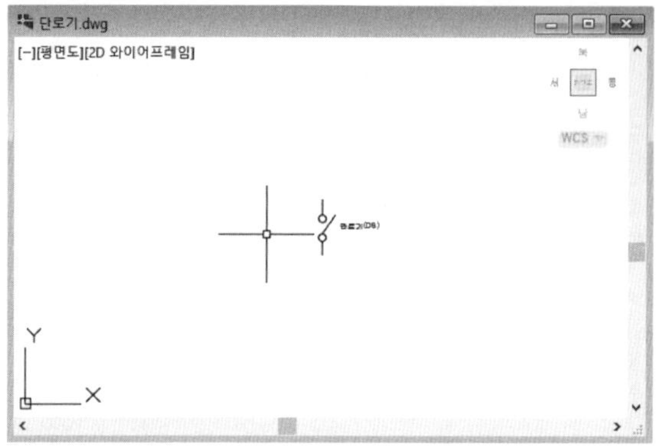

(8) 줌 확대(In : I)

줌 활용에서 2X(2배) 배율만큼씩 클릭할 때마다 확대되는 명령이다.

① 이 명령은 아이콘을 클릭하면 명령행에 2X(2배)가 자동 입력되고 [줌 확대] 아이콘을 클릭할 때마다 2배씩 확대된다.

■ [줌 확대] 아이콘을 클릭하면 명령행에 2X가 입력된다.
윈도우 구석을 지정, 축적 비율(nX 또는 nXP) 입력 또는
[전체(A)/중심(C)/동적(D)/범위(E)/이전(P)/축적(S)/윈도우(W)/객체(O)] 〈실시간〉 : 2X Space Bar
또는

■ 옵션바의 [뷰(V)]에서 [줌(Z)]에 마우스 커서 일치 → 오른쪽에 대화상자가 나오면 [확대(I)]를 클릭한다.

[단로기(DS) 심벌]

[줌 확대] 아이콘을 한번 클릭(2X)

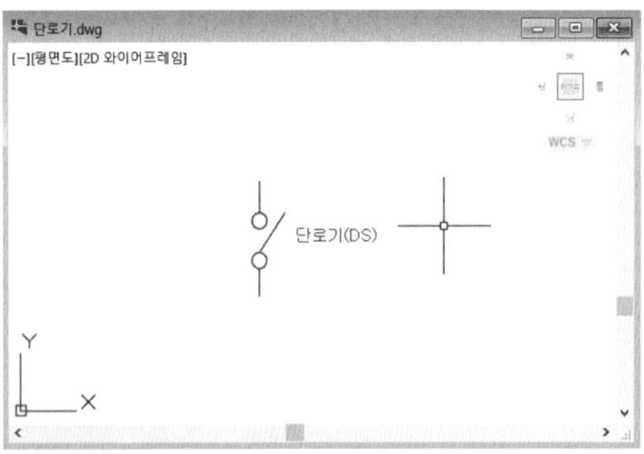

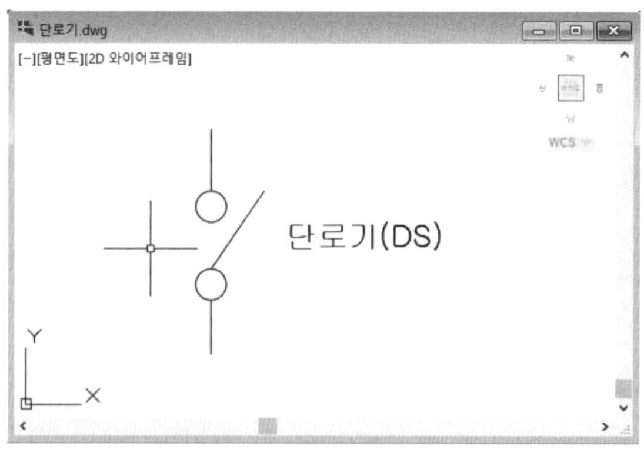

[줌 확대] 아이콘을 더블 클릭(4X)

[줌 확대] 아이콘을 세 번 클릭(6X)

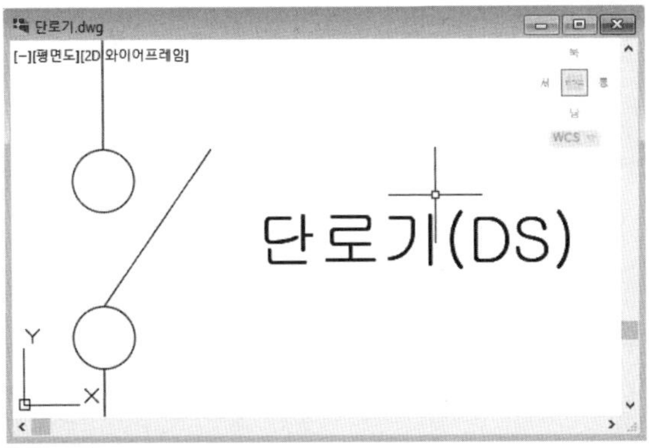

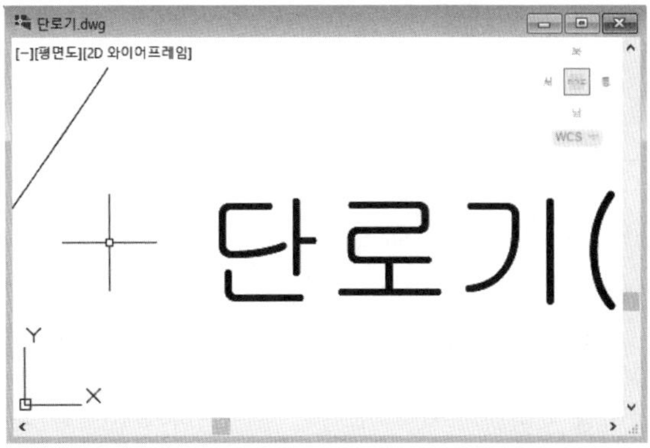

② [줌 이전] 아이콘 클릭 또는 [작업 영역]에서 마우스 오른쪽 버튼 클릭 → [옵션] 대화상자 → [명령 취소(U) 확대] 클릭 → 확대 전 도면 상태로 돌아간다.

(9) 줌 축소(Out : O)

줌 활용에서 0.5X(0.5배) 배율만큼씩 클릭할 때마다 축소되는 명령이다.

① 이 명령은 아이콘을 클릭하면 명령행에 0.5X(0.5배)가 자동 입력되고 [줌 축소] 아이콘을 클릭할 때마다 0.5배씩 축소된다.

- [줌 축소] 아이콘을 클릭하면 명령행에 0.5X가 입력된다.
  윈도우 구석을 지정, 축적 비율(nX 또는 nXP) 입력 또는
  [전체(A)/중심(C)/동적(D)/범위(E)/이전(P)/축적(S)/윈도우(W)/객체(O)] 〈실시간〉 :
  0.5X Space Bar 또는
- 옵션바의 [뷰(V)]에서 [줌(Z)]에 마우스 커서 일치 → 오른쪽에 대화상자가 나오면 [축소(O)]를 클릭한다.

② [줌 축소] 아이콘을 클릭할 때마다 0.5배씩 축소된다.

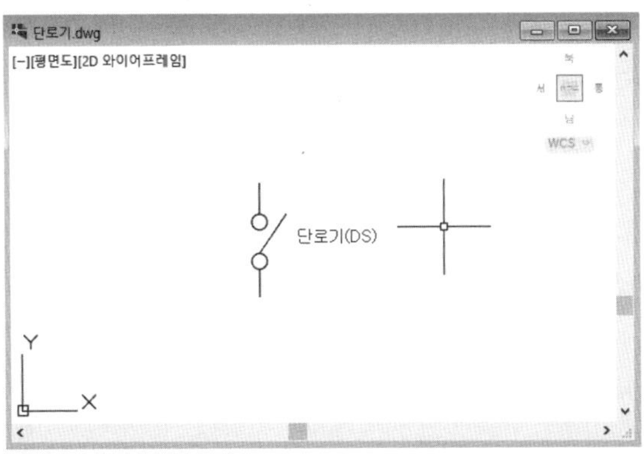

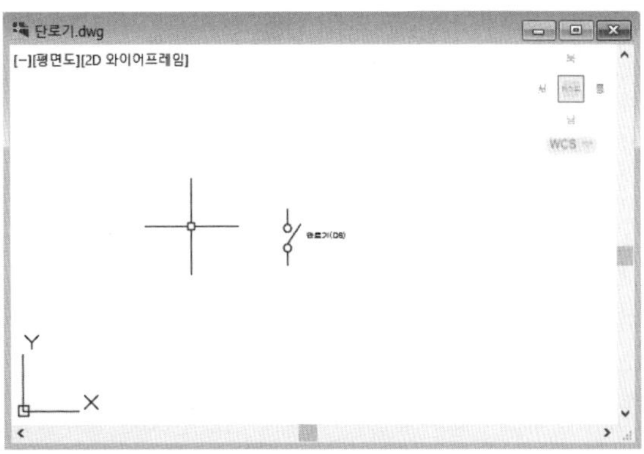

③ [줌 이전] 아이콘 클릭 또는 [작업 영역]에서 마우스 오른쪽 버튼 클릭 → [옵션] 대화상자 → [명령 취소(U) 축소] 클릭 → 확대 전 도면 상태로 돌아간다.

(10) 줌 전체(All : A)

객체 영역과 한계 영역을 모두 포함하여 화면에 나타내는 명령으로 그려진 모든 도면을 현재 화면에 보여준다. 도면에 작업한 요소를 화면에 모두 나타내며 도면 요소가 Limits 밖에 위치할 경우 그 요소까지 포착하여 Limits보다 크게 화면이 구성된다.

① 명령 : zoom Space Bar

윈도우 구석을 지정, 축적 비율(nX 또는 nXP) 입력 또는

[전체(A)/중심(C)/동적(D)/범위(E)/이전(P)/축적(S)/윈도우(W)/객체(O)] 〈실시간〉 : a Space Bar

또는

■ [줌] 도구막대에서 [줌 전체] 아이콘 클릭 또는 옵션바의 [뷰(V)]에서 [줌(Z)]에 마우스 커서 일치 → 오른쪽에 대화상자가 나오면 [전체(A)]를 클릭한다.

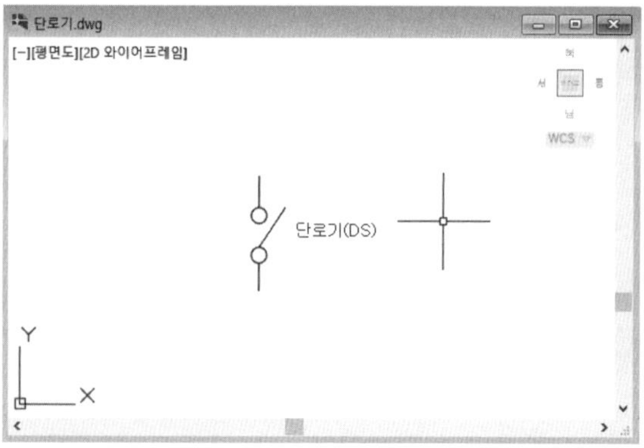

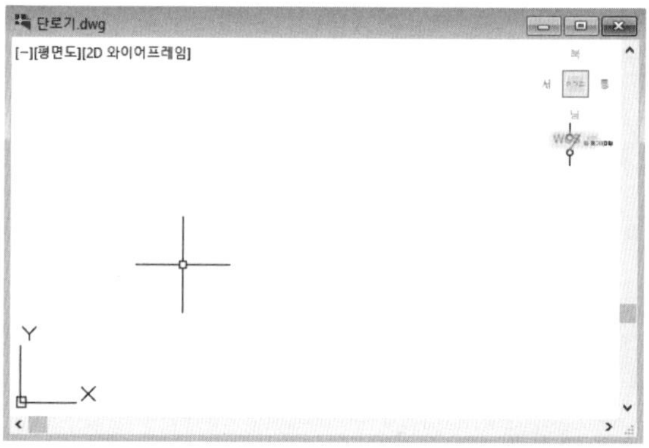

② [줌 이전] 아이콘 클릭 또는 [작업영역]에서 마우스 오른쪽 버튼 클릭 → [옵션] 대화상자 → [명령 취소(U) 축소] 클릭 → 확대 전 도면 상태로 돌아간다.

(11) 줌 범위(Extents : E)

작업한 모든 도면 영역을 화면에 꽉 채워 보여주는 명령으로 줌 명령에서 가장 자주 사용하는 옵션이다.

① 명령 : zoom Space Bar

윈도우 구석을 지정, 축적 비율(nX 또는 nXP) 입력 또는

[전체(A)/중심(C)/동적(D)/범위(E)/이전(P)/축적(S)/윈도우(W)/객체(O)] 〈실시간〉 : e Space Bar

또는

- [줌] 도구막대에서 [줌 범위] 아이콘 클릭 또는 옵션바의 [뷰(V)]에서 [줌(Z)]에 마우스 커서 일치 → 오른쪽에 대화상자가 나오면 [범위(E)]를 클릭한다.

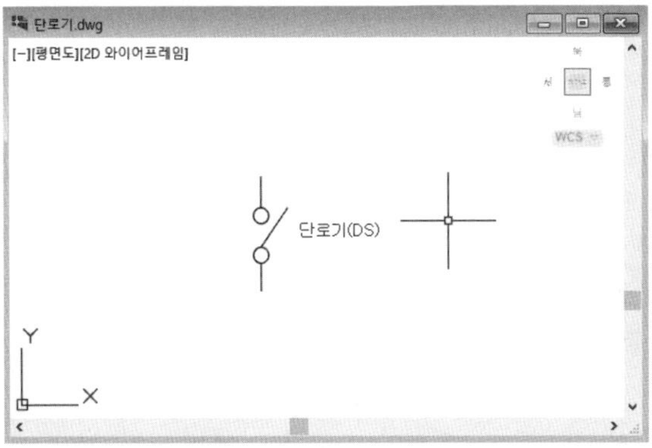

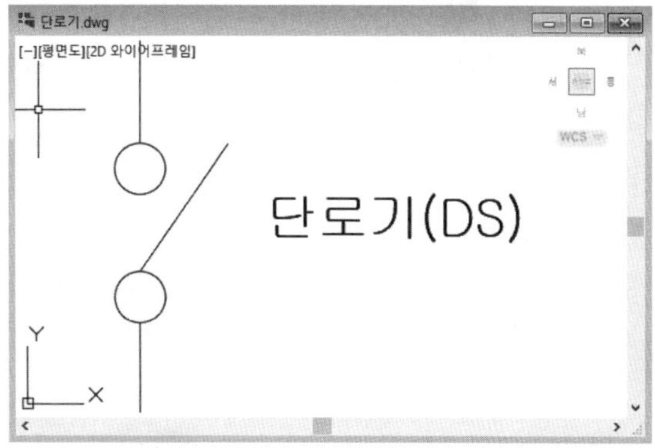

② [줌 이전] 아이콘 클릭 또는 [작업영역]에서 마우스 오른쪽 버튼 클릭 → [옵션] 대화상자 → [명령 취소(U) 축소] 클릭 → 확대 전 도면 상태로 돌아간다.

(12) 줌 객체(Object : O)

명령을 수행하면 돋보기 모양이 나타나면 객체를 선택하고 Enter↵ 또는 Space Bar 치면 그 객체가 확대 또는 축소되어 화면 전체에 나타낸다.

① 명령 : zoom Space Bar

윈도우 구석을 지정, 축적 비율(nX 또는 nXP) 입력 또는

[전체(A)/중심(C)/동적(D)/범위(E)/이전(P)/축적(S)/윈도우(W)/객체(O)] 〈실시간〉 : o Space Bar

또는

- [줌] 도구막대에서 [줌 객체] 아이콘을 클릭한 또는 옵션바의 [뷰(V)]에서 [줌(Z)]에 마우스 커서 일치 → 오른쪽에 대화상자가 나오면 [객체]를 클릭한다.

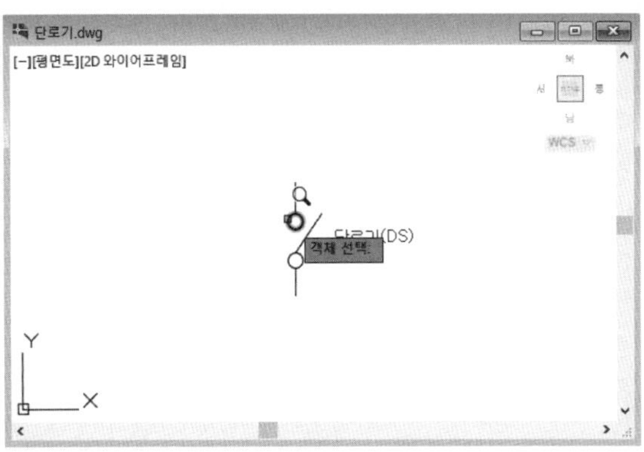

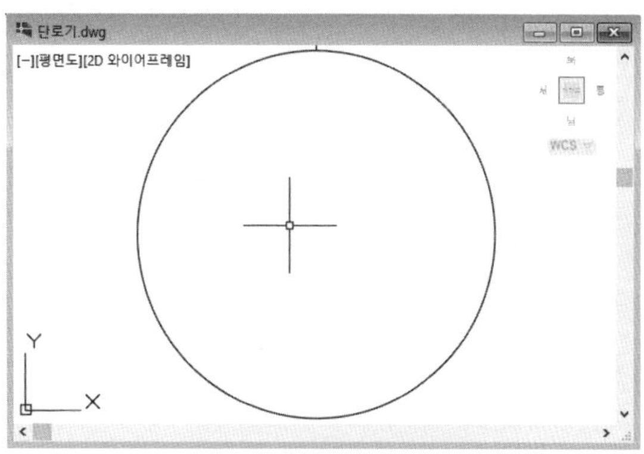

■ 확대하고자 하는 객체를 지정하고 클릭한 다음 Enter↵ 또는 Space Bar 를 치면 지정한 부분이 확대된다.

② [줌 이전] 아이콘 클릭 또는 [작업영역]에서 마우스 오른쪽 버튼 클릭 → [옵션] 대화상자 → [명령 취소(U) 축소] 클릭 → 확대 전 도면 상태로 돌아간다.

(13) 실시간 줌(Realtime : R)

[실시간 줌] 아이콘을 클릭하여 명령을 수행한다. 옵션을 선택하지 않고 바로 객체 부근에 돋보기 아이콘을 이동시키고 마우스 스크롤을 굴리면 돋보기를 기점으로 확대 및 축소된다.

① [줌] 도구막대에서 [실시간 줌] 아이콘을 클릭하거나 또는 옵션바의 [뷰(V)]에서 [줌(Z)]에 마우스 커서 일치 → 오른쪽에 대화상자 → [실시간] 클릭 → 명령행에 아래와 같이 나타난다.

```
[전체(A)/중심(C)/동적(D)/범위(E)/이전(P)/축척(S)/윈도우(W)/객체(O)] <실시간>:
ESC 또는 ENTER 키를 눌러 종료하거나 오른쪽 클릭하여 바로 가기 메뉴를 표시하십시오.
▼ ZOOM
```

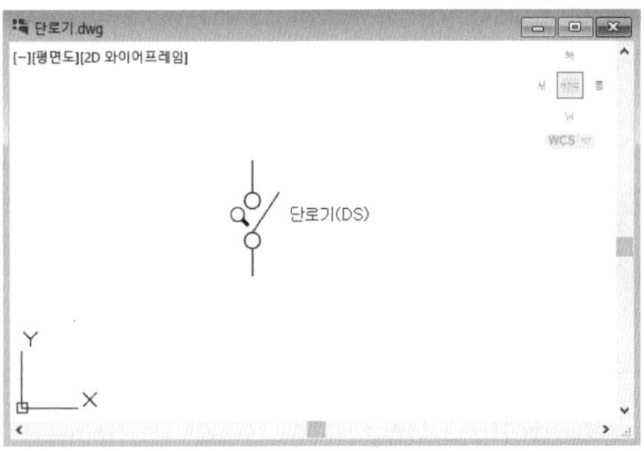

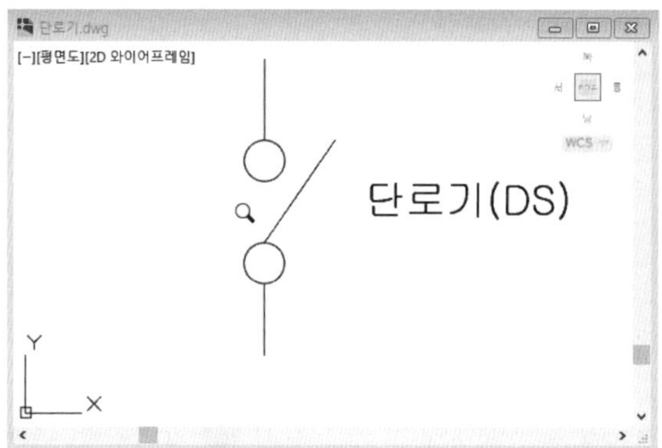

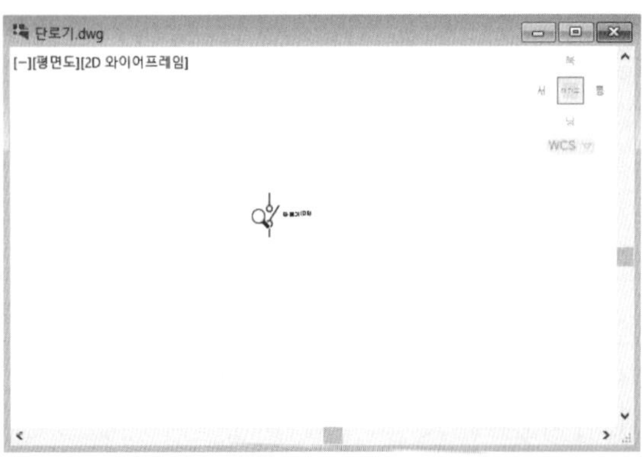

05 객체 스냅(Object Snap : OSNAP) 활용

(1) 객체 스냅(OSNAP)이란

일반적으로 오스냅(OSNAP)이라 부르고 있으며, AutoCAD로 도면 작업 시 반드시 필요하고 매우 유용한 보조 기능이다. 객체 스냅(OSNAP)은 도면 작업 시 정확한 점을 지정해주어 도면 작업의 수행 및 수정 시 사용하는 편리한 기능이다. 즉, 도면 요소의 지정한 포인트를 지정해주는 도구로서 CAD 작업 시 도면 요소들의 접속점 처리가 문제시되는데 이 기능으로 간단히 해결할 수 있다.

예를들어 전기 도면 심벌을 그릴 때 원에 선을 그릴 때 정확한 접속점을 지정하여 주어 도면 작업 시 정확한 접속점 등의 작업을 편리하게 할 수 있도록 하는 기능이다. 객체 스냅은 도면 작업을 편리하게 수행하게 해 주는 매우 유용한 보조 기능이다.

(2) 객체스냅(OSNAP) 설정 및 활용하기

① 명령 : osnap [Space Bar] 또는 [상태] 도구막대에서 [2D로 참조점으로 커서스냅(OSNAP)] 아이콘 옆의 [더 보기] 화살표를 클릭 → 상세 메뉴가 나타나면 [객체스냅설정...]을 클릭한다.

왼쪽에 체크가 되어있는 기능이 현재 활성화 되어있는 [객체 스냅(OSNAP)] 옵션이다.

[제도 설정] 대화상자에서 [객체 스냅]이 활성화되어 나타난다. 이 대화상자에서 [객체 스냅(OSNAP)] 옵션을 한 번에 지정 할 수 있다. 전기도면 설계 시 기본 설정되어 있는 [객체 스냅(OSNAP)] 만으로도 충분히 설계가 가능하리라 판단된다.

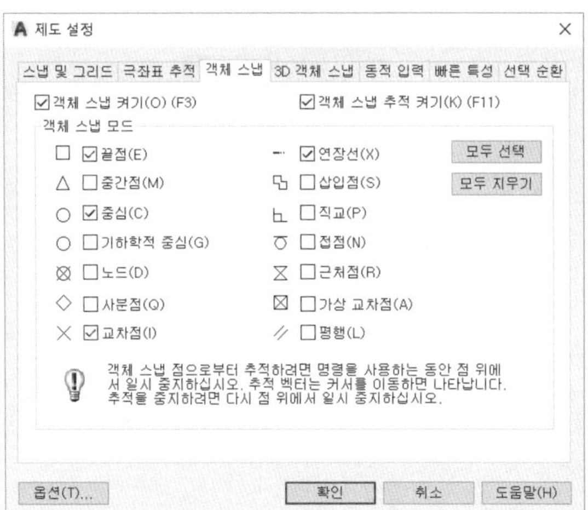

② 객체 스냅(OSNAP) 모드 활용하기

■ [끝점(Endpoint : E)] – 선이나 호에서 가까운 끝점을 찾아 □ 모양으로 지정되는 점을 표시해주어 정확한 도면 작업을 할 수 있게 해 준다. 객체의 끝점 주변에 마우스 십자선을 갖다 대기만 해도 자동으로 해당 객체의 끝점에 □ 모양으로 표시 해 준다. 단, 원이나 타원은 끝점이 없으므로 지정할 수 없다.

– 선 아이콘 클릭 → 단로기 심벌 부근으로 마우스 십자선을 이동 → 끝점에 □ 모양이 나타나면서 [끝점]이라 주석이 나타난다. 전기 도면설계 중 수전설비 작업 시 유용하다.

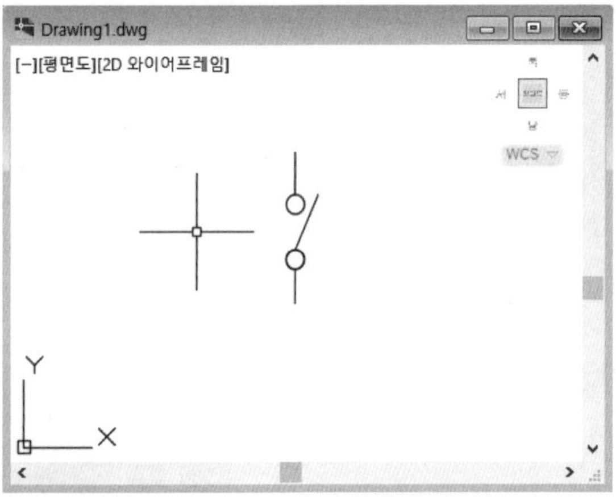

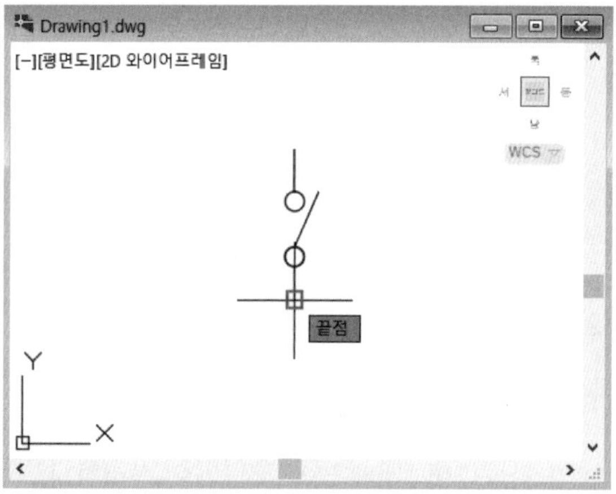

■ [중간점(Mifpoint : M)] – 이 옵션은 선이나 호의 중간점을 찾아서 지정하는 기능이다.

객체의 중간점 주변에 마우스 십자선을 갖다 대기만 해도 자동으로 해당 객체의 중간점에 △ 모양으로 표시 해 준다. 단, 원이나 타원은 끝점이 없으므로 중간점을 지정할 수 없다.

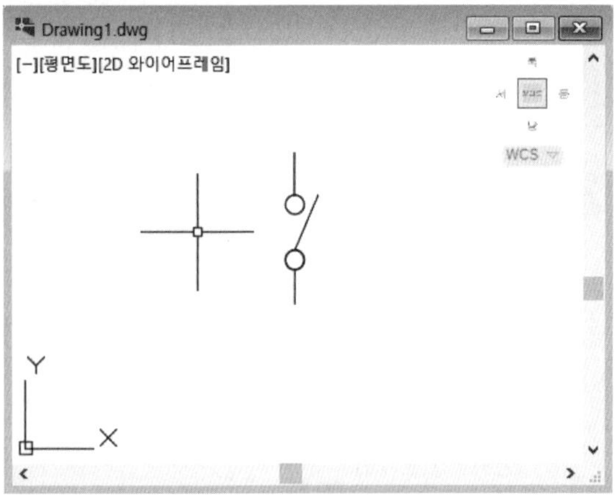

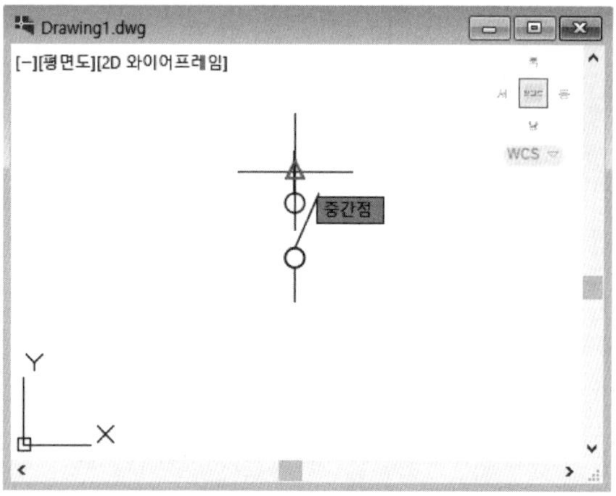

■ [중심점(Center : C)] – 호나 타원의 중심점을 찾아서 지정한다. 객체의 중심점이나 선 부근에 마우스 십자선을 갖다 대기만 해도 자동으로 해당 객체의 중심점에 ○ 모양으로 표시 해 준다. 원의 중심에 + 표시와 ○표시가 된다.

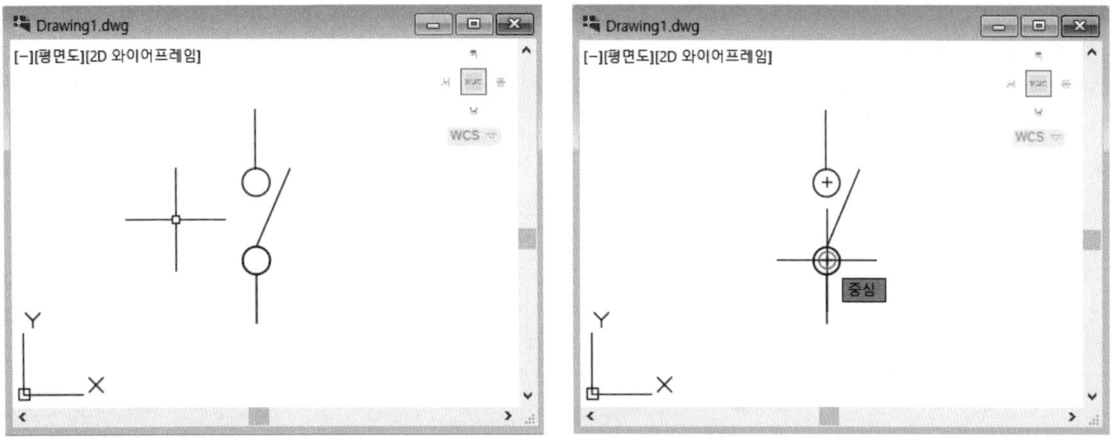

■ [기하학적 중심(Geometric Center : G)] – 이 옵션은 사각형, 다각형 및 닫힌 폴리선 등 기하학적 중심을 찾아 지정한다. 객체의 중심점이나 선 부근에 마우스 십자선을 갖다 대기만 해도 자동으로 해당 객체의 중심점에 ✻를 마우스 일치시키면 ○ 모양으로 표시 해 준다. 사각형, 다각형 및 닫힌 폴리선의 중심에 ✻표시와 ○표시가 된다.

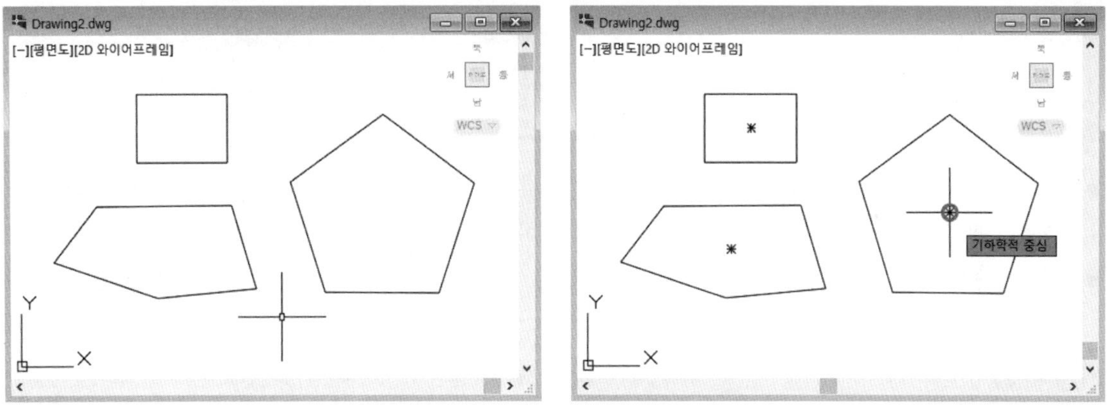

■ [노드(Node : D)] – 이 옵션은 점을 찾아서 지정한다. 객체 주변에 마우스 십자선을 가져다 대기만 해도 점 객체가 나타난다. 객체 스냅 옵션은 동시에 여러 개 지정할 수 있으므로 다른 옵션 때문에 [노드(D)] 명령이 잘 수행되지 않을 수 있다. 따라서 평소에는 [노드(D)] 옵션은 필요시 만 활성화하여 사용하는 것이 좋다.

■ [사분점(Quadrant : Q)] – 이 옵션은 원이나 타원 , 호의 0°, 90°, 180°, 270°에 해당하는 지점을 찾아서 지정한다. 객체의 사분점에 마우스 십자선을 갖다 대기만 해도 자동으로 객체의 사분점이 표시된다. 객체의 사분점에 ◇ 모양으로 표시 해 준다.

– 호와 원을 그리고 [객체 스냅(OSNAP)]의 [사분점]을 체크한다. 그 다음 선 아이콘을 클릭하고 사분점에 ◇ 모양이 나타나면 선을 그려본다.

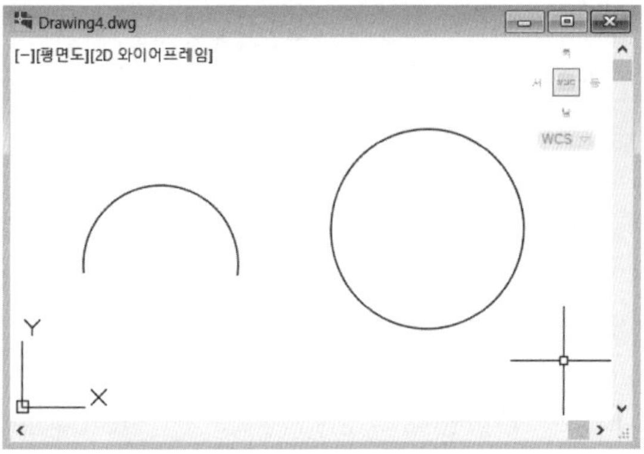

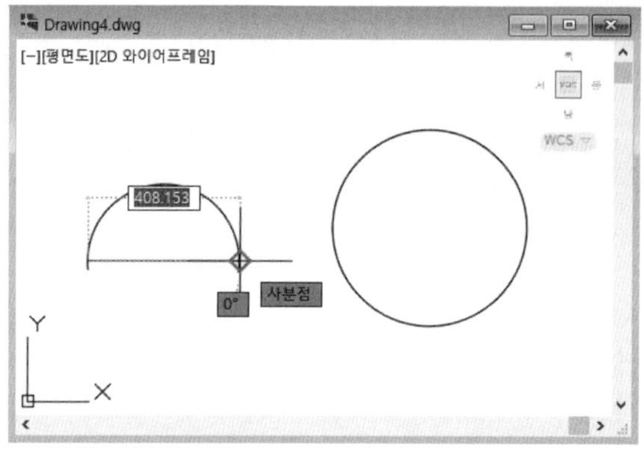

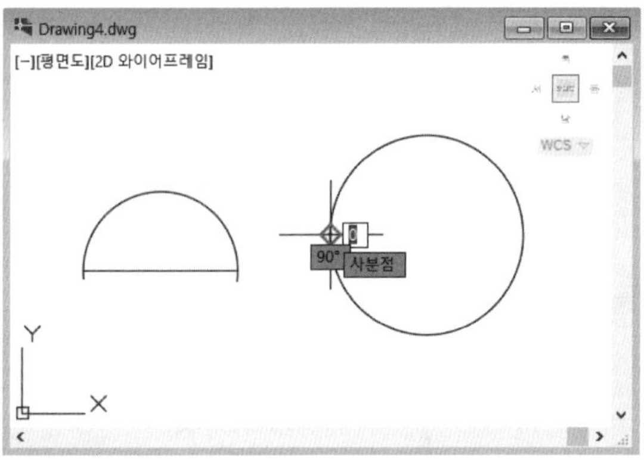

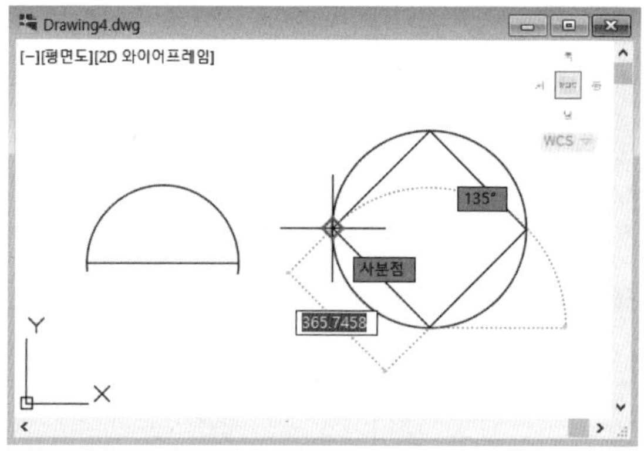

- [교차점(Intersection : I)] – 이 옵션은 객체들 중 두 개 이상의 선이 만나는 교차점을 찾아서 지정한다. 객체의 교차점에 마우스 십자선을 가져가면 교차점 × 가 표시된다.
- 원을 겹치게 그리고 객체 스냅 모드를 [교차점]에 체크 → 선 아이콘을 클릭하여 선을 그리면 원과 원이 겹치는 부분이 × 가 표시된다.

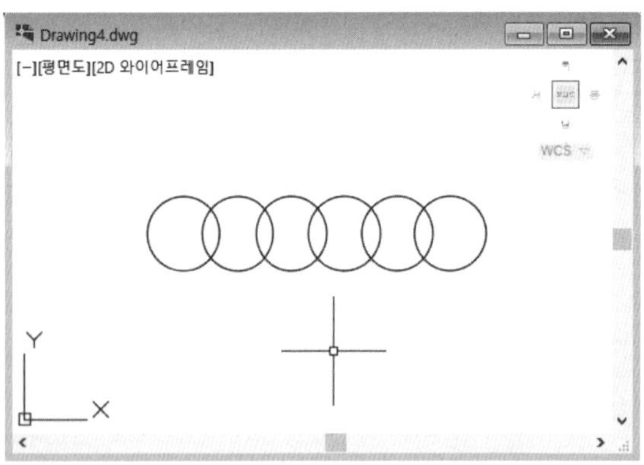

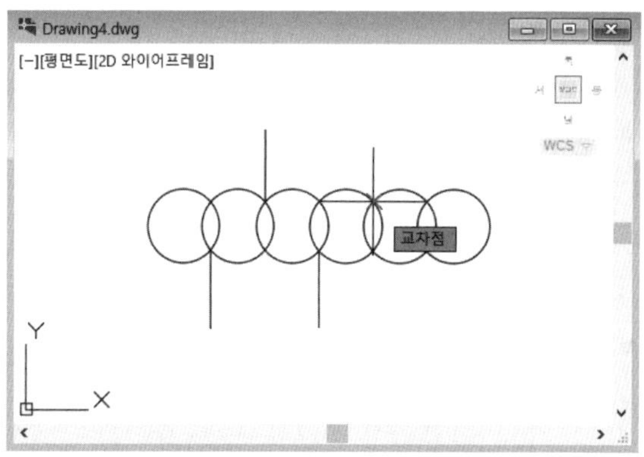

- [연장선(Extension : E)] – 이 옵션은 이전에 작업한 선 객체에서 연장되는 점을 찾아 점선으로 표시되는 안내선을 보여준다. 객체가 연장되는 부근에 마우스 십자선을 일치시키면 점선으로 연장선이 표시된다.

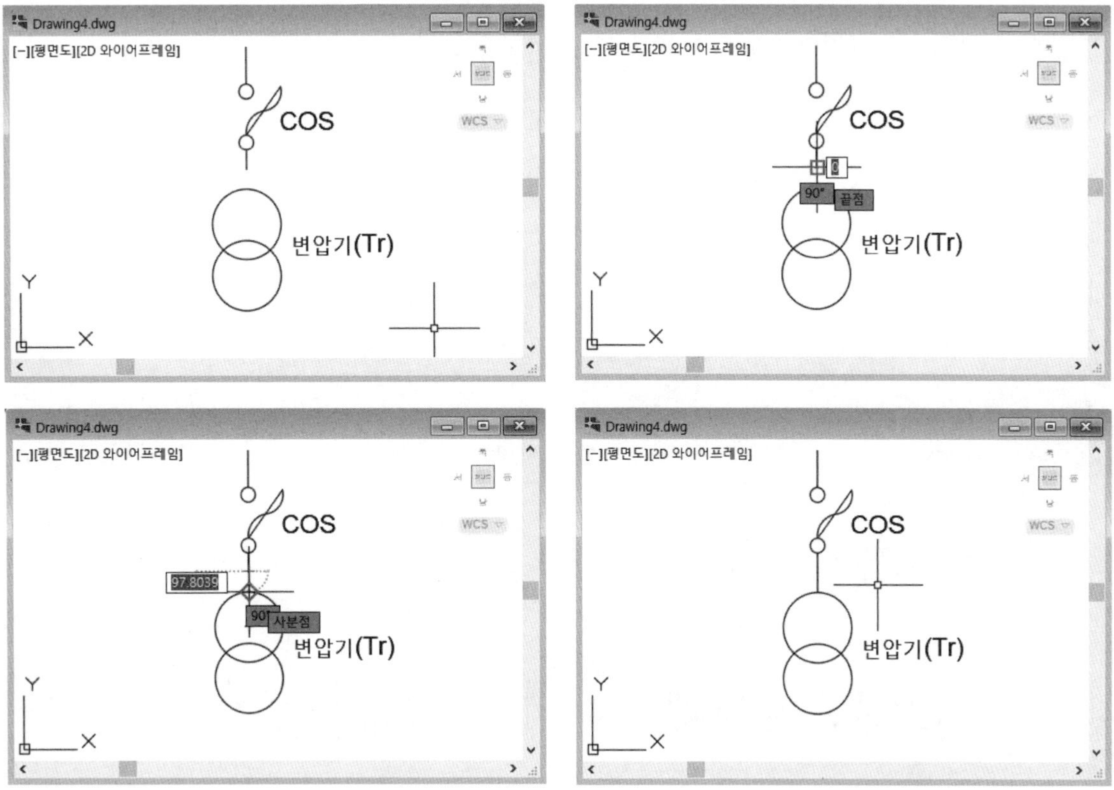

■ [삽입(Insertion : S)] − 이 옵션은 AutoCAD의 도면 구성 요소인 블록이나 문자의 삽입점을 지정한다. [객체 스냅(OSNAP)]에서 [삽입]을 체크 → [여러 줄 문자...] A 아이콘 클릭 → 문자 시작 첫 번째 구석과 반대 구석 지정 후 클릭 → [문자형식] 대화창에서 글씨체를 [HY그래픽M]로 설정한다.

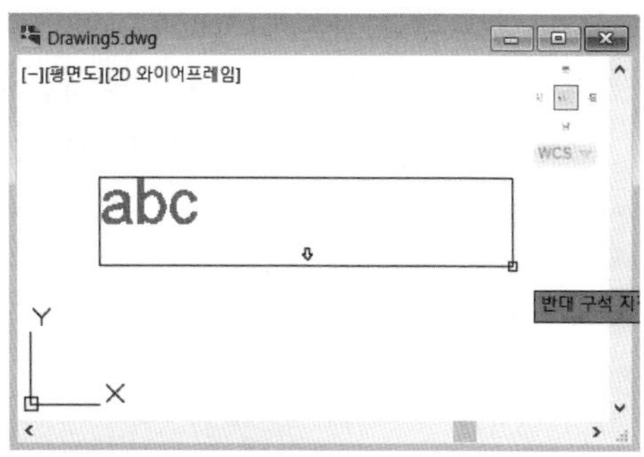

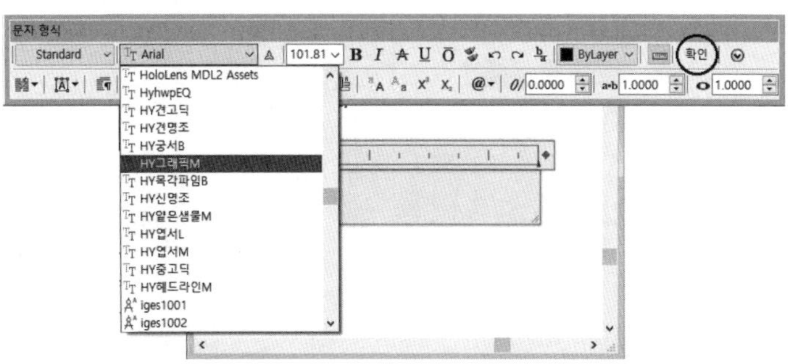

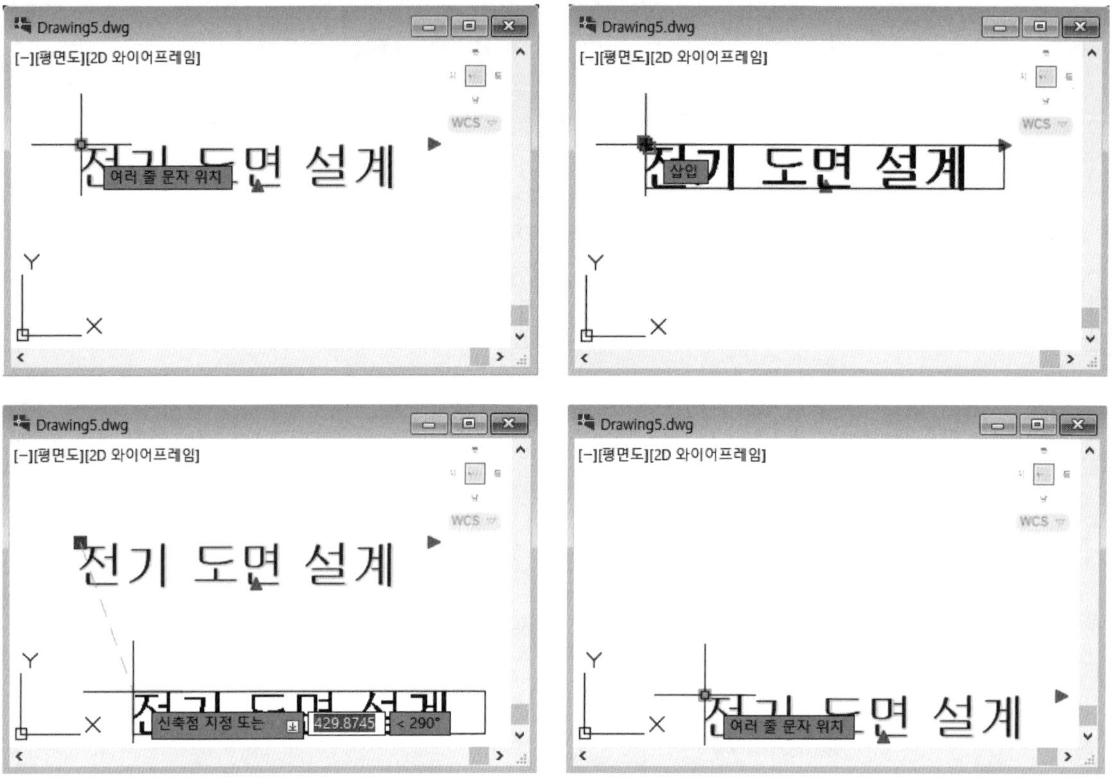

■ [직교(Perpendicular : P) – 이 옵션은 설계자가 임의로 지정한 점이 이전에 작업한 선과 수직으로 만나는 점을 찾아서 지정 해 준다. 이 명령 수행 시는 도면 설계 지점에 반드시 객체가 존재하여야 한다. 객체의 직교로 만나는 지점에 마우스 십자선을 가져가면 [직교] ㄴ 모양이 표시된다. [직교] 명령 지정은 [상태] 도구막대의 [커서를 직교로 제한] 아이콘을 클릭하여 활성화시켜도 이 옵션이 수행된다. 즉, 선 작업 시 직각 교차로만 작업이 가능하다.

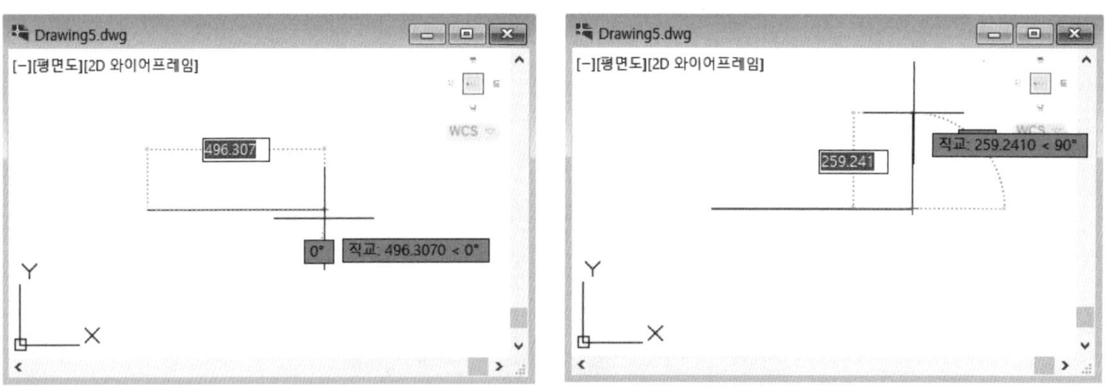

■ [접점(Tangent : N)] – 이 옵션은 두 개의 원이나 호를 연결할 때 사용하는 것으로서 이전에 작업한 객체의 접점을 지정한다. 객체 접점에 마우스 십자선을 가져가면 접점에 ⍥ 모양이 표시된다.

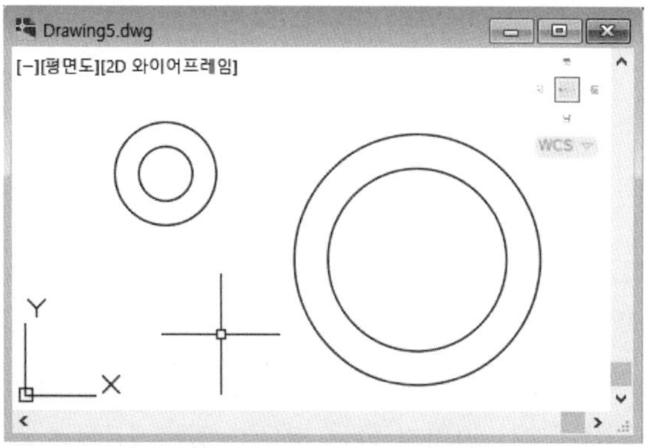

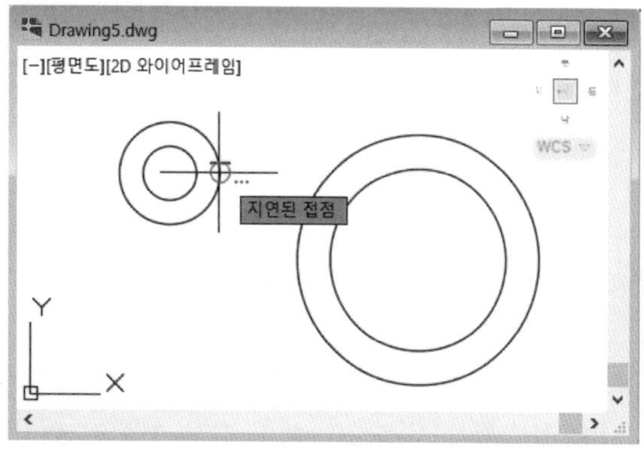

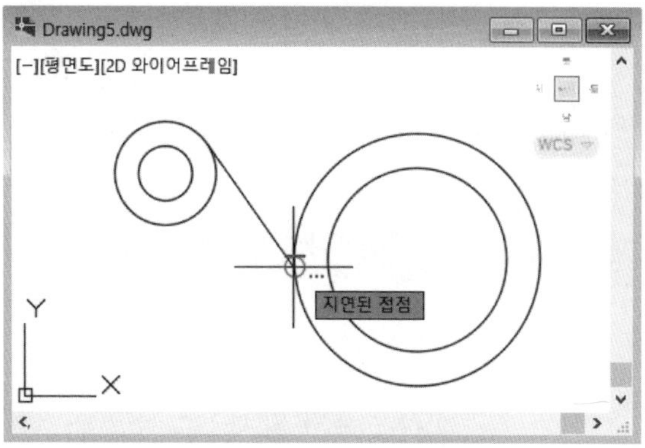

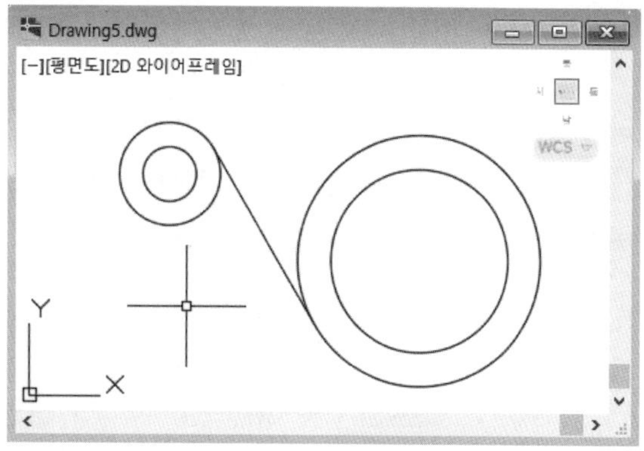

■ [근처점(Nearest : R)] – 이 옵션은 이전에 작업한 객체에서 임의의 한 점을 찾아 지정한다. 이때 움직이는 마우스 십자선에서 가장 가까운 지점을 지정한다. 객체와 가까운 점에 마우스 십자선을 가져가면 [근처점] ⌛모양이 표시된다.

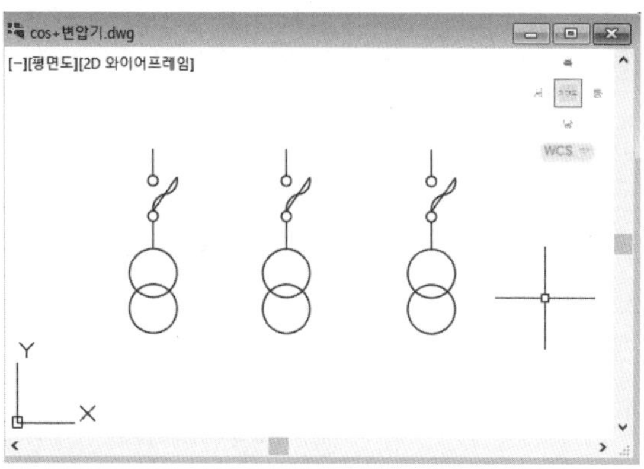

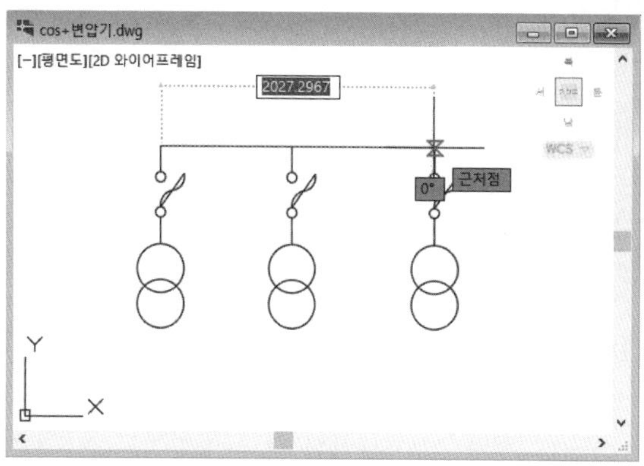

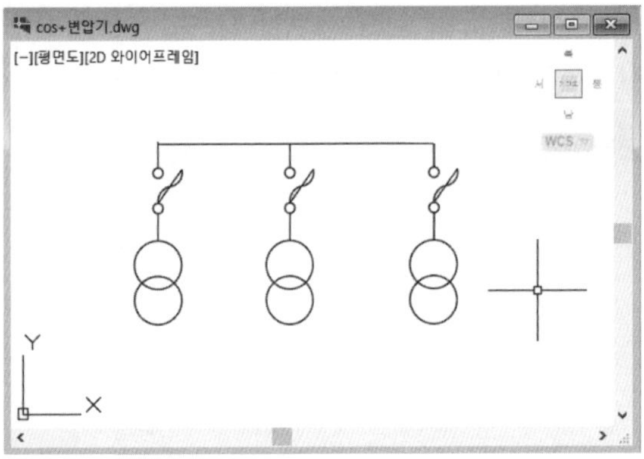

■ [가상 교차점(Apparent Intersection : A)] – 이 옵션은 가상의 교차점을 지정하는 것으로 2D, 3D 상태에서 서로 교차되어 있는 것처럼 보이지만 실제로는 떨어져 있는 경우가 있는데, 이런 포인트는 [교차점](INT)로는 지정이 불가능하고 [가상교차점](APPINT)로 지정이 가능하다.

■ [평행(Parallel : L)] – 이 옵션은 이전에 작업한 객체에 평행한 선분을 그릴 수 있다. 객체와 평행한 위치로 마우스 십자선을 가져가면 평행선 // 모양이 표시된다.

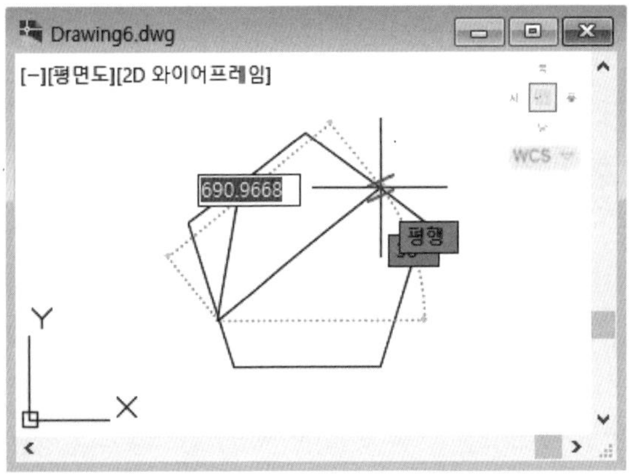

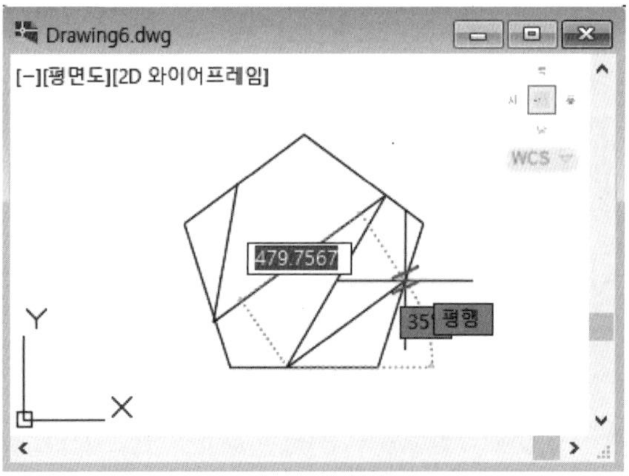

(3) 도면 그리드로 스냅(Snap), 극좌표 추적(Polar Tracking) 및 3D 객체 스냅의 환경 설정

① 명령 : dsettings Space Bar 또는 [상태] 도구막대에서 [도면 그리드로 스냅(SNAP)] 아이콘 옆의 [더 보기] 화살표를 클릭 → 초기 [그리드 스냅]이 체크되어 있다. [스냅 설정...]을 클릭하면 [제도 설정] 대화상자가 나타난다.

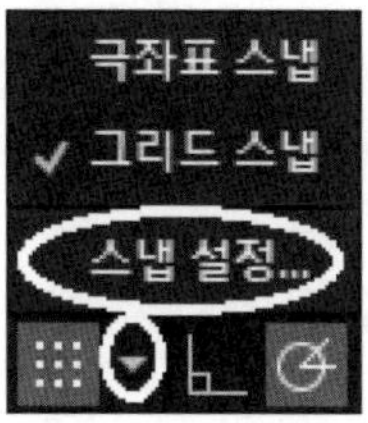

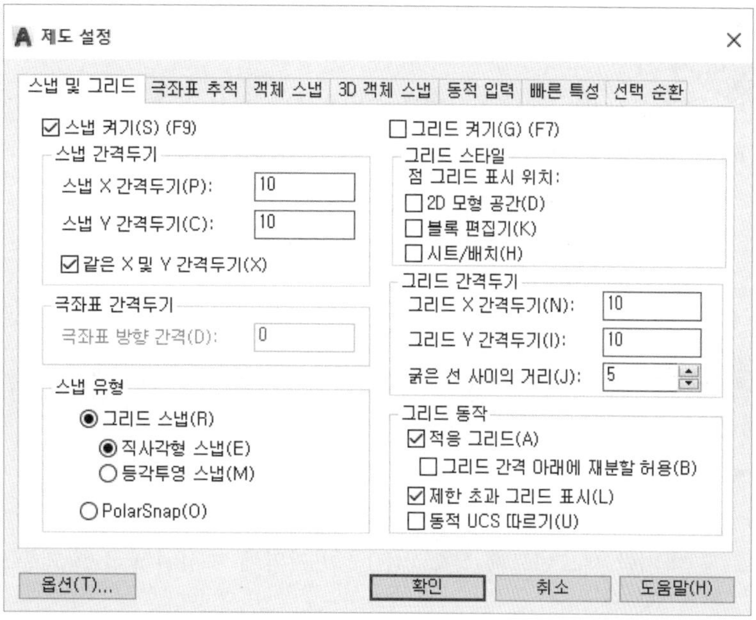

② [스냅 및 그리드] – 스냅 켜기(S)(F9), 극좌표 간격두기, 스냅 유형, 그리드 켜기(G)(F7), 그리드 간격두기, 그리드 동작 등의 환경을 설정한다. 초기 설정 상태에서 그대로 사용하여도 전기 도면 설계 시 무방할 것으로 판단된다.

③ [극좌표 추적] – 사용자가 지정한 각도의 방향으로 스냅이 설정되어 그 각도와 방향으로 설계가 되도록 설정한다.

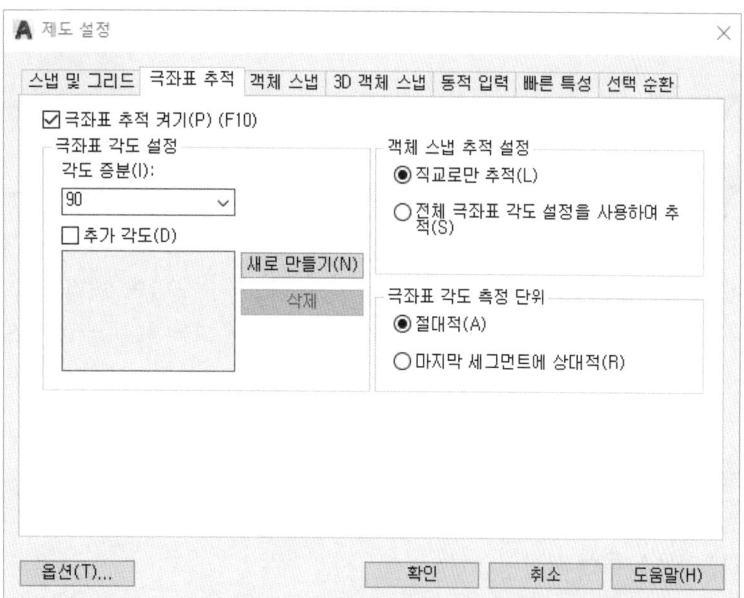

■ [극좌표 추적 켜기(P)(F10)] – 극좌표를 이용한 추적기능 사용여부를 제어한다. (F10 키 로도 제어 가능)
  – 극좌표 각도 설정 : 극좌표의 각도를 설정한다.
■ 각도 증분(I) : 90, 60, 45, 30, 22.5, 18, 15, 10, 5 도 간격의 목록이 있다.
  – 추가적인 각도(D) : 각도 증분 외의 각을 설정한다.

■ [객체 스냅 추적 설정]
  – 직교로만 추적(L) : 직교 상태로만 추적한다.
  – 전체 극좌표 각도 설정을 사용하여 추적(S) : 모든 극좌표의 설정으로 추적한다.

■ [극좌표 각도 측정 단위] – 극좌표의 추적 상황을 설정한다.
  – 절대적(A) : 현재의 UCS에 절대적으로 추적한다.
  – 마지막 세그먼트에 상대적(R) : 마지막에 형성된 요소를 기준으로 한다.

④ [3D객체 스냅] – [제도 설정] 대화상자에서 [모두 선택(S)] 또는 [모두 지우기(L)]을 선택할 수있다.

■ [3D 객체 스냅 켜기(O)(F4)]
  – 객체 스냅 모드
  – 점 구름

06 객체 선택하기(마우스 사용하기)

도면을 작성할 때는 그리기 명령과 편집 명령을 사용하는 것이 보편적으로 그리기 명령을 수행한 후 편집 명령을 사용하여 도면 작업을 마무리한다. 도면의 편집을 위해서는 객체를 선택하여야 한다. AutoCAD 작업 시 객체 선택 시 가장 많이 사용되는 도구는 마우스이다. 최근 5년 전부터 도면의 작업의 선택을 올가미의 누른 채 끌기로 지정하는 것이 보편화되어 익숙해지면 편리하게 사용할 수 있으나 설계자의 성향에 따라 예전의 [사각형의 누른 채 끌기]를 더 선호할 수도 있다. 따라서, 마우스 환경설정에 대하여 설명하기로 한다.

(1) 마우스 옵션 설정

마우스 환경을 설정하기 위하여 [옵션] 대화상자를 나타나게 하여야 한다. [옵션] 대화상자를 나타나게 하는 방법으로는 여러 방법이 있다.

① AutoCAD 메인 화면의 맨 위의 아이콘의 [더 보기] 화살표를 클릭 또는 [작업 영역]에서 마우스 오른쪽 버튼 클릭 또는 명령 : options (단축키 op) Space Bar 또는 Enter↵ 한다.

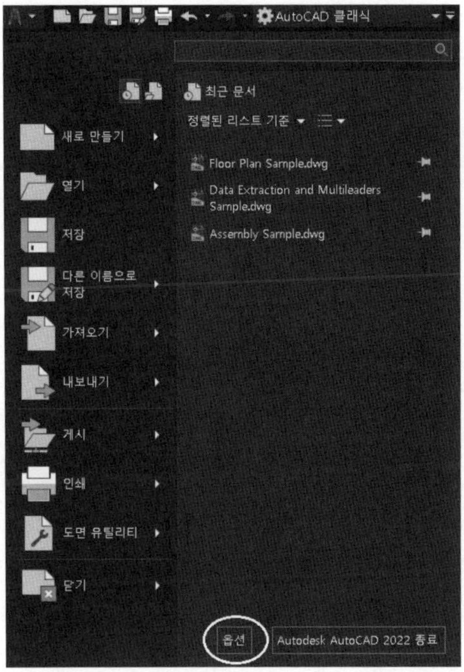

[마우스 오른쪽 버튼 클릭]

② [옵션] 대화상자가 나타나면 [선택]을 클릭한다.

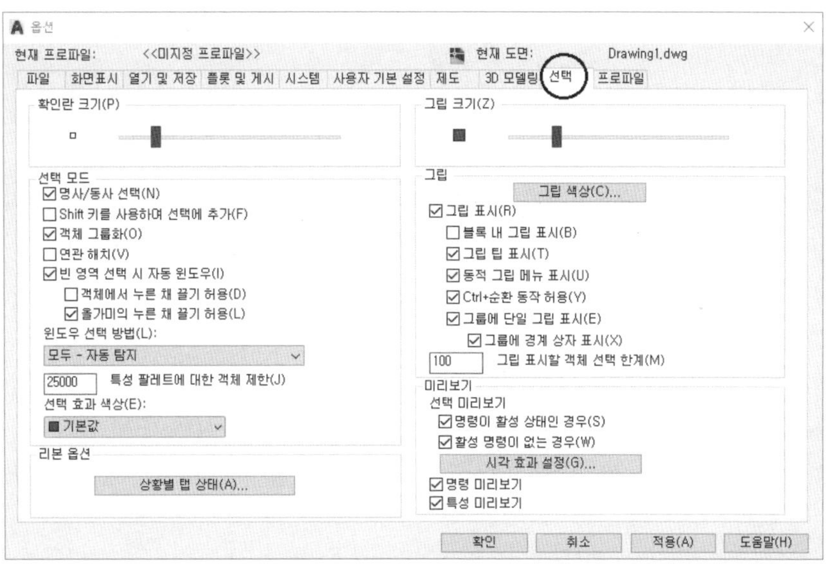

■ [확인란 크기(P)]의 바를 움직이면 옆 사각형의 크기가 변한다.

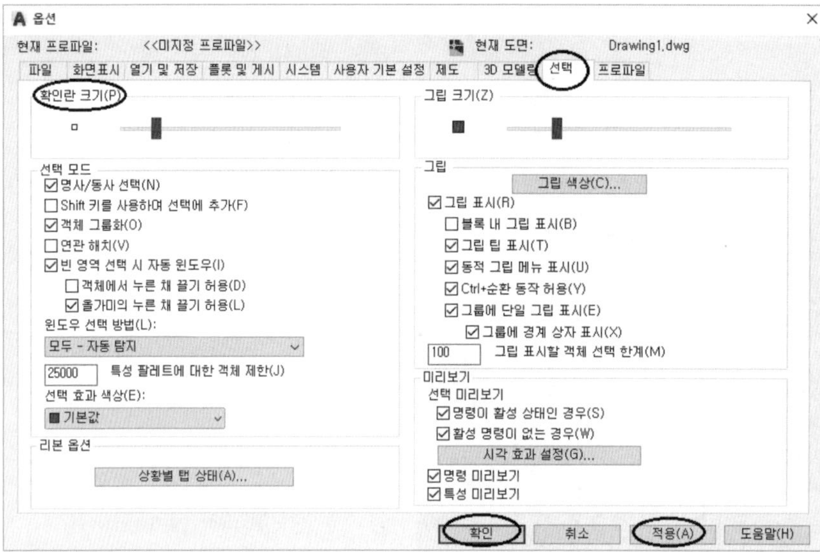

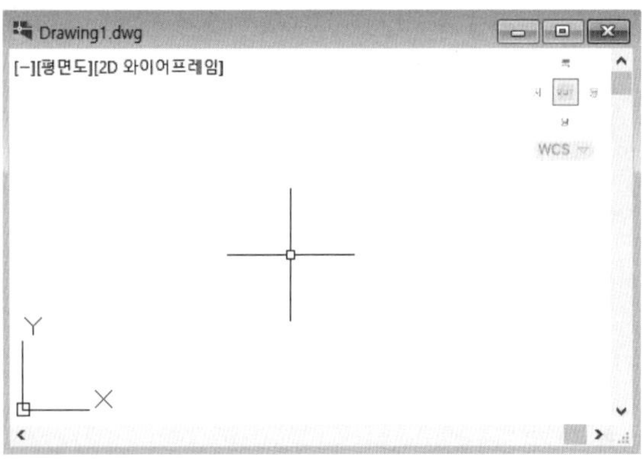

[초기 Pick Box]

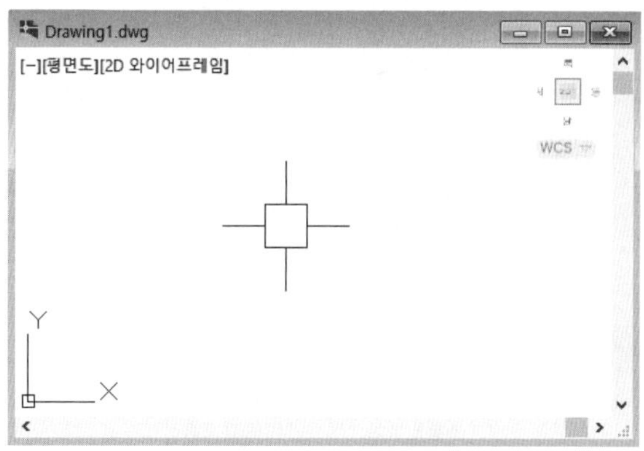

[변경 후 Pick Box]

이것은 픽스박스(Pick Box)의 크기를 설정하는 것으로 초기에는 3으로 되어있으며 0~50까지 설정이 가능하나 [옵션] 대화상자에서는 20까지 만 설정 가능하고 그 이상은 명령 수행으로 할 수 있다. 설정이 완료 → [적용(A)] 클릭 → [확인] 클릭→ 마우스 픽스박스(Pick Box)가 설정된다.

■ [옵션] 대화상자 → [화면 표시] 클릭 → [십자선 크기(Z)] 바를 움직이면 마우스 십자선(Cursorsize)의 크기가 조정된다. 초기값은 5로 되어 있으며 1~100까지 설정이 가능하고 100으로 설정하면 도면 전체에 십자선이 표시되어 좌우 평형상태를 확인할 때 유효하게 사용할 수 있다.

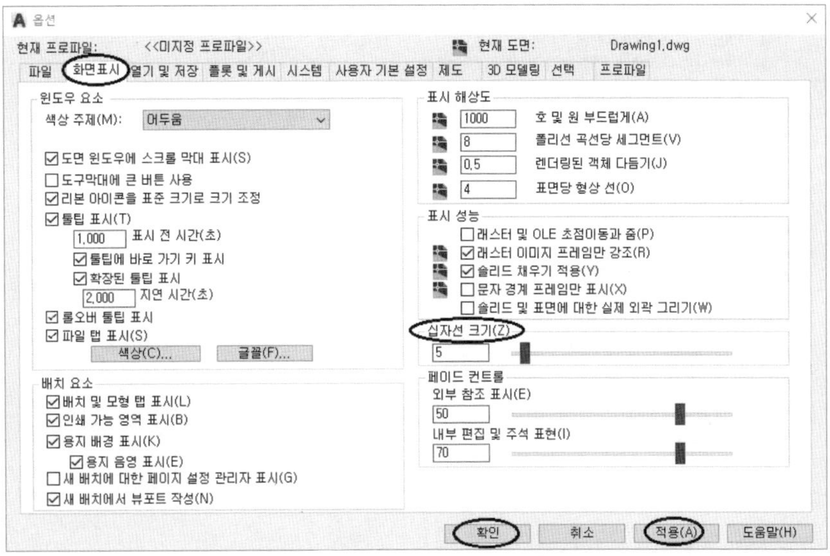

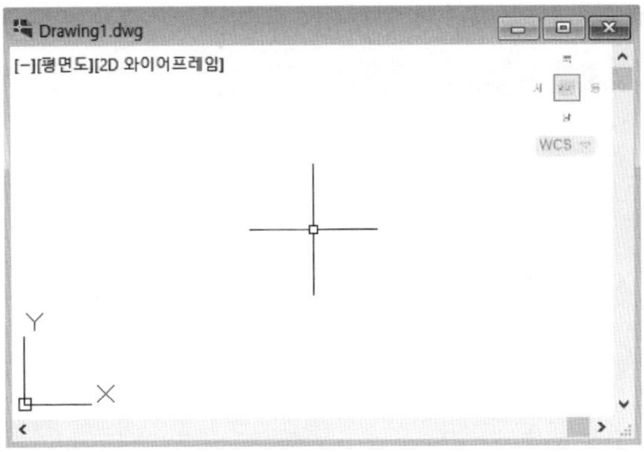

[십자선 크기(Z) – 기본 5]

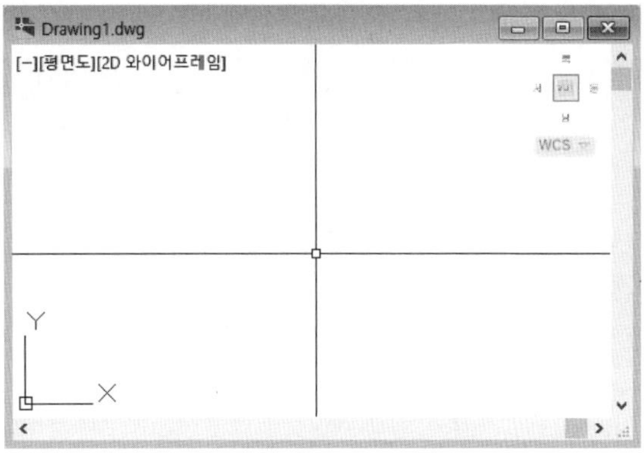

[십자선 크기(Z) – 100]

(2) 마우스 객체 선택 시 '올가미 누른 채 끌기' – 기본 설정

[옵션] 대화상자의 [선택]을 지정 → [선택모드]에 [올가미의 누른 채 끌기 허용(L)]에 체크가 되어있으므로 올가미의 누른 채 끌기가 기본으로 설정되어 있다.

① [마우스 올가미의 누른 채 끌기]

- 왼쪽에서 오른쪽으로 끌기 – (실선)올가미에 전체 포함된 도면만 지정된다.
- 오른쪽에서 왼쪽으로 끌기 – (점선)올가미에 걸린 모든 도면 요소가 지정된다.

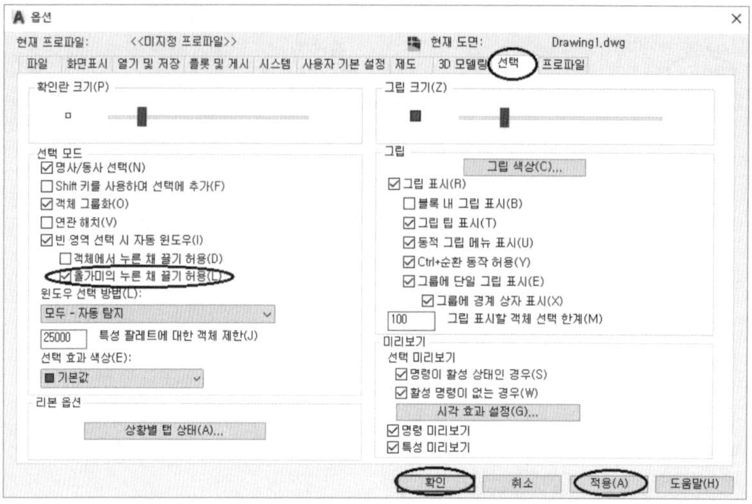

② [올가미의 누른 채 끌기 허용(L)] 사용 예

■ 마우스 왼쪽에서 오른쪽으로 드래그 – (실선)올가미 영역에 포함된 부분 만 지정

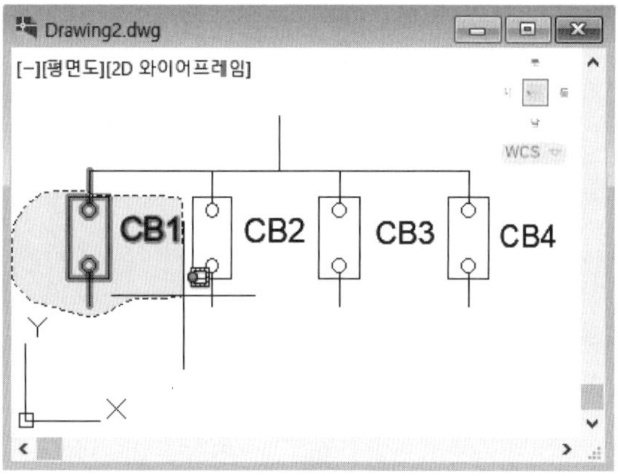

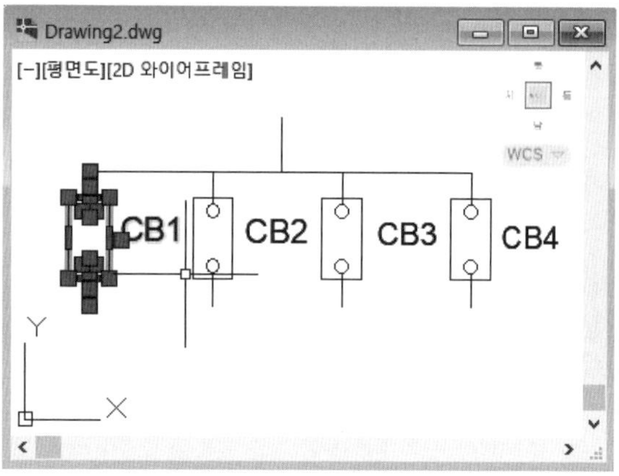

■ 마우스 오른쪽에서 왼쪽으로 드래그 – (점선)올가미 선에 걸린 모든 도면이 지정

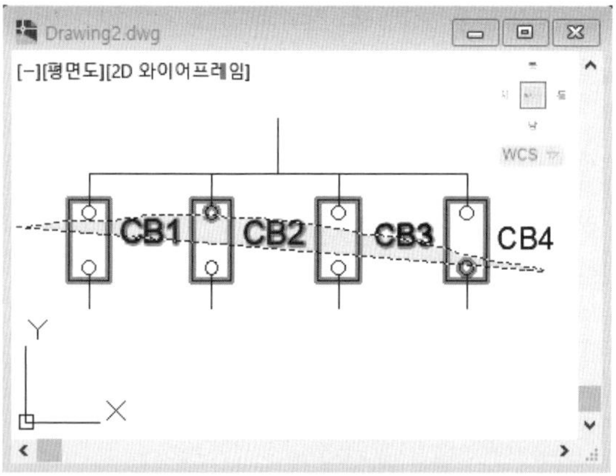

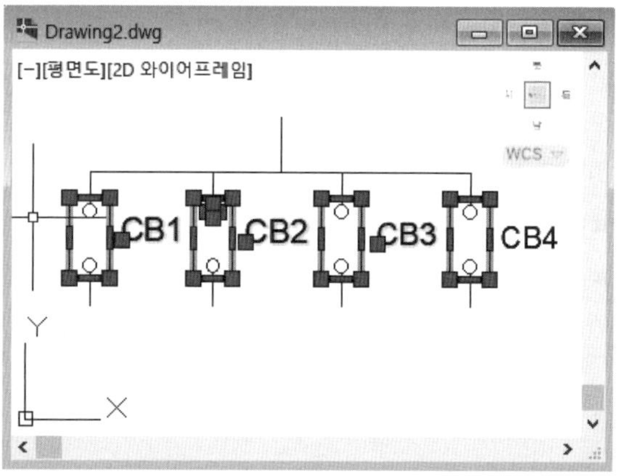

(3) 마우스 객체 선택 시 '사각형의 누른 채 끌기 허용'으로 사용하기

[옵션] 대화상자의 [선택]을 지정 → [선택모드]에 [올가미의 누른 채 끌기 허용(L)]에 체크가 되어있는데 이 체크를 없애고 [적용(A)] 클릭 → [확인]을 클릭한다.

① [마우스 사각형의 누른 채 끌기]

- 왼쪽에서 오른쪽으로 끌기 – (실선)사각형에 전체 포함된 도면만 지정된다.
- 오른쪽에서 왼쪽으로 끌기 – (점선)사각형에 걸린 모든 도면 요소가 지정된다.

② [사각형의 누른 채 끌기] 사용 예

- 마우스 왼쪽에서 오른쪽으로 드래그 – (실선)사각형 영역에 포함된 부분 만 지정

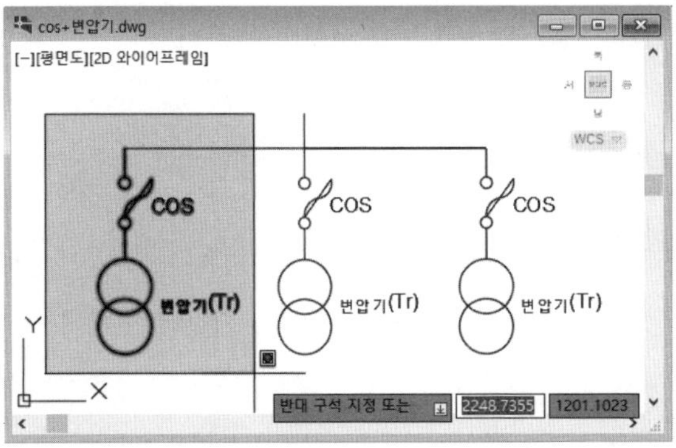
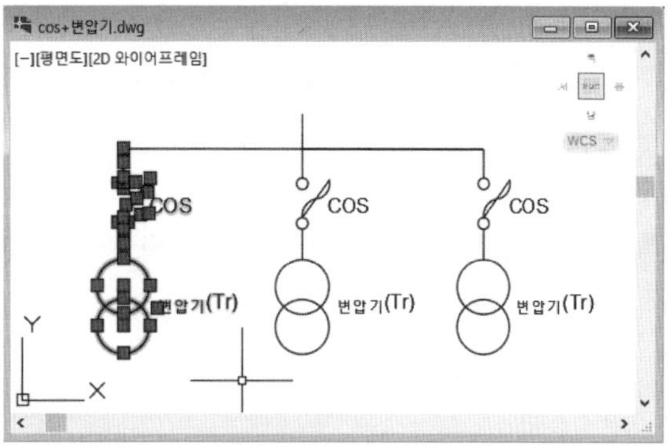

- 마우스 오른쪽에서 왼쪽으로 드래그 – (점선)사각형에 걸린 모든 도면이 지정

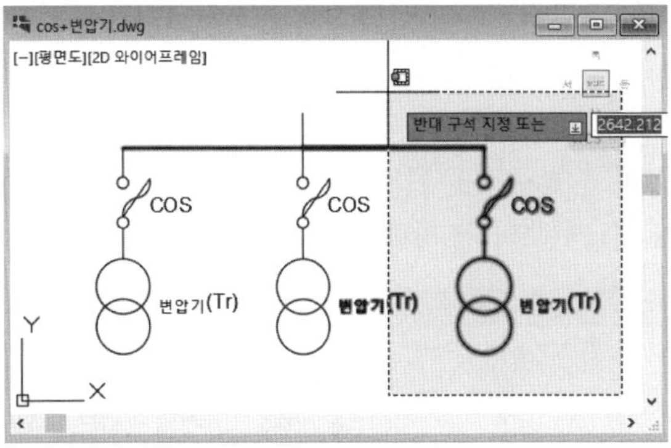
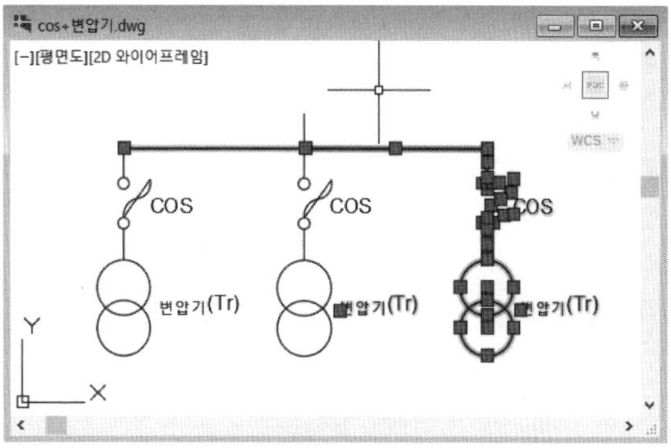

(4) 그립의 크기와 색상 설정하기

기본적으로 객체를 클릭하여 선택하면 파란색 선과 작은 정사각형으로 표시된다. 이 파란색 정사각형을 [그립]이라고 한다. [옵션] 대화상자에서 [선택] 탭에서 [그립 크기(Z)]와 [그립] 영역에서 그립의 크기와 색상을 설정할 수 있다.

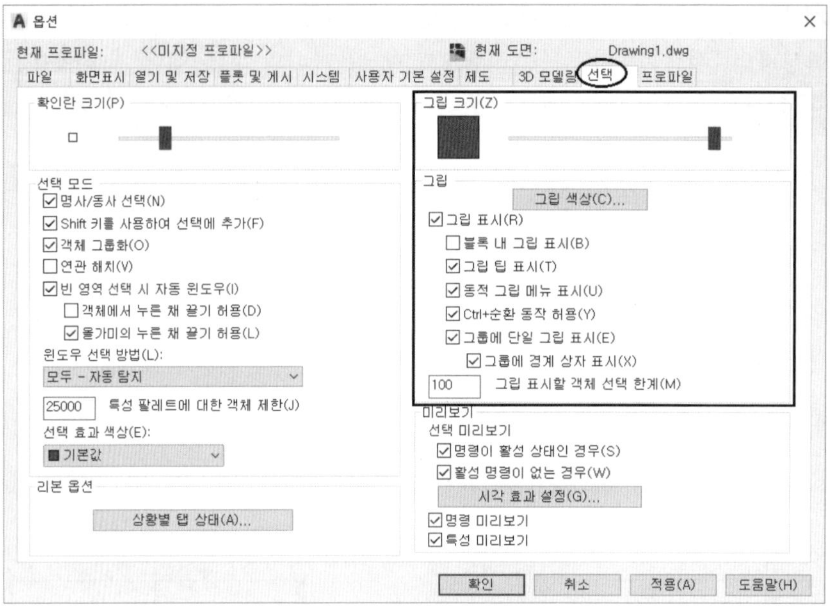

■ [그립 색상(C)...]를 클릭하여 그립의 색상을 설정한다.

■ 기본 지정과 그립 크기 조정 후 객체 지정 시 그립 비교 – 중심을 클릭하면 그립 색상으로 표시해 주는데 기본으로 적색으로 설정되어 있으나 설계자가 [그립 색상] 창에 지정할 수 있다.

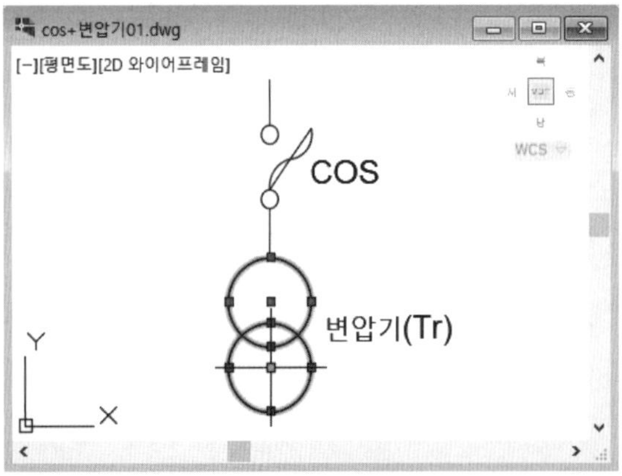

[기본 지정]

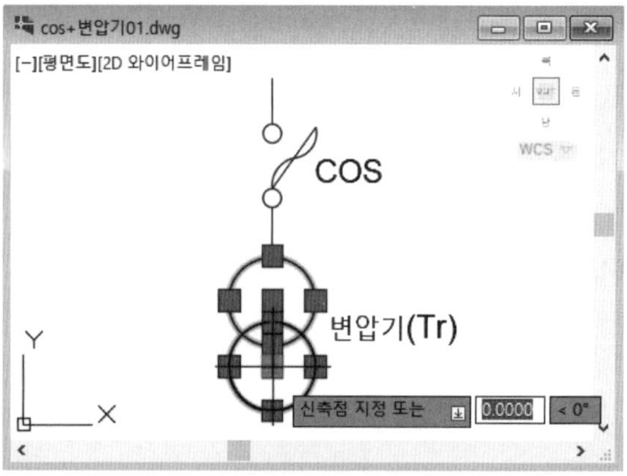

[그립 크기 조정 후]

07 좌표계의 이해

대략적인 도면을 제도할 때는 상관이 없으나 크기와 각도 등의 옵션들이 제시되어 있는 보다 섬세한 도면을 제도하기 위해서는 좌표계의 이해가 반드시 선행 되어야 한다.
임의의 한 점을 기준으로 한 각도의 지정은 3시 방향을 기준(0°)으로 하여 시계 방향(CW)은 "–"로, 반시계 방향(CCW)은 "+"로 계산하여 각도를 정한다.

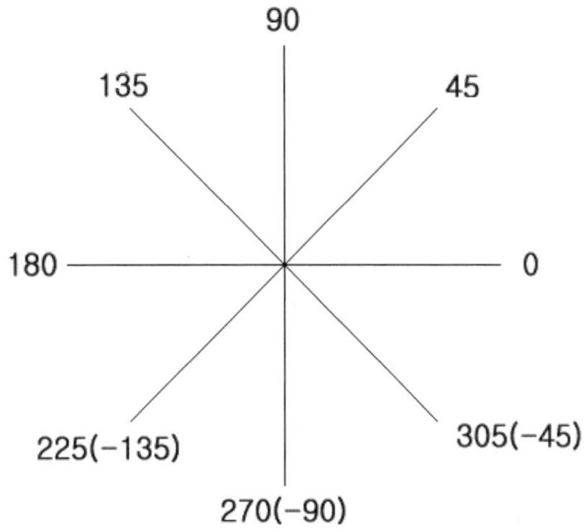

(1) 절대좌표

2차원 평면상에서 원점 (0,0)을 기준으로 좌표값을 지정한다. 예를 들어 "5, 10"을 입력하면 원점으로부터 X축으로 5, Y축으로 10만큼 떨어진 좌표를 의미한다. 선 그리기 명령으로 P1점을 클릭한 후 좌표(5, 10)을 입력하면 그림과 같이 된다.

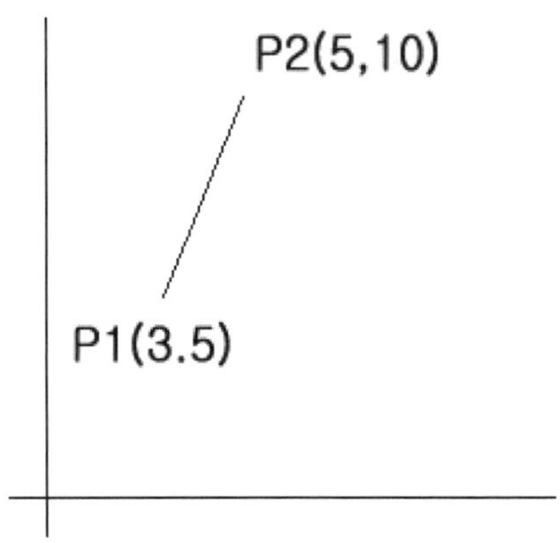

(2) 상대좌표

2차원 평면상에서 마지막 좌표를 기준으로 새로운 좌표값을 부여한다. 표시 형식은 좌표값 앞에 "@"를 붙여서 표현한다. 예를 들어 마지막 좌표가 "3, 5"라 할 때 "@2, 3"을 입력하면 X축으로 5, Y축으로 8만큼 떨어진 좌표를 의미한다.

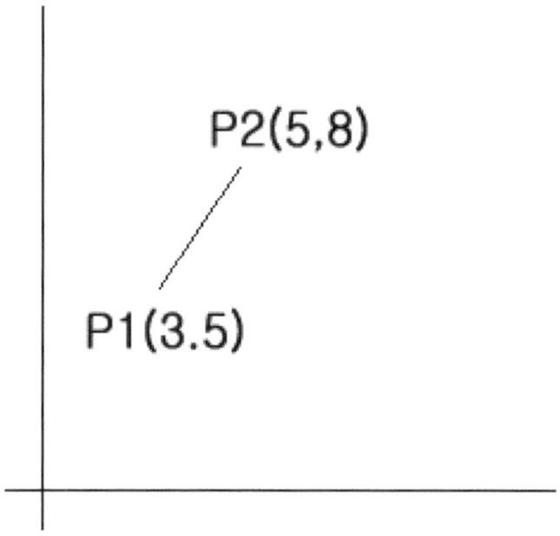

(3) 극좌표

2차원 상대좌표와 마찬가지로 마지막 좌표를 기준으로 새로운 값을 부여하나 극좌표의 경우에는 그 표현을 거리와 각도로 표현한다. 표현방법은 "@거리∠각도"이다. 예를 들면 마지막 좌표가 "3,5"일 때 "@3∠90"를 입력하면 마지막 좌표에서 방향으로 3만큼 떨어진 좌표 즉, X축으로 3, Y축으로 8만큼 떨어진 좌표를 의미한다.

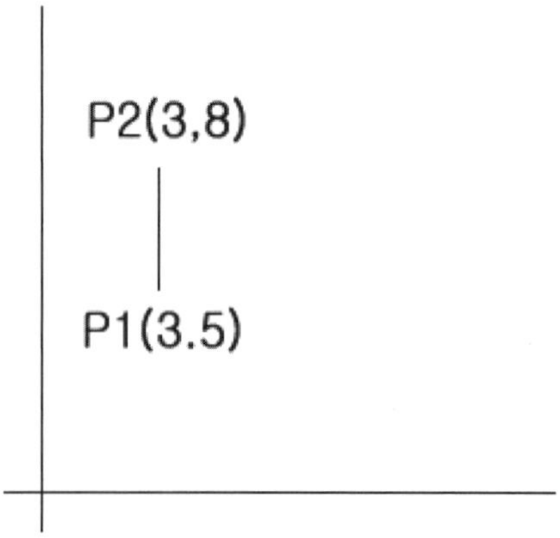

(4) 동일 그림의 다른 좌표계 표시

선 그리기 명령을 사용하여 다음과 같은 사각형을 그릴 때 결과는 같으나 입력하는 좌표의 값은 아래 표와 같음을 이해하도록 하자. 선 그리기 명령에 대한 자세한 내용은 4장을 참조하면 된다.

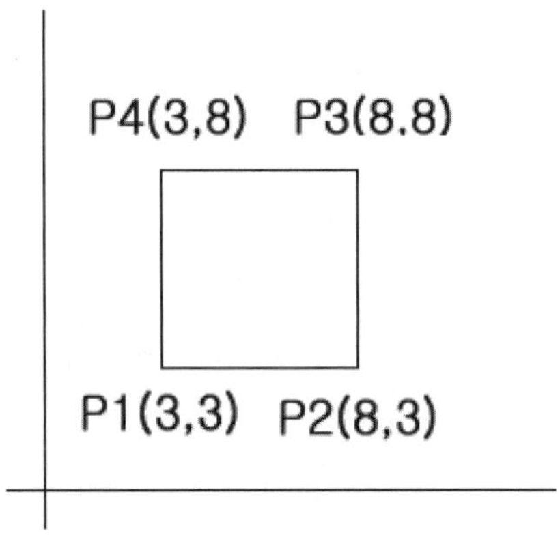

구 분	P1점	P2점	P3점	P4점
절대좌표	3,3	8,3	8,8	3,8
상대좌표	3,3	@5,0	@0,5	@-5,0
극 좌 표	3.3	@5∠0	@5∠90	5∠180

① 명령: z [Space Bar] → a [Space Bar] 하여 도면을 줌 한다.

② [선] 그리기 명령을 실행하여 삼각형을 그린다.

아이콘 클릭 → P1 클릭 → @100∠0 [Space Bar] → @100∠120 [Space Bar] → c [Space Bar]

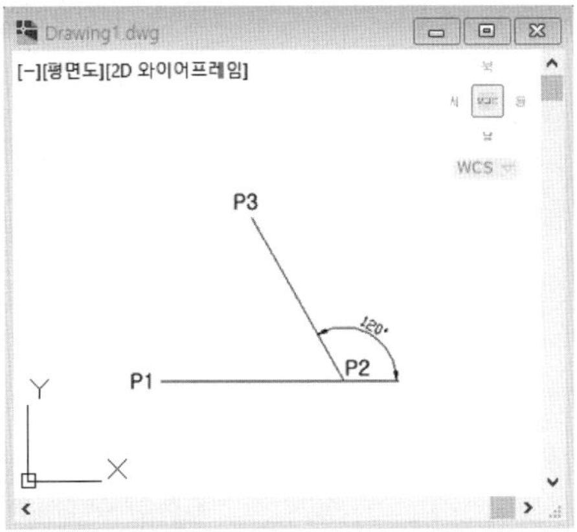

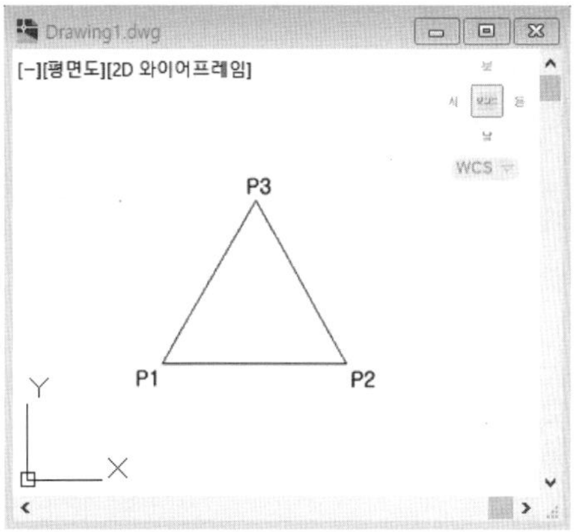

P2점은 P1점을 기준으로 동쪽의 점이므로 각도가 가 된다.

P3점은 P2점을 기준으로 시계방향으로 이므로 (+)각이 된다.

08 단축키 활용하기

AutoCAD의 명령어는 단축키를 사용하여 간단하게 실행할 수 있다. 단축키의 목록은 [옵션]창에서 도구(T) → 사용자화(C) → 프로그램 매개변수 편집(acad.pgp)(P)에서 확인 및 수정이 가능하다.

(1) 단축키 수정

① 도구(T) → 사용자화(C) → 프로그램 매개변수 편집(acad.pgp)(P) → [acad–Windows 메모장] 대화상자에서 [편집(E)] → [바꾸기(R)...(Ctrl+H)] → [바꾸기]창에서 단축키 변경 → 단축키 변경 후 [바꾸기(R)] 클릭 → 명령: reinit Space Bar → [재–초기화] 창에서 → [PGP 파일(F)] 체크 → [확인] 클릭하면 단축키 수정이 완료된다.

■ [acad–Windows 메모장] 대화상자

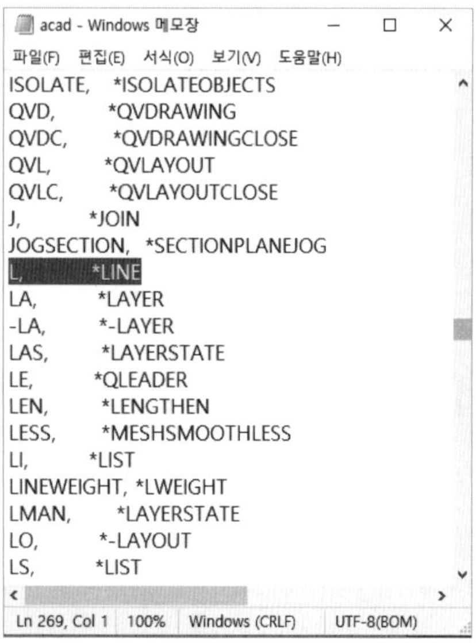

■ [편집(E)] → [바꾸기(R)...(Ctrl+H)] 클릭

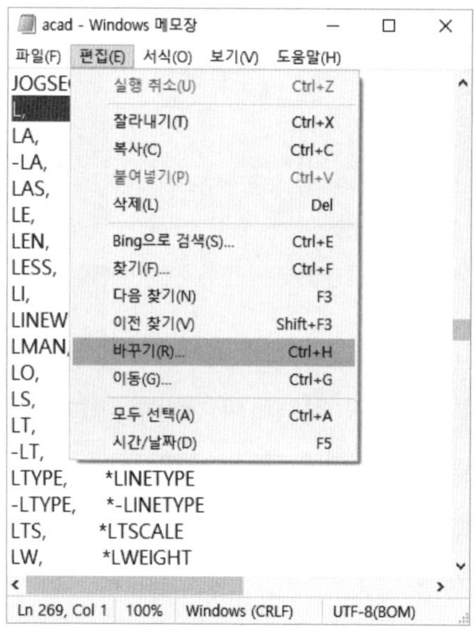

■ [바꾸기]창에서 단축키 변경 – 'ok, *LINE' 로 변경 해 본다 → [바꾸기(R)] 클릭

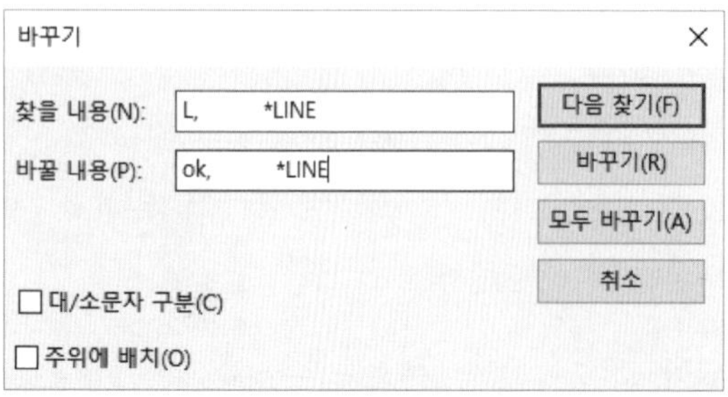

■ [acad–Windows 메모장] 대화상자에 'ok, *LINE' 가 등록된 것으로 확인 할 수 있다.

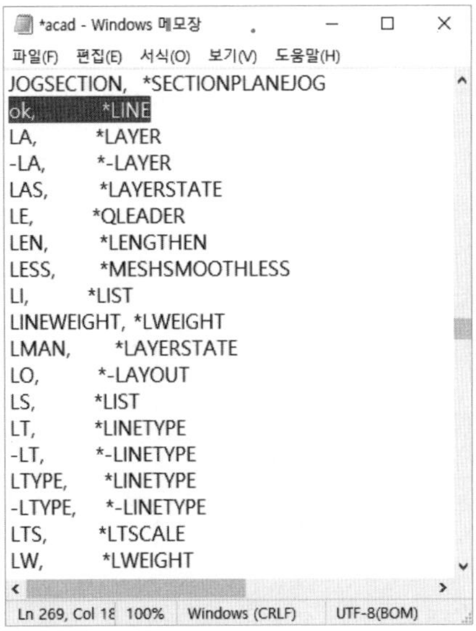

■ 명령: reinit [Space Bar] → [재–초기화]창에서 [PGP 파일(F)] 체크 → [확인] 클릭하면 단축키 수정이 완료된다.

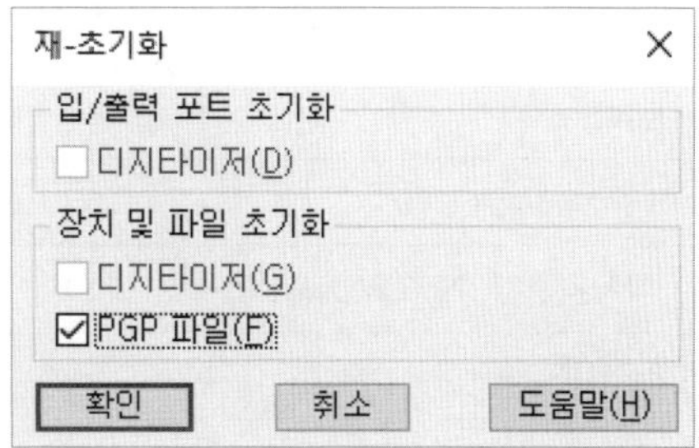

■ 명령: ok [Space Bar] → 선 그리기를 할 수 있다.

(2) 단축키 만들기

앞 절의 단축키 목록에서 볼 수 있듯, 형식은 〈단축키〉, * 〈원 명령어〉이다.

① 단축키는 적어도 2자 이내로 줄여야 한다. status bar button, or function key와 같은 Control key를 갖는 명령어들은 단축 명령이 필요치 않다.

Examples : Control–N, O, P, and S for New, Open, Print, Save.

② 단축키는 명령어의 첫 글자, 처음과 글자와 두 번째 글자, 첫 글자와 세 번째 글자의 조합한다.

③ 단축키가 이미 정의되어 있을 때는 연결된 단축키의 접미사에 추가한다.

Examples : R for Redraw, RA for Redrawall, L for Line, LT for Linetype.

④ 같은 명령어라도 하이픈(–)이 머리말에 포함된 별칭은 대화상자 대신 명령 프롬프트를 표시한다.

Example: B for Block, –B for –Block.

(3) AutoCAD 단축키 리스트(LIST)

① 그리기 명령

그리기 명령	
L / 선 / LINE	XL / 구성선 / XLINE
PL / 폴리선 / POLINE	ML / 여러 줄 / MLINE
REC / 직사각형 / RECTANGLE	POL / 다각형 / POLYGON
C / 원 / CIRCLE	A / 호 / ARC
EL / 타원 / ELLIPSE	DO / 도넛 / DONUT
SPL / 스플라인 / SPLINE	

② 편집 명령

편집 명령	
E / 지우기 / ERASE (=Delete)	TR / 자르기 / TRIM
CO / 복사 / COPY	EX / 연장 / EXTEND
MI / 대칭 / MIRROR	BR / 끊기 / BREAK
O / 간격띄우기 / OFFSET	J / 결합 / JOIN
AR / 배열 / ARRAY	CHA / 모따기 / CHAMFER
M / 이동 / MOVE	F / 모깎기 / FILLET
RO / 회전 / ROTATE	X / 분해 / EXPLODE
SC / 축척 / SCALE	S / 신축 / STRETCH

③ 문자 명령

문자 명령	
T / 문자 / TEXT	DT / 단일행 문자 / DTEXT
MT / 여러줄 문자 / MTEXT	ST / 문자스타일 / STYLE
ED / 문자수정 / DDEDIT	

④ 치수

치수	
DIM / 치수 /	DLI / 선형치수 / DIMLINER
QDIM / 신속치수 /	D / 치수스타일설정 / DDIM

⑤ 특성 및 환경 변경

특성 및 환경변경	
QSAVE / 저장하기	NEW / 새로운도면
OPEN / 열기	Z / 줌 확대 축소 / ZOOM
P / 화면이동 / PAN	CH / 특성변경메뉴구성 / DDCHPROP
OP / 옵션설정 / OPTIONS	DWGPROPS / 도면정보 / DWGPROPS
OS / 스냅설정 / OSNAP	TO / 도구막대부르기 / TOOLBAR
RE / 화면해상도좋게 / REGEN	R / 화면다시그리기 / REDRAW
TIME / 시간정보	SAVETIME / 자동저장

⑥ 레이어, 해치, 블록

레이어, 해치, 블록	
LA / 레이어설정 / LAYER	LT / 선종류 / LINETYPE
B / 블록 / BLOCK	W / 블록쓰기 / WBLOCK
I / 블록삽입 / INSERT	H / 해치 / HATCH

CHAPTER

04

그리기(Draw) 활용

Chapter 04

그리기(Draw) 활용

[그리기 도구막대]

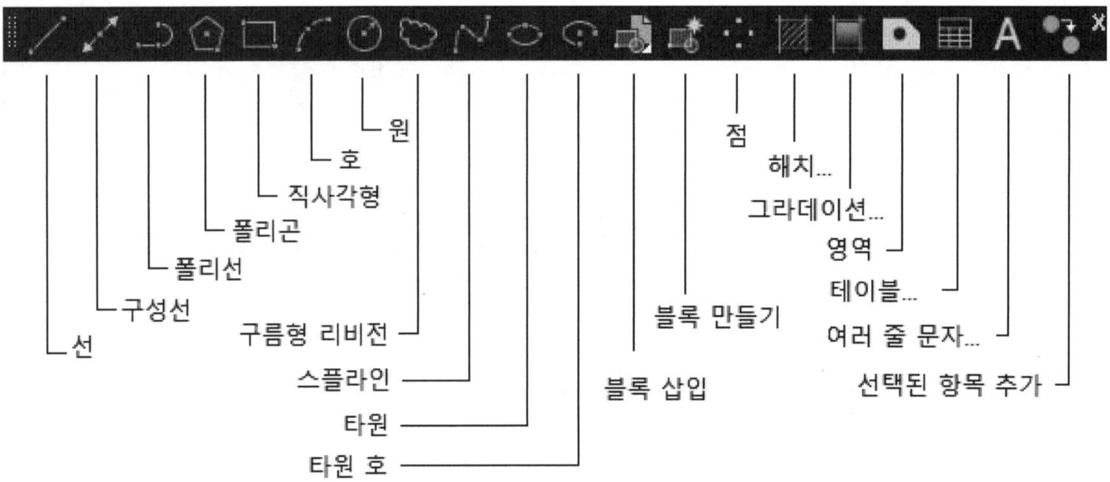

01 선(Line)

직선 세그먼트를 작성한다. 선(Line)를 사용하면 일련의 연속되는 선 세그먼트를 작성할 수 있다. 각 세그먼트는 별도로 편집할 수 있는 선 객체이다.

① 명령 : line (단축: l) Space Bar 또는 아이콘 클릭
　첫 번째 점 지정: P1 지정 후 클릭
　다음점 지정 또는[명령 취소(U)]: P2 지정 후 클릭

② 선 그리기 종료는 Enter↵, Space Bar 또는 Esc 를 치던지, 마우스 오른쪽 버튼 클릭 → 대화창에서 [입력] 클릭하여도 종료된다.

③ 전기도면 설계 시 선 그리기 기능은 가장 많이 쓰이는 도구 중의 하나인데, 선의 끝점 연결이 가장 문제이다. 이 문제는 [상태] 도구막대에서 [직교] 모드나 [OSNAP] 모드를 켜고(활성화) 작업을 하면 원활하게 선 그리기 작업을 할 수 있다. 단, 직교 모드에서는 대각선 작업을 할 수 없으므로 모드를 끄고 작업을 수행하여야 한다.

④ [표준] 도구막대에서 명령 취소](Undo) 는 아이콘을 한 번 클릭할 때마다 하나씩 이전의 도면 상황으로 돌아간다.

실력향상

[선] 그리기를 활용하여 보자.

[1] 아이콘 클릭 → 커서 + 모양 → P1 클릭 → P2 클릭한다. 계속 선 그리기 명령이 수행되고 있다.

[2] 선 그리기 작업을 종료하려면 Enter↵, Space Bar, Esc 또는 마우스 오른쪽 버튼 클릭 → 대화창에서 [입력] 클릭 → 선 그리기 작업이 종료된다.

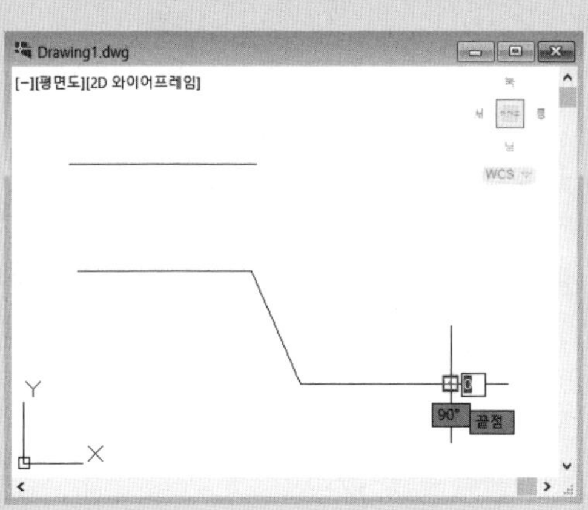

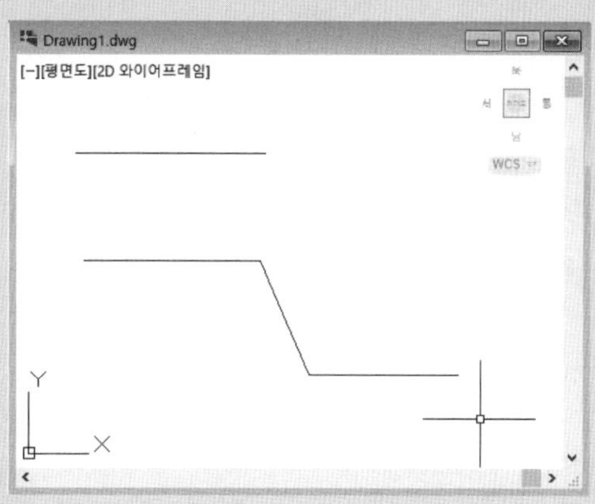

[3] 선 그리기를 다시 수행하려면 다시 [선] 아이콘을 클릭할 필요 없이 마우스 오른쪽 버튼 클릭 → 대화창의 맨 위의 [반복(R)(직전 수행 명령)] 클릭 → 선 그리기 재 수행이 가능하다. 이 기능은 모든 직전 명령을 반복 수행할 때에도 적용된다.

[4] 선의 수정은 마우스 커서를 선에 일치시키고 클릭 → 3등분의 그립이 생긴다. 중간 그립을 클릭하면 빨간색으로 그립색이 변하고 선을 이동시킬 수 있다.

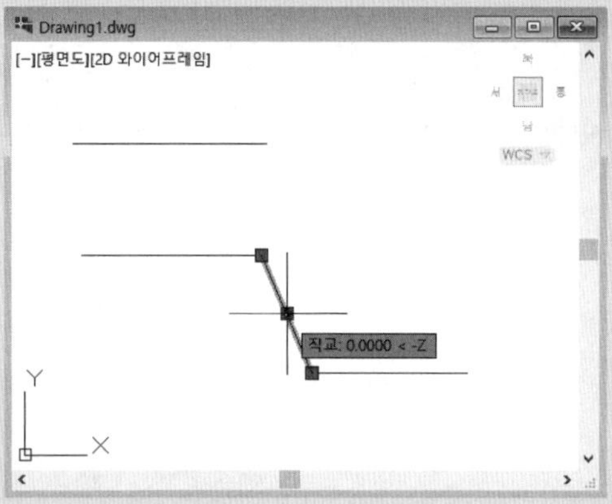

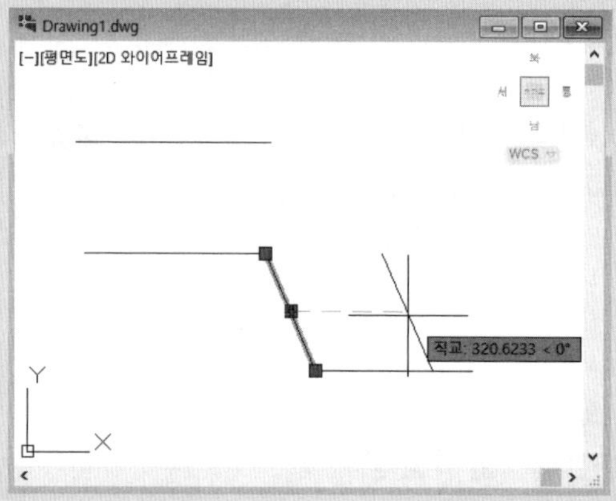

[5] 선을 연장하고자 할 때 연장 시작선 P1 그립을 클릭한 후 P2 지점까지 마우스 커서를 이동 후 클릭하면 선이 연장된다.

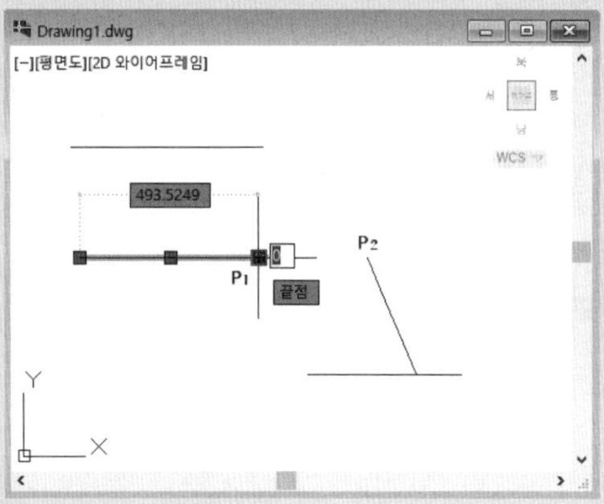

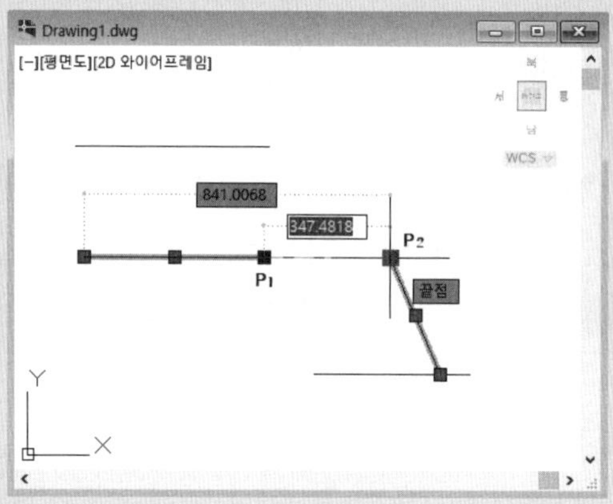

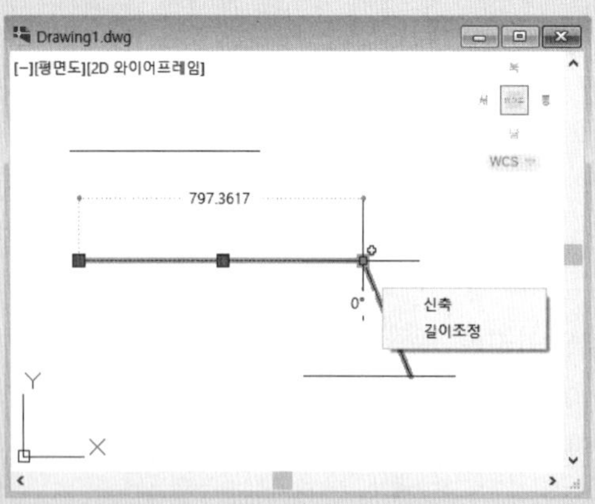

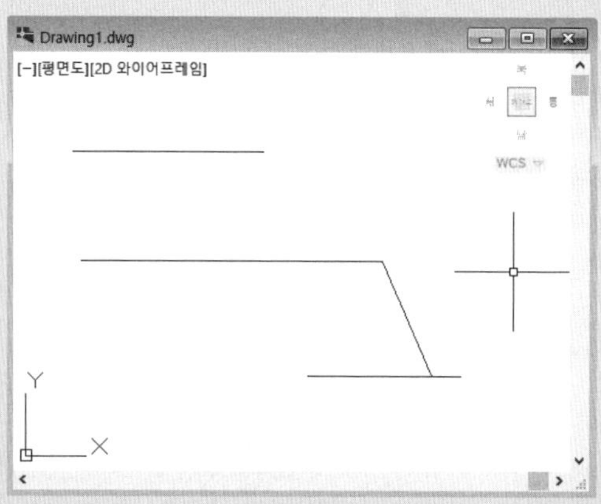

02 구성선(Construction Line)

양쪽 방향으로 무한하게 연장되는 선을 그리는 것이다. X선과 같이 무한대로 연장되는 선을 사용하여 구성선 및 참조선을 작성하고 경계를 자를 수 있다. 화면의 끝까지 이어질 선을 지정하는 것으로 한 점을 중심으로 할 경우 360°에 구성선을 그릴 수 있다.

① 명령 : xline (단축: xl) [Space Bar] 또는 아이콘 클릭
점을 지정 또는[수평(H)/수직(V)/각도(A)/이등분(B)/간격띄우기(O)] : 옵션 [Space Bar]

옵션사양

- 수평(Hor) : X축으로 연장하는 구성선을 그린다.
- 수직(Ver) : Y축으로 연장하는 구성선을 그린다.
- 각도(Ang) : 각도 조절 후 X, Y의 변수 값으로 구성선을 그린다.
- 이등분(Biset) : X, Y축으로 이등분하는 구성선을 그린다.
  - 각도 정점 지정: 각도의 정점입력 또는 + 모양으로 된 마우스 커서를 임의 한 점에서 클릭
  - 각도 시작점 지정: 각도 시작점 입력 또는 + 모양으로 된 마우스 커서를 임의 한 점에서 클릭
  - 각도 끝점 지정: 각도의 끝점 입력 또는 + 모양으로 된 마우스 커서를 움직이면서 한번 클릭하면 하나의 구성선 생성
- 간격띄우기(Offset) : X, Y 축으로 지정한 간격만큼 띄워 구성선을 그린다.

② 구성선 그리기 종료는 [Enter↵], [Space Bar] 또는 [Esc]를 치던지, 마우스 오른쪽 버튼 클릭 → 대화창에서 [입력] 클릭 → 명령이 종료된다.

③ 전기도면의 옥내배선의 벽체 설계 시 유용하게 사용할 수 있다.

실력향상

[구성선] 을 이용하여 옥내 배선을 위한 벽체 기초 작업을 수행하여 보자.

[1] [구성선] 아이콘 클릭 → 커서 + 모양 → 임의의 한 점에 클릭하고 움직이면 구성선을 그릴 수 있다. 마우스 오른쪽 버튼 클릭 → 대화창에서 [반복(R) 구성선] 클릭 →

[구성선]이 반복 수행된다. ([직교] 모드 켜고 작업을 수행한다.)

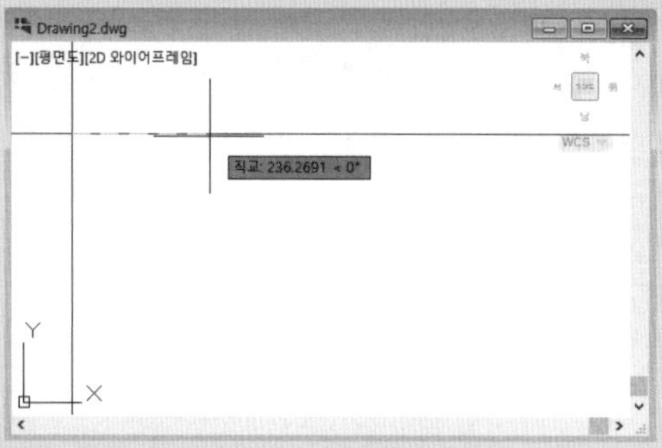

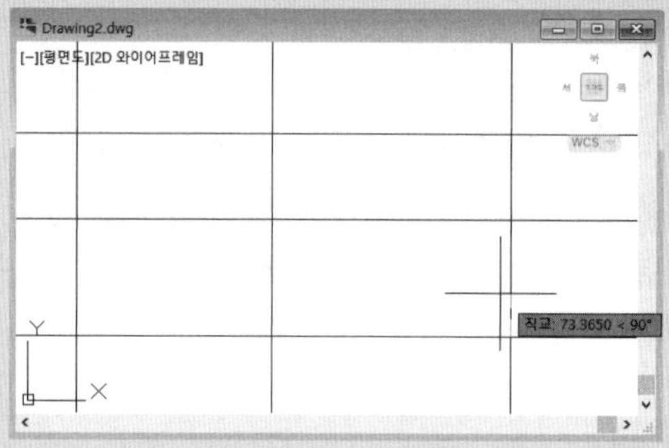

[2] 마우스 오른쪽 버튼 클릭 → 대화창에서 [반복(R) 구성선] 클릭 → 명령: o(간격 띄우기) Space Bar → 간격띄우기 거리 또는: 30 Space Bar 친다.

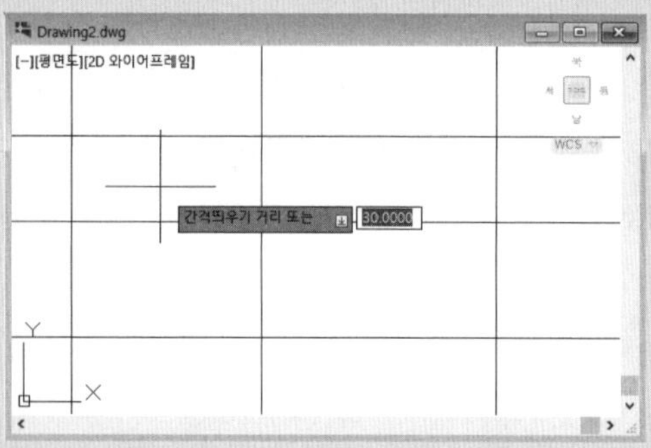

[3] 커서 □ 모양(선 객체 선택) → 옵셀 방향 클릭 → 간격이 띄워져 선이 그려진다.

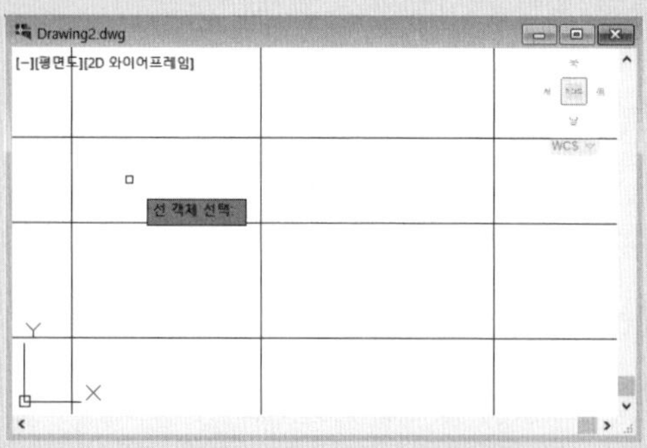

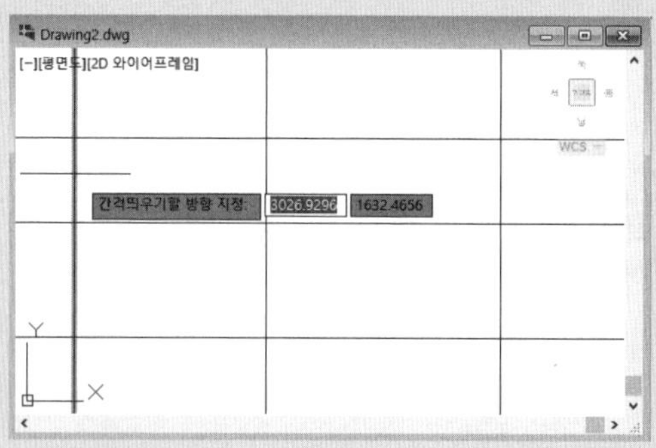

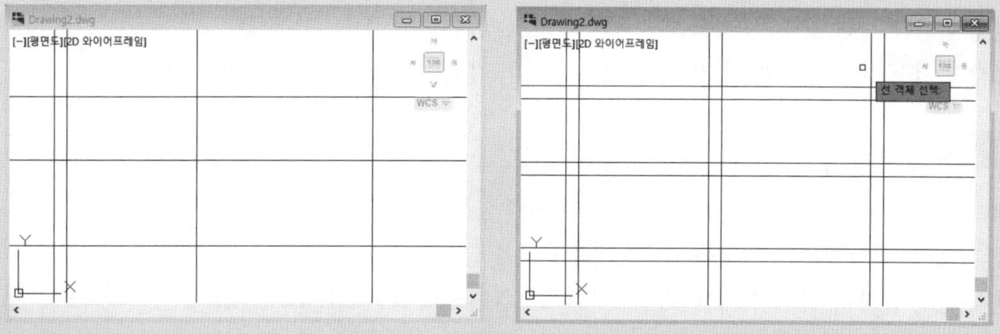

[3] [수정] 도구막대의 [끊기] 와 [해치] 명령을 수행하면 옥내배선의 벽체를 완성할 수 있다. 여기서는 결과 도면 작업만 보여주지만 [끊기]와 [해치] 명령을 공부한 후 따라 해보길 바란다.

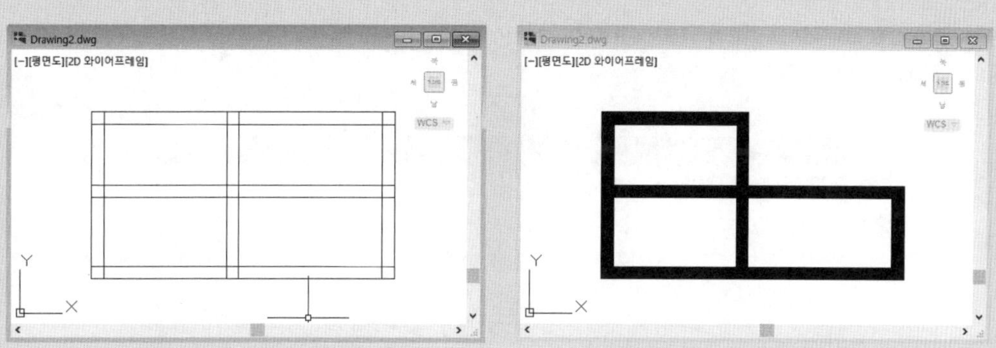

03 여러 줄(Multiline)

다중 평행선을 작성한다. 이 명령은 전기도면설계 시 옥내배선 작업에 적용할 수 있다. AutoCAD2022의 [그리기] 도구막대에는 [여러 줄] 아이콘이 없으므로 앞의 [줌]에서 도구막대 만들기를 참조하여 [그리기] 도구막대에 [여러 줄] 아이콘을 포함시킨다.

[여러 줄 아이콘 [그리기] 도구막대에 포함시킨 상태]

① 명령 : mline (단축: ml) [Space Bar] 또는 아이콘 클릭
현재 설정 : 자리 맞추기 = 맨 위, 축척 = 20.00, 유형 = STANDARD
시작점 지정 또는 [자리맞추기(J) 축척(S) 유형(ST)]: P1 클릭 또는 옵션 [Enter↵]

옵션사양

■ 자리 맞추기(Justification : J) : 다중선의 기준점을 설정한다.

– 명령 :mline (단축: ml) [Space Bar] 또는 아이콘 클릭
현재 설정 : 자리 맞추기 = 맨 위, 축척 = 20.00, 스타일 = STANDARD
시작점 지정 또는 [자리맞추기(J) 축척(S) 유형(ST)] : J [Space Bar]
자리 맞추기 유형 입력 [맨 위(T) 0(Z) 맨 아래(B)] 〈맨 위〉: 옵션 [Space Bar]

– 옵션 선택 없이 [Space Bar] 를 치면 〈맨 위〉로 설정된다. [옵션]이 현재 설정되어 있는 자리점이다. 따라서 [Space Bar] 를 치면 그 옵션을 그대로 사용하겠다는 의미이다. 즉, 마우스 십자선의 위치를 지정하는 옵션이다.

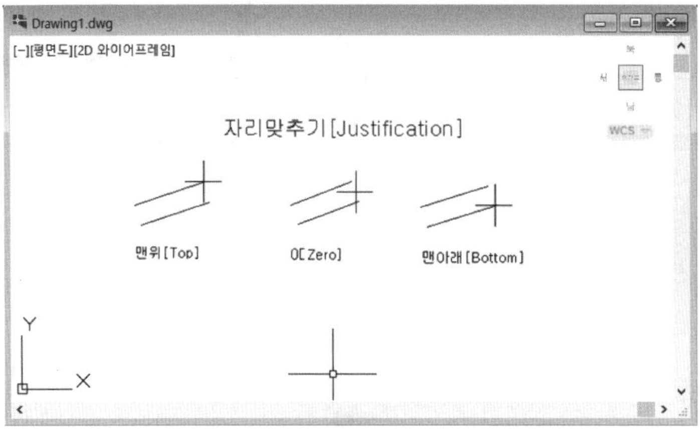

■ 축척(Scale: S): 다중선의 크기(간격)를 설정한다.

– 명령 : mline (단축: ml) [Space Bar] 또는 아이콘 클릭
현재 설정 : 자리 맞추기 = 맨 위, 축척 = 20.00, 스타일 = STANDARD
시작점 지정 또는 [자리맞추기(J) 축척(S) 유형(ST)] : s [Enter↵]
여러 줄 축척 입력 〈20.00〉: 크기(간격) 입력 [Space Bar]

– 초기 상태의 〈축척값〉을 그대로 사용하고 싶을 때는 [Space Bar] 를 친다.

■ 유형(STYLE : ST) : 여러 줄의 스타일을 설정한다.

초기상태에는 표준(STANDARD)로 설정되어 있다. 세부적으로 여러 줄의 스타일을 설정하고 싶을 때는 [여러 줄 스타일](명령 : MLSTYLE) 대화상자에서 설정한 후 스타일을 사용할 수 있다.

② 여러 줄 스타일(MLSTYLE) : 여러 줄의 다양한 유형을 설정한다.

■ 명령 : mlstyle Space Bar

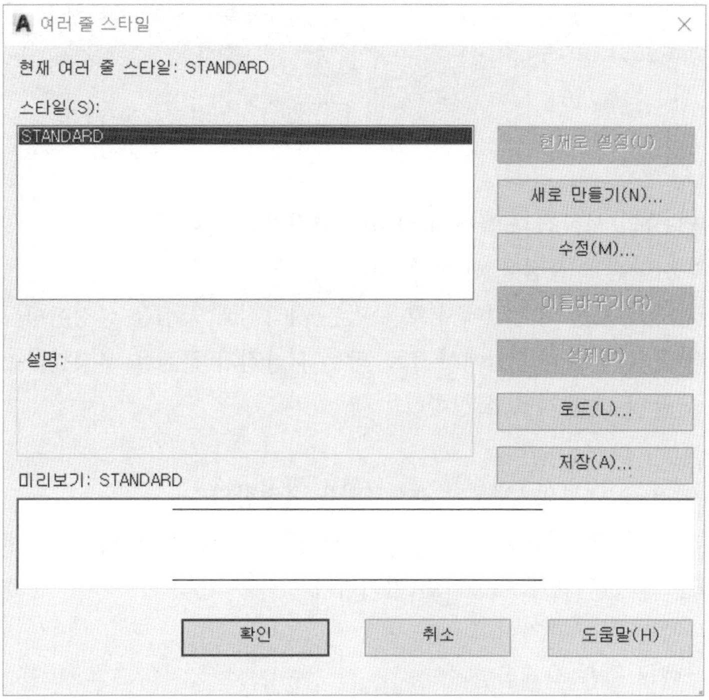

– [새로 만들기(N)...] 클릭 → 새로운 이름을 '옥내배선'으로 지정 → [계속]을 클릭한다.

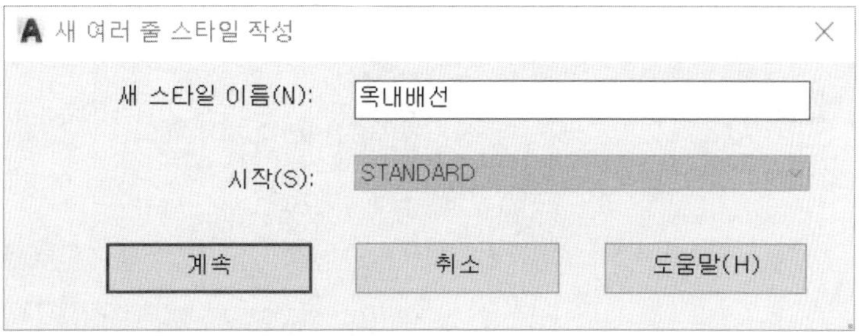

– [새 여러 줄 스타일: 옥내배선] 대화상자가 나타난다.

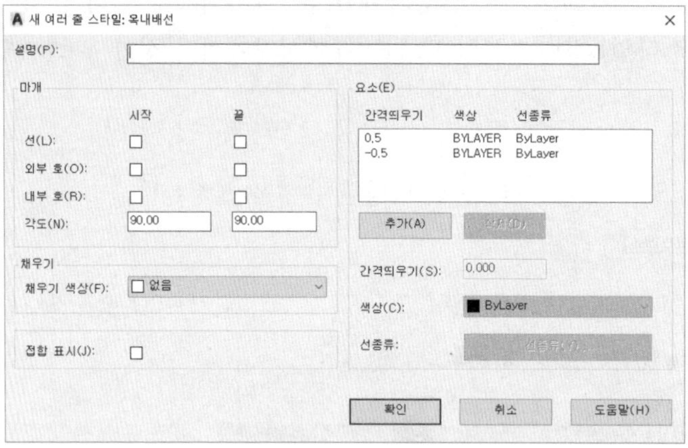

– [마개] 영역 : 여러 줄의 시작점과 끝점의 상태를 설정한다.
- 선(L) : 여러 줄의 시작점과 끝점을 선 모양으로 막는다.
- 외부 호(O) : 여러 줄의 가장 바깥선에서 호로 막는 시작점과 끝점을 설정한다.
- 내부 호(R) : 여러 줄의 내부 다중선에서 호로 막는 시작점과 끝점을 설정한다.
- 각도(N) : 여러 줄 끝의 닫는 각을 설정한다.

– [채우기] 영역 : 여러 줄 내부의 [채우기 색상(F)]을 설정한다.
– [요소(E)] 영역 : 간격띄우기/색상/선종류 등 여러 줄의 특성을 설정한다. 특히 전기도면의 옥내배선 설계 시 평면도를 그리는데 이용하면 편리하다.
- 추가(A) : 새로운 여러 줄을 추가한다.
- 삭제(D) : 지정한 여러 줄을 삭제한다.
- 간격 띄우기(S) : 여러 줄의 간격 띄우기를 설정한다.
- 색상(C) : 여러 줄들의 색상을 설정한다.
- 선종류(Y) : 여러 줄의 선종류를 설정한다.

◎ [마개]와 [채우기]를 설정 후 도면 작업의 예를 들어보기로 한다.

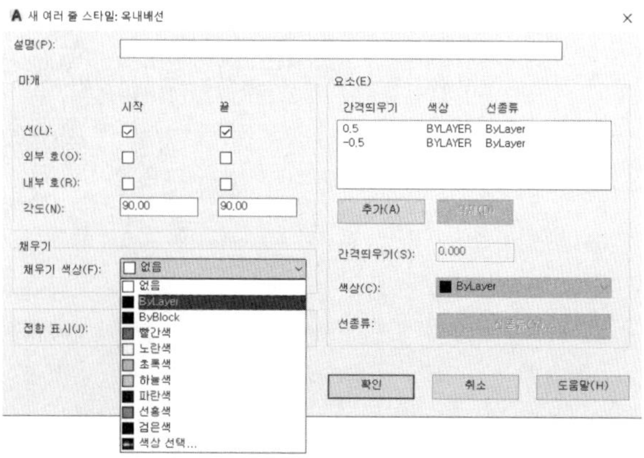

– [여러 줄 스타일] 대화상자가 나타나는데 [스타일(S)]에 [옥내배선]이 등록되어 있다. [현재로 설정(U)] 클릭 → [확인] 클릭 → 스타일 설정이 완료된다.

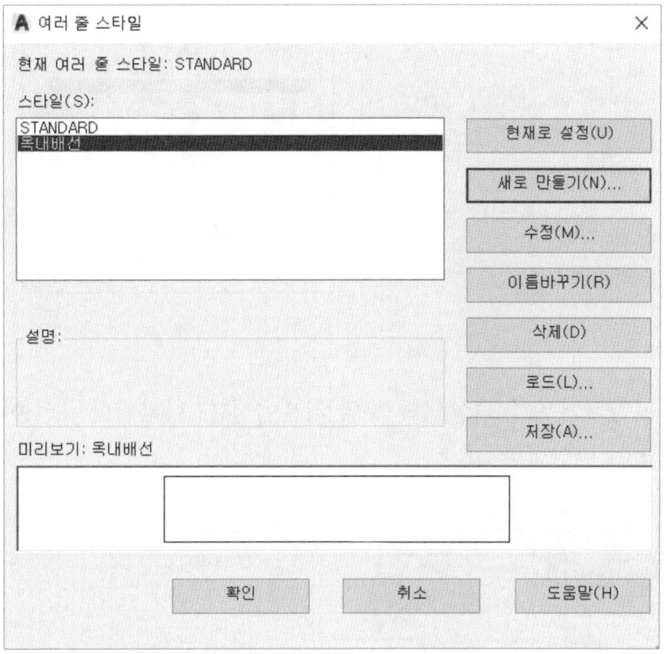

– 이 상태에서 [여러 줄] 명령을 수행한다.

■ 명령 : mline (단축: ml) Space Bar 또는 아이콘 클릭
현재 설정 : 자리 맞추기 = 맨 위, 축척 = 20.00, 스타일 = 옥내배선
시작점 지정 또는 [자리맞추기(J) 축척(S) 유형(ST)] : J Space Bar

■ 지정 위치마다 클릭하면 모양을 만들 수 있으며, 완료되면 Space Bar 치면 설정한 [여러 줄 스타일] 대로 작업이 수행된다.

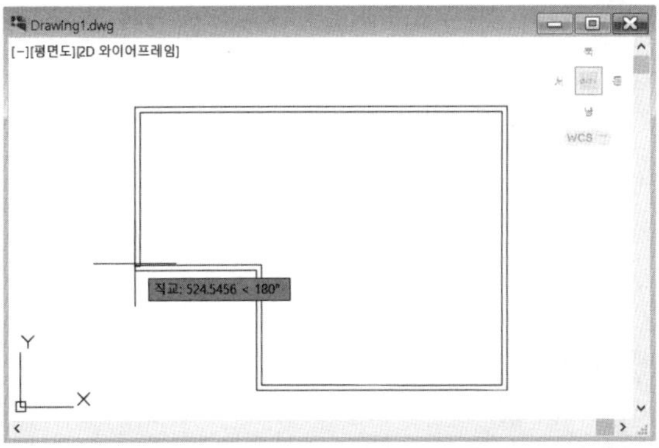

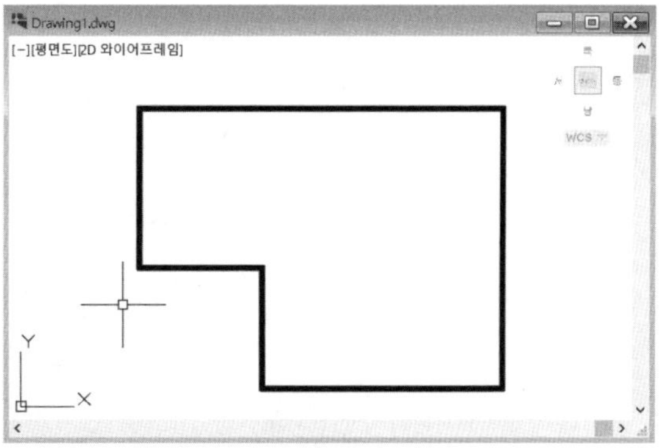

– [새 여러 줄 스타일] 대화상자에서 [요소(E)] 설정

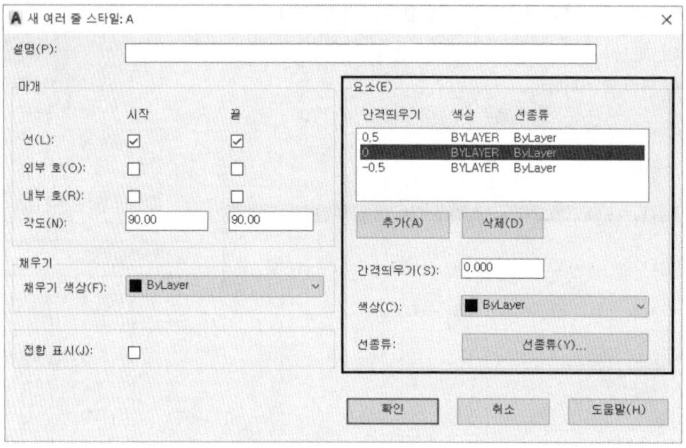

■ [추가(A)]를 클릭 → 간격띄우기/색상/선종류의 기본이 창에 나타난다. [선종류(Y)...]를 클릭하면 [선종류 선택] 대화창이 나타난다.

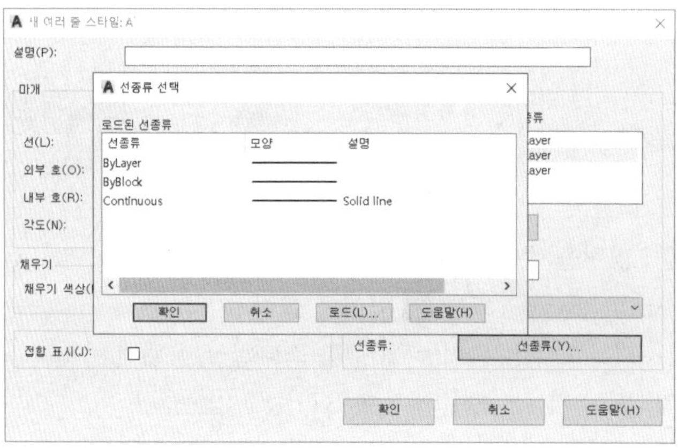

■ [선종류 선택] 대화창 [로드(L)] 클릭 → [선종류 로드 또는 다시 로드] 대화창 → 선종류 선택 → [확인] 클릭 → [선종류 선택] 대화창에 등록된다.

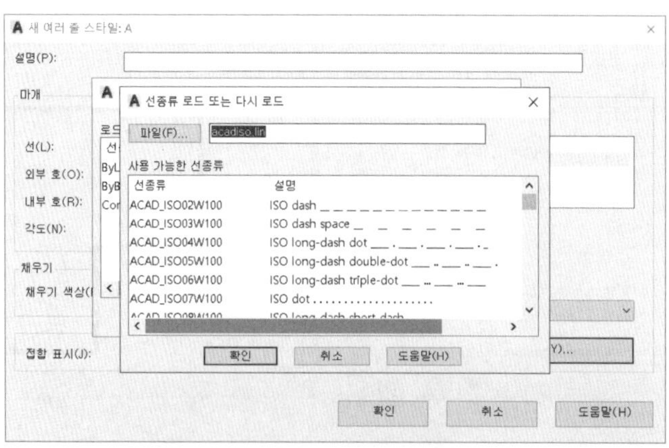

04 여러 줄 편집(MLEDIT)

다중 평행선을 편집한다. 이 명령은 전기도면설계 시 옥내 배선 작업에 적용할 수 있다. AutoCAD2022의 [그리기] 도구막대에는 [여러 줄 편집] 아이콘이 없으므로 앞의 [줌]에서 도구막대 만들기를 참조하여 [그리기] 도구막대에 [여러 줄 편집] 아이콘을 포함시킨다.

[여러 줄 편집 아이콘 [그리기] 도구막대에 포함시킨 상태]

(1) **명령** : mledit Space Bar 또는 아이콘 클릭
→ [여러 줄 편집 도구] 대화상자가 나타난다.

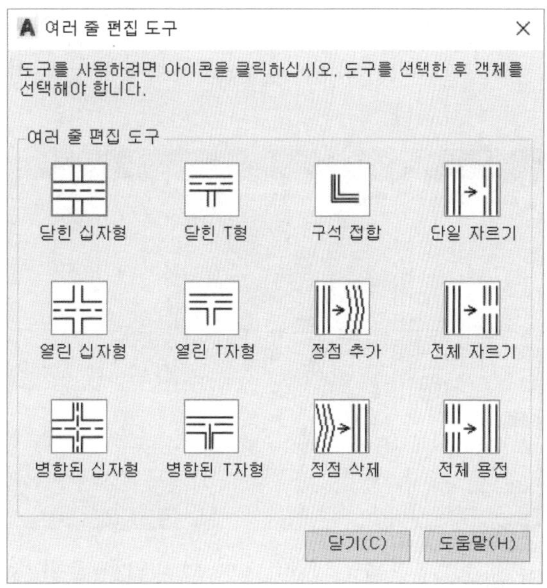

① 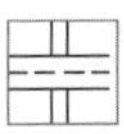 닫힌 십자형(Closed Cross) : 교차 여러 줄을 한쪽 여러 줄의 교차선을 처리한다.

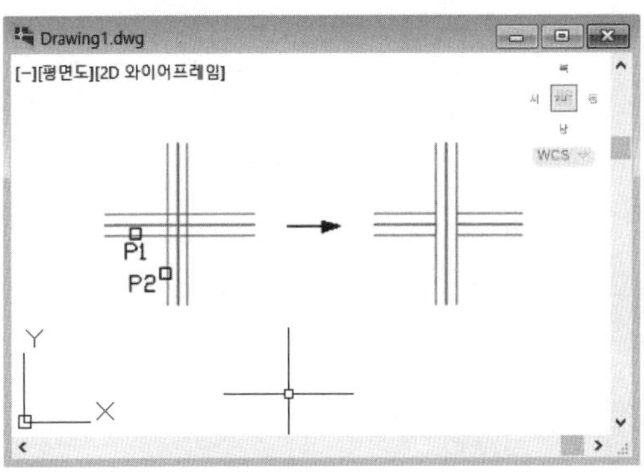

②  닫힌 T형(Closed T) : 두 번째 선택한 P2의 여러 줄을 삭제한다.

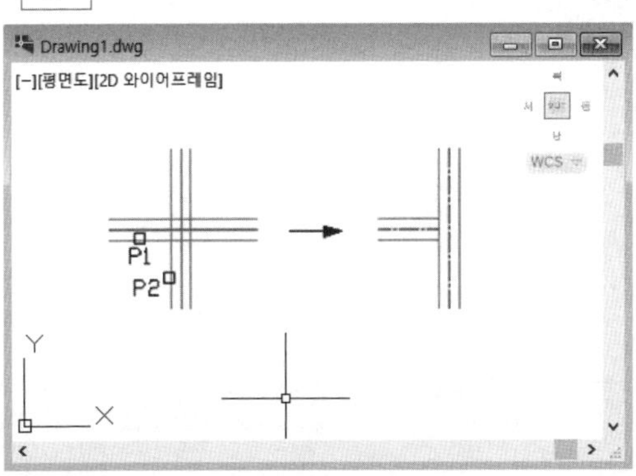

③ 구석 접합(Corner Joint) : 교차 여러 줄의 끝을 모서리로 처리한다.

④ 단일 자르기(Cut Single) : 여러 줄에서 한 선 만을 자른다. 선을 자르는 Break와 동일한 기능이다.

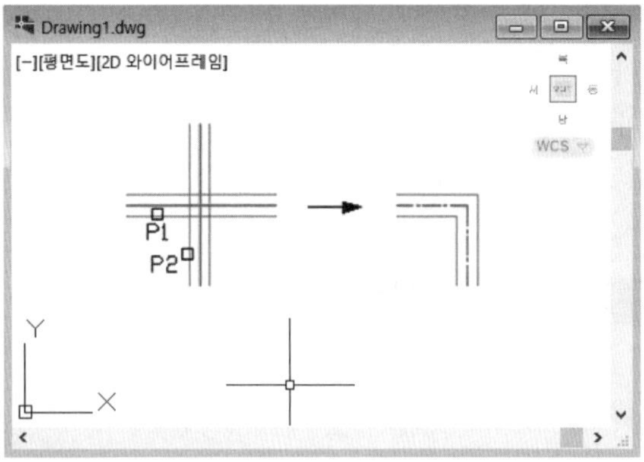

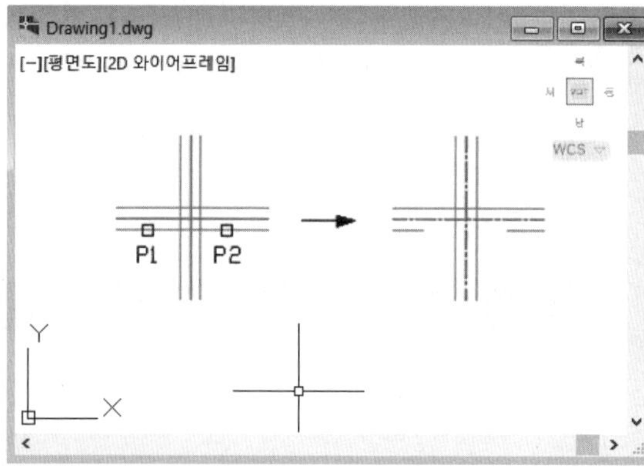

⑤ 열린 십자형(Open Cross) : 교차 여러 줄의 중앙의 교차된 사각 부분을 열어 준다.

⑥ 열린 T 자형(Open T) : 교차 여러 줄의 열린 T형으로 자른다.

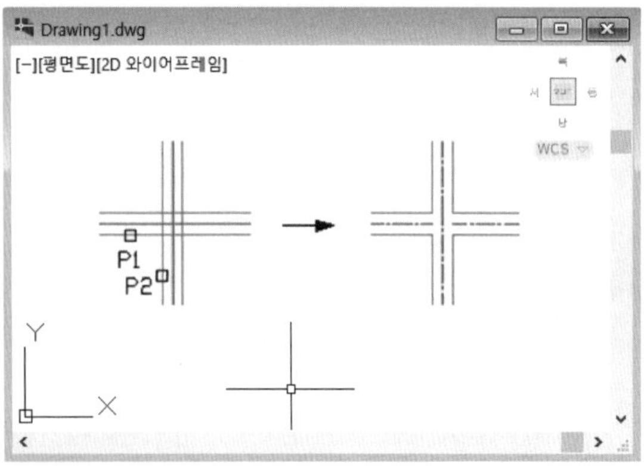

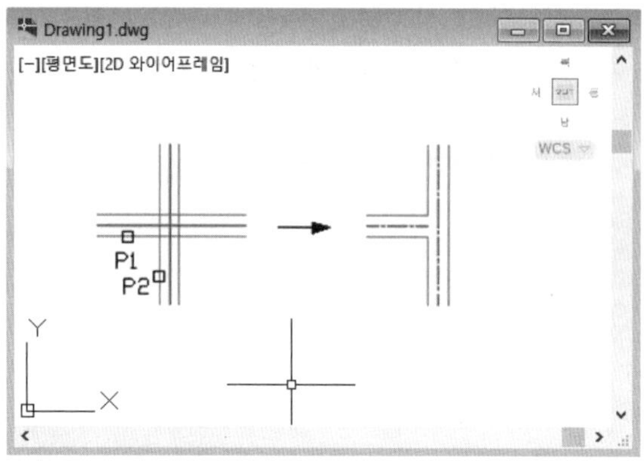

⑦ 정점 추가(Add Vertex) : 여러 줄의 정점을 추가한다.

⑧ 전체 자르기(Cut All) : 여러 줄 전체를 자른다.

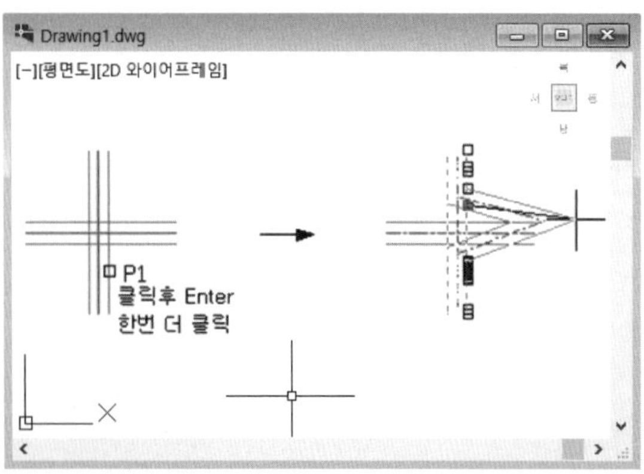

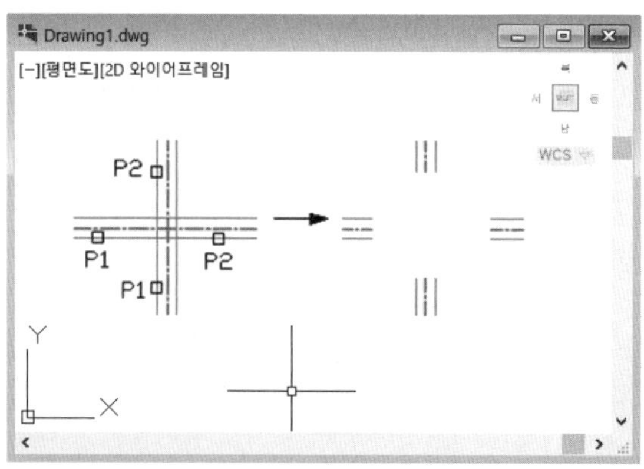

⑨ 병합된 십자형(Merged Cross) : 교차 여러 줄의 중앙 교차선이 연결된다. 형태는 열린 십자형(Open Cross)과 유사하다.

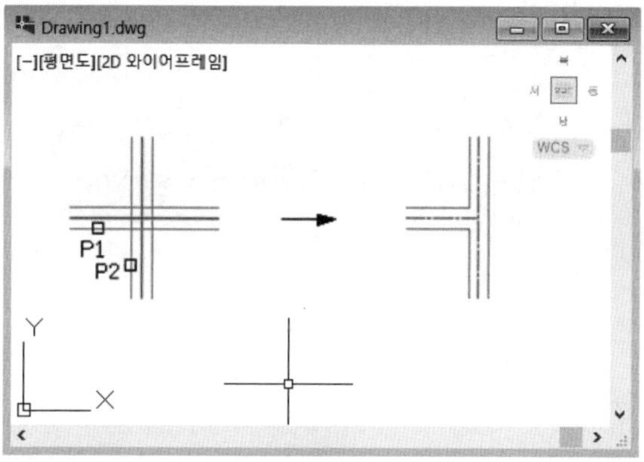

⑩ 병합된 T자형(Merged T) : 교차 여러 줄을 T형으로 자르며, 여러 줄의 중앙선이 T형으로 연결된다. 열린 T자형(Open T)과 유사하다.

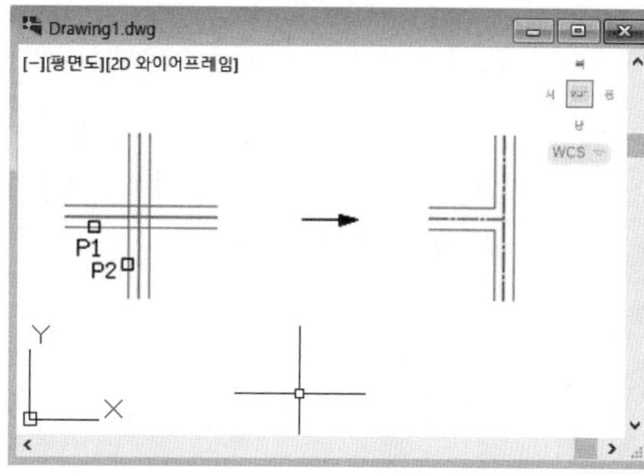

⑪ 정점 삭제(Delete Vertex) : 여러 줄의 정점을 삭제한다.

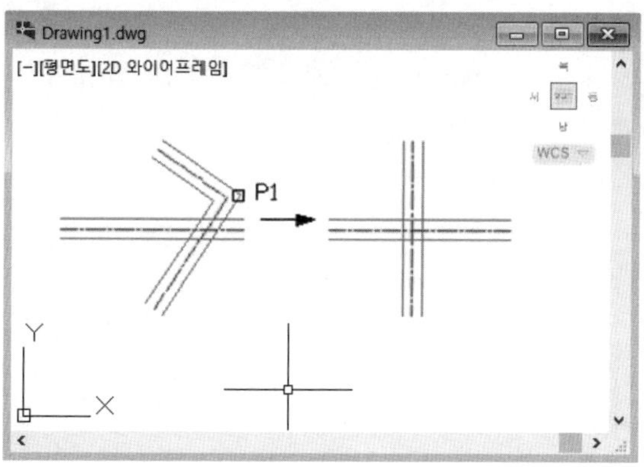

⑫ 전체 용접(Weld All) : 잘라진 여러 줄을 다시 연결해 준다.

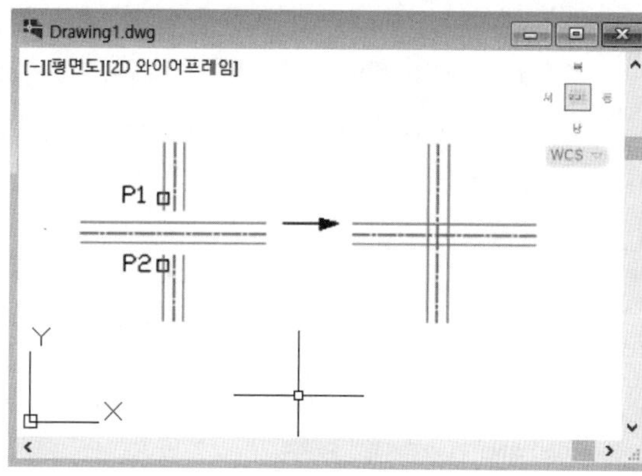

실력향상

[여러 줄] 및 [여러 줄 편집] 을 이용하여 옥내배선을 위한 건물의 평면도를 그려보자.

[1] 명령: mlstyle Space Bar → [여러 줄 스타일] 대화상자 → [새로 만들기(N)...] 클릭 → [새 여러 줄 스타일 작성] 대화상자에서 [새 스타일 이름(N):]을 '건물평면'으로 입력하고 [계속]을 클릭한다.

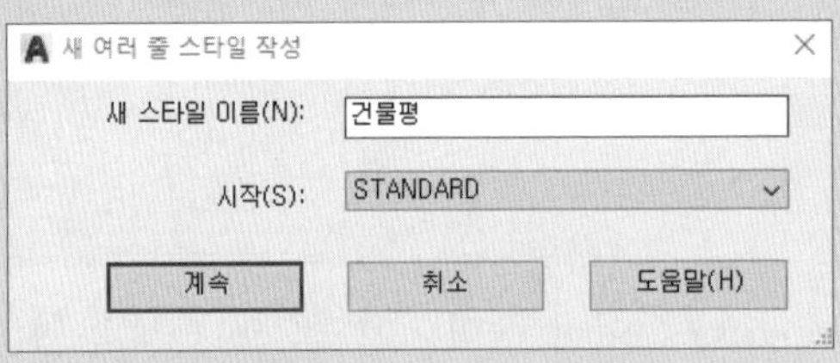

[2] [새 여러 줄 스타일 : 건물평면] 대화상자의 [요소(E)] 영역에서 [간격띄우기/색상/선종류]를 아래와 같이 설정 후 [확인] 클릭 → [여러 줄 스타일] 대화상자에서 [스타일(S):] '건물평면' 지정 → [현재로 설정(U)] 클릭 → [확인]을 클릭한다.

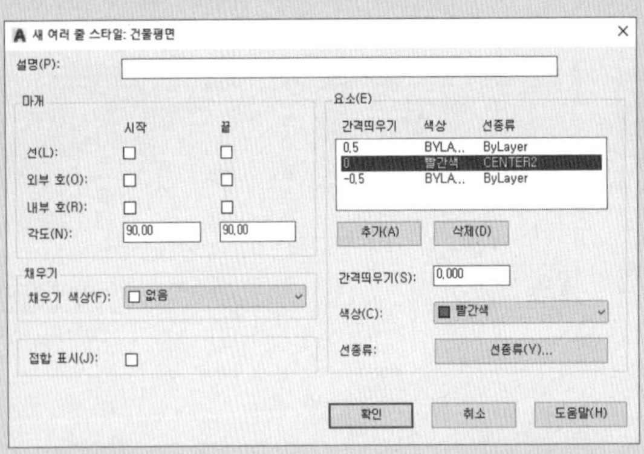

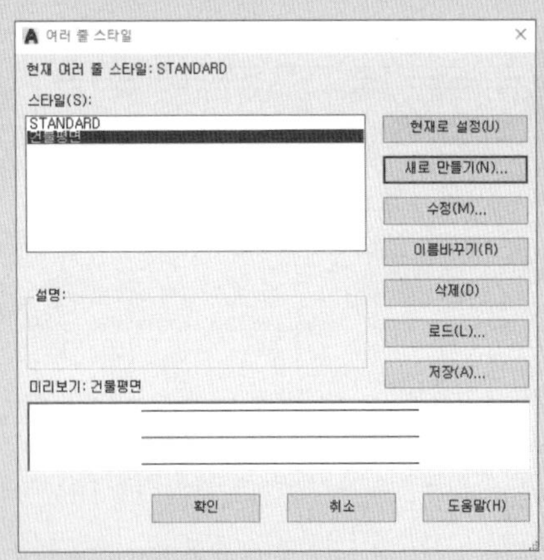

[3] [여러 줄] 특성이 '건물평면'으로 설정되었다.

[4] [여러 줄] 아이콘 클릭([상태] 도구막대에서 [직교] 모드와 [OSNAP] 모드를 켠다)→ 평면도의 전체 윤곽을 그린다.

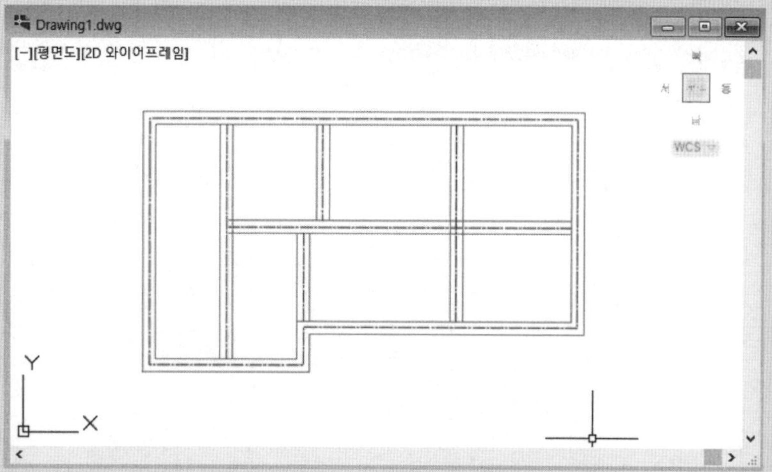

[5] [여러 줄]의 수정은 [지우개] 아이콘 실행으로는 지울 수 없다. [여러 줄]의 수정은 [여러 줄 편집] 아이콘 클릭 → [여러 줄 편집 도구] 대화창 → 용도에 맞는 기능을 선택하여 수정한다.

[6] [여러 줄 편집 도구] 대화창에서 [전체 자르기] 을 클릭한다. 이용법은 자르고자 하는 도면의 P1 클릭 자르고 싶은 곳까지 P2 클릭하면 전체가 잘려진다.

[7] 앞[4]번의 도면에서 적용해 보면

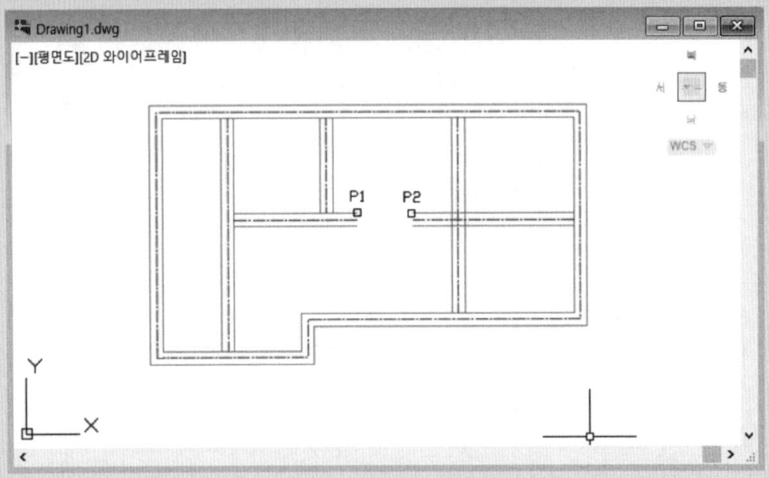

[8] 전체 도면에서 여러 줄을 자르고 창과 문을 그려보자.

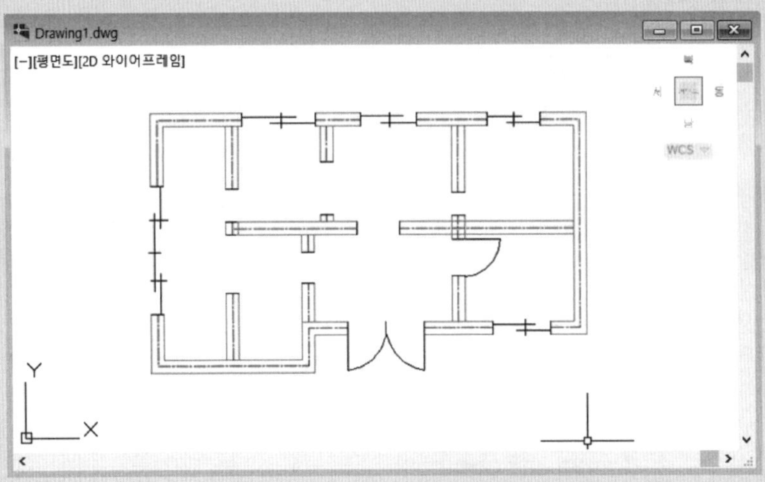

[9] 옥내 배선을 설계하기 위한 기초 평면도 작업을 할 수 있다. 전기도면은 전기 심벌의 배선이 주된 것이므로 벽이나 창은 엷은 회색으로 색상을 설정하고 평면도를 그리는 것이 적절할 것이다.

05 폴리선(Polyline)

2D 폴리선을 작성한다. 2D 폴리선은 여러 세그먼트가 순차적으로 연결되는 것으로 이를 통해 단일 평면 객체가 작성된다. 직선 세그먼트, 호 세그먼트 또는 그 둘을 조합하여 작성할 수 있다.

(1) 명령 : pline (단축: pl) Space Bar 또는 아이콘 클릭

시작점 지정 : + 표시된 마우스 커서를 시작점 지정 후 클릭

현재의 선 폭은 0.0000임

다음점 지정 또는[호(A) 반폭(H) 길이(L) 명령 취소(U) 폭(W)]: 다음점 설정 및 옵션 Space Bar

옵션사양

① 호(A) : 선 모드에서 호 모드로 전환시킨다.

초기상태에서는 선폭(선 굵기) 0.0000으로 되어있으므로 먼저 설정을 하고 [폴리선] 작업을 하는 것이 도면 작업에 편리하다. 옵션 사양 수행 중 굵기를 설정할 수도 있다.

(2) 폴리선으로 호를 그려보자.

① 명령 : pline (단축: pl) Space Bar 또는 아이콘 클릭

시작점 지정 : 임의의 한 점 클릭

다음점 지정 또는[호(A) 반폭(H) 길이(L) 명령 취소(U) 폭(W)]: w Space Bar (선 굵기 선정)

시작 폭 지정 〈0.0000〉 : 5 Space Bar

끝 폭 지정 〈5.0000〉 : Space Bar (〈5.0000〉값을 그대로 사용 시)

다음점 지정 또는[호(A) 반폭(H) 길이(L) 명령 취소(U) 폭(W)]: a Space Bar

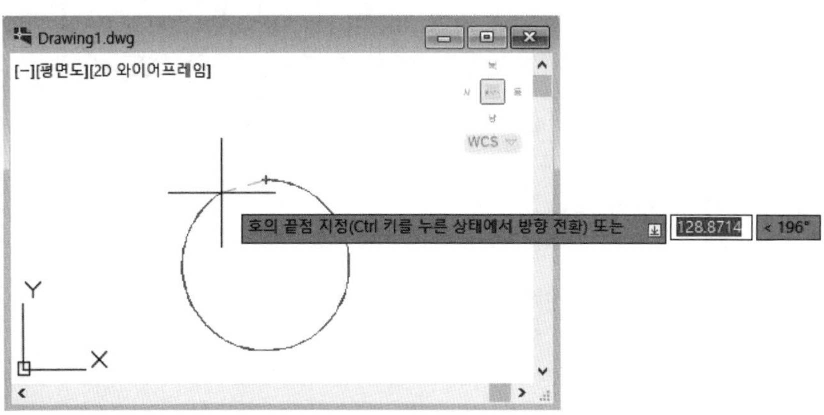

② 마우스로 크기 조절 후 → 클릭하면 다음과 같이 된다.

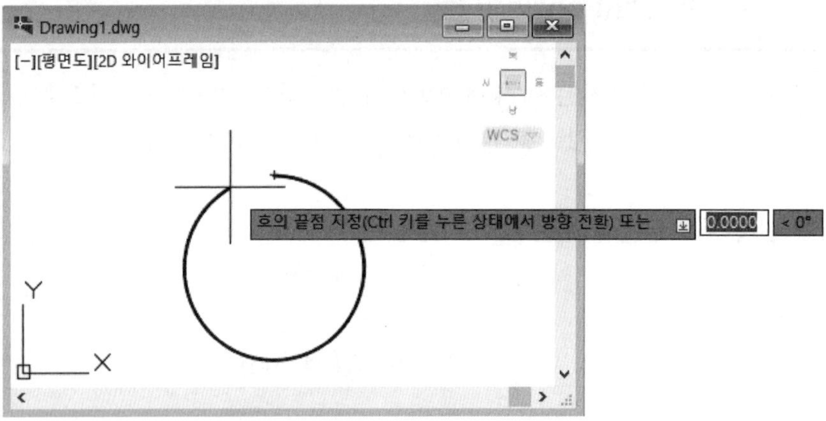

이 상태로는 원이 열려있는 상태이므로 원을 닫아야 한다. 명령에 다음과 같은 옵션 선택 사양이 나타난다.

③ [각도(A)/중심(CE)/닫기(CL)/방향(D)/반폭(H)/선(L)/반지름(R)/두 번째 점(S)/명령 취소(U)/폭(W)] : cl Space Bar - 호의 시작점과 끝점을 닫아준다.

옵션사양

- 각도(A) : 지정한 시작점을 기준으로 한 호의 내부 각을 설정한다.
- 중심(CE) : 호의 중심점을 설정한다.
- 닫기(CL) : 열려있는 호를 호의 형태로 닫아준다.
- 방향(D) : 설정한 시작점으로부터 접선 방향을 설정한다.
- 반폭(H) : 폴리선 굵기를 선의 반폭으로 설정한다.
- 선(L) : 호 모드를 선 모드로 전환시킨다.
- 반지름(R) : 반지름을 지정하여 호를 그린다.
- 두 번째 점(S) : 호의 두 번째 점과 끝점을 지정한다.
- 명령 취소(U) : 가장 최근 이전의 명령 상태로 되돌린다.
- 폭(W) : 호의 굵기를 설정한다.

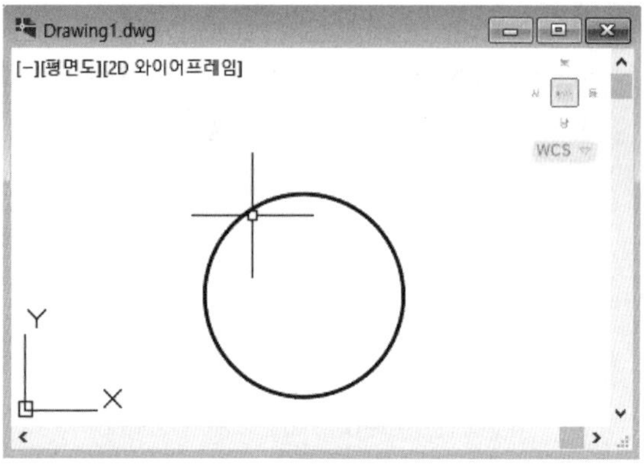

실력향상

[폴리선] 을 이용하여 '화살표', '피뢰기 심벌' 및 '성문'을 작도하여 보자.

1. '화살표' 그리기

[1] [폴리선] 아이콘 클릭 → 시작점 (P1) 클릭
현재의 선 폭은 0.0000임
다음 점 지정 또는[호(A)/닫기(C)/반폭(H)/길이(L)/명령취소(U)/폭(W)]: w Space Bar
시작 폭 지정 〈0.0000〉 : 5 Space Bar
끝 폭 지정 〈5.0000〉 : Space Bar
마우스로 화살표의 길이 조절 후 → 클릭(P2) (주의 : Enter↵ 나 Space Bar 치지 말 것)

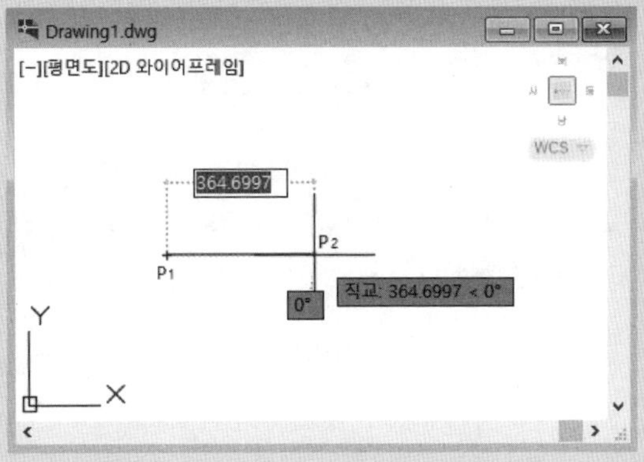

[2] 다음 점 지정 또는[호(A)/닫기(C)/반폭(H)/길이(L)/명령취소(U)/폭(W)]: w Space Bar
시작 폭 지정 〈0.0000〉 : 20 Space Bar
끝 폭 지정 〈20.0000〉 : 0 Space Bar
P3 클릭 → Space Bar

[3] 피뢰기 심벌을 작도할 경우 편리하게 이용하면 된다.

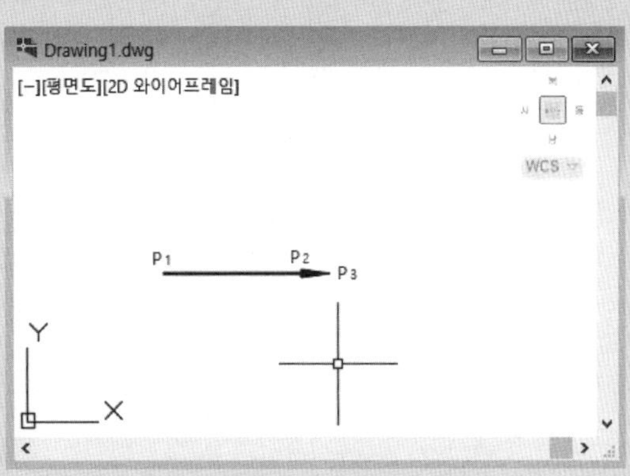

2. '피뢰기 심벌' 그리기

[1] 아이콘 클릭 →시작점(P1) 클릭

현재의 선 폭은 0.0000임

다음 점 지정 또는[호(A) 닫기(C) 반폭(H) 길이(L) 명령 취소(U) 폭(W)]: P2 클릭

다음 점 지정 또는[호(A) 닫기(C) 반폭(H) 길이(L) 명령 취소(U) 폭(W)]: w Space Bar

시작 폭 지정 〈0.0000〉 : 30 Space Bar

끝 폭 지정 〈50.0000〉 : 0 Space Bar

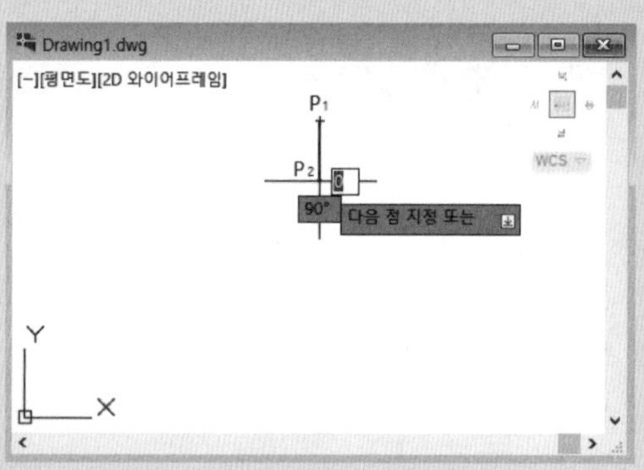

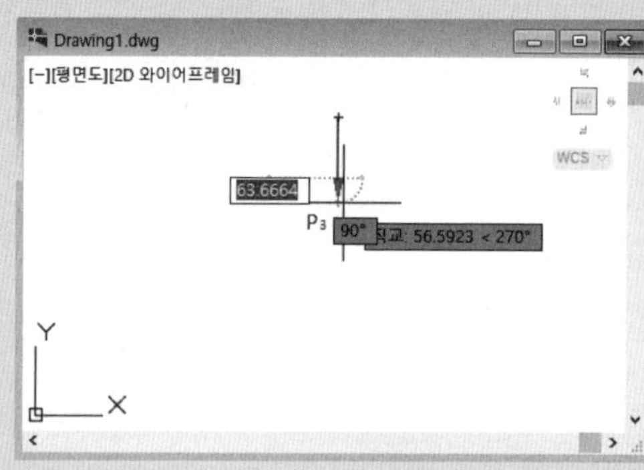

[2] 마우스로 화살표의 길이 조절 후 → 클릭(P3)(주의 : Enter↵ 나 Space Bar 치지 말 것) – [상태] 도구막대에서 [직교] 모드를 켠다.

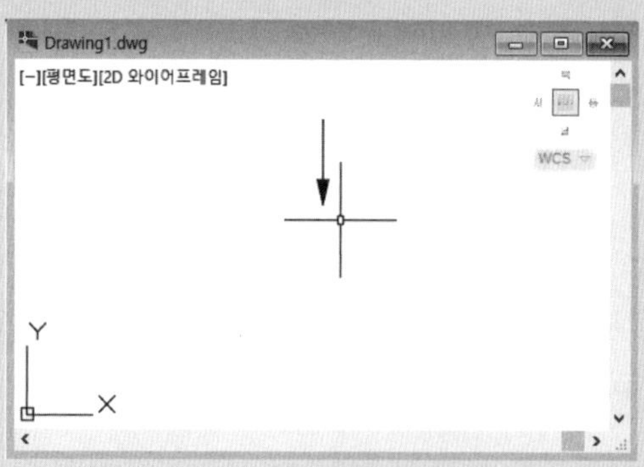

[3] 화살표를 복사한다. [복사] 아이콘 클릭→ 아래로 이동 → 클릭한다.

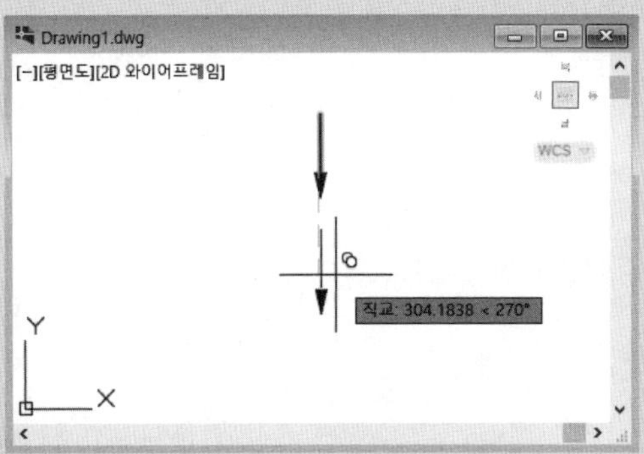

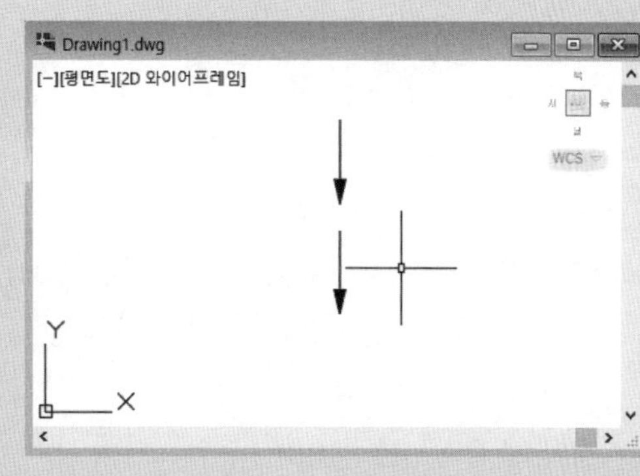

[4] 복사한 화살표를 180도 회전시킨다. [회전] 아이콘 클릭 → 회전 기준점 클릭 → 180° Space Bar 회전시킨다.([OSNAP](끝점) 모드 켠다)

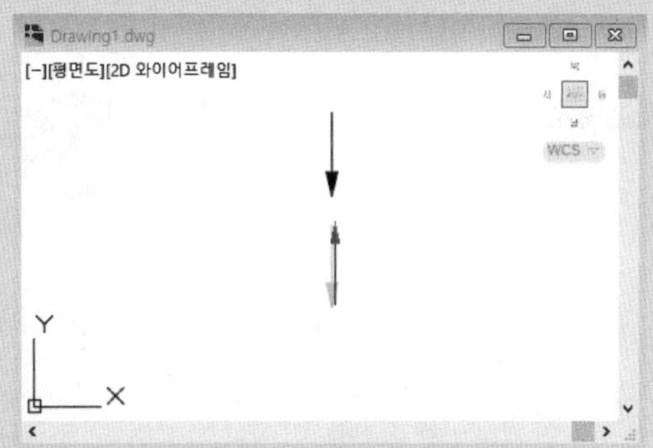

[5] 사각형을 그린다.([상태] 도구막대에서 [그리드(모눈)] 모드 켠다)

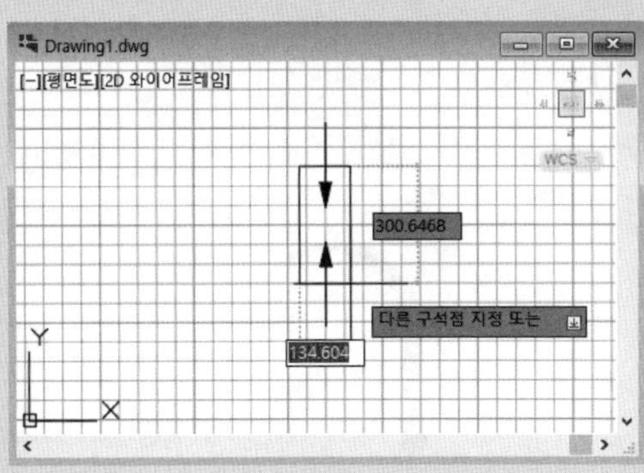

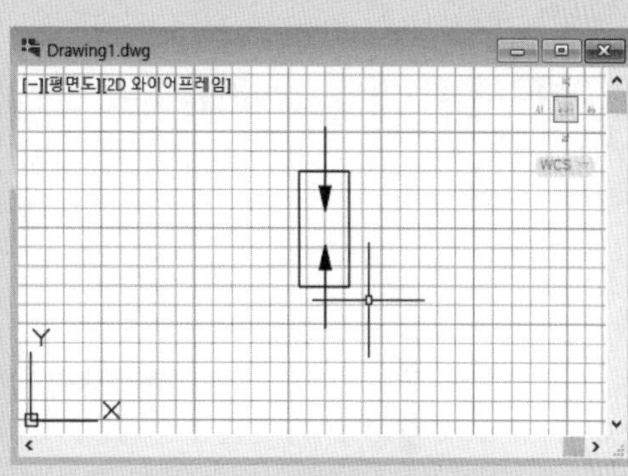

3. '성문'을 그려보자.

[1] 아이콘 클릭 → 시작점(P1) 클릭

현재의 선 폭은 0.0000임

다음 점 지정 또는[호(A) 닫기(C) 반폭(H) 길이(L) 명령 취소(U) 폭(W)]: w Space Bar

시작 폭 지정 〈0.0000〉 : 50 Space Bar

끝 폭 지정 〈50.0000〉 : Space Bar

길이 조절 → 클릭(P2) (주의 : Enter↵ 나 Space Bar 치지 말 것) – [상태] 도구막대에서 [직교] 모드를 켠다.

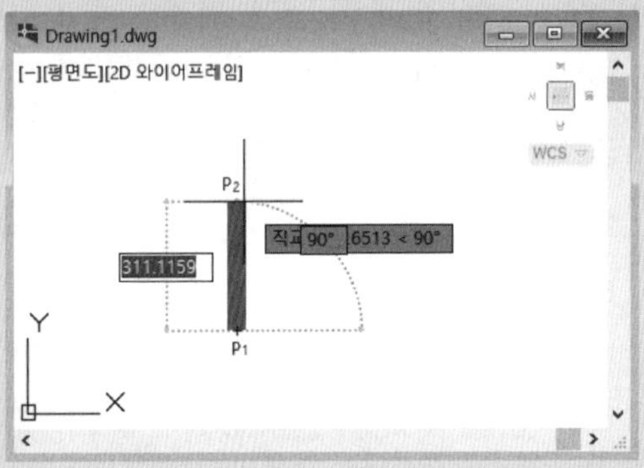

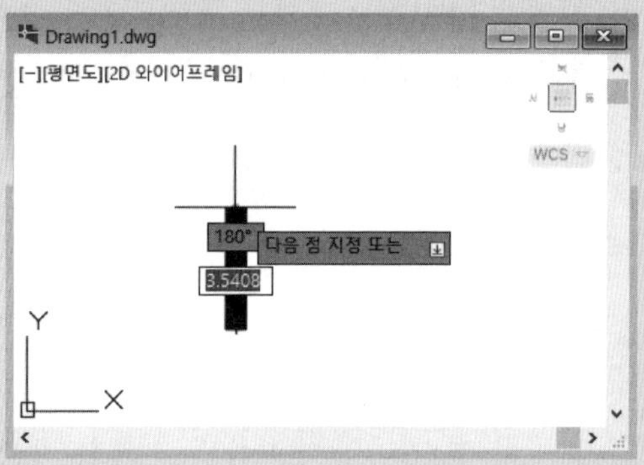

[2] 다음 점 지정 또는[호(A) 닫기(C) 반폭(H) 길이(L) 명령 취소(U) 폭(W)]: a Space Bar

다음 점 지정 또는[호(A) 닫기(C) 반폭(H) 길이(L) 명령 취소(U) 폭(W)]: w Space Bar

시작 폭 지정 〈50.0000〉 : Space Bar

끝 폭 지정 〈50.0000〉 : 0 Space Bar

마우스로 P3 지정 → 클릭한다.(주의 : Enter↵ 나 Space Bar 치지 말 것)

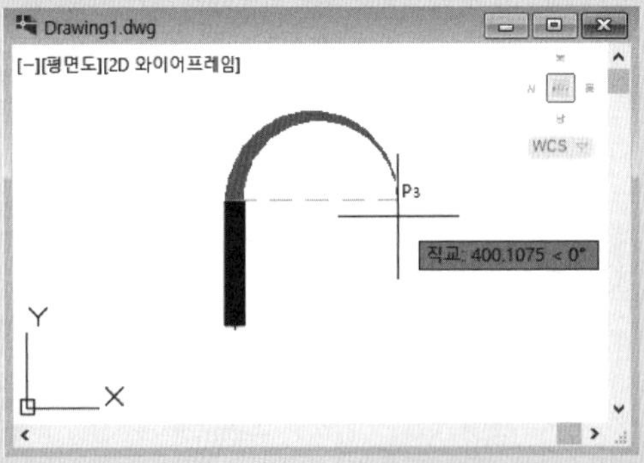

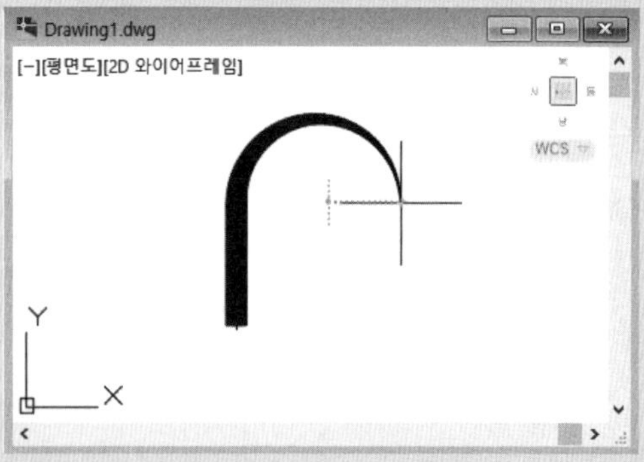

[3] 명령 : [각도(A) 중심(CE) 닫기(CL) 방향(D) 반폭(H) 선(L) 반지름(R) 두 번째 점(S) 명령 취소(U) 폭(W)] : L Space Bar
다음 점 지정 또는[호(A) 닫기(C) 반폭(H) 길이(L) 명령 취소(U) 폭(W)]: L Space Bar
선의 길이 지정 : Space Bar
마우스로 P4 지정 → 클릭 → Space Bar → 성문이 완성된다.

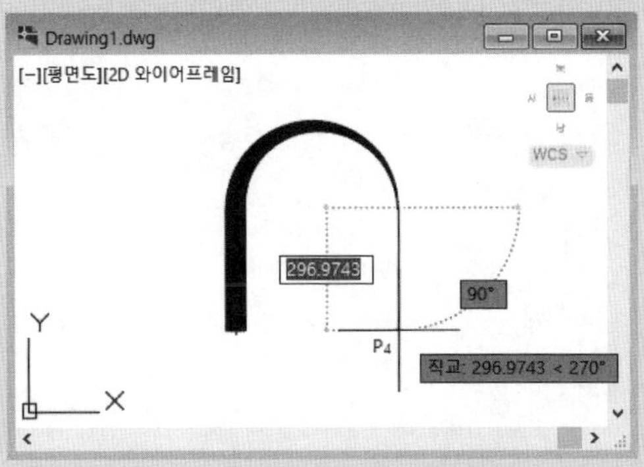

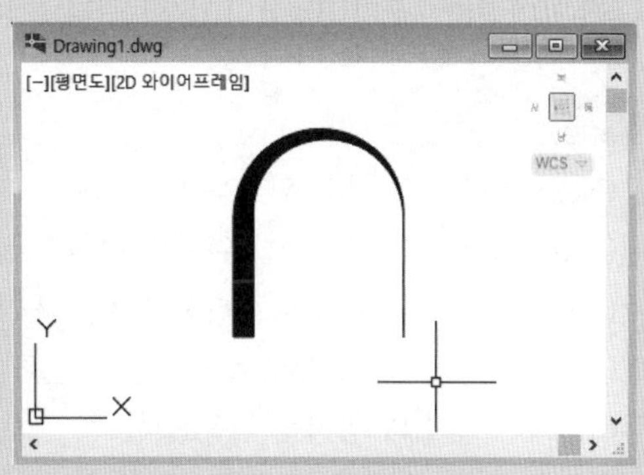

06 폴리선 편집(PEDIT)

폴리선(Pline) 및 3D 폴리곤 메쉬를 편집한다. 또한 일반 명령으로 작업한 도면 요소들도 폴리선으로 새롭게 편집할 수 있으나 원은 수정이나 편집을 할 수 없다. AutoCAD2022의 [그리기] 도구막대에는 [폴리선 편집] 아이콘이 없으므로 앞의 [줌]에서 도구막대 만들기를 참조하여 [그리기] 도구막대에 [폴리선 편집] 아이콘을 포함시킨다.

(1) 명령 : pedit Space Bar 또는 아이콘 클릭

→ 커서 □ 모양
폴리선 선택 또는 [다중(M)]: 선택 후 클릭
옵션 입력[열기(O) 결합(J) 폭(W) 정점 편집(E) 맞춤(F) 스플라인(S) 비곡선화(D) 선종류 생성(L) 반전(R) 명령 취소(U)]:

옵션사양

① 폴리선 선택(Select polyline) : 수정 및 편집할 도면 요소를 선택한다.
② 열기(Open) : 닫혀있는 폴리선을 열어준다. 열려있는 도면 요소에서는 닫혀(Close)로 옵션이 변경된다.

③ 결합(Join) : 붙어있는 서로 다른 폴리선들을 연결해 준다.
④ 폭(Width) : 모든 폴리선의 굵기를 일정하게 지정해 준다.
⑤ 정점 편집(Edit Vertex) : 폴리선의 정점을 수정 편집한다.
– 옵션 입력[열기(O) 결합(J) 폭(W) 정점 편집(E) 맞춤(F) 스플라인(S) 비곡선화(D) 선종류 생성(L) 반전(R) 명령 취소(U)]: e Space Bar
  정점 편집 옵션 입력
– [다음(N)/이전(P)/끊기(B)/삽입(I)/이동(M)/재생성(R)/직선화(S)/접선(T)/폭(W)/종료(X)] 〈N〉:

옵션사양

- 다음(Next) : 정점의 편집 위치를 다음으로 넘긴다.
- 이전(Previous) : 정점의 편집 위치를 이전으로 넘긴다.
- 끊기(Break) : 두 점 사이의 폴리선을 자른다.
- 삽입(Insert) : 폴리선에 새로운 정점을 삽입한다.
- 이동(Move) : 정점의 위치를 이동한다.
- 재생성(Regen) : 폴리선을 재생성 시킨다.
- 직선화(Straighten) : 정점 사이를 곧게 펴준다.
- 접선(Tangent) : 폴리선의 곡선 조절을 하는 명령으로 정점의 접선 방향을 지정한다.
- 폭(Width) : 정점 사이의 폭을 편집한다.
- 종료(eXit) : 정점 편집을 빠져나간다.

⑥ 맞춤(Fit) : 폴리선을 곡선화시킨다.
⑦ 스플라인(Spline) : 각 면에 접한 호를 만들어 연속적으로 연결한다.
⑧ 비곡선화(Decurve) : 곡선으로 표현되어 있는 폴리선을 직선으로 되돌린다.
⑨ 선종류 생성(Ltype gen) : 폴리선의 정점 둘레에서의 선 종류 패턴을 설정한다.
⑩ 반전(Redo) : 가장 최근 작업 상태로 되돌린다.
⑪ 명령 취소(Undo) : 가장 최근의 수정 작업을 한번 취소한다.

실력향상

[폴리선 편집] 을 이용하여 도면 편집을 해보자.(폴리선으로 그리지 않은 도면의 편집)

[1] 다음과 같이 수전설비를 그린다.

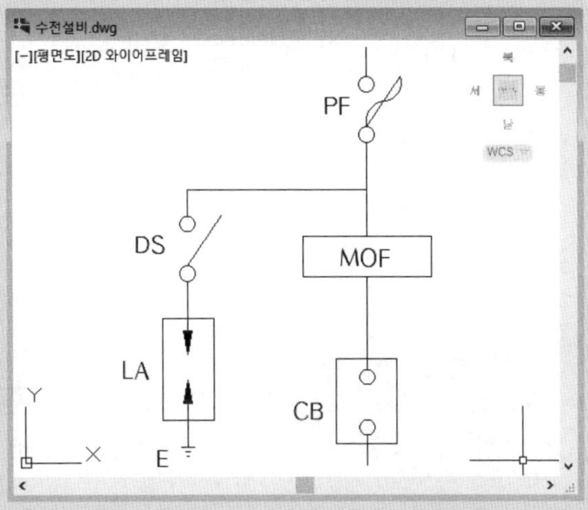

[2] 수전설비 전체 도면에 선 굵기를 수정 편집하고 싶을 경우

① 아이콘 클릭

폴리선 선택 또는 [다중(W)] : 마우스의 커서는 □모양으로 되고, 이것을 변환시키고자 하는 도면요소에 일치시키고(굵은 선으로 된다) 클릭한다.

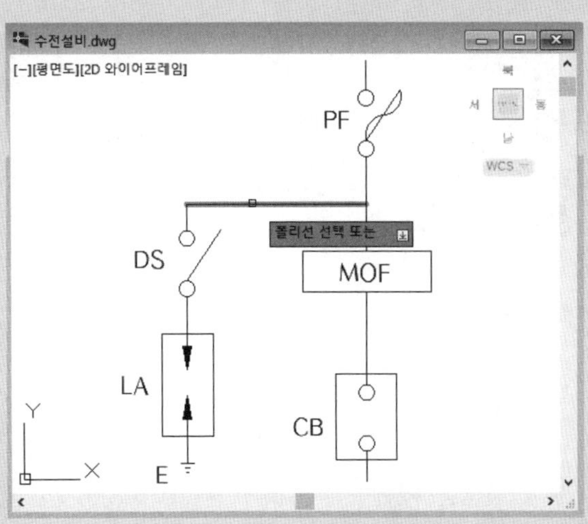

선택된 개체가 폴리선이 아님

전환하기를 원하십니까? 〈Y〉 Space Bar (예) (아니오는 N Space Bar)

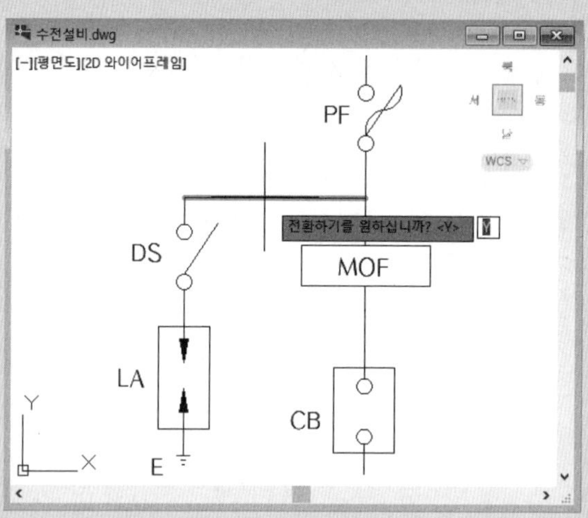

② 옵션 입력[열기(O) 결합(J) 폭(W) 정점 편집(E) 맞춤(F) 스플라인(S) 비곡선화(D) 선종류 생성(L) 반전(R) 명령 취소(U)]: w Space Bar – [작업영역]에 [옵션 입력] 목록 → [폭(W)] 클릭한다.

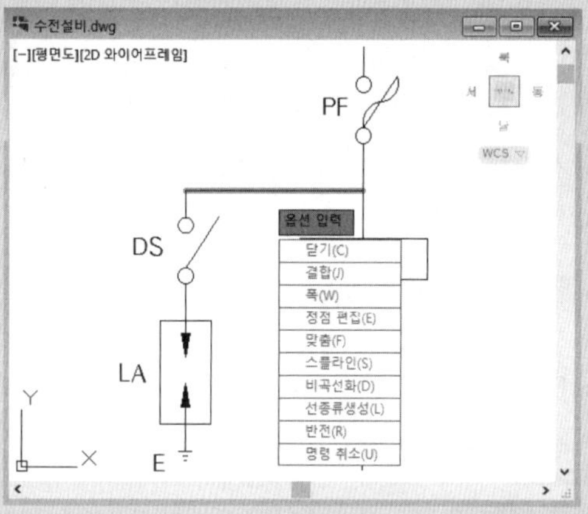

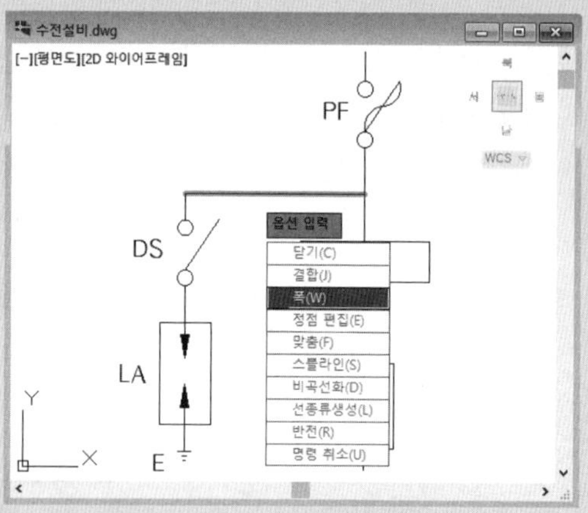

③ 전체 세그먼트에 대한 새로운 폭 지정: 5 Space Bar

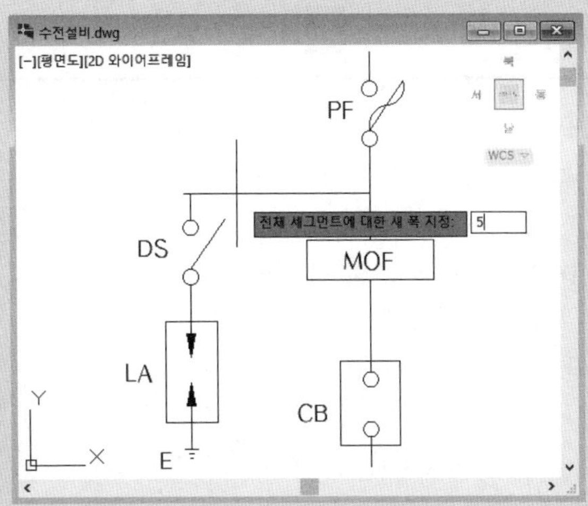

[3] 다음과 같이 도면의 선 굵기가 변경된다. 그리고 [옵션 입력] 창이 계속 나타나기 때문에 명령 입력 없이 클릭으로 옵션을 선택할 수 있다.

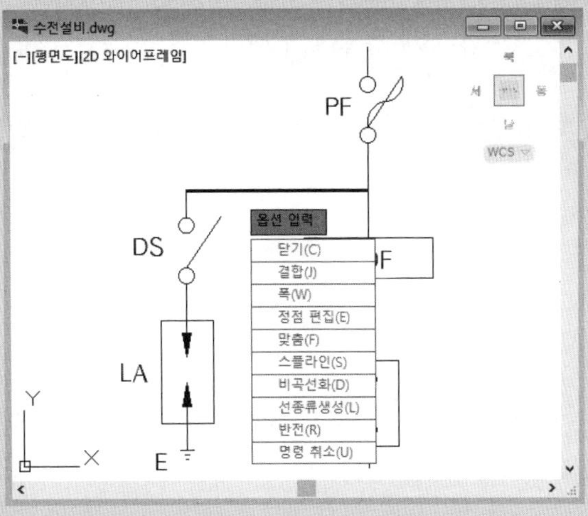

[4] 이 과정을 반복 수행하면 원하는 부분의 수정을 할 수 있다.

07 폴리곤(Polygon)

등변의 닫힌 폴리선을 그린다. 면의 수를 포함하여 폴리곤의 여러 매개변수를 지정할 수 있다. 내접과 외접 옵션간의 차이가 표시된다. 즉, 정다각형을 그리는 명령dlek

(1) 명령 : polygon (단축: pol) Space Bar 또는 아이콘 클릭

변의 수 입력 〈4〉 : 변의 수 입력 Space Bar

폴리곤의 중심을 지정 또는 [모서리(E)]: P1 클릭

옵션을 입력[원에 내접(I) 원에 외접(C)] 〈 I 〉: 옵션선택(I/C) Space Bar

원의 반지름 지정: 반지름 지정 Space Bar (또는 커서로 크기 조절)

(2) 원에 내접하는 폴리곤(다각형) 작도하기

① 우선 지름이 200mm의 원을 그린다.

명령 : circle Space Bar 또는 아이콘 클릭

원에 대한 중심점 지정 또는[3점(3P)/2점(2P)/Ttr-접선 접선 반지름(T)]: 중심점(P1) 클릭

원의 반지름 지정 또는 [지름(D)]: 200 Space Bar

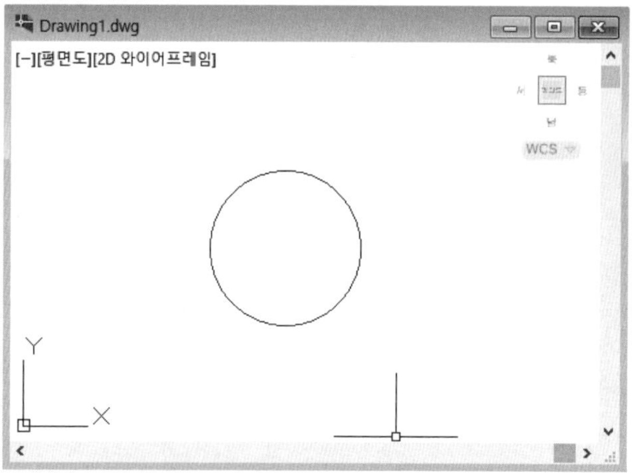

② 원에 내접하는 폴리곤(6각형) 작도하기

■ 명령 : polygon (단축: pol) Space Bar 또는 아이콘 클릭

변의 수 입력 〈4〉 : 6 Space Bar

폴리곤의 중심을 지정 또는 [모서리(E)]: P1 클릭

옵션을 입력[원에 내접(I) 원에 외접(C)] 〈I〉: I Space Bar

원의 반지름 지정: 반지름 지정 [Space Bar] (또는 커서로 크기 조절) – [상태] 도구막대에서 [OSNAP](사분점) 모드를 켜고 작업을 하면 편리하다.

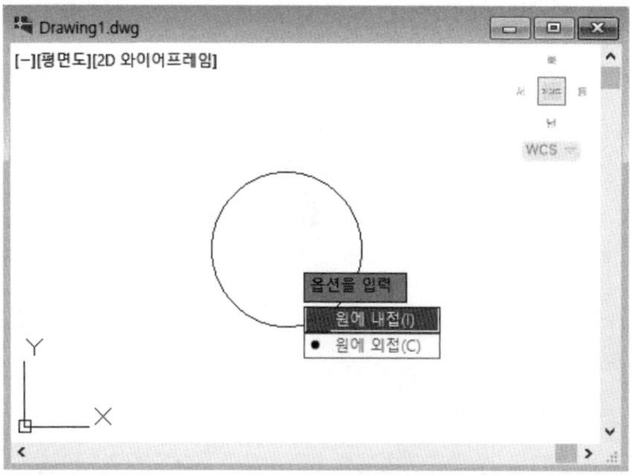

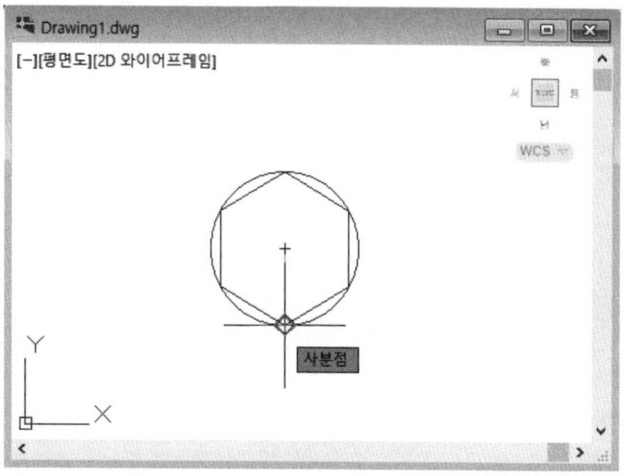

■ 마우스 조정 후 클릭 → 원에 내접하는 6각형이 그려진다.

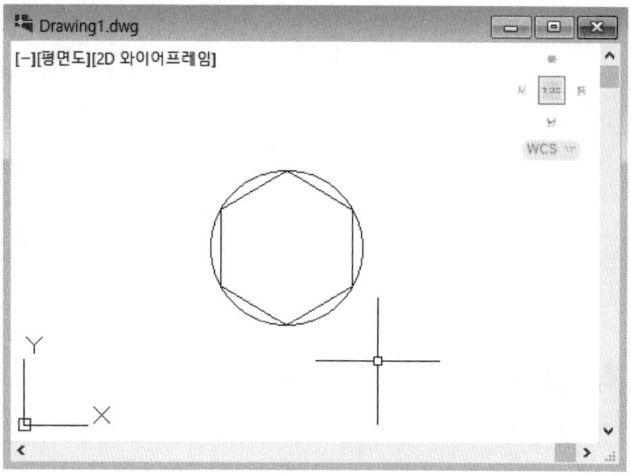

③ 원에 외접하는 폴리곤(8각형) 작도하기

■ 명령: polygon (단축: pol) [Space Bar] 또는 아이콘 클릭

변의 수 입력 〈4〉 : 8 [Space Bar]

폴리곤의 중심을 지정 또는 [모서리(E)]: P1 클릭

옵션을 입력[원에 내접(I) 원에 외접(C)] 〈I〉: C [Space Bar]

원의 반지름 지정: 반지름 지정 [Space Bar] (또는 커서로 크기 조절) – [상태] 도구막대에서 [OSNAP](사분점) 모드를 켠다.

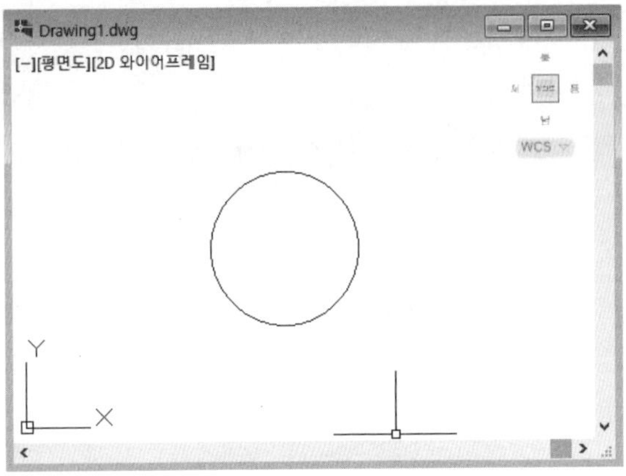

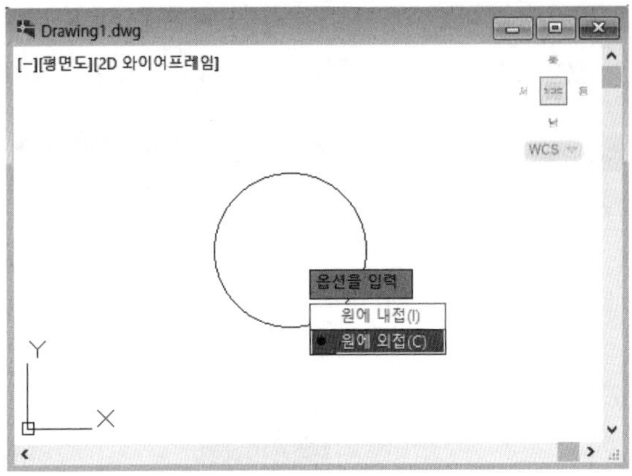

■ 원의 중심에서 외접하는 8각형이 그려지도록 마우스 조정 후 클릭한다.

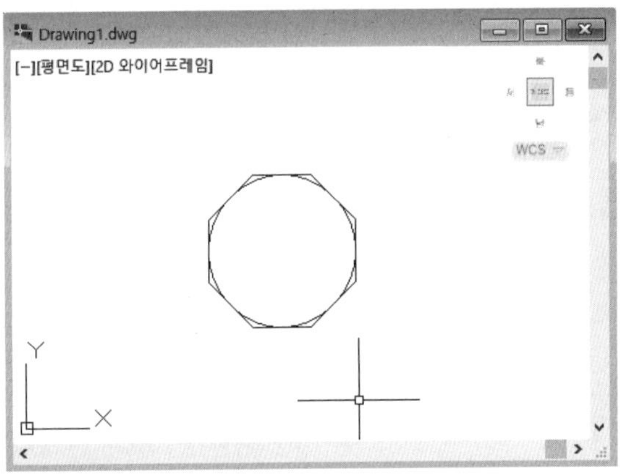

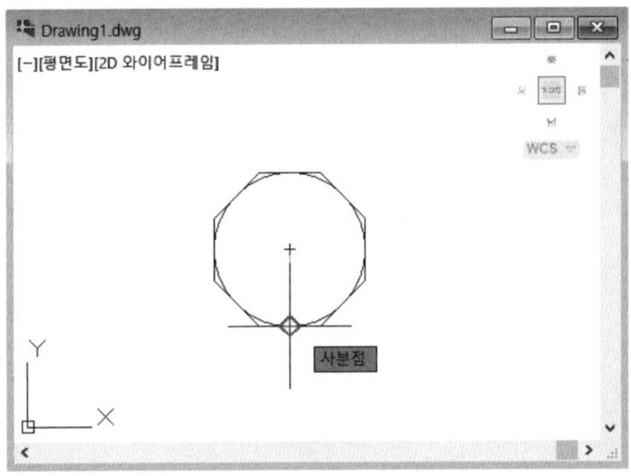

08 직사각형(Rectangle)

직사각형 폴리선을 그린다. 지정된 직사각형 매개변수(길이, 폭, 회전) 및 구성 유형(모깍기, 모따기 또는 사각형)에서 직사각형 폴리선을 작성한다. 사각형을 쉽고 빠르게 그릴 수 있다.

(1) 명령 : rectang (단축: rec) Space Bar 또는 아이콘 클릭

첫 번째 구석점 지정 또는 [모따기(C) 고도(E) 모깍기(F) 두께(T) 폭(W)]:

다른 구석점 지정 또는 [영역(A) 치수(D) 회전(R)]:

옵션사양

① 모따기(Chamfer): 사각형의 4개의 꼭지점을 모두 모따기 한다.

② 고도(Elevation): 3차원적으로 높이를 갖는 사각형을 그린다.

③ 모깎기(Fillet): 사각형의 4개의 꼭지점을 모두 모깎기 한다.
④ 두께(Thickness): 3차원적인 표현으로 z축 방향으로 두께를 지정한다.
⑤ 폭(Width): 사각형의 굵기를 지정한다.

(2) 모따기(Chamfer)와 모깎기(Fillet) 명령으로 직사각형 그리기

① 모따기(Chamfer) 기능으로 직사각형 그리기

- 명령 : rectang (단축: rec) [Space Bar] 또는 [아이콘] 아이콘 클릭

  첫 번째 구석점 지정 또는 [모따기(C) 고도(E) 모깎기(F) 두께(T) 폭(W)]: C [Space Bar]
  다른 구석점 지정 또는 [영역(A) 치수(D) 회전(R)]:
  직사각형의 첫 번째 모따기 거리 지정 〈0.0000〉: 30 [Space Bar]
  직사각형의 첫 번째 모따기 거리 지정 〈0.0000〉: 30 [Space Bar]

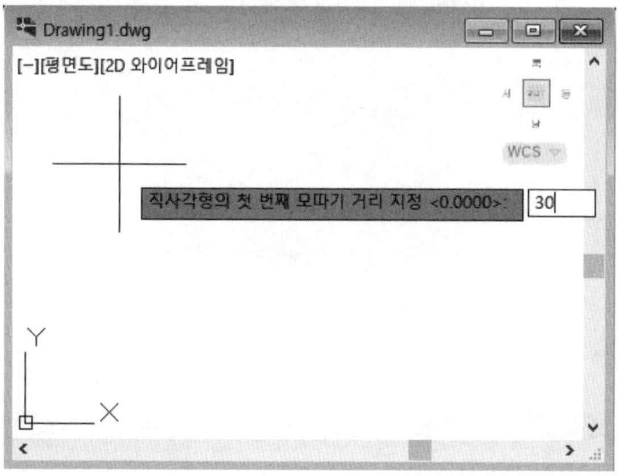

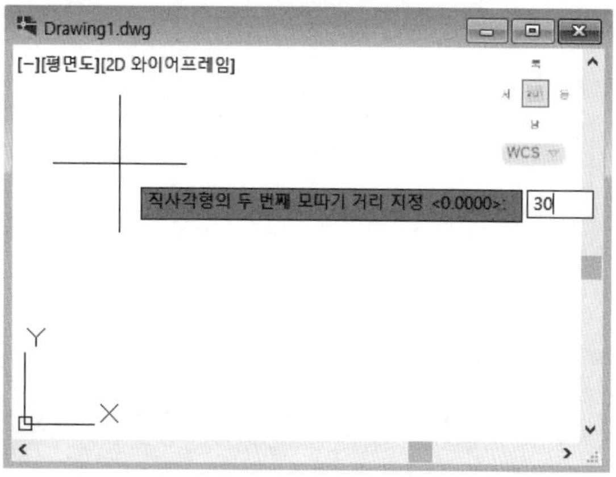

- 사각형 모따기 시작점 P1을 클릭하고 끝점 P2를 클릭한다.

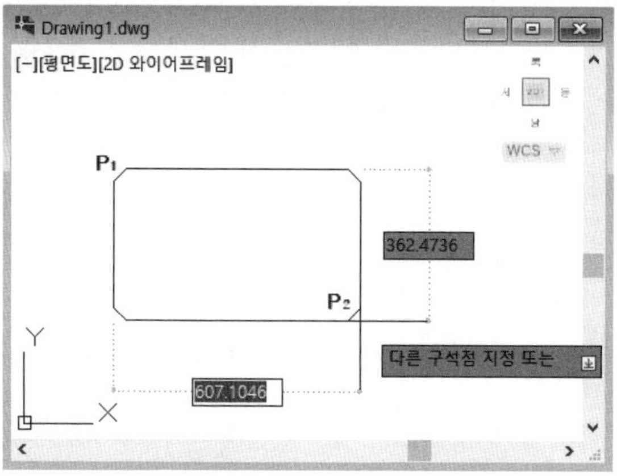

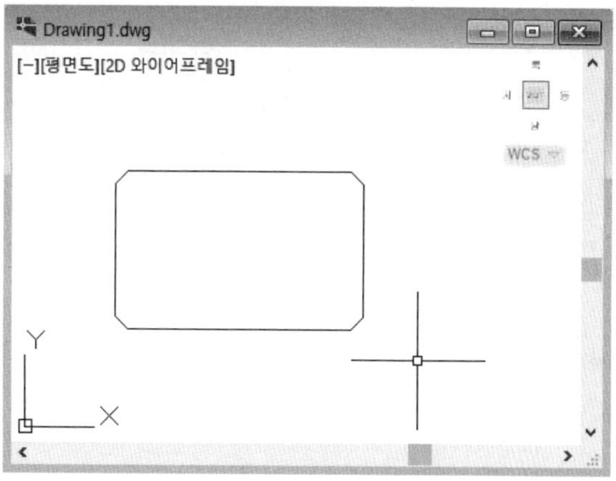

■ 원래의 직사각형으로 그리기로 되돌리려면 이 명령을 반복수행하면서 [모따기 거리 지정]을 0으로 하면 된다.

② 모깍기(Fillet) 기능으로 직사각형 그리기

■ 명령 : rectang (단축: rec) Space Bar 또는 아이콘 클릭

첫 번째 구석점 지정 또는 [모따기(C) 고도(E) 모깍기(F) 두께(T) 폭(W)]: F Space Bar

다른 구석점 지정 또는 [영역(A) 치수(D) 회전(R)]:

직사각형의 모깍기 반지름 지정 〈0.0000〉: 50 Space Bar

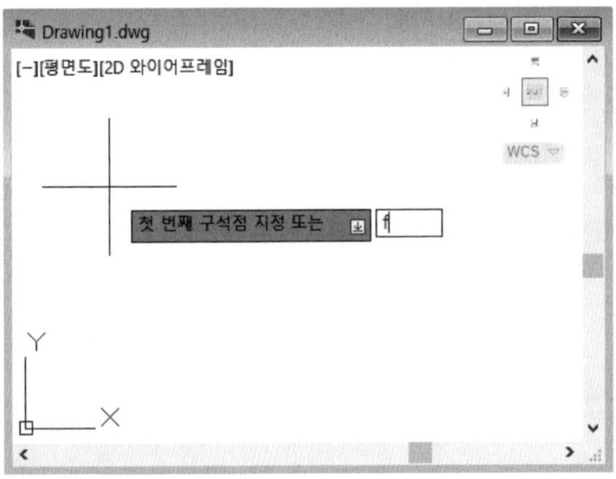

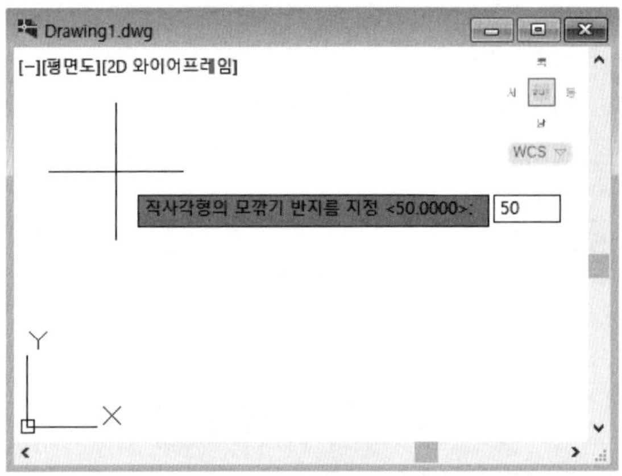

■ 사각형 모따기 시작점 P1을 클릭하고 끝점 P2를 클릭한다.

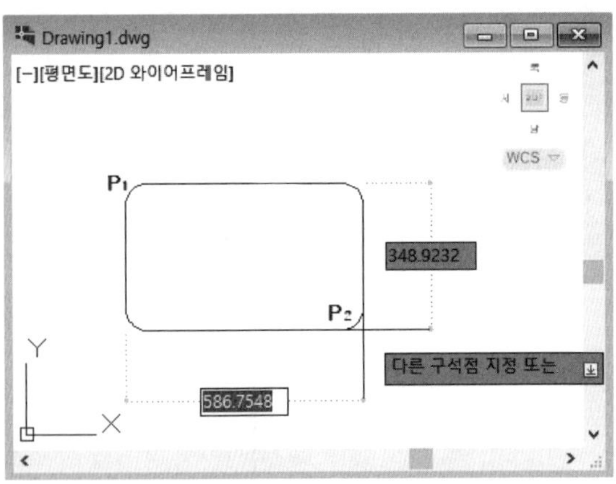

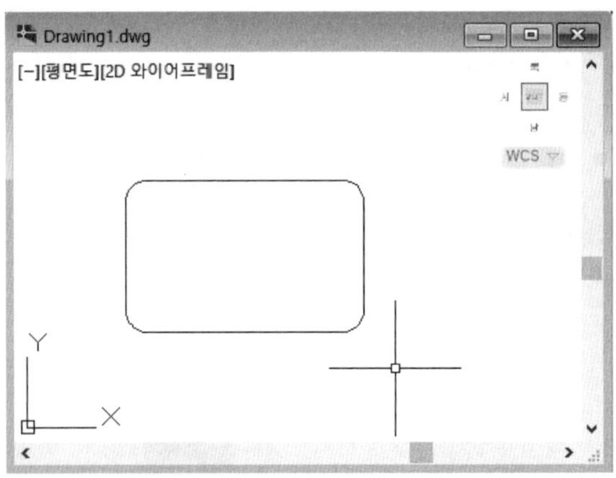

■ 원래의 직사각형으로 그리기로 되돌리려면 이 명령을 반복수행하면서 [모깍기 반지름 지정]을 0으로 하면 된다.

(3) 작도한 사각형 수정하기

① 상하 좌우 길이 조절하기

■ 작업을 한 직사각형을 클릭하면 직사각형의 직선별 3개의 그립이 생성된다.

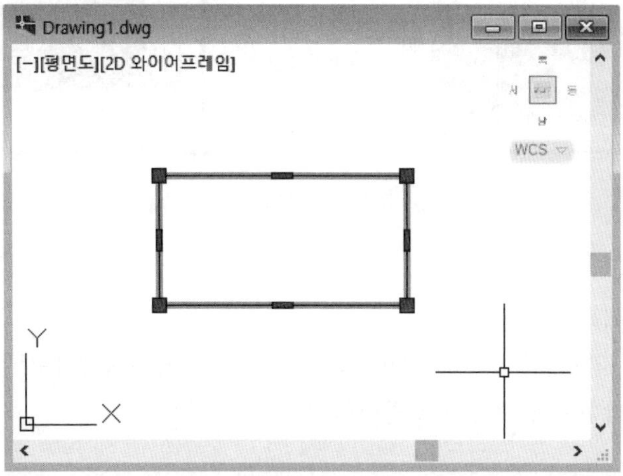

■ 중간 그립은 상하 좌우로 직사각형의 길이를 조절할 수 있다.

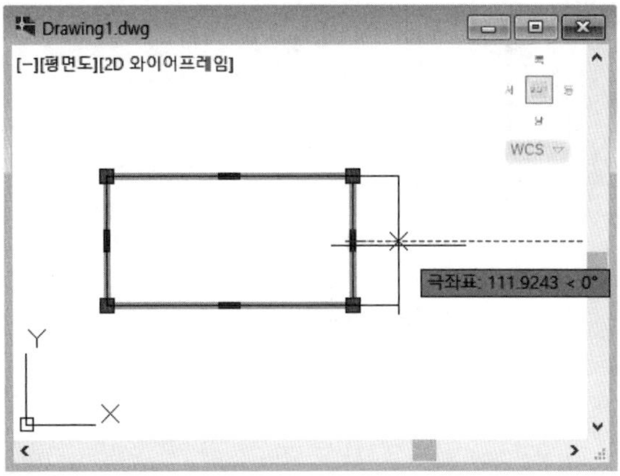

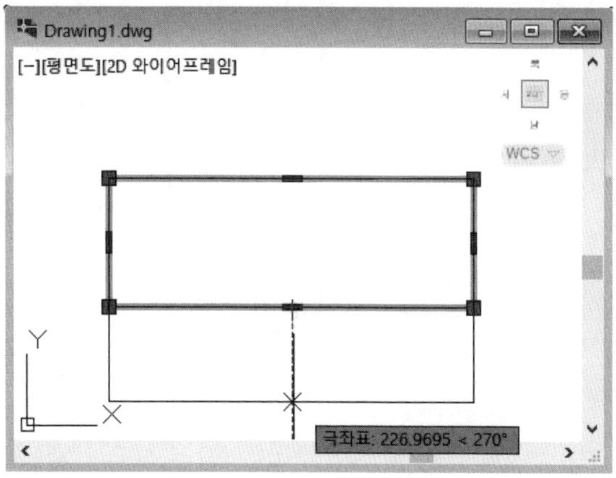

■ 중간 그립은 상하 좌우로 직사각형을 대각선으로 길이를 조절할 수 있다.

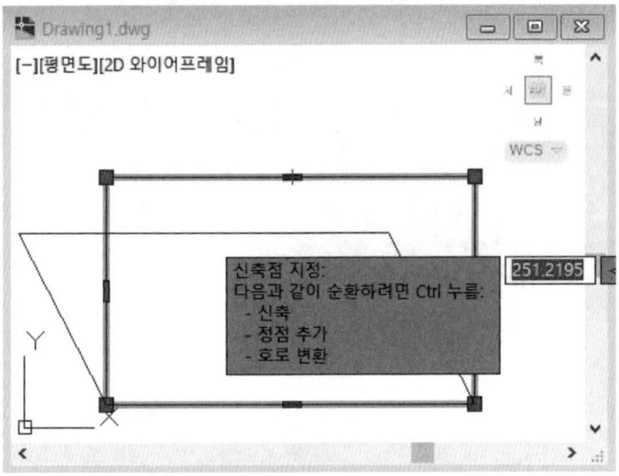

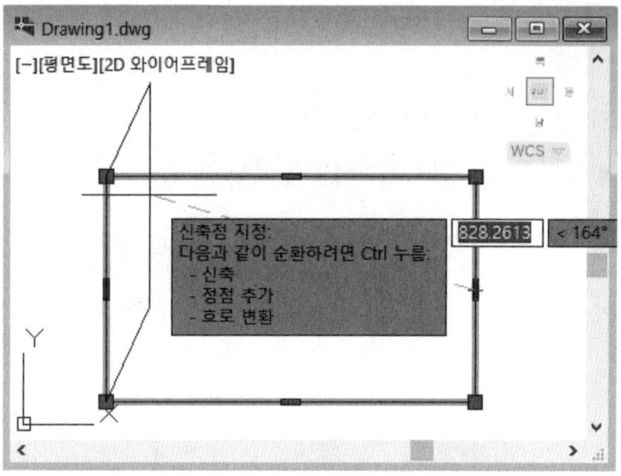

② 작도한 사각형을 분해하여 수정하기

- 직사각형 그리기는 사각형 전체가 한 몸(블록)으로 되어있다. 처음에는 부분적으로 수정할 수 없고 마우스 커서를 사각형에 일치시키고 클릭하면 전체가 설정된다.

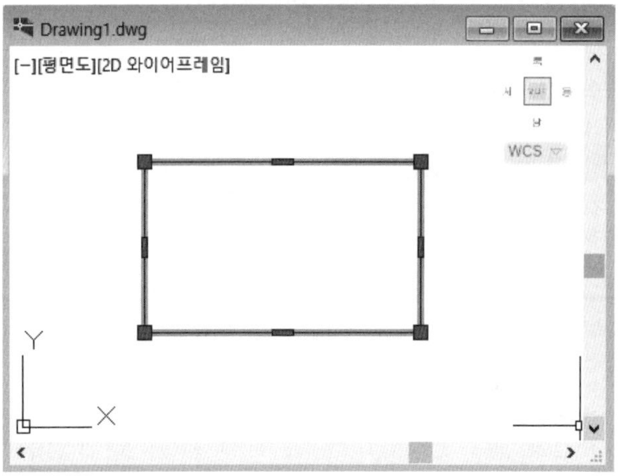

- 직사각형 분해하기

  [수정] 도구막대에서 [분해] 아이콘 클릭 → 작도한 사각형을 클릭 → Space Bar → 사각형이 분해되어 개개의 요소로 된다. AutoCAD2022버전에는 [분해] 아이콘이 없으므로 [수정] 도구막대에 아이콘 등록 후 사용한다.

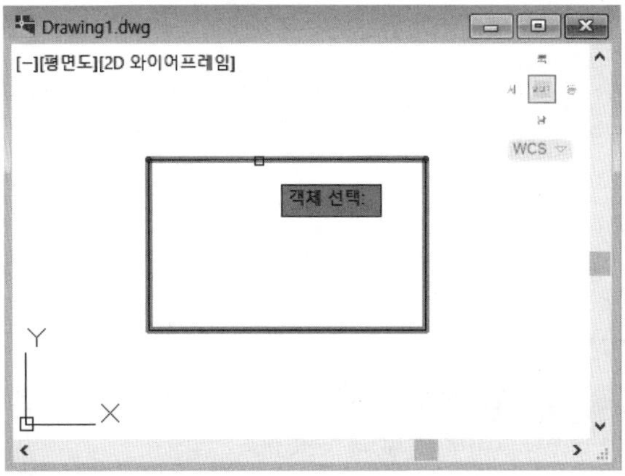

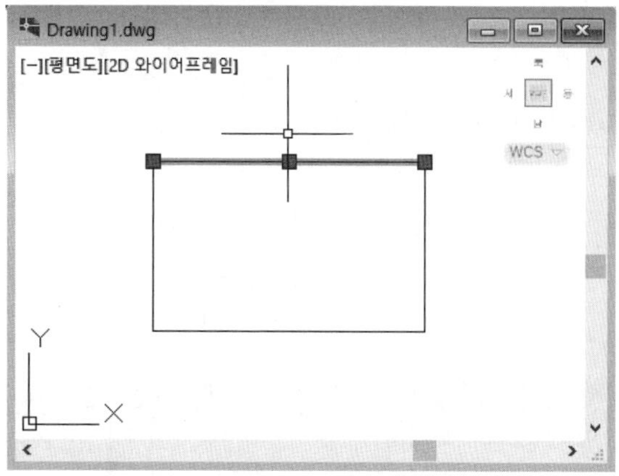

09 호(Arc)

세 점을 사용하여 호를 그린다. 이 기능은 전기도면 설계 시 많이 사용하는 명령 중의 하나이다. 또한 이 작업은 [상태] 도구막대에서 [OSNAP] 과 [그리드] 모드 켜고 작업을 하면 매우 유용하다.

(1) 명령 : arc (단축: a) Space Bar 또는 아이콘 클릭

호의 시작점 지정 또는 [중심(C)]: 시작점 P1 클릭
호의 두 번째 점 지정 또는 [중심(C)/끝(E)]: 중심점 P2 클릭
호의 끝점 지정: 끝점 P3 클릭
(P1와 P2 지정 위치를 바꾸면 아래 방향의 호가 그려진다.)

옵션사양

① A(Angle) : 호의 내부 각을 지정한다.
② C(Center) : 호의 중심점을 지정한다.
③ D(Direction) : 호의 접선 방향을 지정한다.
④ E(End) : 호의 끝점을 지정한다.
⑤ S(Start) : 호의 시작점을 지정한다.
⑥ L(Length) : 현의 길이 값을 지정한다.
⑦ R(Radius) : 호의 반지름 값을 지정한다.
⑧ ArcCont : 앞에 실행한 호에 호를 연결하여 작성한다.
⑨ LinCont : 앞에 실행한 호에 선을 연결하여 작성한다.

(2) 호 그리기-중심(C) 옵션으로 그리기

① 세 점 지나는 호(3 point)

명령 : arc (단축: a) Enter↵ 또는 [아이콘] 아이콘 클릭

ARC 호의 시작점 지정 또는 [중심(C)]: 시작점 P1 클릭

호의 두 번째 점 지정 또는 [중심(C)/끝(E)]: 중심점 P2 클릭

호의 끝점 지정: 끝점 P3 클릭

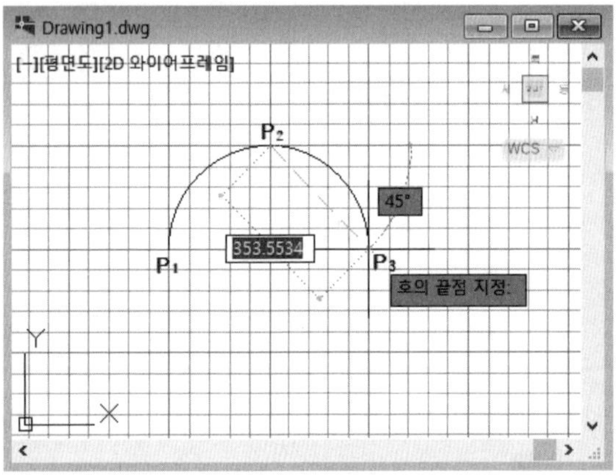

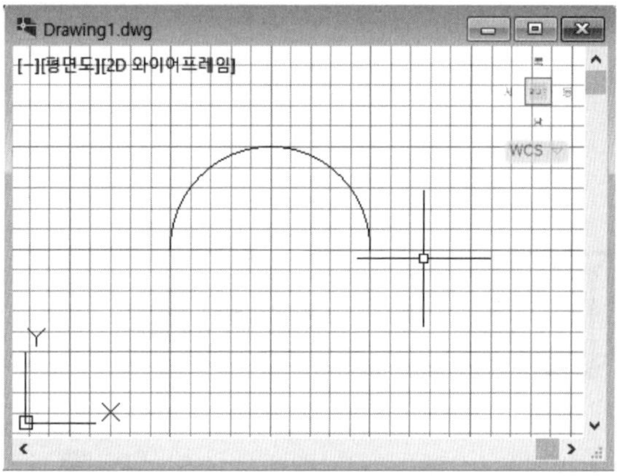

② 시작점과 중심(C)으로 호를 그린다.(Start, Center, End)

명령 : arc (단축: a) Space Bar 또는 [아이콘] 아이콘 클릭

ARC 호의 시작점 지정 또는 [중심(C)]: 시작점 P1 클릭

호의 두 번째 점 지정 또는 [중심(C)/끝(E)]: C Space Bar 후 P2 클릭

호의 끝점 지정: 끝점 P3 클릭

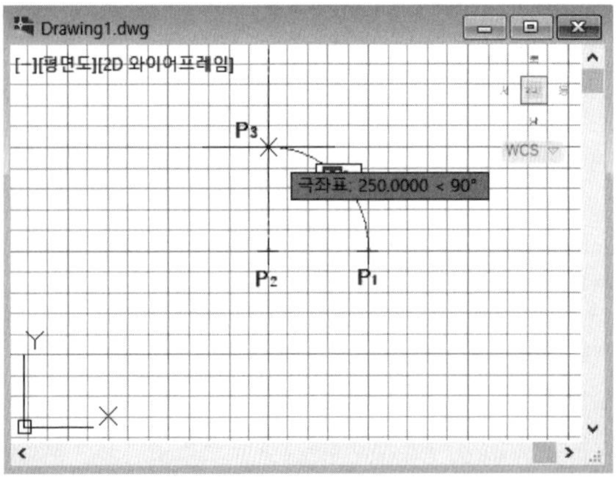

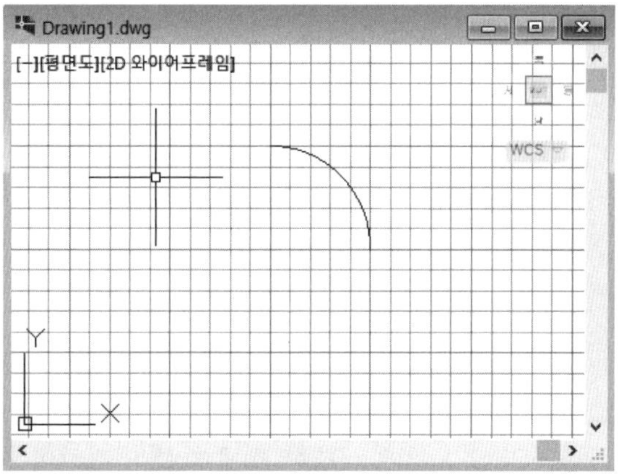

③ 시작점과 중심, 각도(A)로 호를 그린다.(Start, Center, Angle)

명령 : arc (단축: a) Space Bar 또는 아이콘 클릭

호의 시작점 지정 또는 [중심(C)]: 시작점 P1 클릭

호의 두 번째 점 지정 또는 [중심(C)/끝(E)]: C Space Bar

호의 중심점 지정: P2 클릭

호의 끝점 지정(Ctrl 키를 누른 상태에서 방향 전환) 또는 [각도(A)/현의 길이(L)]: A Space Bar

사이각 지정(Ctrl 키를 누른 채 방향 전환): 120 Space Bar

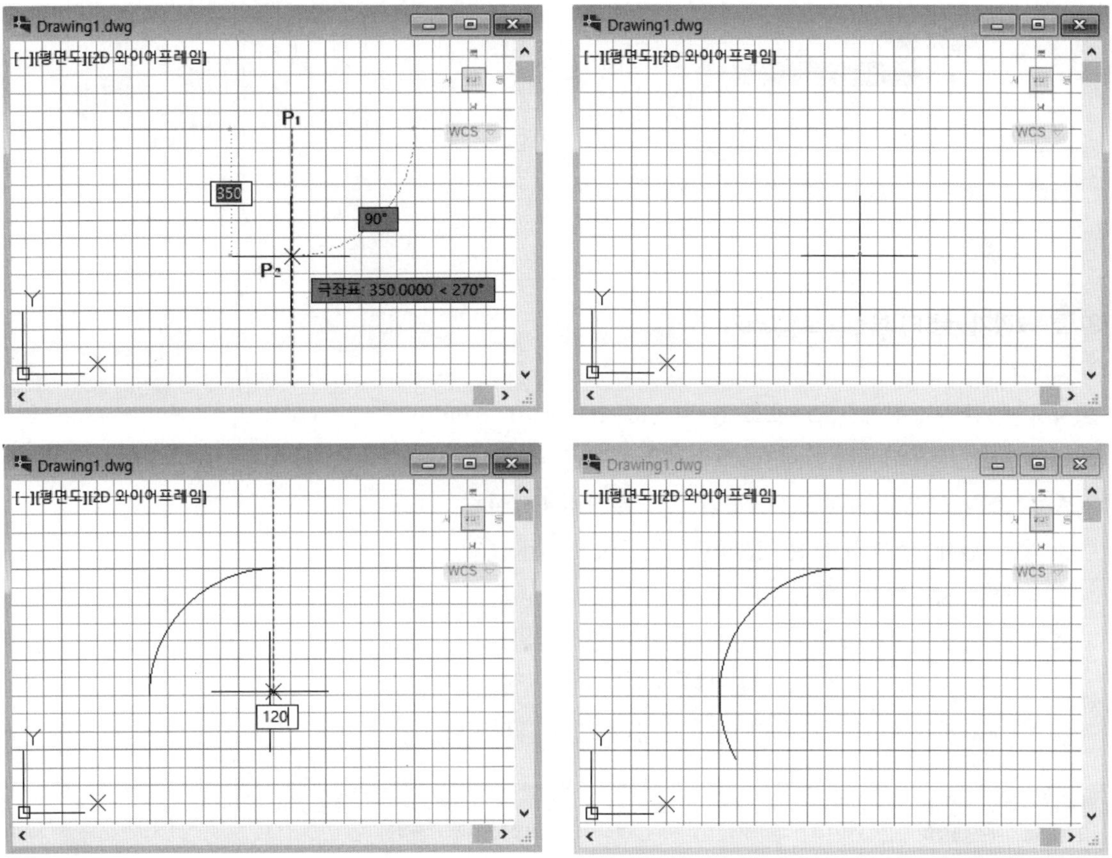

④ 시작점과 중심, 현의 길이(L)로 호를 그린다.(Start, Center, Length)

명령 : arc (단축: a) Space Bar 또는 아이콘 클릭

호의 시작점 지정 또는 [중심(C)]: 시작점 P1 클릭

호의 두 번째 점 지정 또는 [중심(C)/끝(E)]: C Space Bar

호의 중심점 지정: P2 클릭

호의 끝점 지정(Ctrl 키를 누른 상태에서 방향 전환) 또는 [각도(A)/현의 길이(L)]: L Space Bar

현의 길이 지정: P3 클릭
(길이 지정으로 호를 그리는 방법이다)

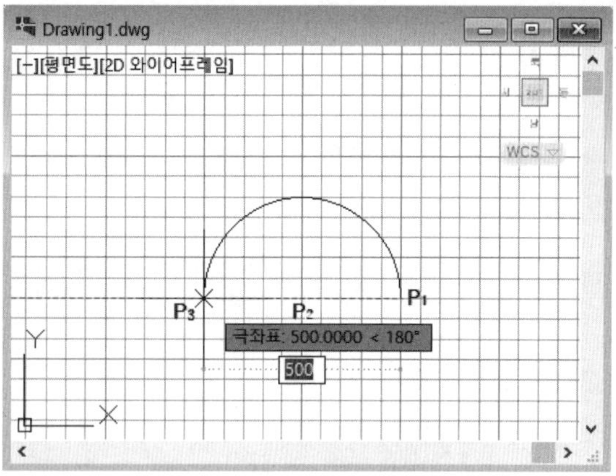

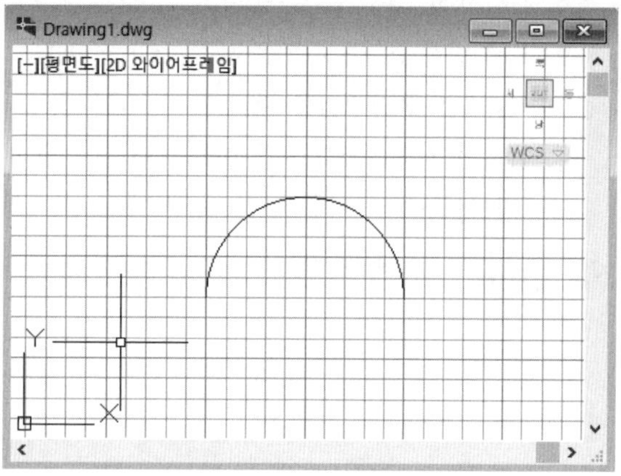

(3) 호 그리기–끝(E) 옵션으로 그리기

① 시작점, 끝(E), 각도(A)로 호를 그린다.(Start, End, Angle)
명령 : arc (단축: a) Space Bar 또는 아이콘 클릭
ARC 호의 시작점 지정 또는 [중심(C)]: 시작점 P1 클릭
호의 두 번째 점 지정 또는 [중심(C)/끝(E)]: E Space Bar
호의 끝점 지정: P2 클릭
호의 중심점 지정(Ctrl키를 누른 상태에서 방향전환) 또는 [각도(A) 방향(D) 반지름(R)]: a Space Bar
사이각 지정(Ctrl 키를 누른 채 방향 전환): 180 Space Bar
(P1와 P2 지정 위치를 바꾸면 아래 방향의 호가 그려진다.)

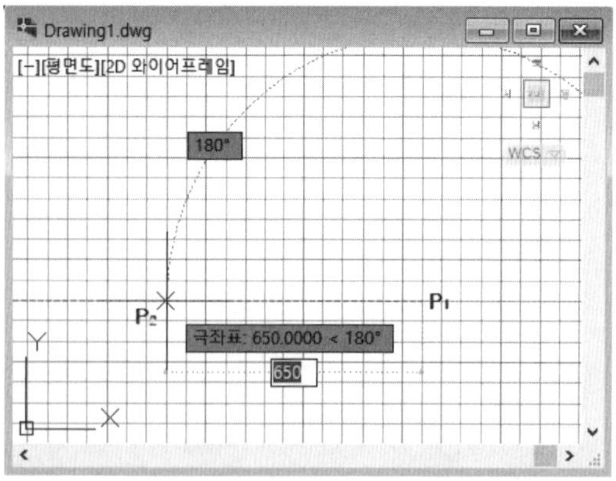

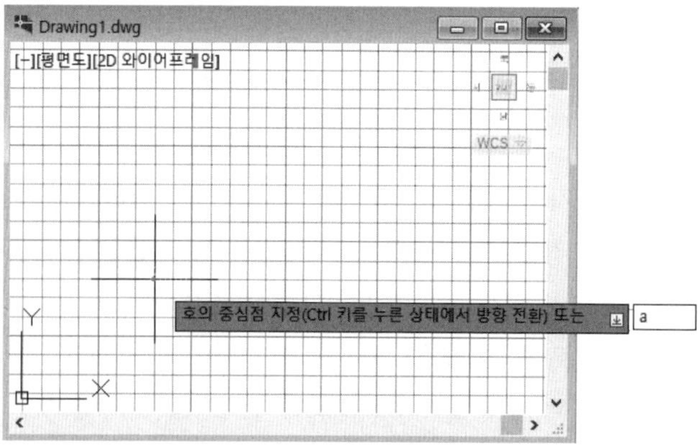

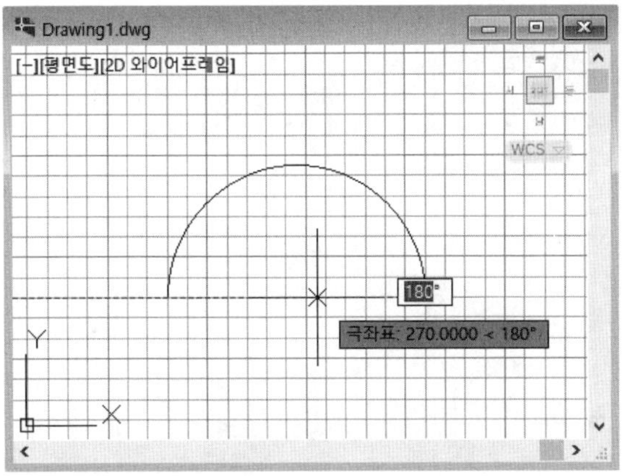

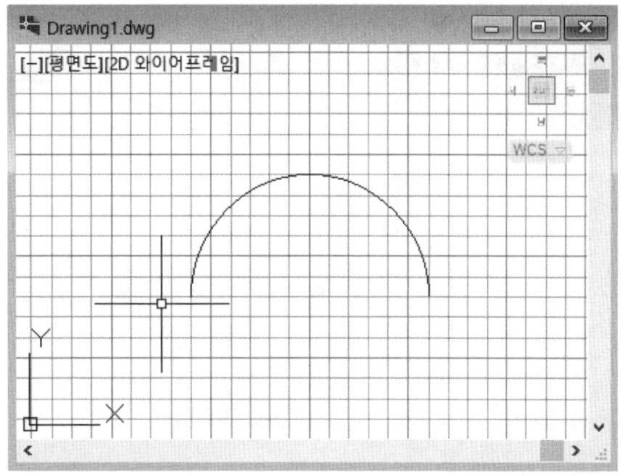

■ 마우스 커서를 움직이면 호의 각도가 변경된다.

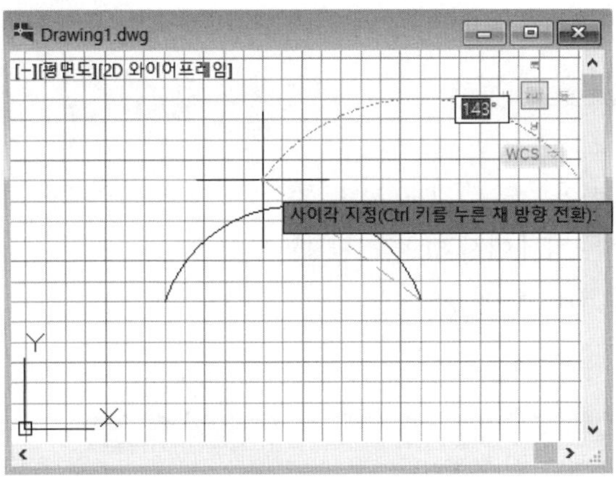

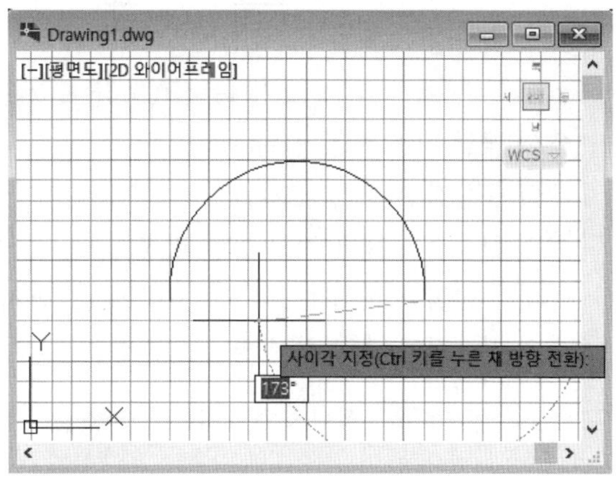

■ 호의 중간 그립을 클릭 → 호의 각도를 조정할 수 있다.

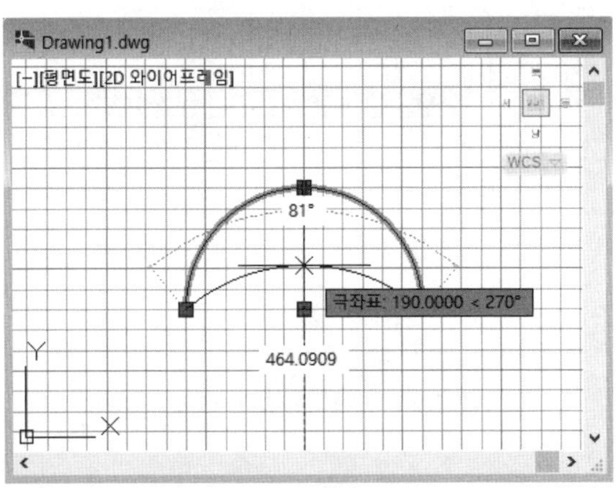

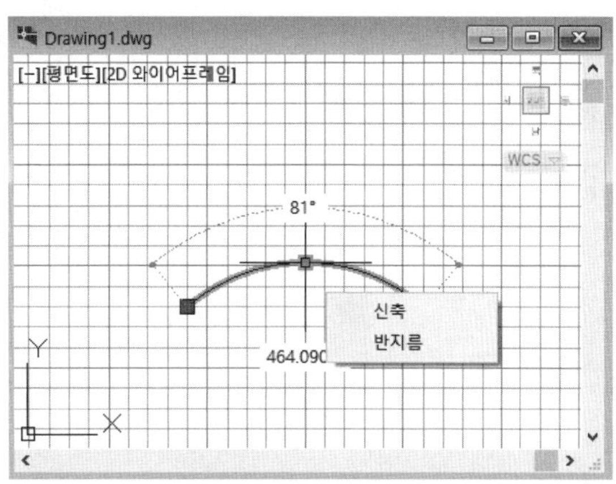

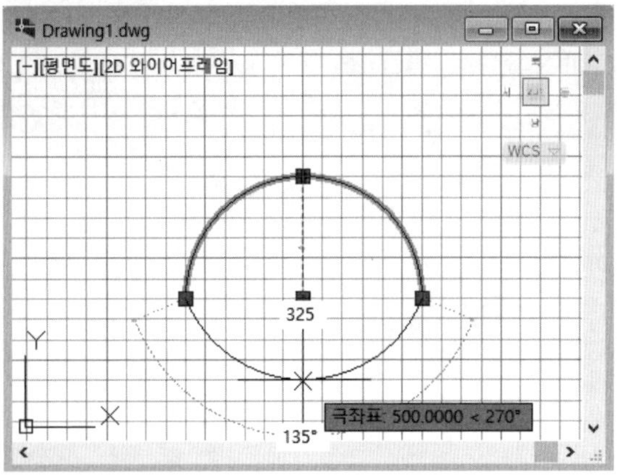

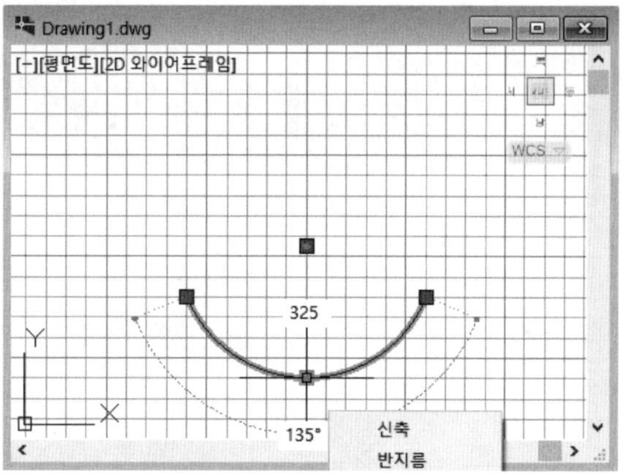

② 시작점, 끝, 방향(D)으로 호 그리기(Start, End, Direction)

명령 : arc (단축: a) Space Bar 또는 아이콘 클릭

호의 시작점 지정 또는 [중심(C)]: 시작점 P1 클릭

호의 두 번째 점 지정 또는 [중심(C)/끝(E)]: E Space Bar

호의 끝점 지정: P2 클릭

호의 중심점 지정(Ctrl 키를 누른 상태에서 방향 전환) 또는 [각도(A) 방향(D) 반지름(R)]: d Space Bar

호의 시작점에 대한 접선 방향 지정(Ctrl 키를 누른 상태에서 방향 전환):

호의 중심점 지정 또는 [각도(A)/방향(D)/반지름(R)]: d Space Bar

호의 시작점에 대해 접선 방향을 지정 : P3 클릭

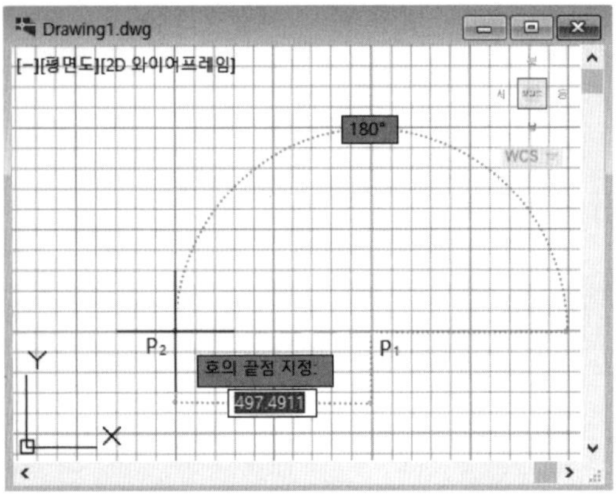

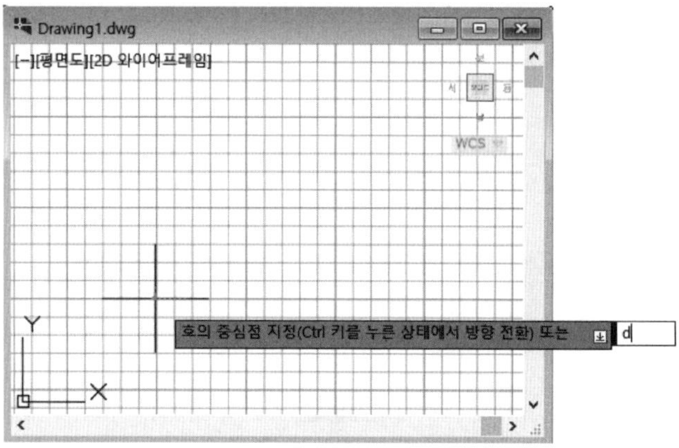

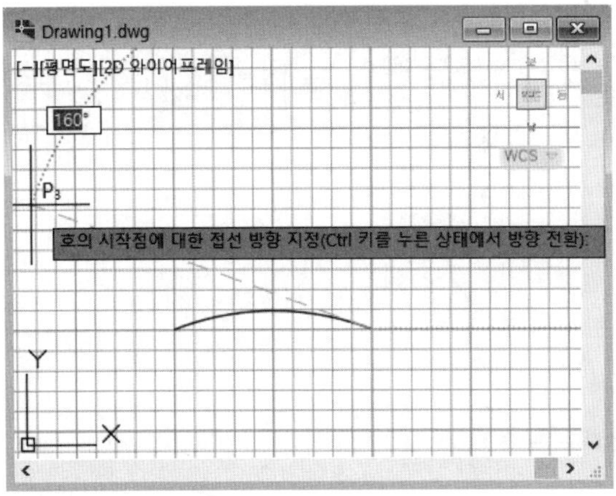

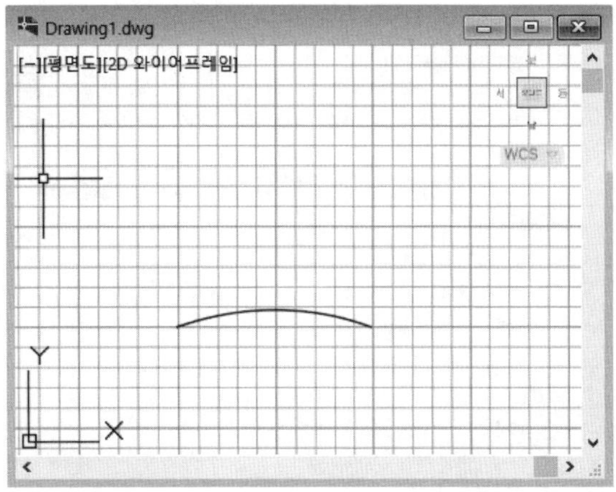

③ 시작점, 끝, 반지름(R)으로 호를 그린다.(Start, End, Radius)

명령 : arc (단축: a) Space Bar 또는 아이콘 클릭

호의 시작점 지정 또는 [중심(C)]: 시작점 P1 클릭

호의 두 번째 점 지정 또는 [중심(C)/끝(E)]: E Space Bar

호의 끝점 지정: P2 클릭

호의 중심점 지정(Ctrl 키를 누른 상태에서 방향 전환) 또는 [각도(A) 방향(D) 반지름(R)]: r Space Bar

호의 시작점에 대한 접선 방향 지정(Ctrl 키를 누른 상태에서 방향 전환):

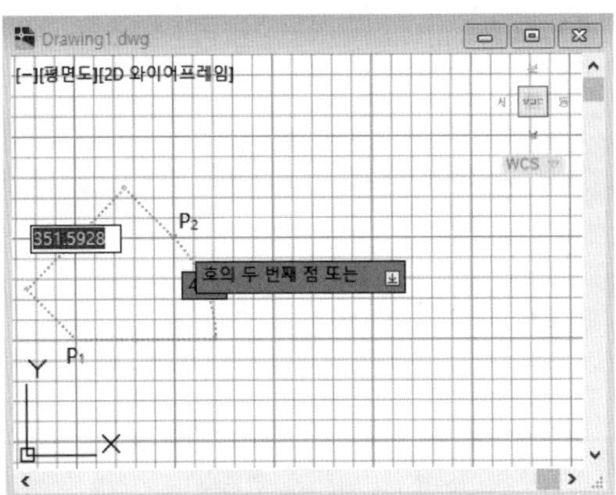

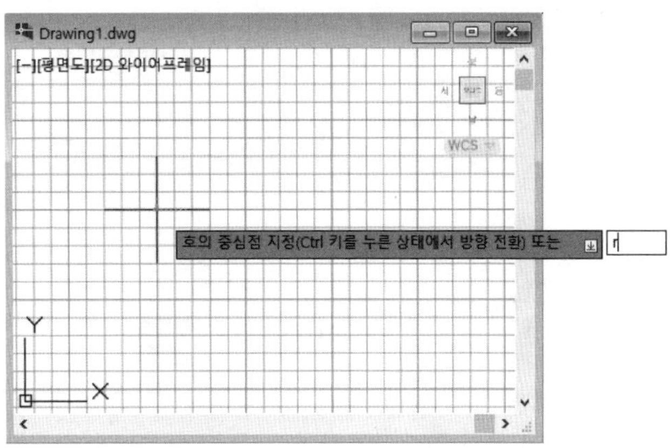

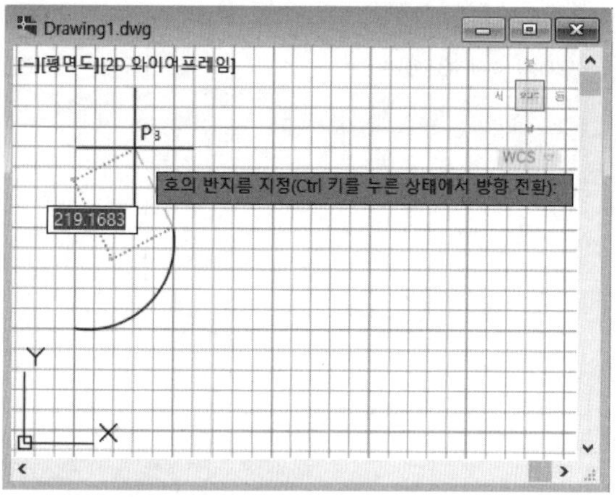

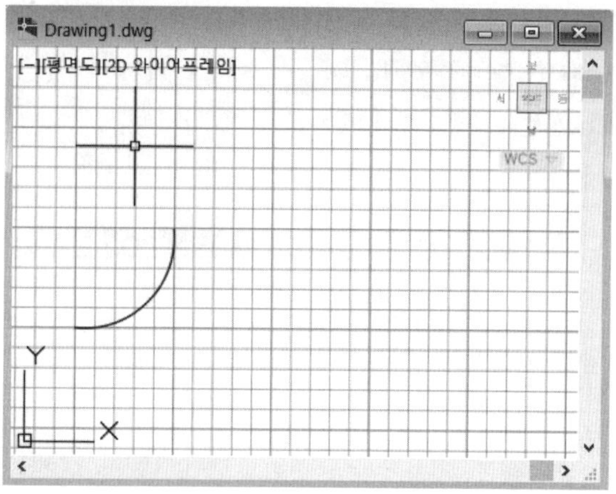

⑨ 세 점 호 그리기 반복 실행(Arc Continues)

세 점 호를 그린 후 반복해서 호를 그리고자 할 경우는 Space Bar를 치거나 마우스 오른쪽 버튼을 클릭하면 대화창에서 [반복(R) ARC]를 클릭하여 호를 반복하여 그린다.

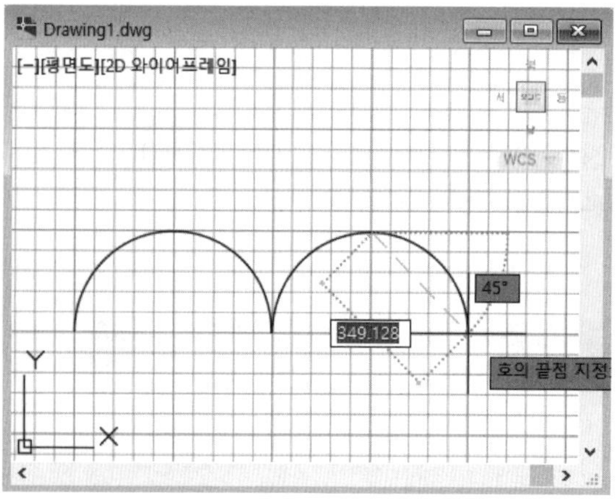

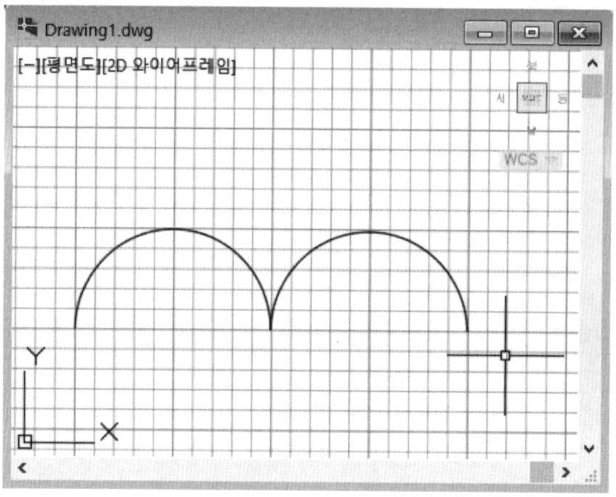

10 원(Circle)

중심점과 반지름을 사용하여 원을 그린다. 이 명령은 수직과 수평의 지름이 같은 원을 그리며, 다른 경우는 [타원] 명령을 사용해야 한다.

또한 이 작업은 [상태] 도구막대에서 [직교] 모드, [OSNAP]과 [그리드] 모드를 켜고 작업하면 매우 유용하다.

(1) 명령 : circle (단축: c) Space Bar 또는 아이콘 클릭

원에 대한 중심점 지정 또는 [3점(3P) 2점(2P) Ttr – 접선 접선 반지름(T)]: P1 클릭 또는 옵션 Space Bar

원의 반지름 지정 또는 [지름(D)] 〈0.0000〉: 원의 반지름 입력 Space Bar (d : 지름 입력 Space Bar)

원의 지름을 지정함 〈0.0000〉: 원의 지름을 입력 Space Bar

옵션사양

① 3P(3 point) : 지정하는 3점을 지나는 원을 그린다.

② 2P(2 point) : 지정하는 두 점을 지름으로 하는 원을 그린다.

③ Ttr(Tangent, Tangent, Radius) : 두 개의 접선과 반지름으로 원을 그린다.

(2) 호 그리기 – [옵션] 활용하여 그리기

① 3점(3P) 옵션으로 원 그리기

명령 : circle (단축: c) Enter↵ 또는 아이콘을 클릭

원에 대한 중심점 지정 또는 [3점(3P) 2점(2P) Ttr – 접선 접선 반지름(T)]: 3p Space Bar

원 위의 첫 번째 점 지정: P1 클릭

원 위의 두 번째 점 지정: P2 클릭

원 위의 세 번째 점 지정: P3 클릭

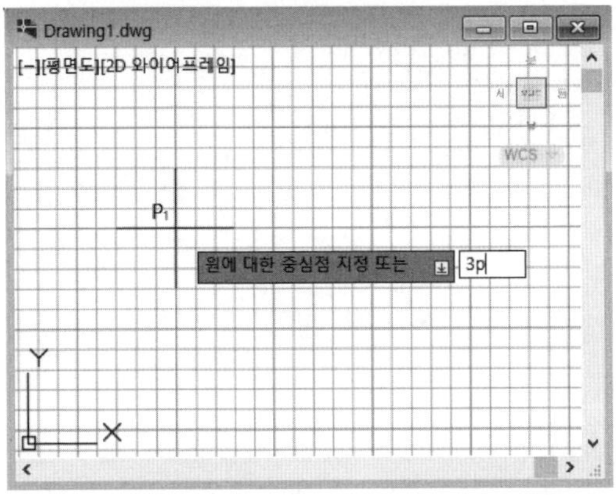

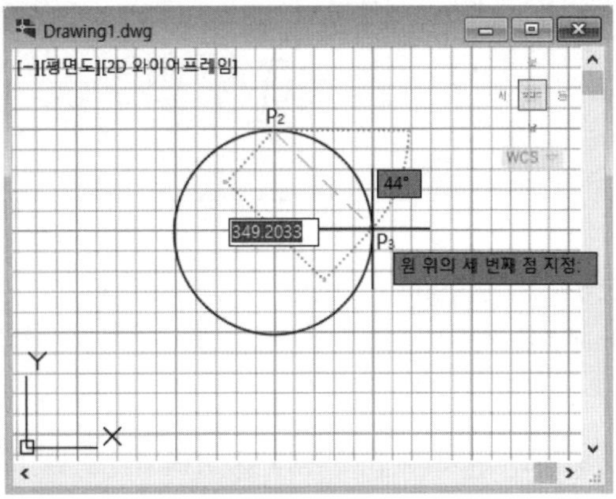

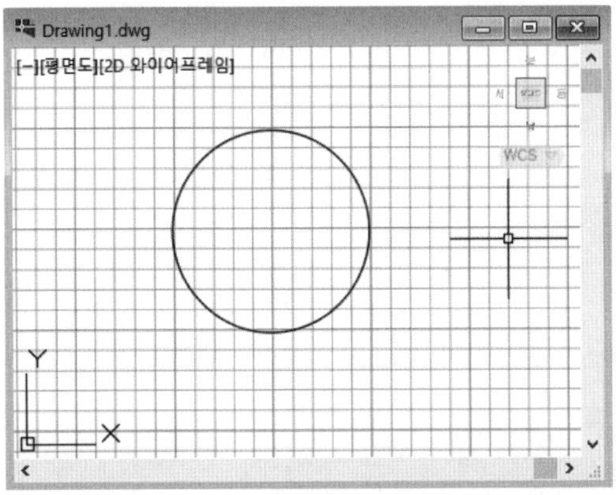

② 2점(2P) 옵션으로 원 그리기

명령 : circle (단축: c) [Space Bar] 또는 아이콘 클릭

원에 대한 중심점 지정 또는 [3점(3P) 2점(2P) Ttr – 접선 접선 반지름(T)]: 2p [Space Bar]

원 지름의 첫 번째 끝점 지정: P1 클릭

원 지름의 두 번째 끝점을 지정: P2 클릭

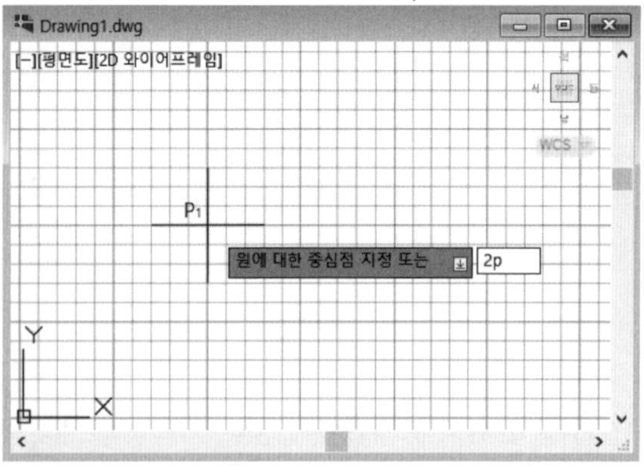

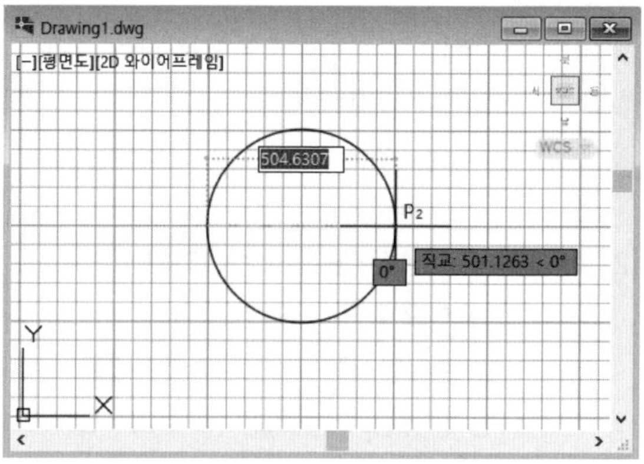

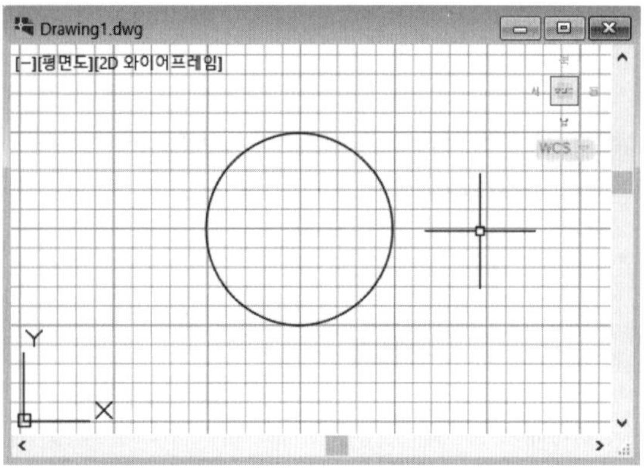

③ 중심점과 반지름 입력으로 원 그리기

명령 : circle (단축: c) [Space Bar] 또는 아이콘 클릭

원에 대한 중심점 지정 또는 [3점(3P) 2점(2P) Ttr – 접선 접선 반지름(T)]: P1 클릭

원의 반지름 지정 또는 [지름(D)] 〈248.8110〉: 200 [Space Bar]

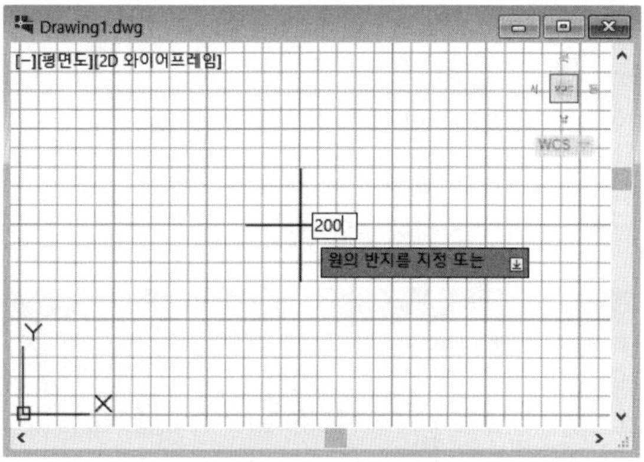

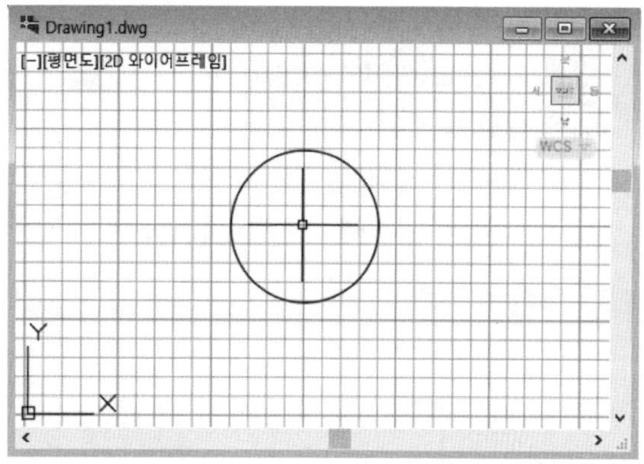

④ 중심점과 지름 입력으로 원 그리기

명령 : circle (단축: c) Space Bar 또는 아이콘 클릭

원에 대한 중심점 지정 또는 [3점(3P) 2점(2P) Ttr – 접선 접선 반지름(T)]: P1 클릭

원의 반지름 지정 또는 [지름(D)] 〈200.0000〉: d Space Bar

원의 지름을 지정함 〈400.0000〉: 400 Space Bar

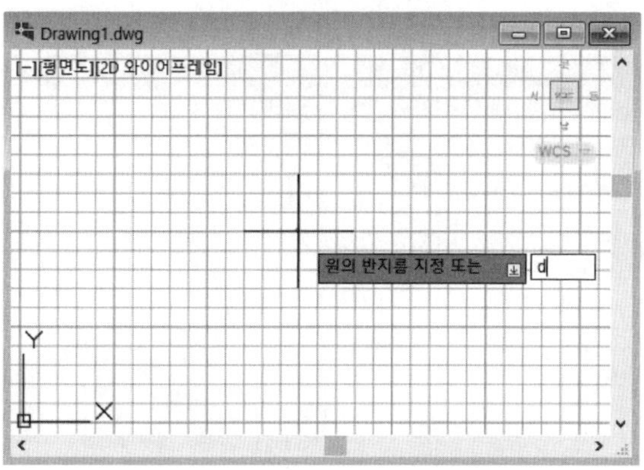

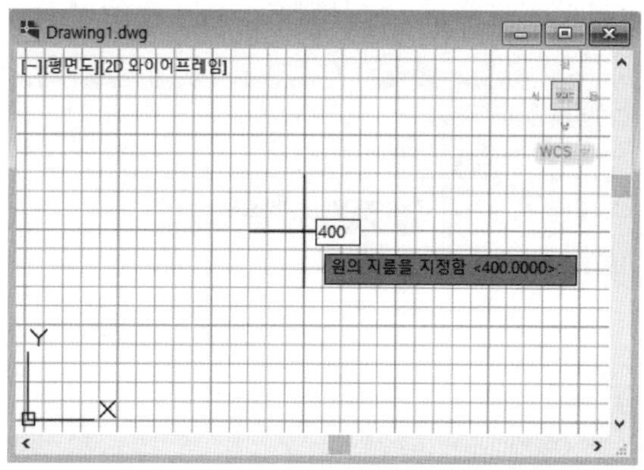

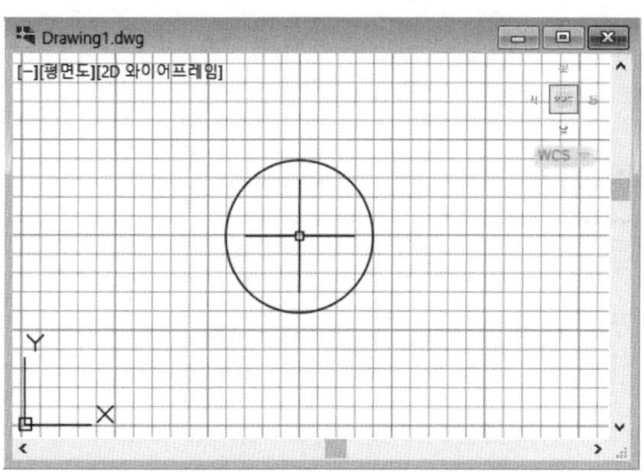

⑤ 두 개의 접선과 반지름으로 원을 그린다. - 우선 x축과 y축의 선을 그린다.

명령 : circle (단축: c) Space Bar 또는 아이콘을 클릭

원에 대한 중심점 지정 또는 [3점(3P) 2점(2P) Ttr - 접선 접선 반지름(T)]: t Space Bar

원의 첫 번째 접점에 대한 객체위의 점 지정: x축의 임의의 한 점에 P1 클릭

원의 두 번째 접점에 대한 객체위의 점 지정: y축의 임의의 한 점에 P2 클릭

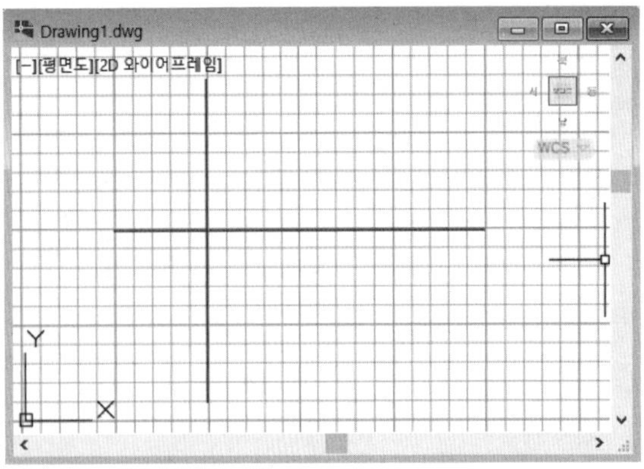

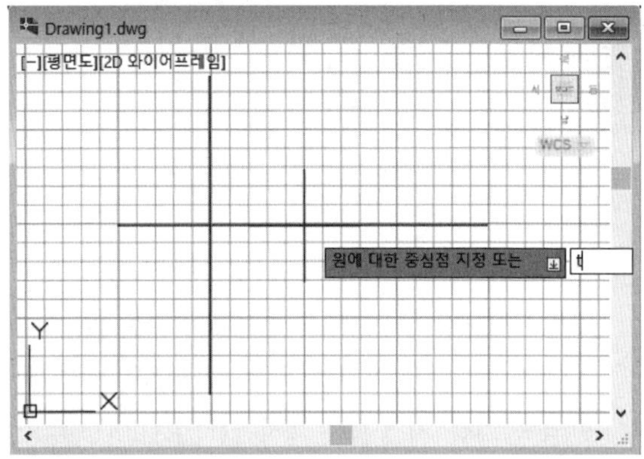

원의 반지름 지정 〈40.0000〉 : 200 Space Bar

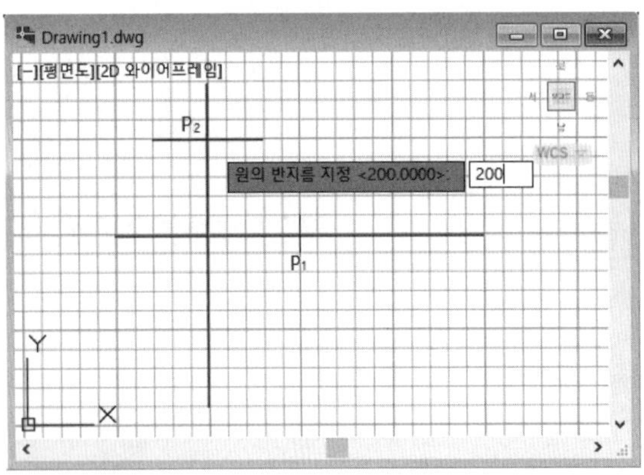

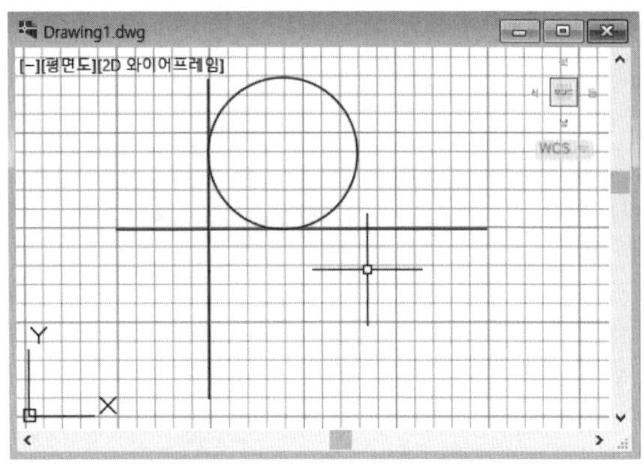

11 구름형 리비전(Revcloud)

자유형 폴리선을 그리는 기능이 구름형 리비전이다. 커서를 끌어 새 구름형 리비전을 작성하거나 타원이나 폴리선 등의 닫힌 객체를 구름형 리비전으로 변환할 수 있다. 구름형 리비전은 도면에서 검토되는 부분을 강조 표시하기 위해 사용한다.

(1) 명령 : revcloud Space Bar 또는 아이콘 클릭

최소 호 길이: 230.1444 최대 호 길이: 460.2888 스타일: 일반 유형: 프리핸드

첫 번째 점 지정 또는 [호 길이(A)/객체(O)/직사각형(R)/폴리곤(P)/프리핸드(F)/스타일(S)/수정(M)] 〈객체(O)〉: f Space Bar

첫 번째 점 지정 또는 [호 길이(A)/객체(O)/직사각형(R)/폴리곤(P)/프리핸드(F)/스타일(S)/수정(M)] 〈객체(O)〉: P1 클릭

구름 모양 경로를 따라 십자선 안내... -(마우스 조작으로 버튼 조작 없이 구름 모양 작도)

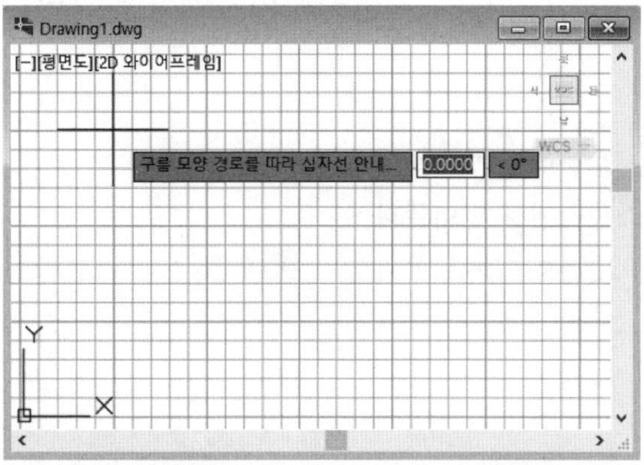

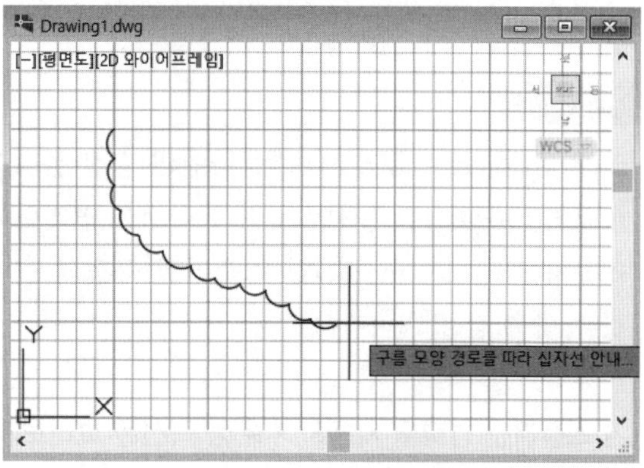

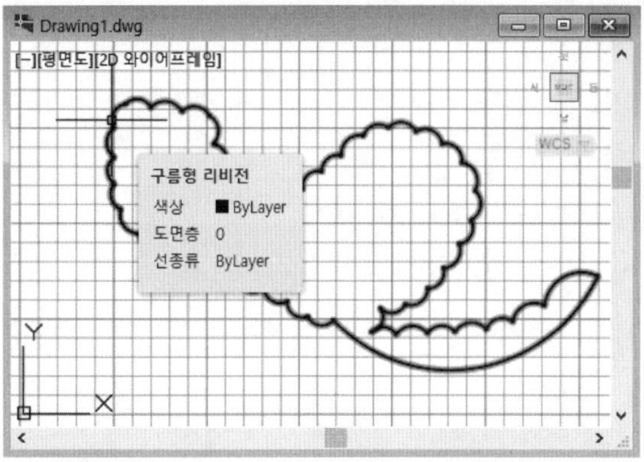

12 스플라인(Spline)

지정된 점을 통과하거나 근처를 지나는 부드러운 곡선을 그린다. 즉, 일정하지 않은 운형 곡선을 그린다. 스플라인은 맞춤점 또는 조정 정점으로 정의되며, 기본적으로 맞춤점은 스플라인과 일치하는 반면 조정 정점은 조정 프레임을 의미한다. 조정 프레임을 사용하면 스플라인의 형태를 편리하게 지정 할 수 있으며, 각 방법 마다 고유의 특징을 가지고 있다.

(1) 명령 : spline (단축 : spl) Space Bar 또는 아이콘 클릭

현재 설정: 메서드=맞춤 매듭=현

첫 번째 점 지정 또는 [메서드(M)/매듭(K)/객체(O)]: P1 클릭
다음 점 입력 또는 [시작 접촉부(T)/공차(L)]: P2 클릭
다음 점 입력 또는 [끝 접촉부(T)/공차(L)/명령 취소(U)/닫기(C)]: P3 클릭
다음 점 입력 또는 [끝 접촉부(T)/공차(L)/명령 취소(U)/닫기(C)]: 다음 점 지정
다음 점 입력 또는 [끝 접촉부(T)/공차(L)/명령 취소(U)/닫기(C)]: 다음 점 지정
다음 점 입력 또는[끝 접촉부(T)/공차(L)/명령 취소(U)/닫기(C)]: C Space Bar (스플라인 닫고 종료)

옵션사양

① 객체(Object): 2D, 3D 스플라인의 적정 폴리선을 스플라인으로 변경한다.
② 닫기(Close): 스플라인 첫점과 끝점을 연결하여 스플라인을 닫아준다.
③ 공차(Fit tolerance): 현 스플라인 곡선의 공차를 맞춘다. 맞춤 공차를 0 으로 할 경우 스플라인은 맞춤 점을 지나간다.

(2) 스플라인 명령을 사용하여 운형 곡선을 그려보자.

■ 명령 : spline(단축 : spl) Space Bar 또는 아이콘 클릭
현재 설정: 메서드=맞춤 매듭=현
첫 번째 점 지정 또는 [메서드(M)/매듭(K)/객체(O)]: P1 클릭
다음 점 입력 또는 [시작 접촉부(T)/공차(L)]: P2 클릭
다음 점 입력 또는 [끝 접촉부(T)/공차(L)/명령 취소(U)/닫기(C)]: P3 클릭
다음 점 입력 또는 [끝 접촉부(T)/공차(L)/명령 취소(U)/닫기(C)]: P4 클릭

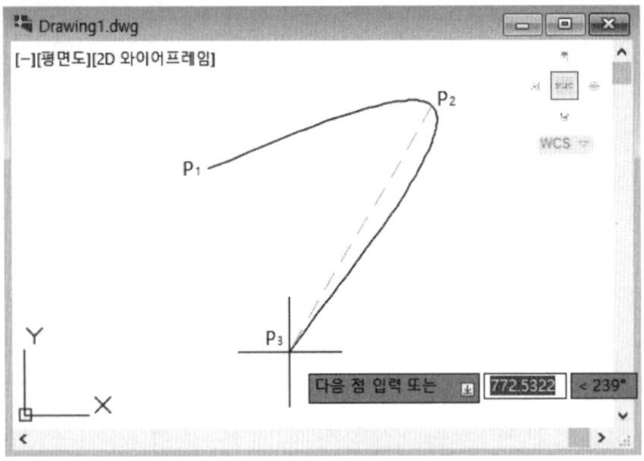

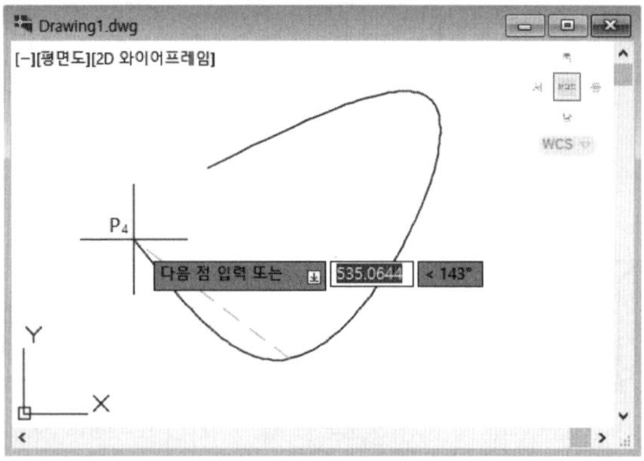

■ 다음 점 입력 또는 [끝 접촉부(T)/공차(L)/명령 취소(U)/닫기(C)]: C Space Bar

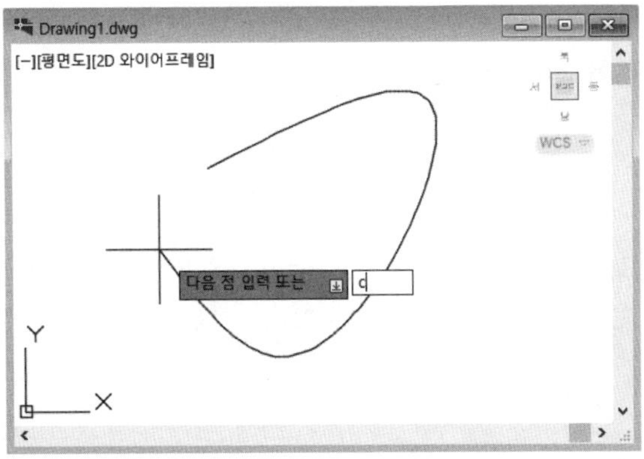

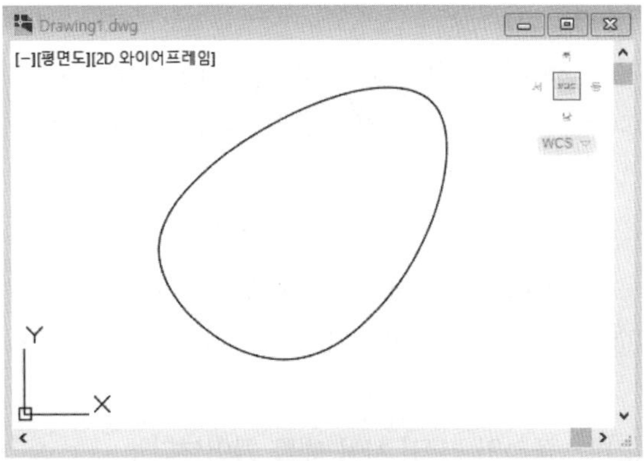

13 스플라인 편집(Splinedit)

도면의 스플라인 또는 스플라인-맞춤 폴리선을 편집한다. 조정 정점의 수와 가중치, 맞춤 공차 및 시작/끝 접선 등 스플라인을 정의하는 데이터를 수정한다. AutoCAD2022 버전은 스플라인 편집 아이콘이 [그리기] 도구막대에는 없으므로 [참조]를 참조하여 [그리기] 도구막대에 등록한다.

> **참조**
>
> ■ [스플라인 편집] 아이콘 등록 방법 요약
>
> 옵션창 [뷰(V)] → [도구막대(O)...] → [사용자 인터페이스 사용자화] 대화상자 → [모든 파일의 사용자화] 클릭 → [도구막대] 더블 클릭 → [그리기] 더블 클릭 → 아래 부분의 [명령 리스트:] 검색창에 [스플라인 편집] 검색 → [스플라인 편집] 아이콘을 드래그하여 [그리기] 도구막대 목록 내로 [스플라인] 아이콘 이동 → [적용(A)] 클릭 → [확인(O)]클릭 → [스플라인 편집] 아이콘이 등록된다.

(1) 명령: splinedit Space Bar 또는 아이콘 클릭

스플라인 선택: 편집 도면 지정(커서 □ 모양)

옵션 입력 [닫기(C)/결합(J)/맞춤 데이터(F)/정점 편집(E)/폴리선으로 변환(P)/반전(R)/명령 취소(U)/종료(X)]: 옵션 Space Bar

옵션사양

① 닫기(C): 열린 스플라인을 끝점의 탄젠트 방향으로 닫아준다. 닫힌 상태에서는 Open으로 변경된다.

② 열기(O): 스플라인의 시작점과 끝점을 열어준다. 스플라인이 열려있는 경우는 닫기(C) 옵션으로 지정된다.

③ 결합(J)
④ 맞춤 데이터(F): 다음의 선택사양으로 맞춤 데이터를 편집한다.
⑤ 정점 편집(E): 스플라인의 위치를 변경한다.
⑥ 폴리선으로 변환(P)
⑦ 반전(R): 스플라인의 방향을 뒤집는다.
⑧ 명령 취소(U): 바로 직전에 수행한 명령으로 되돌린다.
⑨ 종료(X) : 명령을 종료하고 나간다.

(2) [스플라인 편집] 사용 예를 들어본다.

① 명령 : splinedit (단축: spe) [Space Bar] 또는 아이콘 클릭
스플라인 선택: 편집 도면 지정(커서 □ 모양)
옵션 입력 [닫기(C)/결합(J)/맞춤 데이터(F)/정점 편집(E)/폴리선으로 변환(P)/반전(R)/명령 취소(U)/종료(X)]: C [Space Bar]

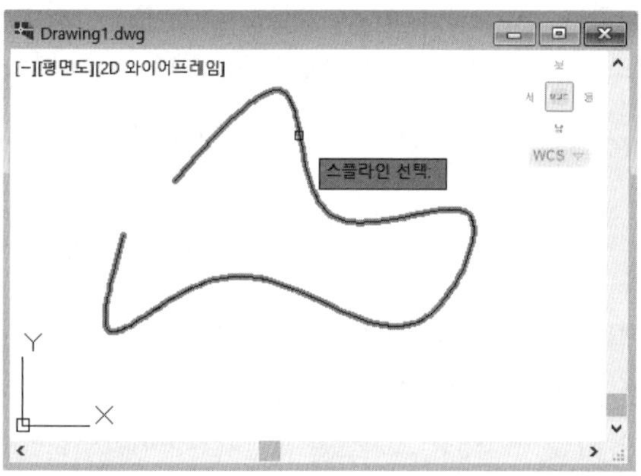

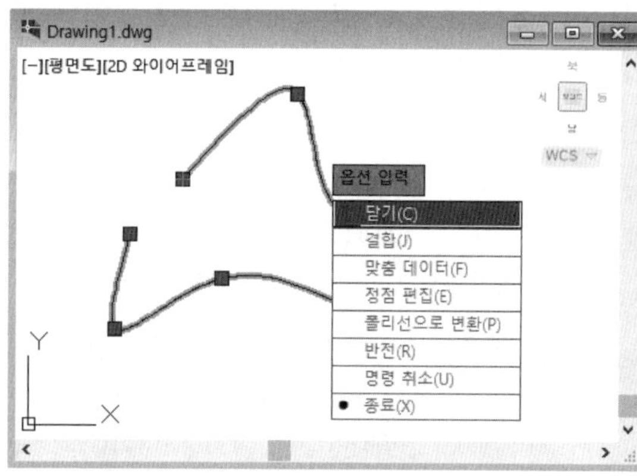

② 옵션 입력 [닫기(C)/결합(J)/맞춤 데이터(F)/정점 편집(E)/폴리선으로 변환(P)/반전(R)/명령 취소(U)/종료(X)]: x [Space Bar]

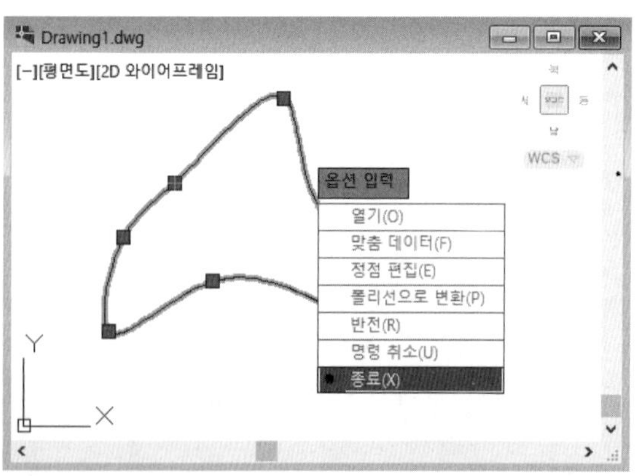

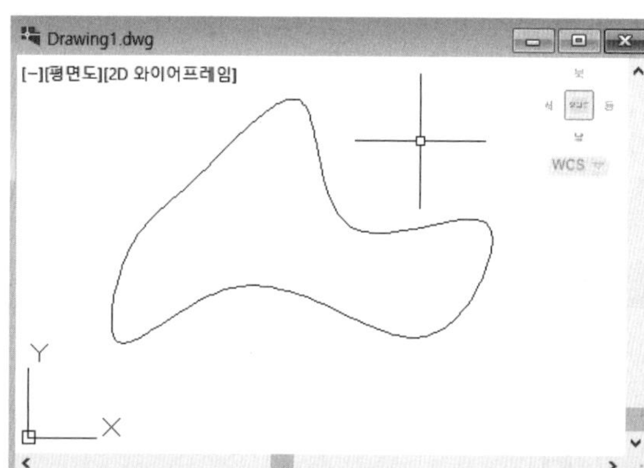

14 타원(Ellipse)

두 축을 중심으로 회전하는 타원 또는 타원형 호를 그린다. 타원의 처음 두 점은 첫 번째 축의 위치와 길이이고, 세 번째 점은 타원의 중심과 두 번째 축의 끝점 간의 거리이다.

(1) 명령 : ellipse [Space Bar] 또는 아이콘 클릭

타원의 축 끝점 지정 또는 [호(A)/중심(C)]: P1 클릭 또는 옵션 [Space Bar]

축의 다른 끝점 지정: P2 클릭

다른 축으로 거리를 지정 또는 [회전(R)]: P3 클릭 또는 옵션 [Space Bar]

옵션사양

① 호(A) : 타원형의 호를 그리는 옵션으로 첫 번째 지정한 축의 각이 호의 각을 결정한다.

② 중심(C) : 중심점을 지정하여 타원형을 그린다.

③ 회전(R) : 첫 번째 지정한 점을 중심으로 회전시키면서 타원의 장 단축의 비율을 지정한다. 0 일 경우는 원이 된다.

(2) [타원]의 옵션으로 타원 그리기

① 타원 그리기 I – P1, P2, P3 지정으로 그리기

명령 : ellipse [Space Bar] 또는 아이콘 클릭

타원의 축 끝점 지정 또는 [호(A)/중심(C)]: P1 클릭

축의 다른 끝점 지정: P2 클릭

다른 축으로 거리를 지정 또는 [회전(R)]: P3 클릭

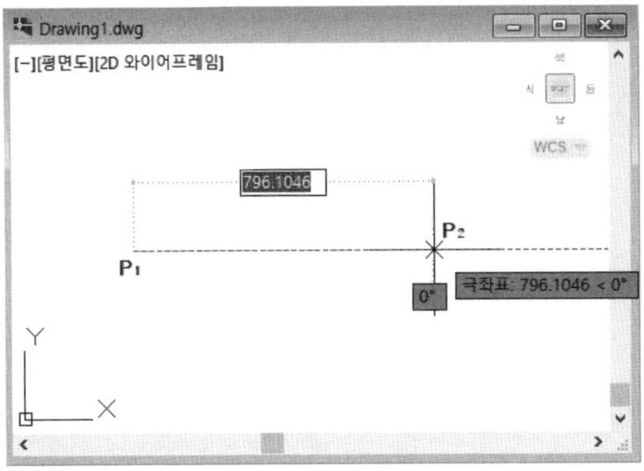

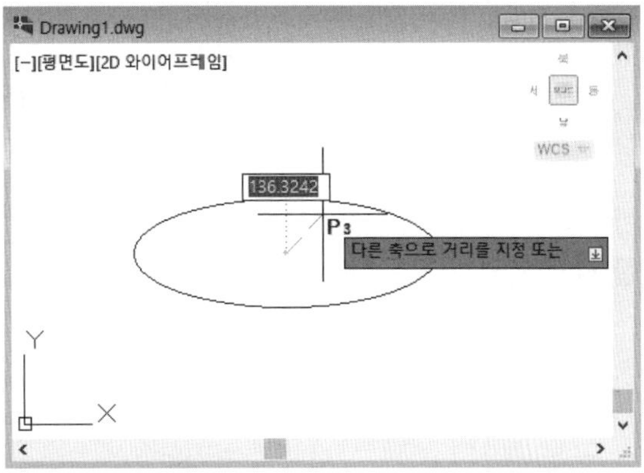

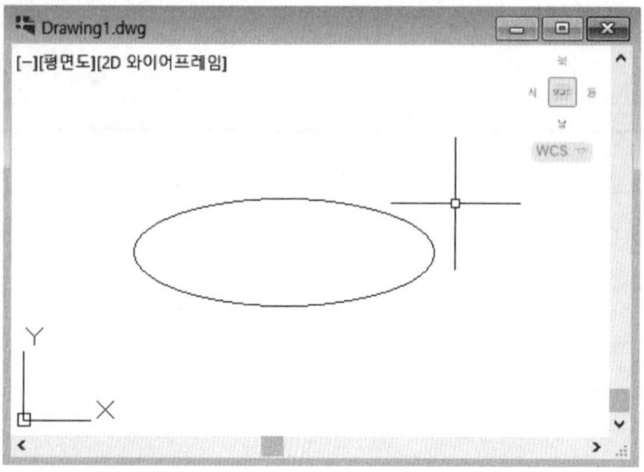

② 타원 그리기 II-호(A) 옵션으로 타원 그리기

■ 호(A), 각 입력 옵션으로 그리기

명령 : ellipse [Space Bar] 또는 아이콘 클릭

타원의 축 끝점 지정 또는 [호(A)/중심(C)]: a [Space Bar]

타원 호의 축 끝점 지정 또는 [중심(C)]: P1 클릭

축의 다른 끝점 지정: P2 클릭

다른 축으로 거리를 지정 또는 [회전(R)]: P3 클릭

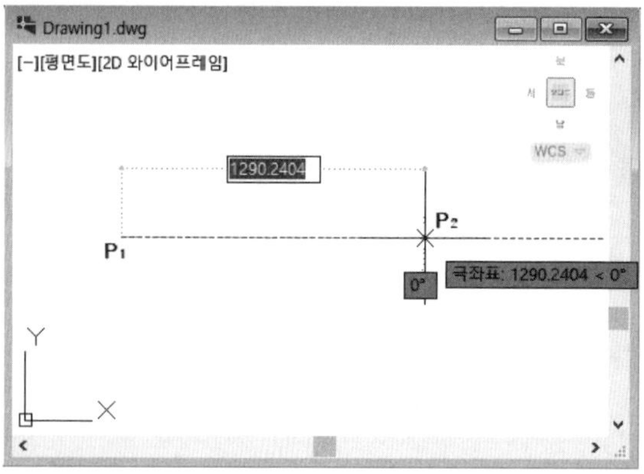

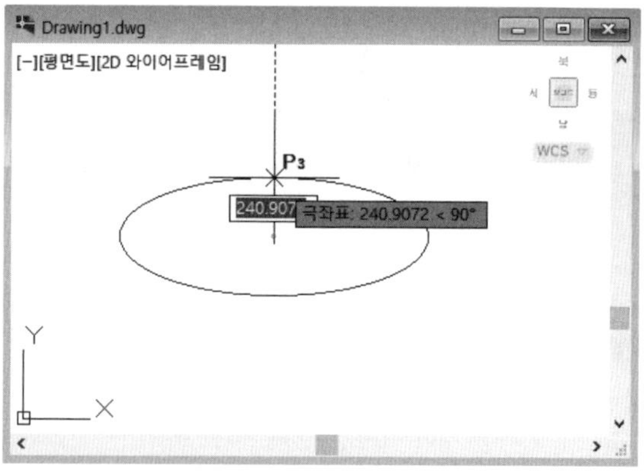

시작점 지정 또는 [매개변수(P)]: 90 [Space Bar]

끝 각도를 지정 또는 [매개변수(P)/사이각(I)]: 60 [Space Bar]

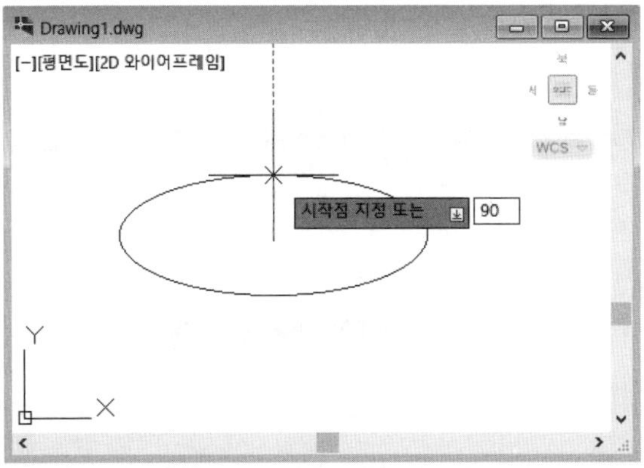

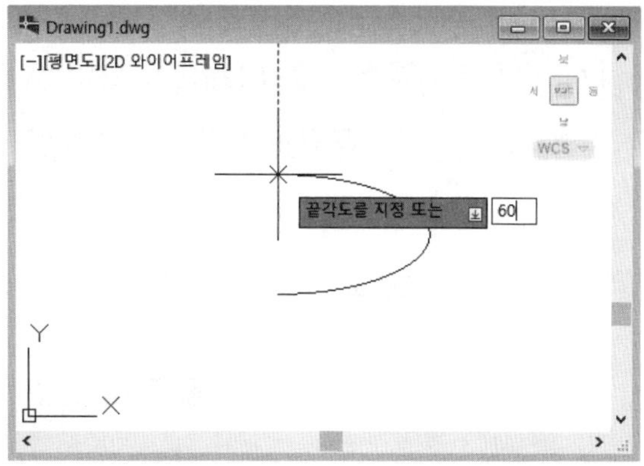

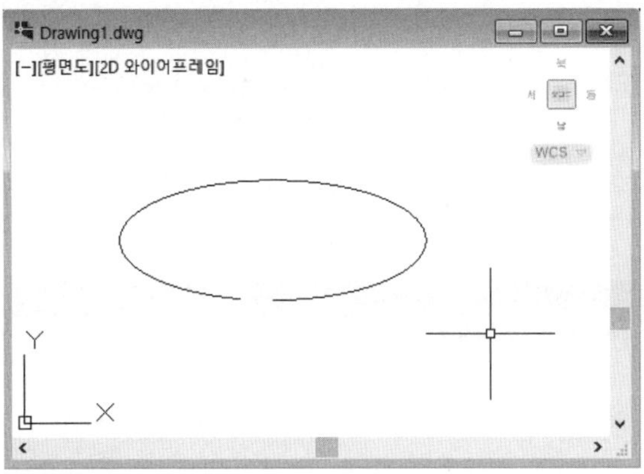

끝 각도를 지정 또는 [매개변수(P)/사이각(I)]: 90 [Space Bar] 의 경우

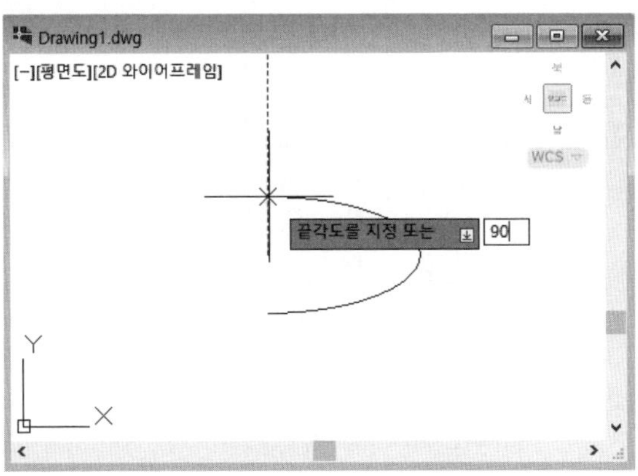

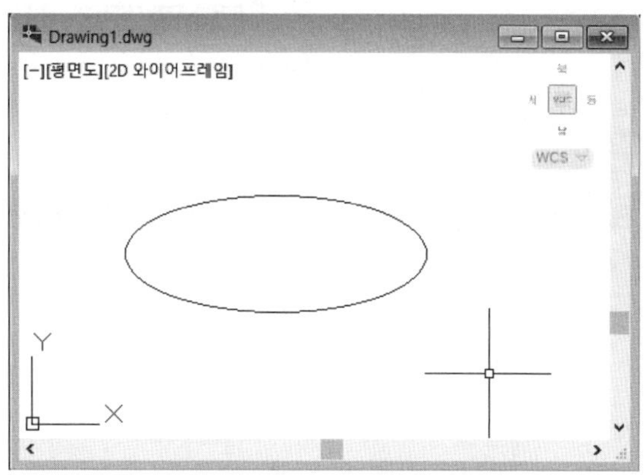

- 호(A), P1~P5 지정 옵션으로 그리기

  명령 : ellipse [Space Bar] 또는 아이콘 클릭

  타원의 축 끝점 지정 또는 [호(A)/중심(C)]: a [Space Bar]

  타원 호의 축 끝점 지정 또는 [중심(C)]: P1 클릭

축의 다른 끝점 지정: P2 클릭
다른 축으로 거리를 지정 또는 [회전(R)]: P3 클릭

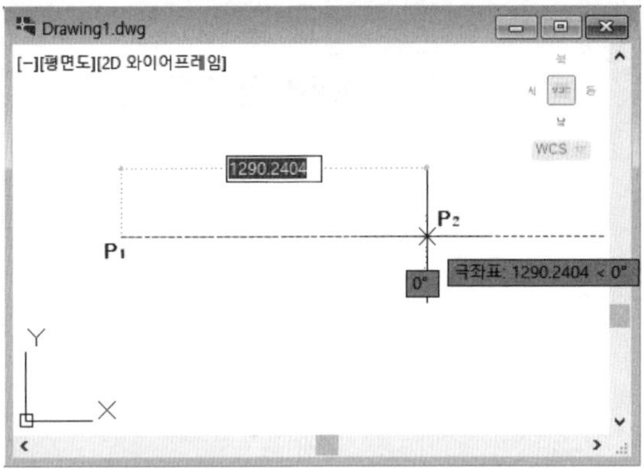

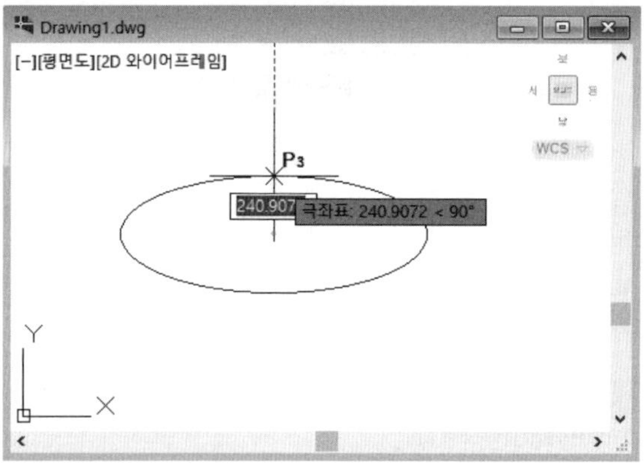

시작점 지정 또는 [매개변수(P)]: P4 클릭
끝 각도를 지정 또는 [매개변수(P)/사이각(I)]: P5 클릭

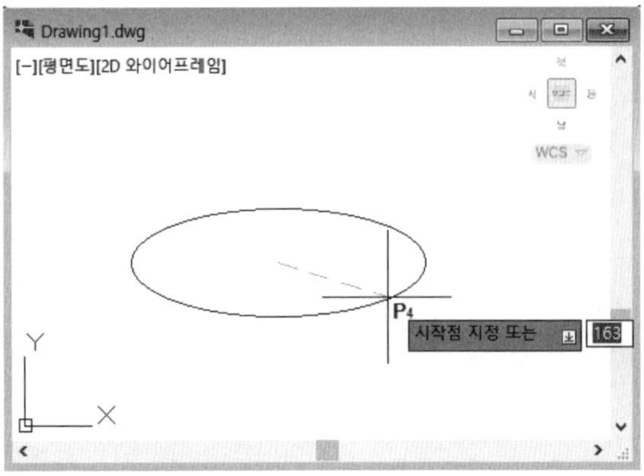

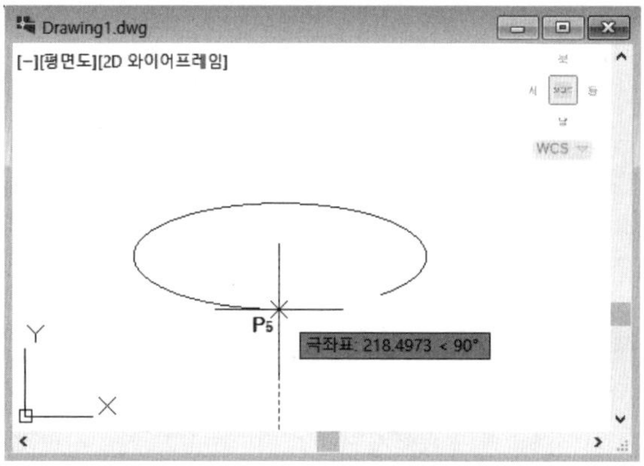

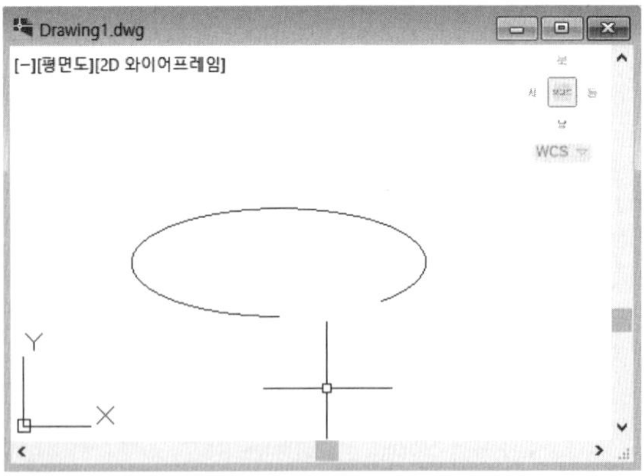

■ 호(A), 끝 각도를 지정 또는 [매개변수(P)/사이각(I)]: (−각도) 옵션으로 그리기

명령 : ellipse Space Bar 또는 아이콘 클릭

타원의 축 끝점 지정 또는 [호(A)/중심(C)]: a Space Bar

타원 호의 축 끝점 지정 또는 [중심(C)]: P1 클릭

축의 다른 끝점 지정: P2 클릭

다른 축으로 거리를 지정 또는 [회전(R)]: P3 클릭

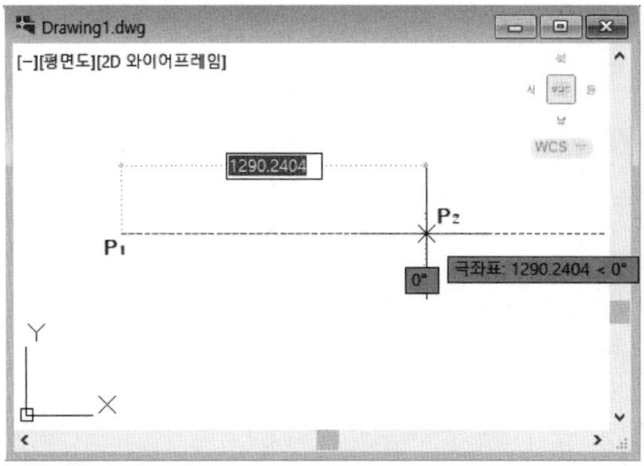

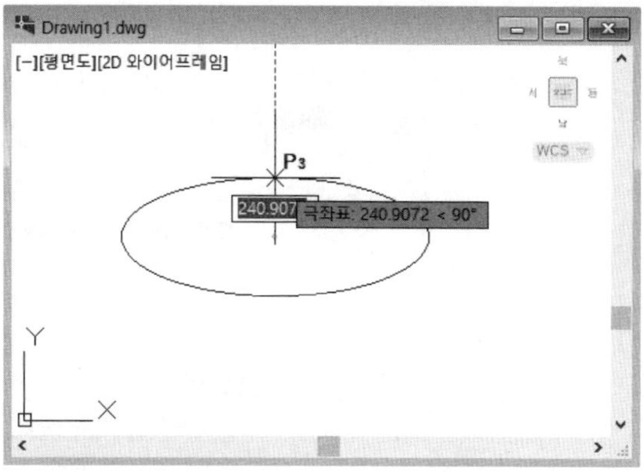

시작점 지정 또는 [매개변수(P)]: 90 Space Bar

끝 각도를 지정 또는 [매개변수(P)/사이각(I)]: −90 Space Bar

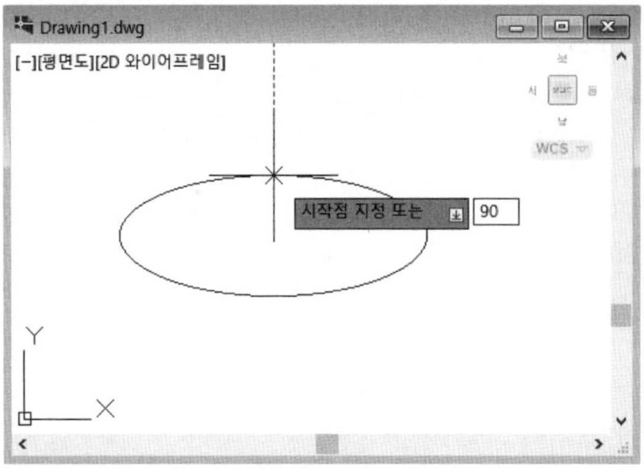

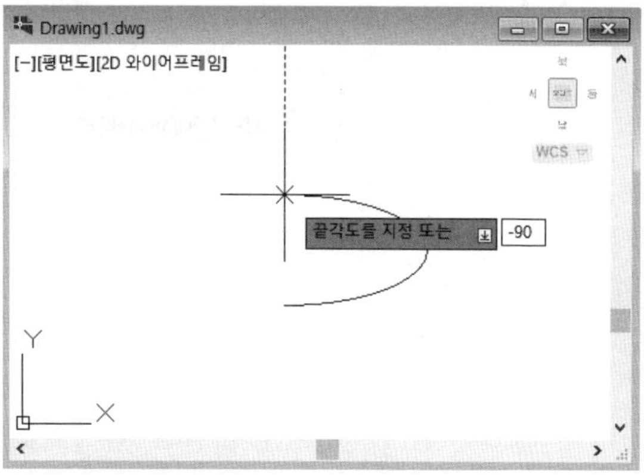

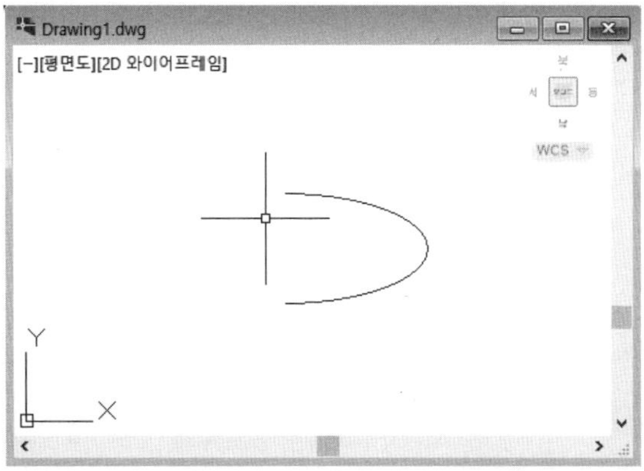

③ 타원 그리기 III - 중심(C), P1, P2, P3 지정 옵션으로 타원 그리기

명령 : ellipse [Space Bar] 또는 [아이콘] 아이콘 클릭

타원의 축 끝점 지정 또는 [호(A)/중심(C)]: c [Space Bar]

타원의 중심점 지정: P1 클릭(중심점)

축의 끝점 지정: P2 클릭

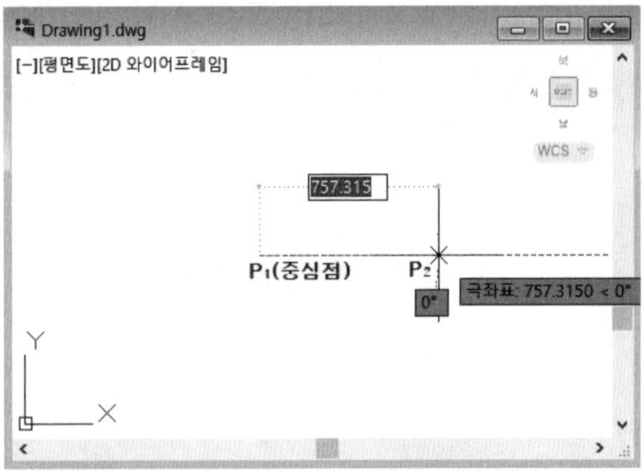

다른 축으로 거리를 지정 또는 [회전(R)]: P3 클릭

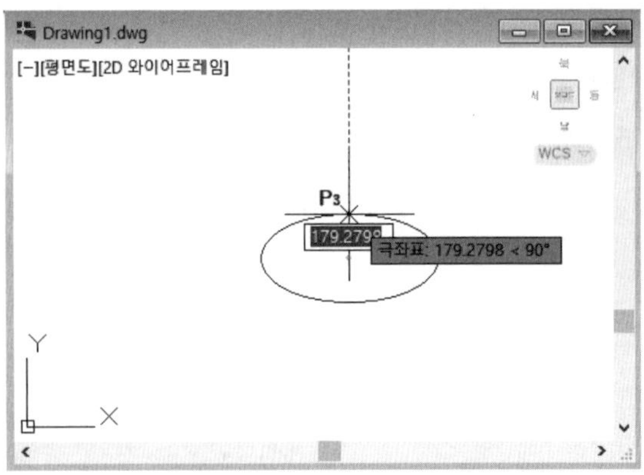

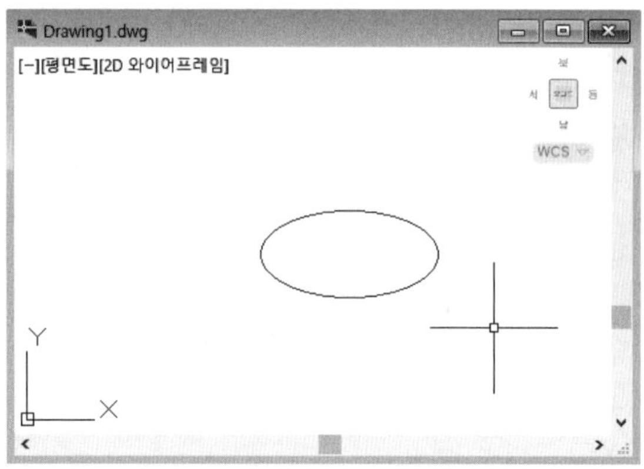

④ 타원 그리기 Ⅳ - 중심(C), 회전(R) 옵션으로 타원 그리기

명령 : ellipse [Space Bar] 또는 [아이콘] 아이콘 클릭

타원의 축 끝점 지정 또는 [호(A)/중심(C)]: c [Space Bar]

타원의 중심점 지정: P1 클릭

축의 끝점 지정: P2 클릭

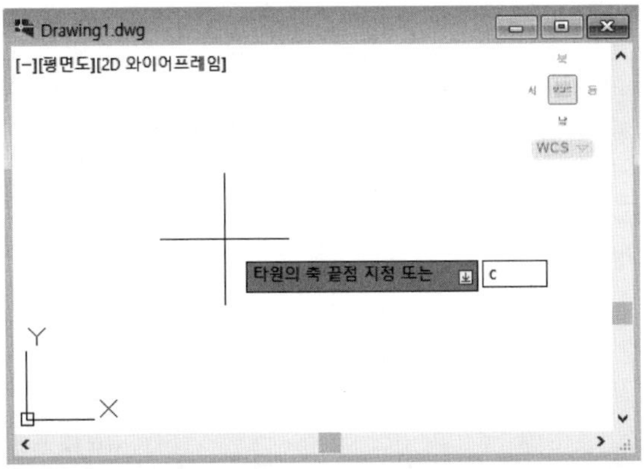

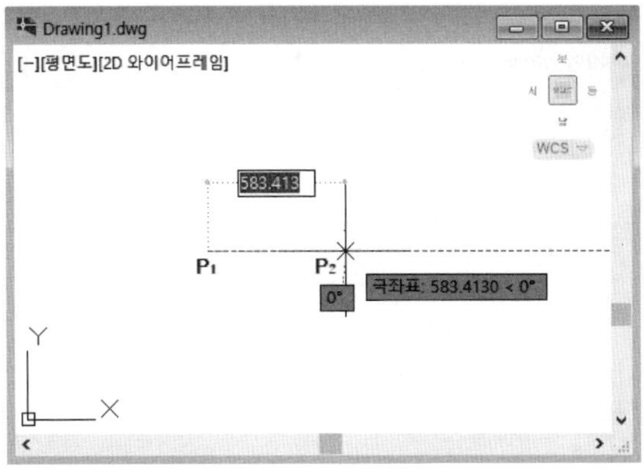

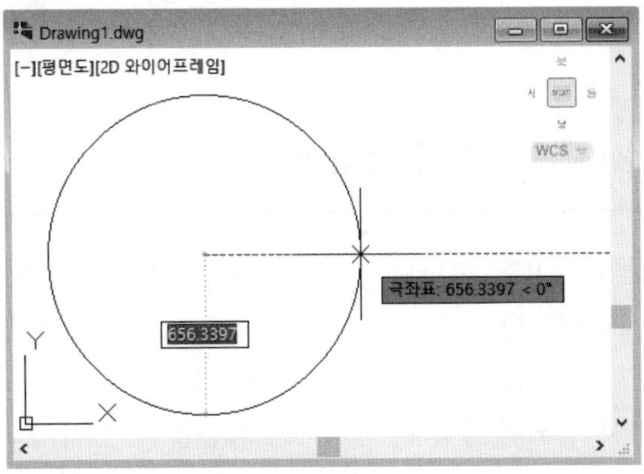

다른 축으로 거리를 지정 또는 [회전(R)]: r Space Bar
장축 주위를 회전 지정: 회전시키면서 P3 클릭

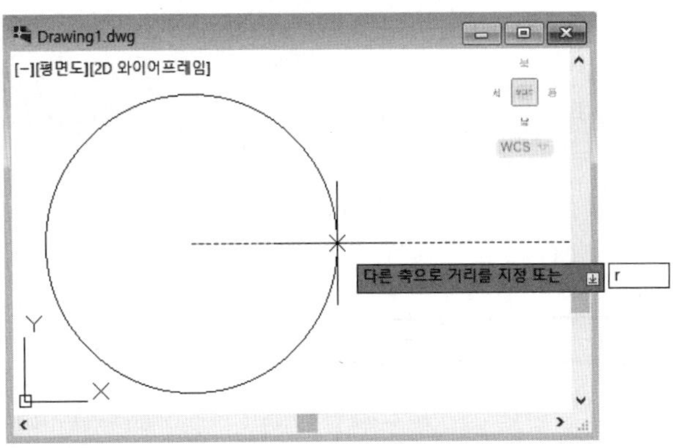

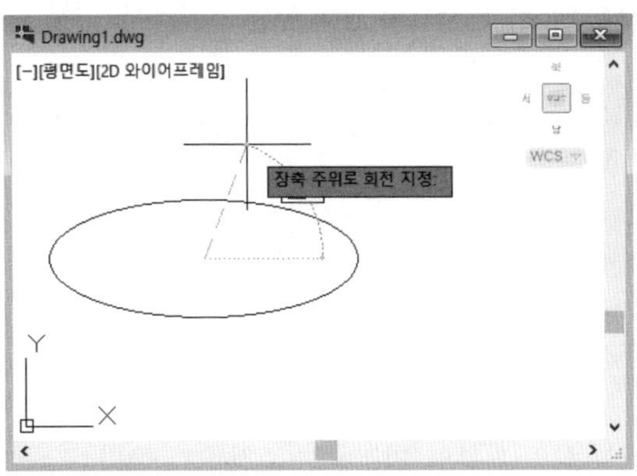

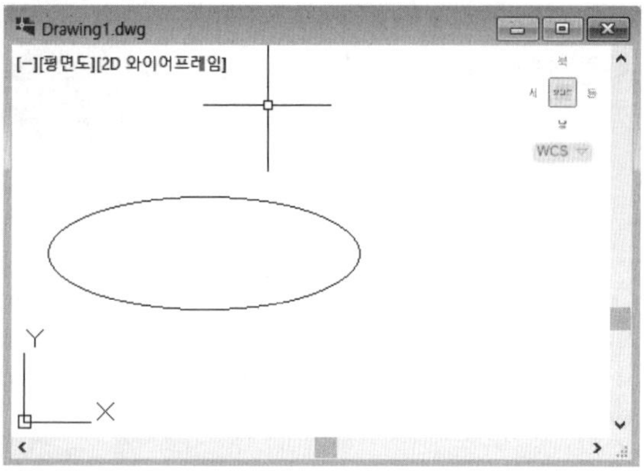

15 블록 만들기(Make Block) 와 WBlock(Write Block)

블록이란 자주 사용하는 도면 요소를 저장해두었다가 필요할 때마다 다시 사용하는 기능이 블록(Block)이다. 블록은 도면에 삽입할 때 분해 여부를 지정할 수 있으며 크기와 각도도 설계자 편의대로 지정 할 수 있다. 하지만 블록(Block) 명령은 현재의 도면 작업에서 만 사용가능하다는 점이다. 반면 WBlock 명령은 만든 블록은 DWG 파일로 변환하여 도면 작업 시 계속해서 활용할 수 있다. 따라서 전기도면 설계 시 전기 심벌을 WBlock 명령으로 만들어 놓으면 매우 편리하게 도면 작업을 할 수 있다.

(1) Block 명령으로 블록 만들고 활용하기

주의 블록(Block) 명령으로 만든 블록은 현재 작업 중인 도면에서만 사용할 수 있으니 잘 알아두길 바란다.

① 명령 : block Space Bar 또는
아이콘 클릭
삽입 기준점 지정 : 기준점(P1) 클릭
객체 선택: 반대 구석 지정: 00개를 찾음
객체 선택: Space Bar ([블록 정의] 대화상자로 돌아간다.)

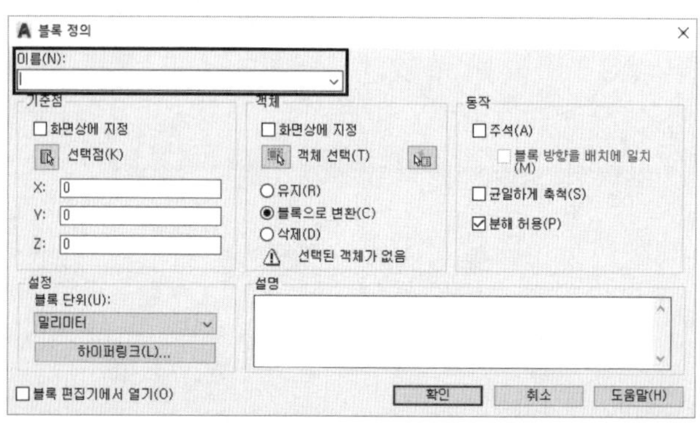

■ [이름(N)] 영역 : 블록화하고 싶은 도면 요소의 이름을 지정한다.

■ [기준점] 영역 : 블록이 삽입될 기준점을 설정한다. [선택점(K)] 아이콘을 클릭하여 지정하거나 X, Y, Z 축의 값으로 지정할 수 있다. [화면상에 지정]을 체크하면 화면상에서 직접 기준점을 클릭하여 지정할 수 있다.

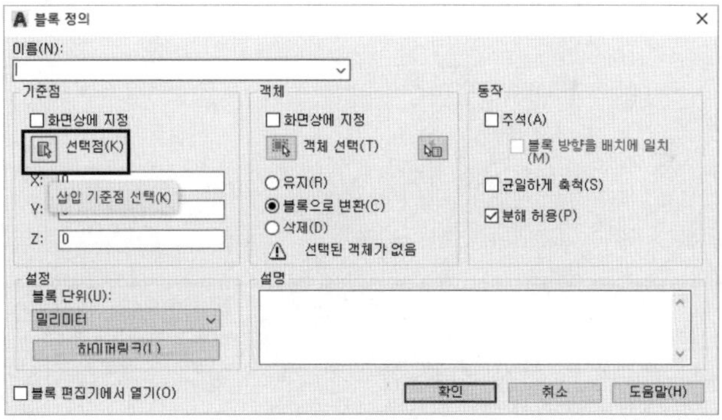

■ [객체] 영역 : 블록화 할 도면 요소를 선택한다. [객체 선택(T)] 아이콘을 클릭하여 블록화 할 도면 요소를 선택한다.

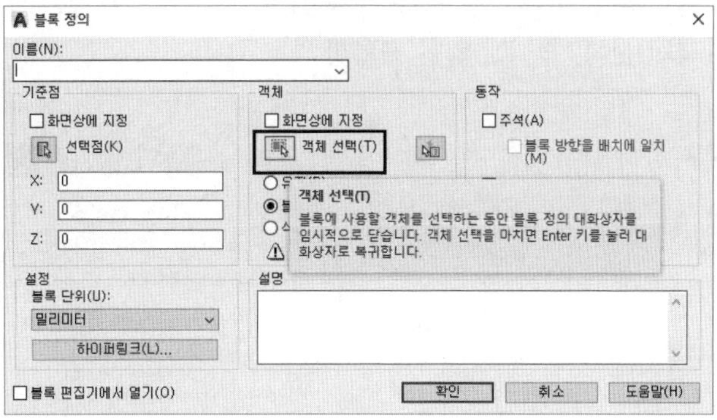

- : [신속 선택] 대화상자로 신속하게 블록화 할 도면 요소를 선택한다.
- 유지(R) : 블록으로 선정된 도면 요소를 도면에 그대로 남겨 둔다.
- 블록으로 변환(C) : 선택된 객체를 블록으로 저장하고 현 도면의 객체도 블록으로 변경한다.
- 삭제(D) : 블록으로 선정된 도면 요소를 도면에서 삭제한다.

■ [동작] 영역

- [균일하게 축척(S)] : 각 좌표 축척을 균일하게 해 주는 기능이다.
- [분해 허용(A)] : 이 옵션을 체크하면 블록이 분해된다.

■ [설정] 영역 : 블록의 세부 사항을 설정한다.

– [블록 단위] : 블록의 사용 단위를 설정한다.
– [하이퍼링크] : 경로를 지정하여 인터넷과 연결할 수 있다.

■ [설명] : 블록에 대한 설명을 입력 할 수 있다.
– [블록 편집기에서 열기] : 이 옵션을 체크하면 블록 편집기를 표시한다.

실력향상

단로기(DS) + 피뢰기(LA) + 접지(E)를 블록화 하는 방법을 연습해 보자. 도면 작업 시 [상태] 도구막대의 기능을 적절히 사용하면 편리하게 도면 작업을 할 수 있다.

◎ [블록화 지정 방법]

1. [기준점] 지정에 의한 블록화 – 전기 심벌 작업 시 이 기능이 편리함.

2. [객체]영역에서 [객체 선택] 에 의한 블록화

[1] 원을 그리고 복사한다.([상태] 도구막대에서 [그리드] 와 [직교] 모드를 켠다)

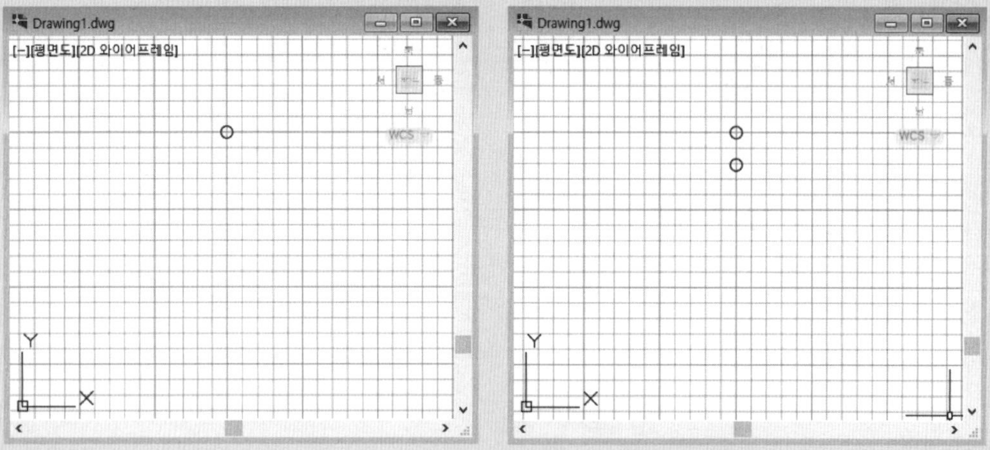

[2] [OSNAP] 모드는 켜고 [직교] 모드는 끄고 단로기 심벌의 대각선을 그린다.

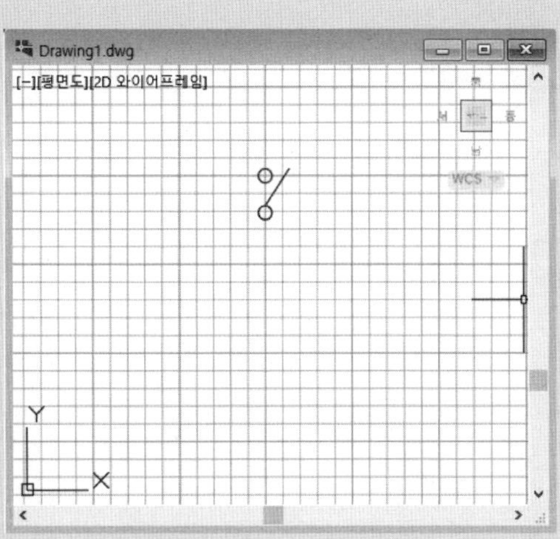

[3] 단로기(DS) 심벌 아래 부분에 직사각형을 그리고 [폴리선] 클릭하여 화살표를 그린다.(화살표를 그리고 직사각형을 그려도 된다)

① 아이콘 클릭 → 시작점(P1) 클릭

■ 명령 : 현재의 선 폭은 0.0000임

다음 점 지정 또는[호(A) 닫기(C) 반폭(H) 길이(L) 명령 취소(U) 폭(W)]: P2 클릭

다음 점 지정 또는[호(A) 닫기(C) 반폭(H) 길이(L) 명령 취소(U) 폭(W)]: w Space Bar

시작 폭 지정 〈0.0000〉 : 25 Space Bar

끝 폭 지정 〈25.0000〉 : 0 Space Bar → P3 클릭

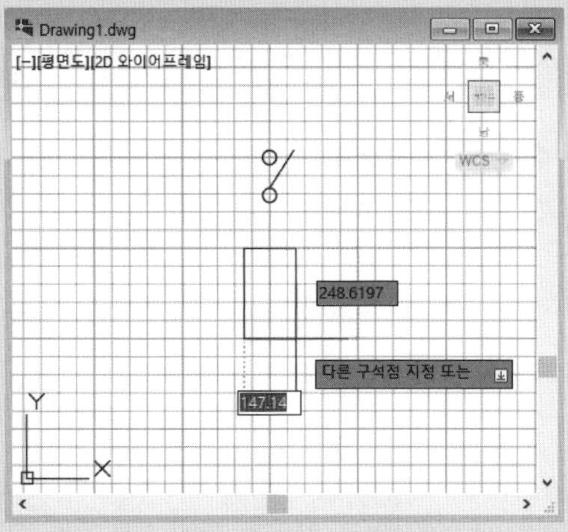

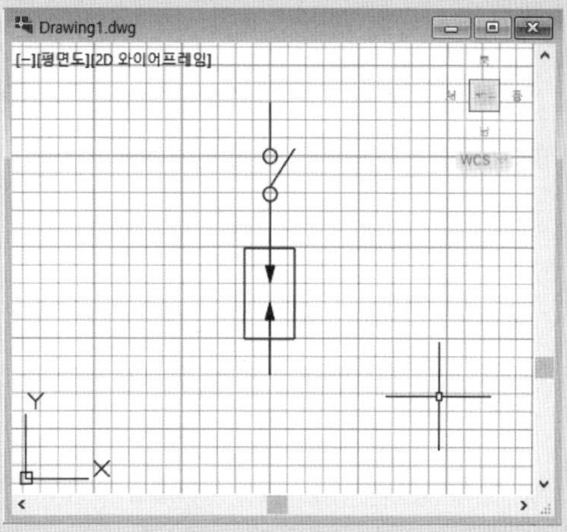

[4] 피뢰기의 접지를 그린다. 우선 삼각형을 그리고 3등분선을 그린다.

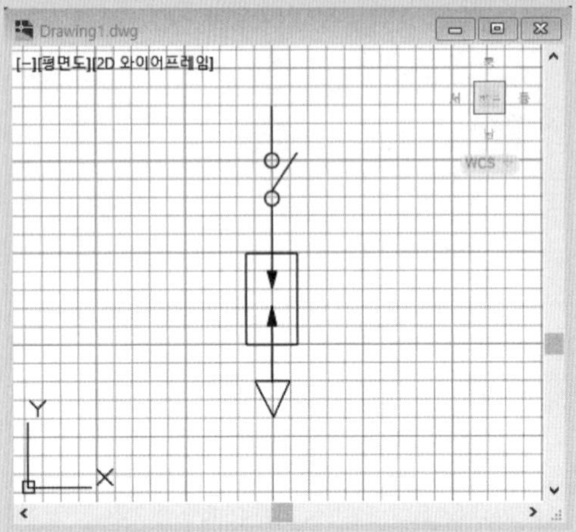

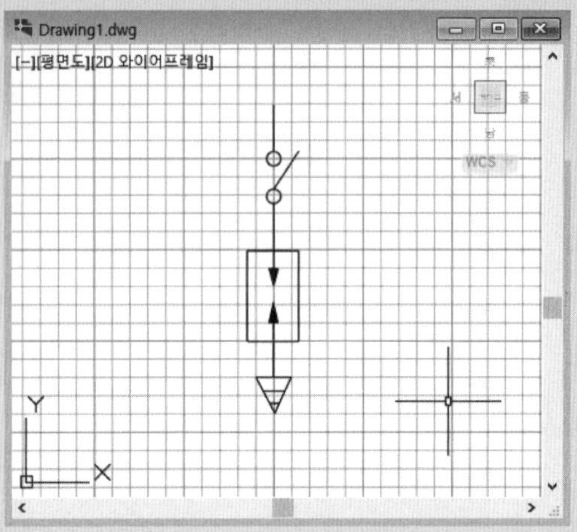

[5] 접지 삼각형 선을 [지우기] 또는 Delete 그리고 [자르기] 클릭하여 필요 없는 부분을 삭제한다. 여기서는 [자르기] 명령으로 삭제한다.

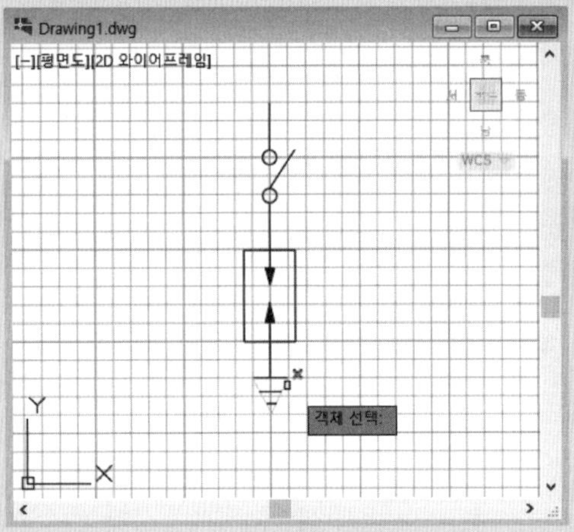

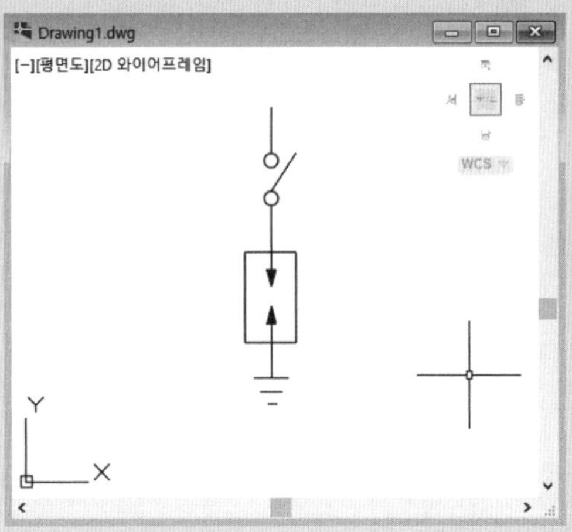

1. [기준점] 지정에 의한 블록화 – 전기 심벌 작업 시 이 방법이 보다 더 편리하다.

[1] 명령: block Space Bar 또는 아이콘 클릭

① [블록 정의] 대화상자 → [이름(N)] : 'DS+LA(E)-01' 으로 임의로 입력 → [기준점]

영역에서 [선택점(K)] 을 클릭한다.

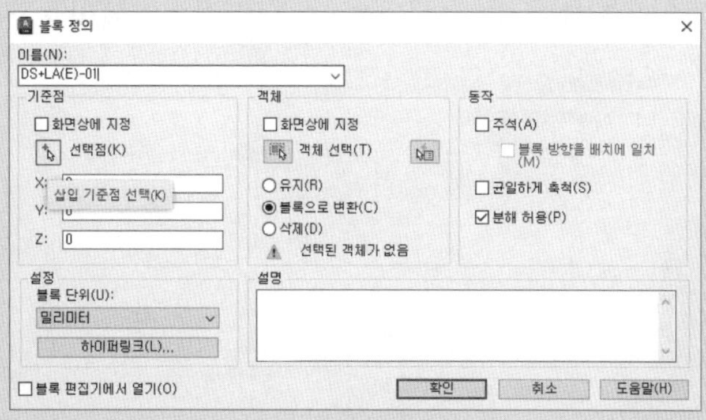

[2] 작업한 도면의 기준점을 지정하고 클릭한다. ([OSNAP](사분점) 모드 켠다)

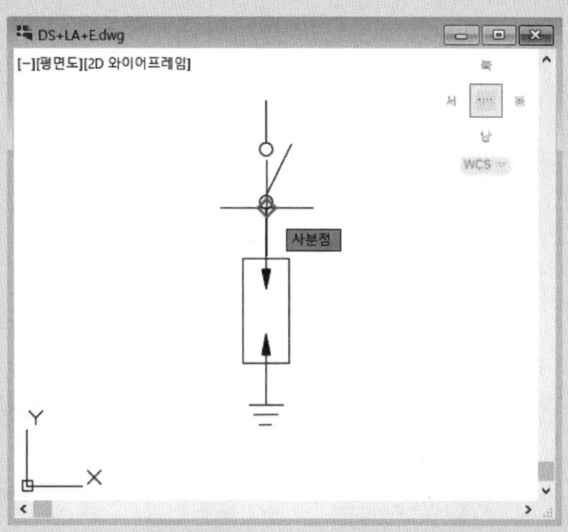

[3] [블록 정의] 대화상자가 다시 나타난다. X, Y 축의 값이 지정되어 있다.

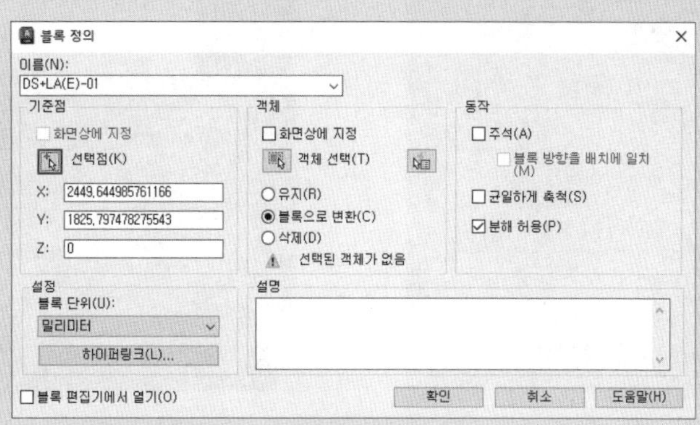

[4] [객체] 영역의 [객체 선택(T)] 아이콘 클릭 → 블록 객체를 지정 → 마우스 오른쪽 버튼 클릭 → [블록 정의] 대화상자 → [확인] 클릭 → 블록 작업이 완료된다.

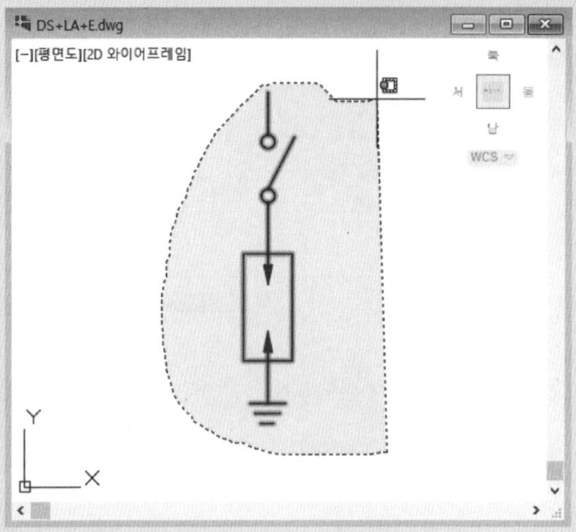

[5] 작도한 블록을 도면에 활용하기

① [블록 삽입] 아이콘 클릭 → [블록] 대화창 → [최근 블록]에 블록화한 도면 요소가 등록되어 있다.

② 블록을 도면 작업에 이용하려면 마우스 오른쪽 버튼 클릭 → [블록] 대화창 → [삽입] 클릭

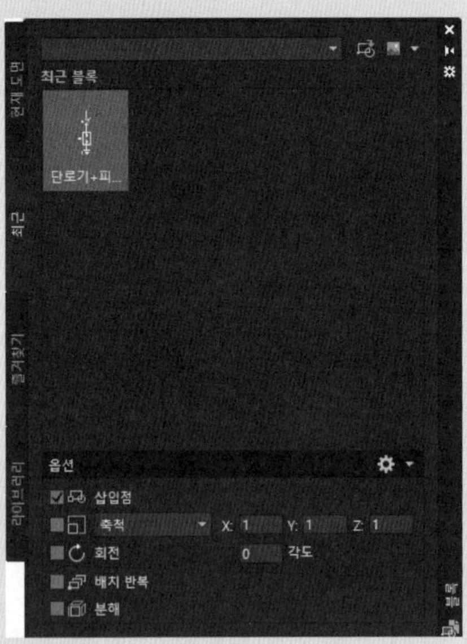

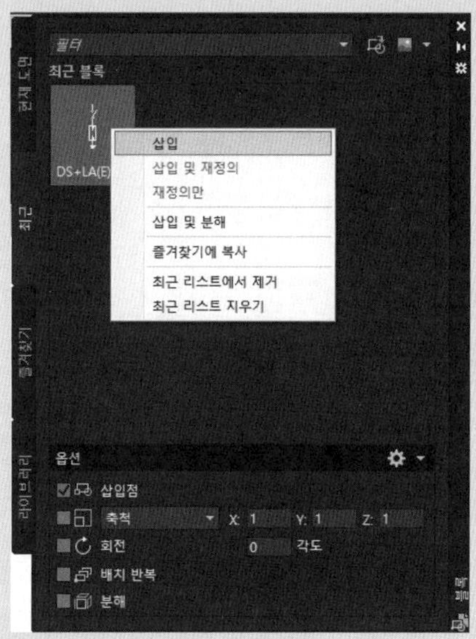

[6] 도면에 블록 심벌이 [기준점]을 중심으로 나타난다. 위치를 지정하고 클릭하면 동일한 심벌을 반복하여 사용할 수 있다. [축척] 명령으로 축소 및 확대도 가능하다.

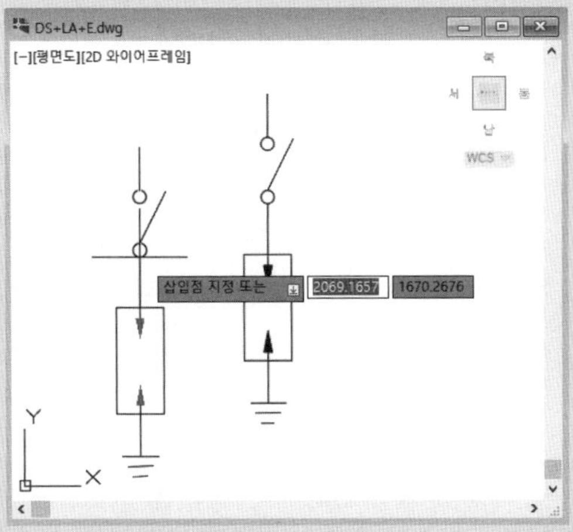

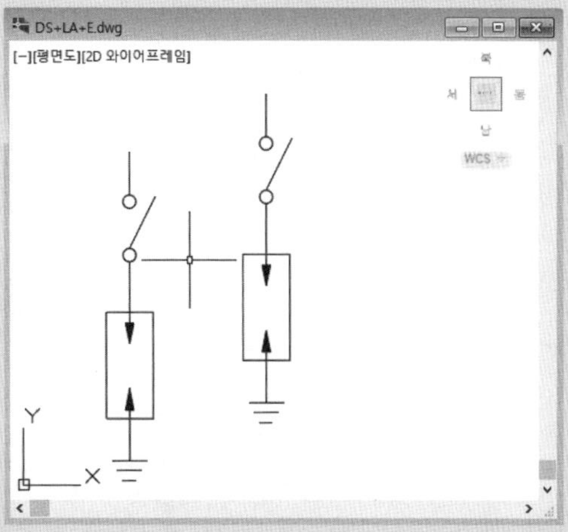

2. [객체]영역에서 [객체 선택]에 의한 블록화

[1] 명령 : block Space Bar 또는 아이콘 클릭

① [블록 정의] 대화상자 → [이름(N)] : 'DS+LA(E)−02' 로 입력한다.

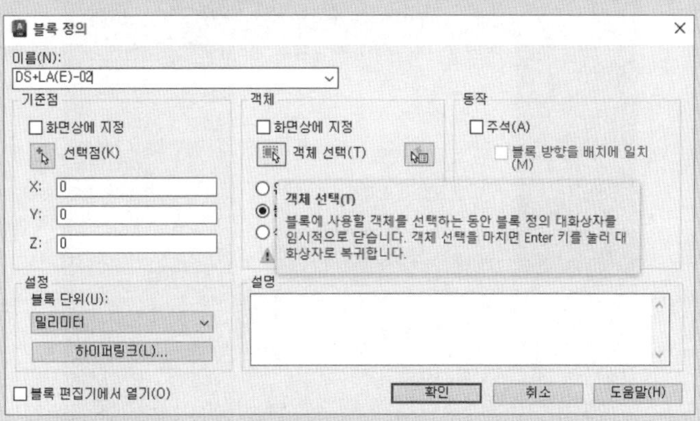

[2] [객체]영역에서 [객체 선택] 을 클릭 → 도면에서 객체를 지정 → 마우스 오른쪽 버튼 클릭 → 다시 [블록 정의] 대화상자 → [확인] 클릭 → 블록 작업이 완료된다.

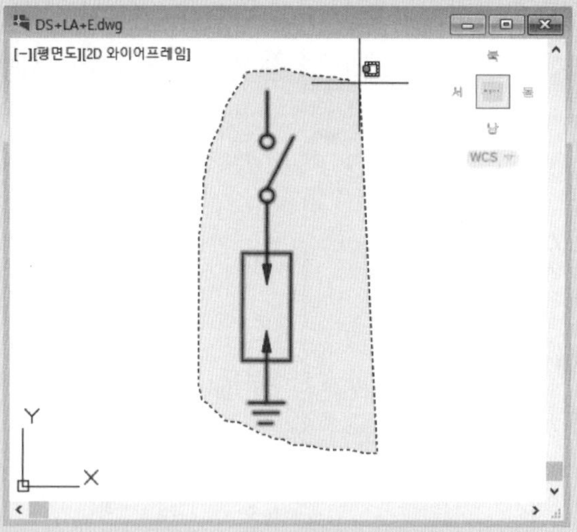

[3] [블록 삽입] 아이콘을 클릭 → [블록] 대화창 → [최근 블록]에 블록화한 도면 요소가 등록되어 있다. 이 도면을 도면 작업에 이용하려면 마우스 오른쪽 버튼 클릭 → [블록] 대화창의 [삽입] 클릭 → 블록화 한 심벌을 도면 작업에 붙일 수 있다.

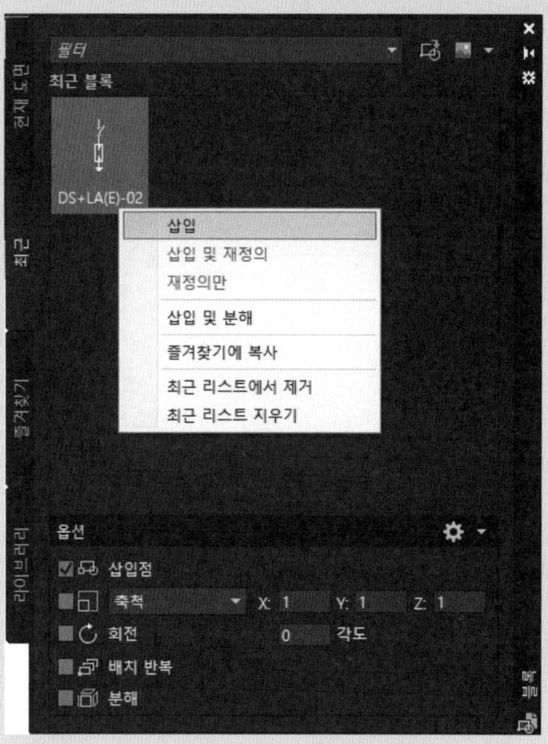

(2) WBlock(Write Block) 명령으로 블록 만들고 활용하기

일명 라이브러리를 작성하는 명령으로 '전기 심벌'을 저장하고 사용하면 매우 편리하다. 전기 도면 설계 시 매우 편리한 명령으로 활용하기를 권장한다. 저장 도면은 DWG 파일로 변환 저장된다.

① 명령 : wblock 또는 [Space Bar]

- [블록 쓰기] 대화상자 → [대상] 영역에서 [파일 이름 및 경로(F)] [...] 을 클릭 → [파일 이름 및 경로(F)]에 저장 경로와 파일 이름을 설정한다.
- [파일명] : DS+LA(E)−WB .

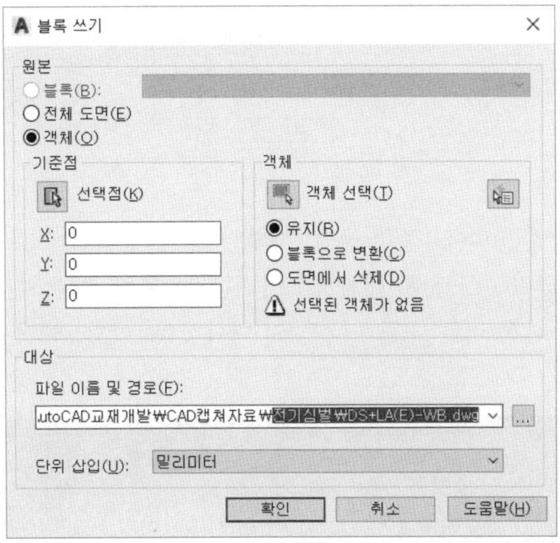

- [기준점] 영역의 [선택점(K)] 을 클릭 → 작업 도면의 기준점 지정 후 클릭([OSNAP](사분점) 모드 켠다) → 커서 □ 모양 → [객체] 영역의 [객체 선택(T)] 클릭 후 객체 선택 → 마우스 오른쪽 버튼 클릭 → 다시 [블록 쓰기] 대화상자 → [확인] 클릭 → WBlock 작업이 완료된다.

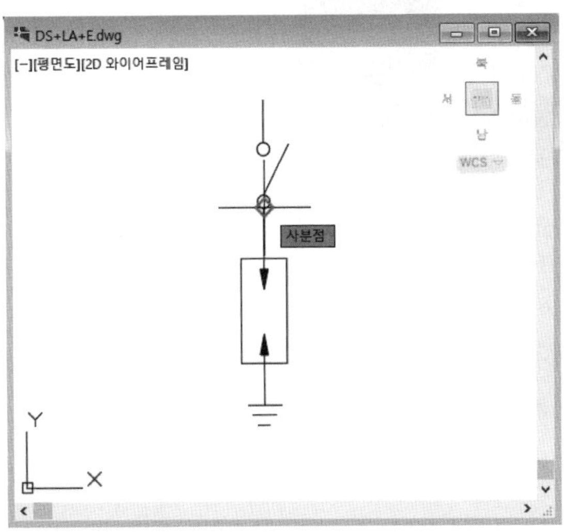

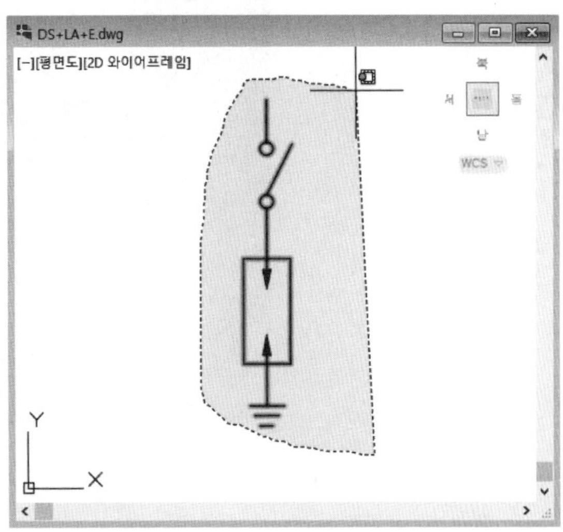

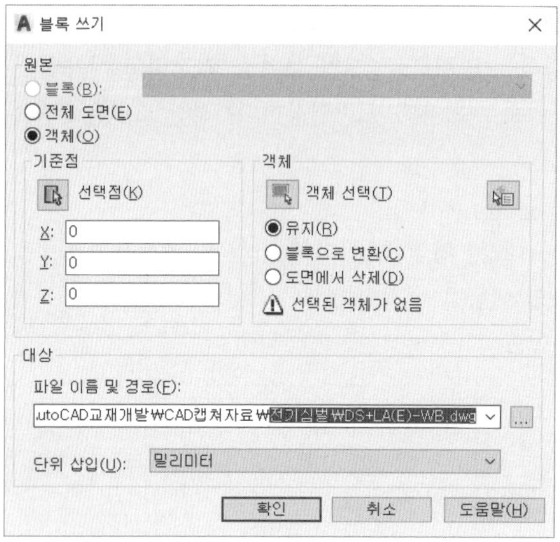

② WBlock으로 저장한 심벌 도면에 [블록 삽입] 하기

■ [블록 삽입] 아이콘 클릭 → [블록] 대화창 → [최근 블록]에 블록화한 도면 요소가 등록되어 있다. 이 도면을 마우스 오른쪽 버튼 클릭 → [블록] 대화창의 [삽입] 클릭 → 도면 작업에 사용할 수 있다.

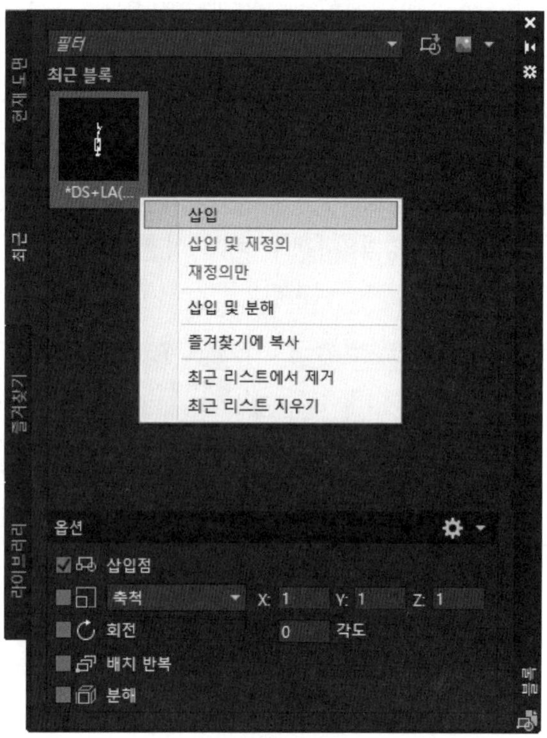

■ 도면에 블록이 나타나면 설계자가 원하는 위치로 이동시킨 후 클릭하면 된다. [블록 삽입] 을 반복 실행하면 피뢰기 심벌 복선도를 쉽게 그릴 수 있다.

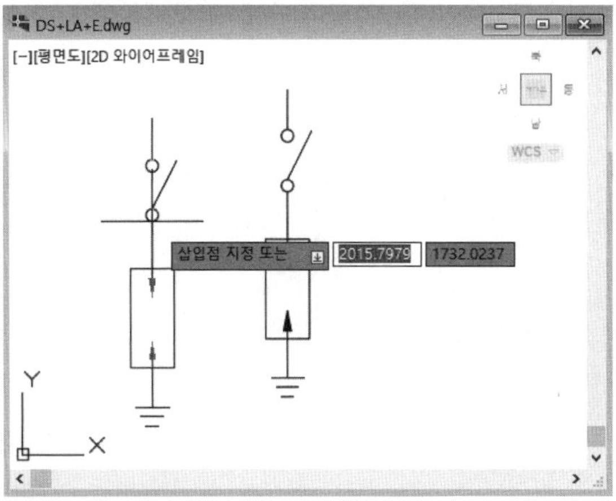

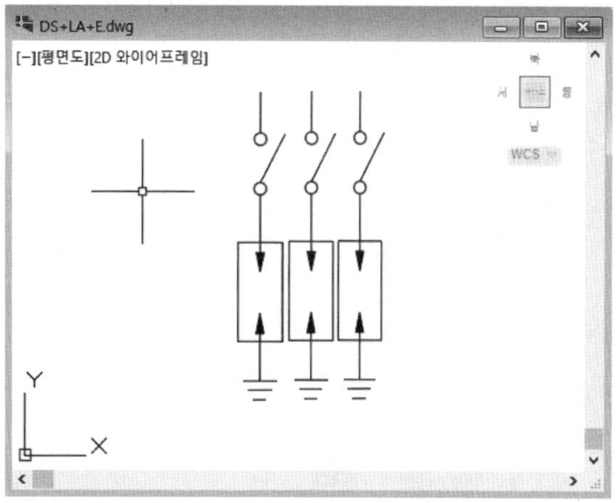

실력향상

전기 심벌을 WBlock[블록 쓰기]으로 저장하고 [블록 삽입] 으로 이용하면 매우 편리하다. 지금부터 파워 퓨즈(PF)를 작도하고 WBlock[블록 쓰기]와 [블록 삽입] 과정 연습으로 실력을 향상하여 보자.

1. 파워 퓨즈(PF) 심벌

[1] 아이콘 클릭 → 원을 그린다.([그리드] 와 [직교] 및 [OSNAP] 모드를 켠다)

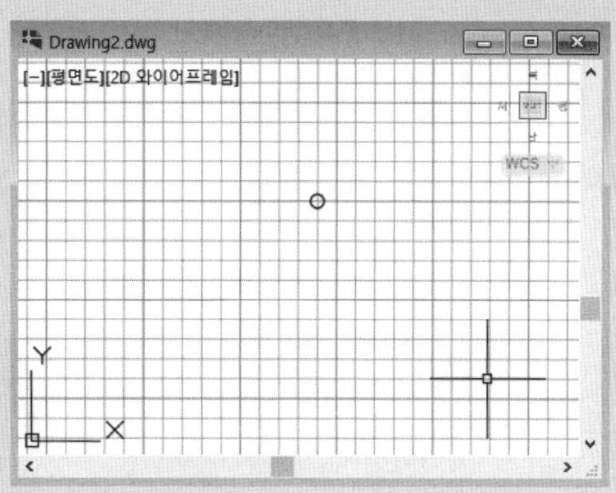

[2] [복사] 아이콘 클릭 → 원 클릭 → 아래로 이동 → 클릭한다.

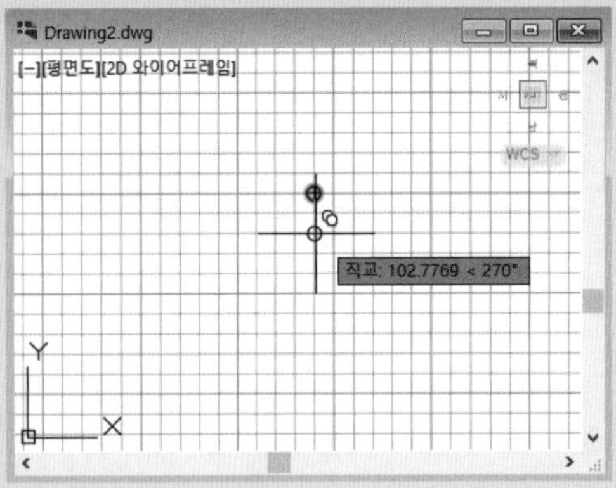

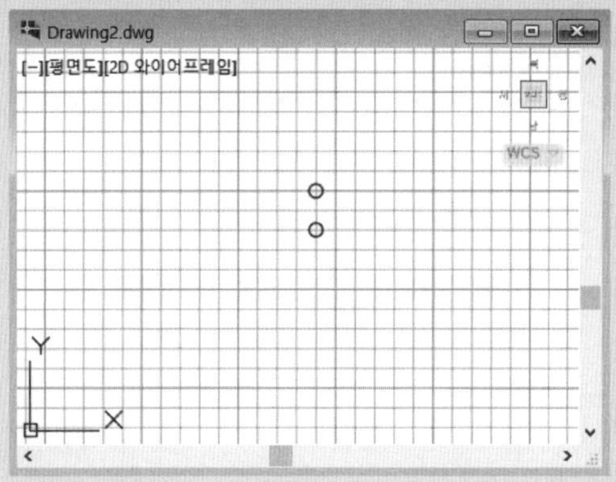

[3] [줌 윈도우] 아이콘 클릭 → 원을 확대시킨다.

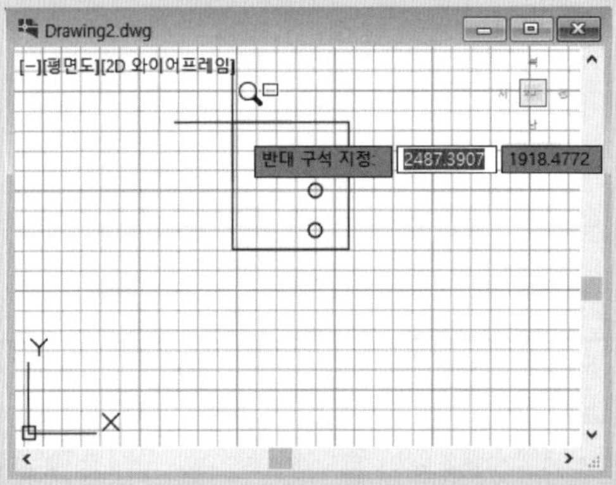

[4] 아이콘 클릭 → 선을 그린다. ([직교] 모드 끄고 작업 후 다시 켠다.)

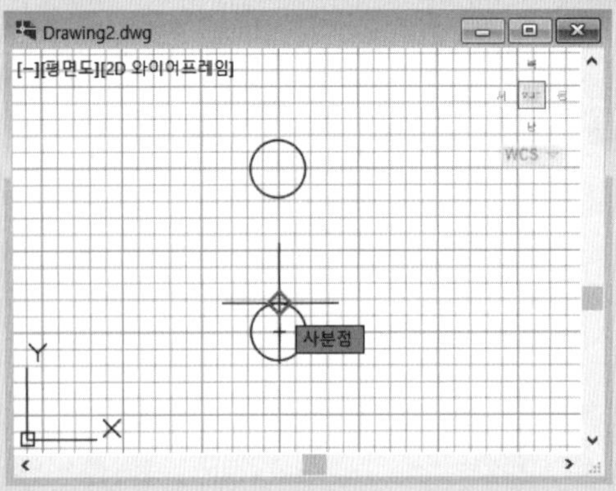

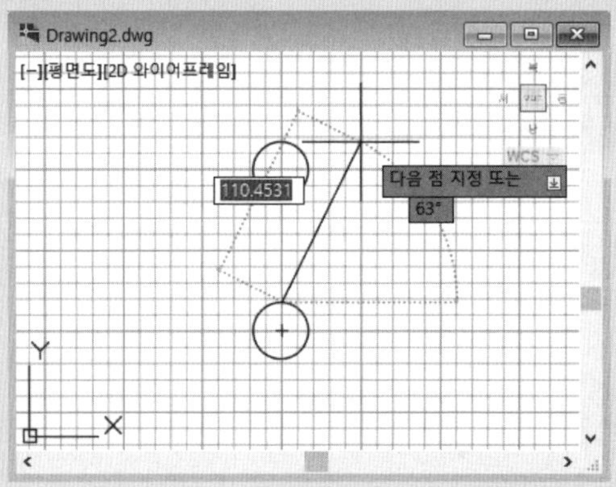

[5] [호] 아이콘 클릭 → 호를 그린다. ([OSNAP](중간점, 끝점) 모드를 켠다) 아이콘 클릭 → 위 아래 원에 선을 그린다.

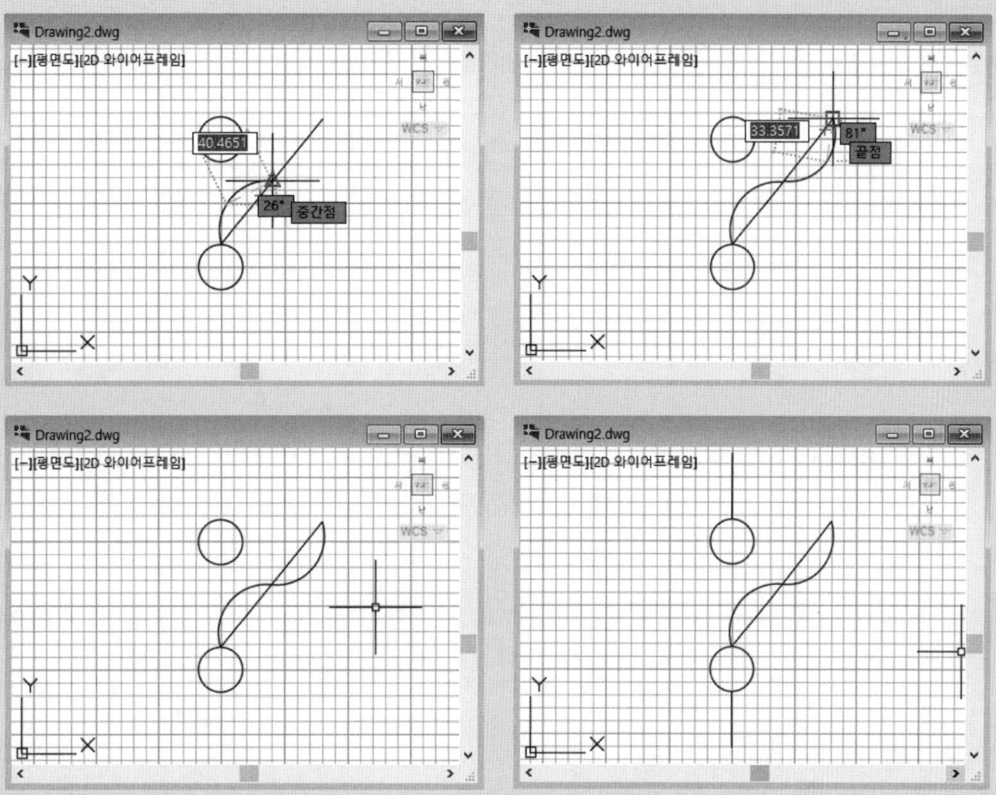

[6] 마우스 스크롤을 움직여 원래의 도면 상태로 돌아간다.

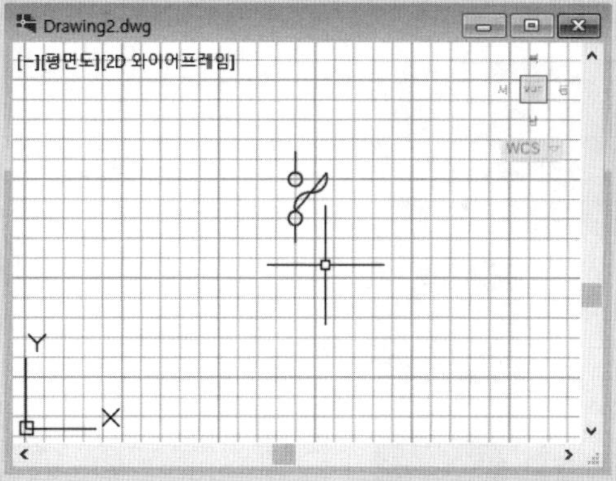

[7] '파워퓨즈'로 WBlock(블록 쓰기)를 한다.

① 명령 : wblock Space Bar

■ [블록 쓰기] 대화상자 → [대상] 영역에서 [파일 이름 및 경로(F)] ... 을 클릭하여 파일

이름 및 경로를 지정한다.

- [저장] : 전기심벌
- [파일명] : 파워퓨즈

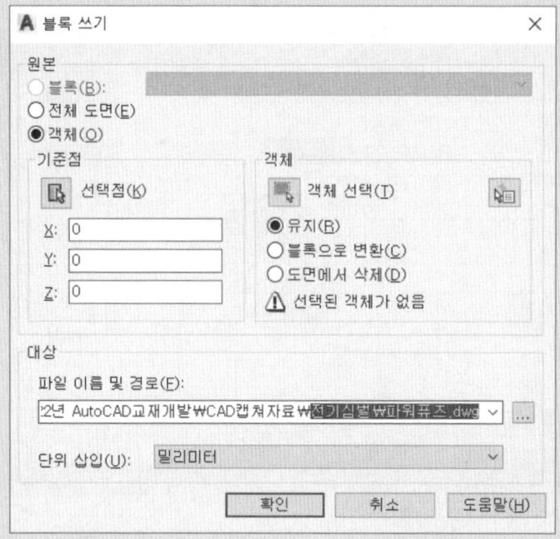

■ [기준점] 영역의 [선택점(K)]를 클릭 → 작업 도면의 기준점 지정 후 클릭 → 다시 [블록 쓰기] 대화상자 → [객체] 영역의 [객체 선택(T)] 클릭 → 객체 선택 후 마우스 오른쪽 버튼 클릭 → 다시 [블록 쓰기] 대화상자 → [확인]을 클릭 → WBlock 작업이 완료된다.

② [블록 삽입] 아이콘 클릭 → [블록] 대화창 → [최근 블록]에 블록화한 도면 요소가 등록되어 있다. 이 도면에 마우스 오른쪽 버튼 클릭 → 대화창의 [삽입]을 클릭하면 '파워퓨즈' 심벌을 도면 작업에 사용할 수 있다.

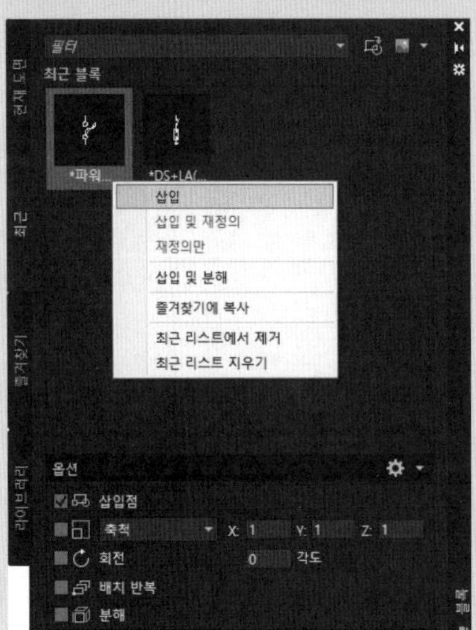

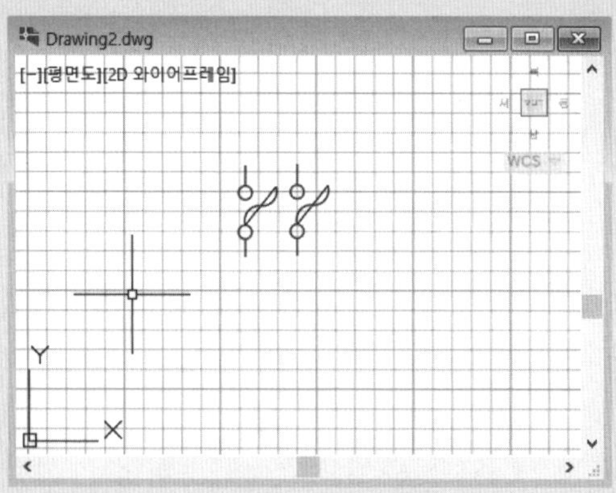

16 블록 삽입(Insert Block)

블록으로 저장되어있는 도면 요소를 현재의 도면으로 불러낸다.

(1) 명령 : Insert [Space Bar] 또는 아이콘 클릭

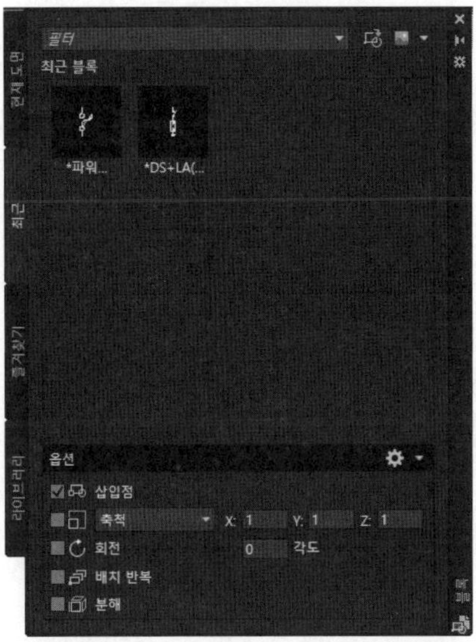

위와 같은 대화상자가 나타난다. [최근]을 클릭하면 최근에 블록으로 만든 한 작업 도면이 등록되어 있다.

① [라이브러리] 클릭(작업한 심벌들을 등록할 수 있다) → [파일 탐색] 아이콘 클릭 → [블록 라이브러리의 폴더 또는 파일 선택] 대화상자 → 심벌 클릭 → [열기(O)] 클릭 → [블록] 대화창에 심벌이 등록된다.

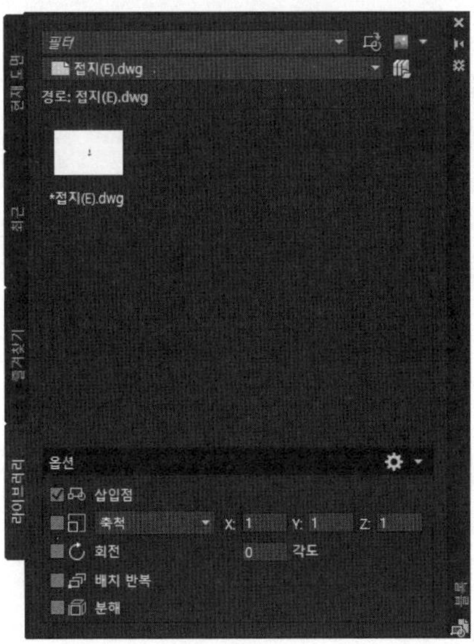

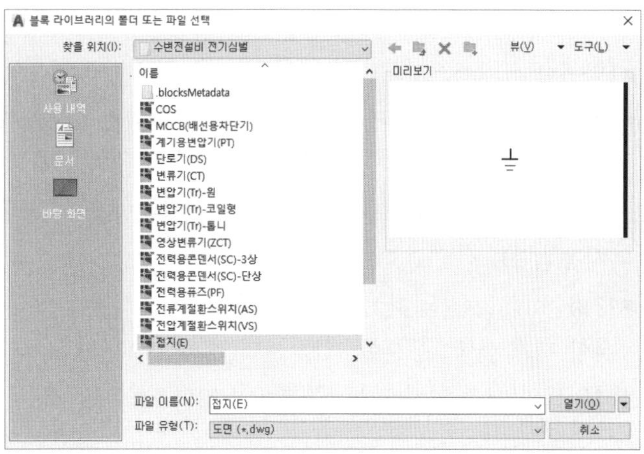

17 점(Point)

다중 점 객체를 작도하는 명령이다. MEASURE 및 DIVIDE를 사용하여 객체를 따라 점을 작도할 수 있으며, DDPTYPE을 사용하여 점의 크기와 스타일을 지정할 수 있다.
점 기능은 도면 작업 시 널리 쓰이는 기능은 아니지만, DIVIDE, MEASURE 명령을 사용하여 도면 요소의 분할에 사용된다. 점의 유형은 20종류가 있으므로 필요에 따라 점의 유형을 선택하여 사용할 수 있다. (명령 : DDPTYPE)

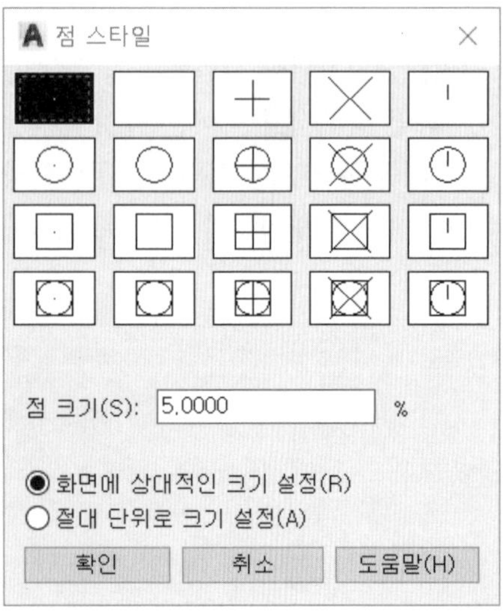

(1) 명령: point Space Bar 또는 아이콘 클릭

현재 점 모드 : PDMODE=0

PDSIZE=0.0000 점 지정

: 임의의 점 클릭

- PDMODE : 사용할 점의 모양을 지정한다.
- PDSIZE : 사용할 점의 크기를 지정한다.

(2) 점의 모양(PDMODE) 및 크기(PDSIZE) 설정

① 명령: ddptype Space Bar

→ [점 스타일] 대화상자 → 설계자의 요구도에 따라 선택한다.

- [화면에 상대적으로 크기 설정(R)]: 점 크기를 [%] 단위 설정한다.
- [절대 단위로 크기 설정(A)]: 점 크기의 단위가 Units로 설정된다.

② DIVIDE - 지정한 도면 요소를 지정한 수만큼 나눈다.(평면도의 미닫이문(창) 작도 시 유용하게 사용된다)

- 명령: divide Space Bar

등분할 객체 선택: 등분할 객체 선택(커서 □ 모양)

세그먼트의 개수 입력 또는 [블록(B)] 입력: 등분할 개수 입력 Space Bar

실력향상

분할[DIVIDE]를 이용하여 지정한 도면 요소를 등분해 보자.

[1] 임의의 선을 그린다 → 명령 : ddptype [Space Bar] → [점 스타일] 대화창 → [⊠] 클릭 → [확인] 클릭한다.

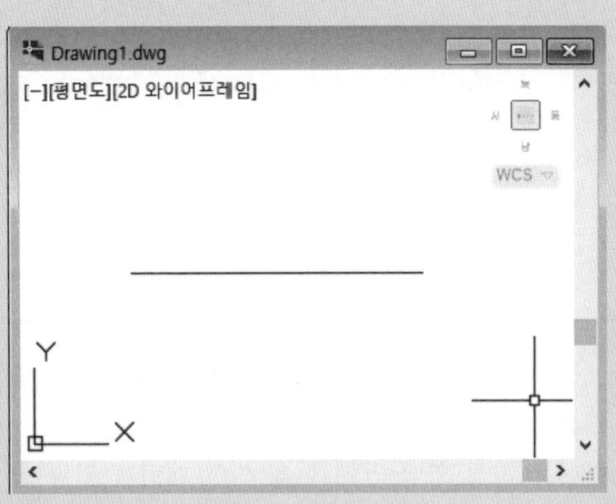

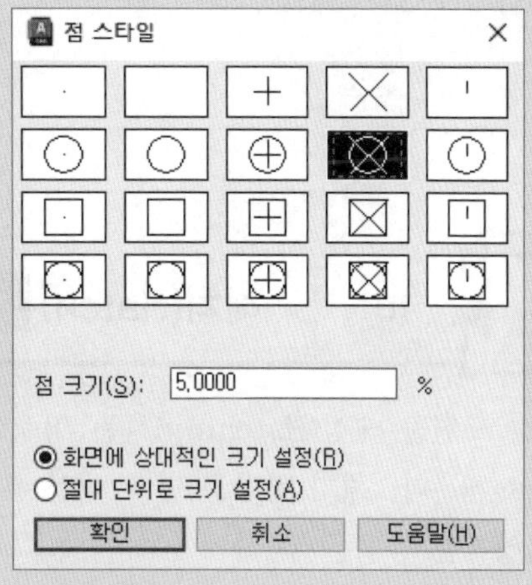

[2] 명령 : divide [Space Bar]

① 등분할 객체 선택: 등분할 객체 선택(커서 □ 모양)

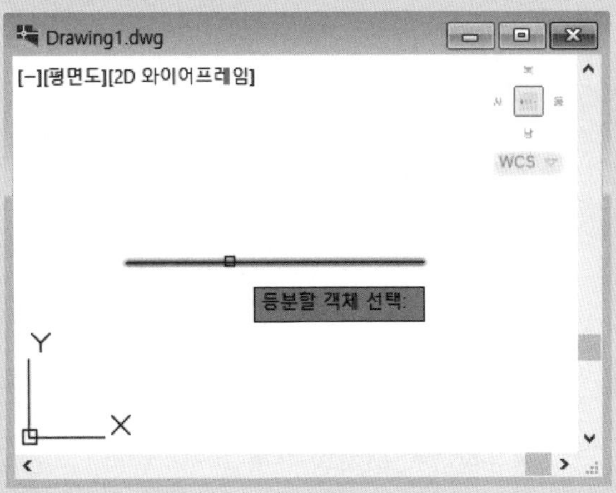

② 세그먼트의 개수 입력 또는 [블록(B)] 입력: 8 [Space Bar]

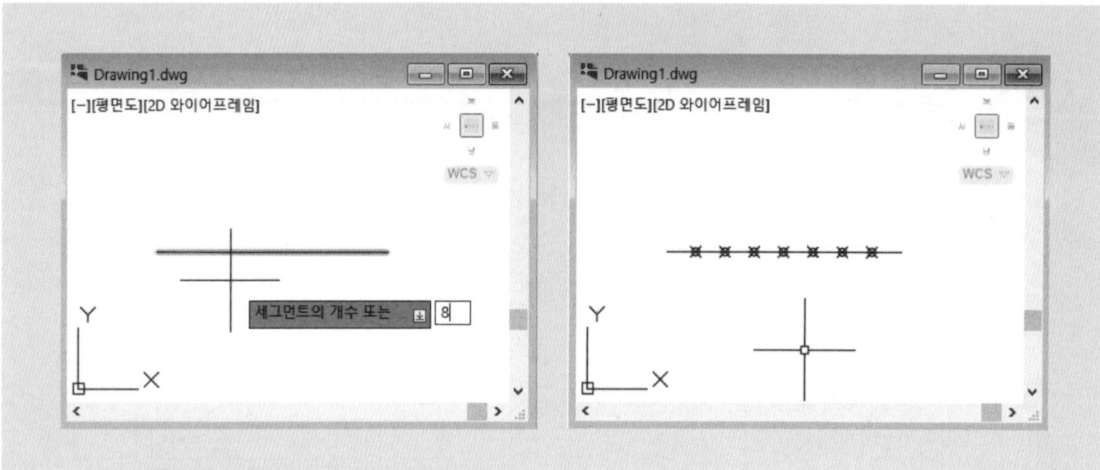

18 해치(Hatch)

지정한 도면을 해칭(Hatching)하는 명령이다. 즉, 닫힌 영역이나 선택한 객체를 해치 패턴 또는 채우기로 채운다. 해치 명령은 먼저 패턴 유형을 선택하고 해치를 입력할 영역을 지정해야 한다. 영역을 지정하는 방법은 두 가지가 있는데 그 중 하나는 특정 영역 안에 점을 찍어 패턴을 입력 할 경계를 지정하는 [추가: 점 선택(K)] 방법 즉, [내부 점 선택]이다.

◎ [해치 경계 지정 옵션]

① 객체에 의해 닫힌 영역 내의 한 점을 지정

② 영역을 둘러싸고 있는 객체 선택

③ 해치 그리기 옵션을 사용하여 경계점 지정

④ 도구 도구막대나 디자인센터(Design Center)에서 해치 패턴을 끌어 닫힌 영역에 삽입한다.

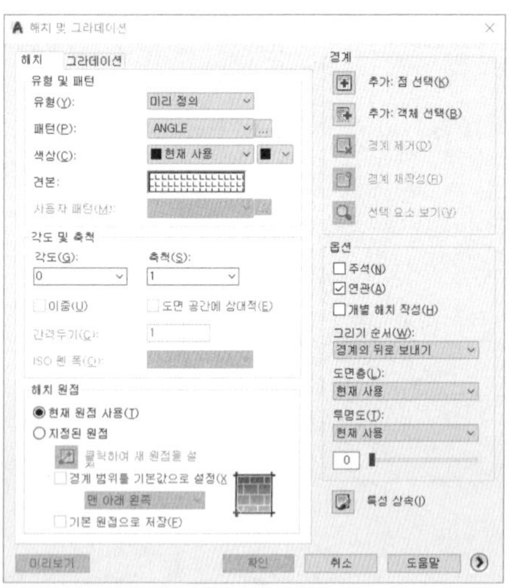

(1) **명령**: hatch Space Bar 또는 아이콘 클릭 → [해치 및 그라데이션] 대화상자가 나타난다.

① [유형 및 패턴] 영역

- 유형(Y): 해치의 유형을 지정한다.
- 패턴(P): 해치 유형을 목록에서 지정한다.
- 색상(C): 해치의 색상을 지정한다.
- 견본: 패턴에 지정한 해치 패턴을 그림으로 나타낸다. 이 그림을 한번 클릭해도 [해치 패턴 도구막대] 대화상자를 불러낼 수 있다.

■ 사용자 패턴(M): 사용자가 만든 해치 패턴을 선택한 것으로 형태에서 [사용자 패턴]이 지정되어 있어야 만 사용이 가능하다.

② [각도 및 축척] 영역

■ 각도(G): 해치 각도를 지정한다.
■ 축척(S): 해치 패턴의 크기를 지정한다.
■ 이중(U): 교차 형태의 사용자 해칭을 한다. 이것은 형태에서 [사용자 패턴]이 지정되어 있어야만 사용이 가능하다.
■ 도면 공간에 상대적(E): 종이영역 상태에서만 해치의 크기를 입력한다.
■ 간격두기(C): 해치 선간의 간격을 지정하는 것으로 형태에서 [사용자 패턴]이 지정되어 있어야만 사용이 가능하다.
■ ISO 펜 폭(O): ISO 패턴의 폭을 지정한다. 이 옵션은 형태에서 사전 정의된 패턴에서 ISO 계열의 패턴이 지정되어 있어야만 사용이 가능하다.

③ [경계] 영역

■ [추가: 점 선택(K)]: 해칭을 위한 경계를 지정한다.
■ [추가: 객체 선택(B)]: 해칭을 위한 객체 요소를 지정한다.

(2) 입력 패턴 지정하기

① [해치 및 그라데이션] 대화상자 → [유형 및 패턴] 영역의 [패턴(P)]에서 [더 보기 ...] 클릭 → [해치 패턴 도구막대] 대화상자가 나면 설계자가 원하는 해치 패턴을 지정한다.

② [해치 패턴 도구막대] 대화상자는 [ANSI], [ISO], [기타 미리 정의] 및 [사용자] 옵션이 있으며, 기본으로 [기타 미리 정의]로 지정되어 있다.

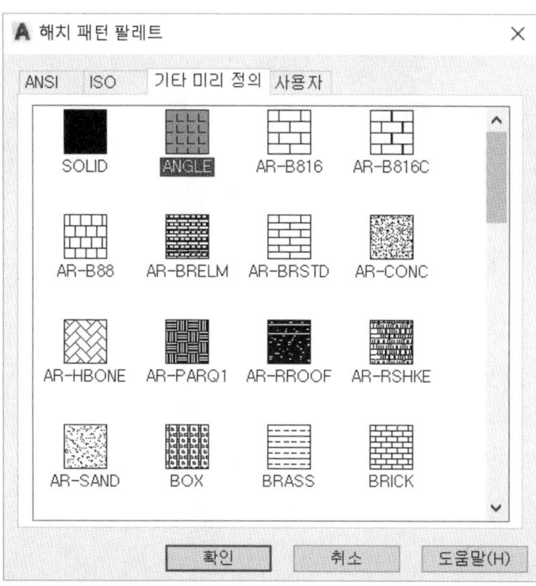

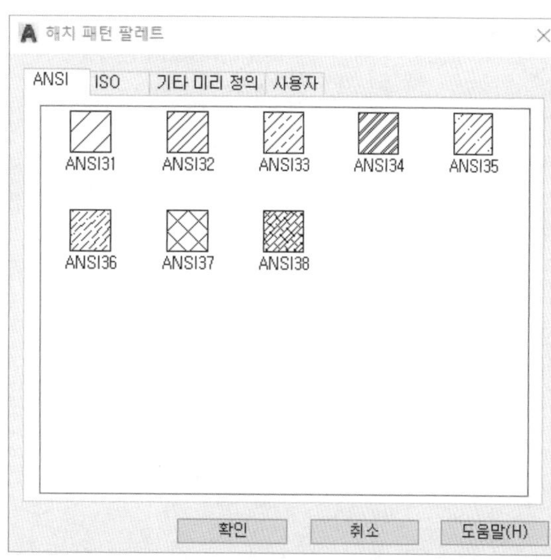

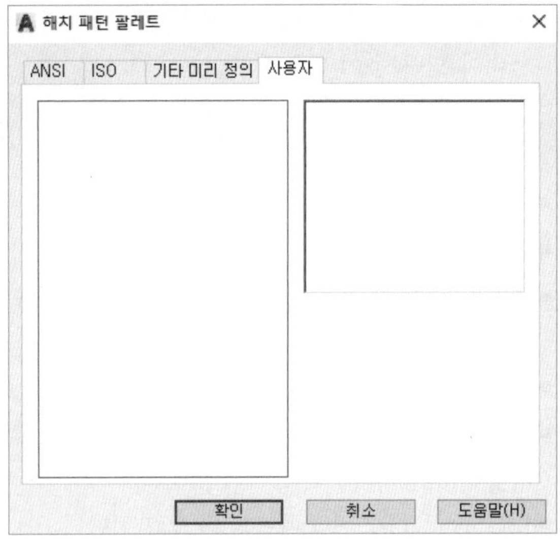

③ [유형 및 패턴] 영역의 [색상(C)]에서 ˅ 를 클릭 → 해치 색상을 선택할 수 있다.

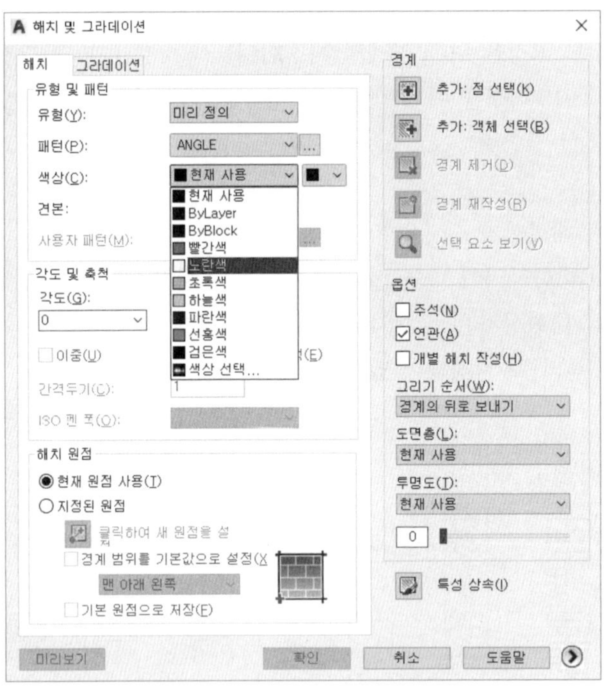

④ [경계] 영역의 [⊞ 추가: 점 선택(K)] 클릭

내부 점 선택 또는 [객체 선택(S)/경계 제거(B)]: 해치 지점 선택 후 클릭

(3) 해치 명령이 적용되지 않는 경우

해치 명령은 많은 선과 기호로 이루어진 패턴이므로 용량을 많이 차지한다. 그런 만큼 다른 명령에 비해 좀 까다로운 경향이 있다. 해치 명령이 적용되지 않는 세 가지 경우가 있다. 특히 전기 심벌을 만들시 ②번 항목에 주위를 기울여야 한다.

① 해치 설정 크기가 맞지 않는 경우

[해치 및 그라데이션] 대화상자에서 [축척]을 조절하여 사용한다. 이 대화상자에서 [축척] ⌄ 를 클릭하면 원하는 배율을 직접 지정하여 크기를 조정할 수 있다.

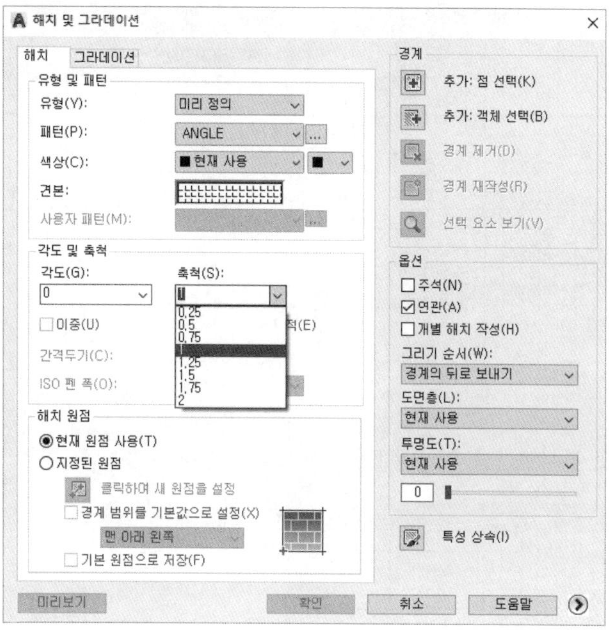

② 패턴을 입력 할 경계선이 모두 연결되어 있지 않은 경우

패턴을 입력할 객체의 경계선이 미세하게 한 부분이라도 끊어져 있으면 해치 명령을 적용할 수 없다. 패턴을 적용할 객체의 경계선을 잘 살펴보고 경계선을 모두 연결한 뒤 해치 명령을 적용한다.

③ 도면 영역이 큰 경우(건축 도면, 토목 도면, 지적도 등)

[선] 명령으로 선을 그어 도면 영역을 임의로 분할하고 해치 명령을 수행한다. 적용을 마치면 임의의 경계선은 지우도록 한다.

실력향상

[해치] 명령 적용으로 '콘센트' 심벌을 그리고 WBlock로 저장해 보자.

[1] 아이콘 클릭 → 원을 그린다 → 아이콘 클릭 → 선 그린다. ([그리드] 와 [직교] 모드를 켠다)

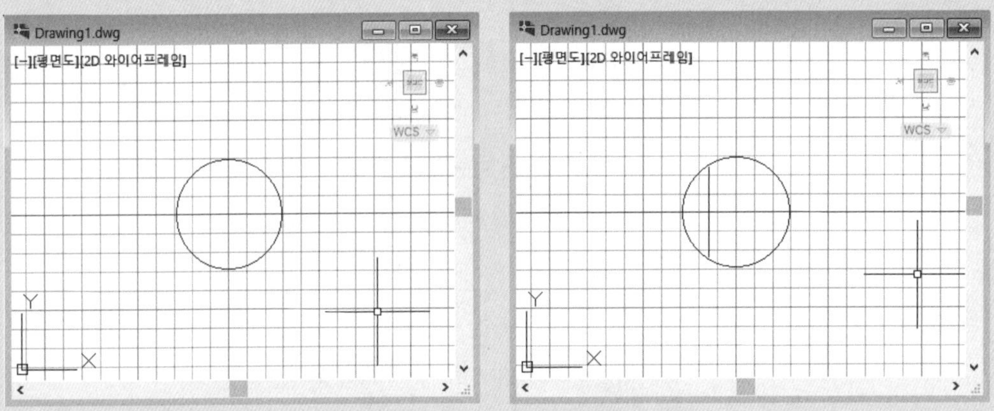

[2] 원과 선의 접속 부분을 [줌 윈도우] 로 확대시킨다.

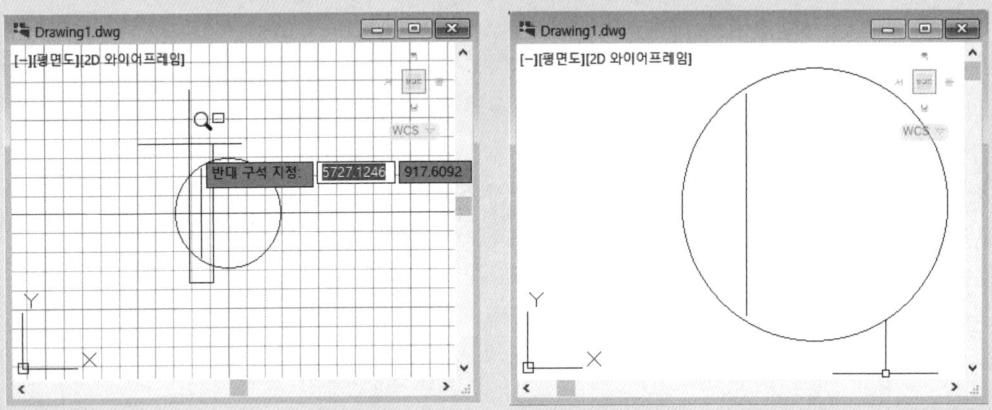

[3] [수정] 도구막대에서 [연장] 아이콘 클릭 → 연장선으로 원과 선의 접선상태를 양호하게 한다. 이 작업을 수행하지 않으면 [해치] 명령을 수행할 수 없다.

① 아이콘 클릭 → 선 객체 선택(커서 □ 모양)

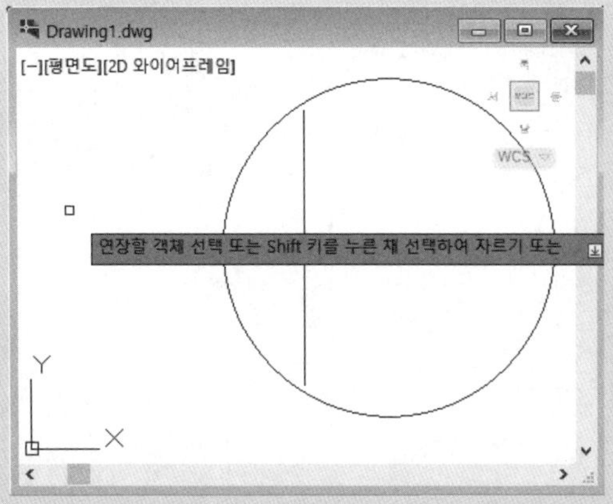

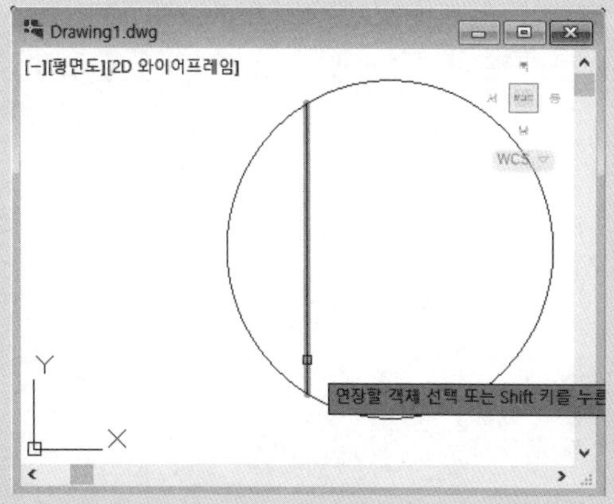

② Space Bar → 선 연결이 완벽하게 완료된다.

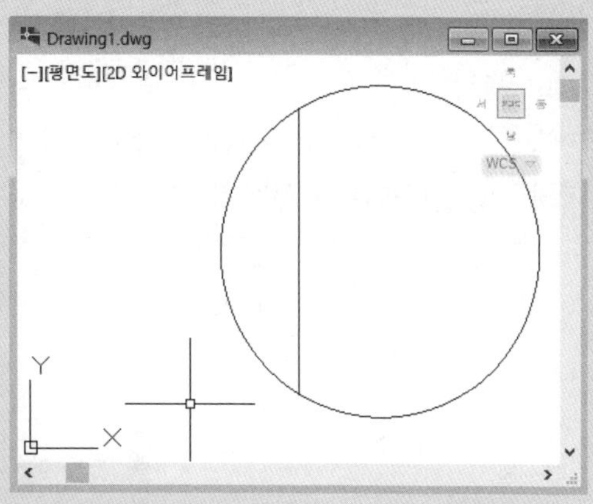

[4] 마우스 스크롤 조작으로 도면을 원래의 크기로 돌린다 → 아이콘 클릭 → 내부 원 한 개작도 → 아이콘 클릭 → 객체 선택 후 복사한다 → 원을 복사 위치로 이동 후 클릭 → Space Bar → 작업이 완료된다. ([그리드] 모드 와 [직교] 모드 및 [OSNAP](중심점] 모드)를 켠다)

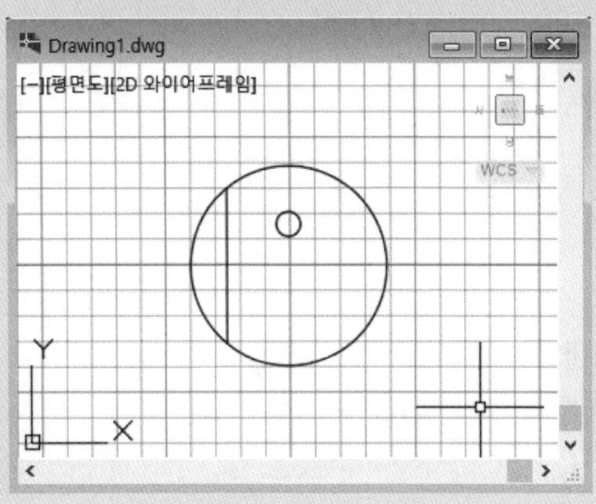

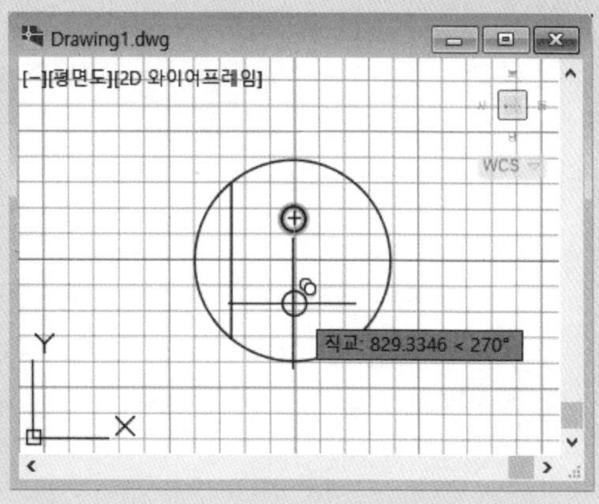

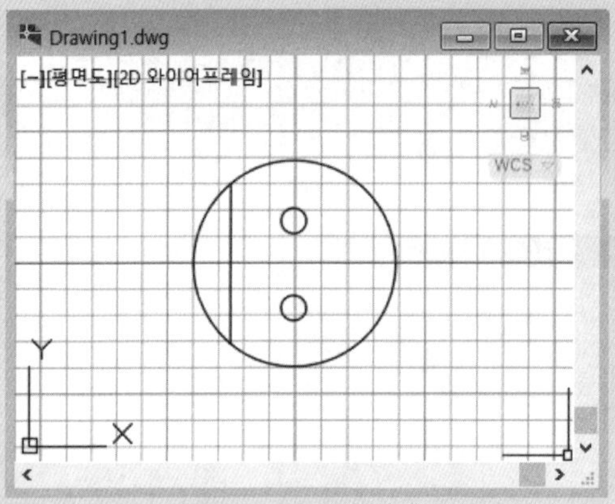

[5] 명령: hatch Space Bar 또는 [해치] 아이콘 클릭 → [해치 및 그라데이션] 대화상자가 나타난다.

① [해치 및 그라데이션] 대화상자 → [유형 및 패턴] 영역의 [패턴(P)]에서 [더 보기 ...] 클릭 →[해치 패턴 도구막대] 대화상자에서 [SOLID] 지정 → [확인] 클릭한다.

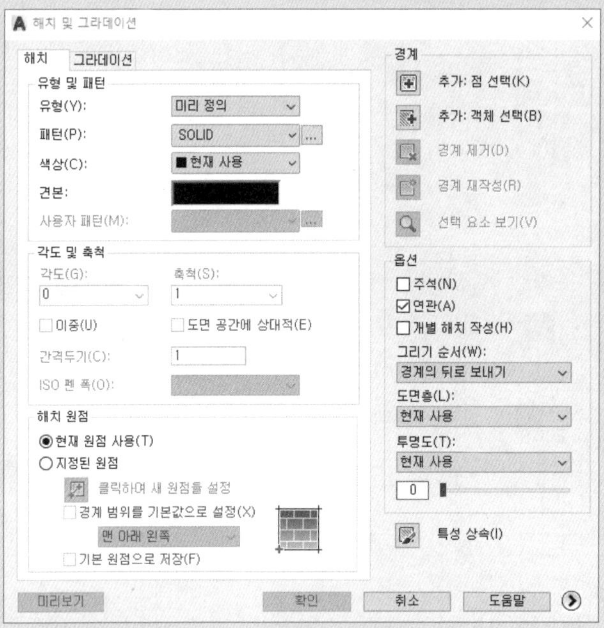

② [경계] 영역의 [추가: 점 선택(K)] 클릭 → 커서 + 모양 → 해치 위치 공간에 커서를 일치시키면 지정한 패턴 색이 나타나면 클릭한다. 해치 할 요소들을 각각 지정하고 클릭하면 해치될 요소들이 굵은 선으로 표시된다.(해치 지정 동시에 지정 가능)

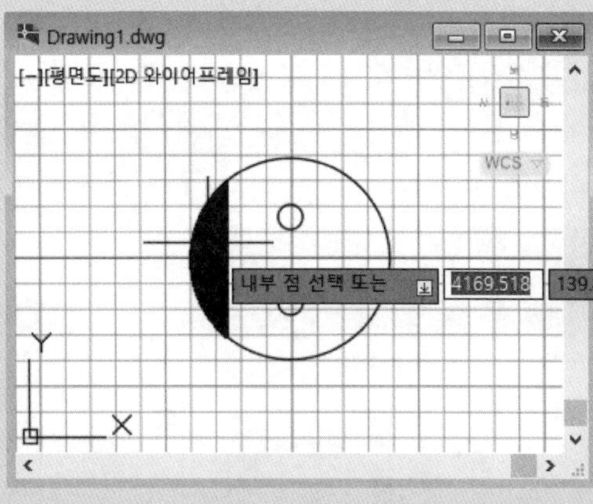

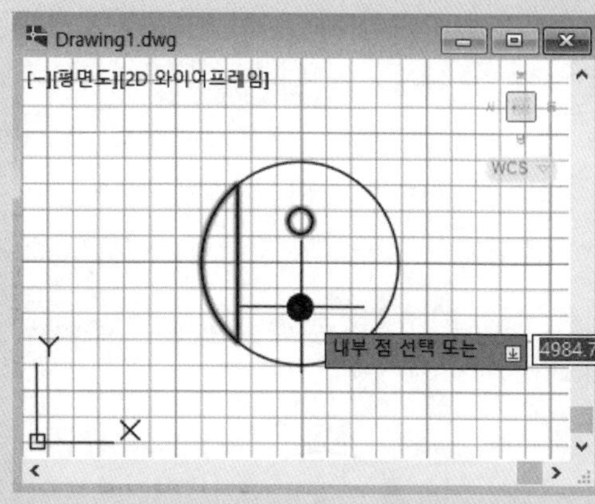

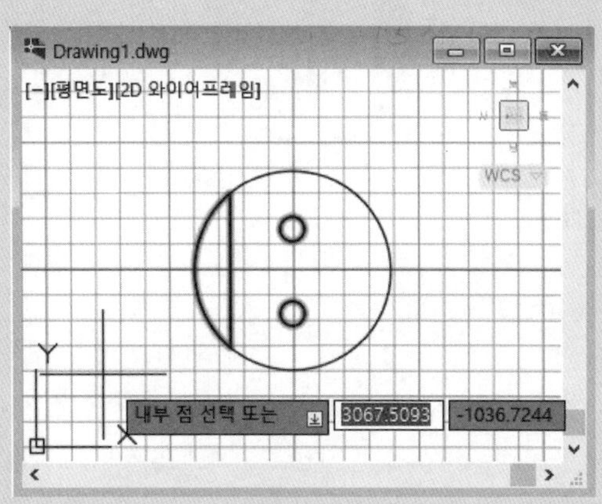

② 지정이 완료 → Space Bar → 다시 [해치 및 그라데이션] 대화상자 → [확인] 클릭 → 콘센트 도면 작업이 완료된다.

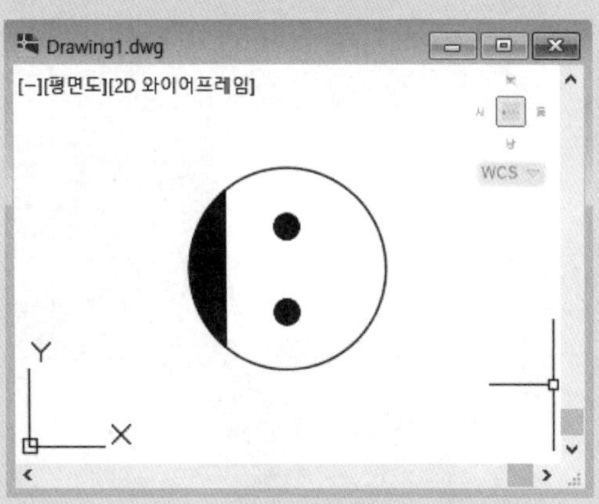

[7] 작업한 콘센트 심벌을 WBlock 명령으로 블록 저장해 보자.

① [저장공간/파일명] 전기심벌/콘센트.dwg

② 명령: WBlock → [블록 쓰기] 대화상자 → [기준점] 영역의 [선택점(K)] 클릭 → 작업 도면의 기준점 지정 후 클릭 → 다시 [블록 쓰기] 대화상자 → [객체] 영역의 [객체 선택(T)] 클릭 → 객체 전체 선택 → 마우스 오른쪽 버튼 클릭 → 다시 [블록 쓰기] 대화상자 → [확인] 클릭 → WBlock 작업이 완료된다.

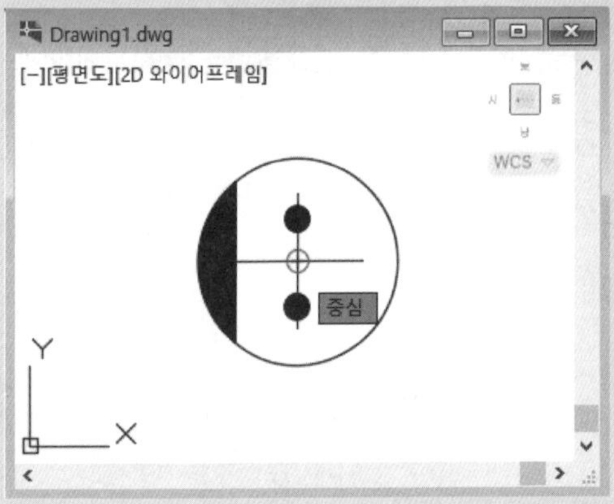

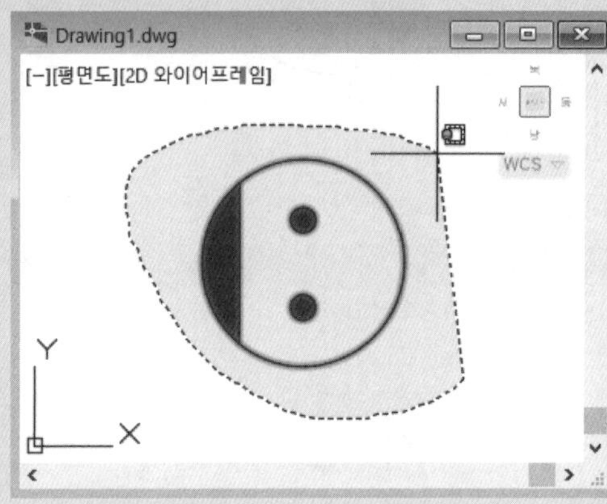

[8] 작업 도면 및 심벌을 도면에 삽입(붙이기)하기

① [블록 삽입] 아이콘 클릭 → [블록] 대화창 → [최근 블록]에 블록화한 도면 요소가 등록되어 있다. 이 도면을 도면 작업에 이용하려면 → 마우스 오른쪽 버튼 클릭 → 대화창에서 [삽입]을 클릭 → 콘센트 심벌을 도면 불러내어 작업에 사용할 수 있다.

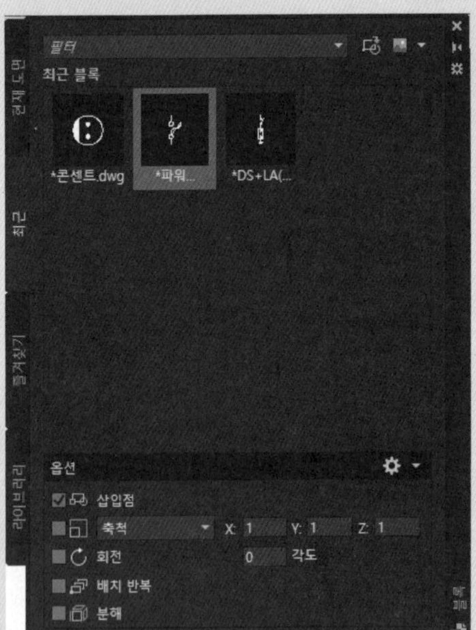

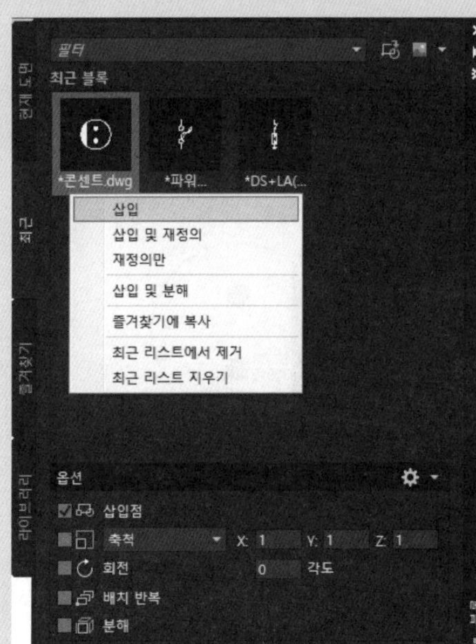

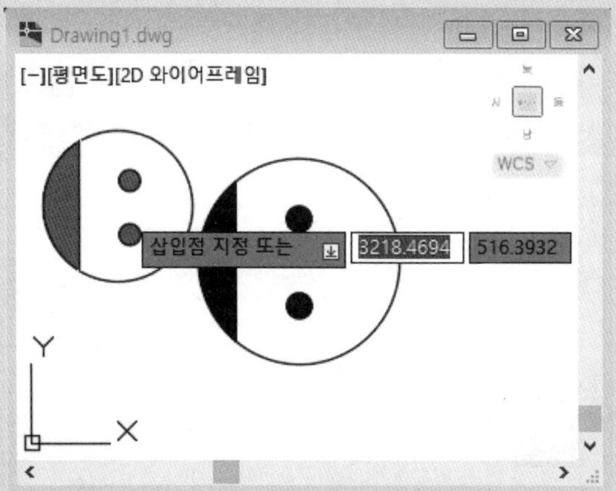

[9] 심벌의 크기는 [축척] 으로 축소 및 확대하여 사용할 수 있다.

실력향상

[해치] 명령을 적용하여 '유도등(백열등)' 심벌을 그리고 WBlock로 저장해 보자.

[1] 아이콘 클릭 → 원을 그린다.([그리드] 모드 와 [직교] 모드 및 [OSNAP](사분점) 모드)를 켠다)

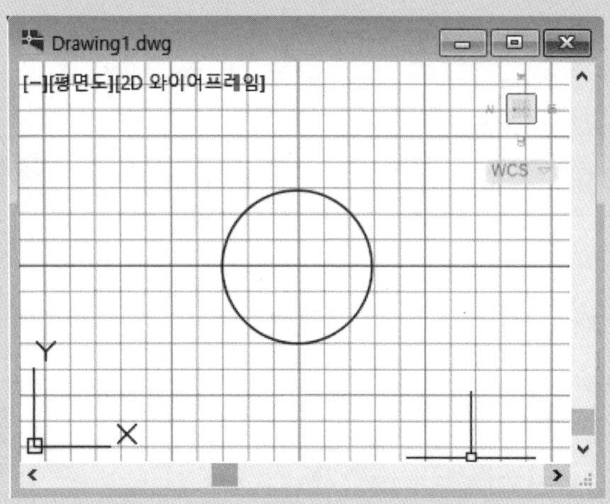

[2] 원의 사분점을 기점으로 십자선을 그린다.(선과 원의 사분점에 마름모 모양이 만나면 클릭하여 선을 그리고 Space Bar 또는 Enter↵ 를 치면 선 그리기가 완료된다)

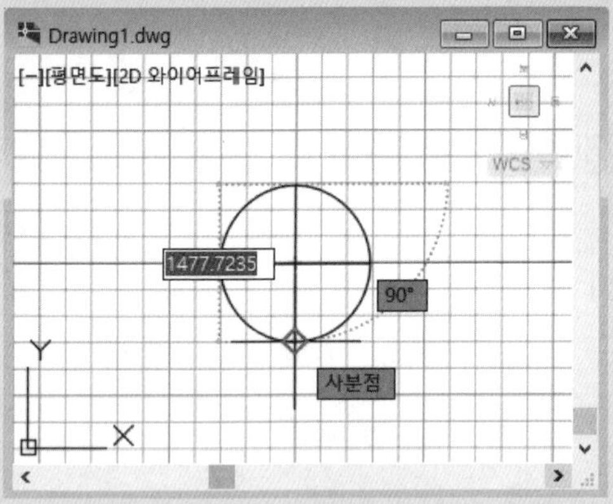

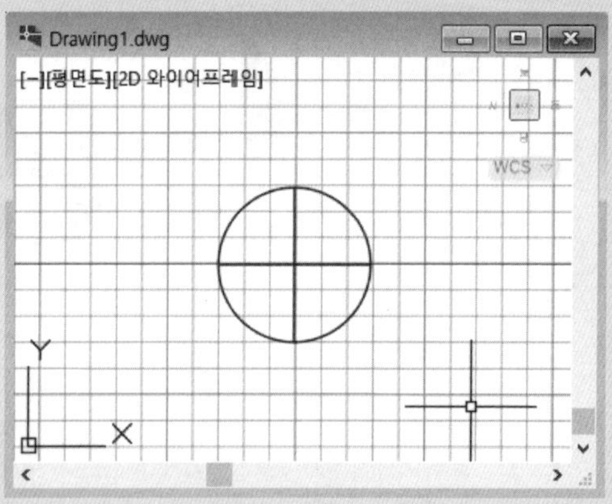

[3] 객체 전체를 45도 회전시킨다. [회전] 명령으로 45° 회전시킨다.

① 아이콘 클릭 → 객체 전체 선택 → 클릭

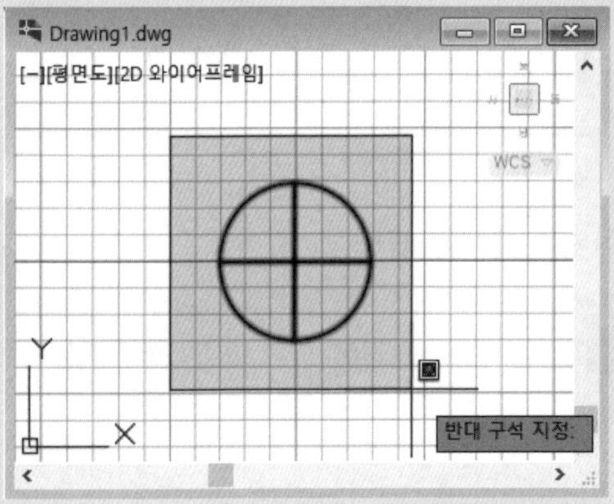

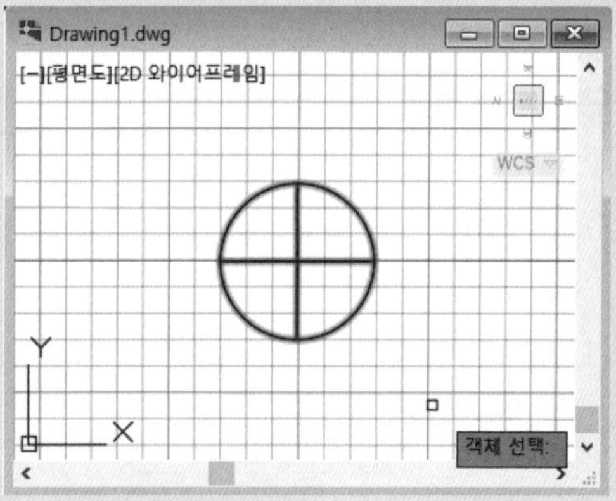

② Space Bar 를 친다 → 회전 중심점 지정 → 클릭

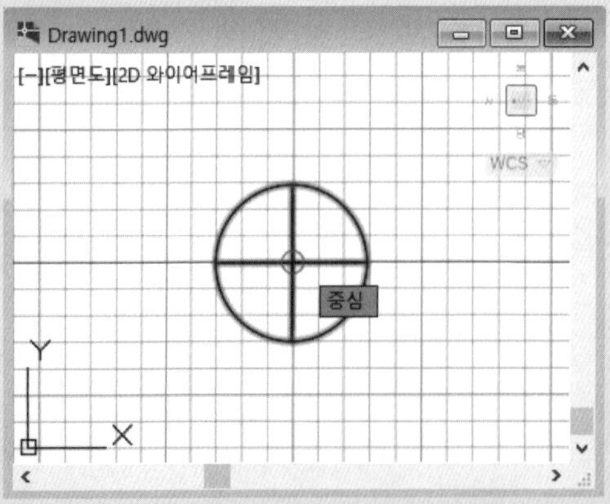

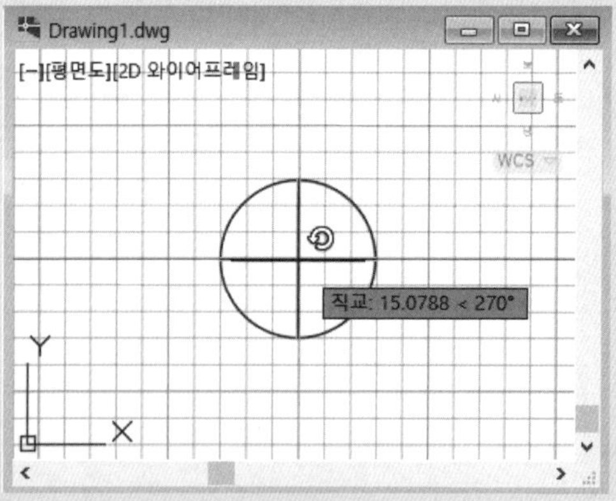

■ 45 입력 Space Bar

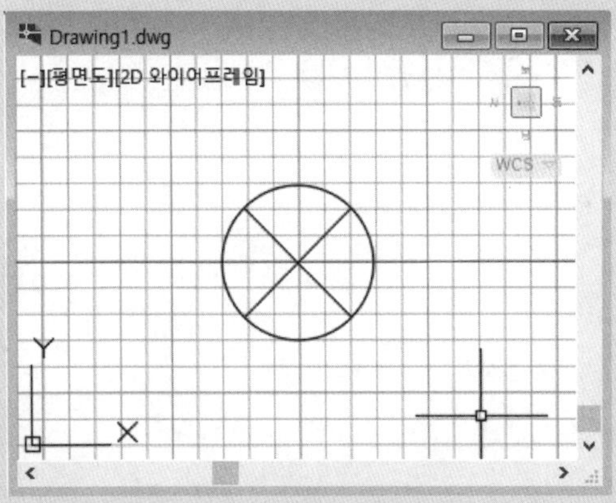

[4] 아이콘 클릭 → [해치 및 그라데이션] 대화상자 → 객체 지정 → 유도등 심벌을 완성시킨다.(앞에서 언급한 콘센트 심벌 적용 예를 참조하기 바란다)

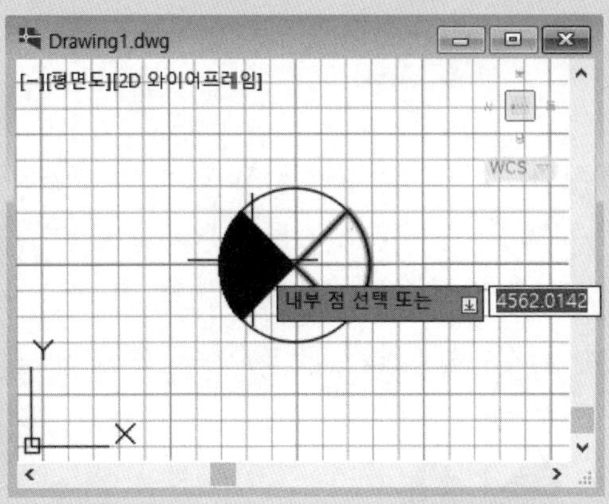

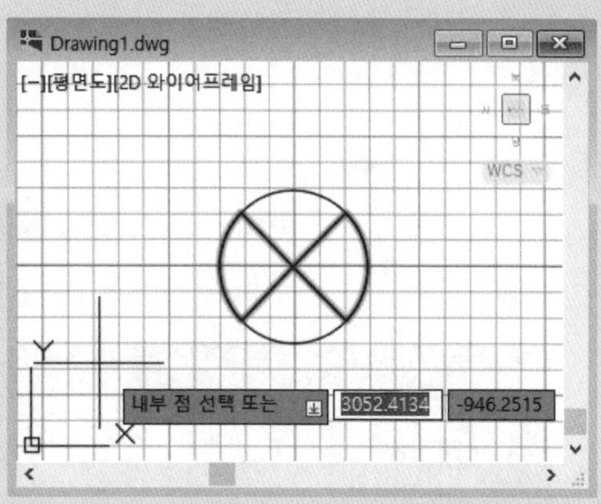

[5] Space Bar → 다시 [해치 및 그라데이션] 대화상자 → [확인] 클릭 → 유도등(백열등) 심벌이 완성된다.

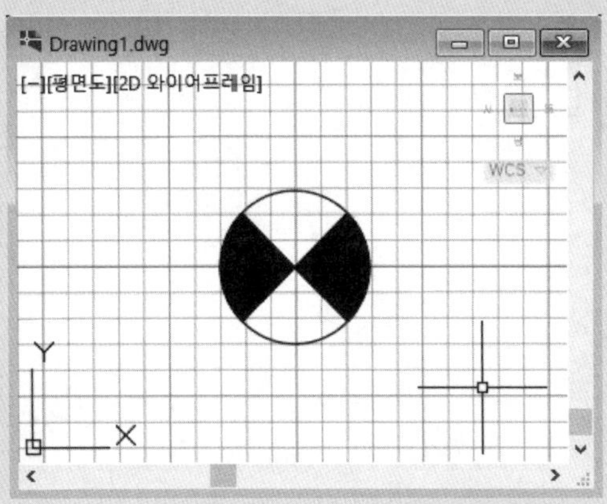

[6] WBlock 명령으로 유도등(백열등) 심벌을 등록한다.

① [기준점] 영역에서 [선택점(K)] 클릭 → 블록 기준점 지정 후 클릭

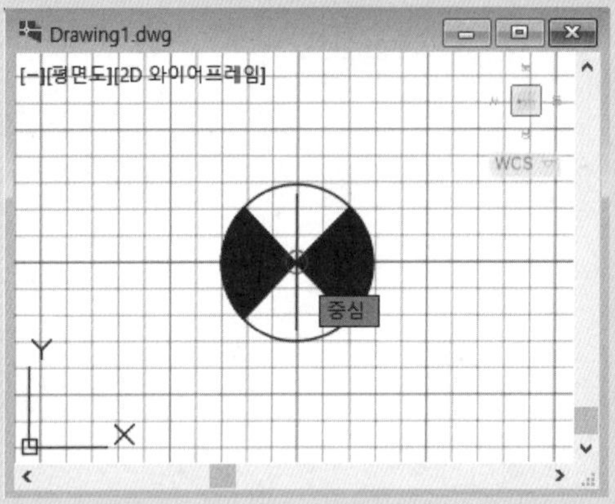

② [객체] 영역에서 [객체 선택(T)] 클릭 → 유도등 심벌 전체 지정 후 → Space Bar → 다시 [블록 쓰기] 대화상자 → [확인] 클릭하면 완료된다.

[7] 유도등 심벌 도면에 붙이기

① [블록 삽입] 아이콘 클릭 → [블록] 대화창 → [최근 블록]에 블록화한 도면 요소가 등록되어 있다. 이 도면을 도면 작업에 이용하려면 → 마우스 오른쪽 버튼을 클릭 → 대화창의 [삽입]을 클릭 → '유도등' 심벌을 도면 불러내어 작업에 사용할 수 있다.

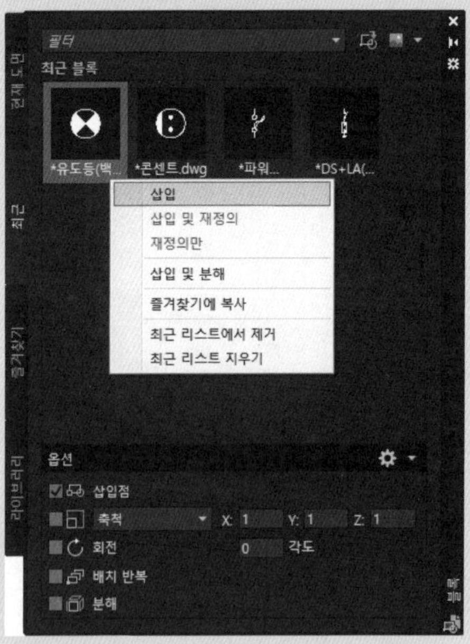

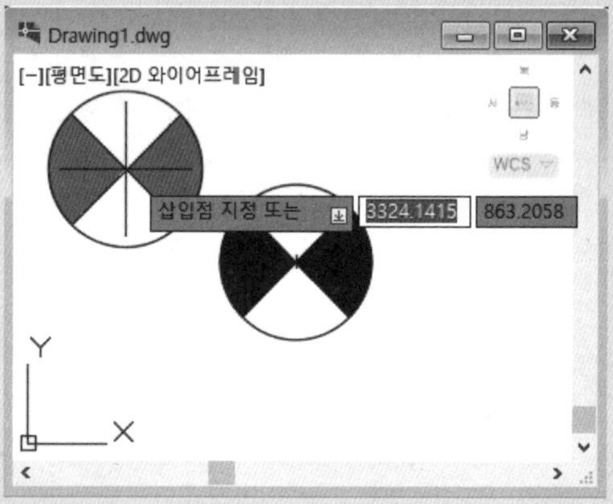

실력향상

[해치] 명령을 적용하여 '태극' 모양을 그려보자.

[1] 원을 그린다 → 원의 중심에서 왼쪽 사분점까지 선을 그린다. ([그리드] 모드 와 [직교] 모드 및 [OSNAP](중심점,사분점) 모드)를 켠다)

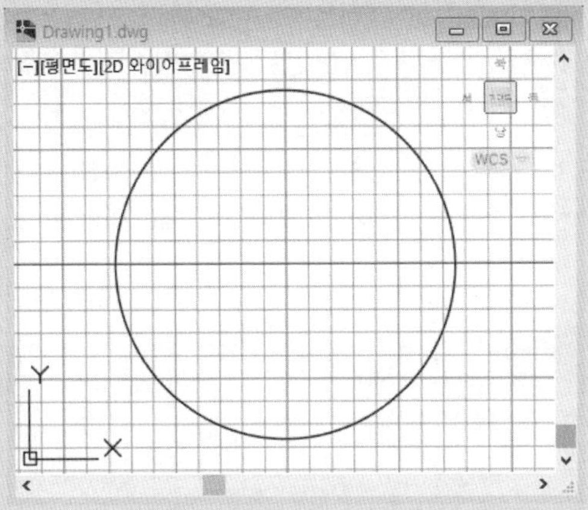

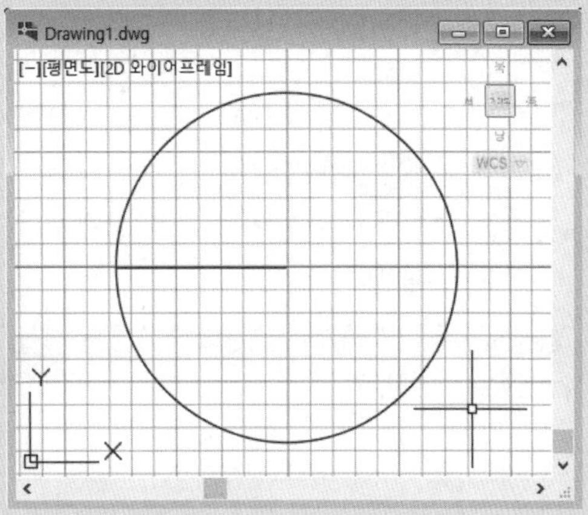

[2] 내부 원을 그린다.([OSNAP](중간점) 모드를 켠다)

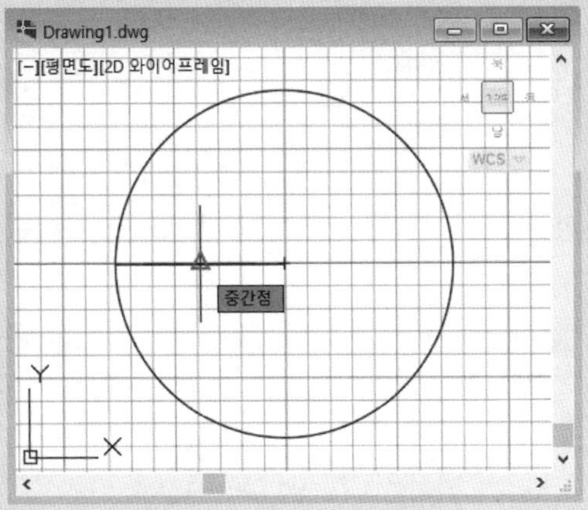

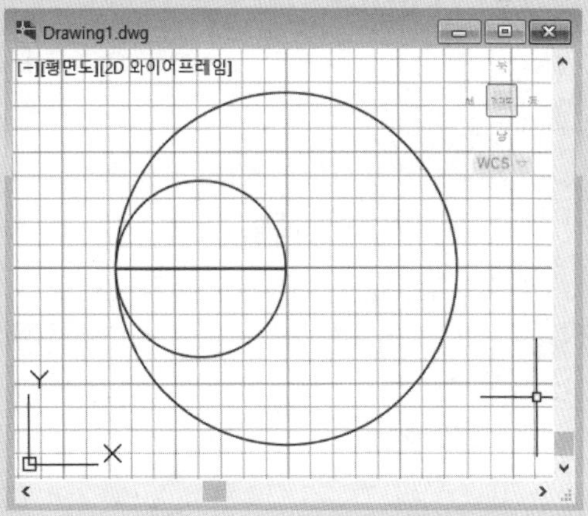

[3] [복사] 아이콘 클릭 → 내부 원 복사 → 오른쪽으로 이동 후 클릭한다.

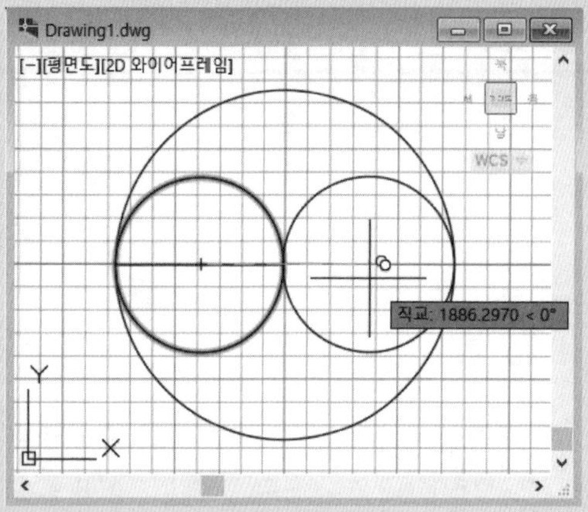

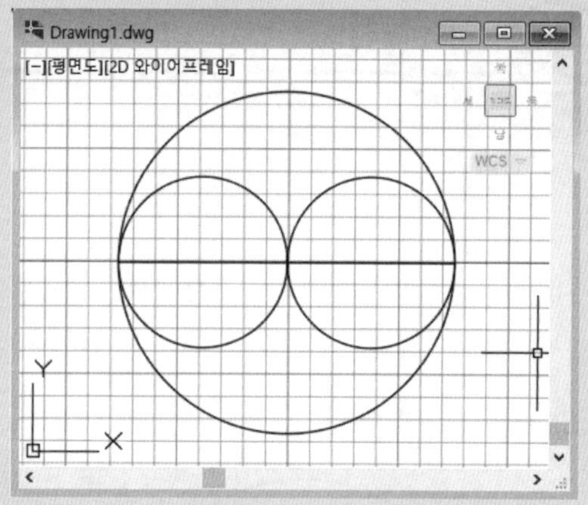

[4] [자르기] 아이콘 클릭 → 자르기 할 부분에 □ 커서를 일치 → 클릭 → 삭제된다. 반원을 삭제하고 다음으로 선을 삭제한다. 반드시 중심에 선이 그려져 있어야 하므로 주의하기 바란다.

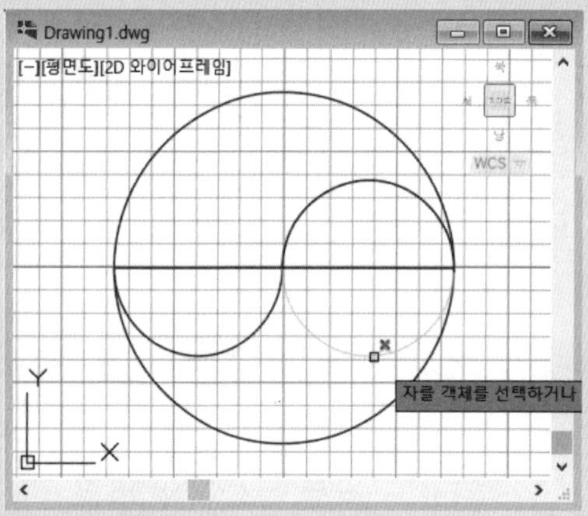

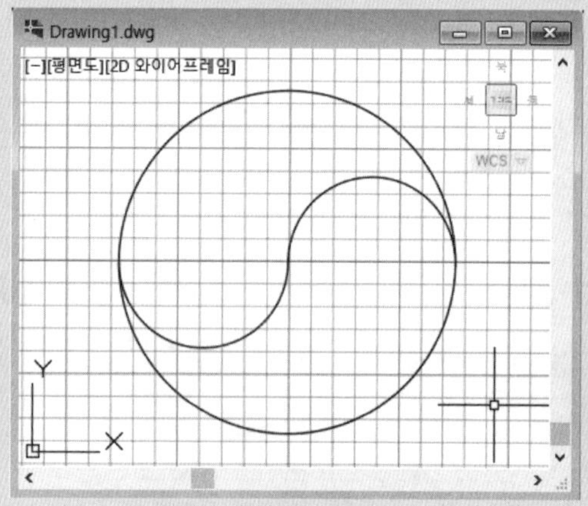

[5] [OSNAP](중간점) 모드를 켜고 태극 문양 전체를 선택 → 원의 중간점으로 커서를 움직이면 아래 그림과 같이 나타난다.

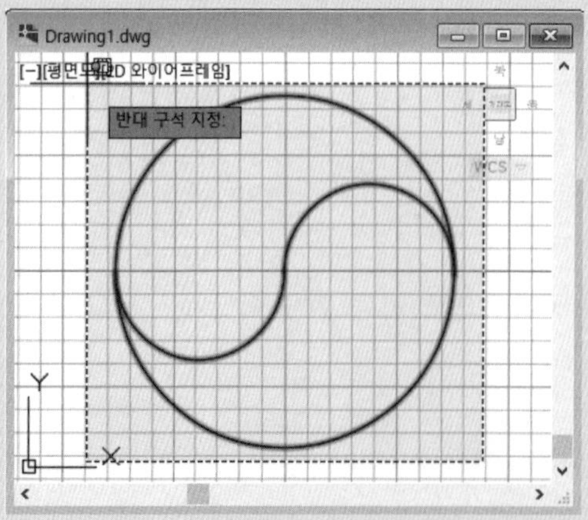

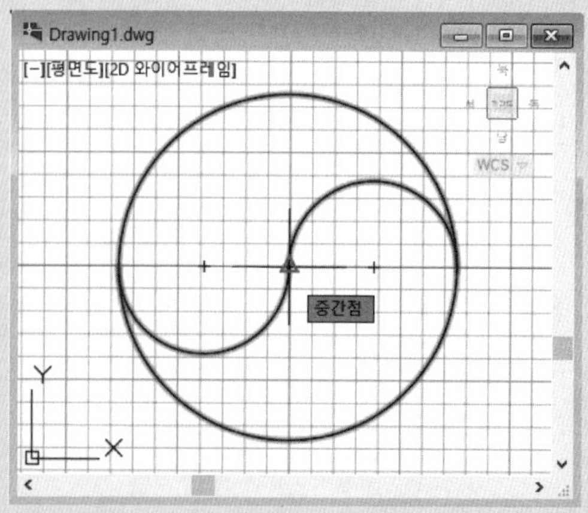

[6] [회전] 아이콘 클릭 → 원의 중심 클릭 → 150 Space Bar → 오른쪽으로 회전된다.

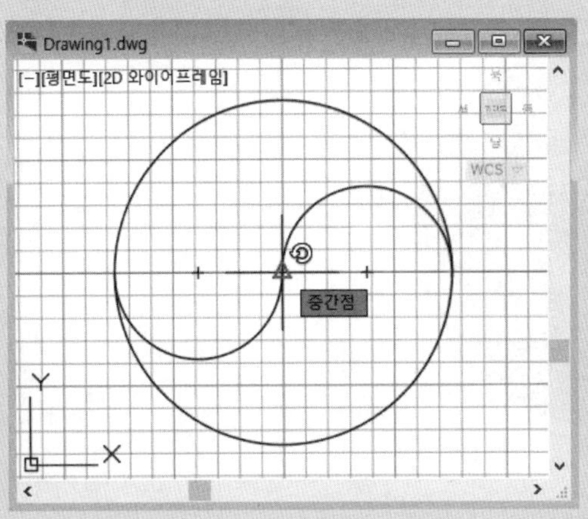

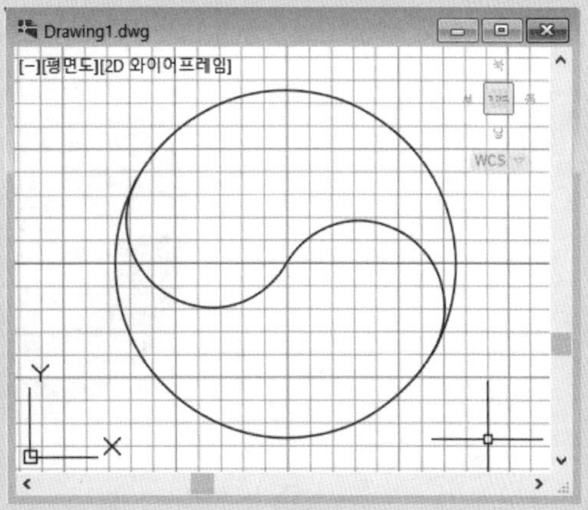

[8] [해치] 명령으로 태극 문양을 완성해 보자

① 아이콘 클릭 → [해치 및 그라데이션] 대화상자 → [유형 및 패턴] 영역의 [패턴(P)]에서 [더 보기 ...] 클릭 → [해치 패턴 도구막대] 대화상자에서 [SOLID] 지정 → [유형 및 패턴] 영역의 [색상(C)] 클릭 후 [빨간색] 클릭 → [경계] 영역의 [추가: 점 선택(K)] 클릭 → 커서 위 원에 일치키고 클릭 → Space Bar → 다시 [해치 및 그라데이션] 대화상자 → [확인] 클릭 → 작업이 완료된다.

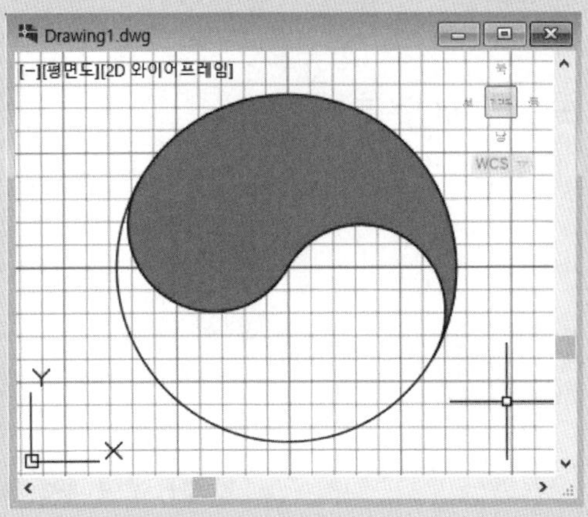

② 위의 과정을 아래 태극 문양에 파란색으로 해치를 하면 다음과 같이 태극 문양이 완성된다.

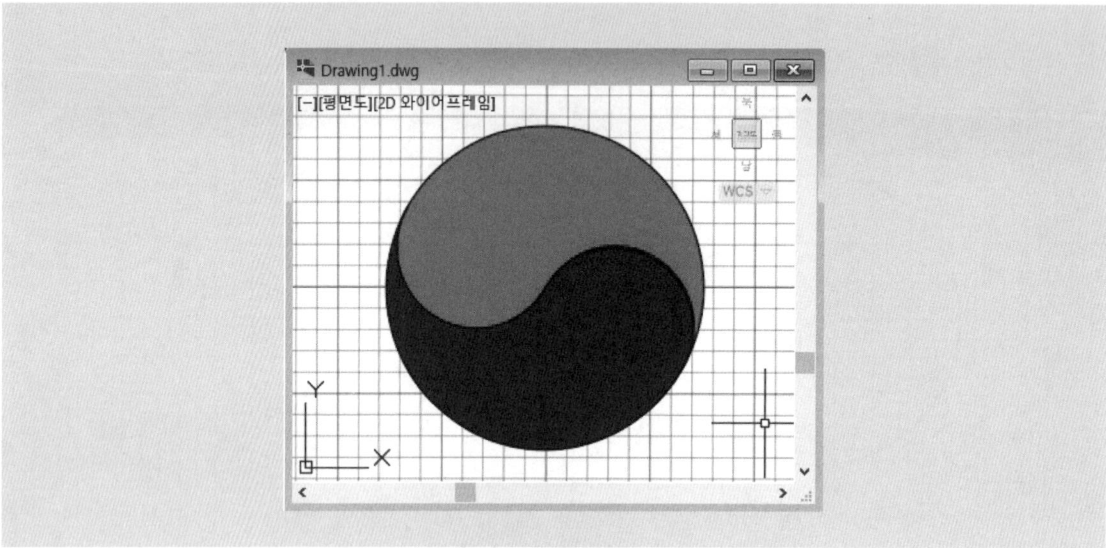

19 그라데이션(Gradient)

닫힌 영역이나 선택한 객체를 진한 색부터 차차 흐리게 표현되게 한다. 즉, 단계적으로 일관성 있게 변화를 주면서 색을 표현하는 명령으로 그래픽 프로그램에서 통용되는 효과이다. 이 기능의 채우기는 하나 또는 두 색상 사이에 부드러운 변환을 주는 명령이다.

(1) 명령: Gradient Space Bar 또는 아이콘 클릭

① [해치 및 그라데이션] 대화상자가 나타난다.

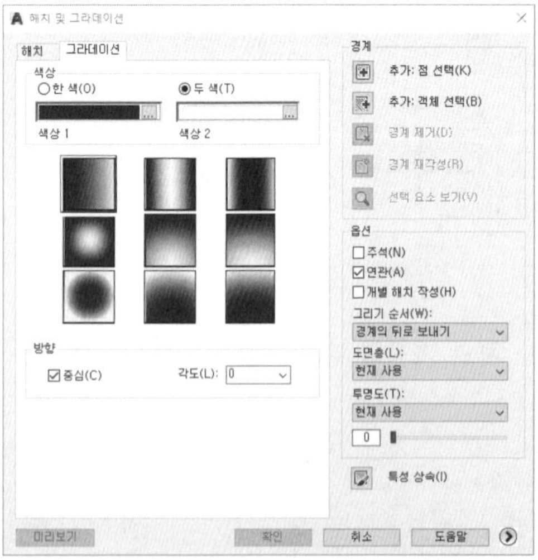

- [색상] 영역에서 [한 색(O)] 또는 [두 색(T)] 의 색상 지정할 수 있다.
- [방향] 영역에서 [중심(C)]와 [각도(L)]을 지정할 수 있다.
- [경계] 영역에서 [추가: 점 선택(K)] 또는 [추가: 객체 선택(B)]으로 객체 선택방법을 선택할 수 있다.

(2) 그라데이션 사용 예

① 임의의 원을 그린다.

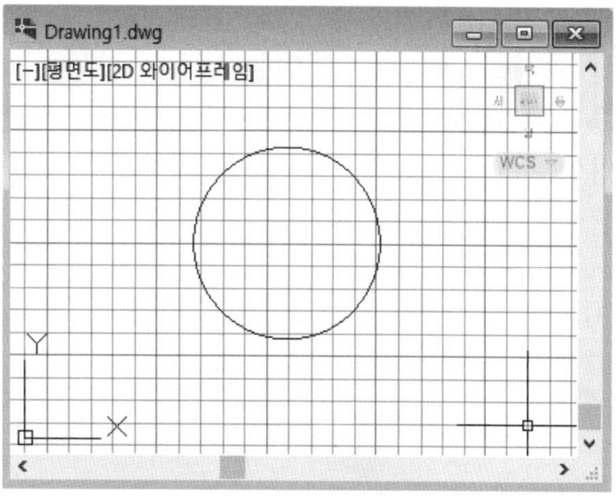

② [그라데이션] 아이콘 클릭 → [색상] 영역에서 [두 색(T)] 체크(색상 1: 파란색, 색상2:노란색으로 해 보자) → [경계] 영역에서 [추가: 점 선택(K)]을 클릭 → + 커서를 원에 일치(색상이 나타남)시키고 클릭한다. (지정한 객체의 선이 굵어진다)

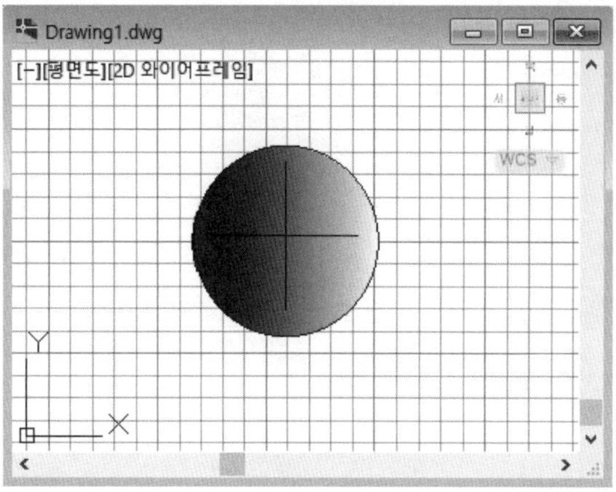

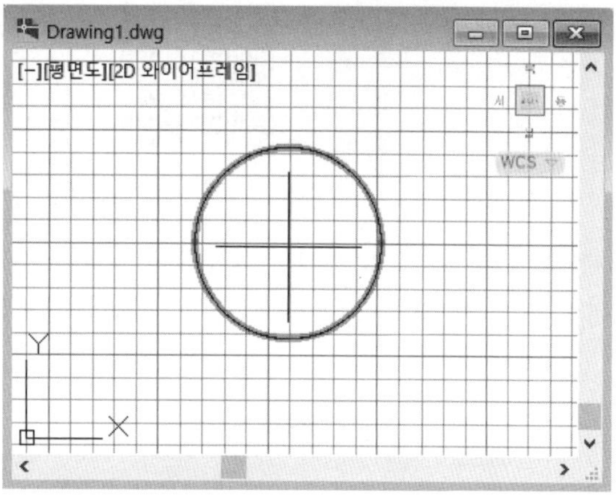

■ Space Bar → 다시 [해치 및 그라데이션] 대화상자 → [확인] 클릭한다.

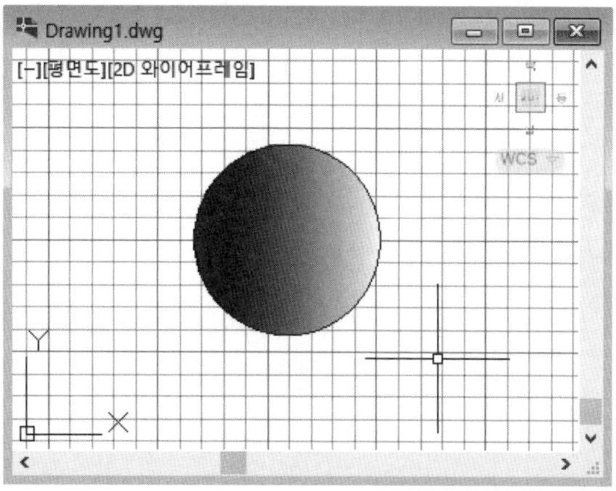

20 테이블...(Table)

이 명령은 표를 그리는 편집 명령으로 선으로 일일이 표를 그리지 않고 빠르고 편리하게 표를 그릴 수 있다. 또한 테이블은 Excel 데이터와 링크(호환)도 된다.

(1) 명령: table Space Bar 또는 아이콘 클릭

① [테이블 삽입] 대화상자가 나타난다.

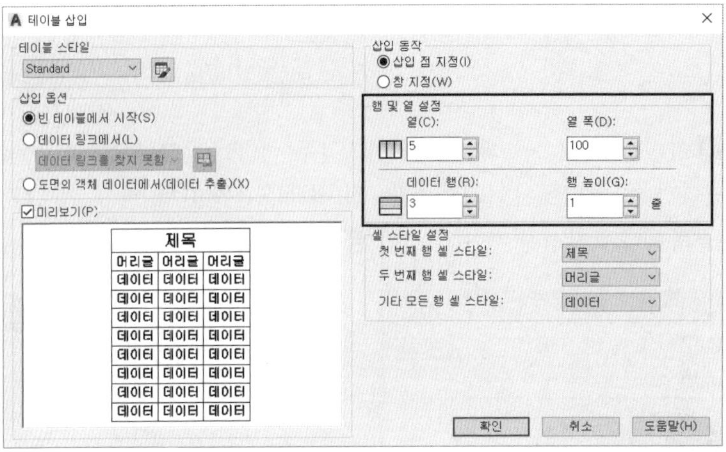

② [행 및 열 설정] 영역에서 사용자가 필요로 하는 만큼 표 크기를 지정한다. → [열] 5 ,[열 폭] 100, [데이터 행] 3, [행 높이] 1로 하고 [확인]을 클릭한다. → 삽입점을 지정하고 한번 클릭한다.

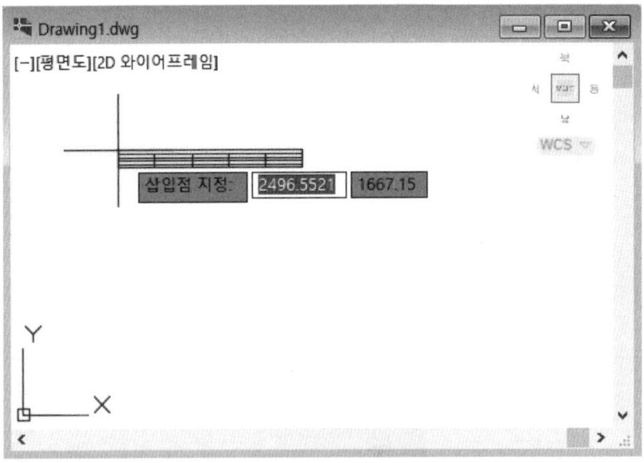

③ [문자형식] 대화상자 → [작업 영역]에서 클릭 → 테이블이 나타나는데 테이블을 클릭하면 확대 표시가 나타난다.

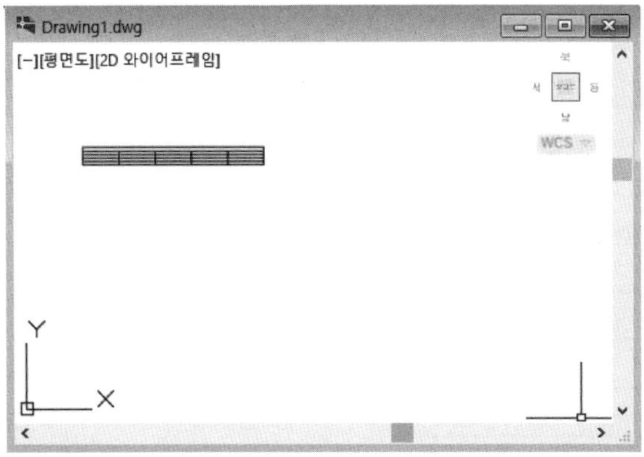

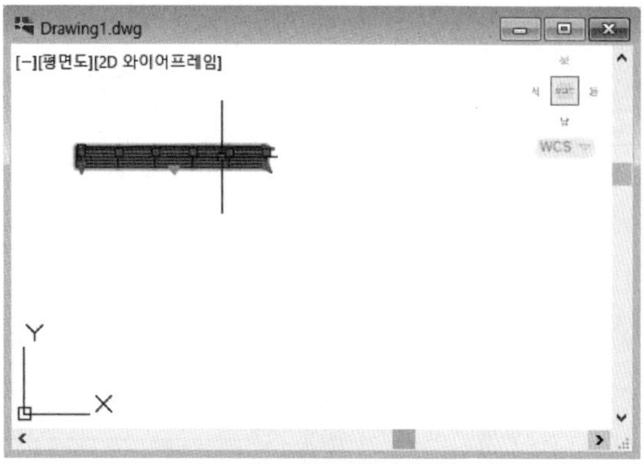

④ 오른쪽 아래 화살표에 커서를 일치시켜 클릭하고 확대시킨 후 클릭하면 테이블이 굵은 선으로 나타난다.

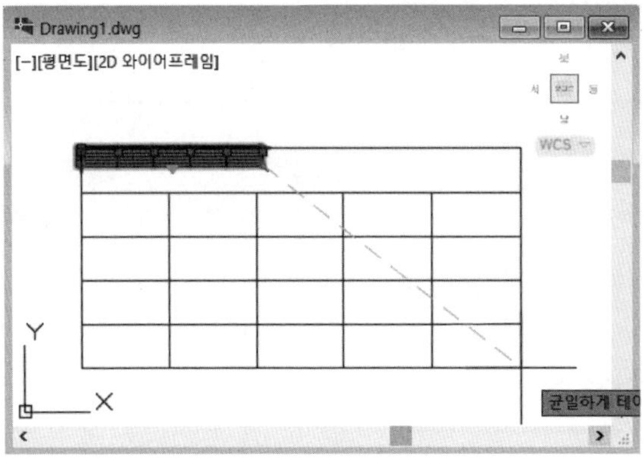

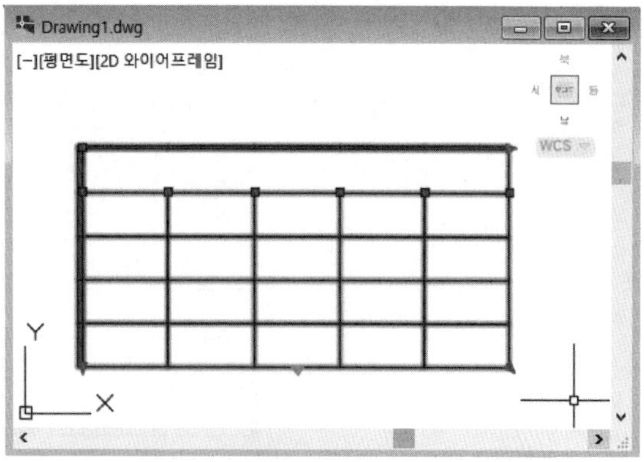

⑤ Esc 를 치면 테이블이 완료된다.

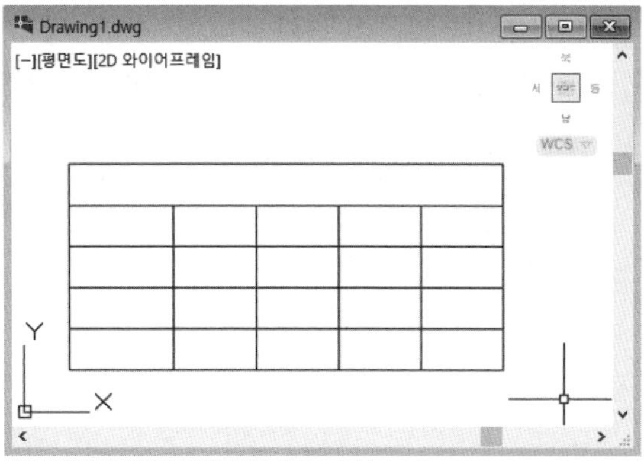

⑥ 테이블 칸에 커서를 일치시키고 클릭 → [테이블] 옵션 대화상자 → 행 삽입, 열 삽입 등 테이블을 수정 할 수 있다.

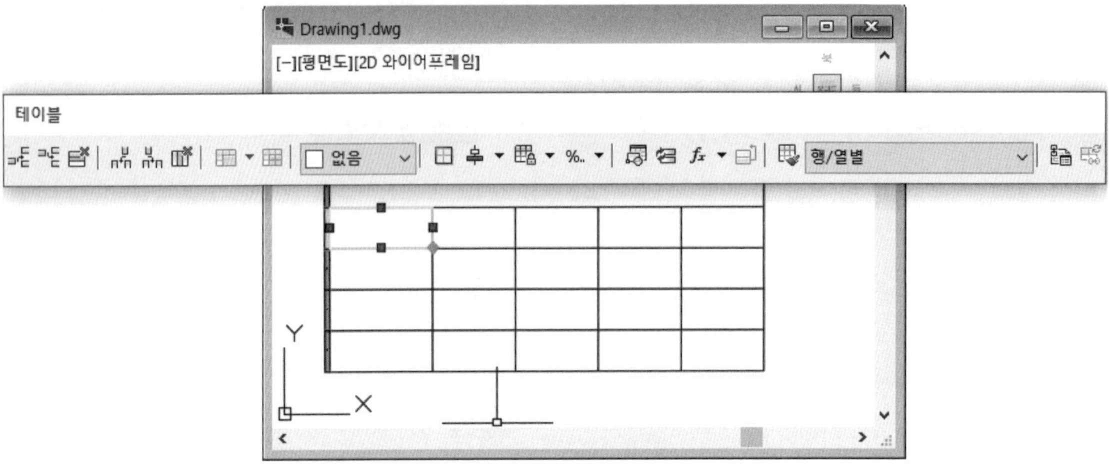

⑦ 테이블 칸의 이동은 키보드 방향 키를 누르면 원하는 칸으로 이동한다.

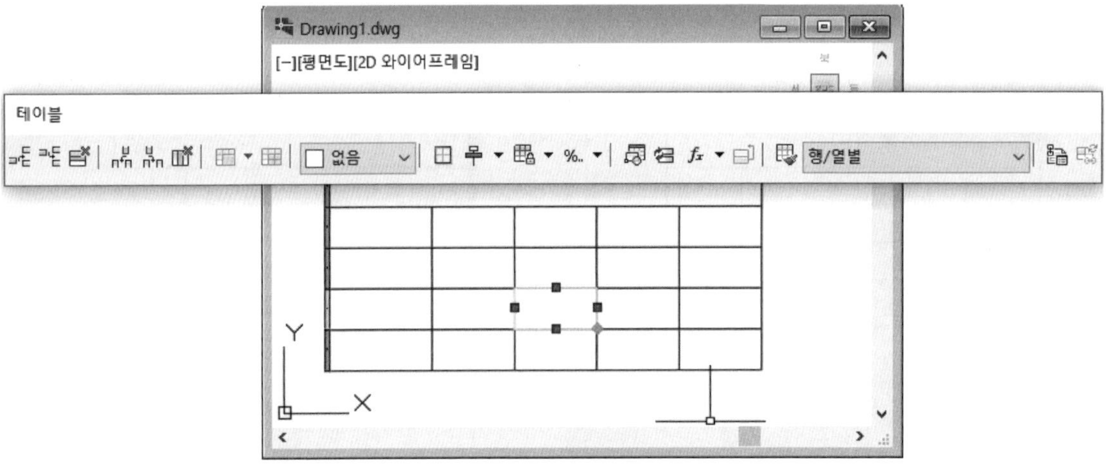

⑧ 테이블 칸에 클릭하면 [문자 형식] 대화상자가 나타난다.

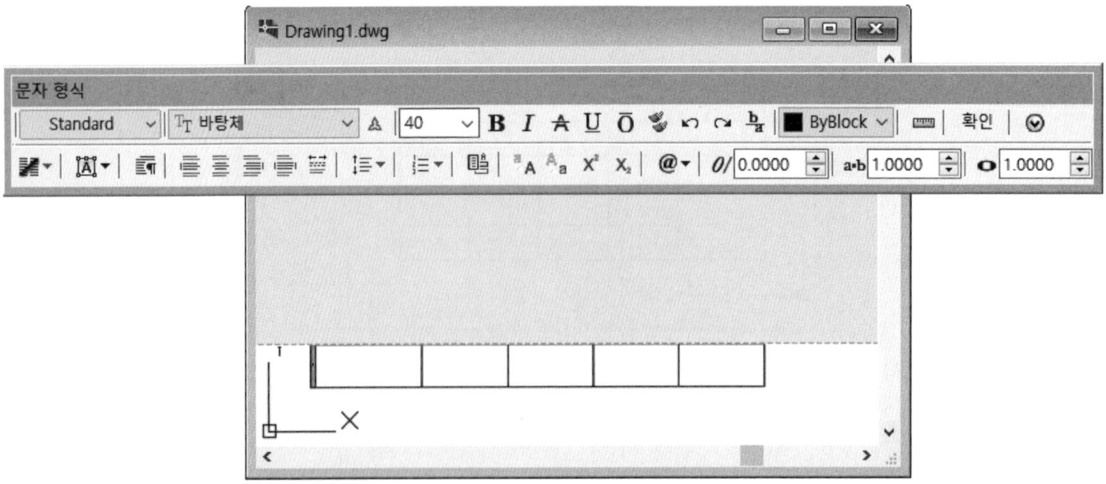

⑨ 글씨체는 바탕체, 크기 40으로 하고 칸에 글을 입력해 보자.

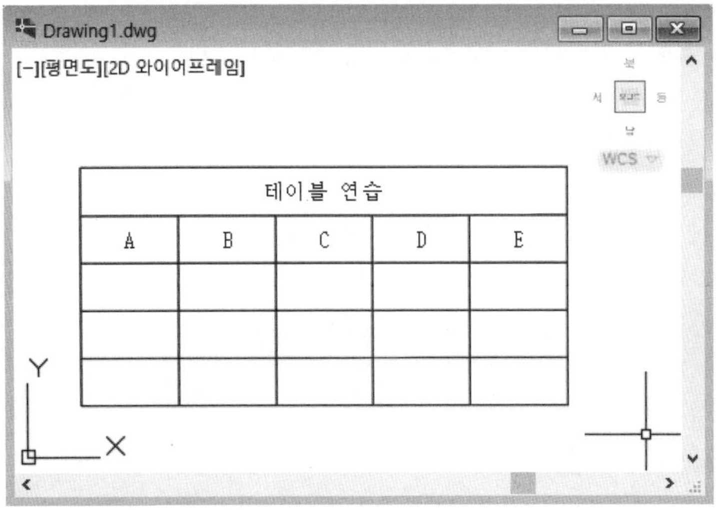

21 도면의 문자 쓰기 Mtext(여러 줄 문자) A, Dtext(단일 행 문자) A)

도면에 문자를 방법에 대하여 설명한다. Mtext(여러 줄 문자) A는 한 줄이나 여러 줄로 입력한 후 선택했을 때 모두 하나의 객체로 인식하는 명령이다. Dtext(단일 행 문자) A는 문자를 여러 줄로 입력했을 경우 각 행을 각각 다른 단일 객체로 인식하는 문자 입력 명령이다.
AutoCAD2022버전은 Dtext(단일 행 문자) A 아이콘을 [그리기] 도구막대에 사용자가 필요에 따라 등록하고 사용하야 한다.

(1) 여러 줄 문자(Mtext) A

이 명령은 여러 줄(다중 행) 문장으로 문자를 기입한다. 특수문자 기입이 간편하고, 사용자가 지정한 박스보다 문자가 길 경우는 다음 행으로 제한 없이 연장된다. 또한 작성된 문자를 수정 및 편집을 편리하게 할 수 있으며 Mtext 대화상자에서 글꼴, 크기, 색상 등의 변경이 간편하다. 전기 도면 설계 시 이 명령으로 문자를 작성하면 편리하다.

① 명령: mtext [Space Bar] 또는 A 아이콘 클릭
현재 문자 스타일: "Standard" 문자 높이: 2.5 주석: 아니오
첫 번째 구석 지정: P1 클릭
반대 구석 지정 또는 [높이(H)/자리맞추기(J)/선 간격두기(L)/회전(R)/스타일(S)/폭(W)/열(C)]:
P2 클릭 또는 옵션 [Space Bar]

옵션사양

- 높이(H): 문자의 높이를 지정한다. 초기상태는 2.5로 되어 있다.
- 자리맞추기(J): 문자의 자리 맞추기를 설정한다. 기본으로 〈최상단(TL)〉로 설정되어 있다.
- 선 간격두기(L): 선과 선사이의 간격을 (최소한/정확히)옵션으로 설정한다.
- 회전(R): 문장의 회전 각도를 설정한다. 초기는 0으로 설정되어 있다.
- 스타일(S): 도면에 기입될 문자들의 스타일을 설정한다.
- 폭(W): 문자의 폭을 조절한다.
- 열(C): 열 유형(동적/정적/열 없음) 옵션으로 설정한다. 초기 〈동적(D)〉로 설정되어 있다.

② [여러 줄 문자] 활용 예

- 명령: mtext Space Bar 또는 A 아이콘 클릭

  현재 문자 스타일: "Standard" 문자 높이: 2.5 주석: 아니오

  첫 번째 구석 지정: P1 클릭

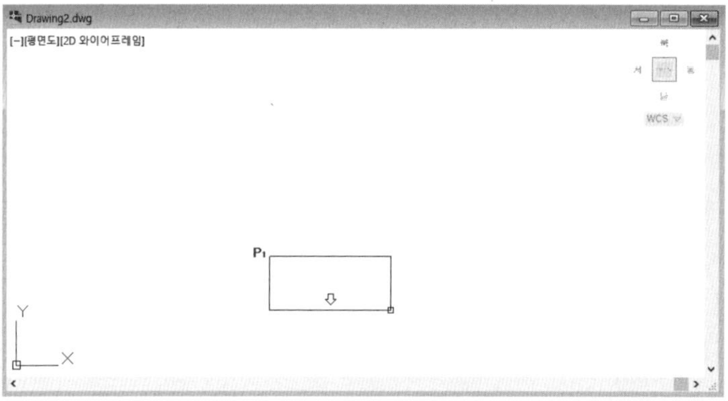

반대 구석 지정 또는 [높이(H)/자리맞추기(J)/선 간격두기(L)/회전(R)/스타일(S)/폭(W)/열(C)]: h Space Bar

높이 지정 〈2.5〉: 100 Space Bar 후 P2 클릭

■ [문자 형식] 대화상자가 나타나면 글씨체 : 바탕체, 글씨 크기 100 으로 'AutoCAD를 활용한(100크기) 전기도면설계(200크기)' 로 문자를 쓴다.

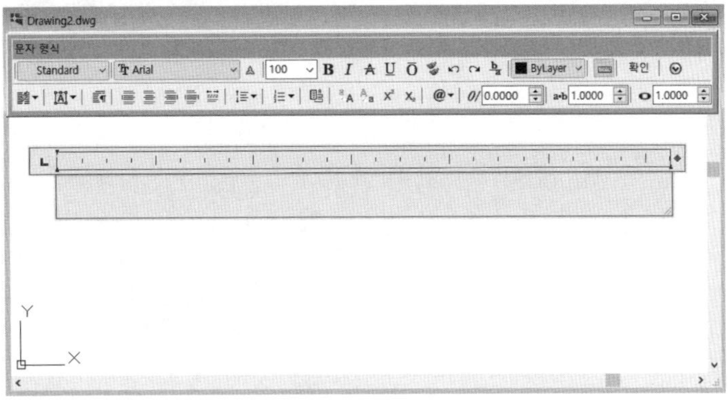

– P1과 P2 지정이 작으면 마우스로 사각 박스의 크기를 조절할 수 있다.
– 문자의 크기 조절은 문자를 쓰고 크기를 조절할 문자를 마우스로 드래그 지정하고 크기를 입력하면 조절된다.

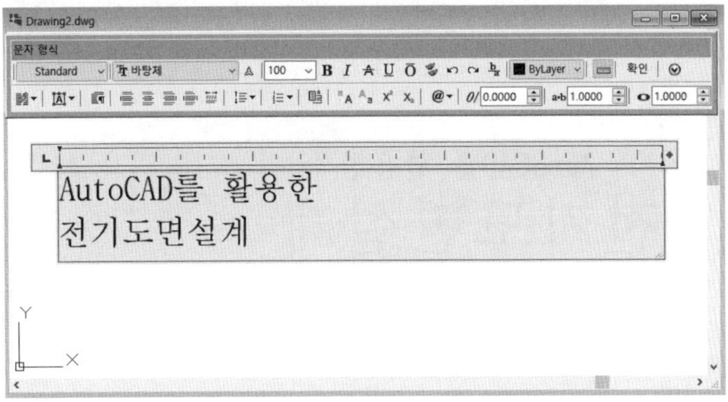

■ '전기도면설계' 문자 크기를 200

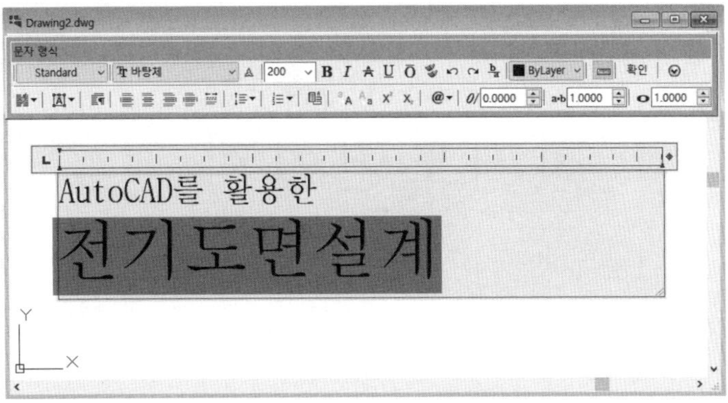

■ 'AutoCAD를 활용한'을 중간 위치로 마우스 커서로 이동 시키고 [작업영역]을 클릭 또는 [문자 형식] 대화상자의 [확인]을 클릭하면 문자 쓰기가 완료된다.

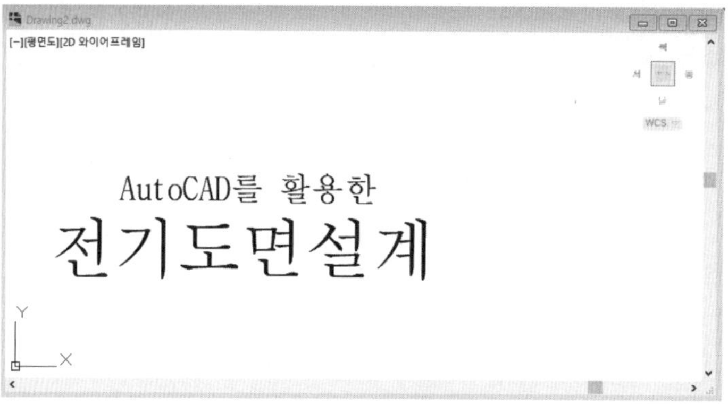

■ [여러 줄 문자]의 수정은 문자를 더블 클릭 → [여러 줄 문자] 작업 공간이 나타나 편리하게 수정 작업이 가능하다.

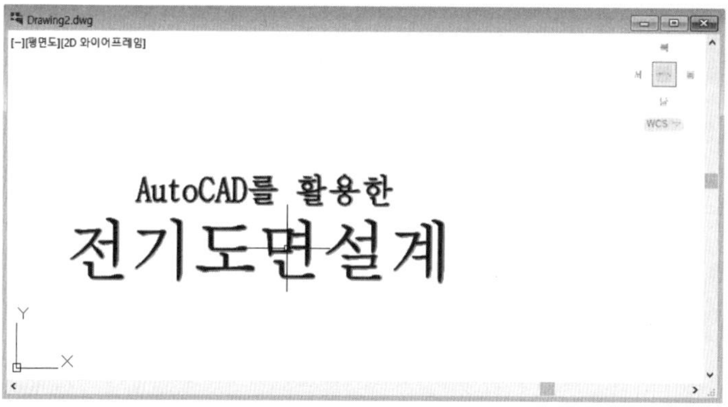

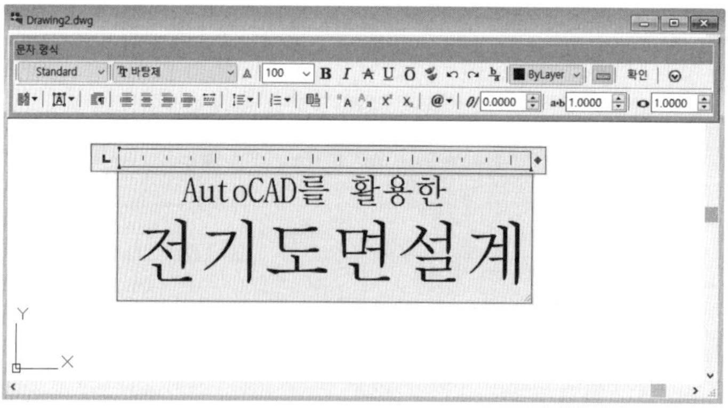

③ 분수 및 특수 문자 쓰기

■ 분수 문자 쓰기

- 명령: mtext [Space Bar] 또는 A 아이콘 클릭

  현재 문자 스타일: "Standard" 문자 높이: 200 주석: 아니오

  첫 번째 구석 지정: P1 클릭

  반대 구석 지정 또는 [높이(H)/자리맞추기(J)/선 간격두기(L)/회전(R)/스타일(S)/폭(W)/열(C)]: P2 클릭

- [문자 형식] 대화상자가 나타난다.

- 1/5를 입력하고, 마우스로 1/5을 드래그 지정한다.

- [문자 형식] 대화상자에서 [스택] 아이콘을 클릭하면 $\frac{1}{5}$로 표시 → [확인] 클릭하면 분수 문자가 도면에 표시된다.

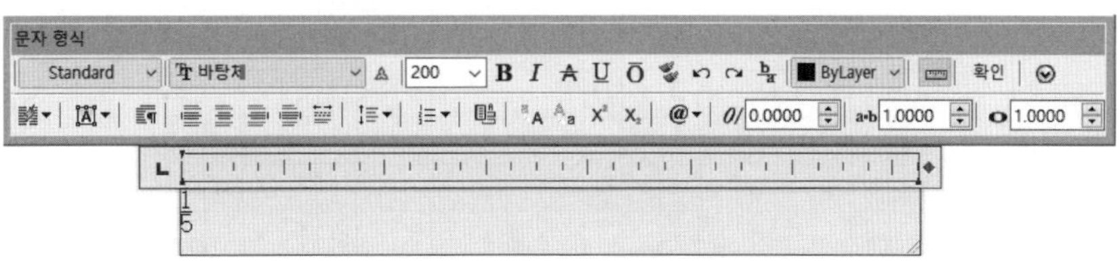

■ 특수 문자 쓰기

- 명령: mtext [Space Bar] 또는 A 아이콘을 클릭

  현재 문자 스타일: "Standard" 문자 높이: 200 주석: 아니오

  첫 번째 구석 지정: P1 클릭

  반대 구석 지정 또는 [높이(H)/자리맞추기(J)/선 간격두기(L)/회전(R)/스타일(S)/폭(W)/열(C)]: P2 클릭

- [문자 형식] 대화상자 → [옵션] 아이콘 클릭 → [옵션] 대화창 → [기호(S)] 클릭 → 다음 대화

창 맨 밑의 [기타(O)...] 클릭 한다.

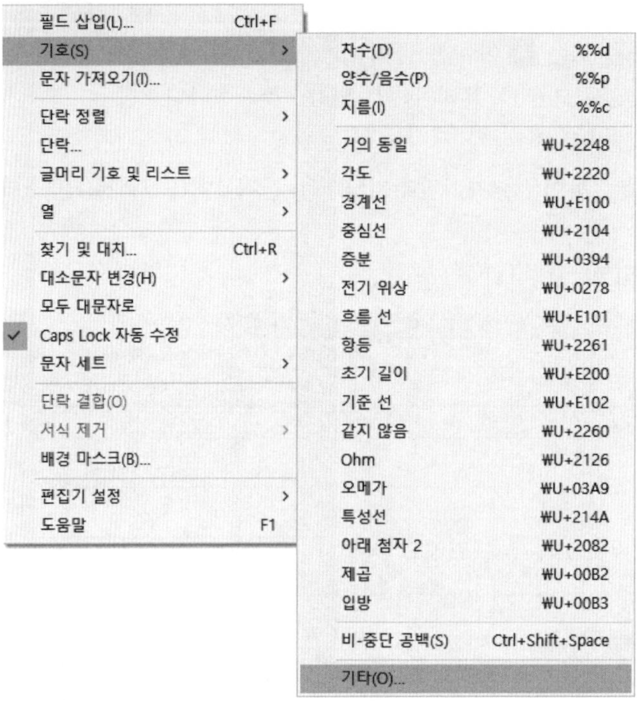

– [문자표] 대화상자가 나타난다.

– [글꼴(F)]의 목록 화살표를 클릭하면 다양한 종류의 특수 문자를 사용할 수 있다.

- 특수문자 쓰기 : [글꼴(F)]:에서 특수 문자 유형을 더블 클릭 또는 한번 클릭+[선택(S)]하면 [복사할 문자(A)]에 등록된다.

- [문자표] 대화상자에서 → [글꼴(F)]: Georgia, [문자] (%) 지정 → [복사(C)] 클릭 → 문자 쓰기영역에 Ctrl+V 한다.

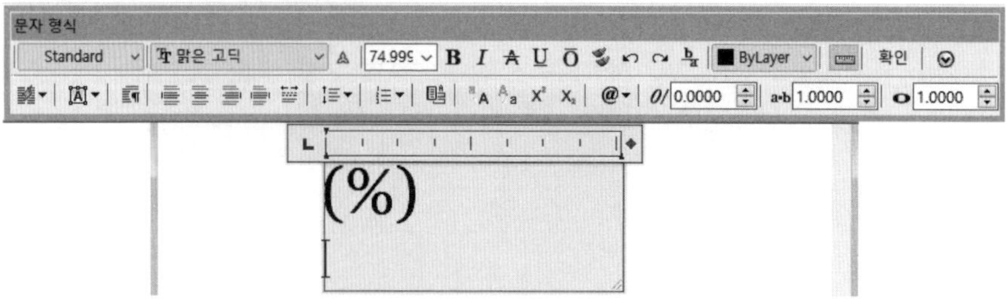

– [문자 형식] 대화상자의 [확인] 클릭한다.

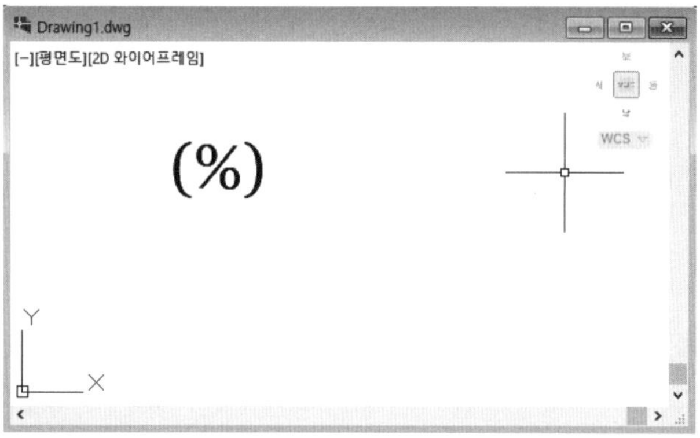

(2) 단일 행 문자(DTEXT)

워드의 편리한 기능을 가지고 있어 사용이 편리하고 여러 행의 문장 기입이 가능하다. 또한 문자 입력 시 화면상에 문자가 화면상에 바로 나타나므로 오류의 수정이 용이하다. [단일 행 문자] 아이콘을 [그리기] 도구막대에 등록하고 사용하면 편리하다.

① 명령: dtext Enter↵ 또는 아이콘을 클릭

현재 문자 유형: "Standard" 문자 높이: 2. 5 주석: 아니오 자리맞추기: 왼쪽

문자의 시작점 지정 또는[자리 맞추기(J)/스타일(S)]: P1 클릭 또는 옵션 Space Bar

높이 지정 〈2.5000〉: 문자의 높이 지정 Space Bar

문자의 회전 각도 지정 〈0〉: 회전각 지정 Space Bar

② [단일 행 문자] 명령으로 문자 쓰기

■ 현재 문자 유형: "Standard" 문자 높이: 2. 5 주석: 아니오 자리맞추기: 왼쪽

문자의 시작점 지정 또는[자리 맞추기(J)/스타일(S)]: j Space Bar

옵션 입력 [왼쪽(L)/중심(C)/오른쪽(R)/정렬(A)/중간(M)/맞춤(F)/맨위왼쪽(TL)/맨위중심(TC)/

맨위오른쪽(TR)/중간왼쪽(ML)/중간중심(MC)/중간오른쪽(MR)/맨아래왼쪽(BL)/맨아래중심(BC)/맨아래오른쪽(BR)]: L Space Bar
문자의 시작점 지정: P1 클릭

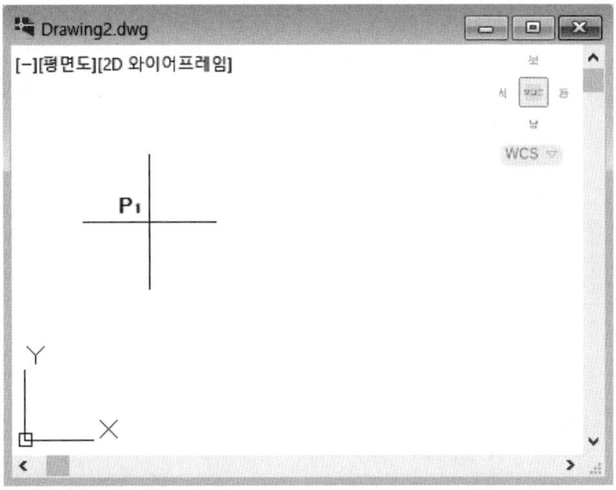

높이 지정 〈2.5000〉: 200 Space Bar
문자의 회전 각도 지정 〈0〉: Space Bar

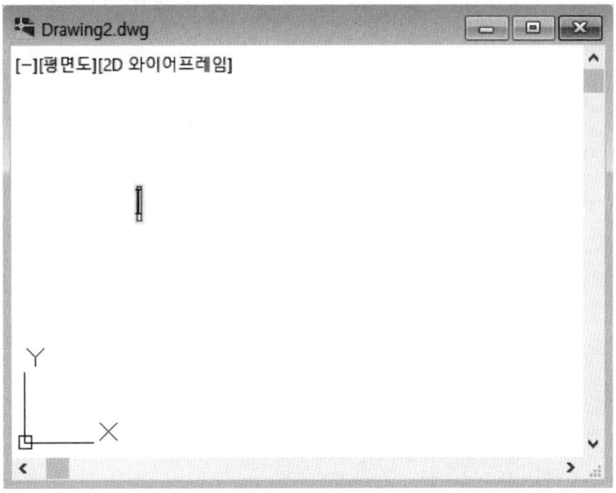

■ 문자 쓰기 커서에 원하는 문자를 쓴다. 마우스 커서를 클릭할 때마다 새 문자 커서가 나타나면 원하는 문자를 계속해서 작성할 수 있다. Space Bar → [단일 행 문자] 완료된다.

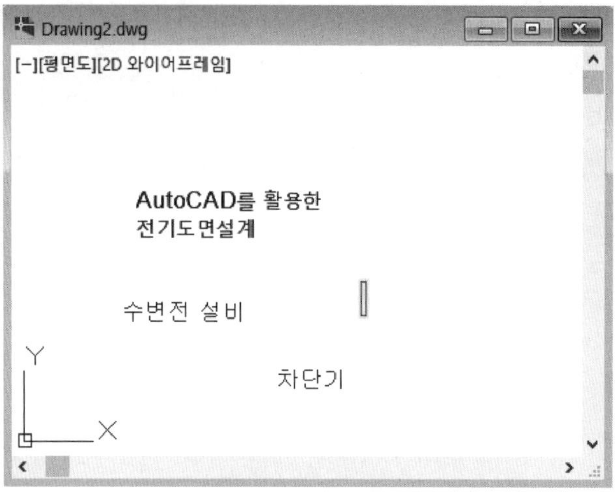

■ 커서를 문자에 일치시키면 굵은 글씨로 되고 더블 클릭하면 편리하게 수정할 수 있다.

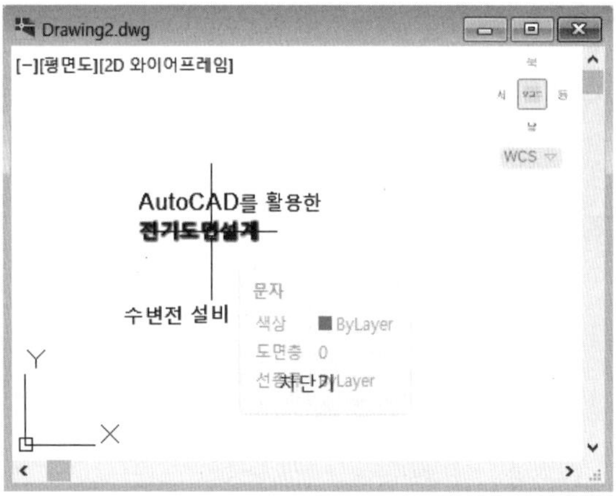

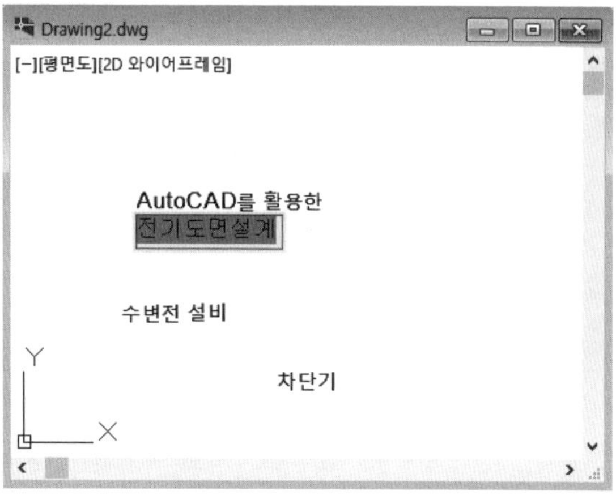

실력향상

3Φ4ω 22.9[kV-Y] 1000[kVA] 이하의 특고압 간이수전설비 결선도를 설계하고 각 소요 자재의 명칭 및 규격 등을 [여러 줄 문자](Mtext)를 이용하여 기입하는 연습을 해보자.

[1] [상태]도구막대에서 [그리드] ▦ 와 [직교] ▙ 및 [OSNAP](중심점, 사분점) ▣ 모드를 켜고 도면 작업을 수행한다.

[2] 3Φ4w 22.9[kV−Y] 1000[kVA] 간이수전설비의 단선도를 그린다.

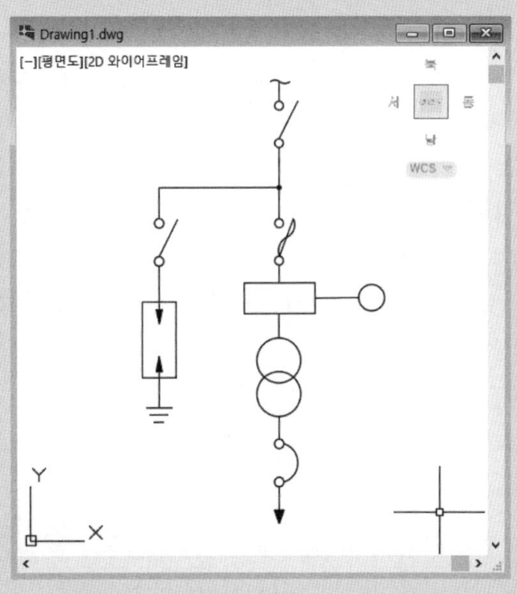

[3] [여러 줄 문자](Mtext) A 아이콘을 클릭하고 각 심벌 등의 글자를 쓴다.

현재 문자 스타일: "Standard" 문자 높이: 2.5 주석: 아니오

첫 번째 구석 지정: P1 클릭

반대 구석 지정 또는 [높이(H)/자리맞추기(J)/선 간격두기(L)/회전(R)/스타일(S)/폭(W)/열(C)]: h Space Bar

높이 지정 〈2.5〉: 50 Space Bar 후 P2 클릭

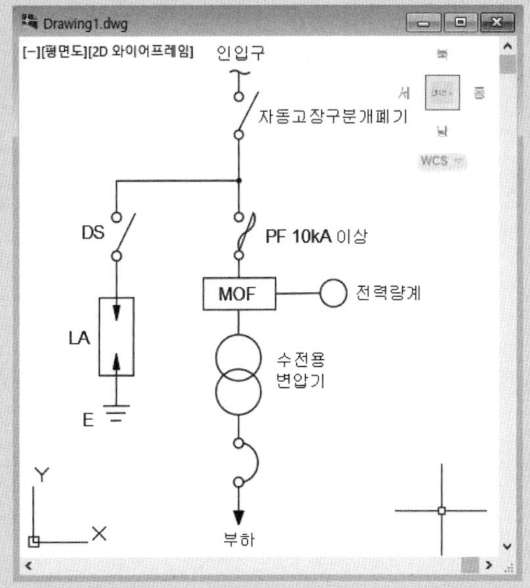

[4] '3Φ4w 22.9[kV-Y] 1000[kVA]'를 특수 문자 쓰기로 기입한다.

① [여러 줄 문자](Mtext) A 아이콘을 클릭

현재 문자 스타일: "Standard" 문자 높이: 50 주석: 아니오

첫 번째 구석 지정: P1 클릭

반대 구석 지정 또는 [높이(H)/자리맞추기(J)/선 간격두기(L)/회전(R)/스타일(S)/폭(W)/열(C)]: P2 클릭

② [문자 형식] 대화상자에서 [옵션] 화살 클릭 → 기호(S) 클릭 → 기타(O)... → [문자표] 대화상장 → [글꼴(F)]: Symbol → Φ 더블 클릭 → [문자표] 대화창의 [복사(C)] 클릭하고 [문자표] 대화상자를 나간다.

■ [문자 형식] 대화상자에 Ctrl+V로 붙여넣기 한다.

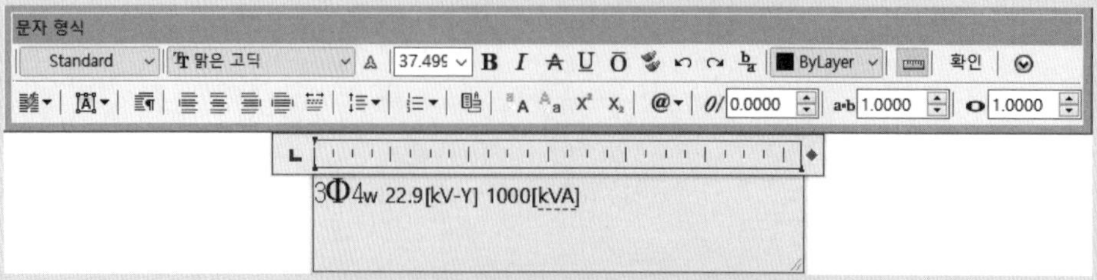

■ [문자 형식] 대화상자에서 [확인]을 클릭한다.

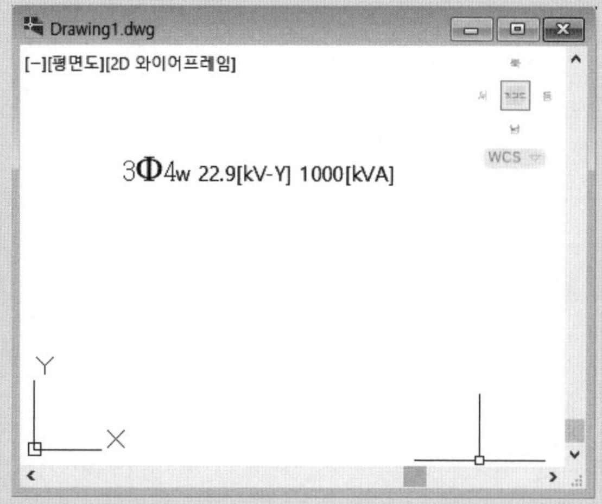

■ 나머지 글씨를 작성 후 [문자 형식] 대화상자의 [확인] 클릭하고 작성한 문자를 이동시킨다.

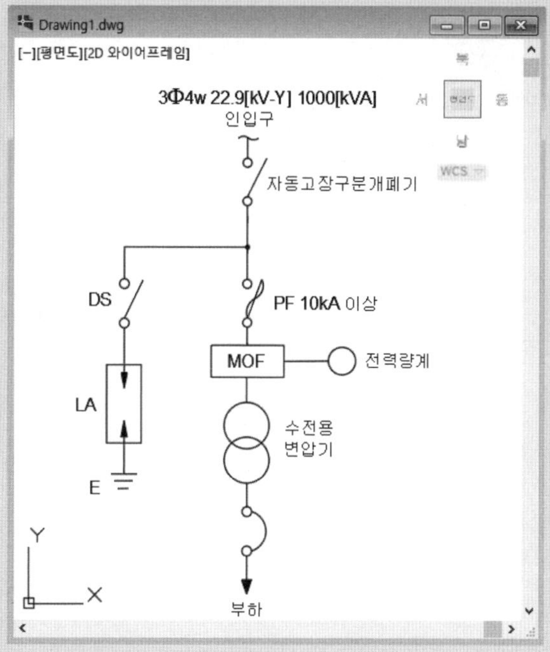

CHAPTER

05

수정(Modify) 활용하기

Chapter 05

수정(Modify) 활용하기

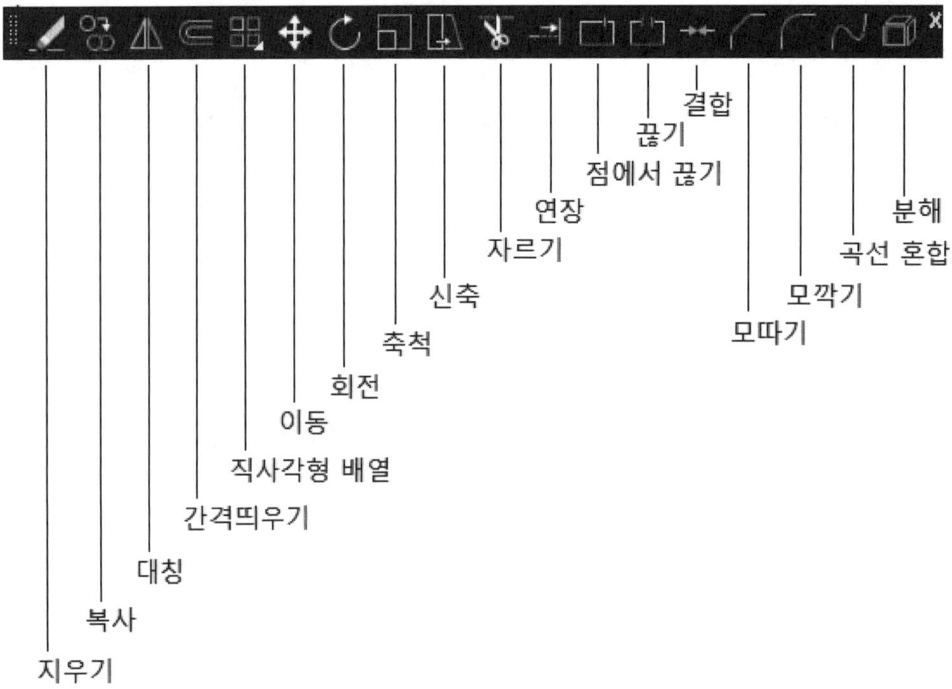

01 지우기(Erase)

도면 작업 시 필요 없는 부분의 요소들을 지우는 명령이다. 또는 마우스 커서로 객체 요소를 클릭한 후 키보드의 [Delete] 키를 쳐도 선택한 도면 요소를 지울 수 있다.

(1) 명령: erase [Space Bar] 또는 아이콘 클릭

객체 선택 : 마우스 커서는 □ 모양→ 지울 도면 요소에 커서를 일치 → 도면 요소가 흐릿하게 된다 → 마우스 오른쪽 버튼을 클릭하거나 [Space Bar] 또는 [Enter↵] 를 치면 선택한 도면 요소가 지워진다.

02 복사(Copy)

지정한 도면 객체를 복사하여 지정된 거리 및 방향에 객체를 복사 이동시키는 명령이다. 전기 도면 설계 시 많이 사용되는 수정 기능중의 하나이다.

(1) 명령: copy [Space Bar] 또는 아이콘 클릭

객체 선택: 마우스 커서는 □ 모양 → 복사할 요소 지정 후 마우스 왼쪽 버튼 클릭→ 지정된 요소는 파란 굵은선으로 된다 → [Space Bar] 또는 마우스 오른쪽 버튼 클릭 → 복사할 객체에 커서일치 후 클릭 → 이동시키고자 하는 곳으로 도면 요소 복사 이동 후 클릭 한다 → 계속 복사 명령 수행 중 → [복사] 명령을 끝내려면 [Space Bar] 또는 [Enter↵] 치면 [복사] 명령이 종료된다.

현재 설정: 복사 모드 = 다중(M)

기본점 지정 또는 [변위(D)/모드(O)] 〈변위〉: P1 클릭 또는 변위점 지정

두 번째 점 지정 또는 [배열(A)] 〈첫 번째 점을 변위로 사용〉: P2 클릭 후 이동 복사 클릭

옵션사양

① 다중(M): 지정한 도면 요소를 다중 복사한다. 즉, 동일한 요소를 계속해서 복사하고자 할 때 편리하다. 기본으로 설정되어 있다.

② 변위(D): 복사 요소의 변위를 지정한다.

③ 모드(O): 복사 모드 옵션[단일(S)/다중(M)]을 선택한다.

실력향상

[복사] 명령을 이용하여 '피뢰기 복선도'를 그려보자.

[1] [폴리선]으로 화살표를 그린다.([상태] 도구막대에서 [그리드] 와 [직교] 및 [OSNAP](중심점, 사분점) 모드를 켠다)

① 명령: pl [Space Bar] 또는 아이콘 클릭 → P1 클릭 → P2 클릭(동일 굵기의 선을 그린다) → (화살 모양)명령: w [Space Bar] → 25 [Space Bar] → 0 [Space Bar] 화살 위치 지정 후 클릭

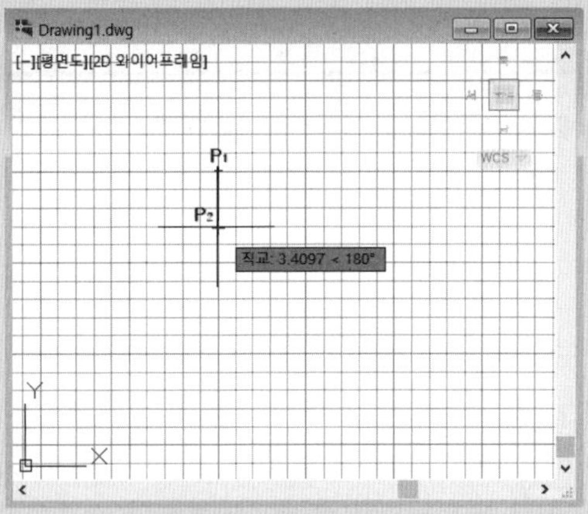

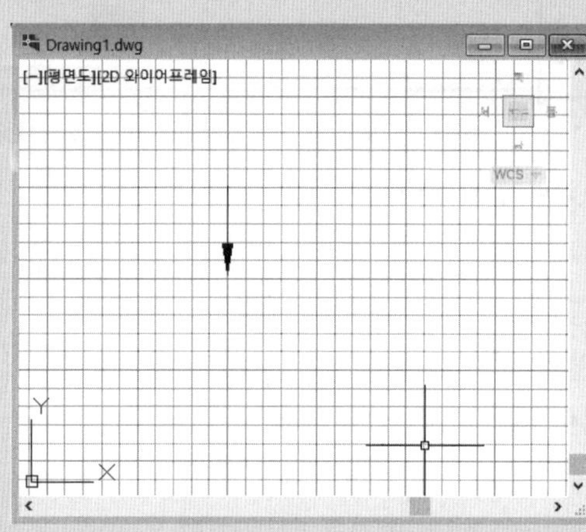

[2] [복사] 아이콘 클릭 → 화살표를 아래로 복사 → [회전] 아이콘 클릭 → 아래 화살표 클릭 → Space Bar 또는 마우스 오른쪽 버튼 클릭 → 회전 위치를 클릭 → 180 Space Bar 또는 마우스로 회전시킨 후 클릭한다.

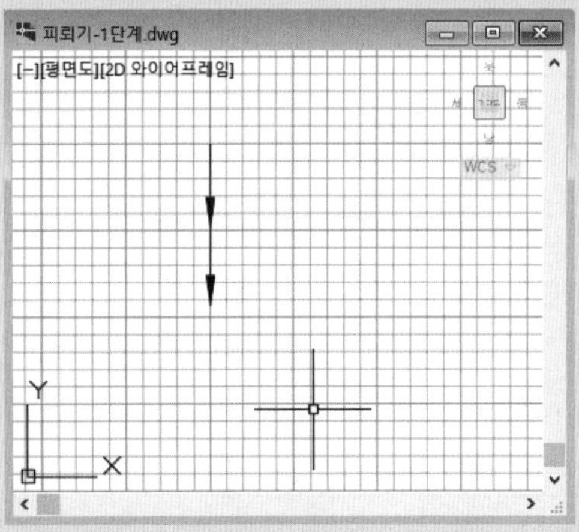

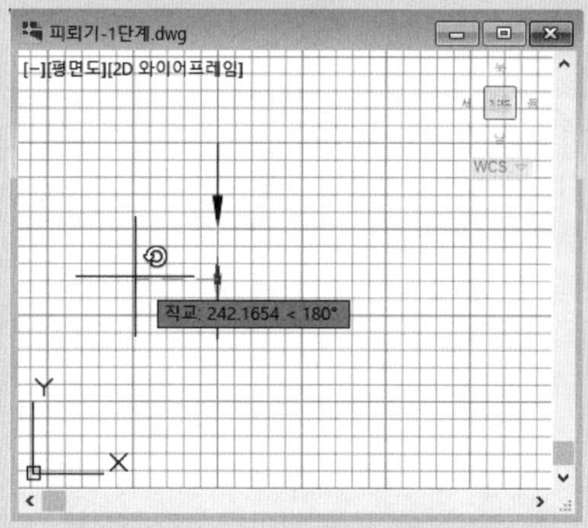

[3] [줌 윈도우] 클릭 → 확대하여 도면 작업 상태 확인 → (중심 불일치 시) [이동] 명령으로 일치하도록 조정한다.

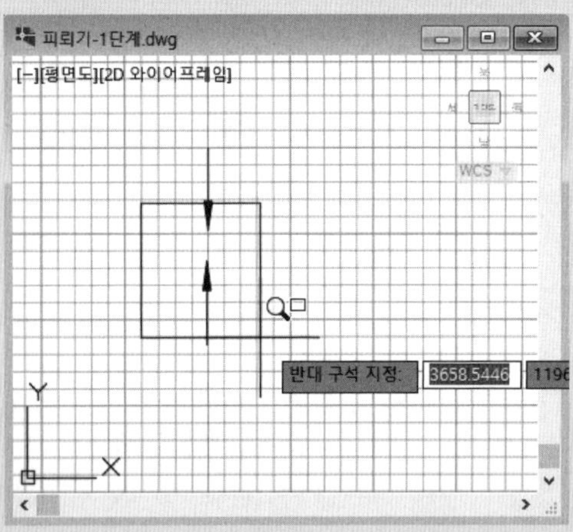

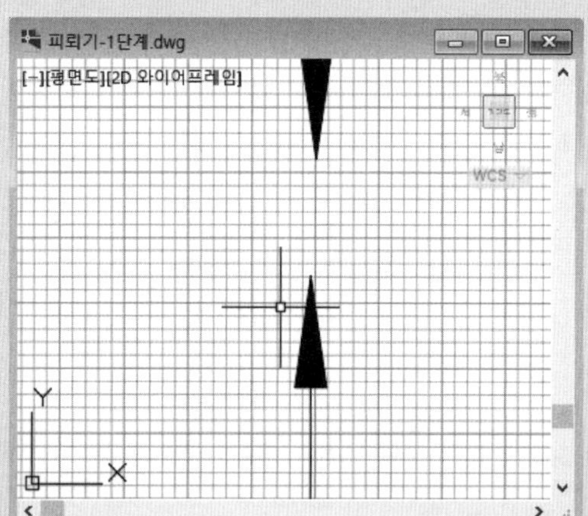

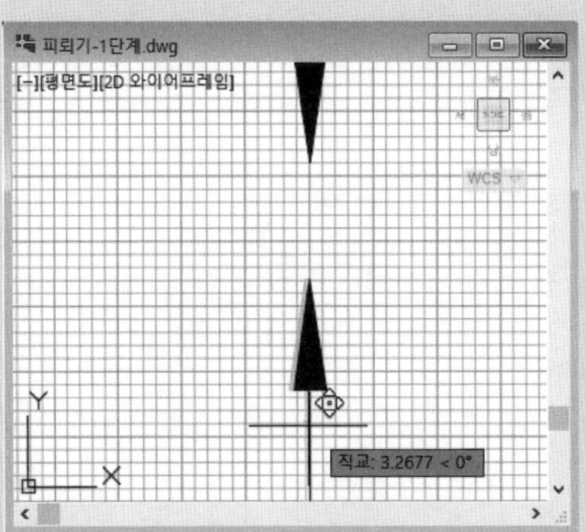

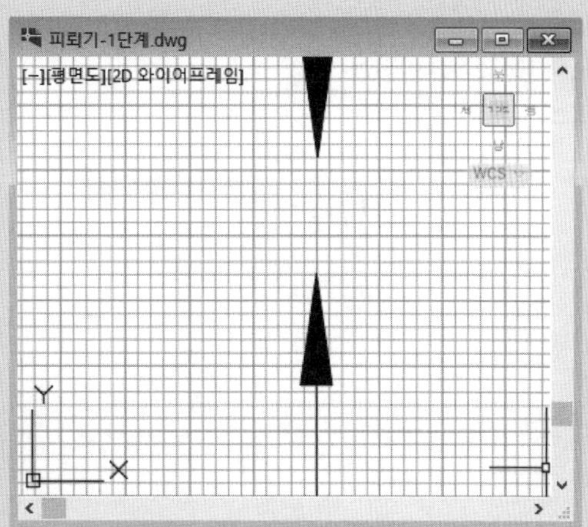

[4] [줌 이전] 클릭 → 확대 전 도면 상태로 돌아간다.

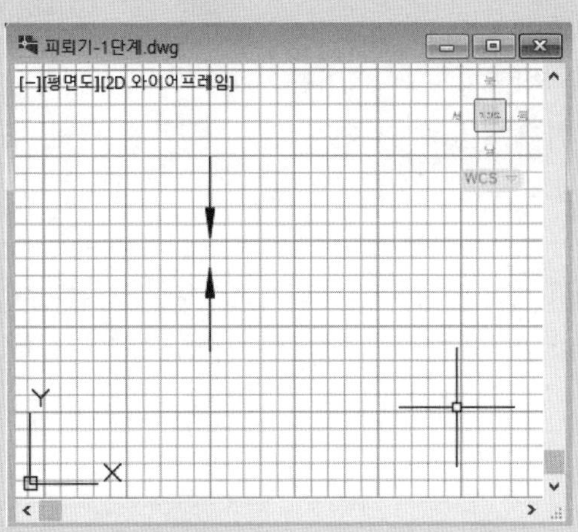

[5] [직사각형] 명령으로 직사각형을 그린다.

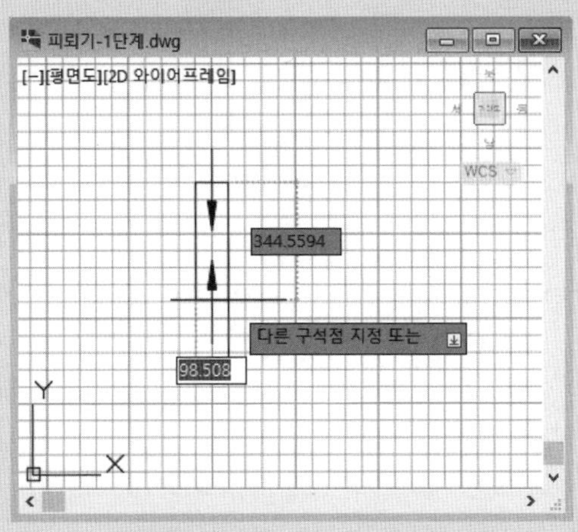

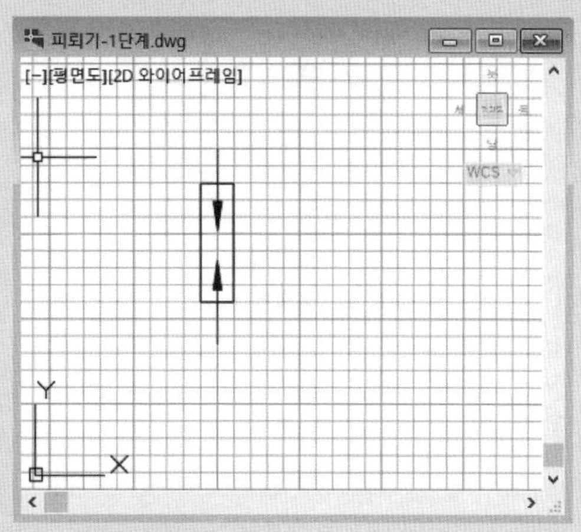

[6] [복사] 아이콘 클릭 → 피뢰기를 복사하여 옆에 이동시켜 붙인다 → 피뢰기 복선도 및 접지 표시도 그린다.

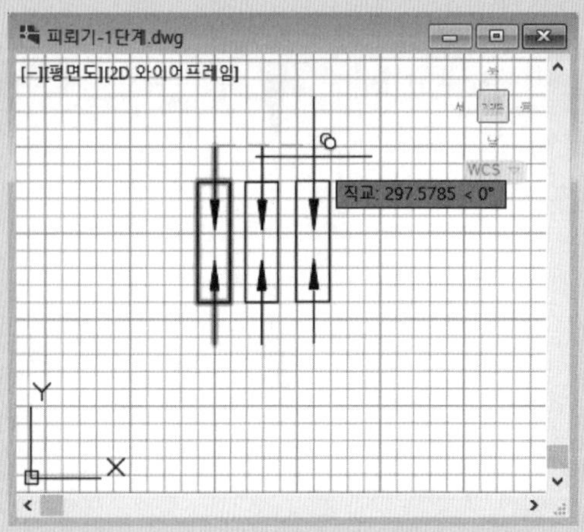

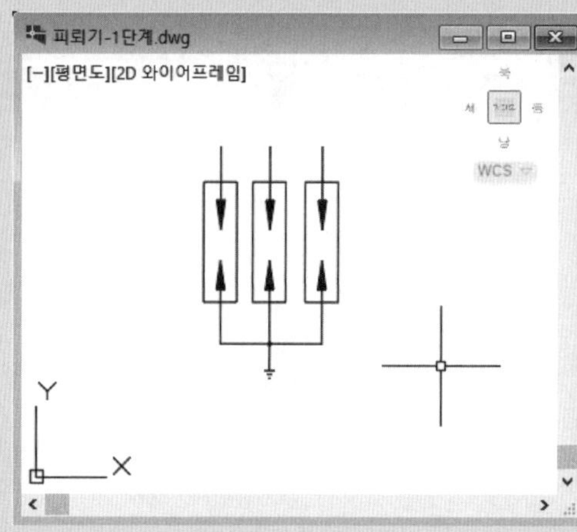

[7] WBLOCK 명령으로 '피뢰기복선도' 로 저장해 보자.

① 명령 : wblock Space Bar → [블록 쓰기] 대화상자에서 (파일이름: 피뢰기복선도, 저장 위치: 전기도면으로 지정) → [선택점(K)] 아이콘 클릭 → 저장 위치 지정 후 클릭 → [객체 선택(T)] 아이콘 클릭 → '피뢰기 복선도'를 전체 지정 후 클릭하면 작업이 완료된다.

② [블록 삽입] 아이콘 클릭 → [블록 삽입] 대화상자에서 '피뢰기복선도'가 등록되어 있지 않을 경우 → 왼쪽의 [라이브러리] 클릭 후 [파일 탐색] 아이콘 클릭 → [블록 라이브러리의 폴더 또는 파일 선택] 대화상자 → '피뢰기복선도' 클릭한다.

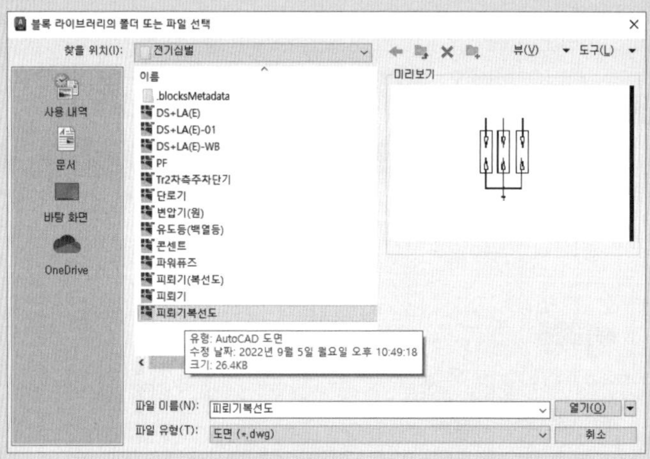

③ [열기(O)] 클릭 → [블록 삽입] [라이브러리]에 등록된다.

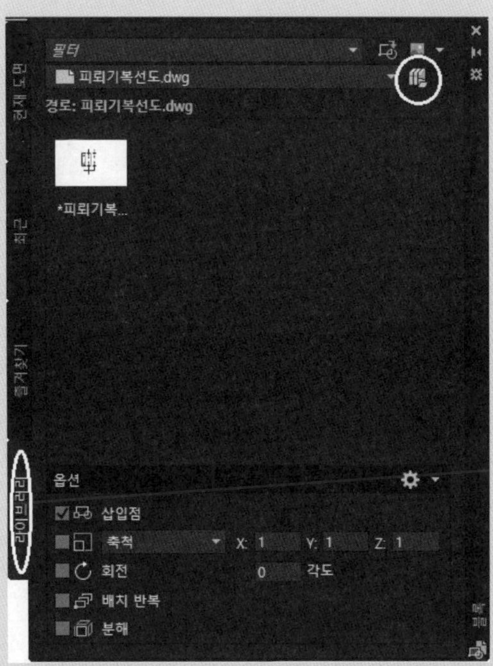

03 대칭(Mirror)

지정한 도면 요소의 대칭 도면을 그리는 명령이다. 즉, 도면의 절반을 대칭 이미지로 그릴 수 있는 명령이다.

(1) 명령: mirror Space Bar **또는 아이콘 클릭**

객체 선택: 커서 □ 모양→ 대칭 요소 지정 후 왼쪽 버튼 클릭→ 지정된 요소는 굵은 파란색으로 된다.

대칭선의 첫 번째 점 지정: P1 클릭

대칭선의 두 번째 점 지정: P2 클릭

원본 객체를 지우시겠습니까? [예(Y)/아니오(N)] 〈아니오〉: (초기 상태는 아니오 상태이다)

실력향상

단상 3선식 '110/220[V] 분전반의 복선 결선도'를 [대칭] 명령을 이용하여 작도하는 사용 예를 통하여 실력을 향상 해 보자.

[1] 일부분의 차단기 심벌을 그린다. ([상태] 도구막대에서 사용자의 편의에 따라 도명 상태를 설정하고 도면작업을 한다. 단, 호를 그릴 경우는 [직교]모드는 끄고 작업을 수행하여야 한다.

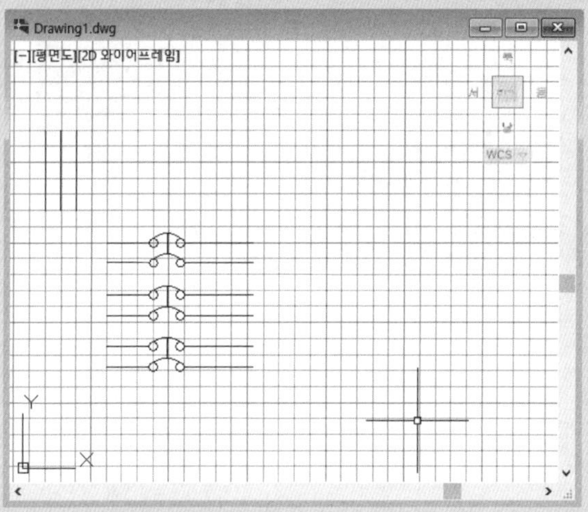

[2] [대칭] 명령을 이용하여 오른쪽 차단기를 그린다.

① 명령: mirror Space Bar 또는 아이콘 클릭

객체 선택: 커서 □ 모양 → 대칭 요소 지정 후 마우스 왼쪽 버튼 클릭→ 지정된 요소는 굵은 파란색으로 된다.

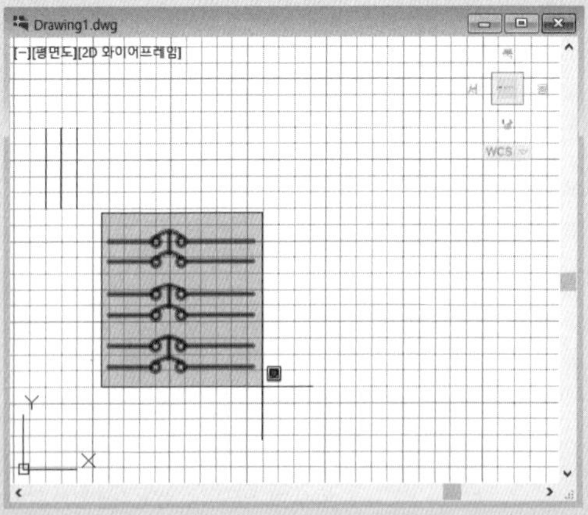

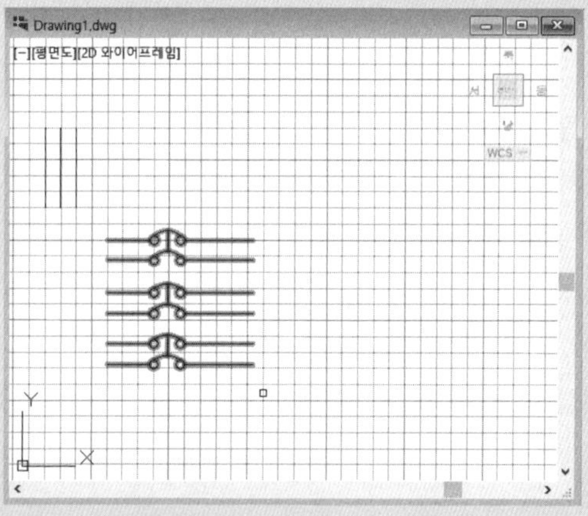

② 대칭선의 첫 번째 점 지정: P1 클릭

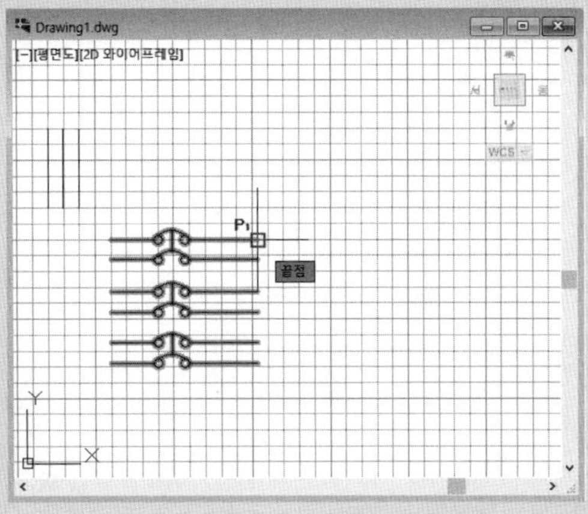

③ 대칭선의 두 번째 점 지정: P2 클릭

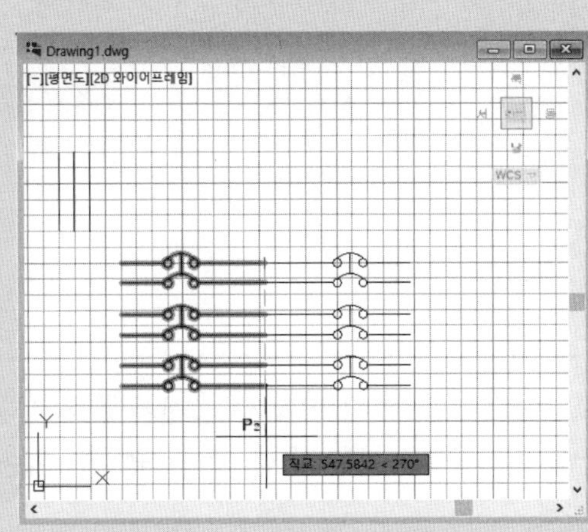

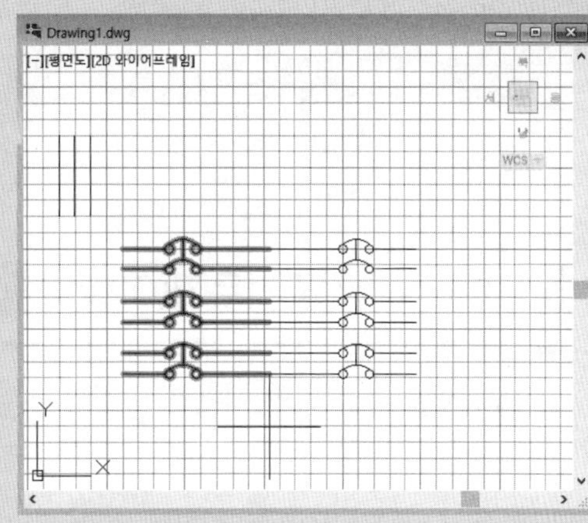

④ 원본 객체를 지우시겠습니까? [예(Y)/아니오(N)] 〈아니오〉: Space Bar

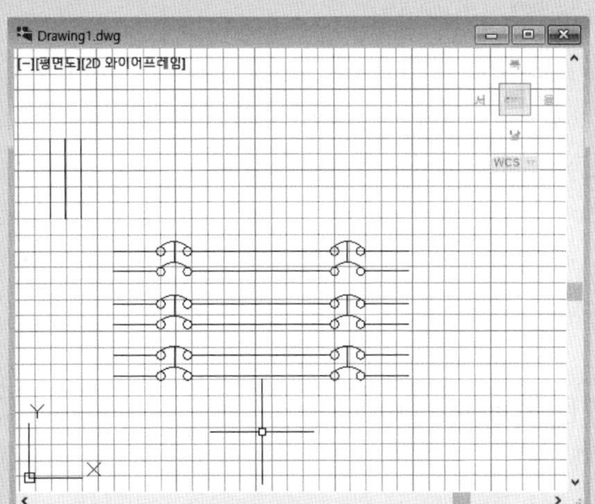

[3] 나머지 분전반 복선 결선도를 그린다.

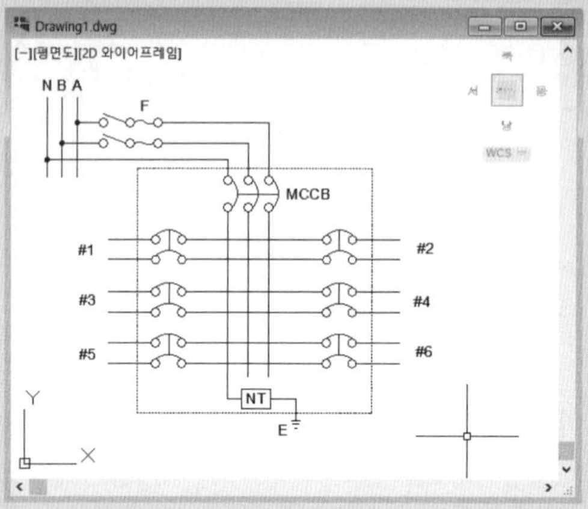

[4] [대칭] 명령 수행 시 P1과 P2 지정 위치에 따라 대칭 부분이 다르게 되므로 설계자의 의도에 맞게 사용하기 바란다.

04 간격띄우기(Offset)

선, 원, 호, Pline 등의 선택한 객체를 일정한 간격으로 복사하는 편집 명령이다. 전기 옥내 배선 시 건물의 벽체 등을 작도할 때 유용하게 사용할 수 있다. 이 옵셀 기능은 한번 실행으로 계속해서 이 기능을 수행 할 수 있으며, 실행 종료는 Esc를 치면 된다.

(1) 명령: offset Space Bar 또는 아이콘 클릭

현재 설정: 원본 지우기=아니오 도면층=원본 OFFSETGAPTYPE=0

간격띄우기 거리 지정 또는 [통과점(T)/지우기(E)/도면층(L)] 〈통과점〉: 띄울 간격 입력 Space Bar

간격띄우기 할 객체 선택 또는 [종료(E)/명령 취소(U)] 〈종료〉:

간격띄우기 할 면의 점 지정 또는 [종료(E)/다중(M)/명령 취소(U)] 〈종료〉:

간격띄우기 할 객체 선택 또는 [종료(E)/명령 취소(U)] 〈종료〉:

간격띄우기 할 쪽으로 점 지정: (마우스로 방향 지정 클릭)

(2) [복사] 와 [간격띄우기] 명령의 차이

[복사] 명령은 지정한 객체의 크기 및 모양 그대로 복사하는 한마디로 Copy 명령인 반면 [간격띄

우기] 명령은 선, 원, PLine 등의 지정한 값으로 간격을 띄워 복사하는 한마디로 '등 간격 복사'하는 명령이다. 또한 [복사] 명령은 지정한 객체(일부 또는 전체)를 복사할 수도 있지만. [간격띄우기]는 단일 객체만을 선택하여 등 간격으로 복사하고 원의 경우는 내접원 및 내접원으로 복사하므로 원 객체의 크기도 조절되는 명령이다.

level up! 실력향상

[간격띄우기] 명령으로 건축물의 벽체를 그려보자.

[1] 도면의 [상태] 도구막대는 도면 상태는 사용자의 편의대로 지정하여 사용한다. 호를 그릴 때는 [직교]모드를 끄고 작업을 해야 한다.

[2] 주택 평면도의 선을 그린다.

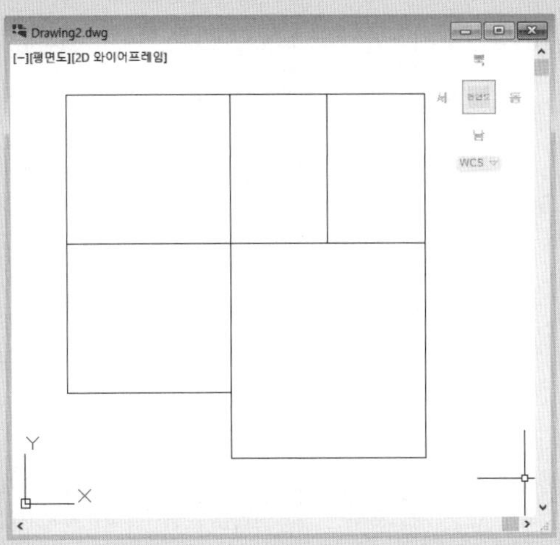

[3] 명령: offset Space Bar 또는 아이콘 클릭

현재 설정: 원본 지우기=아니오 도면층=원본 OFFSETGAPTYPE=0

간격띄우기 거리 지정 또는 [통과점(T)/지우기(E)/도면층(L)] 〈통과점〉: 30 Space Bar

간격띄우기 할 객체 선택 또는 [종료(E)/명령 취소(U)] 〈종료〉: P1 클릭

간격띄우기 할 면의 점 지정 또는 [종료(E)/다중(M)/명령 취소(U)] 〈종료〉: m Space Bar

간격띄우기 할 객체 선택 또는 [종료(E)/명령 취소(U)] 〈종료〉:

① [간격띄우기] 객체에 커서(□ 모양)를 일치시키면 파란 굵은선으로 된다 → 클릭 → 간격띄우기 방향으로 커서를 움직이고 클릭 → 다시 커서 □ 모양 → 간격띄우기 객체

지정 후 클릭(반복한다)

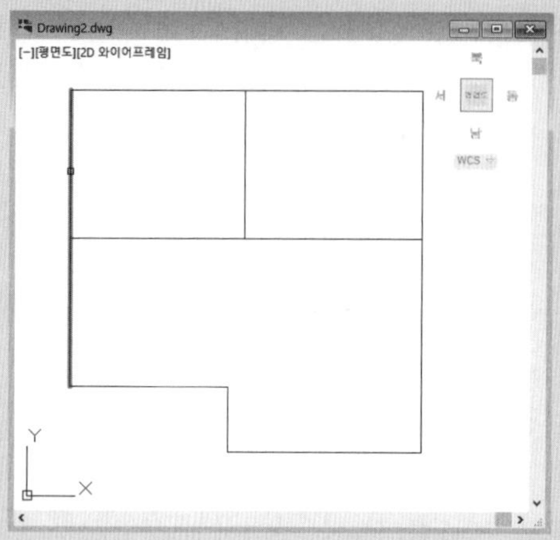

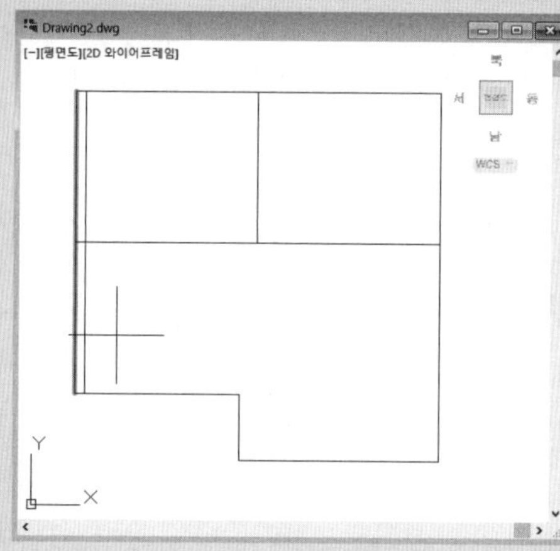

② 반복적으로 작업을 수행하여 건물 평면도를 완성시킨다.

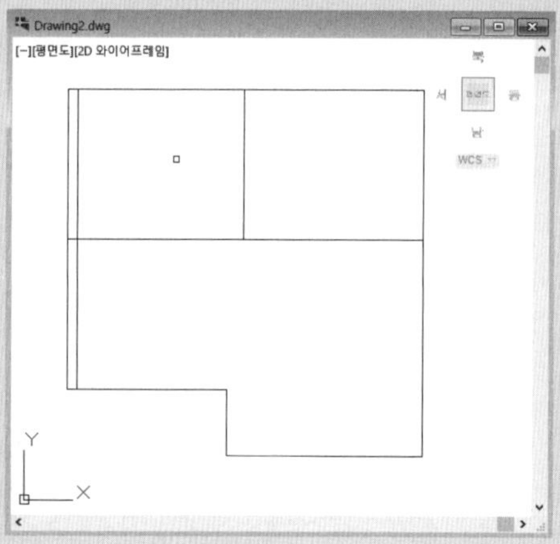

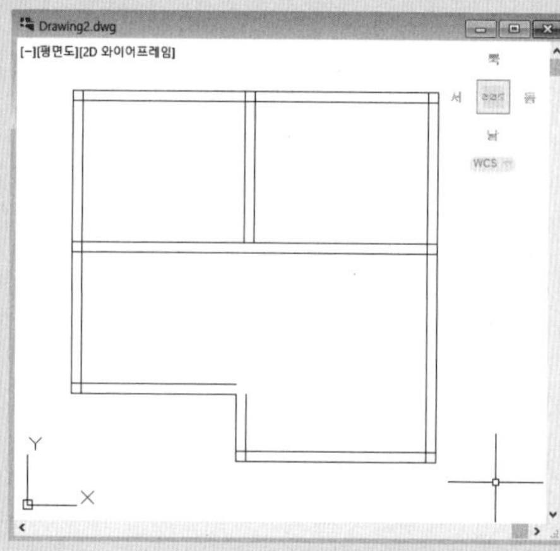

[4] (평면도 미완성 부분 수정) [연장] 아이콘 클릭 → 커서 □ 모양 → 연장할 선에 일치시키고 클릭한다.

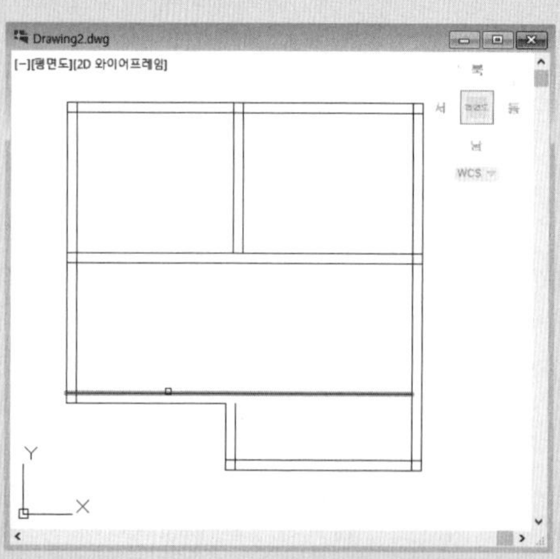

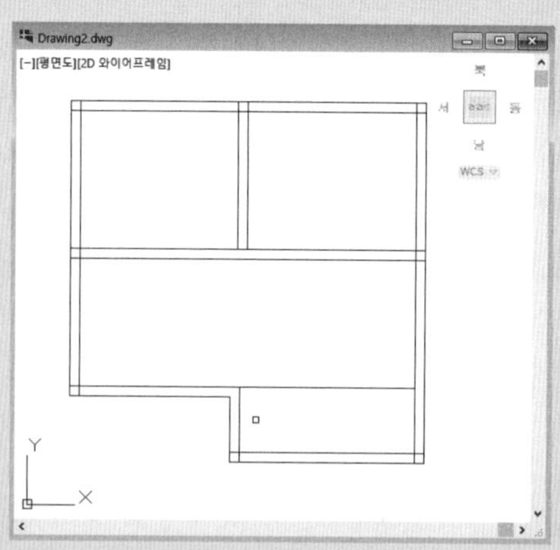

[5] [자르기] 아이콘 클릭 → 커서 □ 모양 → 지우고자 하는 부분을 커서 일치시키면 도면 요소가 흐릿하게 된다 → 클릭하면 지워진다.

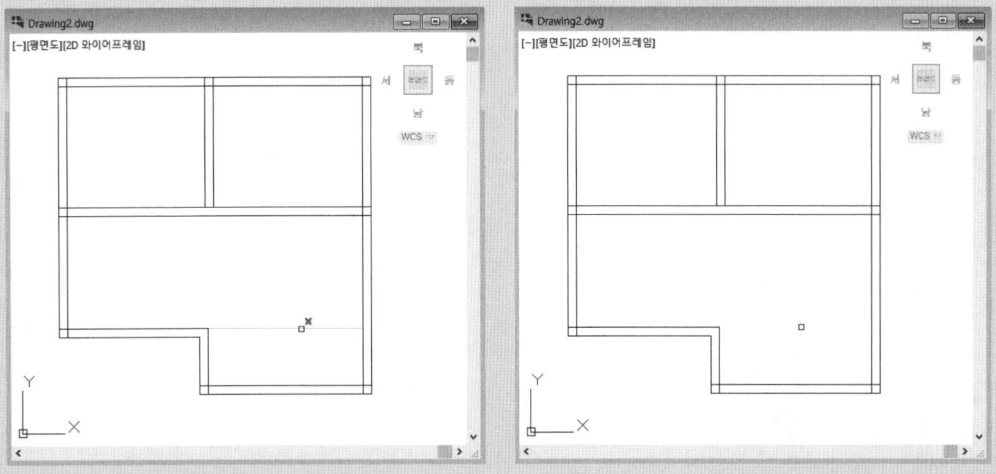

[6] Space Bar 또는 Enter↵ 를 치면 도면 작업이 완료된다.

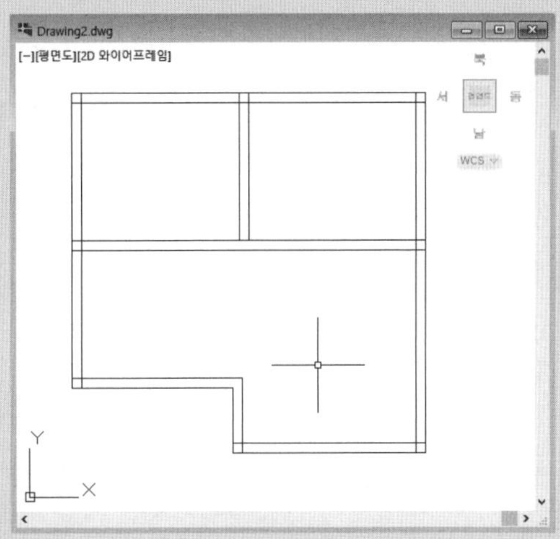

실력향상

[간격띄우기] 명령을 원에 적용하는 예를 따라해 보자.

[1] 도면에 원을 그린다. [직교] 모드를 켜고 작업을 한다.

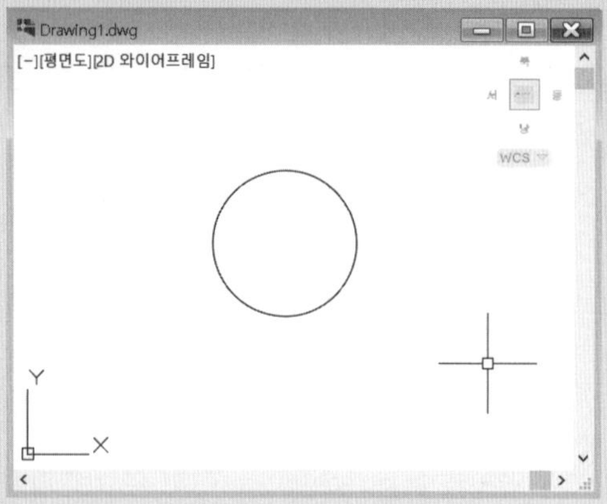

[2] [간격띄우기] 아이콘 클릭 → 〈통과점〉 30 입력 Space Bar → 커서 □ 모양 (원에 일치하면 원은 굵은 선으로 된다)

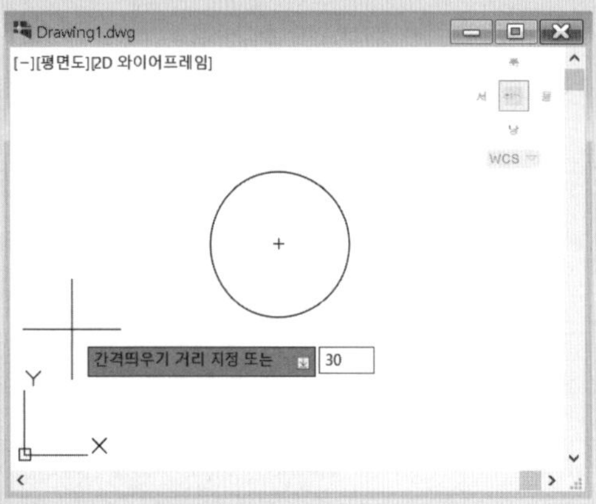

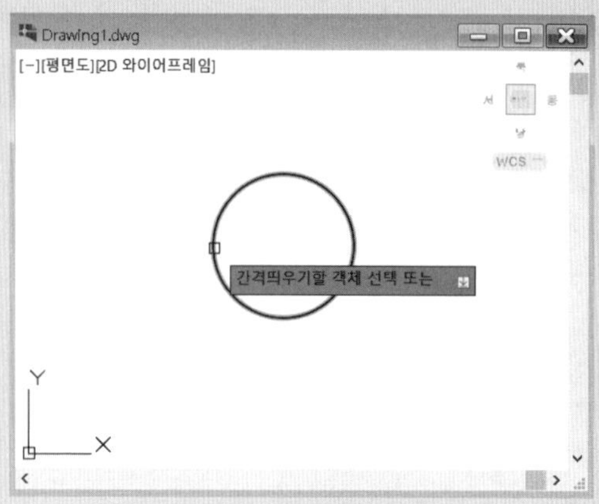

[3] 클릭 후 원은 파란 굵은 선으로 된다 → (마우스) + 커서를 움직여 간격띄우기 할 방향을 지정할 수 있다.

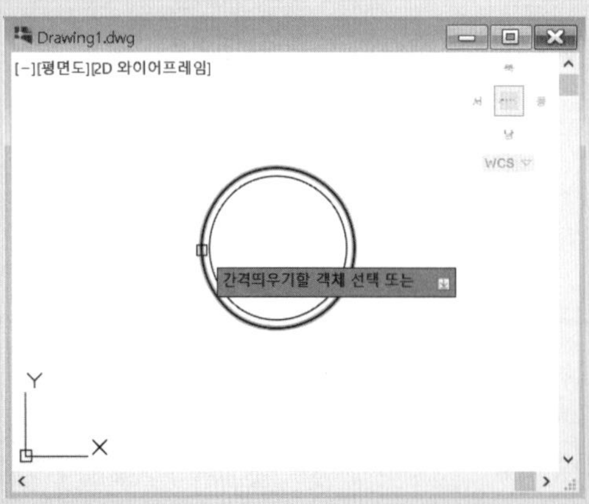

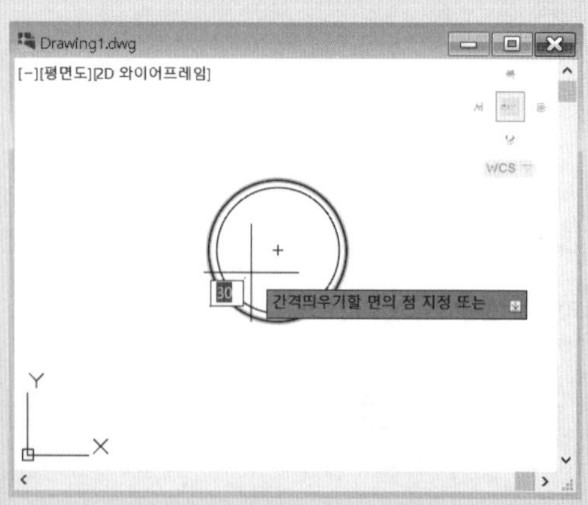

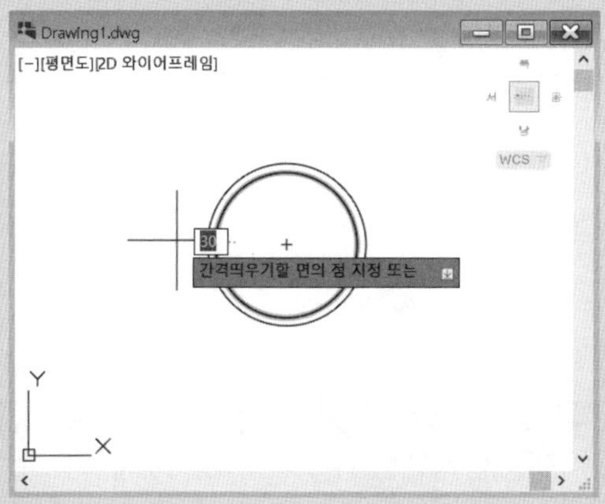

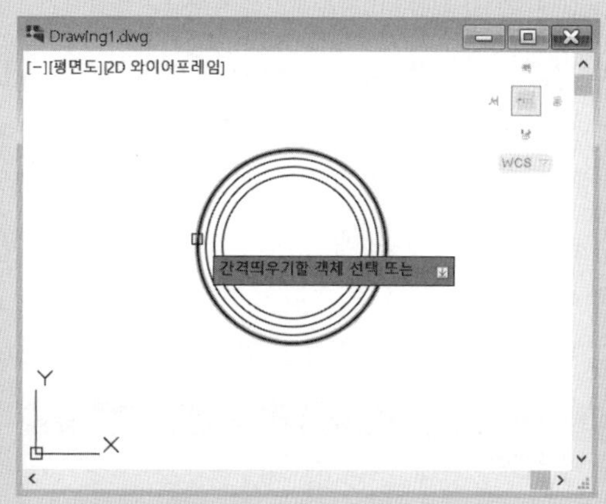

[5] 간격띄우기 작업이 완료되면 Space Bar 또는 Enter↵를 치면 작업이 완료된다.

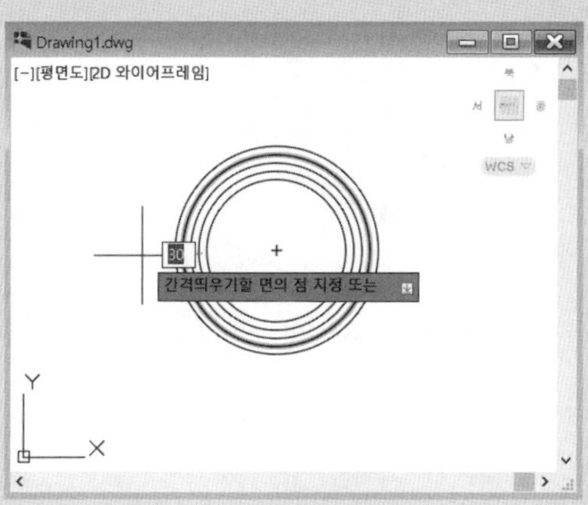

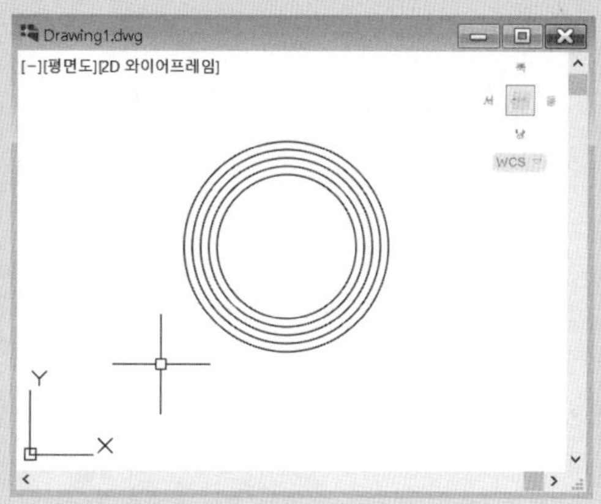

05 (직사각형) 배열(Array)

이 명령은 간격을 맞추어 사각배열 및 원형배열 등으로 다중 복사한다. 즉, 지정한 도면 요소를 일정하게 배열한다.

(1) 직사각배열(Rectangular array)

이 옵션은 선택한 객체를 행과 열의 방향으로 원하는 개수만큼 일정한 간격으로 다중 복사한다.

① 명령: array (단축: ar) Space Bar 또는 아이콘 클릭
객체 선택: 배열할 요소 선택(커서 □ 모양) Space Bar 또는 마우스 오른쪽 버튼 클릭

배열 유형 입력 [직사각형(R)/경로(PA)/원형(PO)] 〈직사각형〉: Space Bar (초기상태는 직사각형임)
유형 = 직사각형 연관 = 예
그림을 선택하여 배열을 편집하거나 [연관(AS)/기준점(B)/개수(COU)/간격두기(S)/열(COL)/행(R)/레벨(L)/종료(X)] 〈종료〉: 옵션 Space Bar

② 직사각형 배열 활용 예

- 배열을 위한 사각형을 그린다. → 명령: array Space Bar 또는 아이콘 클릭 → 커서 □ 모양 → 사각형 커서 일치 → 클릭(파란 굵은 선으로 표시)

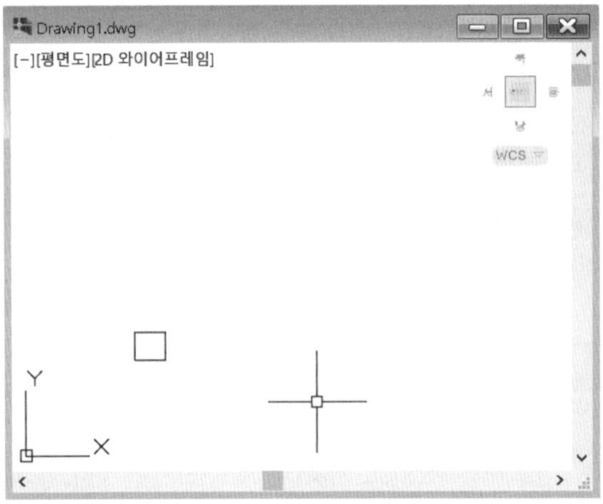

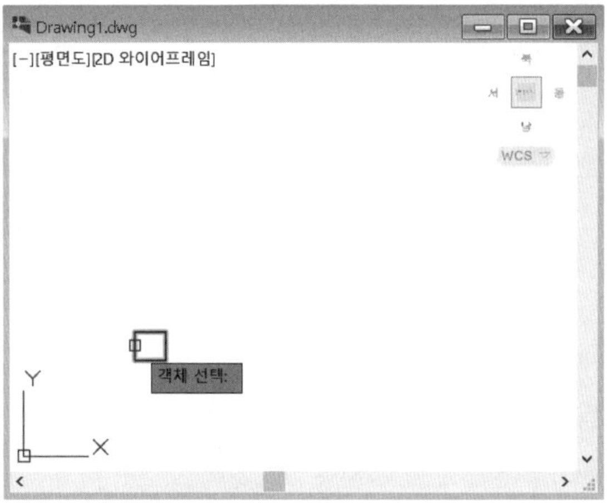

- Space Bar 또는 마우스 오른쪽 버튼 클릭 → 3×4 직사각형 배열이 나타난다.

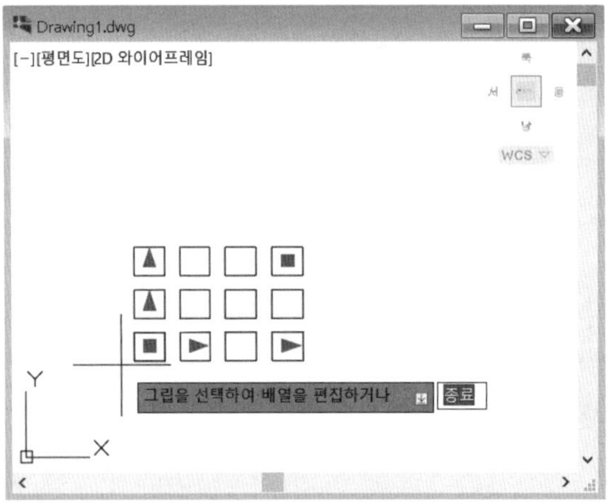

- 옵션: 행(R) 입력 Space Bar

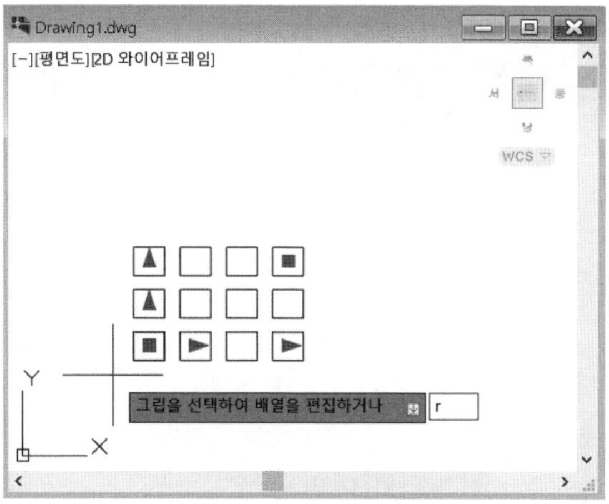

■ 행수 6 입력 Space Bar

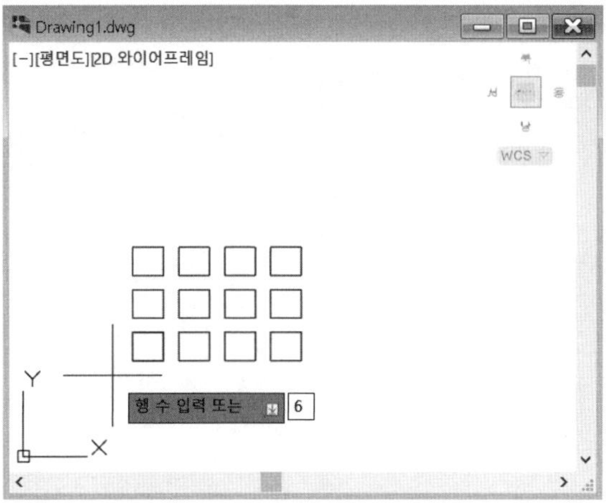

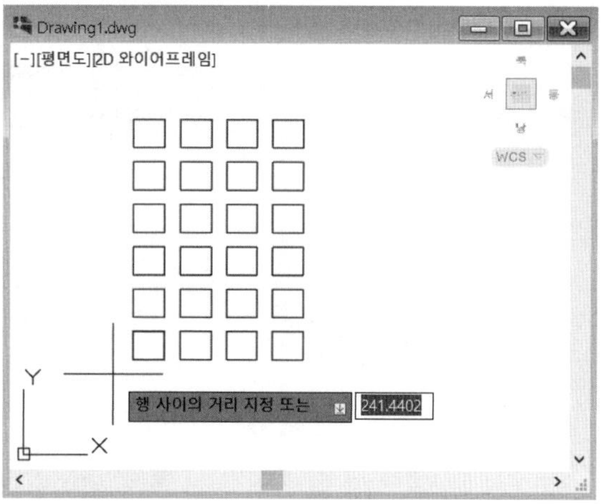

■ 행 사이의 거리 지정 : 300 Space Bar → 행 사이의 증분 고도 지정 Space Bar

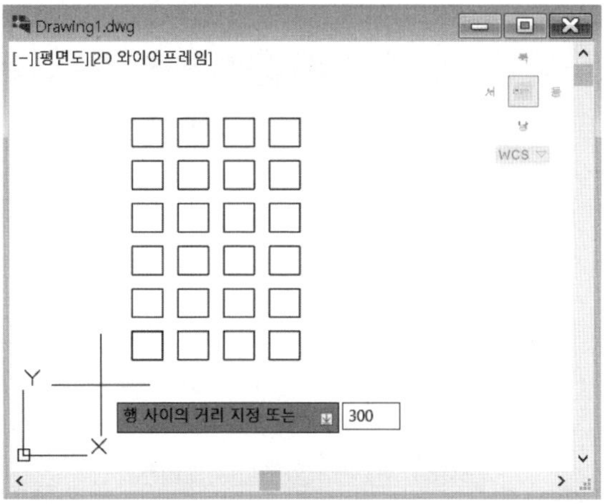

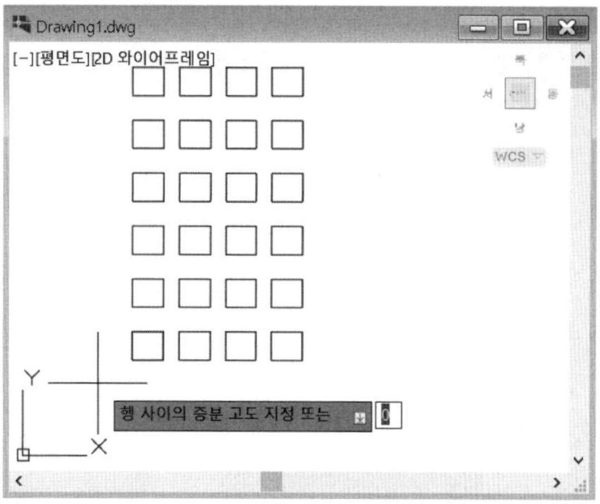

■ 다음으로 열을 지정한다. → 명령 : col [Space Bar]

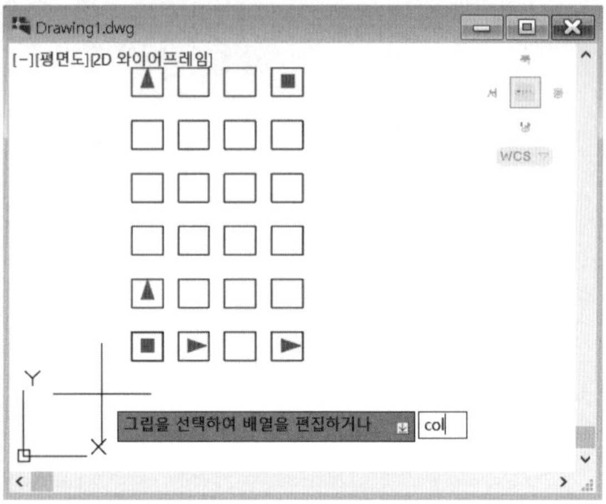

■ 열 수 입력: 6 [Space Bar]

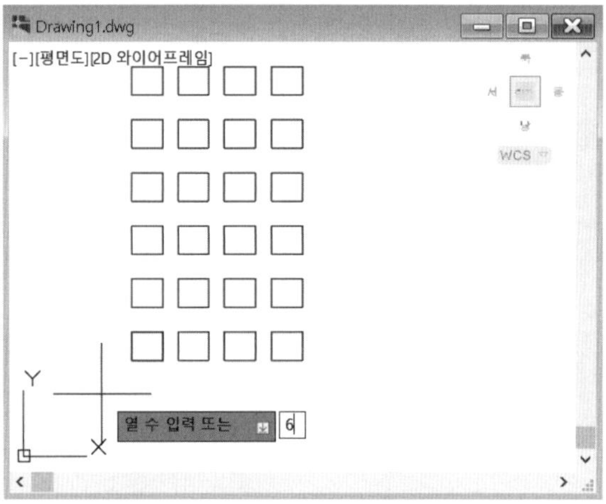

■ 열 사이의 거리 지정: 300 [Space Bar]

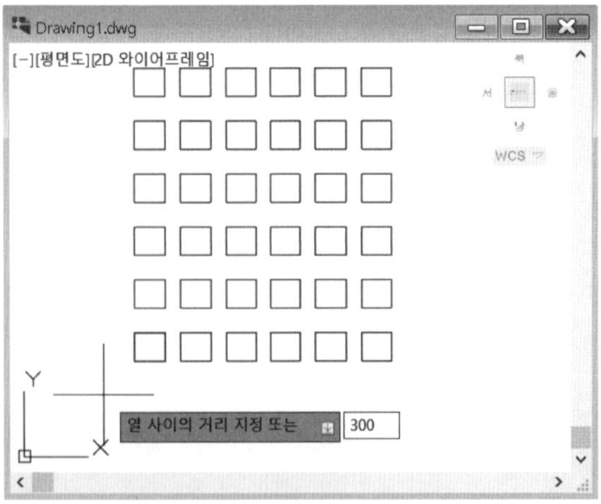

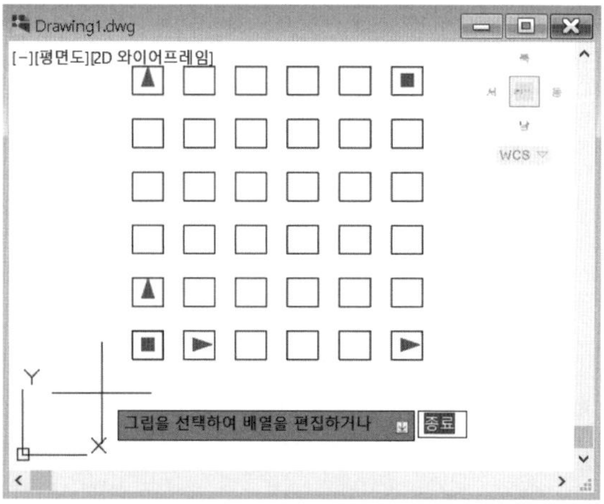

■ Space Bar 를 치면 도면 작업이 완료된다.

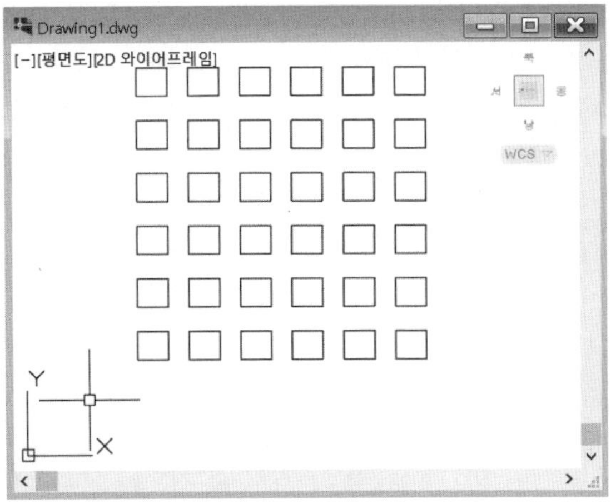

(2) 원형배열(Polar array)

이 옵션은 선택한 객체를 중심을 지정하여 원형으로 배열하는 기능이다. 원형 배열을 하고자 할 경우는 명령: ar Space Bar 를 쳐서 배열 명령을 수행하여야만 원형 배열을 할 수 있다.

① 명령: array (단축: ar) Space Bar 또는 아이콘 클릭
객체 선택: 배열할 요소 선택(커서 □ 모양) Space Bar 또는 마우스 오른쪽 버튼 클릭
배열 유형 입력 [직사각형(R)/경로(PA)/원형(PO)] 〈직사각형〉: po Space Bar
유형 = 원형 연관 = 예
배열의 중심점 지정 또는 [기준점(B)/회전축(A)]: P1 (중심점 지정)
그립을 선택하여 배열을 편집하거나 [연관(AS)/기준점(B)/항목(I)/사이의각도(A)/채울 각도(F)/행(ROW)/레벨(L)/항목 회전(ROT)/종료(X)] 〈종료〉: 옵션 Space Bar
배열의 항목 수 입력 또는 [표현식(E)] 〈6〉: 배열 개수 입력 Space Bar

② 원형 배열 활용 예
■ 원형 배열을 위한 사각형을 그린다.

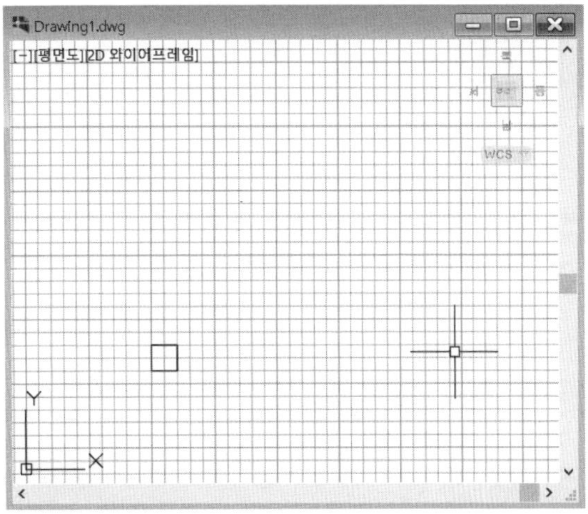

■ 명령 : ar [Space Bar] 또는 아이콘 클릭 → 객체 선택(커서 □ 모양) → 배열 유형 입력 [직사각형(R)/경로(PA)/원형(PO)] 〈직사각형〉: po [Space Bar] 또는 (주석의 [원형(PO) 클릭]
유형 = 원형　연관 = 예

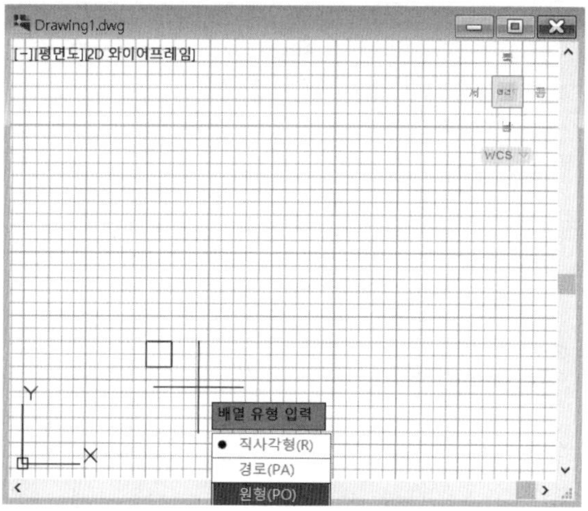

■ 배열의 중심점 지정 또는 [기준점(B)/회전축(A)]: P1 (중심점 지정) → 클릭하면 P1을 중심으로 6개(기본 설정)의 원형 배열작도

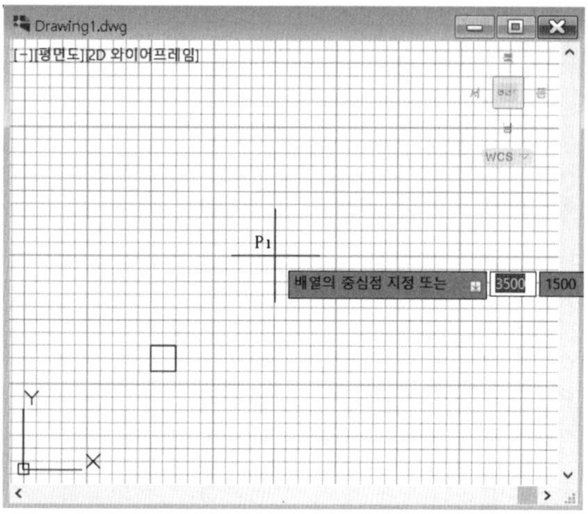

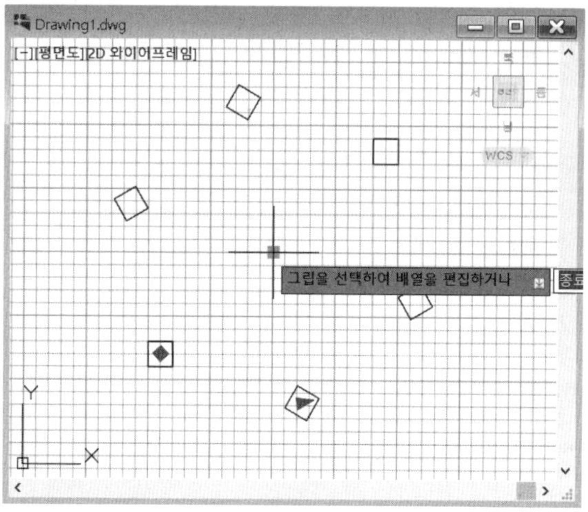

■ 그립을 선택하여 배열을 편집하거나 [연관(AS)/기준점(B)/항목(I)/사이의각도(A)/채울 각도(F)/행(ROW)/레벨(L)/항목 회전(ROT)/종료(X)] 〈종료〉: i [Space Bar]

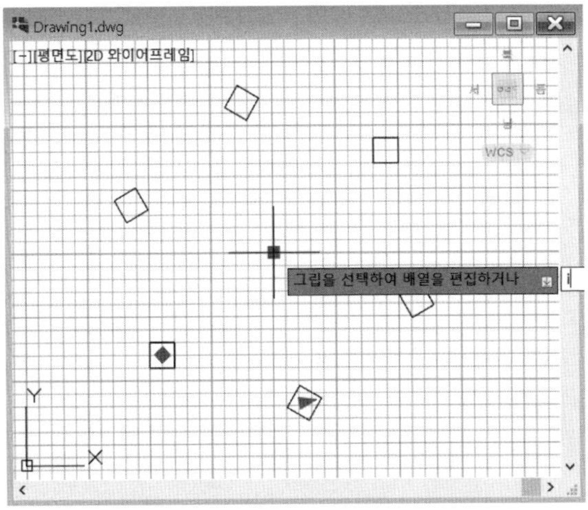

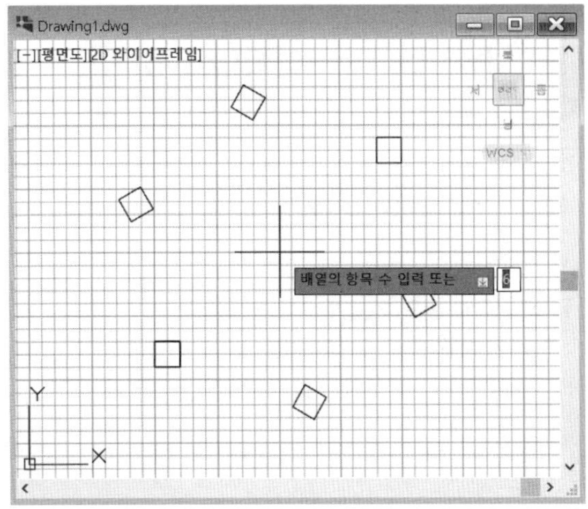

■ 배열의 항목 수 입력 또는 [표현식(E)] 〈6〉: 20 Space Bar

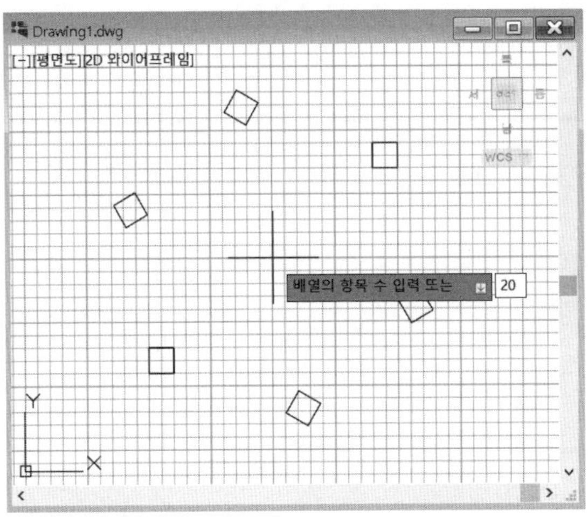

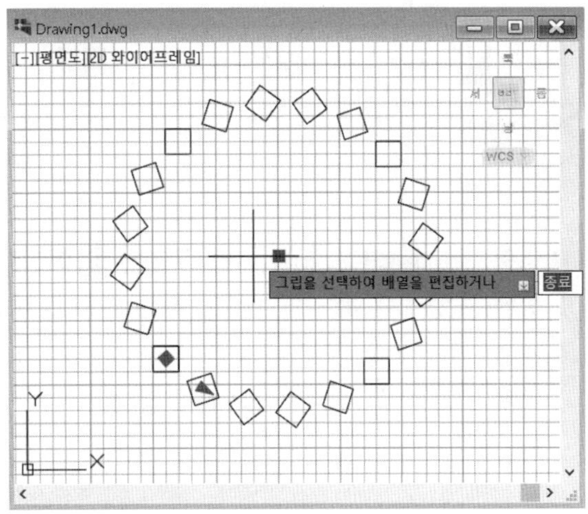

■ Space Bar 또는 Enter↵ 를 치면 도면 작업이 완료된다.

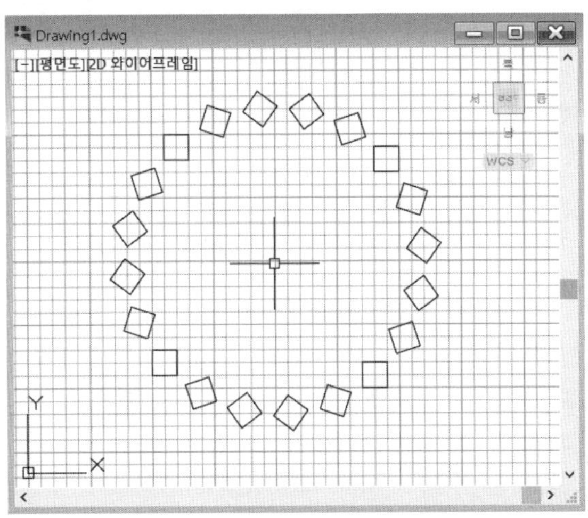

06 이동(Move)

이 명령은 객체를 이동시키는 기능이다. 이 명령을 이용할 경우 [상태] 도구막대의 [OSNAP](끝점, (원의 경우–사분점)) 모드를 켜고 작업 수행한다)

(1) 명령: move Space Bar 또는 아이콘 클릭

객체 선택: 객체 선택(커서 □ 모양) 후 Space Bar 또는 마우스 오른쪽 버튼 클릭
기준점 지정 또는 [변위(D)] 〈변위〉: P1 클릭(커서 + 모양)
두 번째 점 지정 또는 〈첫 번째 점을 변위로 사용〉: P2 클릭

07 회전(Rotate)

지정한 도면 요소를 회전시키는 명령이다. 반시계 방향 회전은 + 값, 시계 방향은 − 값을 적용한다.

(1) 명령: rotate (단축: ro) Space Bar 또는 아이콘 클릭

현재 UCS에서 양의 각도: 측정 방향=시계 반대 방향 기준 방향=0
객체 선택: 객체 선택(커서 □ 모양) Space Bar 또는 마우스 오른쪽 버튼 클릭
기준점 지정: P1 클릭(커서 + 모양)
회전각도 지정 또는 [복사(C)/참조(R)] 〈0〉: P2 클릭 또는 회전각도 입력 Space Bar

level up! 실력향상

'계기용변압기(PT)' 심벌을 [회전] 을 이용하여 작도하고 WBlock 명령으로 저장하여 보자.

[1] [선] 그리기로 다음과 같이 그린다.([줌 윈도우] 명령으로 확대 시킨 후 확인한다)
– [상태] 도구막대에서 [그리드] 및 [OSNAP](끝점) 모드를 켜고 도면 작업을 수행한다.

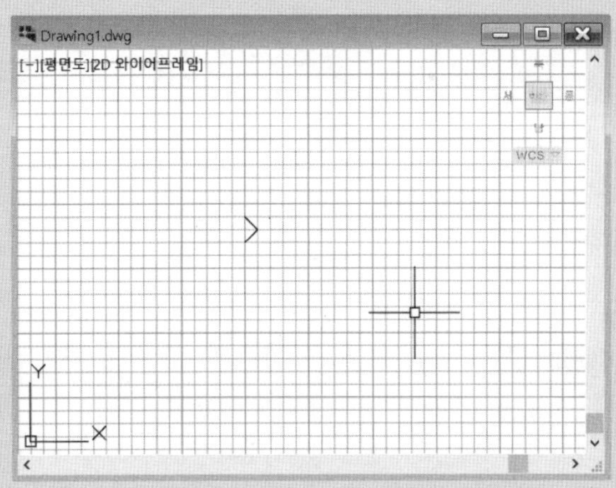

[2] [복사] 명령으로 객체를 지정 복사하고 아래로 붙인다.(위쪽을 지정하고 복사) 완료되면 Space Bar 를 친다.

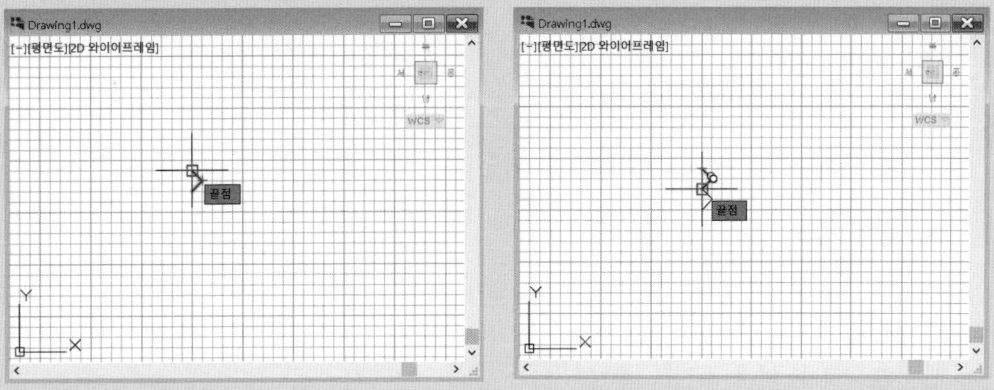

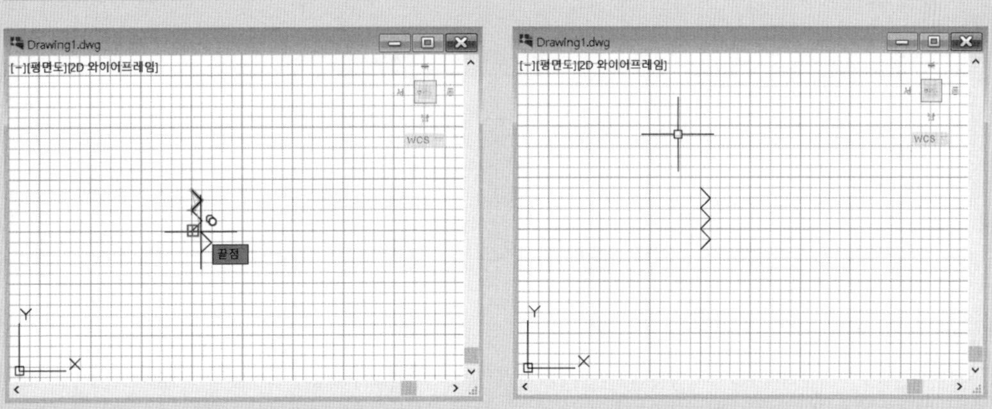

[3] 전체를 복사 → 중간 점 클릭 → 옆으로 이동 → 클릭 → Space Bar 를 친다.

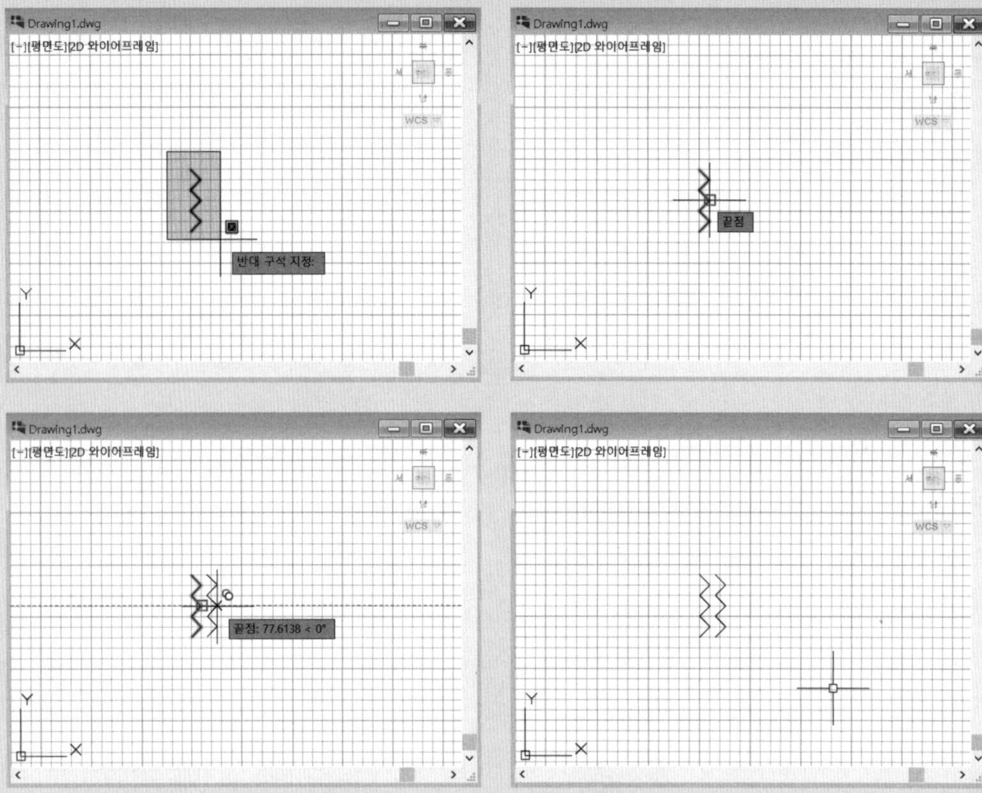

[4] [회전] 아이콘 클릭 → 오른쪽 객체를 전체 지정하고 중간 끝점을 클릭 → 마우스로 회전 또는 180 입력 Space Bar 친다.

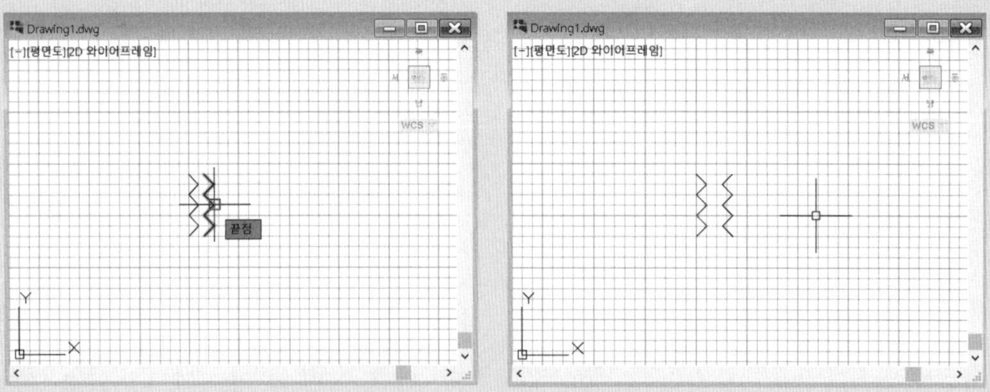

[5] [이동] 아이콘 클릭 → 오른쪽 객체를 앞으로 약간 이동시킨다.(직교 모드로만 작업) → 선그리기로 계기용변압기(PT) 심벌을 완성한다.

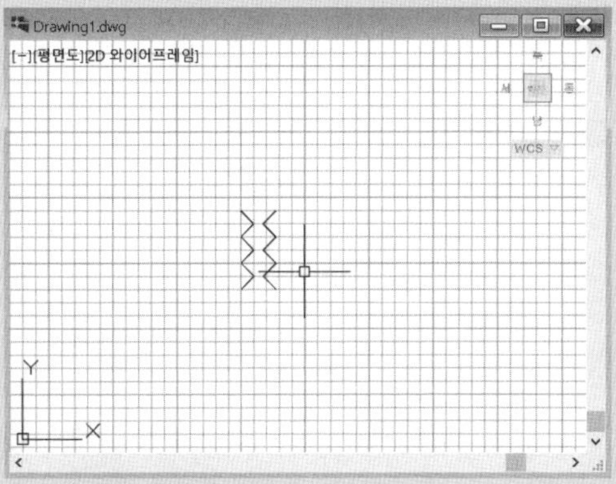

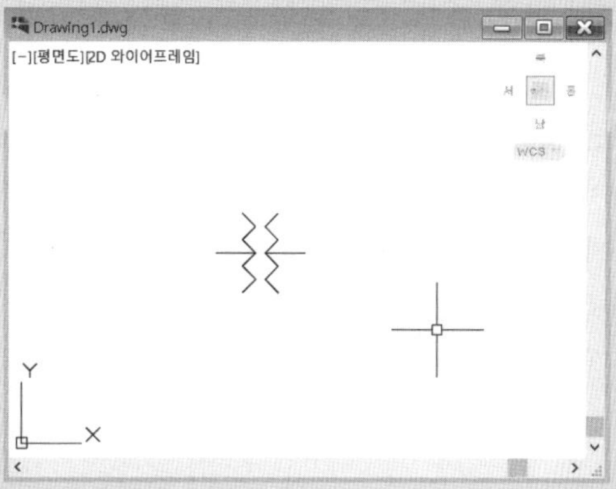

[6] 계기용변압기(PT) 심벌을 WBLOCK 명령으로 심벌을 저장한다.
명령: WBLOCK Space Bar

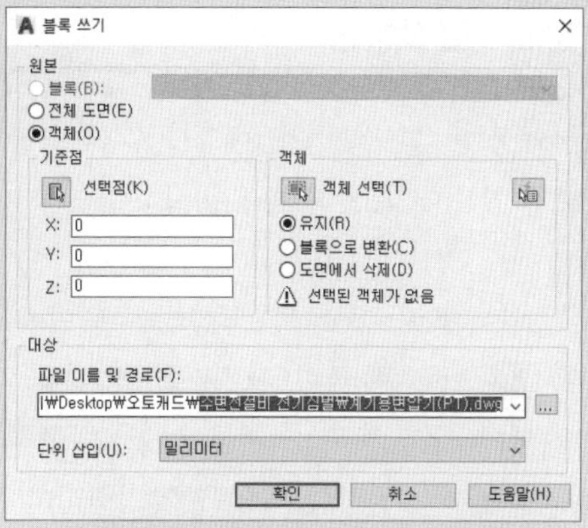

[7] [블록 삽입] 아이콘 클릭 → '계기용변압기(PT) 심벌'이 등록 되어 있는 것을 확인할 수 있다.

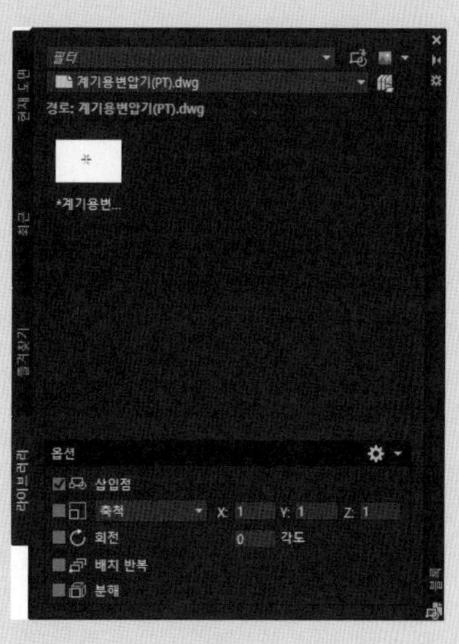

08 축척(Scale)

지정한 도면 요소의 크기를 확대 및 축소하는 명령이다.

(1) 명령: scale (단축: sc) [Space Bar] **또는** 아이콘 **클릭**

객체 선택: 객체 선택(커서 □ 모양) [Space Bar] 또는 마우스 오른쪽 버튼 클릭

객체 선택: [Space Bar]

기준점 지정: P1 클릭(커서 + 모양)

축척 비율 지정 또는 [복사(C)/참조(R)]: 축척입력 [Space Bar] 또는 마우스로 크기 조절

실력향상

전기 심벌을 도면 작업에 [블록 삽입]할 때 [축척] 명령으로 심벌의 크기를 조절하여 도면 작업에 활용하면 유용하다.

[1] 블록 작업한 '콘센트' 심벌을 도면에 [블록 삽입] 해 보자.

① 아이콘 클릭 → [블록] 대화창 → '콘센트'를 삽입한다. (심벌이 목록에 업로드 안 되어 있을 경우 : [블록 삽입] 대화창 → 라이브러리 → [파일 탐색] 아이콘 클릭 → 설계자가 원하는 파일을 열기한다.)

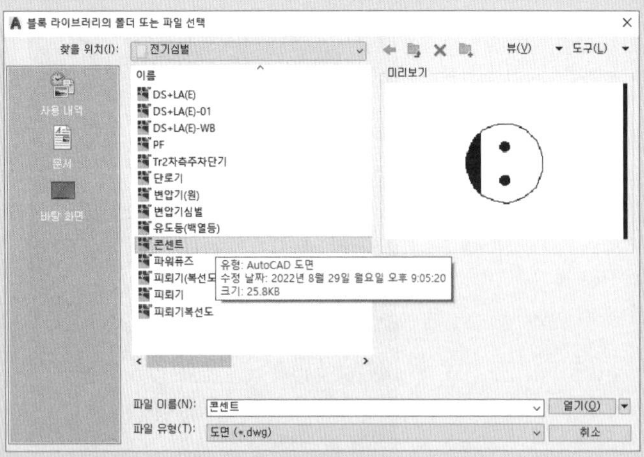

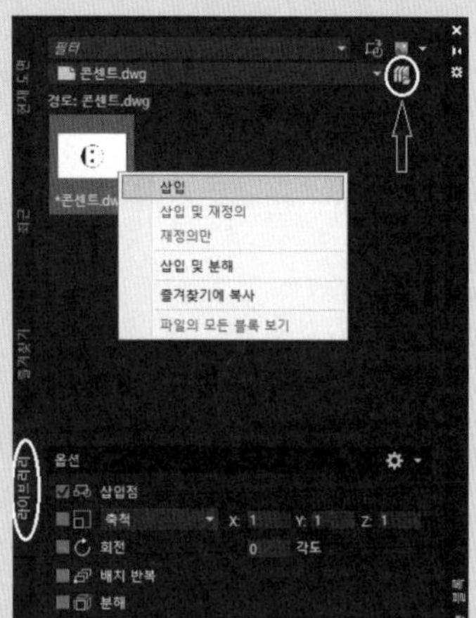

[2] [블록] 대화창에서 [삽입]을 클릭 → 도면에 '콘센트'가 도면에 블록으로 삽입된다.

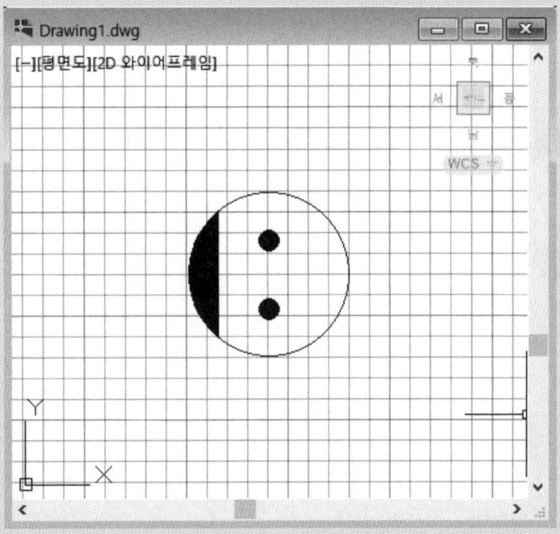

[3] 도면 작업 요소에 맞도록 [축척] 명령으로 적절한 크기로 조절한다.

① [축척] 아이콘 클릭 → 콘센트 클릭(굵은 파란선) → Space Bar → 기준점(P1) 클릭

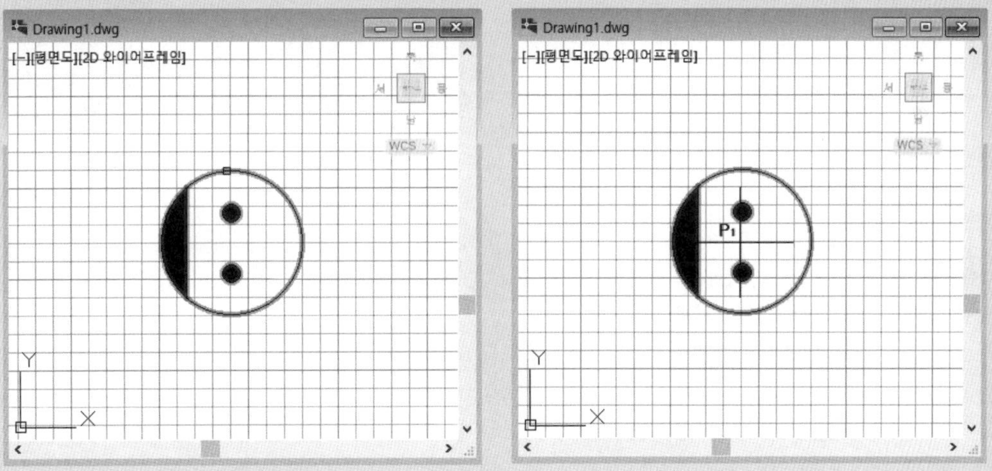

[4] 크기 배율(0.5, 0.2 등) 입력 또는 마우스로 크기를 조절한다.

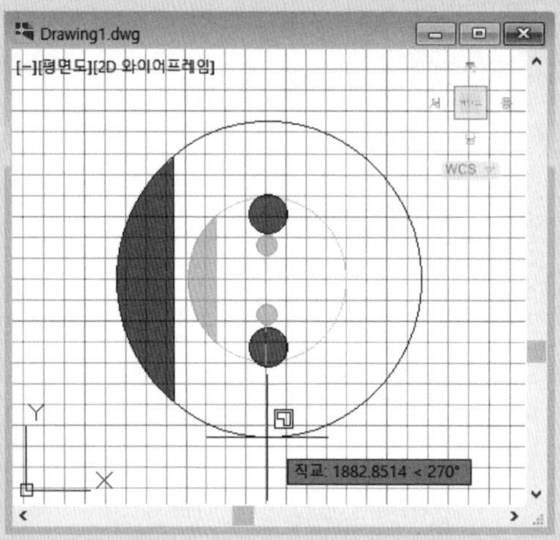

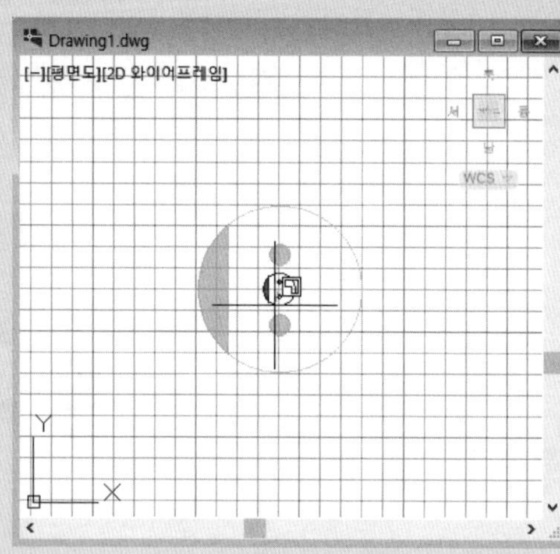

[5] 크기 조절이 완료되면 클릭한다.

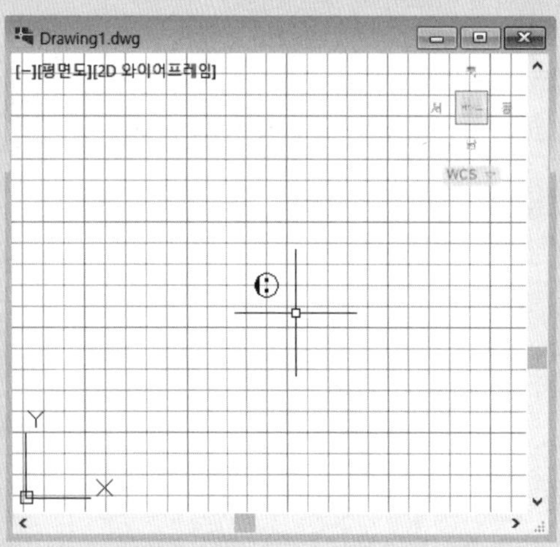

09 신축(Stretch)

지정한 도면 요소의 선택한 부분의 선을 늘리거나 줄이는 명령이다. 이 기능은 부분 수정으로 크기를 조절할 때 유용하게 사용할 수 있다. 예를 들어 직사각형을 부분적으로 늘리려고 하면 [분해] 명령으로 직사각형을 선으로 분해한 후 [신축]이 가능하다.

(1) 명령: stretch (단축: s) Space Bar 또는 아이콘 클릭

걸침 윈도우 또는 걸침 폴리곤만큼 신축할 객체 선택...
객체 선택: 반대 구석 지정: 객체 지정 (커서 □ 모양)
객체선택 : Space Bar
기준점 지정 또는 [변위(D)] 〈변위〉: P1 클릭
두 번째 점 지정 또는 〈첫 번째 점을 변위로 사용〉: P2 클릭

실력향상

차단기(CB) 심벌을 작도할 시 미흡한 부분을 [신축] 기능을 이용하여 완성시키는 과정을 통하여 실력을 향상하여 보자.

[1] [상태] 도구막대에서 [직교] 및 [OSNAP](사분점) 모드를 켜고 도면 작업을 수행한다.

[2] 다음과 같은 차단기 심벌을 임의로 짧게 작도한다. 작도한 차단기 심벌을 [신축] 기능을 이용하여 완전하게 차단기 심벌을 완성시킨다.

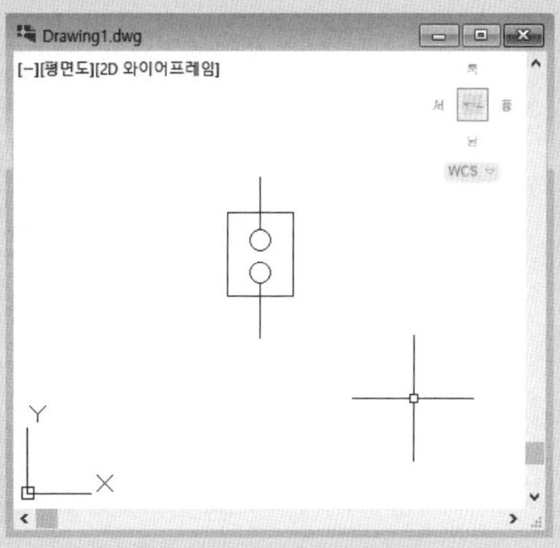

[3] [신축] 명령은 직사각형과 같이 블록으로 지정된 요소는 신축이 불가능하므로 [분해] 명령으로 선으로 각각 분해한 후 늘리거나 줄여야 한다.

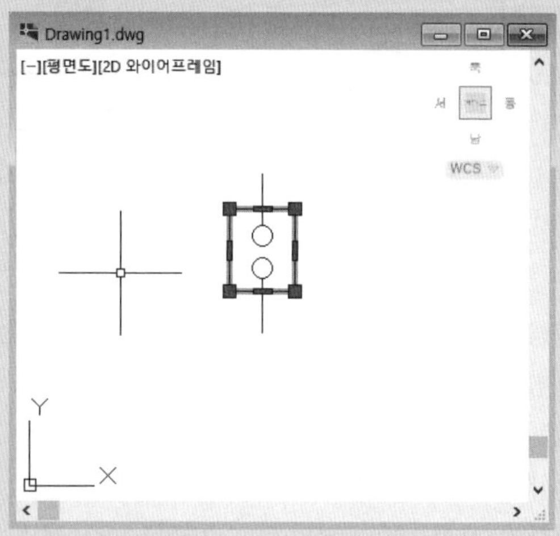

[4] [분해] 아이콘 클릭(커서 □ 모양) → 직사각형 클릭 → Space Bar 또는 마우스 오른쪽 버튼 클릭

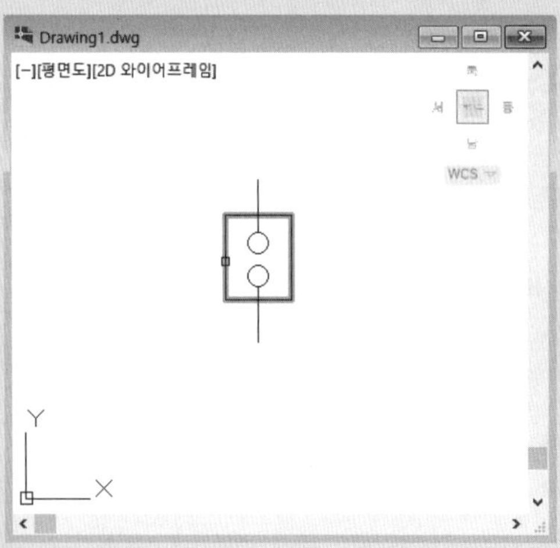

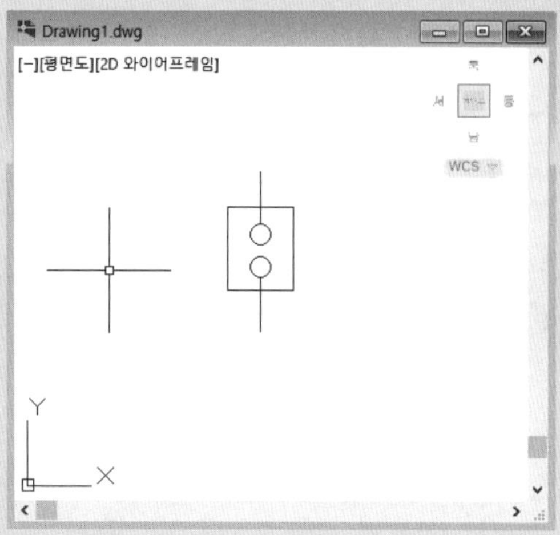

[5] 직사각형이 분해되어 각개 선으로 되었다.

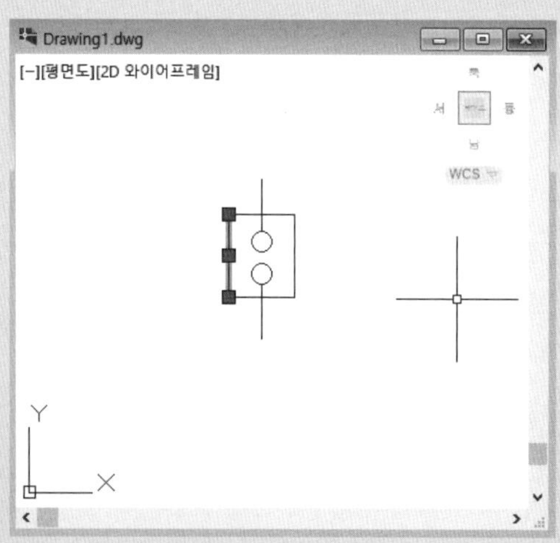

[6] [신축] 아이콘 클릭 → 커서 □ 모양 → 차단기 아래 부분만 지정 → Space Bar → P1 클릭 (커서 + 모양)

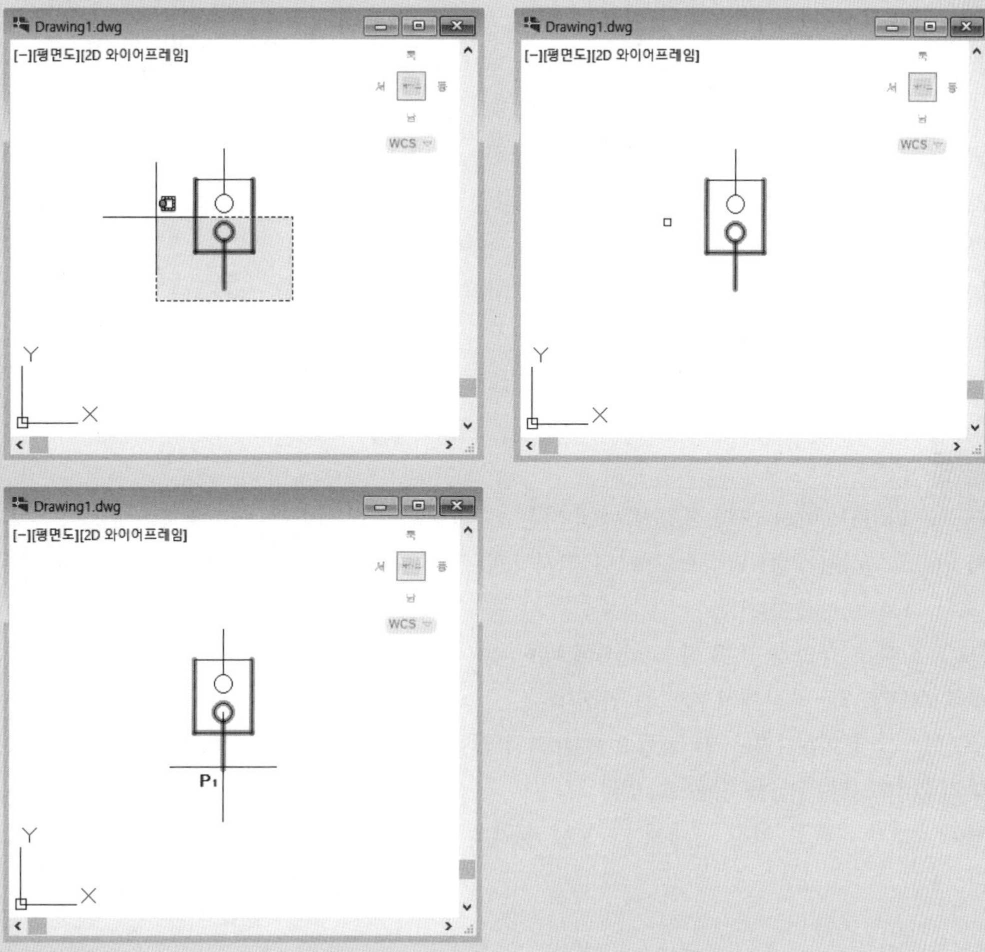

[7] 아래로 조정 → 원하는 길이에서 클릭한다.

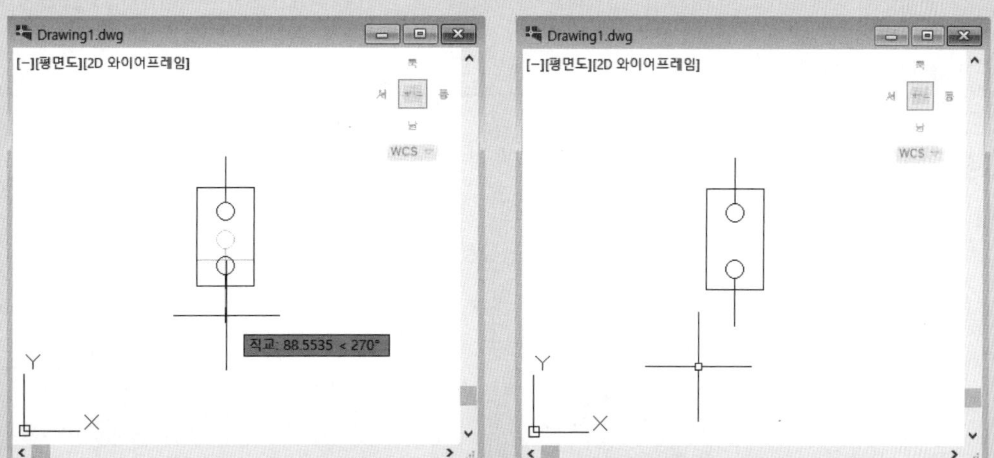

10 자르기(Trim)

지정한 객체의 경계선을 기준으로 불필요한 도면 요소를 잘라 없애주는 명령이다. 이 명령의 수행은 반드시 두선의 교차점이 있어야 원하는 불필요한 부분이 잘려 없어지므로 주의해야 한다.

(1) 명령: trim (단축: tr) Space Bar 또는 아이콘 클릭

현재 설정: 투영=UCS, 모서리=없음, 모드=빠른 작업
자를 객체를 선택하거나 Shift 키를 누른 채로 선택하여 확장 또는
[절단 모서리(T)/걸치기(C)/모드(O)/프로젝트(P)/지우기(R)]: 옵션 Space Bar
절단 모서리 선택: P1 클릭
[절단 모서리(T)/걸치기(C)/모드(O)/프로젝트(P)/지우기(R)/명령취소(U)]: 옵션 Space Bar

옵션사양

① 절단 모서리(T) : 여러 개의 선을 한번에 자를 때 사용되는 옵션이다.
② 걸치기(C) : [직사각형] 명령으로 그린 직사각형 영역 내에 포함되거나 이 영역과 교차하는 객체를 모두 자르는 옵션이다.
③ 모드(O) : 빠른 작업과 표준 작업 설정에 대한 옵션이다.
④ 프로젝트(P) : 3D 공간에서 자르는 옵션이다.
⑤ 지우기(R) : 더 이상 [자르기] 명령으로 잘리지 않는 객체를 지우는 옵션이다. [자르기] 명령을 종료하지 않고도 남은 선을 지울 수 있다.
⑥ 명령 취소(U) : 바로 이전 단계에 자른 한 객체씩 순서대로 되살리는 옵션으로 연속사용이 가능하다.

level up! 실력향상

[자르기] 기능으로 '전류계 절환스위치(AS)' 심벌을 그리고 WBlock으로 저장하여 보자.

[1] [상태] 도구막대에서 [OSNAP](중심점, 사분점) 모드를 켜고 도면 작업을 수행한다.
[2] 원을 그린다 → [선] 그리기 명령으로 원의 중심선으로 십자선을 작도하고 Space Bar 를 친다.

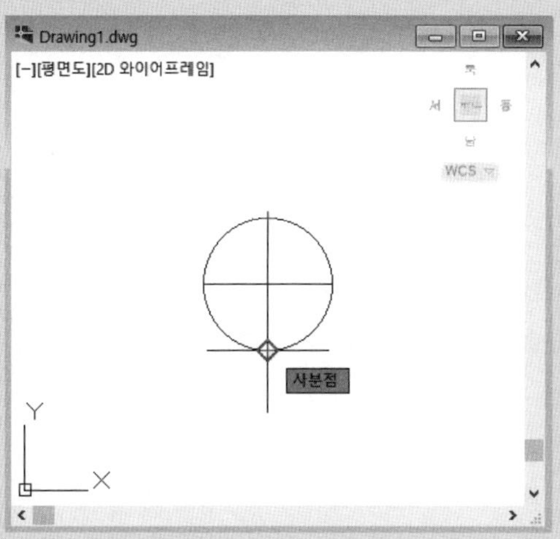

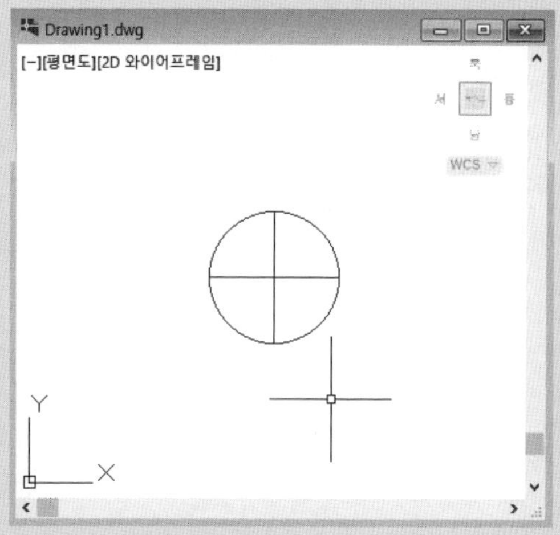

[3] 원의 중심점을 기준으로 대각선을 작도하고 Space Bar 를 친다.

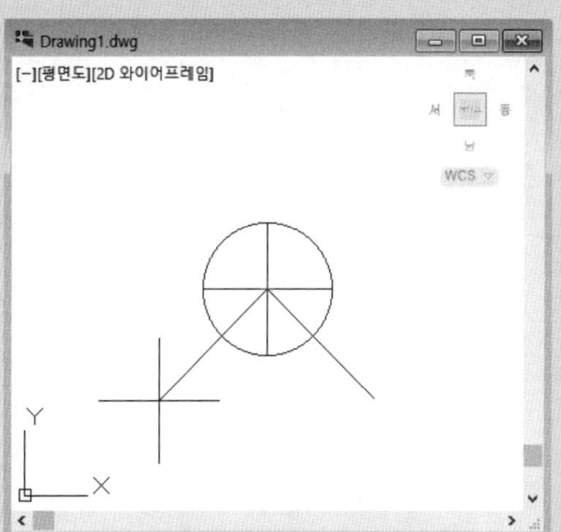

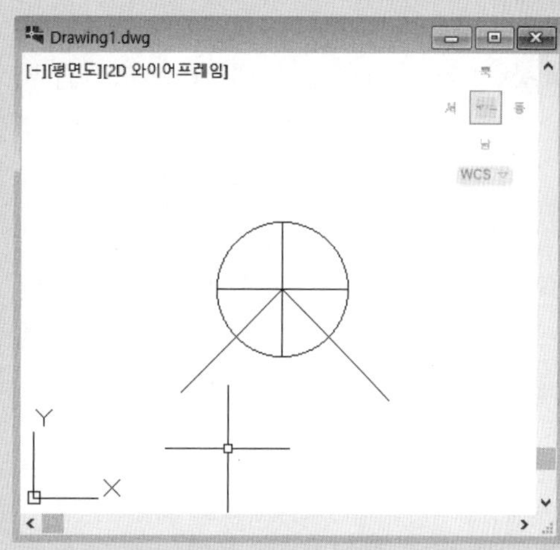

[4] [자르기] 클릭 → 커서 □ 모양 → 자르기 할 객체에 □ 커서를 일치 → 지울 객체 흐릿하게 보임 → 클릭하면 삭제됨

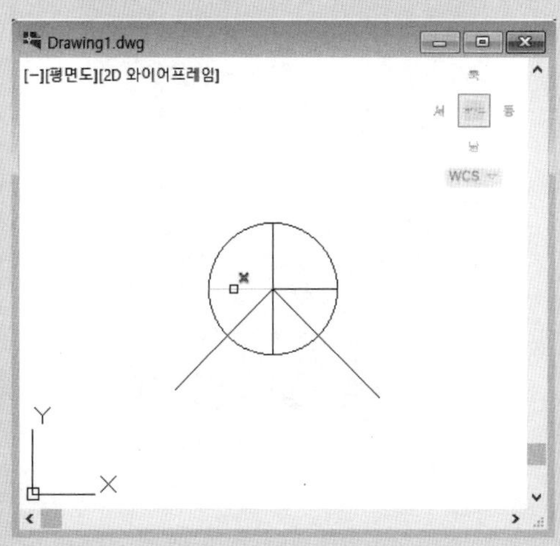

[5] 자르기가 완료되면 Space Bar 를 친다.

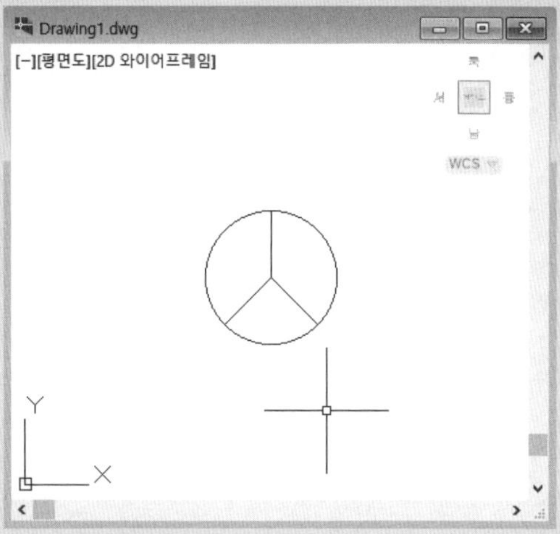

[7] '전기심벌' 영역에 'AS'로 WBlock으로 저장해 보자.

- 명령: wblock Space Bar → [블록 쓰기] 대화상자에서 '전기심벌/AS.dwg' → [기준점] 영역에서 [선택점(K)] 클릭 → 객체 기준점 지정 클릭 → [객체] 영역에서 [객체 선택(T)] 클릭 → 객체 전체 지정 후 Space Bar 를 친다 → 다시 [블록 쓰기] 대화상자 → [확인] 클릭한다.

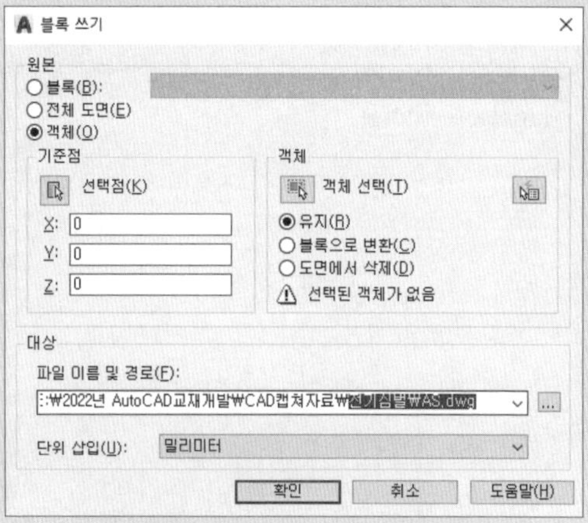

- [블록 삽입] 아이콘 클릭 → [최근] 클릭 → 'AS.dwg'가 등록됨

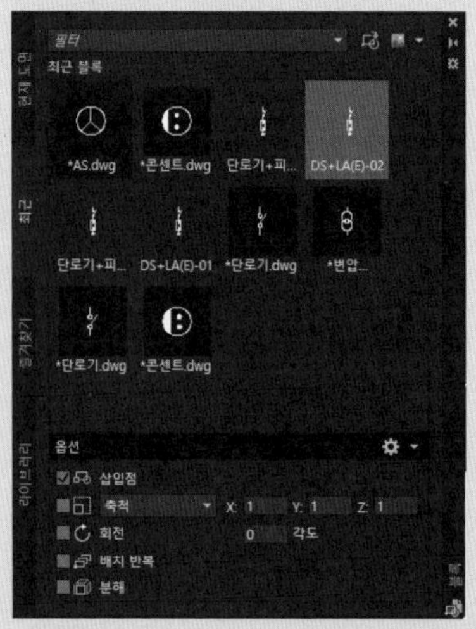

11 연장(Extend)

이 명령은 도면의 선들을 지정한 경계선까지 연장하는 수정 명령이다. 즉, 끊어진 도면 요소를 연장하여 지정한 부분까지 연장 연결하여주는 명령으로 경계선으로 지정되는 선은 연장할 선의 연장선상에 있어야 사용할 수 있다.

(1) 명령: extend (단축: ex) Space Bar 또는 아이콘 클릭

현재 설정: 투영=UCS 모서리=없음
경계 모서리 선택...
객체 선택 또는 〈모두 선택〉: 객체 P1 클릭(연장선 지정)
객체 선택: Space Bar
연장할 객체 선택 또는 Shift 키를 누른 채 선택하여 자르기 또는
[울타리(F)/걸치기(C)/프로젝트(P)/모서리(E)/명령취소(U)]: 연장할 객체 선택

옵션사양

① 경계 모서리(B) : 연장할 경계를 지정할 때 사용하는 옵션이다.
② 울타리(F) : 여러 개의 선을 한꺼번에 연장할 때 사용하는 옵션이다.
③ 걸치기(C) : [직사각형] 명령으로 그린 영역 내에 포함되거나 이 영역에 교차하는 객체를 모두 연장하는 옵션이다.
④ 모드(O) : 빠른 작업(Q)과 표준 작업(S) 설정에 대한 옵션이다.
⑤ 프로젝트(P) : 3D 공간에서 연장하는 옵션이다.
⑥ 모서리(E) : 경계선과 교차되지 않는 객체의 일부분을 연장할지에 대한 옵션이다.
⑦ 명령 취소(U) : 바로 이전 단계에 연장한 객체들을 순서대로 하나씩 되돌리며 연속해서 사용할 수 있다.

(2) [연장] 명령 사용 예

■ 아래와 같이 그림을 그린다.

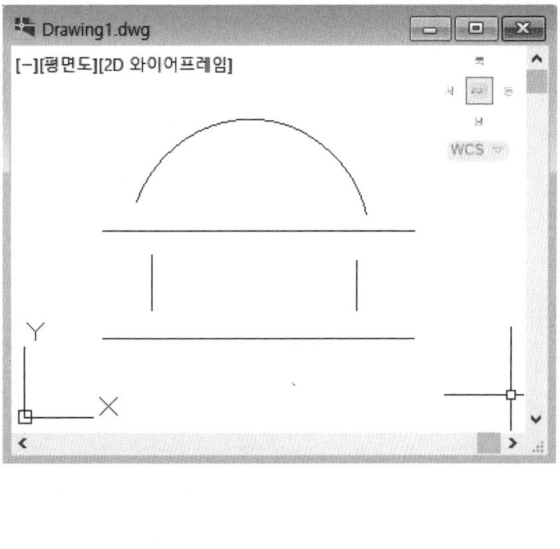

■ [결합] 아이콘 클릭 → 커서 □ 모양 → P1 클릭 → P2 클릭 (파란 굵은 선으로 됨)

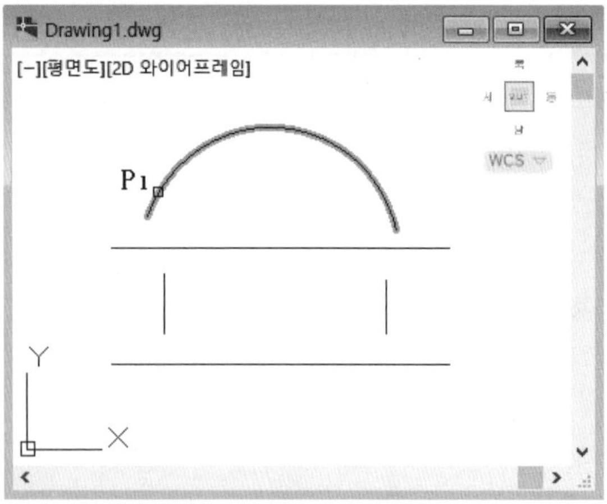

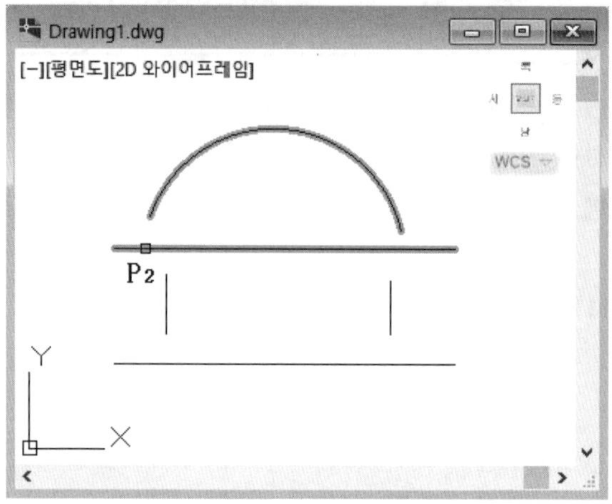

■ Space Bar 또는 Enter↵ 쳐도 결합이 안된다.

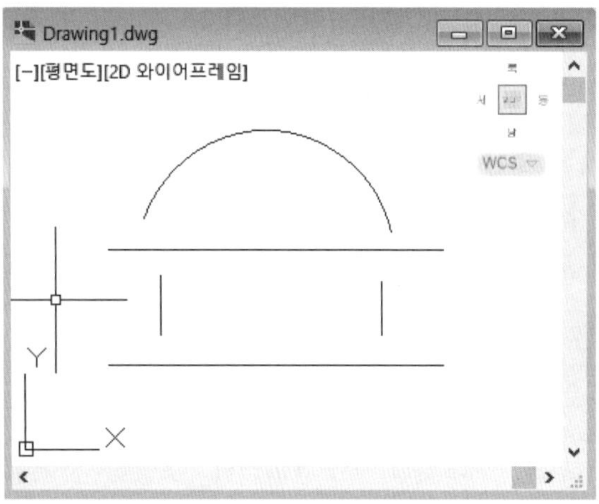

■ [연장] 아이콘 클릭 → 커서 □ 모양 → 연장선에 커서 일치(파란 굵은 선 표시) 클릭

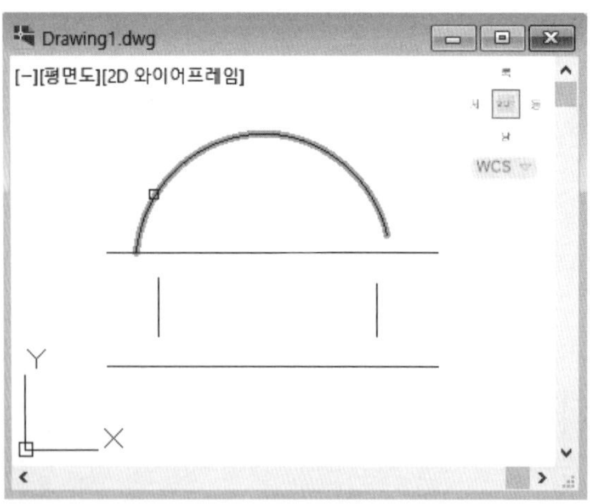

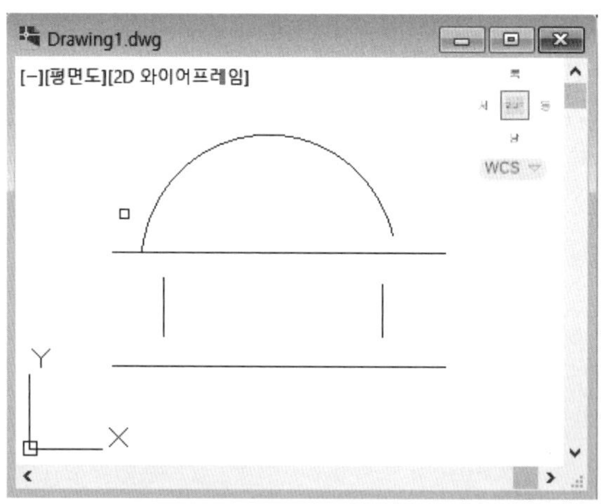

■ Space Bar 나 Enter↵ 를 치기 전에는 명령이 계속 수행된다. 연장된 호를 다시 연장할 수 있다.

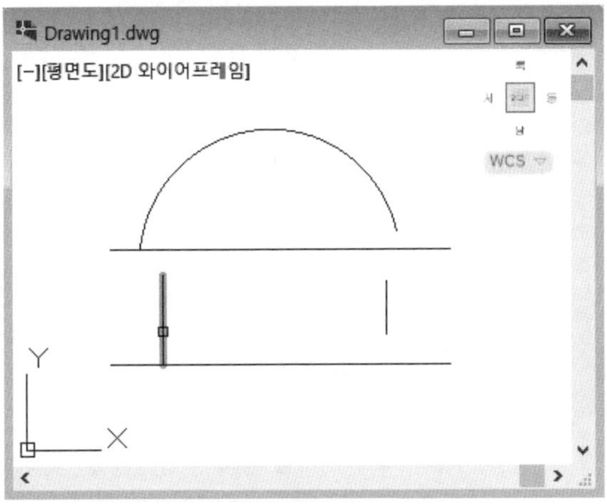

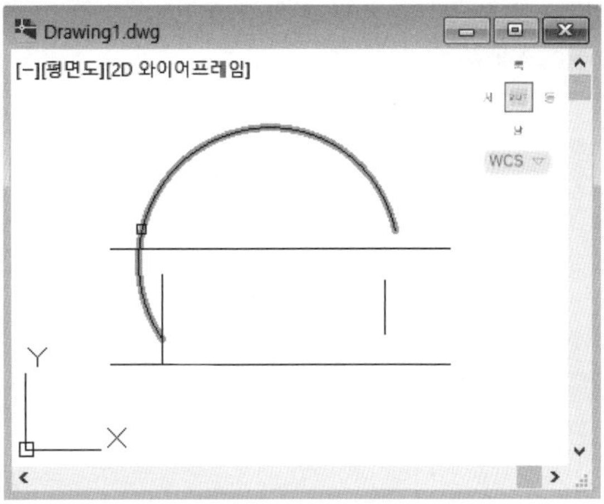

■ 나머지 객체에도 [연장] 명령을 수행한다.

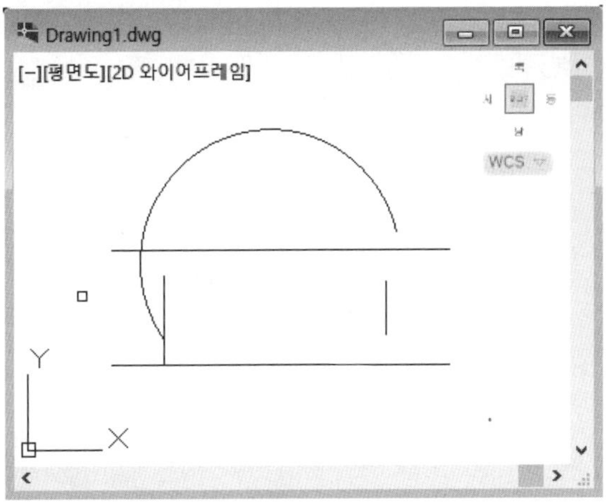

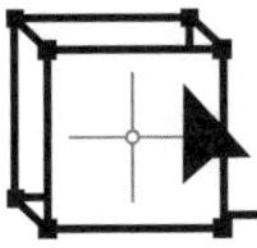

12 점에서 끊기(Break at point)

선택된 객체를 한 점에서 끊는 명령이다. 유효한 객체로는 선, 열린 폴리선 및 호가 있다. 원과 같이 닫힌 객체는 한 점에서 끊을 수 없다.

(1) 명령: breakatpoint Space Bar **또는 아이콘 클릭**

객체선택: P1 클릭

끊기점 지정: P2 클릭

(2) [점에서 끊기] 명령 사용 예

① 도면에 다음과 같이 선을 그린다. → 개개 선을 클릭하면 아래와 같이 3점 그립이 생긴다.

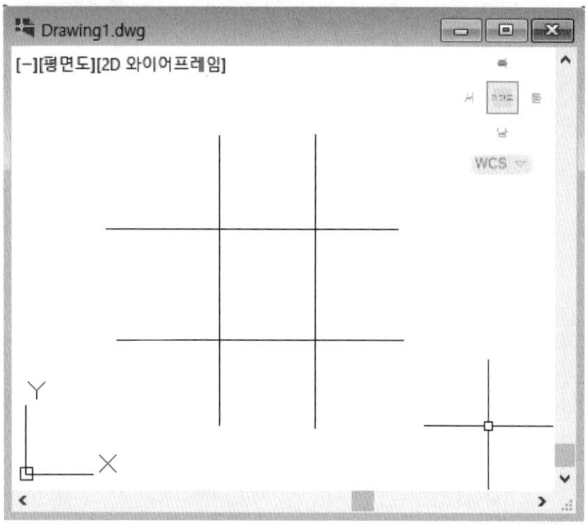

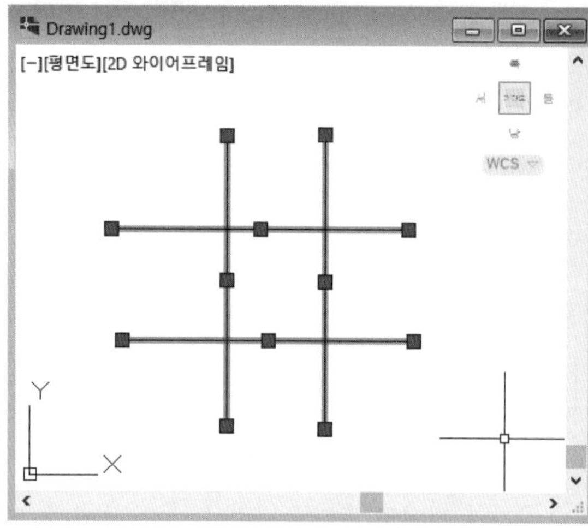

② [점에서 끊기] 아이콘 클릭 → P1 클릭 → P2클릭

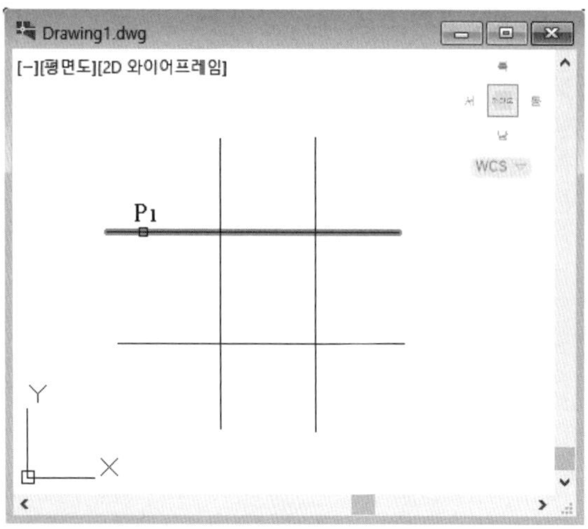

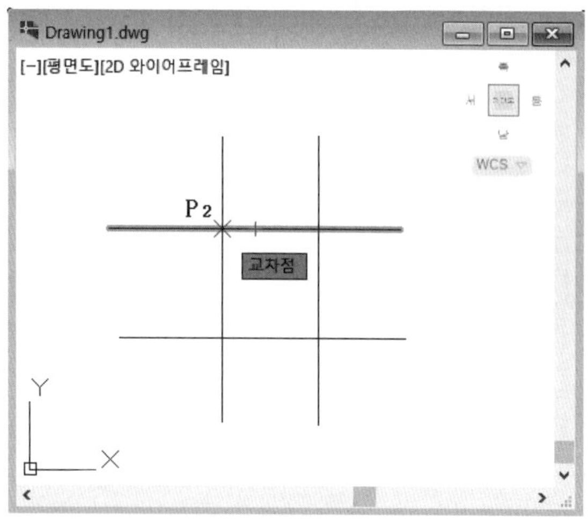

③ [점에서 끊기] 수행 완료 → 선을 클릭하면 3점 그립이 끊어진 것을 확인할 수 있다.

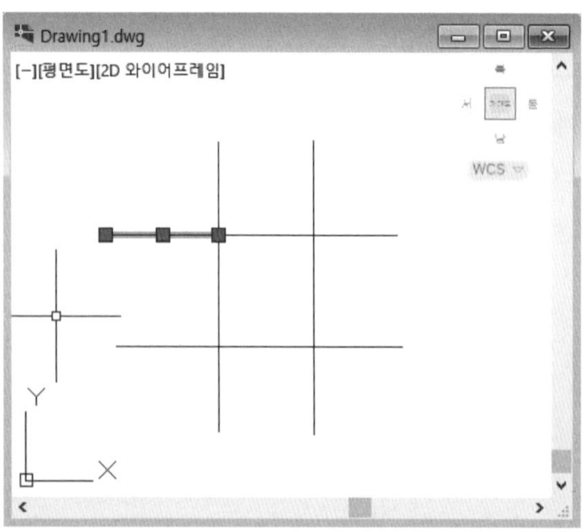

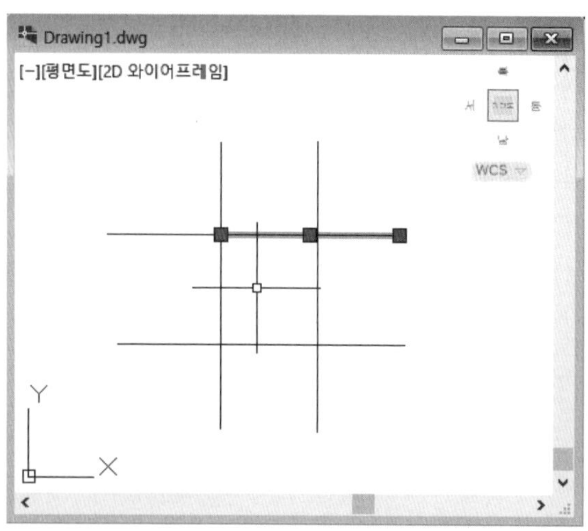

④ 나머지 선에도 [점에서 끊기] 명령을 수행한다.

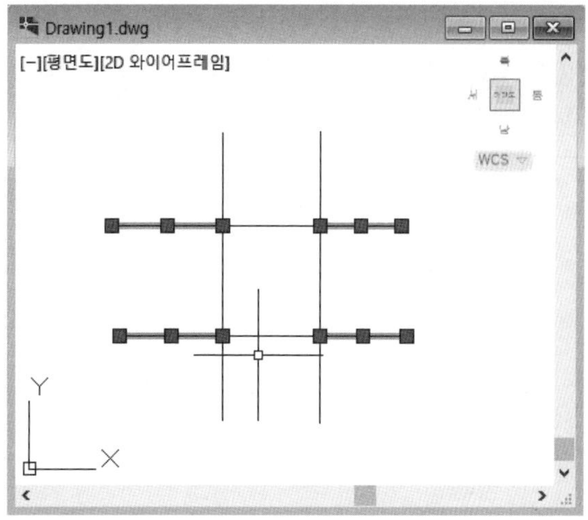

13 끊기(Break)

지정한 두 개의 점 사이를 끊어주는 명령이다. 원과 호는 반시계 방향으로 끊기가 실행되며, 여러 개의 요소들을 한 번의 끊기 명령 수행으로 한꺼번에 끊을 수 있다. 다중선으로 그린 도면 요소는 이 명령으로는 끊을 수 없고 [분해] 명령으로 분해시킨 후 [끊기] 명령을 수행하여야 만 한다.

(1) 명령: break (단축: br) Space Bar 또는 아이콘 클릭

객체 선택: P1 클릭(끊을 시점 지정)

두 번째 끊기점을 지정 또는 [첫 번째 점(F)]: P2 클릭(끊을 종점 지정)

(2) [끊기] 명령 사용 예

① 선 그리기로 아래와 같이 그린다.

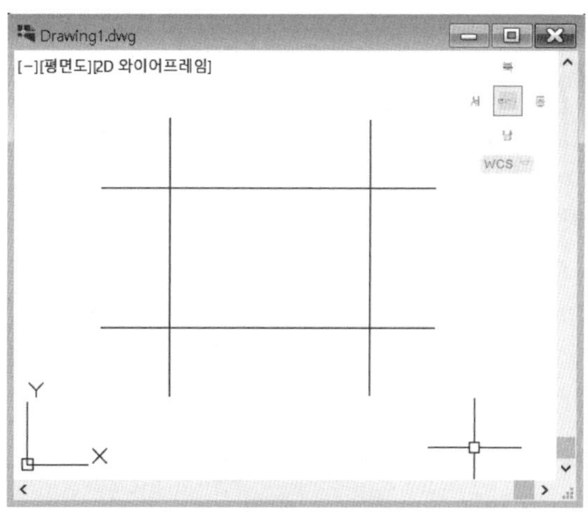

② [끊기] 아이콘 클릭 → P1 클릭 → P2 클릭

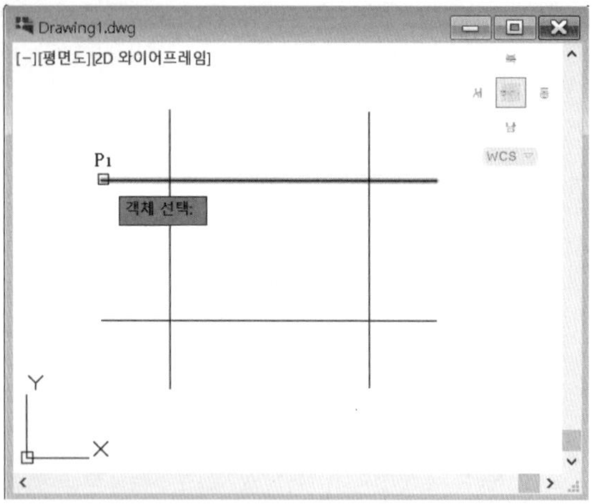

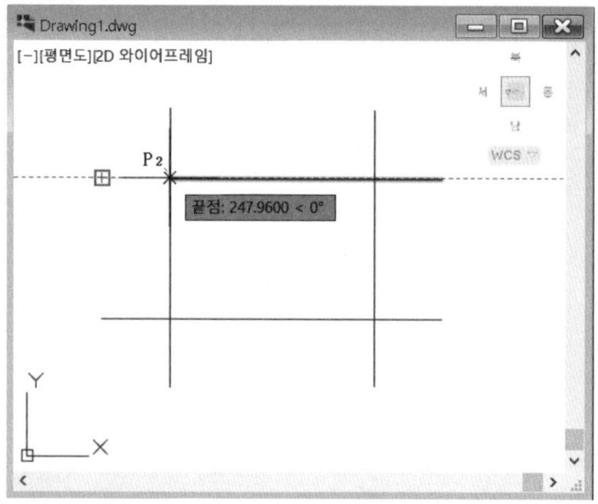

③ [끊기]가 완료 된다. → 이 명령으로 다른 선들도 끊기를 한다.

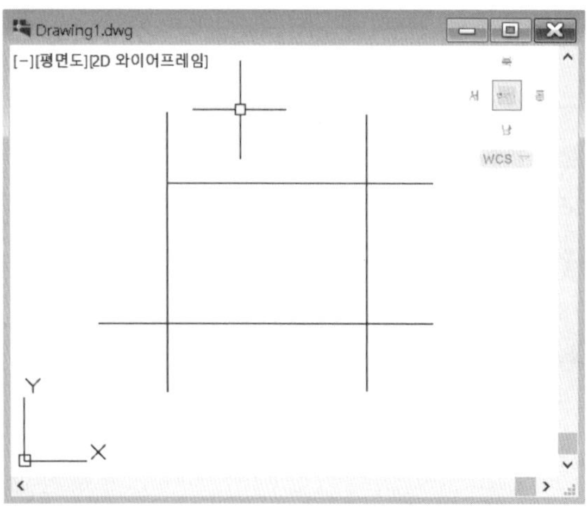

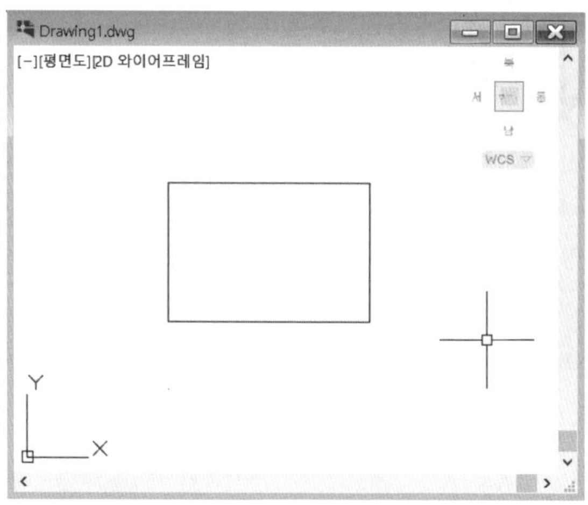

14 결합(Join)

끊어진 도면 요소를 연장하여 결합시키는 명령이다. 전기 도면 설계 시 유용하게 사용할 수 있다. [결합] 은 [끊기] 한 도면 요소의 직선을 결합시키는 명령이고, [연장] 은 교차 선의 연장을 수행하는 명령이다. 명령수행 시 경계선으로 지정되는 선은 연장할 선의 연장선상에 있어야 사용할 수 있다.

(1) 명령: Join (단축: j) 또는 아이콘 클릭

한 번에 결합할 원본 객체 또는 여러 객체 선택: P1 클릭

결합할 객체 선택: P2 클릭

(2) [결합] 명령 실행 예

① 아래와 같이 끊어진 선을 그린다. → [연장] 아이콘 클릭 → 커서 □ 모양 → 연장 할 수 없다.

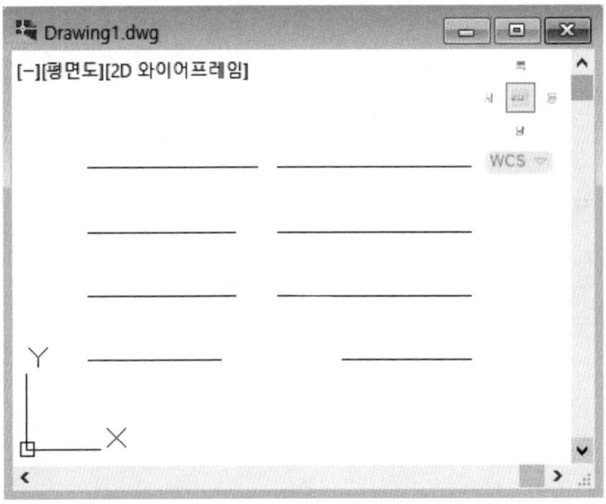

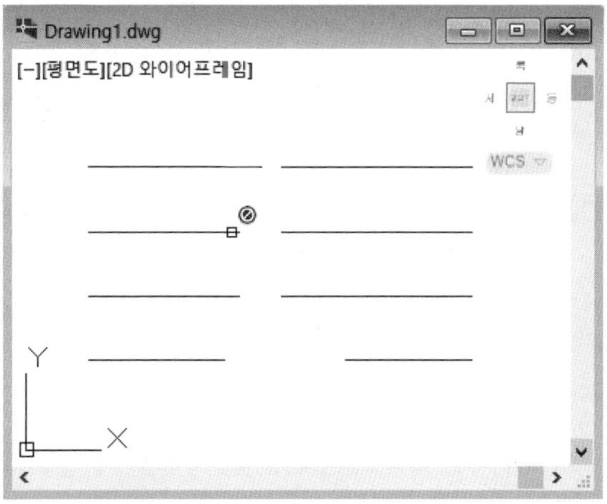

② [결합] 아이콘 클릭 → 커서 □ 모양 → P1 클릭 → P2 클릭(파란 굵은 선)

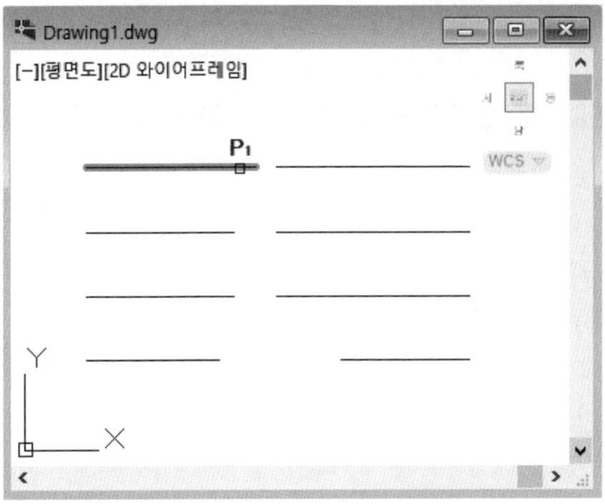

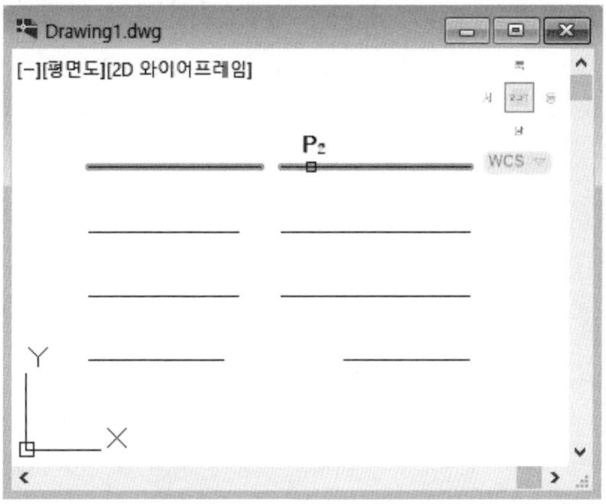

③ Space Bar 또는 Enter↵를 치면 선이 결합된다.

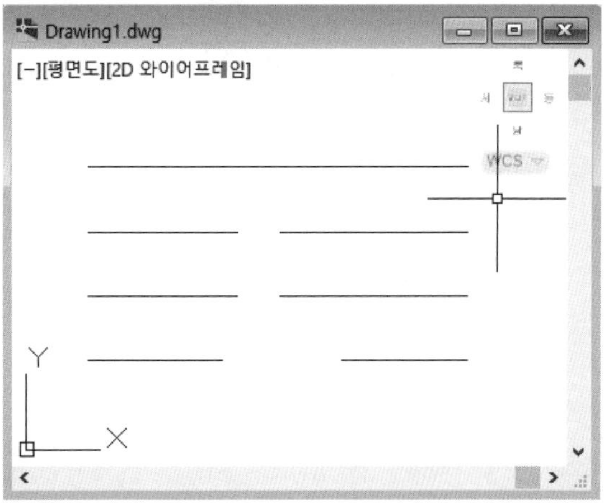

15 모따기(Chamfer)

지정한 두 개의 점 사이를 모따기(모서리를 각지게 만드는)하는 명령이다. 호나 원 등과 같은 곡선과 직사각형과 같이 블록으로 된 요소에는 적용이 안 된다.

(1) 명령: chamfer (단축: cha) Space Bar 또는 아이콘 클릭

(자르기 모드) 현재 모따기 거리1 = 0, 거리2 = 0

첫 번째 선 선택 또는 [명령 취소(U)/폴리선(P)/거리(D)/각도(A)/자르기(T)/메서드(E)/다중(M)]: P1 클릭 또는 옵션 Space Bar

두 번째 선 선택 또는 Shift 키를 누른 채 선택하여 구석 적용 또는 [거리(D)/각도(A)/메서드(M)]: P2 클릭 또는 옵션 Space Bar

옵션사양

① 명령 취소(U): 모따기 명령 실행 중에 바로 전 단계를 취소할 때 사용한다. 또 서브 메뉴 중 다중 옵션(M)을사용할 경우 반복 사용할 수 있다.

② 폴리선(P): 2개 이상 여러 개의 세그먼트로 구성된 선형 형태의 폴리선의 모든 꼭지 점을 한 번에 전부 모따기 한다.

③ 거리(D): 두 점 사이의 모따기 거리를 지정한다.

④ 각도(A): 첫 번째 객체의 거리와 두 번째 객체의 각도를 사용하여 모따기 할 경우에 사용한다.

⑤ 자르기(T): 모따기 수행 시 기존의 객체를 그대로 남겨 놓을지 자를지 여부를 지정한다.

⑥ 다중(M): 구 버전에서는 모따기 명령을 한 번 입력하여 단 한 차례씩만 실행할 수 있지만 다중 옵션을 선택하면 여러 차례 반복해서 실행 할 수 있다.

(2) [모따기] 명령 사용 예 – 거리(D) 옵션 사용

① 선 그리기로 사각형을 그린다. → [모따기] 아이콘 클릭 → 커서 □ 모양 →명령: m(다중) Space Bar → 명령: d(거리) Space Bar → 첫 번째 모따기 거리 지정 〈0.0000〉: 100 Space Bar → 두 번째 모따기 거리 지정 〈100.0000〉: Space Bar → P1 클릭

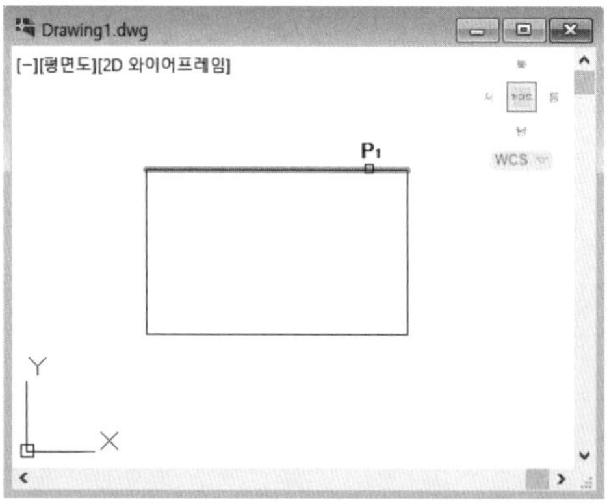

② P2 클릭 → Space Bar

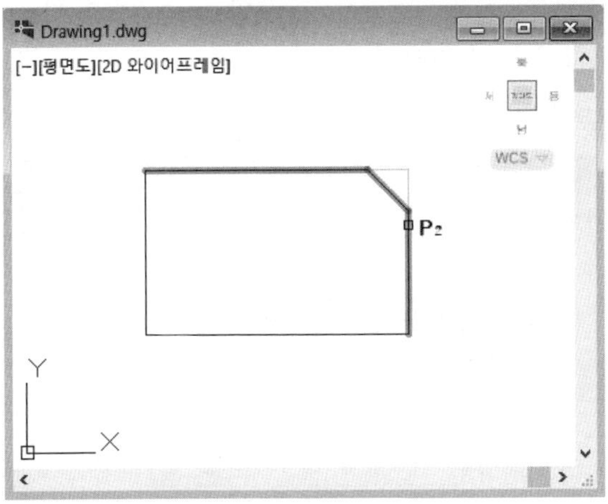

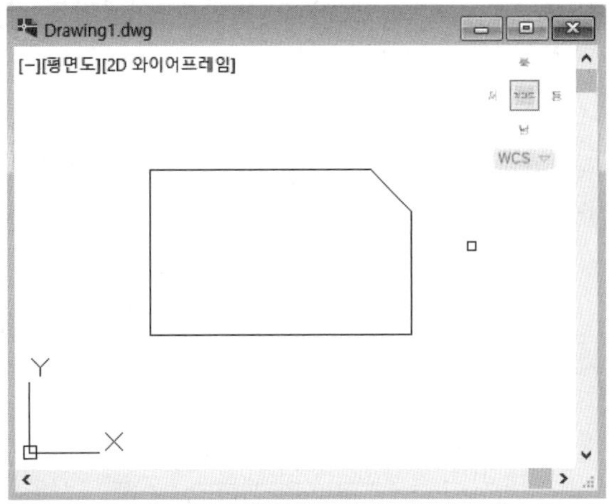

③ 명령: m(다중)을 지정하였으므로 → 계속 [모따기] 명령을 수행 할 수 있도록 커서 □ 모양으로 대기하고 있다. 아래 부분도 모따기 한다.

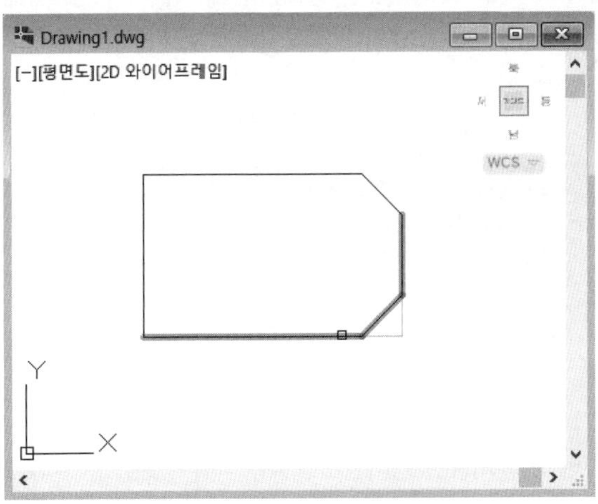

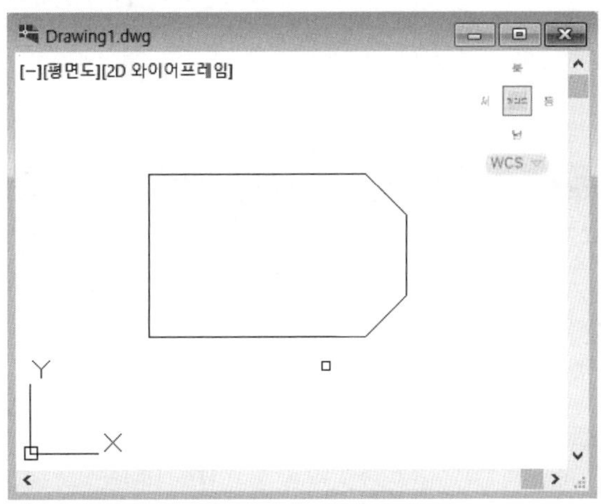

④ 다른 부분의 모따기도 수행 한다 → Space Bar 를 치면 종료된다.

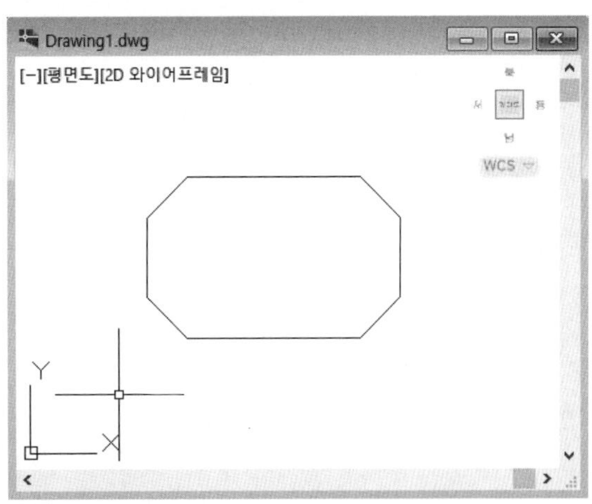

(3) [모따기] 명령 사용 예 – 각도(A) 옵션 사용

① 선 그리기로 사각형을 그린다. → [모따기] 아이콘 클릭 → 커서 □ 모양 →명령: m(다중) Space Bar → 명령: a(각도) Space Bar → 첫 번째 모따기 거리 지정 〈0.0000〉: 100 Space Bar → 첫 번째 선으로부터 모따기 각도 지정 〈0〉: 30 Space Bar → P1 클릭

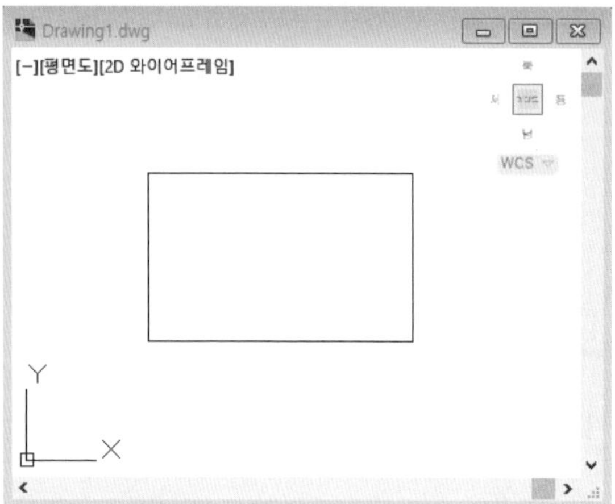

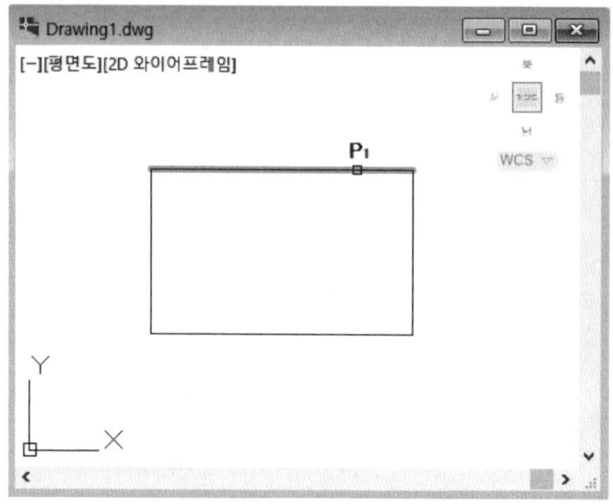

② P2 클릭 → Space Bar

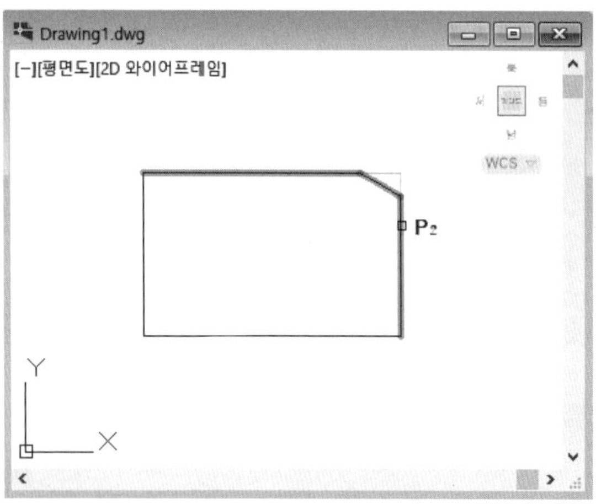

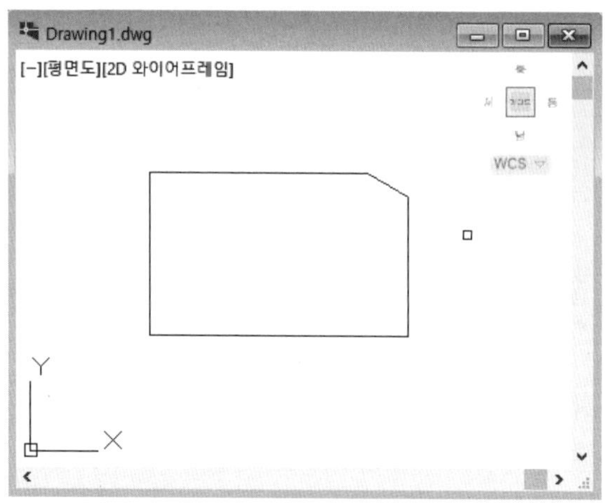

③ 커서 □ 모양으로 계속 모따기 명령 수행이 가능하다. 또한 P1 지정에 따라 그 지점부터 각도가 지정되므로 참조하기 바란다. Space Bar 치면 작업이 완료된다.

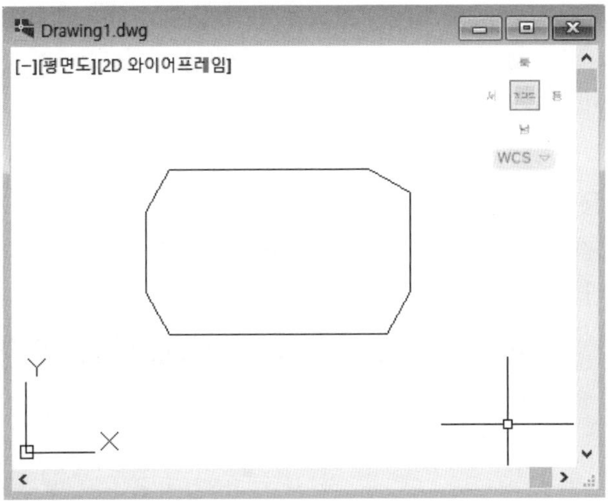

16 모깍기(Fille)

지정한 두 개의 점 사이를 모깍기 하는 명령이다. 호나 원 등과 같은 곡선에는 적용이 안 된다.

(1) 명령: fillet Space Bar 또는 아이콘 클릭

현재 설정: 모드=TRIM, 반지름=0.0000

첫 번째 객체 선택 또는 [폴리선(P)/반지름(R)/자르기(T)]: P1 클릭 또는 옵션 Space Bar

두 번째 객체 선택: P2 클릭

첫 번째 선 선택 또는 [명령 취소(U)/폴리선(P)/반지름(R)/자르기(T)/다중(M)]: P1 클릭 또는 옵션 Space Bar

두 번째 선 선택 또는 Shift 키를 누른 채 선택하여 구석 적용 또는 [반지름(R)]: P2 클릭 또는 옵션 Space Bar

옵션사양

① 명령 취소(U): 모깍기 명령 실행 중에 바로 전 단계를 취소할 때 사용한다. 또 서브 메뉴 중 다중 옵션(M)을사용할 경우 반복 사용할 수 있다.

② 폴리선(P): 2개 이상 여러 개의 세그먼트로 구성된 선형 형태의 폴리선의 모든 꼭지 점을 한 번에 전부 모깍기 한다.

③ 반지름(R): 모깍기 반지름을 지정한다.

④ 자르기(T): 모깍기 수행 시 기존의 객체를 그대로 남겨 놓을지 자를지 여부를 지정한다.

⑤ 다중(M): 구 버전에서는 모깍기 명령을 한 번 입력하여 단 한 차례씩만 실행할 수 있지만 다중 옵션을 선택하면 여러 차례 반복해서 실행 할 수 있다.

(2) [모깍기] 명령 사용 예 – 반지름(R) 옵션 사용

① 아래와 같이 도면을 작도한다. → [모깍기] 아이콘 클릭 → 커서 □ 모양 →명령: m(다중) Space Bar → 명령: r(반지름) Space Bar → 모깍기 반지름 지정⟨0⟩: 50 Space Bar → P1 클릭

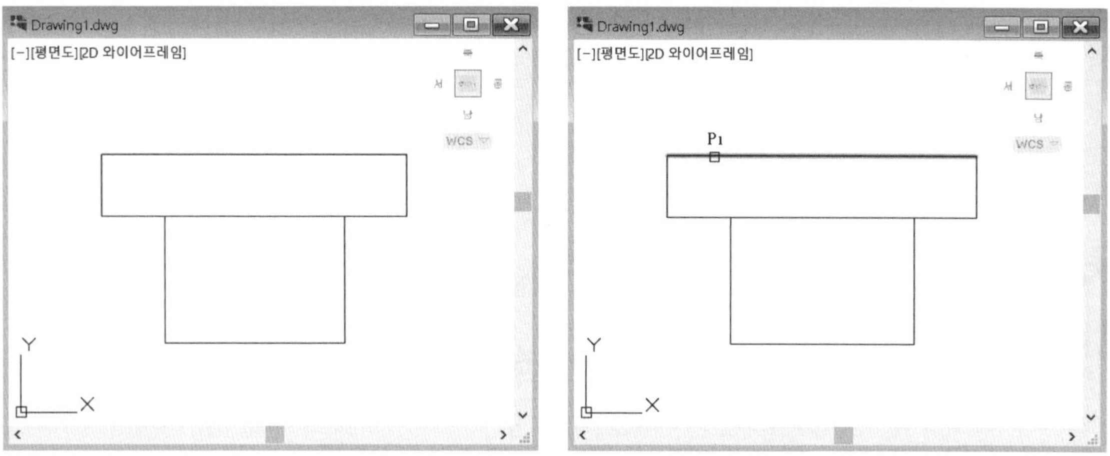

② P2 지정 → 클릭 → 모깍기 완료된다. → 커서 □ 모양으로 모깍기 계속 수행가능하다.

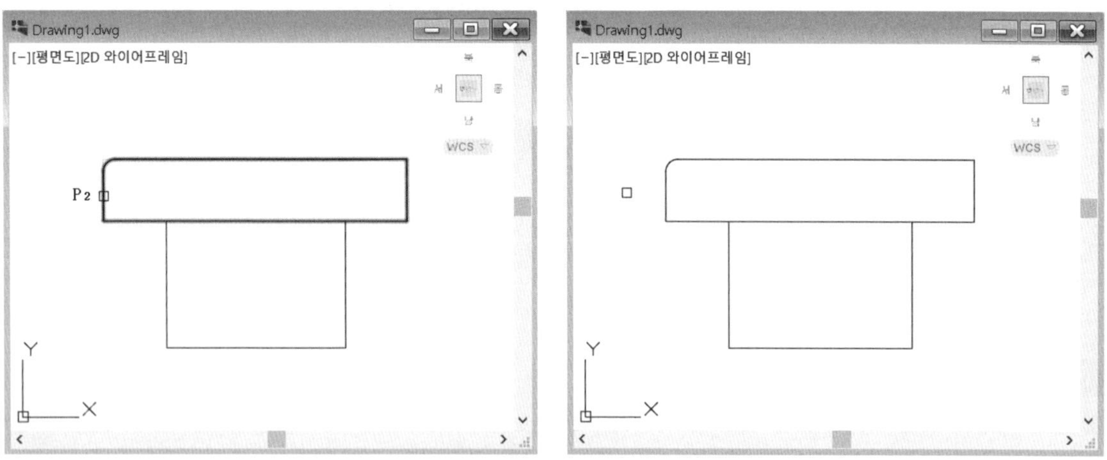

③ 다른 부분도 계속 모깍기를 수행하고 Space Bar 를 치면 작업이 완료된다.

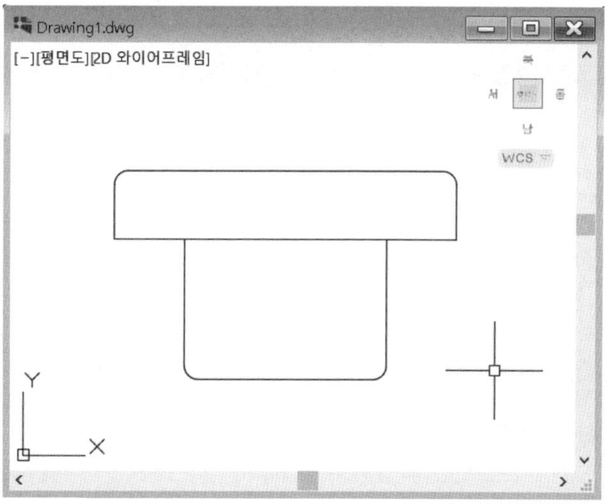

17 분해(Explode)

블록이나 폴리선, 치수, 해칭 등으로 구성된 도면 요소를 개개의 선으로 분해하는 명령이다.

(1) 명령: explode (단축: x) Space Bar 또는 아이콘 클릭

객체 선택: 객체 선택 후 클릭(커서 □ 모양)

(2) [분해] 명령 사용 예

① [직사각형] 과 [폴리곤] 아이콘을 클릭하여 사각형과 육각형을 그린다.

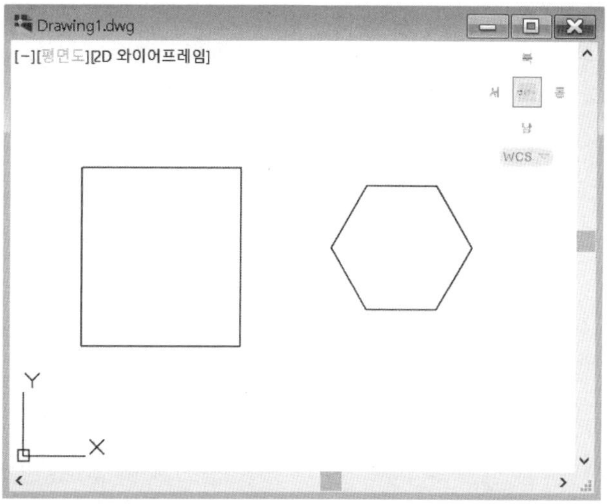

② 커서 일치 후 클릭 → 각 도면 요소 전체(블록화 된 요소)가 지정된다.

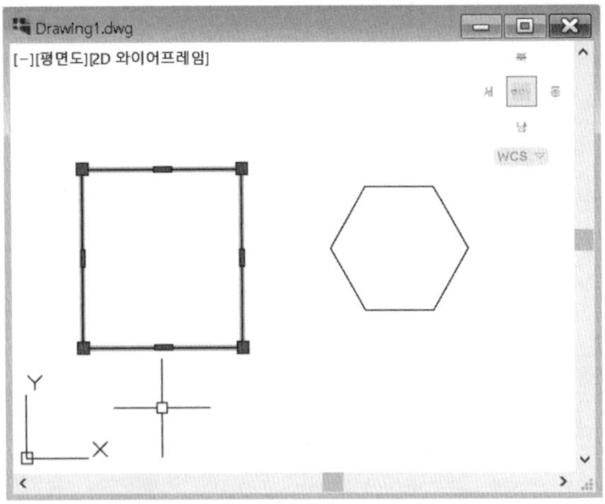

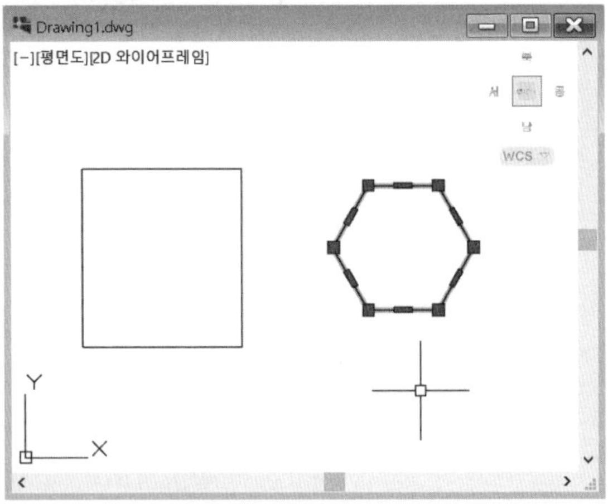

③ [분해] 아이콘 클릭 → 커서 □ 모양 → 객체를 모두 선택 클릭 → Space Bar → 분해가 완료된다.

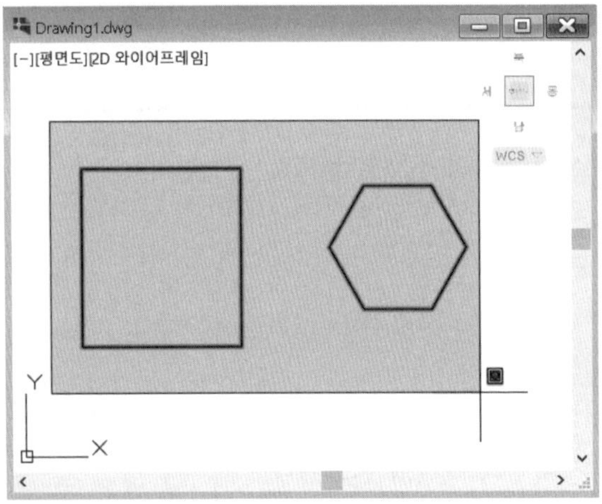

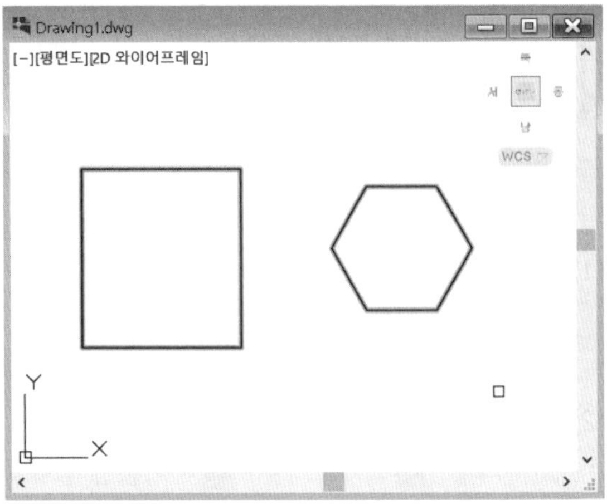

④ Space Bar → 분해가 완료된다.

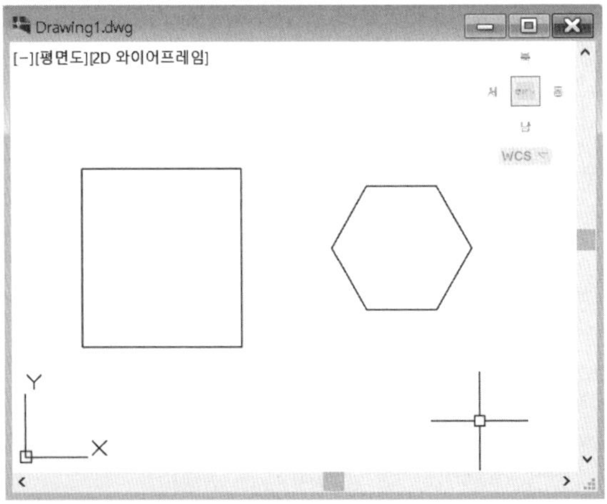

⑤ 커서로 객체 지정 후 클릭 → 개개 선으로 분해된 것을 확인할 수 있다.

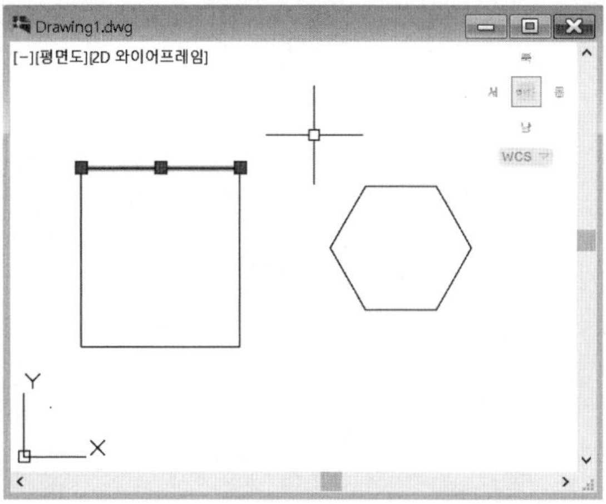

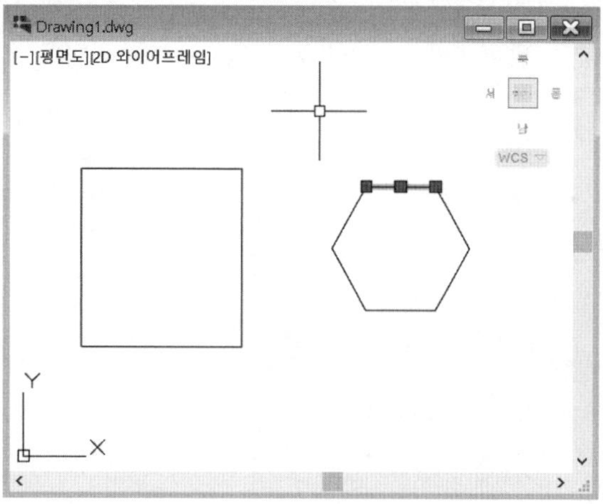

CHAPTER

06

치수【Dimension】 기입하기

Chapter 06

치수【Dimension】 기입하기

[치수 도구막대]

01 선형(Linear)

지정한 도면 요소의 수평, 수직, 회전 등의 선형치수를 기입한다.

(1) 명령: dimlinear (단축: dli) Space Bar 또는 아이콘 클릭

첫 번째 치수보조선 원점 지정 또는 〈객체 선택〉: P1 클릭(커서 + 모양)
두 번째 치수보조선 원점 지정: P2 클릭
치수선의 위치 지정 또는
[여러 줄 문자(M)/문자(T)/각도(A)/수평(H)/수직(V)/회전(R)]: P3 클릭 또는 옵션 Space Bar
치수 문자 = 110

옵션사양

① 여러 줄 문자(M): [문자 형식] 대화상자가 나타나 정의한 치수 문자를 여러 줄 문자로 작성 할 수 있다.
② 문자(T): 치수 문자를 사용자화 한다.
③ 각도(A): 치수 문자의 각도를 조절한다.
④ 수평(H): 수평 선형 치수를 기입한다.
⑤ 수직(V): 수직 선형 치수를 기입한다.
⑥ 회전(R): 지정한 각도만큼 선형 치수를 회전 시킨다.

(2) [선형] 치수 명령 사용

① [여러 줄 문자] 옵션 사용 예

■ 선 그리기로 다음과 같이 그린다.

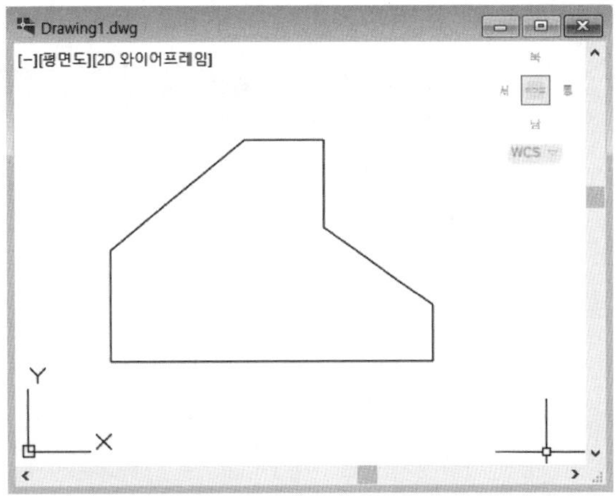

■ 명령 : dli Space Bar 또는 아이콘 클릭 → P1 클릭 → P2 지정

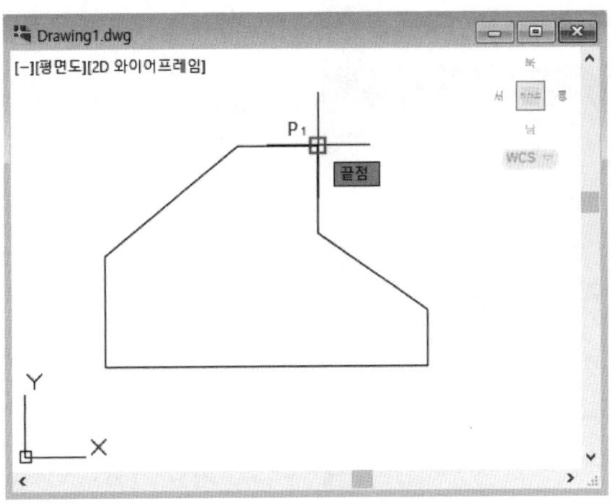

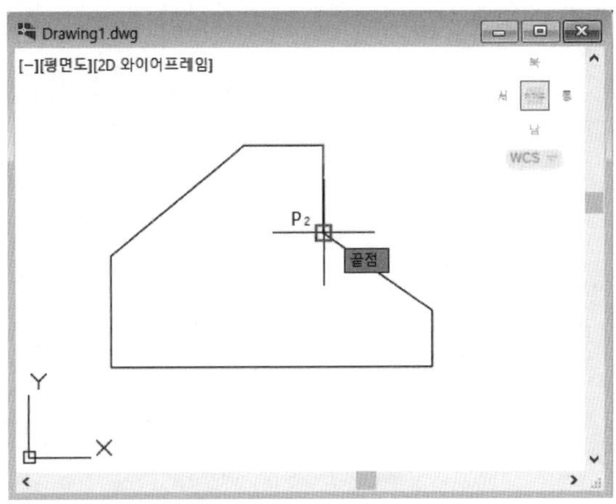

■ P2 클릭 → 실제 치수 나타남.

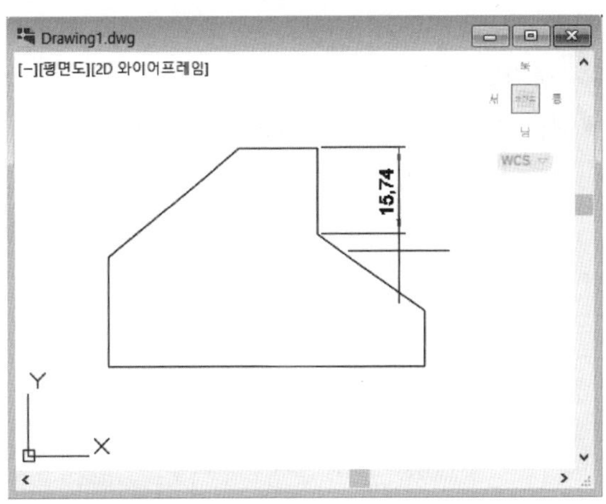

■ m(여러 줄 문자) Space Bar → [문자 형식] 대화창

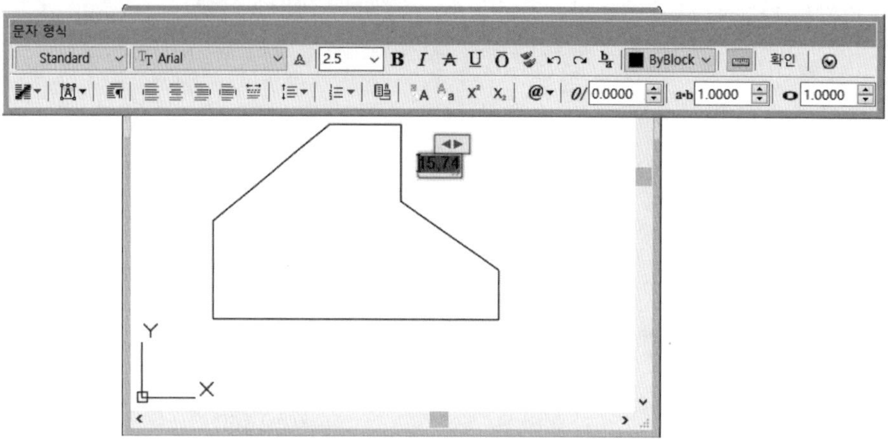

■ 치수 입력: 60 → [확인] → 커서로 위치 조정 → 클릭

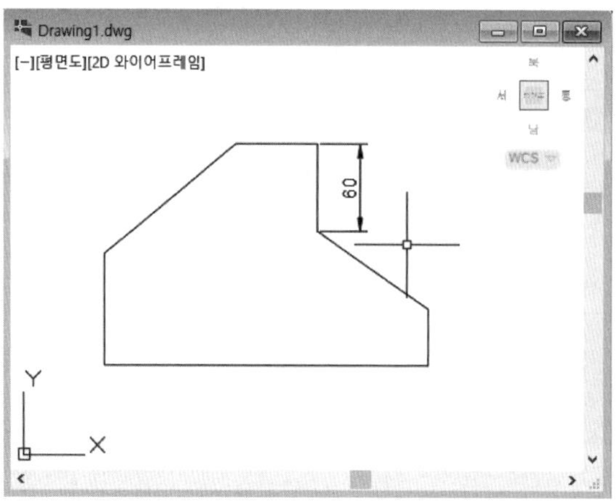

② [문자(T)] 옵션 사용 예

■ 명령: dli Space Bar 또는 아이콘 클릭 → P1 클릭 → P2 클릭(실제 치수) → t(문자) → 명령: 새 치수 문자를 입력 〈실제 치수〉: 50 Space Bar

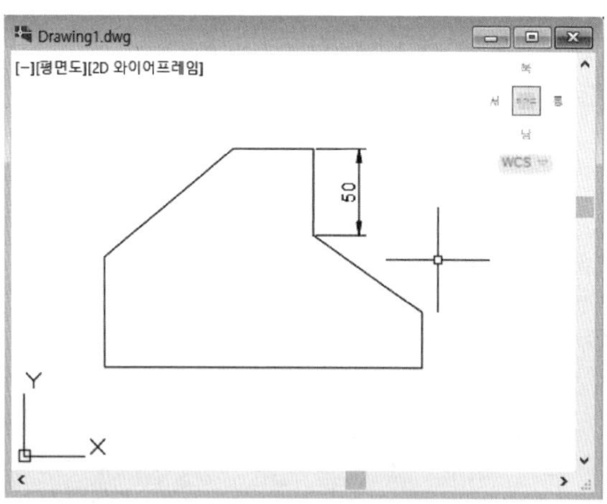

③ [각도(A)] 옵션 사용 예

■ 명령: dli Space Bar 또는 [아이콘] 아이콘 클릭 → P1 클릭 → P2 클릭(실제 치수) → m(여러 줄 문자) Space Bar → [문자 형식] 대화창에서 치수 45 Space Bar → [확인] 클릭 → a(각도) Space Bar → 치수 문자의 각도를 지정: 45 Space Bar → 커서로 위치 지정 후 클릭

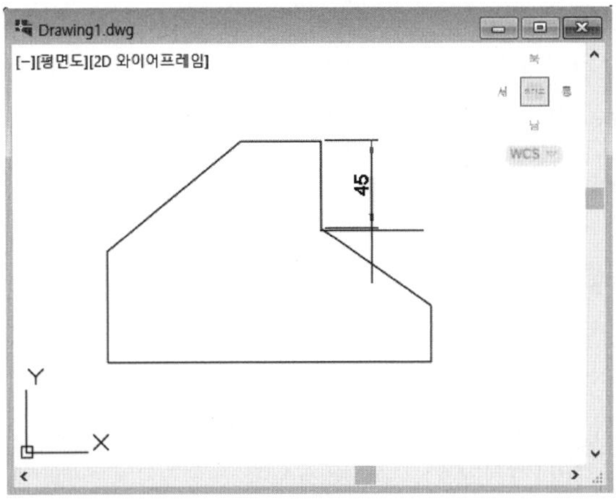

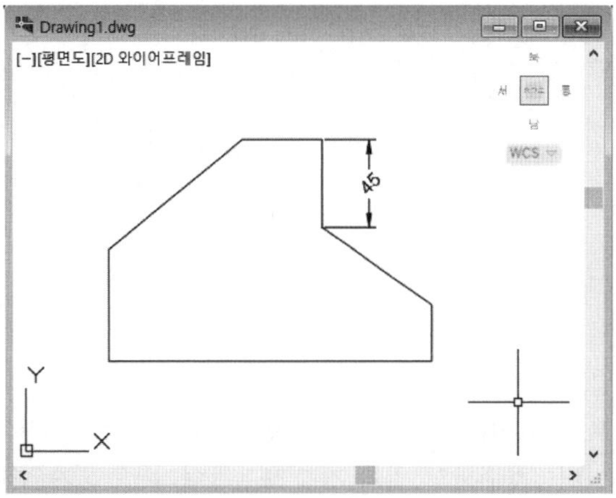

④ [수평(H)] 옵션 사용 예

■ 명령: dli Space Bar 또는 [아이콘] 아이콘 클릭 → P1 클릭 → P2 클릭(실제 치수) → h(수평) Space Bar → 명령: 치수선의 위치 지정 또는 [여러 줄 문자(M)/문자(T)/각도(A)]]: t Space Bar → 명령: 새 치수 문자를 입력 〈실제 치수〉: 80 Space Bar

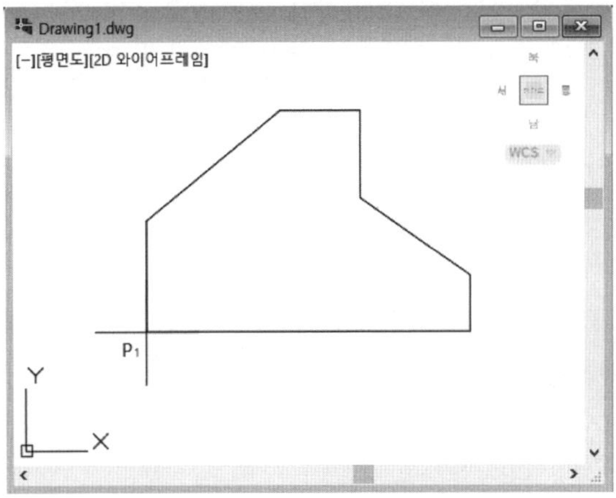

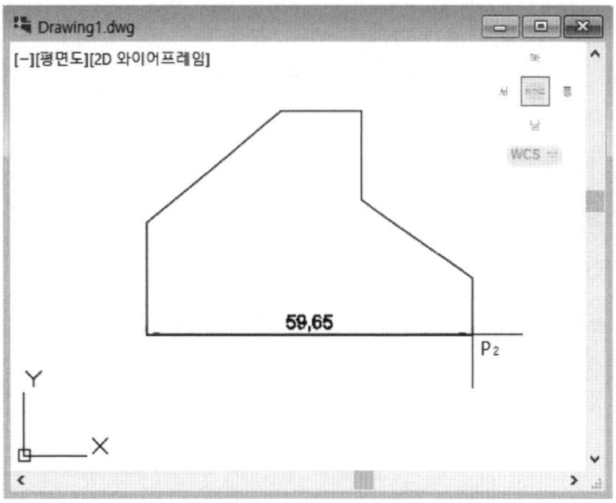

■ 커서로 위치 지정 후 클릭

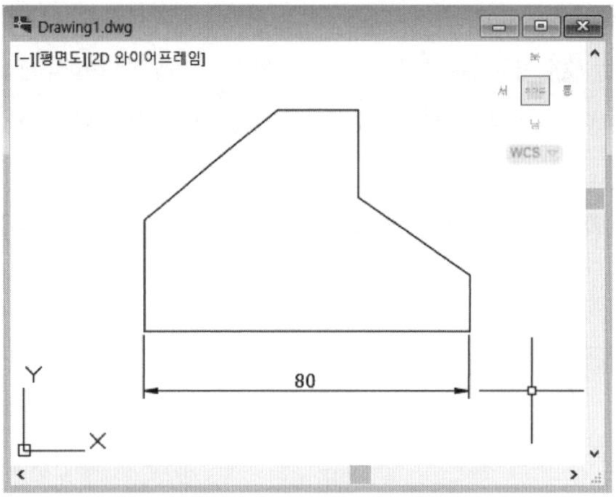

⑤ [수직(V)] 옵션 사용 예

■ 명령: dli Space Bar 또는 아이콘 클릭 → P1 클릭 → P2 클릭(실제 치수) → v(수직) Space Bar → 명령: 치수선의 위치 지정 또는 [여러 줄 문자(M)/문자(T)/각도(A)]]: t Space Bar

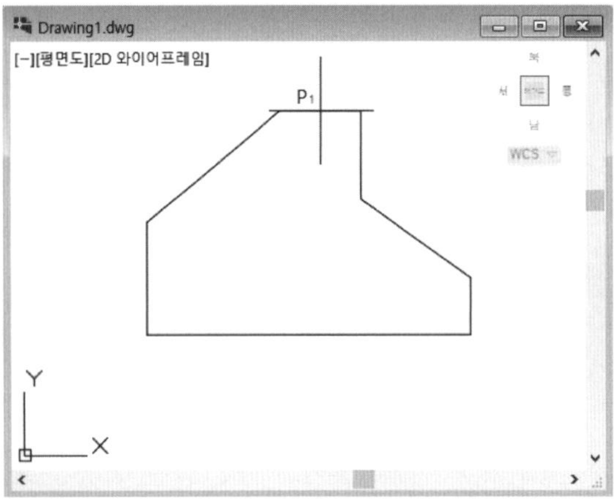

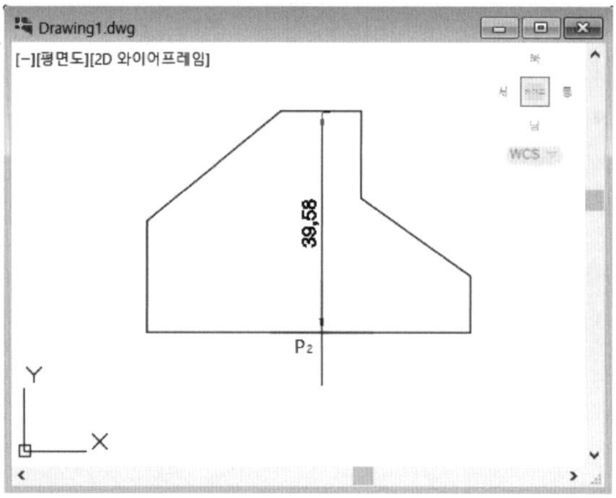

■ 명령: 새 치수 문자를 입력 〈실제 치수〉: 100 Space Bar → 커서로 위치 지정 후 클릭

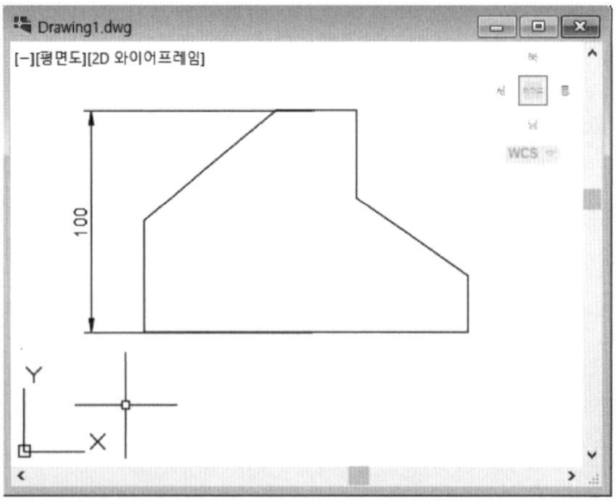

⑥ [회전(R)] 옵션 사용 예

■ 명령: dli [Space Bar] 또는 아이콘 클릭 → P1 클릭 → P2 클릭(실제 치수) → r(회전) [Space Bar] → 명령: 치수선의 각도를 지정 〈0〉: 55 [Space Bar]

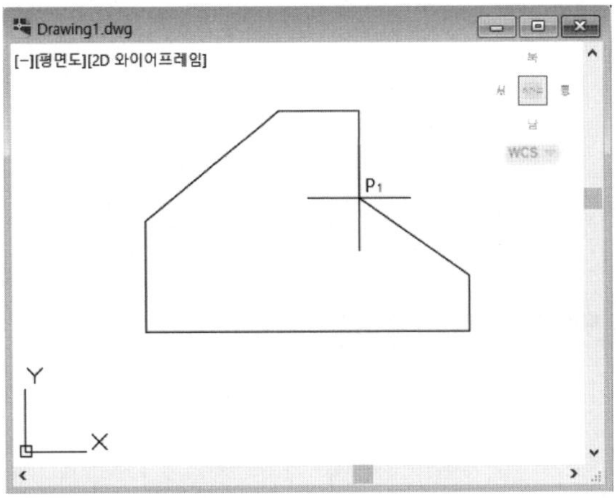

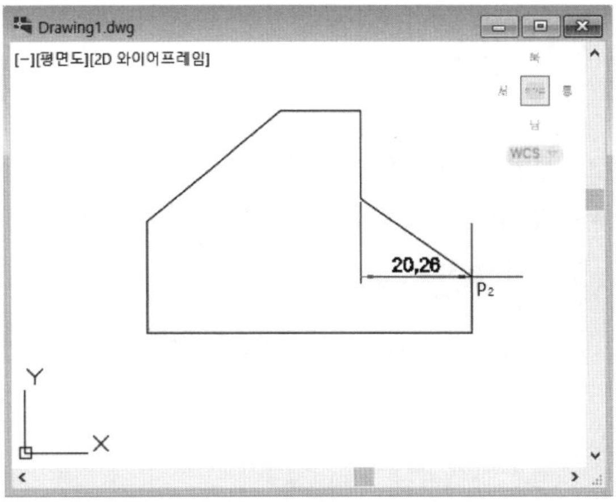

■ 명령: 치수선의 위치 지정 또는 [여러 줄 문자(M)/문자(T)/각도(A)/수평(H)/수직(V)/회전(R)]: t [Space Bar] → 명령: 새 치수 문자를 입력 〈실제 치수〉: 100 [Space Bar] → 커서로 위치 지정 후 클릭

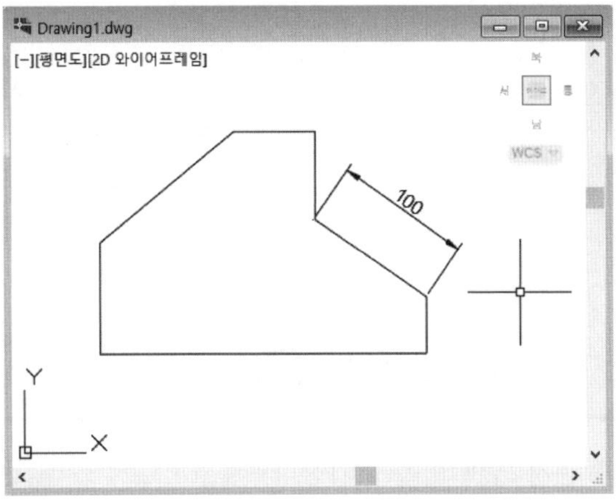

02 정렬(Aligned)

지정한 위치 또는 객체와 평행하게 치수를 기입한다. [선형] 치수 기능과 동일하다.

(1) 명령: dimaligned (단축: dal) [Space Bar] 또는 아이콘 클릭

첫 번째 치수보조선 원점 지정 또는 〈객체 선택〉 : P1 클릭
두 번째 치수보조선 원점 지정: P2 클릭
치수선의 위치 지정 또는
[여러 줄 문자(M)/문자(T)/각도(A)]: 옵션 [Space Bar]
치수 문자 = 50

(2) [정렬] 치수 명령 사용 예

■ 명령: dal [Space Bar] 또는 아이콘 클릭 → P1 클릭 → P2 클릭 → t [Space Bar] → 60 [Space Bar] → 커서로 위치 지정 후 클릭

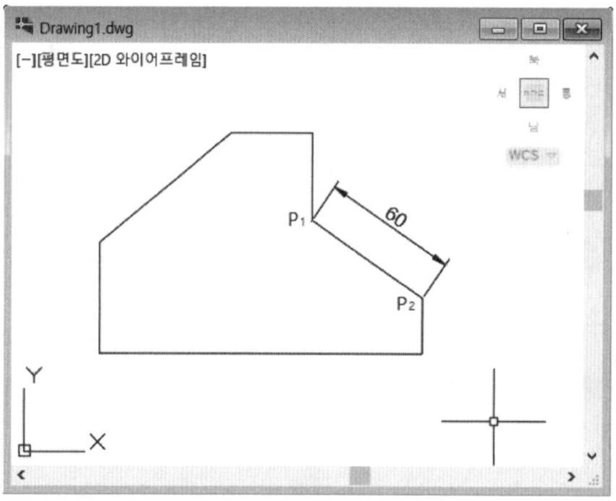

03 호 길이(Arc Length)

호의 길이를 작성한다. 치수 문자 앞에 ⌒를 표기한다.

(1) 명령: dimarc (단축: dar) [Space Bar] 또는 아이콘 클릭

호 또는 폴리선 호 또는 세그먼트 선택:
호 길이 치수 위치 지정 또는 [여러 줄 문자(M)/문자(T)/각도(A)/부분(P)/지시선(Leader)]:
치수 문자 = 0

옵션사양

① 부분(P): 호의 일부분의 치수를 기입한다.

② 지시선(L): 호가 90도보다 클 경우 지시선 객체를 추가한다.

(2) [호 길이] 치수 명령 사용 예

① 다음과 같이 호를 그린다.

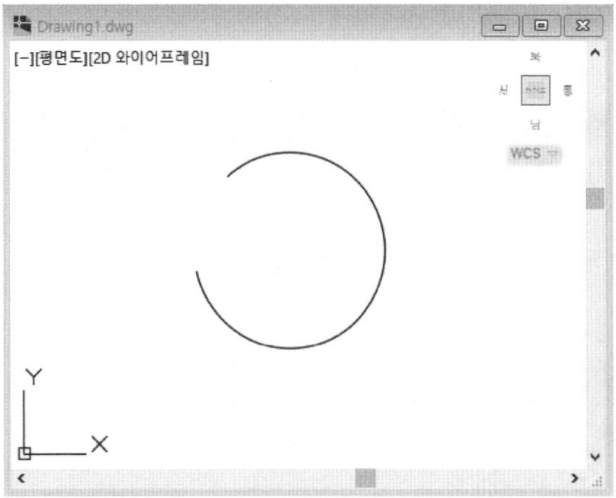

② 명령: dar Space Bar 또는 아이콘 클릭 → 커서 □ 모양 → P1 클릭(호의 실제 길이 표시)

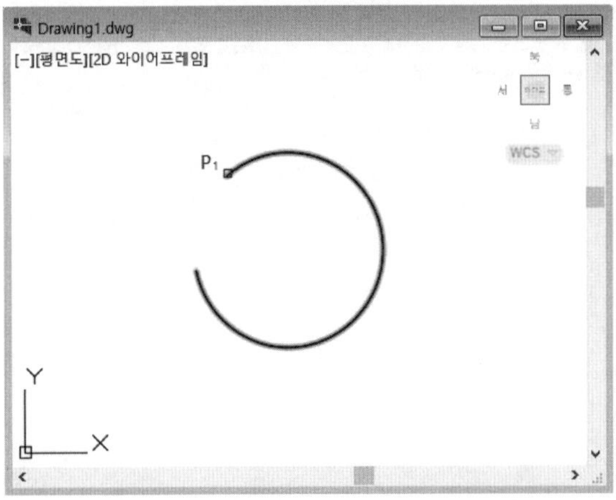

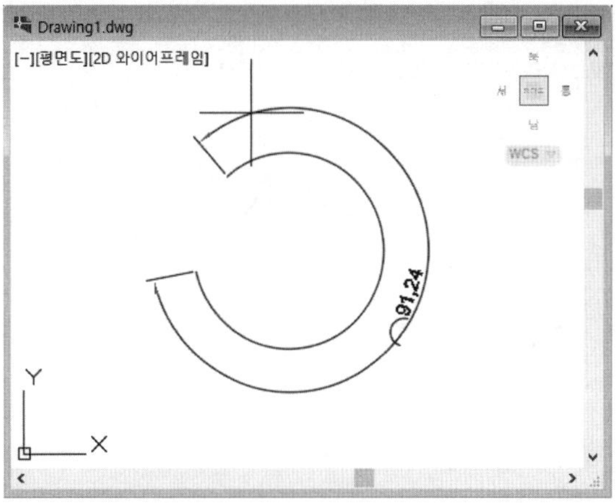

③ 명령: t(문자) Space Bar → 200 Space Bar → 커서로 위치 지정 후 클릭

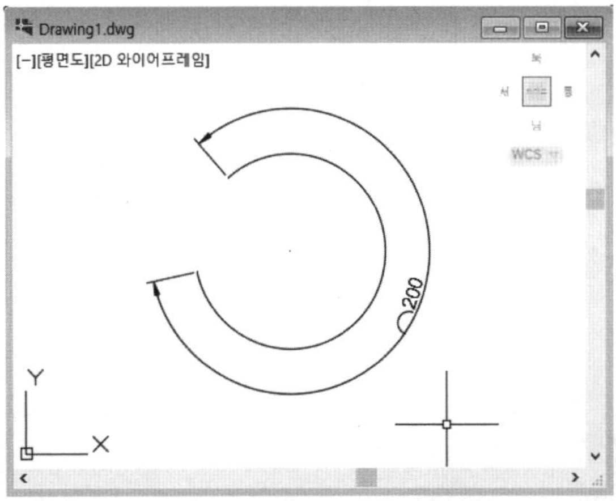

(3) [부분(P)] 옵션을 이용한 [호 길이] 치수 기입 사용 예

① 명령: dar Space Bar 또는 아이콘 클릭 → 커서 □ 모양 → P1 클릭(호의 실제 길이 표시) → p(부분) Space Bar → P2 클릭 → P3 클릭(호의 실제 길이 표시) → t(문자) Space Bar → 200 Space Bar → 커서로 위치 지정 후 클릭

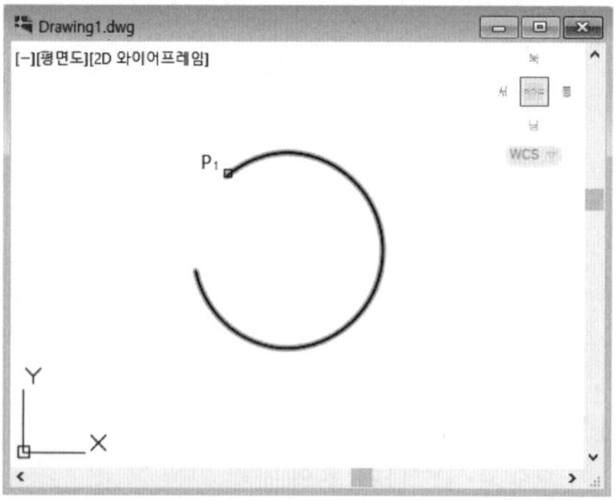

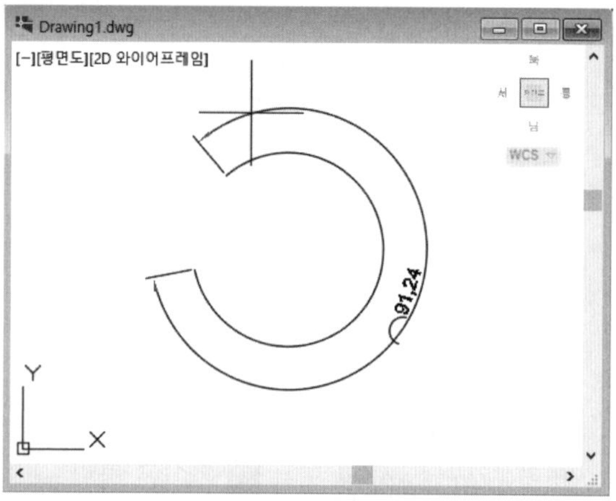

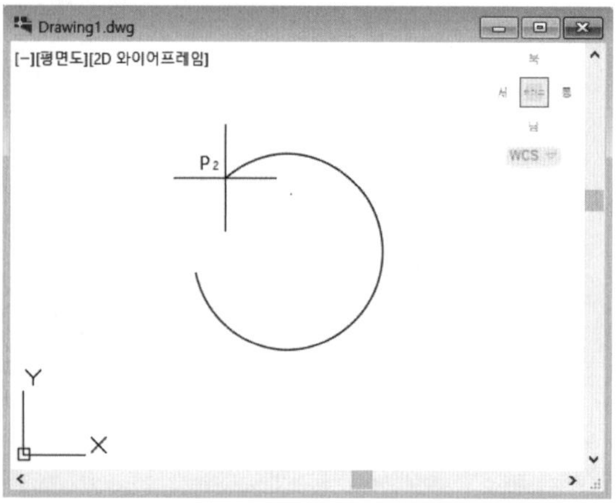

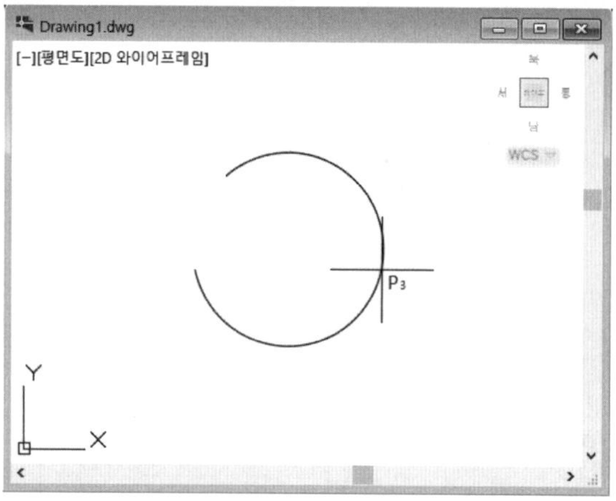

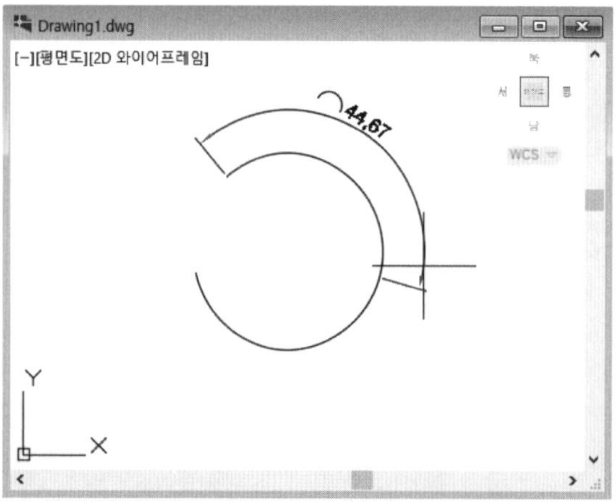

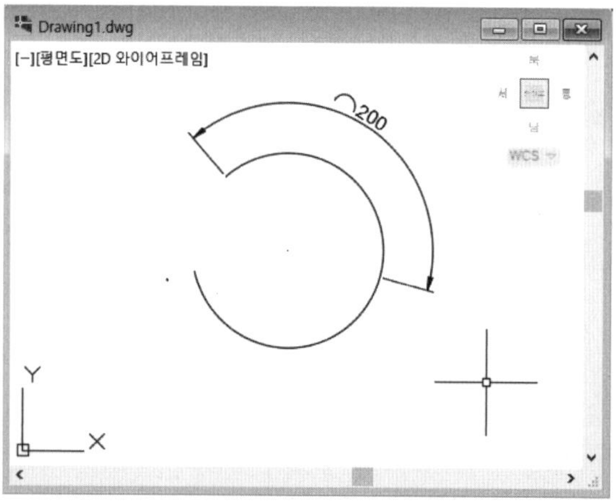

(4) [지시선(Lader)] 옵션을 이용한 [호 길이] 치수 기입 사용 예

① 명령: dar Space Bar 또는 아이콘 클릭 → 커서 □ 모양 → P1 클릭(호의 실제 길이 표시) → L(지시선) Enter↵ → t(문자) → 200 Enter↵ → 커서로 위치 지정 후 클릭

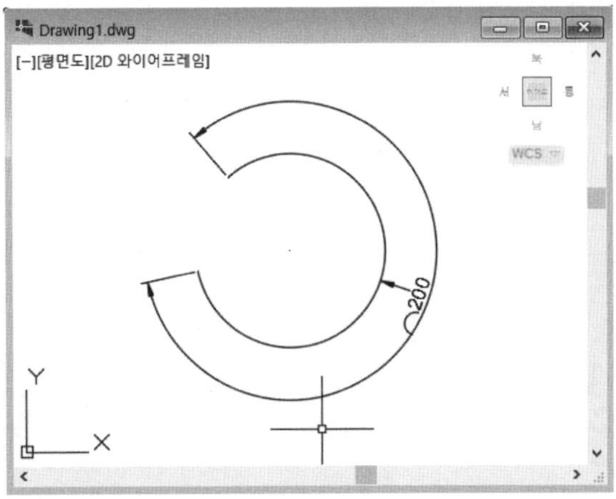

04 세로 좌표(Ordinate Dimension)

세로가로축의 치수를 기입한다. 이 명령은 데이텀이라는 원점으로부터 부품의 구멍과 같은 피쳐까지의 거리를 측정한다. 원점을 기준으로 커서를 좌우측으로 움직이면 X축 값이 지정되고, 상하로 움직이면 Y축 값이 지정된다.

(1) 명령: dimordinate (단축: dor) Space Bar 또는 아이콘 클릭

피쳐 위치 지정:

지시선 끝점을 지정 또는 [X데이텀(X)/Y데이텀(Y)/여러 줄 문자(M)/문자(T)/각도(A)]:

치수 문자 = 0

옵션사양

① X데이텀(X): X축 좌표값 만을 설정한다.

② Y데이텀(Y): Y축 좌표값 만을 설정한다.

(2) [세로좌표] 치수 기입 사용 예

① X데이텀(X) 옵션을 이용한 [세로좌표] 치수 기입 예

명령: dor [Space Bar] 또는 아이콘 클릭 → P1 클릭 → x(X데이텀) [Space Bar] → t(문자) [Space Bar] → 120 [Space Bar] → P2 클릭

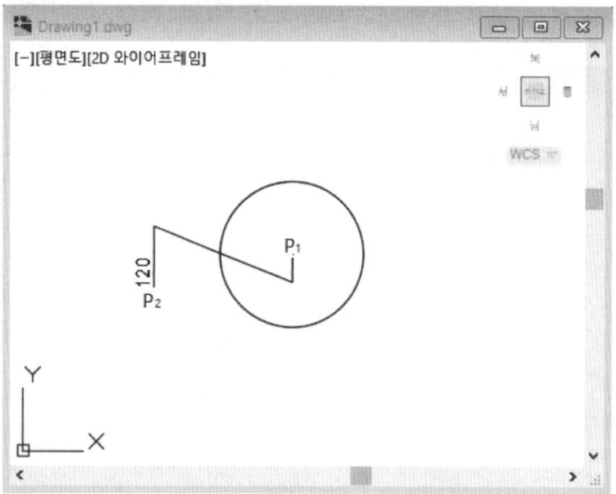

■ Y데이텀(Y) 옵션을 이용한 [세로좌표] 치수 기입 예

명령: dor [Space Bar] 또는 아이콘 클릭 → P1 클릭 → y(Y데이텀) [Space Bar] → t(문자) [Space Bar] → 150 [Space Bar] → P2 클릭

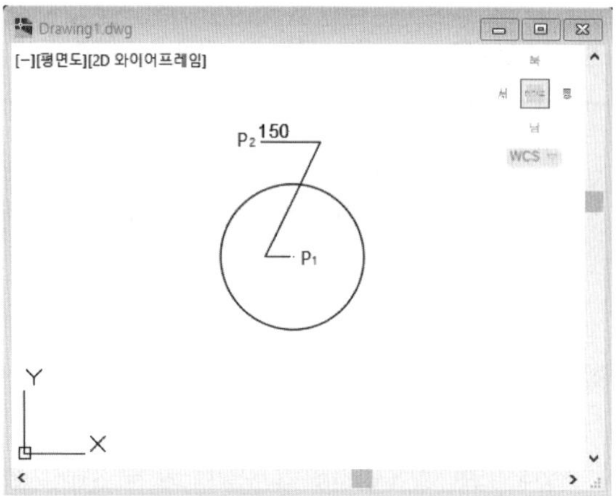

05 반지름(Radius)

원이나 호의 반지름에 대한 치수를 기입하는 명령으로 자동으로 치수 앞에 R이 붙는다.

(1) 명령: dimradius (단축: dra) [Enter↵] 또는 아이콘 클릭

호 또는 원 선택 : (커서 □ 모양) 선택 클릭
치수문자 = 〈측정된 반지름〉
치수선의 위치 지정 또는 [여러 줄 문자(M)/문자(T)/각도(A)]: P1 클릭 또는 옵션 Space Bar

(2) [반지름] 치수 명령 사용 예

■ 명령: dra Space Bar 또는 아이콘 클릭 → 객체 지정(커서 □ 모양) → 커서로 치수 기입 위치 지정 클릭 (객체 내 외부 치수기입)

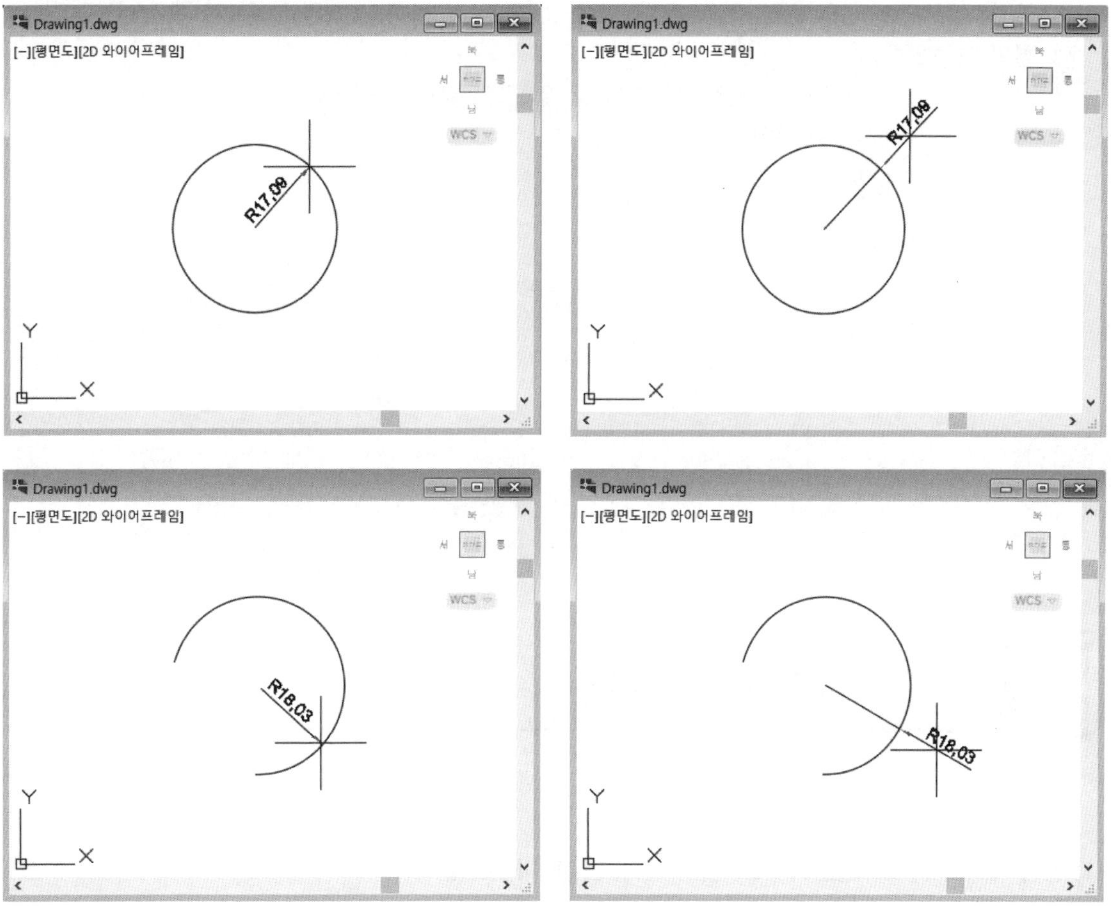

06 꺾기(Jogged)

원이나 호의 꺾기 치수를 기입하는 명령으로 자동으로 치수 앞에 R이 붙는다.

(1) 명령 : dimjogged (단축: djo) Space Bar 또는 아이콘 클릭

호 또는 원 선택: 객체 선택(커서 □ 모양) 클릭
중심위치 재지정 지정:
치수문자 = 〈측정된 반지름〉
치수선의 위치 지정 또는 [여러 줄 문자(M)/문자(T)/각도(A)]: P1 클릭 또는 옵션 Space Bar
꺾기 위치 지정:

(2) [꺾기] 치수 명령 사용 예

① 명령: djo Space Bar 또는 아이콘 클릭 → 커서 □ 모양 → 객체(원 또는 호) 선택 → P1 클릭 → P2 클릭 → P3 클릭

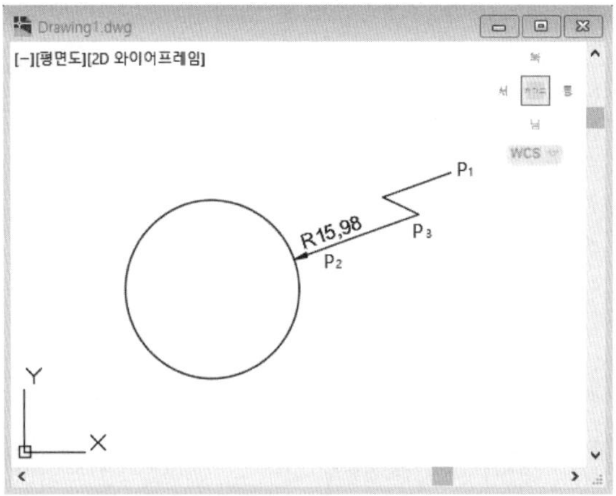

07 지름(Diameter)

원이나 호의 지름에 대한 치수를 기입하는 명령으로 자동으로 치수 앞에 Φ가 붙는다.

(1) 명령: dimdiameter (단축: ddi) Space Bar 또는 아이콘 클릭

호 또는 원 선택 : 커서 □ 모양 (호나 원 객체 선택)
치수문자=〈측정된 지름〉
치수선의 위치 지정 또는 [여러 줄 문자(M)/문자(T)/각도(A)]: 지정 후 클릭 또는 옵션 Space Bar

(2) [지름] 치수 명령 사용 예

① 명령: ddi 또는 아이콘 클릭 → 커서 □ 모양 → 원 또는 호 객체 선택 클릭 → 커서 객체(원) 내부 지정 클릭

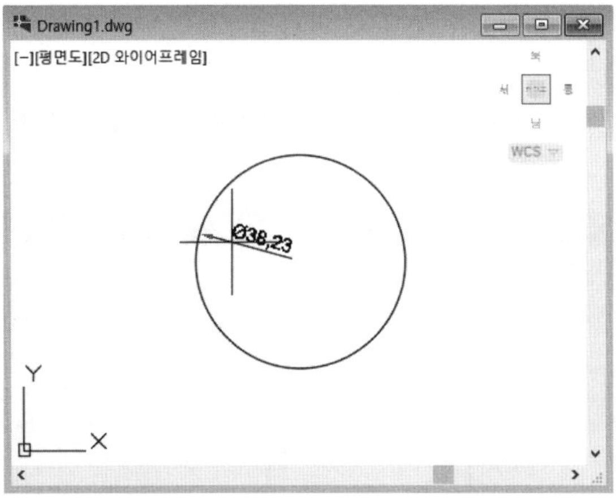

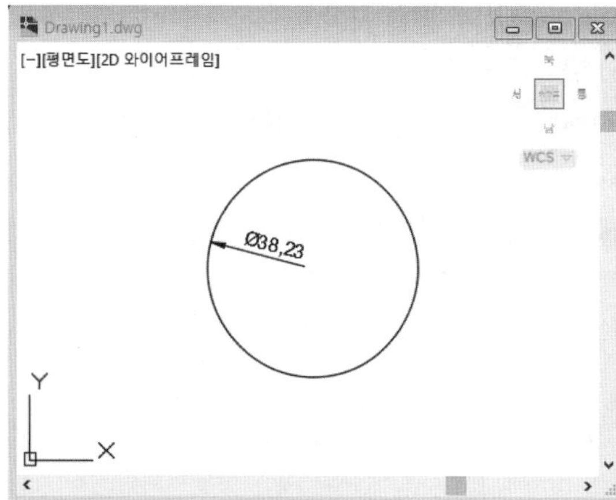

② 명령: ddi 또는 아이콘 클릭 → 커서 □ 모양 → 원 또는 호 객체 선택 클릭 → 커서 객체(원) 외부 지정 클릭

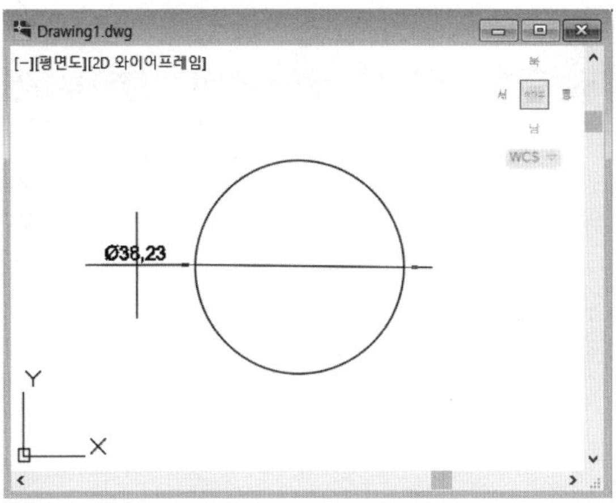

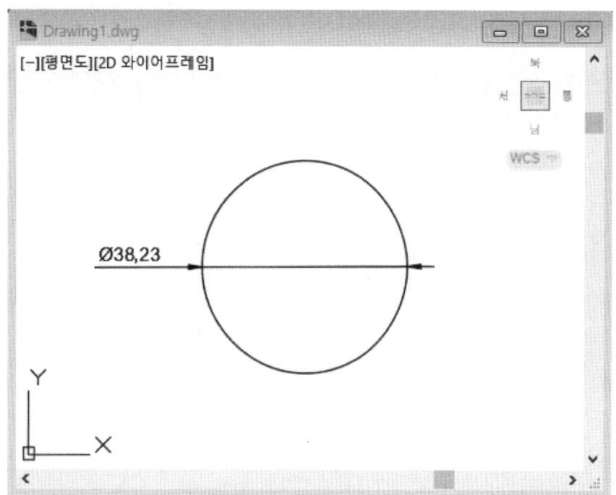

08 각도(Angular)

원이나 호의 일부분이나 평행하지 않은 두 선 등에 대해서 치수를 기입하는 명령이다.

(1) 명령: dimangular (단축: dan) Space Bar 또는 아이콘 클릭

호, 원, 선을 선택하거나 〈정점지정〉: P1 클릭

두 번째 선 선택: P2 클릭

치수 호 선의 위치 지정 또는 [여러 줄 문자(M)/문자(T)/각도(A)]: P3 클릭 또는 옵션 Space Bar

(2) [각도] 치수 명령 사용 예

① 선에 [각도] 치수 적용

■ 명령 : dan Space Bar 또는 아이콘 클릭 → P1 클릭 → P2 클릭 → P3 조정(커서 조정으로 내 외부 각도를 표시) 후 클릭

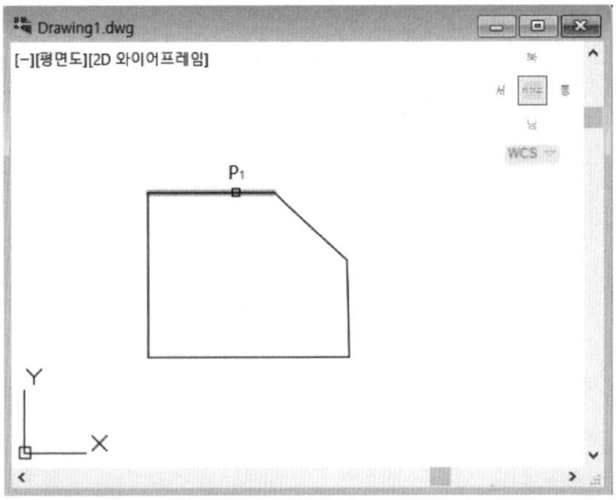

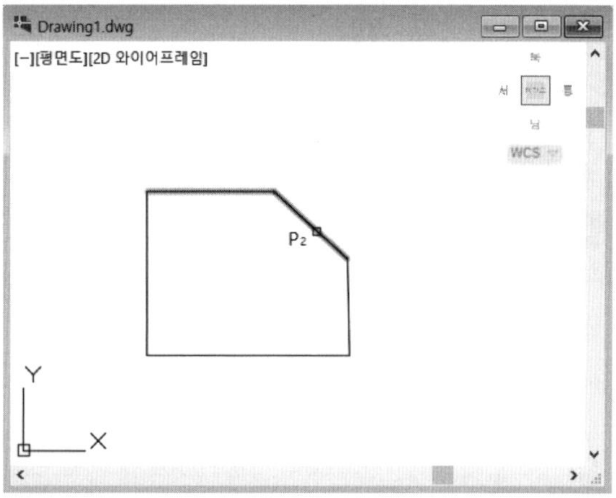

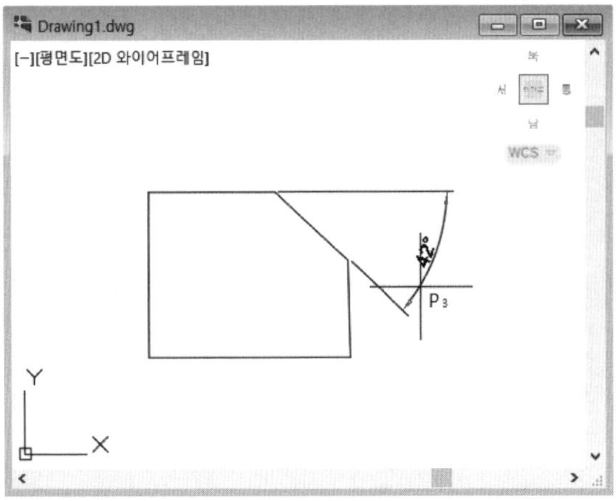

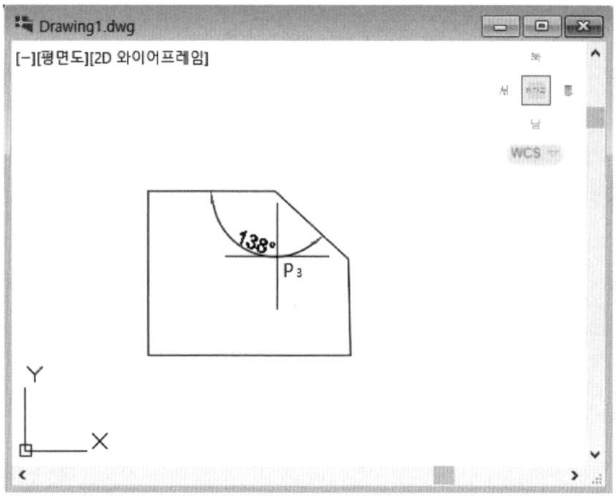

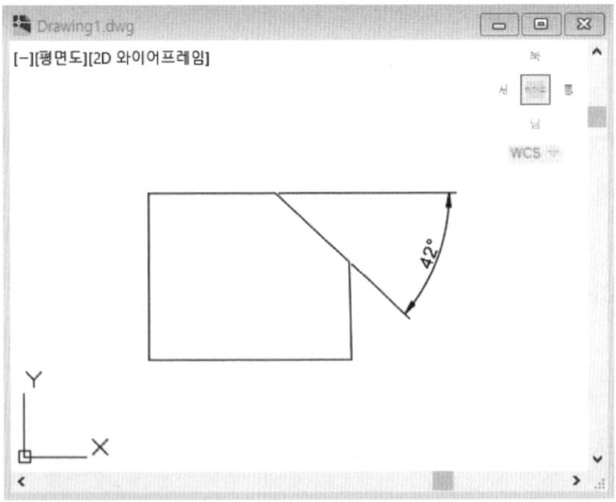

② 호에 [각도] 치수 적용 – 각도 입력 예

■ 명령: dan [Space Bar] 또는 아이콘 클릭 → P1 클릭 → t(문자) [Space Bar] → 60 [Space Bar] → P2 조정 (커서 조정으로 내 외부 각도를 표시) 후 클릭(104°에서 60°로 치수가 변경)

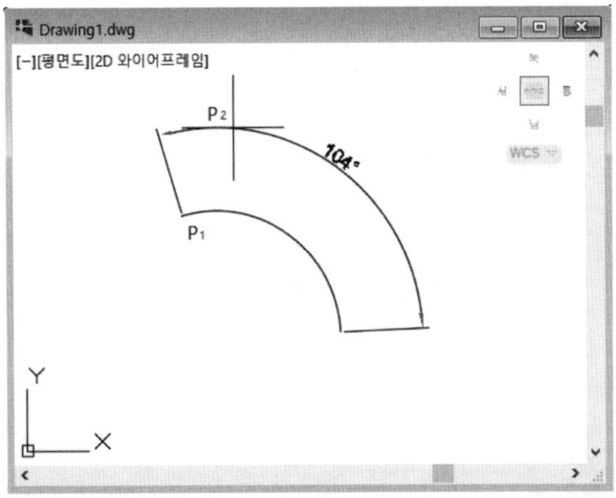

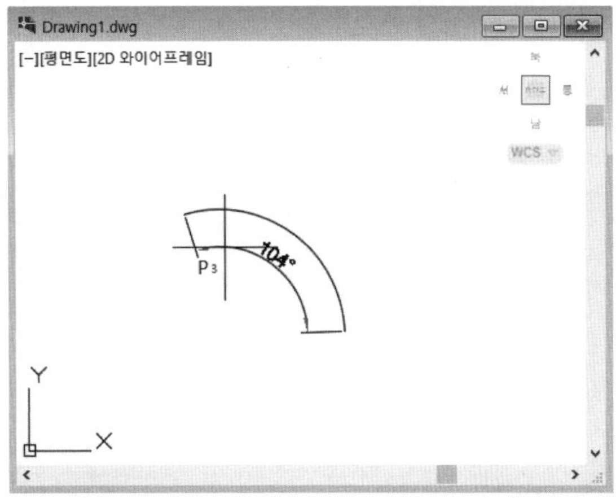

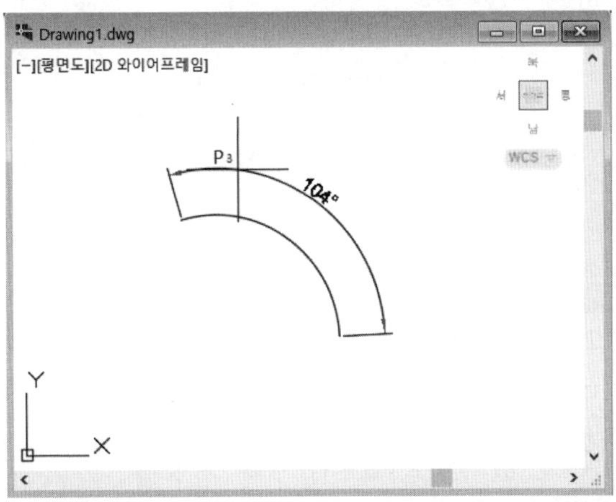

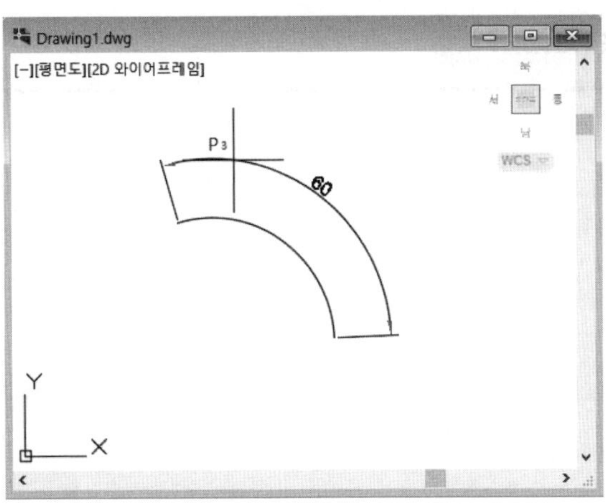

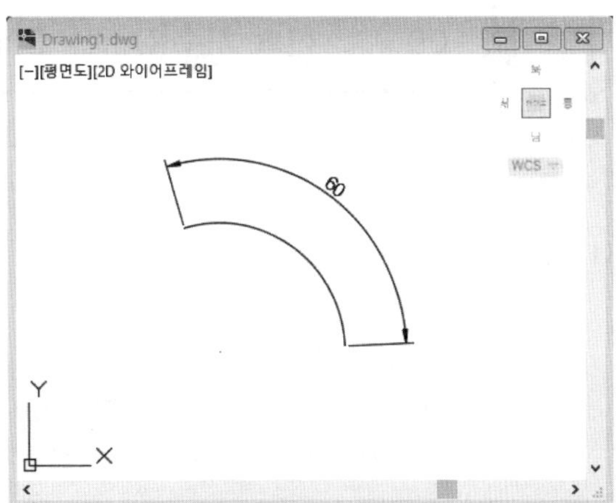

③ 원에 [각도] 치수 적용

- dan [Space Bar] 또는 아이콘 클릭 → P1 클릭 → P2 클릭 → P3 조정(커서 조정으로 내 외부 각도를 표시) 후 클릭

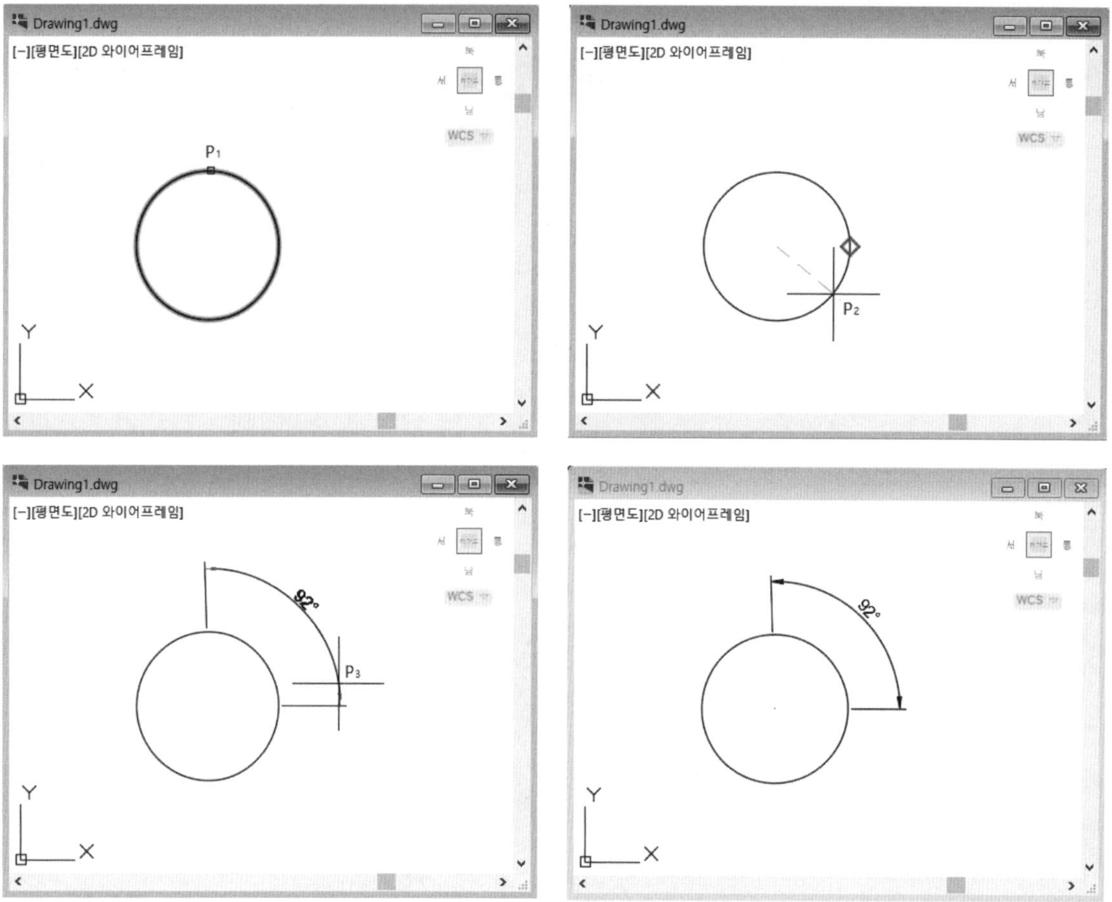

09 신속 치수(Quick Dimension)

치수기입 명령을 신속하게 한꺼번에 수행하는 명령이다.

(1) 명령: qdim [Space Bar] 또는 아이콘 클릭

연관 치수 우선 순위 = 끝점(E)

치수 기입 할 형상 선택: P1 클릭

치수선의 위치 지정 또는 [연속(C)/다중(S)/기준선(B)/세로좌표(O)/반지름(R)/지름(D)/데이텀점(P)/편집(E)/설정(T)] 〈연속(C)〉: P2 클릭 또는 옵션 [Space Bar]

옵션사양

① 연속(C): 연속 치수를 기입한다.
② 다중(S): 다중 치수를 기입한다.
③ 기준선(B): 기준선 치수를 기입한다.
④ 세로좌표(O): 세로좌표 치수를 기입한다.
⑤ 반지름(R): 반지름 치수를 기입한다.
⑥ 지름(D): 지름 치수를 기입한다.
⑦ 데이텀 점(P): 세로좌표나 기준선의 치수를 기입할 때 기준점을 다시 지정한다.
⑧ 편집(E): 치수점을 추가하거나 제거한다.
⑨ 설정(T): 치수보조선 원점을 지정하기 위한 기본 객체 스냅을 끝점(E)과 교차점(I) 중 선택한다.

(2) [연속 치수] 명령 사용 예

① [연속(C)] 옵션으로 [연속 치수] 사용 예

- 명령: qdim Space Bar 또는 아이콘을 클릭 → 객체 전체 선택 → 선택 객체 굵은 파란색 선으로 된다 → Space Bar 또는 Enter↵ 를 친다 → 커서로 치수기입 위치 선정 클릭(실제 치수 기입됨)

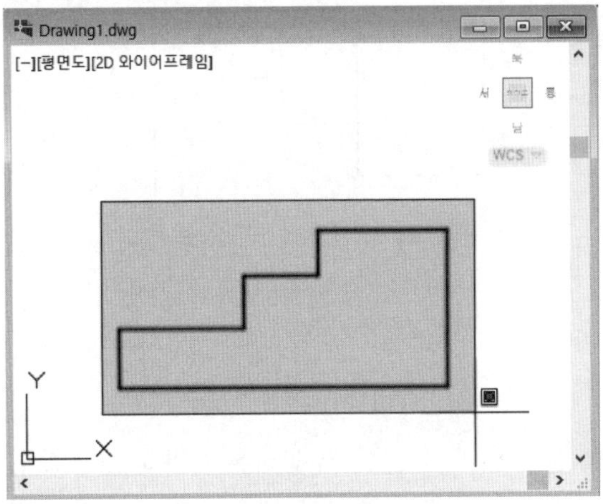

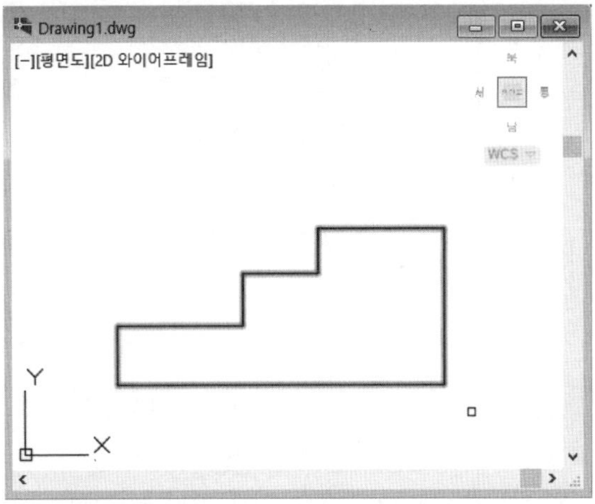

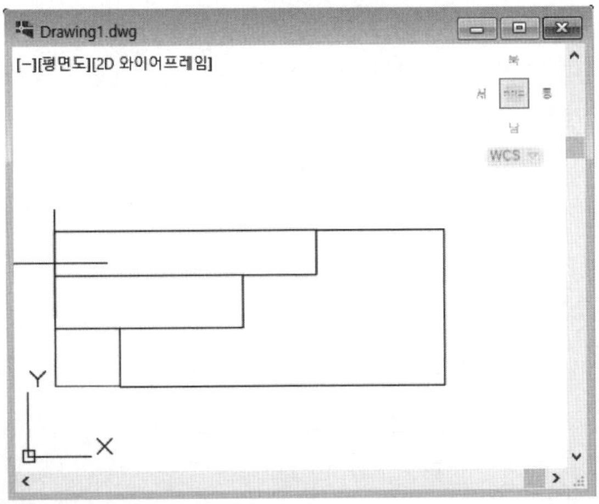

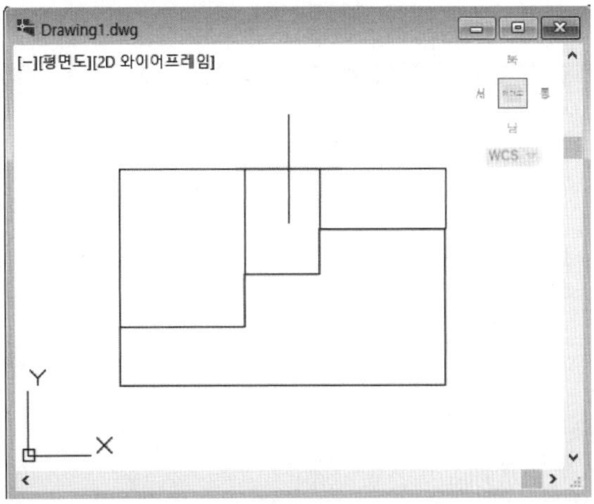

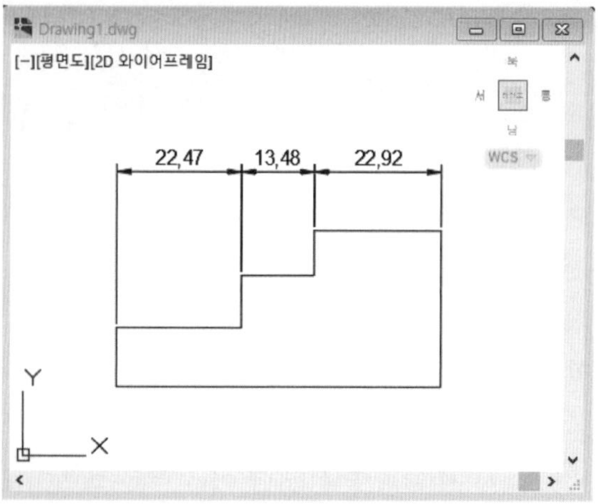

■ 치수의 변경: 치수에 커서 일치 후 더블 클릭 → [문자 형식] 대화창 → 숫자 등 변경 → [확인] 클릭

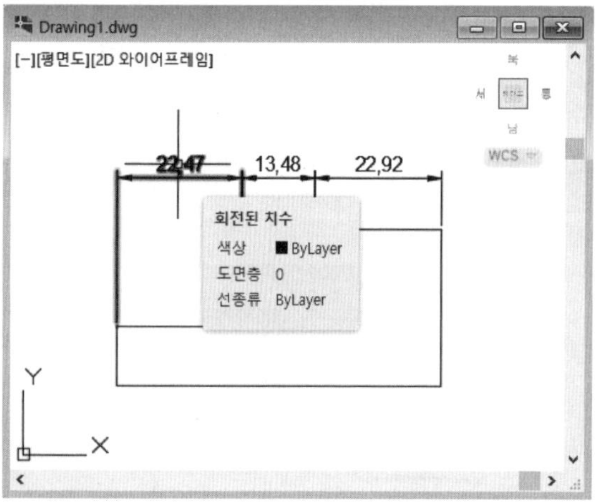

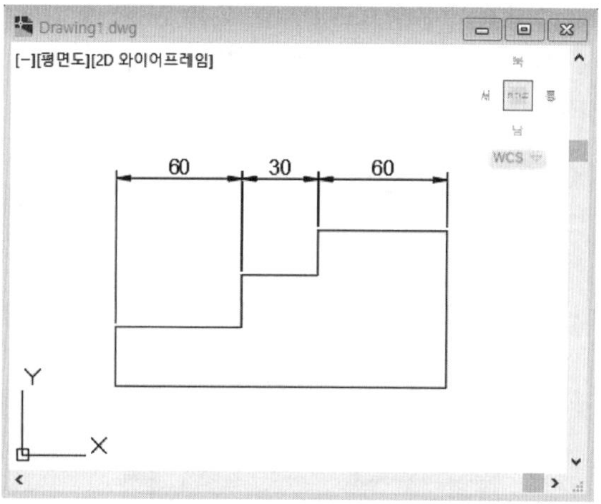

② [다중(S)] 옵션으로 [연속 치수] 사용 예

■ 명령: qdim Space Bar 또는 [아이콘] 아이콘 클릭 → 객체 전체 선택 → 선택 객체 굵은 파란색 선으로 된다 → Space Bar 또는 Enter↵를 친다 → s(다중) Space Bar → 커서로 치수기입 위치 선정 클릭(실제 치수 기입됨)

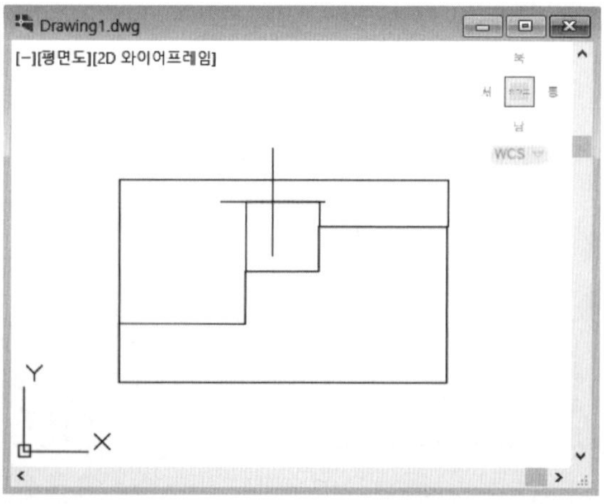

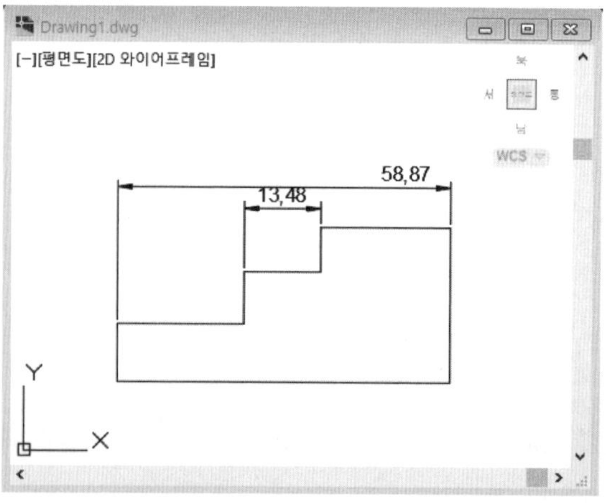

■ 치수의 변경: 치수에 커서 일치 후 더블 클릭 → [문자 형식] 대화창 → 숫자 등 변경 → [확인] 클릭

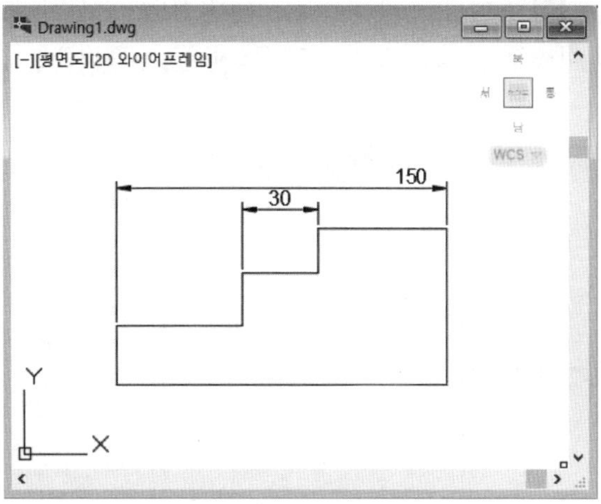

③ [기준선(B)] 옵션으로 [연속 치수] 사용 예

■ 명령: qdim Space Bar 또는 아이콘 클릭 → 객체 전체 선택 → 선택 객체 굵은 파란색 선으로 된다 → Space Bar 또는 Enter↵ 를 친다 → b(기준선) Space Bar → 커서로 치수기입 위치 선정 클릭(실제 치수 기입됨)

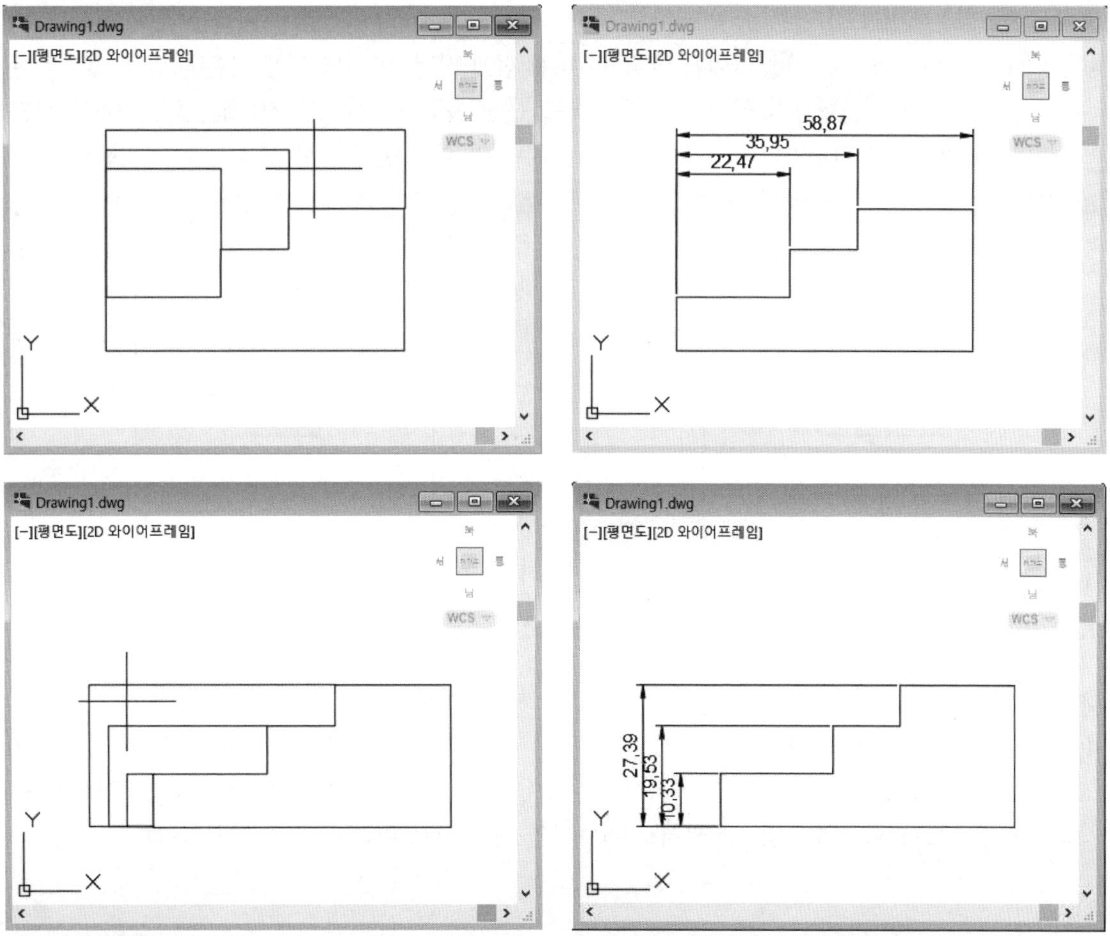

④ [세로좌표(O)] 옵션으로 [연속 치수] 사용 예

■ 명령: qdim [Space Bar] 또는 아이콘 클릭 → 객체 전체 선택 → 선택 객체 굵은 파란색 선으로 된다 → [Space Bar] 또는 [Enter↵] 친다 → o(세로좌표) [Space Bar] → 커서로 치수기입 위치 선정 클릭(실제 치수 기입됨)

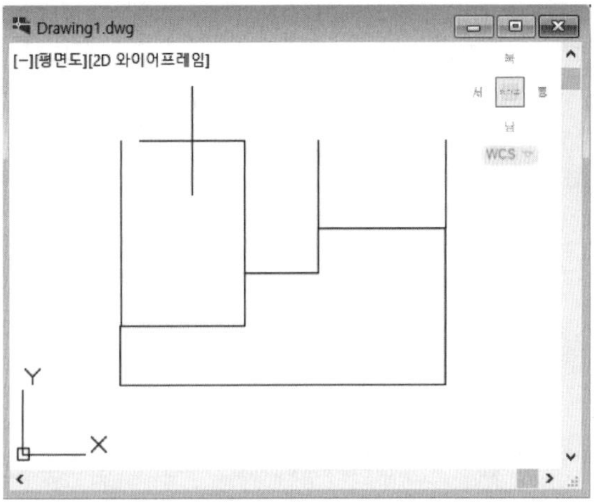

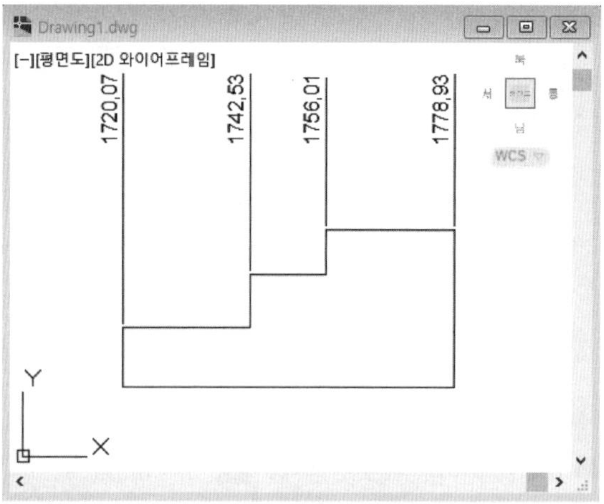

⑤ [데이텀 점(P)] 옵션으로 [연속 치수] 사용 예

◎ 세로좌표(O) 데이텀 점(기준점) 변경

■ 명령: qdim [Space Bar] 또는 아이콘 클릭 → 객체 전체 선택 → 선택 객체 굵은 파란색 선으로 된다 → [Space Bar] 또는 [Enter↵] 를 친다 → o(세로좌표) [Space Bar] → p(데이텀 점) [Space Bar] → 기준점 P1 클릭(P1을 기준으로 치수기입) → 커서 위치로 치수기입 위치 선정 클릭(실제 치수 기입됨)

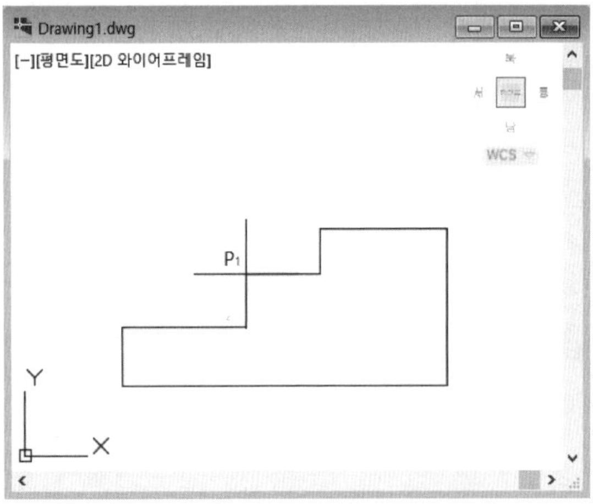

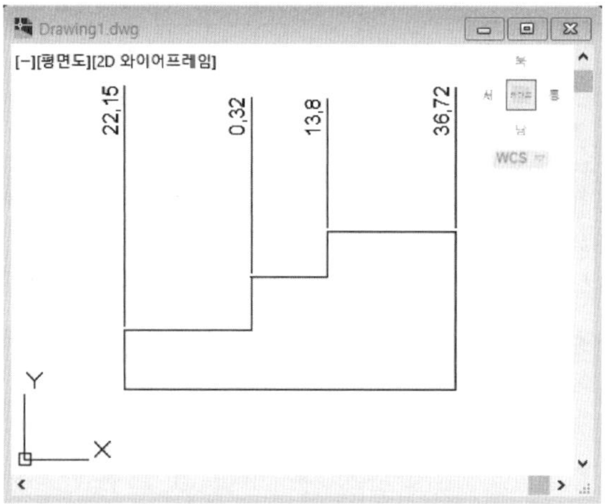

◎ 기준선(B) 데이텀 점(기준점) 변경

■ 명령: qdim [Space Bar] 또는 아이콘 클릭 → 객체 전체 선택 → 선택 객체 굵은 파란색 선으로 된다 → [Space Bar] 또는 [Enter↵] 를 친다 → o(세로좌표) [Space Bar] → p(데이텀 점) [Space Bar] → 기준점 P1 클릭(P1을 기준으로 치수기입) → 커서로 치수기입 위치 선정 클릭(실제 치수 기입됨)

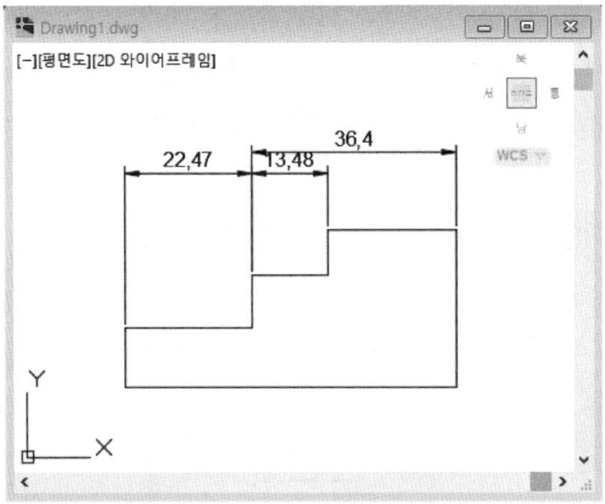

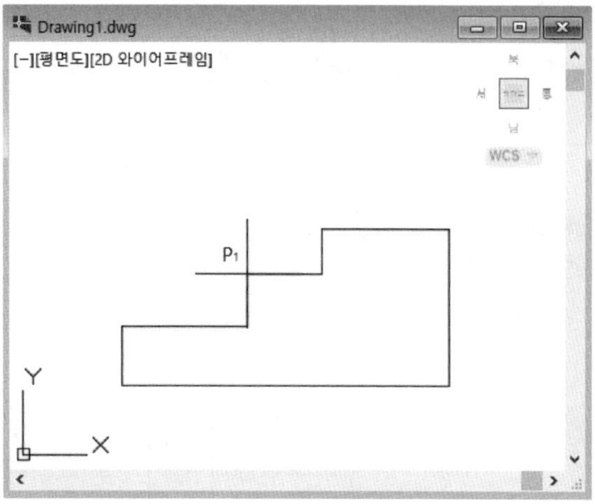

⑥ [편집(E)] 옵션으로 [연속 치수] 사용 예

◎ 치수점 제거

■ 명령 : qdim [Space Bar] 또는 아이콘 클릭 → 객체 전체 선택 → 선택 객체 굵은 파란색 선으로 된다 → [Space Bar] 또는 [Enter↵] 를 친다 → c(연속) [Space Bar] → e(편집) [Space Bar] → P1 클릭(× 표시제거) → P2 클릭(× 표시제거) → [Space Bar] → 커서로 치수기입 위치 선정 클릭(실제 치수 기입됨)

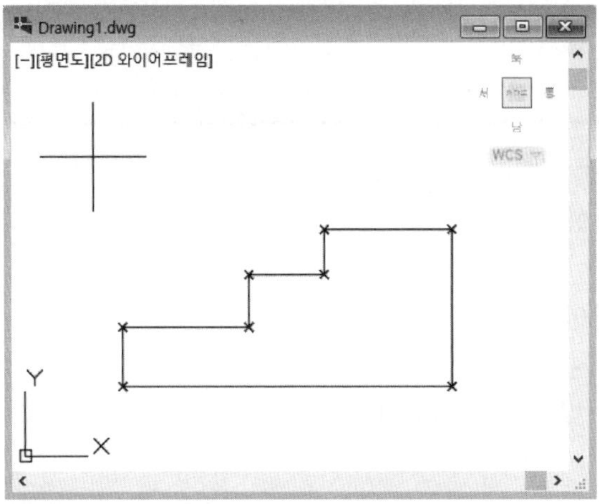

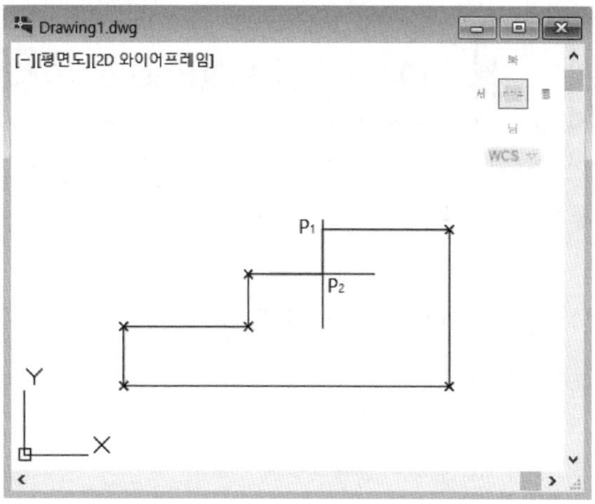

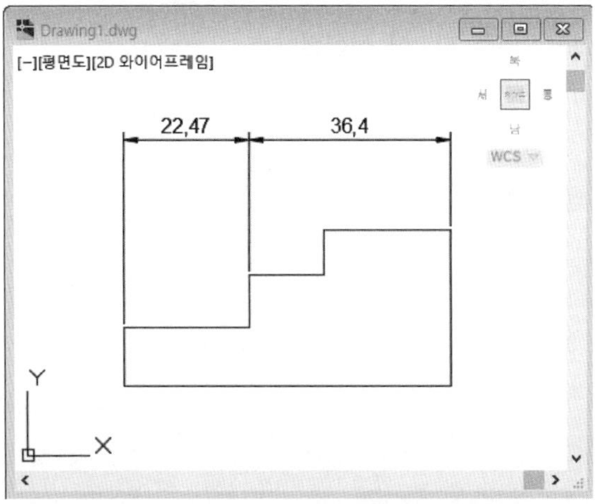

◎ 치수점 추가

■ 명령: qdim [Space Bar] 또는 [아이콘] 아이콘 클릭 → 객체 전체 선택 → 선택 객체 굵은 파란색 선으로 된다 → [Space Bar] 또는 [Enter↵] 를 친다 → c(연속) [Space Bar] → e(편집) [Space Bar] → a(추가) [Space Bar] → P1 클릭(× 표시) → [Space Bar] → 커서로 치수기입 위치 선정 클릭(실제 치수 기입됨)

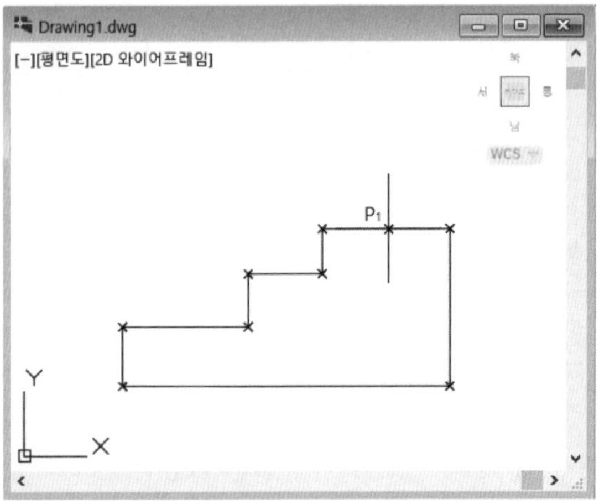

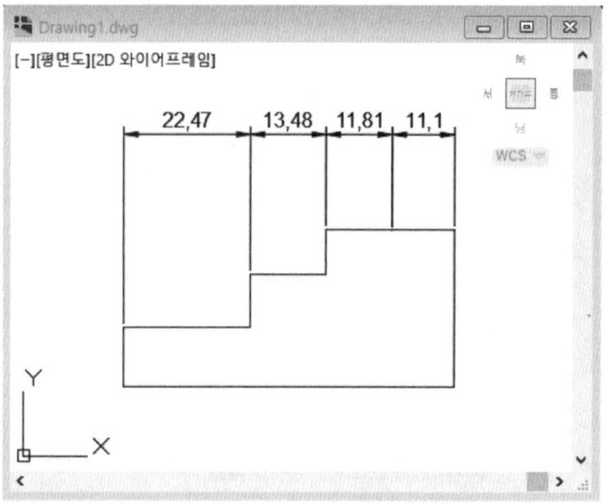

10 기준선(Baseline)

먼저 선, 호 등에 대한 치수가 기입되어 있어야 한다. 기입 된 치수선의 첫 번째 지정한 기준선으로부터 선형 치수, 각도 치수 또는 세로좌표 치수를 작성한다.

(1) 명령: dimbaseline (단축: dba) [Space Bar] 또는 [아이콘] 아이콘 클릭

기준선 선택:

두 번째 치수 보조선 원점 지정 또는 [명령 취소(U)/선택(S)] 〈선택(S)〉:

치수 문자 = 〈실제 치수〉

(2) [기준선] 치수 명령 사용 예 – 선택된 치수의 기준선으로부터 치수를 작성한다.

[1단계: 기준이 될 선형 치수를 작성한다]

■ 명령: dli [Space Bar] 또는 [아이콘] 아이콘 클릭 → [Space Bar] → P1 클릭 → P2 클릭

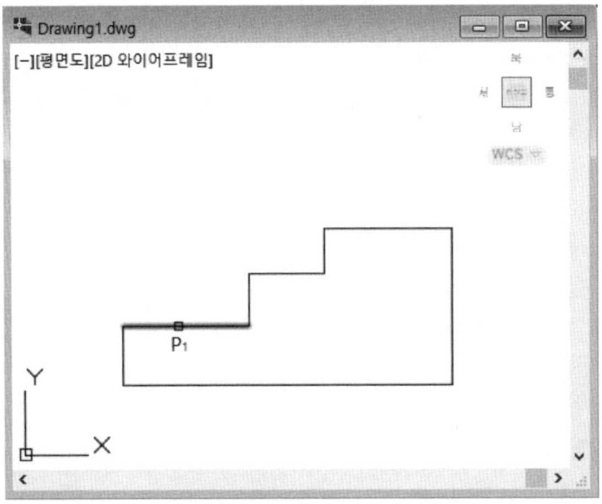

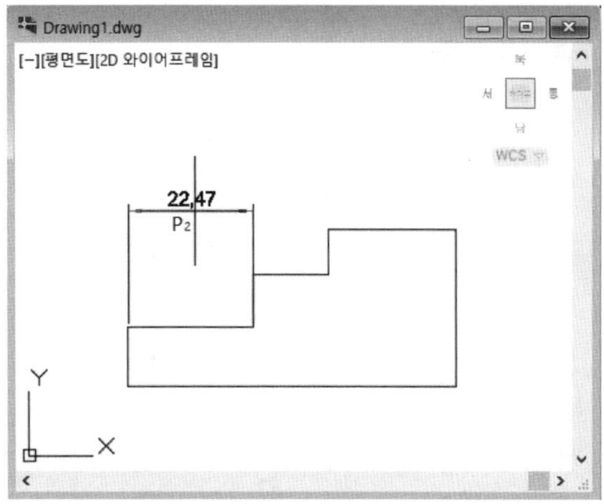

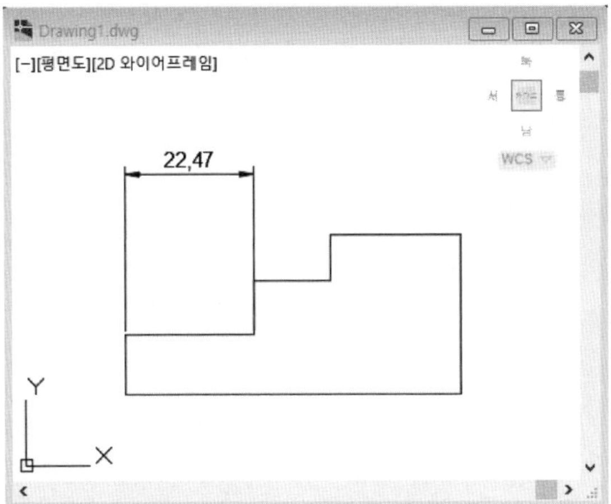

[2단계: 기준선 치수를 기입한다]

■ 명령: dba [Space Bar] 또는 아이콘 클릭 → P3 클릭 → P4 클릭 → P5 클릭 → [Space Bar] → 커서로 치수기입 위치 선정 클릭(실제 치수 기입됨)

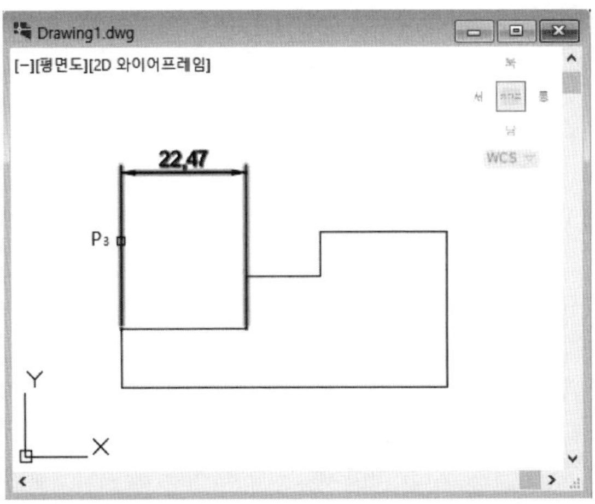

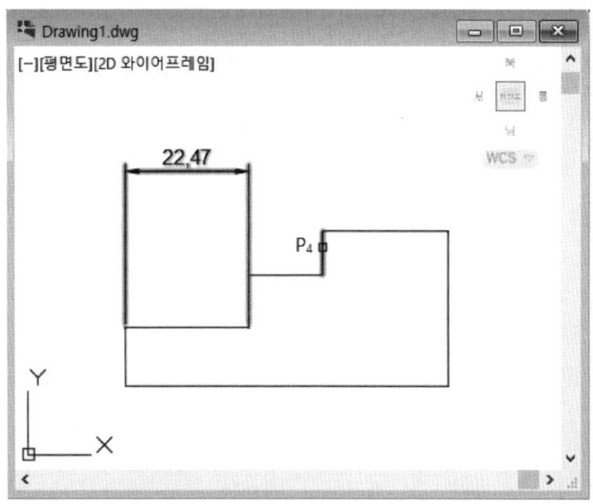

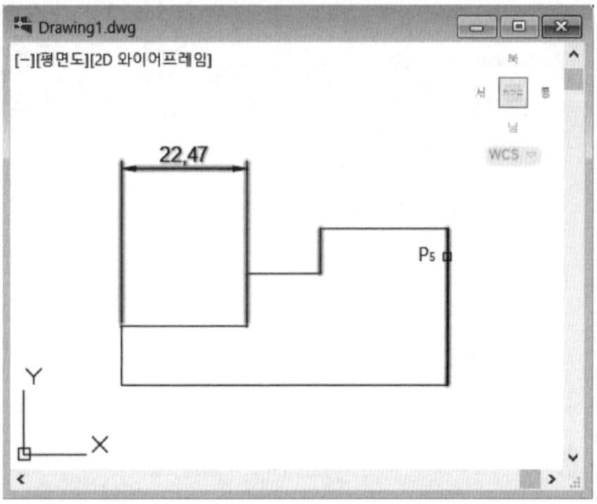

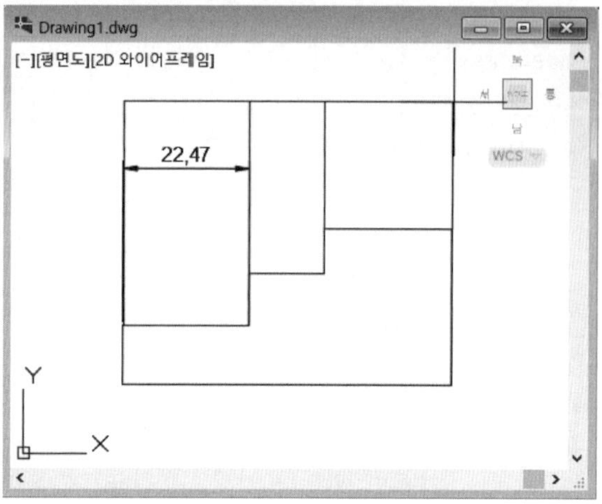

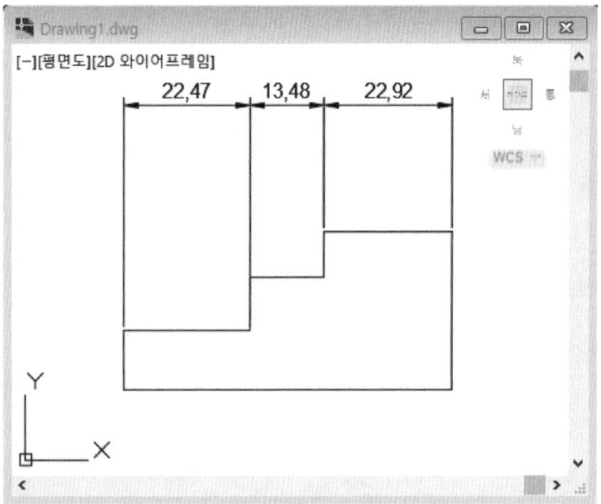

11 연속(Continue)

기입된 치수의 두 번째 보조선을 기준으로 연속된 치수를 기입한다. 즉, 선택된 기준선으로부터 연속해서 치수를 작성한다.

(1) 명령: dimcontinue (단축: dco) Space Bar **또는** ▦ **아이콘 클릭**

연속된 치수 선택:

두 번째 치수 보조선 원점 지정 또는 [명령 취소(U)/선택(S)] 〈선택(S)〉:

치수 문자 = 〈실제 치수〉

(2) [연속] 치수 명령 사용 예

[1단계: 기준이 될 선형 치수를 작성한다]

■ 명령: dli Space Bar 또는 아이콘 클릭 → Space Bar → P1 클릭 → P2 클릭

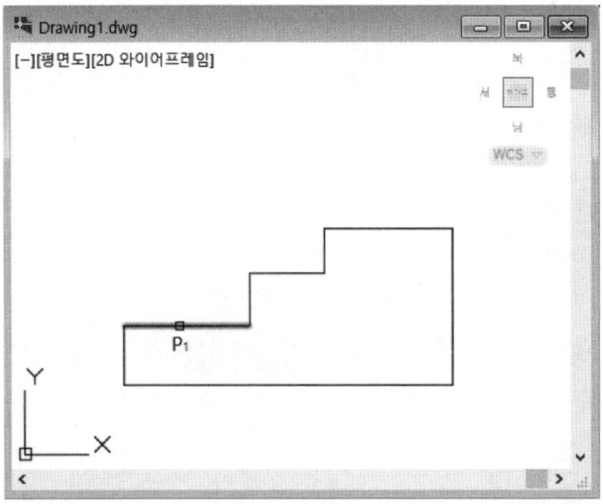

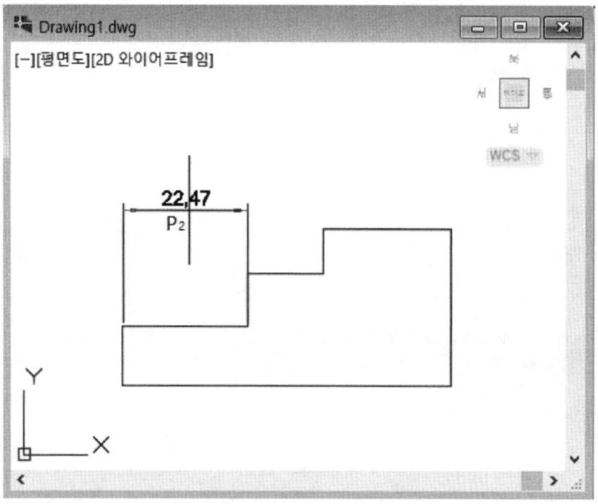

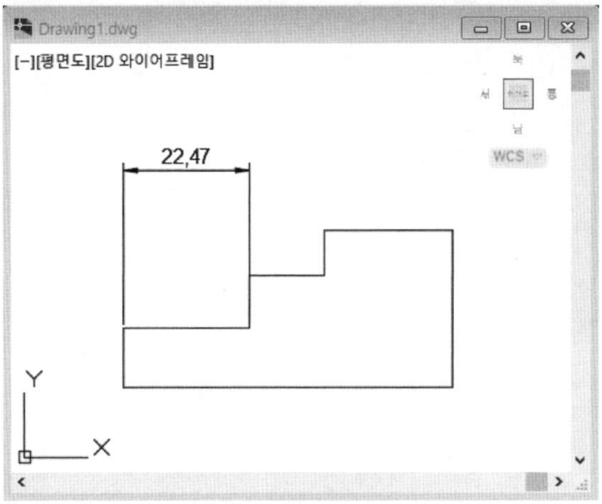

[2단계: 기준선 치수를 기입한다]

■ 명령: dco Space Bar 또는 아이콘 클릭 → P1 클릭 → P2 클릭 → P3 클릭 → Space Bar (실 치수가 기입된다)

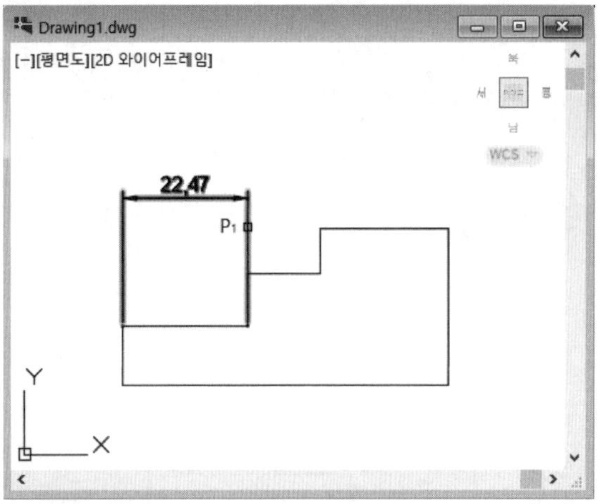

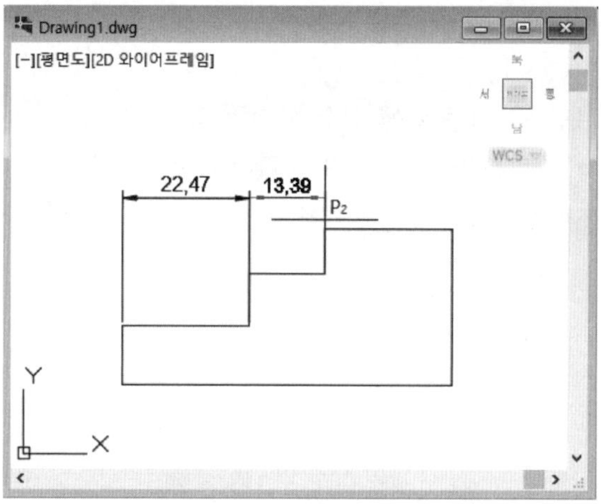

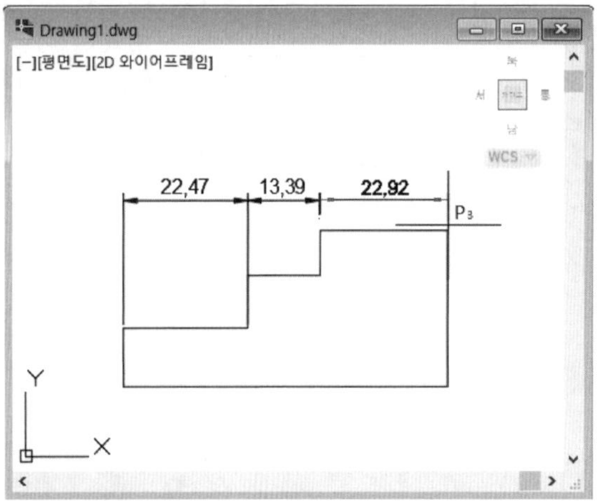

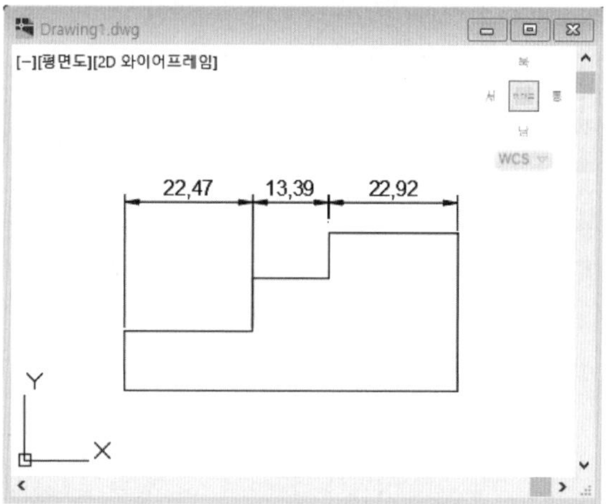

■ 치수의 변경 : 커서로 치수를 더블 클릭 → [문자 형식] 대화상자 → 글자 또는 숫자 수정 → [확인] 클릭

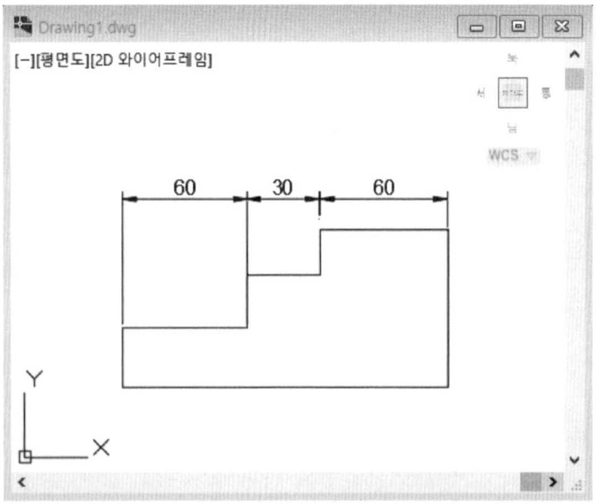

12 치수 간격(Dimension Space)

도면의 기존 평행 선형 및 각도 치수의 간격을 동일한 간격으로 조정한다. 즉, 평행하는 치수선 사이의 간격을 동일하게 만든다.

(1) 명령: dimspace Space Bar 또는 아이콘 클릭

기본 치수 선택: 가장 작은 치수 선택
간격을 둘 치수 선택: 두 번째 작은 치수 선택
간격을 둘 치수 선택: 세 번째 작은 치수 선택
간격을 둘 치수 선택: Space Bar
값 또는 [자동(A)] 입력 〈자동(A)〉:

(2) [치수 간격] 치수 명령 사용 예

[1단계: 기준이 될 선형 치수를 작성한다]

■ 명령: dli Space Bar 또는 아이콘 클릭 → Space Bar → P1 클릭 → P2 클릭

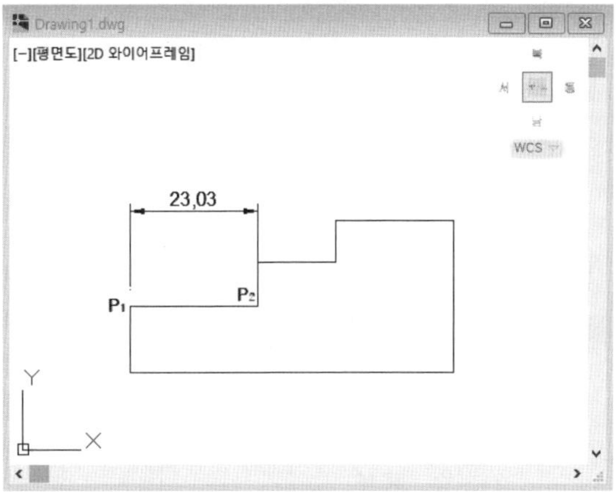

[2단계: [기준선] 명령으로 기준선 치수를 기입한다]

■ 명령: dba Space Bar 또는 아이콘 클릭 → P1 클릭 → P2 클릭 → P3 클릭 → Space Bar (실치수 기입)

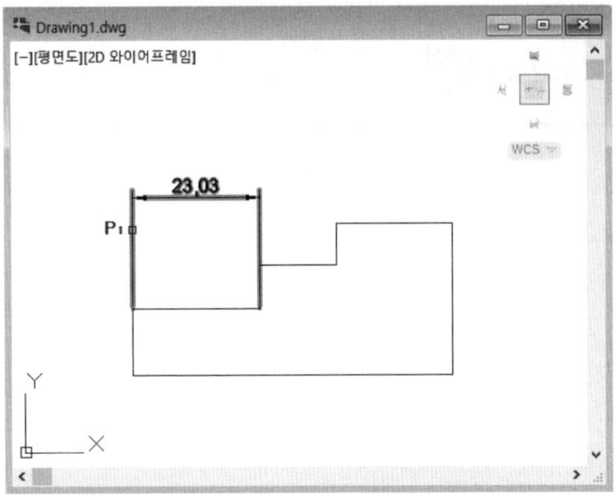

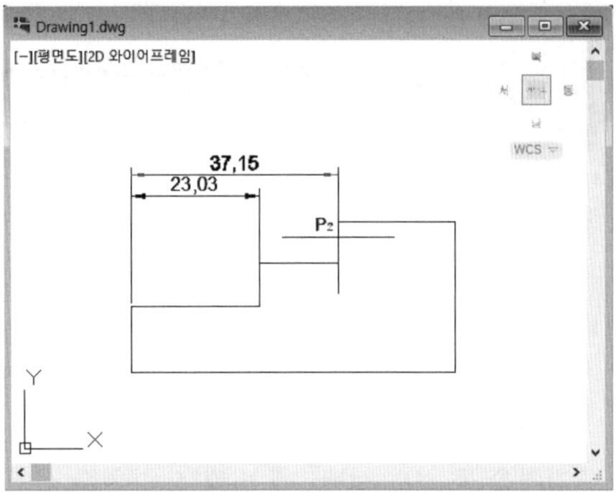

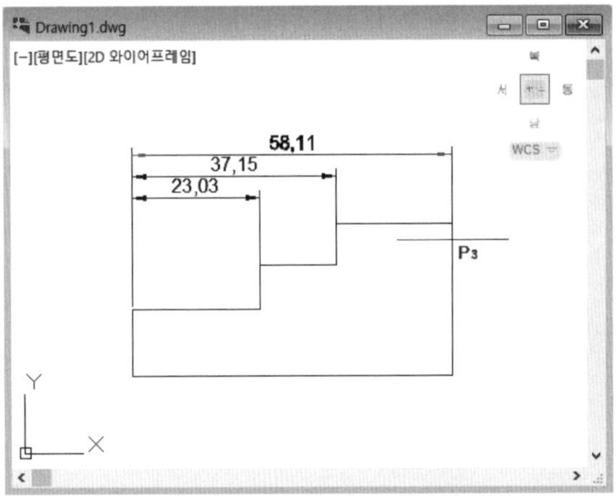

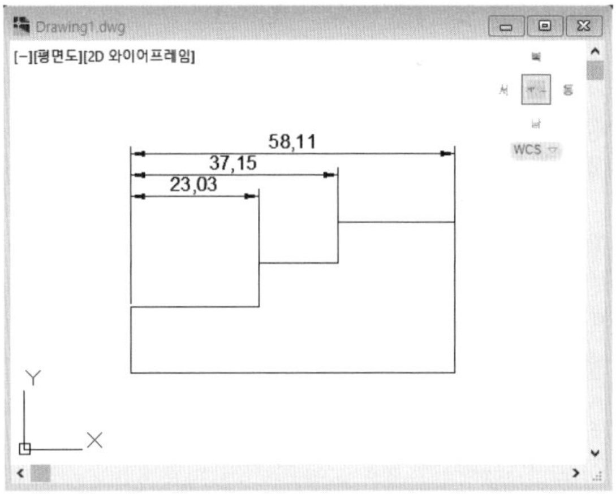

[3단계: 기준 치수의 간격을 조정한다]

■ 명령: dimspace Space Bar 또는 아이콘 클릭 → P1 클릭(조정할 치수) → P2 클릭(조정할 치수)

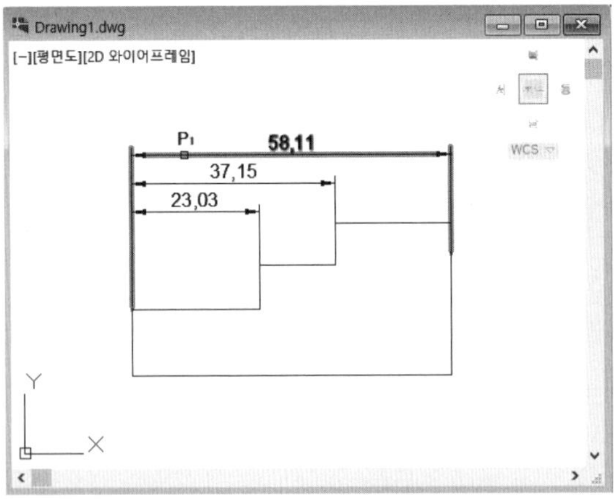

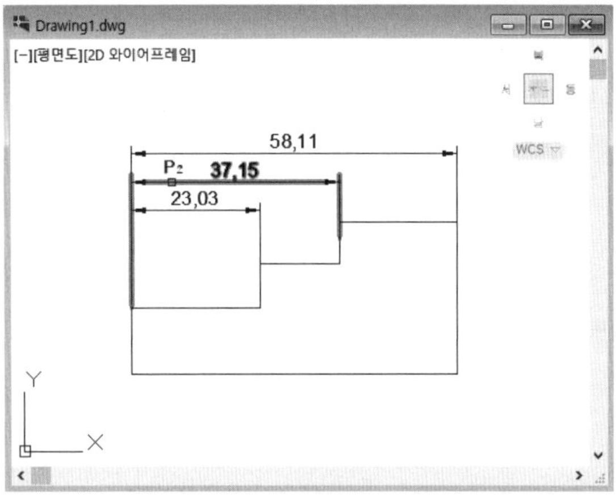

■ Space Bar → Space Bar → 커서로 간격 조정할 치수 클릭 → 3점 그립 생김 → 중간 그립에 커서 일치 클릭 → 간격 조정 후 클릭

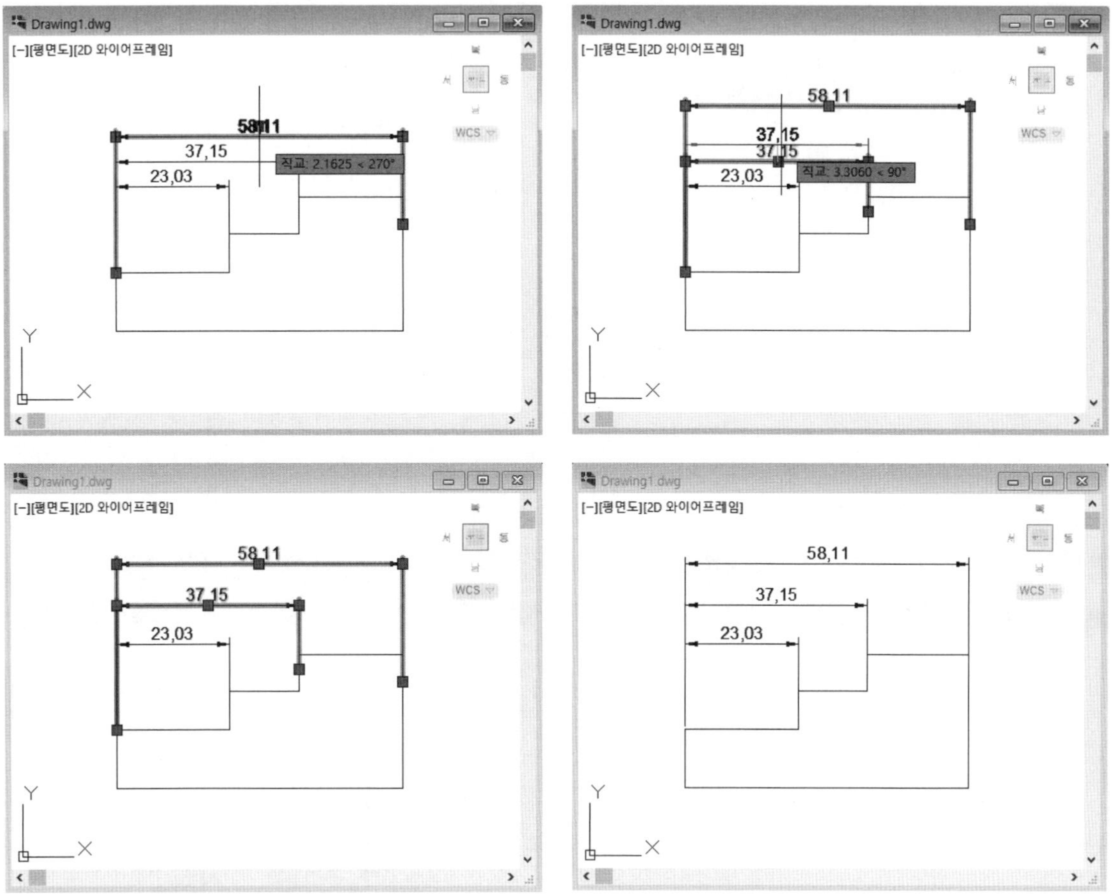

13 치수 끊기(Dimension Break)

다른 객체와 교차하는 치수 및 치수 보조선을 끊거나 복원하는 명령이다. 이 명령은 선형, 각도 및 세로좌표 치수에 추가할 수 있다.

(1) 명령: dimbreak Space Bar 또는 아이콘 클릭

끊기를 추가/제거할 치수 선택 또는 [다중(M)]:

치수를 끊을 객체 선택 또는 [자동(A)/수동(M)/제거(R)] 〈자동〉:

치수를 끊을 객체 선택:

(2) [치수 끊기] 명령 사용 예

[1단계: 다음과 같이 그림을 그리고 [선형] 치수 기입을 한다.

■ 아이콘 클릭 → 커서 + 모양 → P1 클릭 → P2 클릭 → 커서로 치수 기입 위치 클릭

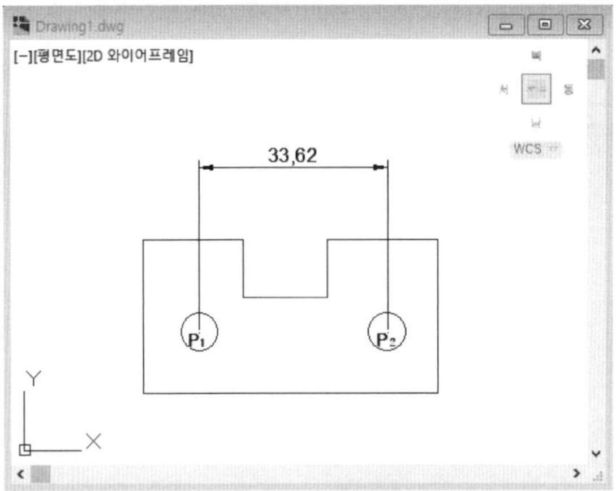

[2단계: 선형치수를 [치수 끊기] 명령으로 치수를 끊는다]

■ 명령: dimbreak Space Bar 또는 아이콘 클릭 → 커서 □ 모양 → P1 클릭 → P2 클릭

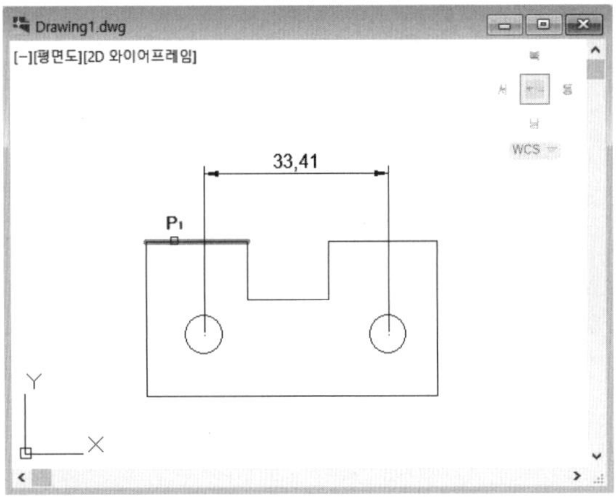

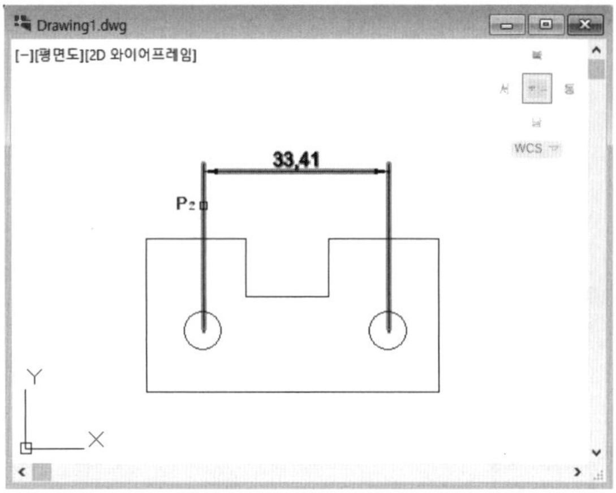

■ Space Bar (치수 끊기 작업이 완료된다)

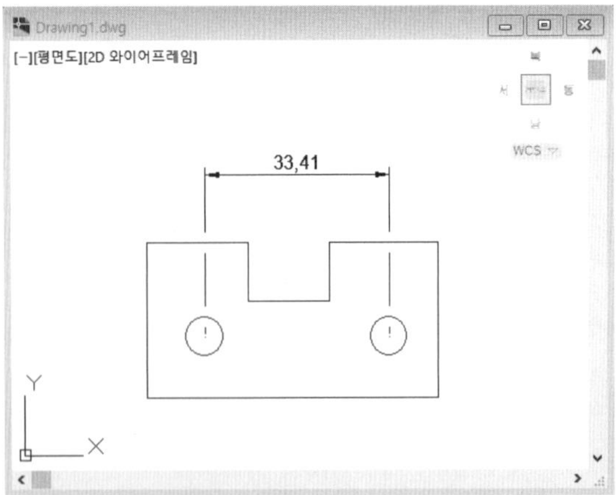

14 공차(Tolerance)

사용자에게 보다 더 세부적인 정보를 전달하기 위한 기호들을 정리하여 입력하는 명령어로서, 주로 기계설계 분야에서 사용하며 발생 오차 허용한도와 재료의 상태 등을 지정한다.

(1) 명령: tolerance (단축: tol) Space Bar 또는 아이콘 클릭

[기하학적 공차] 대화상자 → [기호] 클릭 → [기호] 대화상자가 나타난다.

① [기하학적 공차] 대화상자가 나타난다.

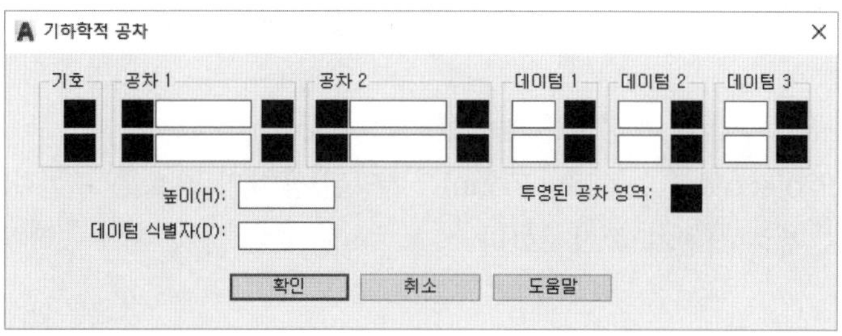

■ [기호] 클릭 → [기호] 대화상자가 나타난다.

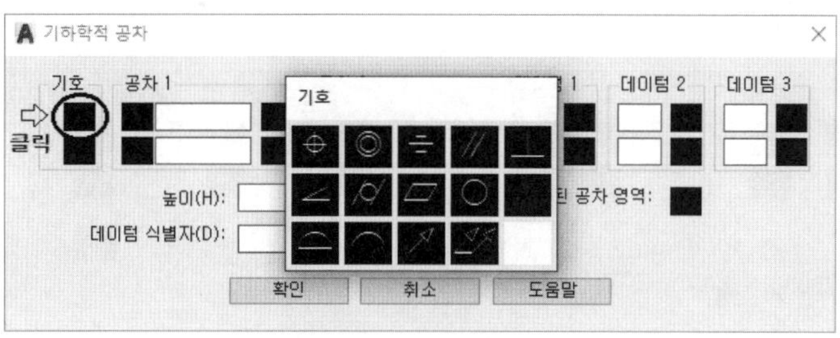

■ [공차](Tolerance): 지름과 재료의 상태를 나타내는 기호와 공차 값을 지정할 수 있다.

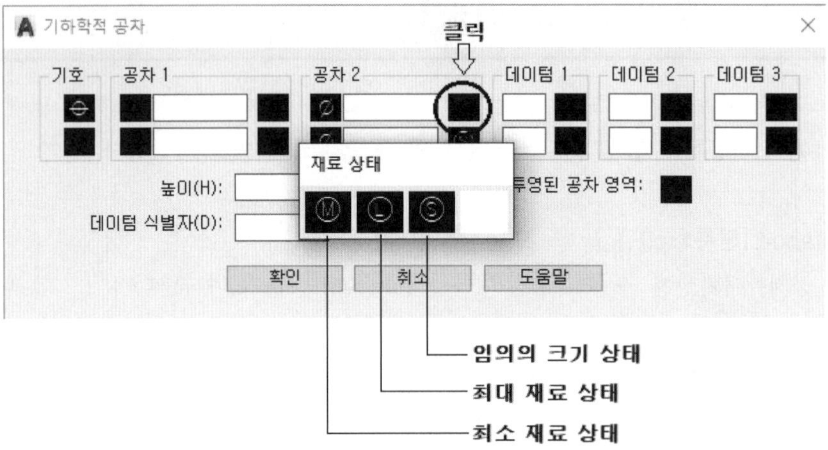

■ 높이(H): 투영된 공차 구간을 지정하는 높이를 설정한다.

■ 투영된 공차영역(Projected Tolerance Zone): 투영된 공차의 기호를 표현한다.

■ 데이텀 식별자(D): 기준 식별자를 작성한다.

(2) [공차] 설정하기

■ 명령: tol Space Bar 또는 아이콘 클릭 → [기하학적 공차] 대화상자 → [기호]부터 정의해 나간다.

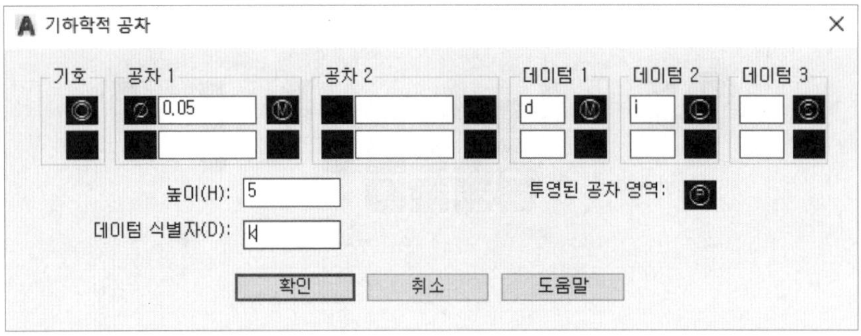

■ [확인] 클릭한다.

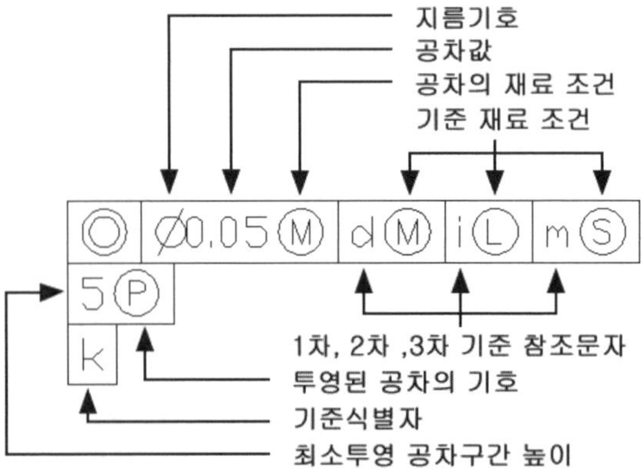

15 중심 표식(Center Mark)

원이나 호에 중심 표식을 한다.

(1) 명령: dimcenter (단축: dce) Space Bar **또는 아이콘 클릭**

호 또는 원 선택:

(2) [중심 표식] 명령 사용 예

① 명령: dce Space Bar 또는 아이콘 클릭 → 커서 □ 모양 → 호 객체 선택 → 클릭(중심 + 표시)

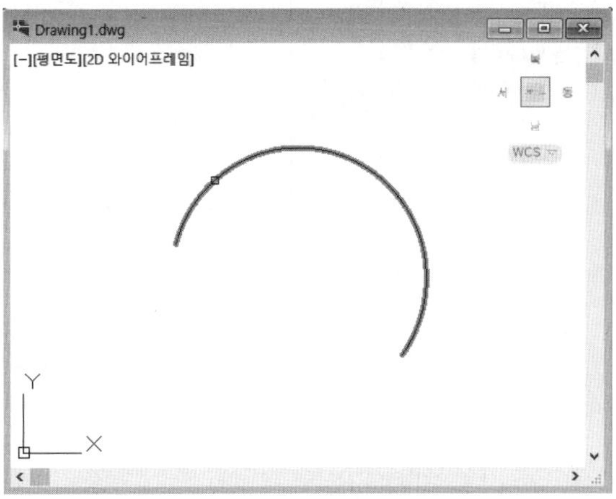

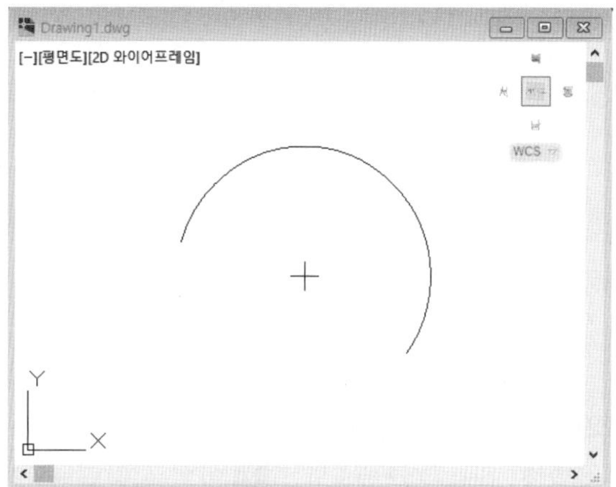

② 명령: dce Space Bar 또는 아이콘 클릭 → 커서 □ 모양 → 원 객체 선택 → 클릭(중심 + 표시)

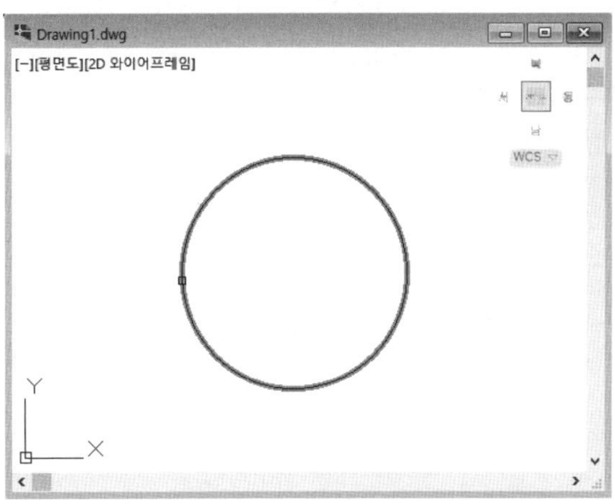

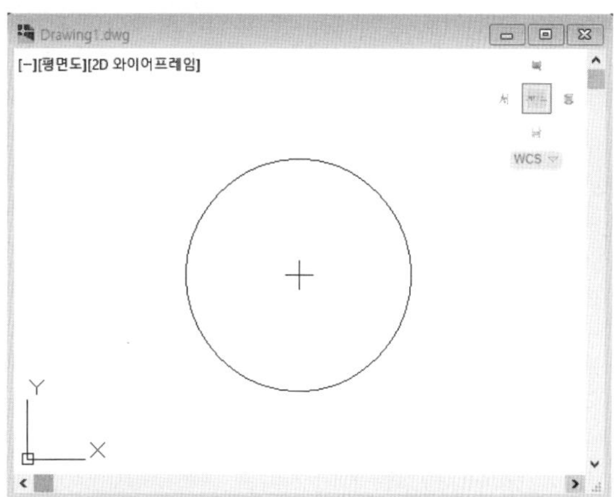

16 검사(Diminspect)

선택한 치수에 대한 검사 정보를 추가 또는 제거한다. 검사 치수는 부품의 치수 값 및 공차가 지정된 범위를 벗어나지 않도록 보장하기 위해 제조 부품을 검사하는 주기를 지정한다.

(1) 명령: diminspect Space Bar 또는 아이콘 클릭

[검사 치수] 대화상자가 나타난다.

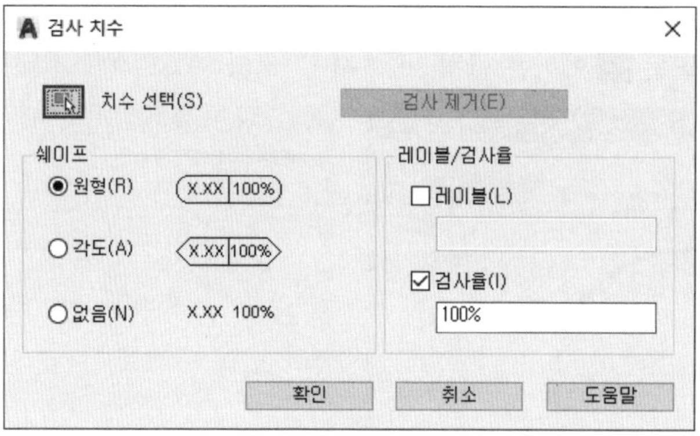

(2) [검사] 명령 사용 예

① 명령: dco Space Bar 또는 아이콘 클릭 → 연속 치수를 기입한다.

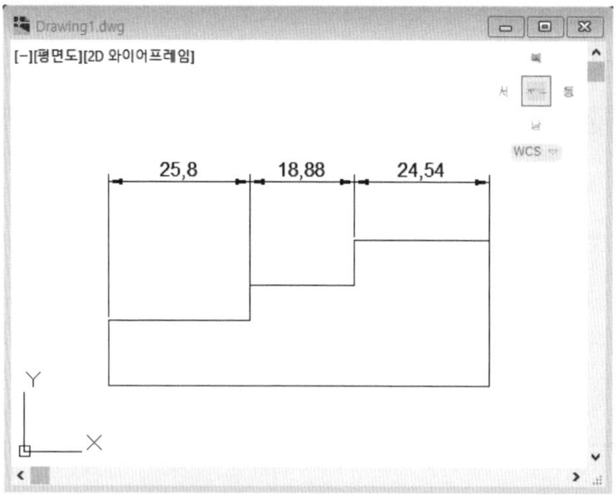

② 명령: diminspect Space Bar 또는 아이콘 클릭 → [검사 치수] 대화상자 → [치수 선택(S)] 클릭 → 첫 번째 치수 클릭 → Space Bar → [검사 치수]대화창의 [쉐이프] [원형(R)] 체크 → [확인] 클릭

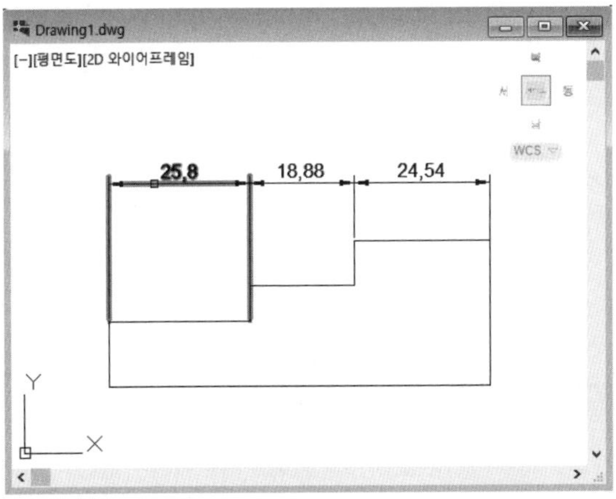

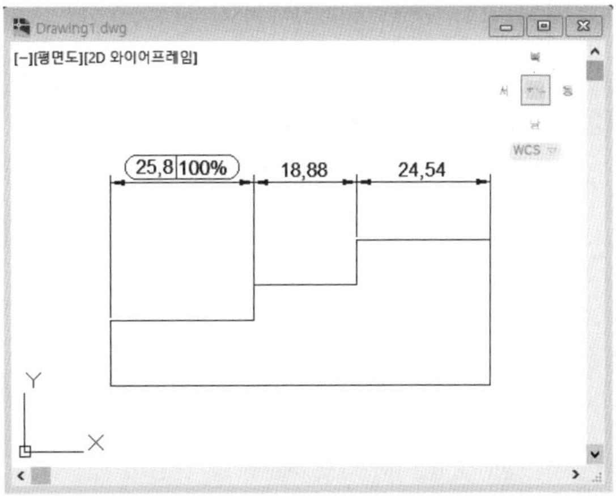

③ 명령: diminspect [Space Bar] 또는 아이콘 클릭 → [검사 치수] 대화상자 → [치수 선택(S)] 클릭 → 세 번째 치수 클릭 → [Space Bar] → [검사 치수]대화창의 [쉐이프] [각도(A)] 체크 → [확인] 클릭

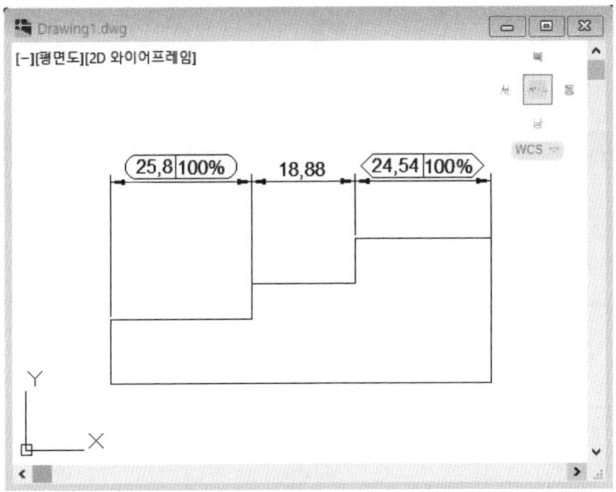

17 꺾어진 선형(Jogged Linear)

꺽기선은 일반적으로 도면을 생략한 경우에 사용하며 실제 치수가 아닌 치수 값을 입력하는데 사용된다. 따라서 치수 문자를 변경할 필요가 있다.

(1) 명령: dimjogline (단축: djl) [Space Bar] 또는 아이콘 클릭

꺽기를 추가할 치수 또는 [제거(R)]:

꺽기 위치 지정(또는 ENTER 키 누르기):

(2) [꺽어진 선형] 명령 사용 예

① 명령: dco [Space Bar] 또는 아이콘 클릭 → 연속 치수를 기입한다.

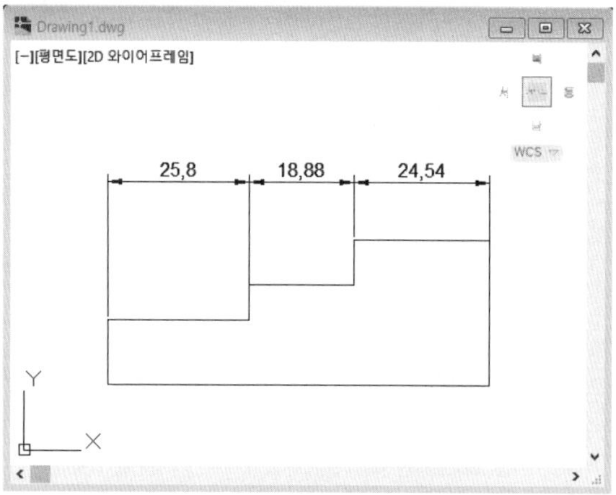

② 명령: dimjogline (단축: djl) [Space Bar] 또는 아이콘 클릭 → 커서 □ 모양 → P1 클릭 → 커서 + 모양 → 꺽기 위치(P2) 클릭

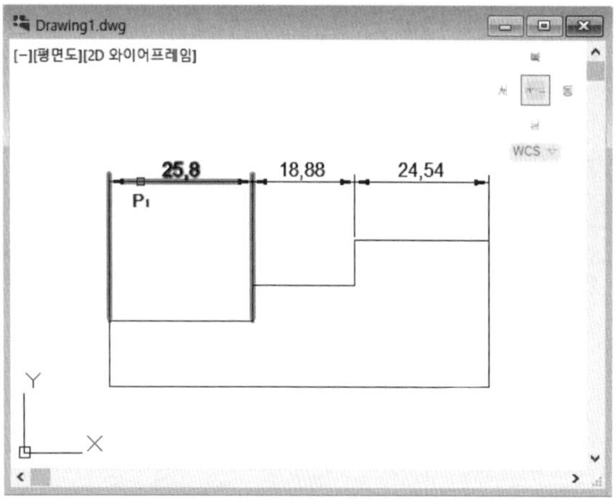

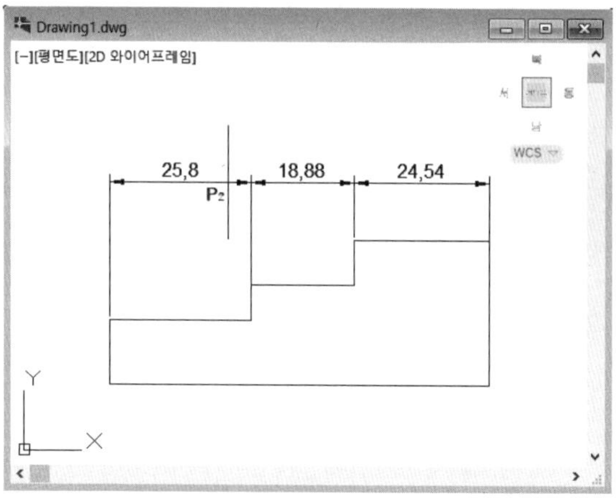

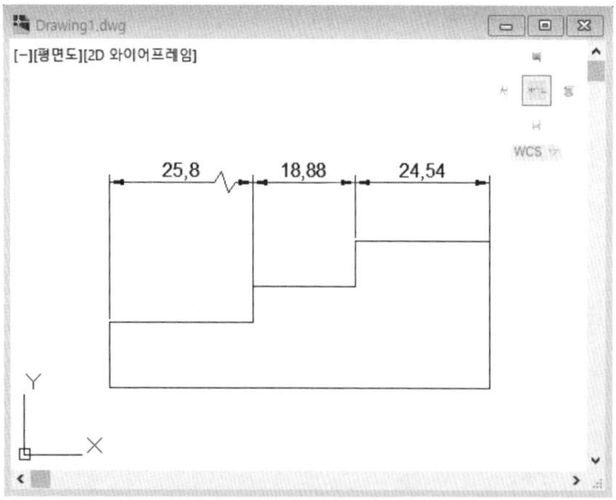

■ 치수 변경: 꺽기한 치수 더블 클릭 → [문자 형식] 대화상자 → 600 입력 → [확인] 클릭

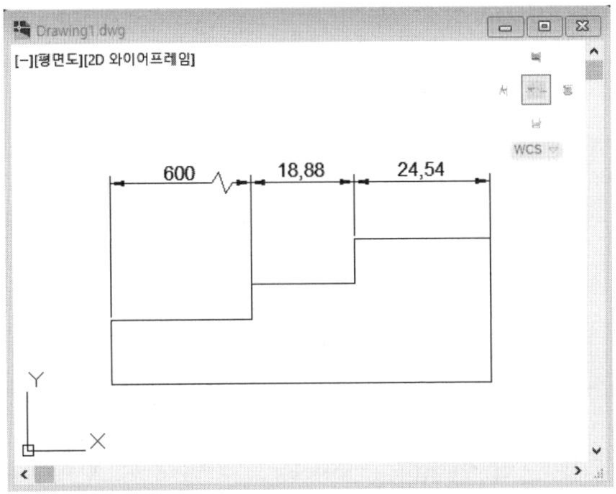

18 치수 편집(Dimension Edit)

치수 객체에서 치수 문자 및 치수 보조선을 편집한다.

(1) 명령: Dimedit (단축: ded) Space Bar 또는 아이콘 클릭

치수 편집의 유형 입력 [홈(H)/새로 만들기(N)/회전(R)/기울기(O)] 〈홈(H)〉: 옵션 Space Bar

객체선택:

옵션사양

① 홈(H): 회전된 치수 문자를 다시 기본 위치로 이동한다.

② 새로 만들기(N): 내부 문자 편집기를 사용하여 치수 문자를 변경한다.

③ 회전(R): 치수 문자를 회전한다.

④ 기울기(O): 선형 치수 치수보조선의 기울기 각도를 조정한다. 치수보조선이 도면의 다른 피쳐와 충돌할 때 유용하게 사용한다.

(2) [치수 편집] 명령 사용 예

① [홈(H)] 옵션 사용 예 – 치수 문자의 각도를 원래대로 되돌린다.

■ [선형] 아이콘 클릭 → P1 클릭 → P2 클릭 → a(각도) Space Bar → 45 Space Bar → 치수 기입 위치 지정 클릭(300으로 치수 변경)

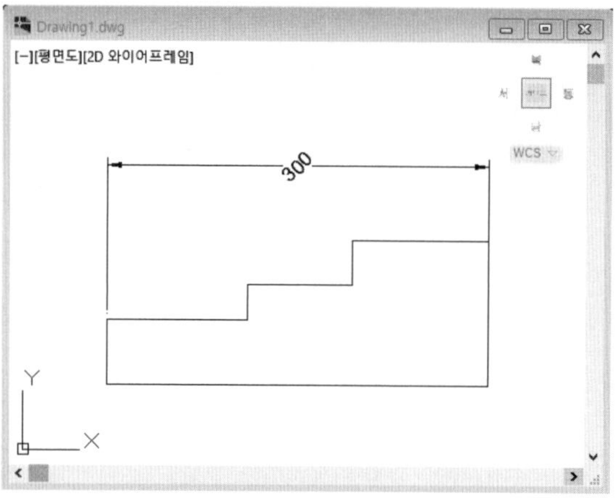

■ 명령: ded 또는 아이콘을 클릭 → h(홈) Space Bar → 커서 □ 모양 → 치수(P1) 클릭(선택 객체 굵은 파란선) → Space Bar (치수가 바르게 조정)

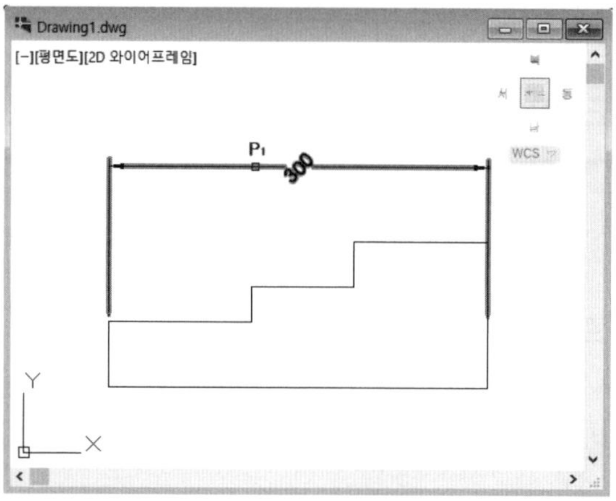

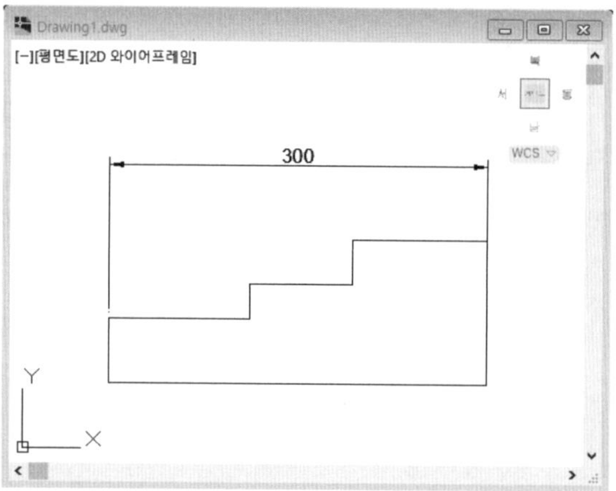

② [새로 만들기(N)] 옵션 사용 예 – 치수 문자를 변경한다.

■ 명령: ded 또는 아이콘을 클릭 → n(새로 만들기) Space Bar → [문자 형식] 대화상자 → 치수 변경(250) → 치수(P1) 클릭(선택 객체 굵은 파란선) → Space Bar (치수가 바르게 조정)

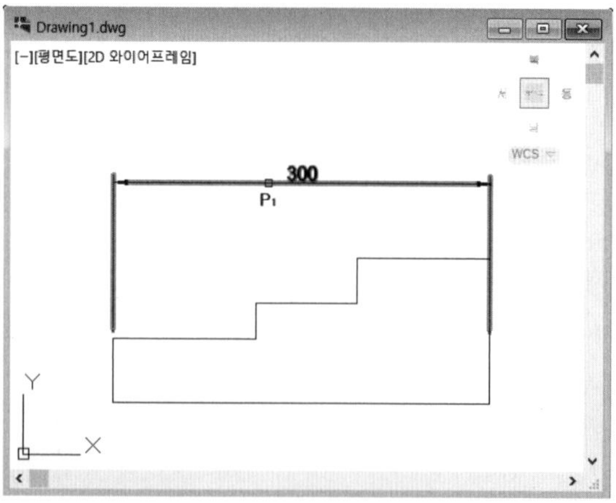

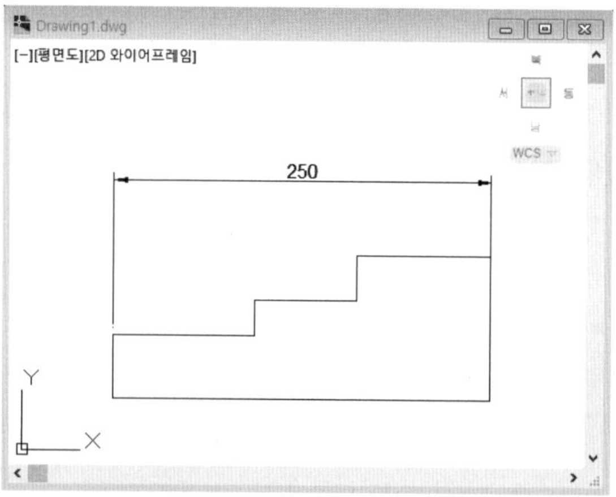

③ [회전(R)] 옵션 사용 예 – 치수 문자를 회전한다.

■ 명령: ded 또는 아이콘을 클릭 → r(회전) Space Bar → 45 Space Bar → 치수(P1) 클릭(선택 객체 굵은 파란선) → Space Bar (치수 45도 회전)

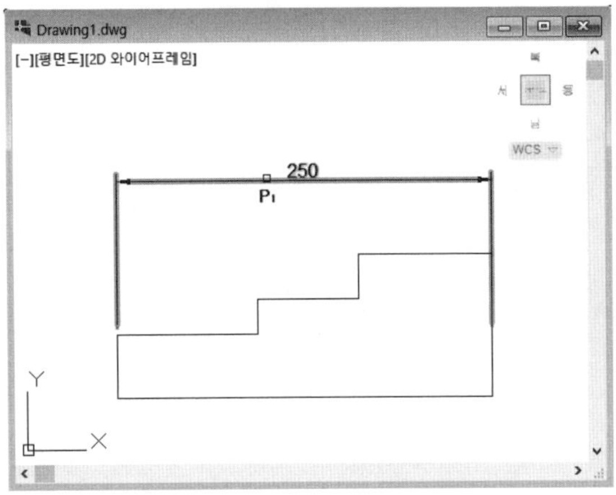

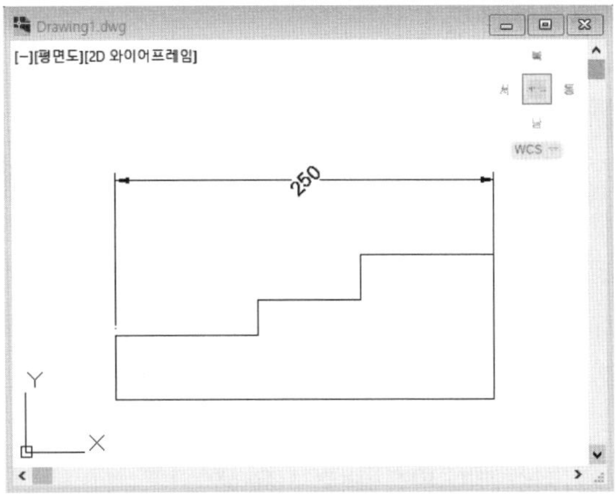

④ [기울기(O)] 옵션 사용 예 – 치수보조선의 기울기 각도를 조정한다.

■ 명령: ded 또는 아이콘을 클릭 → o(기울기) Space Bar → 치수(P1) 클릭(선택 객체 굵은 파란선) → Space Bar → 60 Space Bar (치수 지시선 60도 회전)

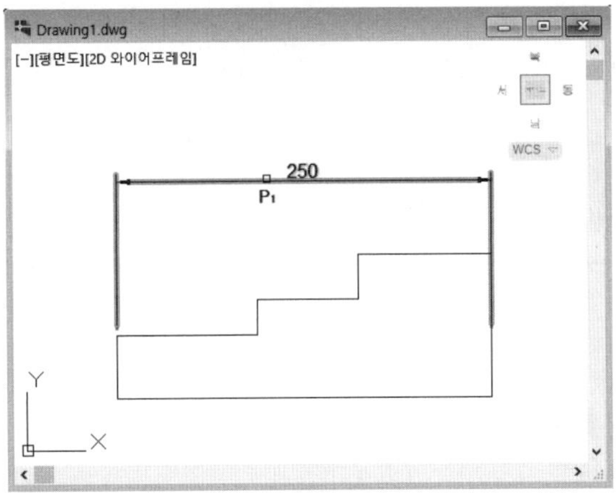

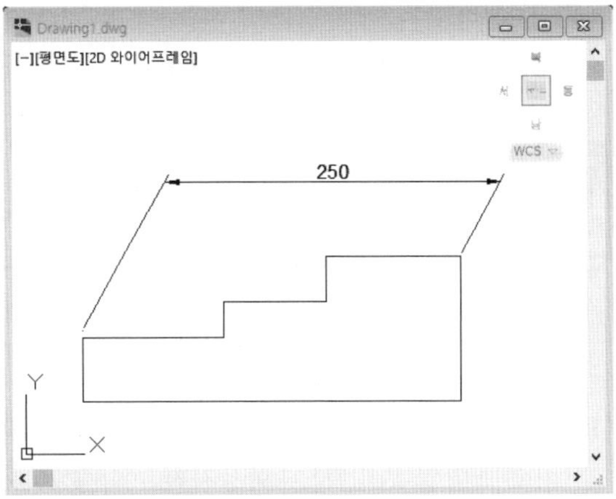

19 치수 문자 편집(Dimension Text Edit)

치수 문자를 이동하거나 회전한다.

(1) 명령: dimtedit or dimted [Space Bar] 또는 아이콘 클릭

치수 선택:

치수 문자에 대한 새 위치 또는 다음을 지정 [왼쪽(L)/오른쪽(R)/중심(C)/홈(H)/각도(A)]: P1 클릭 또는 옵션 [Space Bar]

옵션사양

① 왼쪽(L): 치수 문자를 치수선을 따라 왼쪽에 위치한다.

② 오른쪽(R): 치수 문자를 치수선을 따라 왼쪽에 위치한다.

③ 중심(C): 치수 문자를 치수선의 중심에 위치한다.

④ 홈(H): 치수 문자를 기본위치로 이동 시킨다.

⑤ 각도(A): 치수 문자의 각도를 변경한다.

(2) [치수 문자 편집] 명령 사용 예

① 명령: dimted [Space Bar] 또는 아이콘 클릭 → 치수(P1) 클릭 → 옵션 [Space Bar]

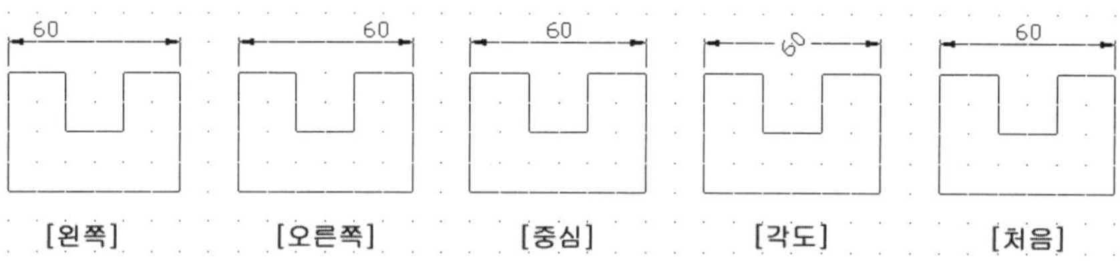

20 치수 스타일...(Dimension Style)

치수 스타일의 수정 및 신규 스타일을 작성한다.

(1) 명령: dimstyle (단축: d) [Space Bar] 또는 아이콘 클릭

[치수 스타일 관리자] 대화상자가 나타난다.

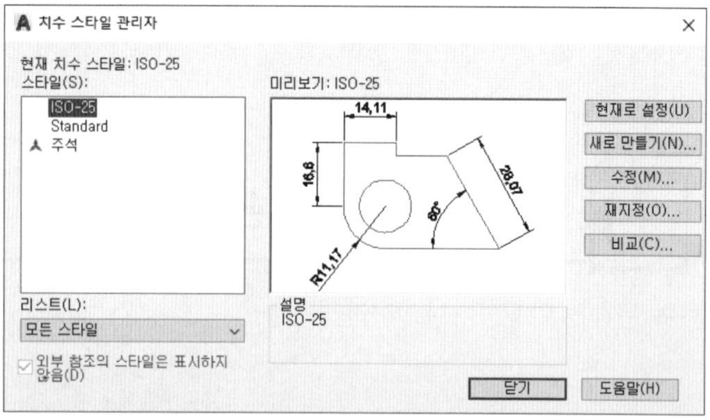

① 현재 치수 스타일: 현재의 치수 스타일을 나타낸다.
② 스타일(S): 현재 사용 가능한 치수 스타일의 목록을 나타낸다.
③ 리스트(L): 치수 스타일리스트의 표시를 조절한다.
· 사용 중인 스타일: 현재 도면에 적용된 치수 스타일만 표시한다.
· 전체 스타일: 모든 치수 스타일을 표시한다.
④ 현재로 설정(U): 치수 스타일의 목록에서 지정한 치수 스타일을 활성화시킨다.
⑤ 새로 만들기(N): 새 치수 스타일을 정의할 수 있는 [새 치수 스타일 작성] 대화상자를 표시한다.

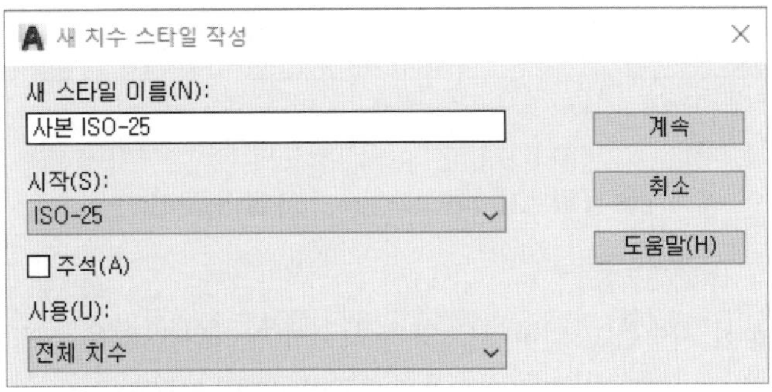

· 새 스타일 이름(N): 새 치수 스타일의 이름을 지정한다.
· 시작(S): 새 스타일의 기준으로 사용할 스타일을 설정한다.
· 사용(U): 특정 치수 스타일에만 적용할 치수 스타일을 작성한다.
· 계속: 새 치수 스타일 특성을 정의할 수 있는 새 치수 스타일 대화상자를 표시한다.

⑥ 수정(M): 지정한 치수 스타일을 수정하기 위한 대화상자가 난다. 이때 새로 만들기(N)에서 계속을 클릭한 경우와 옵션이 동일하다.
⑦ 재지정(O): 현재 유형 재지정 대화상자가 나타나며 지정한 치수 스타일을 직접 수정하지 않고 재지정 한다.
⑧ 비교(C): 치수 스타일 비교 대화상자에서 치수 스타일들을 비교한다.

(2) [치수 스타일] 수정 설정하기

■ 명령: dimstyle (단축: d) Space Bar 또는 아이콘 클릭 → [치수 스타일 관리자] 대화상자 →대화상자에서 [수정(M)] 클릭 → [치수 스타일 수정] 대화상자가 나타난다.

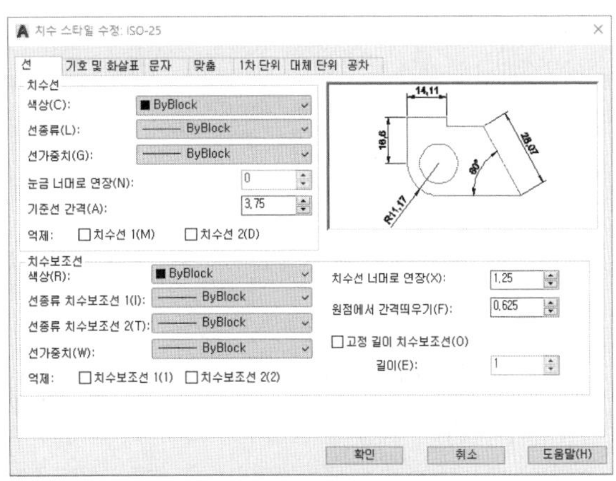

◎ [선] 영역(Tab) – 치수 선, 치수보조선의 특성과 형식을 설정한다.

① 치수선 영역: 치수선의 색상, 종류, 가중치 등의 특성들을 설정한다.

■ 눈금 너머로 연장(N): 화살촉의 모양을 건축 눈금 등을 사용하였을 경우 활성화 되며 치수선이 치수 보조선 너머로 연장되는 길이를 설정한다.

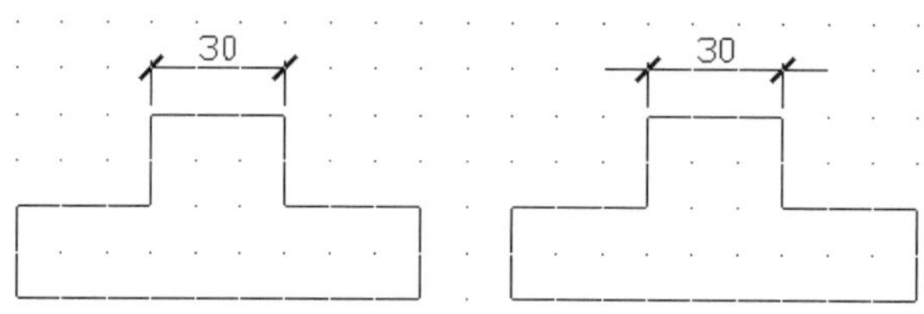

[설정값=0] [설정값=10]

■ 기준선 간격(A): 기준선 치수를 기입하였을 경우 치수선 사이의 간격을 설정한다.

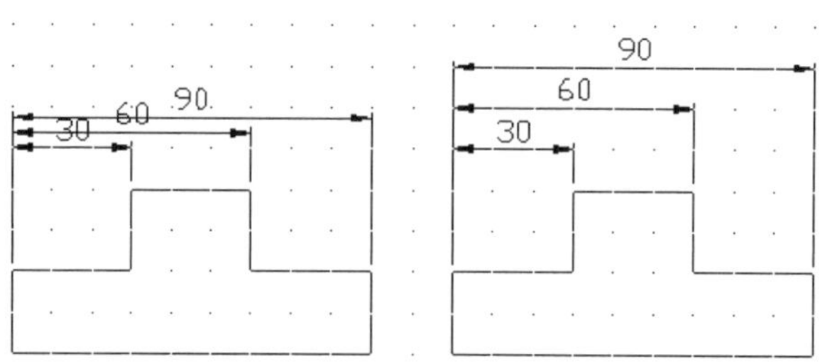

[설정값=3.75] [설정값=10]

■ 억제: 치수선의 표시를 억제한다.

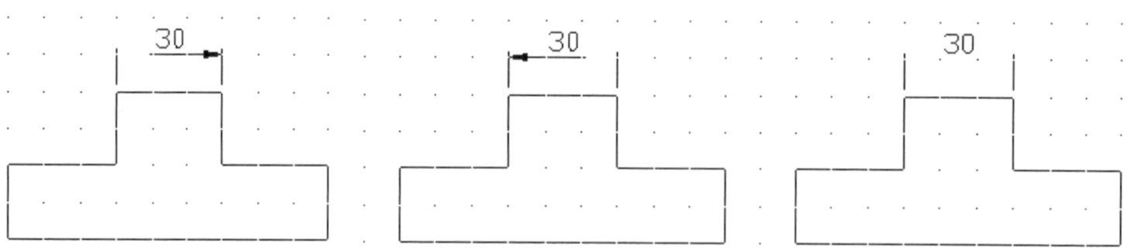

[억제=치수선 1] [억제=치수선 2] [억제=치수선 1, 2]

② 치수 보조선 영역 : 치수 보조선의 색상, 종류, 가중치 등의 특성을 설정한다.

■ 치수선 너머로 연장(X): 치수 보조선이 치수선 너머로 연장되는 길이를 설정한다.

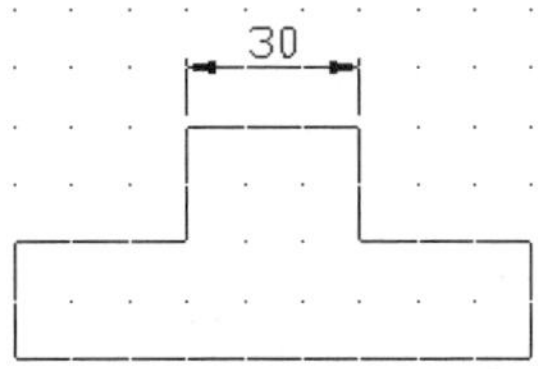

[설정값=1.25]

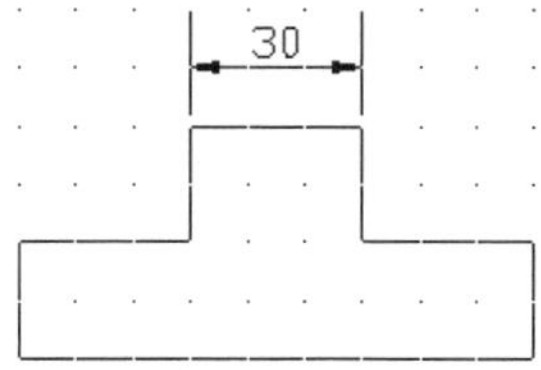

[설정값=10]

■ 원점에서 간격띄우기(F): 도면의 치수를 정의하는 점으로부터 치수보조선이 시작되는 지점까지의 간격띄우기 할 거리를 설정한다.

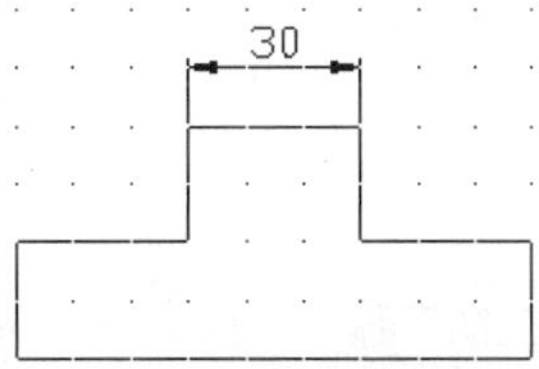

[설정값=0.625]

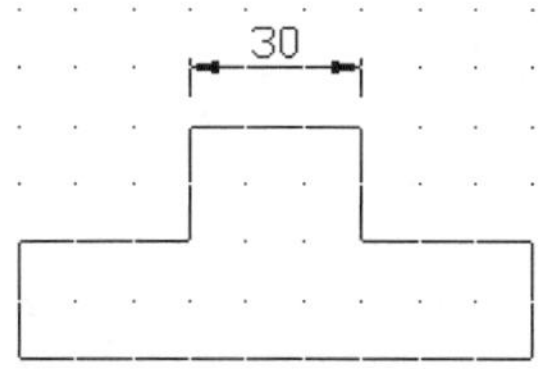

[설정값=5]

■ 억제: 치수 보조선의 표시를 억제한다.

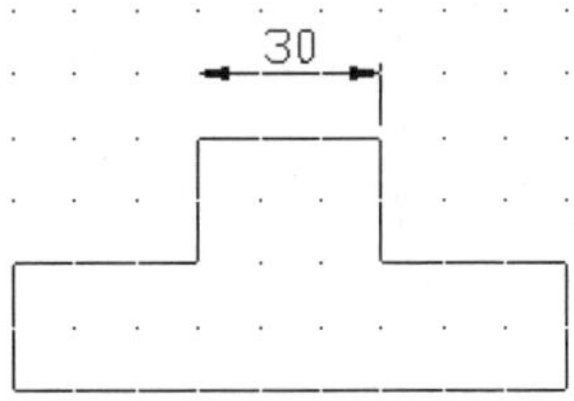

[억제=치수보조선 1]

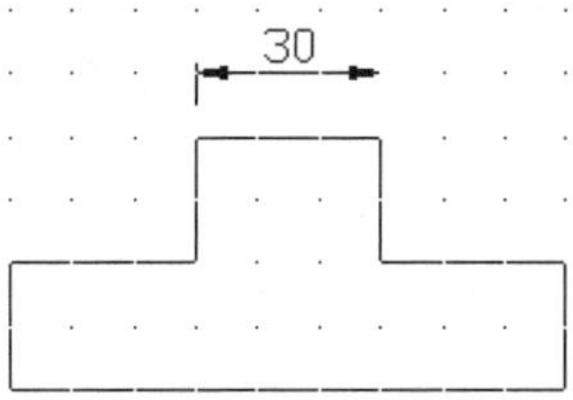

[억제=치수보조선 2]

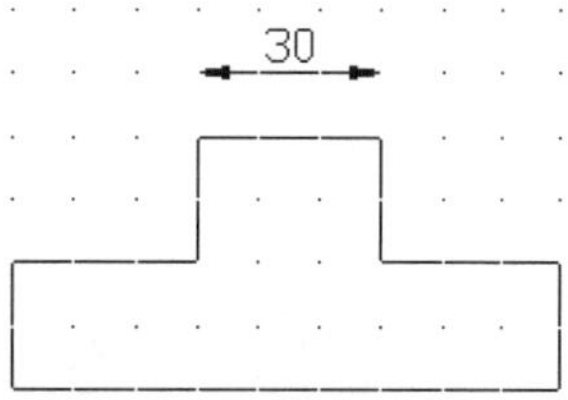

[억제=치수보조선 1, 2]

■ 고정 길이 치수 보조선(O): 치수 보조선의 길이를 설정된 값으로 고정한다.

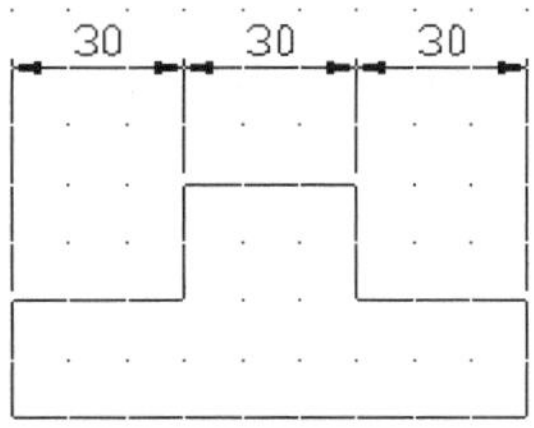

[옵션 미사용]

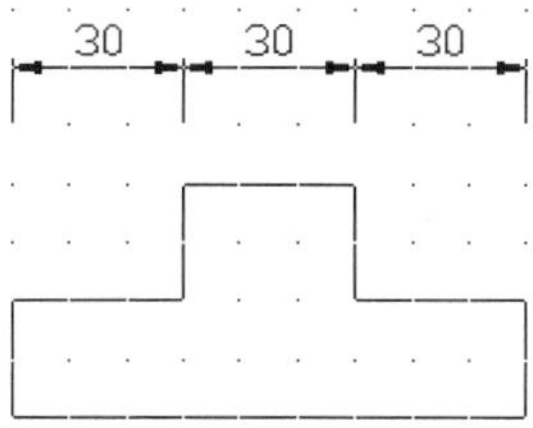

[설정값=10]

◎ [기호 및 화살표] 영역(Tab) – 화살촉, 중심 표식, 호 길이 기호 및 꺾기 치수의 형식과 배치를 설정한다.

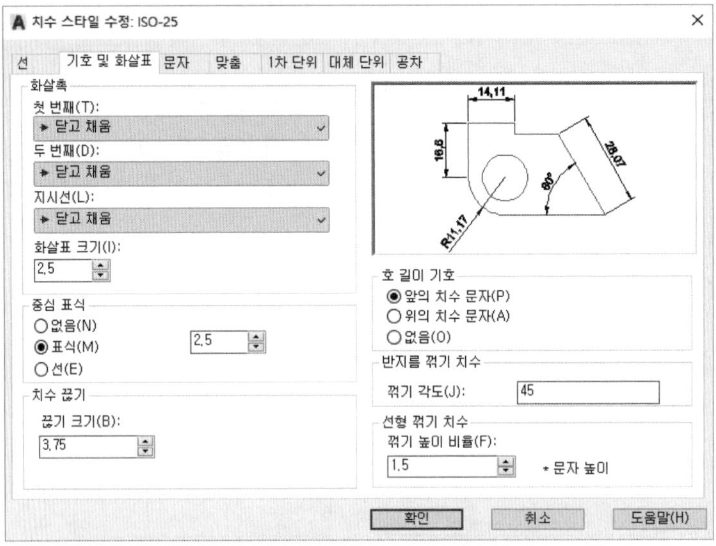

① 화살촉 영역 : 치수선 및 지시선의 화살촉 모양과 크기를 설정한다.

② 중심 표식 영역 : 원, 호의 중심 표식 형태를 설정한다.

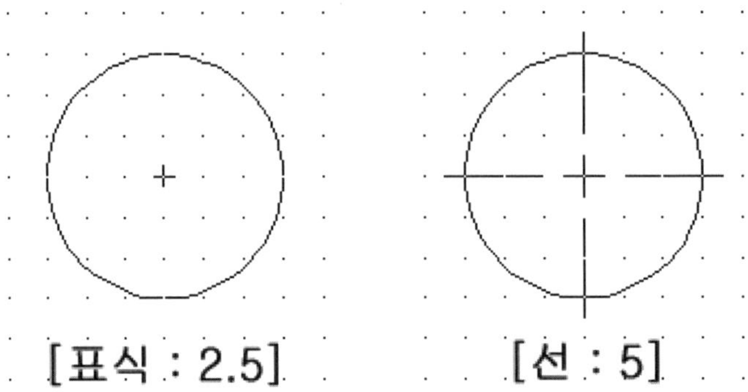

③ 치수 끊기 영역: 치수 끊기의 간격을 설정한다.

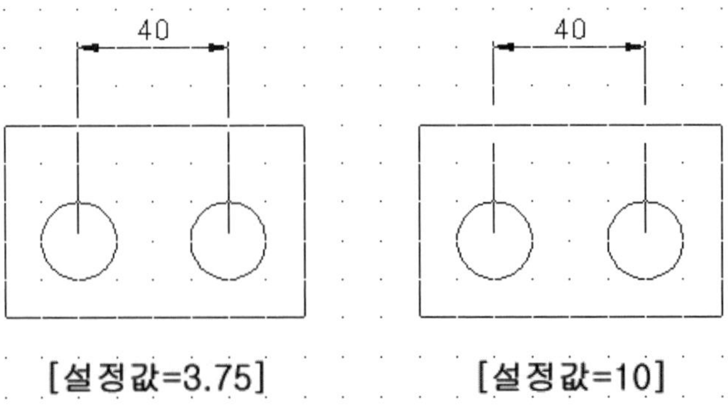

④ 호 길이 기호 영역: 호 길이 기호의 표시 위치를 설정한다.
⑤ 반지름 꺾기 치수 영역: 꺾기 반지름 치수의 꺾기 각도를 설정 한다.

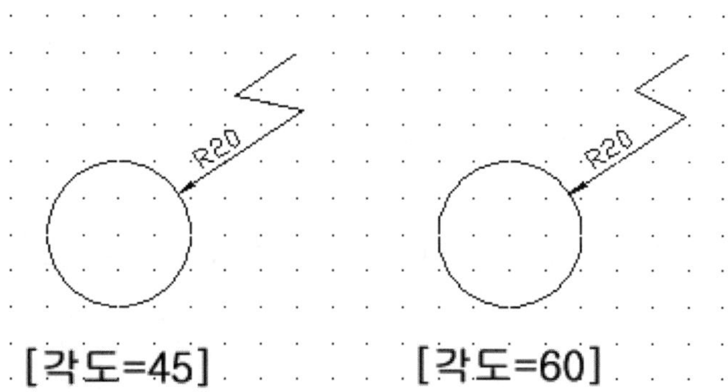

⑥ 선형 꺾기 치수 영역: 선형치수에 대한 꺾기 높이를 설정한다.

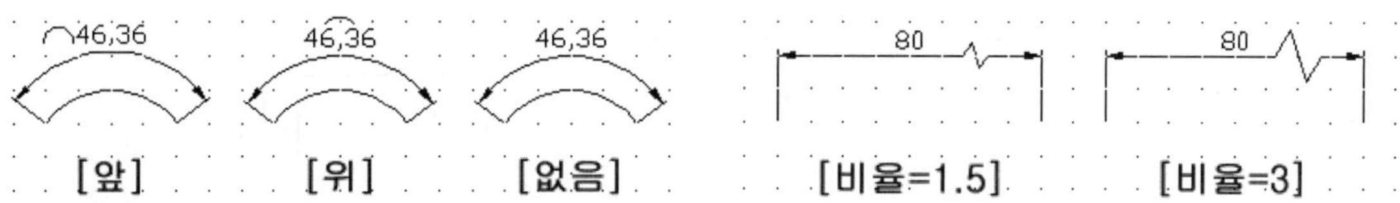

[호 길이 기호] [선형 꺾기 치수]

◎ [문자] 영역(Tab) – 치수 문자의 모양, 배치 및 정렬을 설정한다.

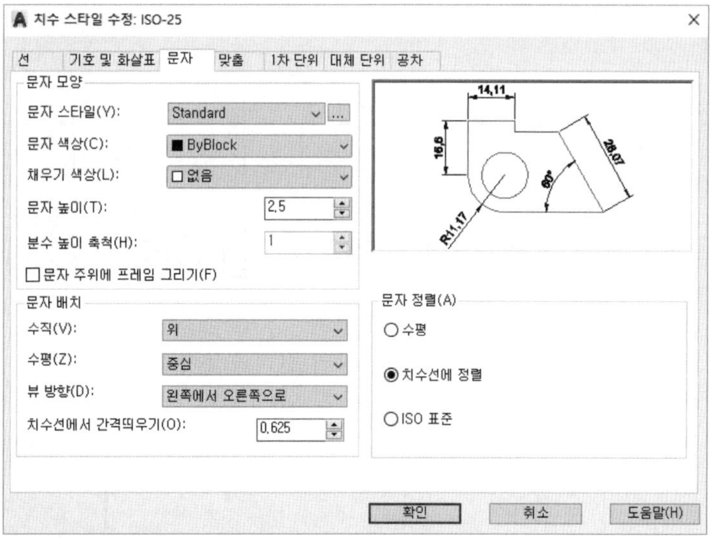

① 문자 모양 영역: 문자 스타일, 색상, 높이 등을 설정한다.
■ 채우기 색상(L): 치수의 문자 배경 색상을 설정한다.

■ 분수 높이 축척(H): 분수의 축척을 치수 문자를 기준으로 설정한다. 이 옵션은 1차 단위 탭의 단위형식이 분수로 되어있어야 사용 가능한 옵션이다.

■ 문자 주위에 프레임 그리기(F): 문자 주위에 프레임을 그린다.

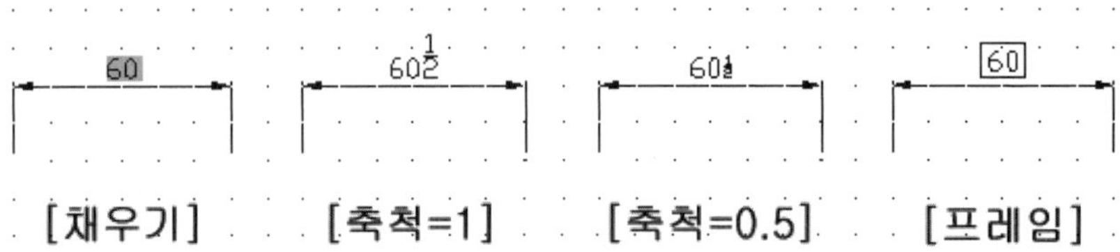

② 문자 배치 영역: 문자의 배치 및 치수선에서의 간격 띄우기 등을 설정한다.

■ 수직(V): 치수 문자의 수직 위치를 설정한다.

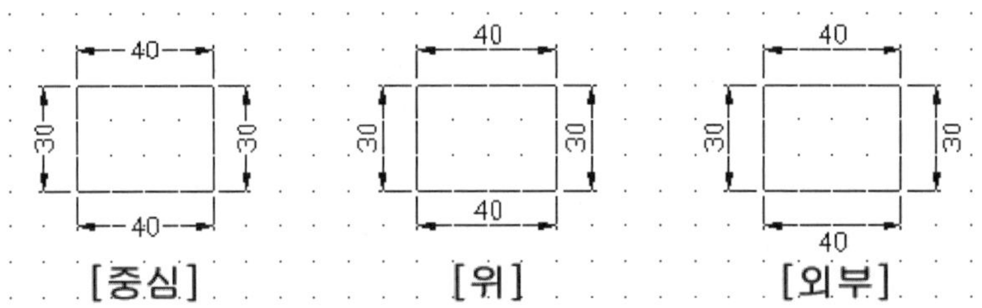

■ 수평(H): 치수 문자의 수평 위치를 설정한다.

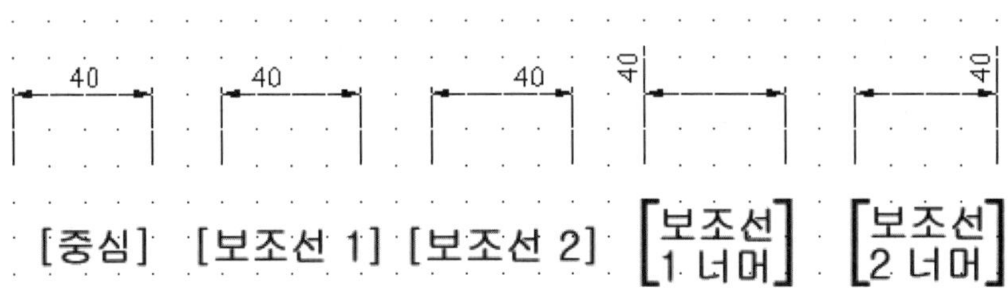

■ 치수선에서 간격 띄우기(O): 치수선에서 문자까지의 간격을 설정한다.

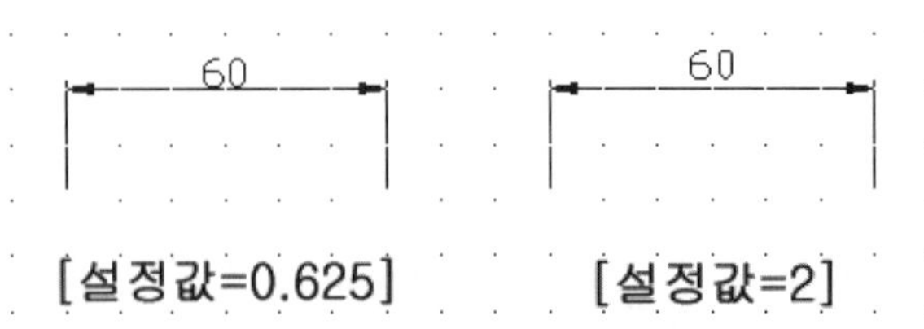

③ 문자 정렬(A) 영역: 치수문자 정렬에 대한 사항을 설정한다.

- 수평: 수평 위치로 문자를 위치시킨다.
- 치수선에 정렬: 문자를 치수선에 정렬한다.
- ISO 표준: 문자가 치수보조선 안에 있을 때는 치수선을 따라 문자를 정렬하고, 치수보조선 밖에 있을 때는 문자를 수평으로 정렬한다.

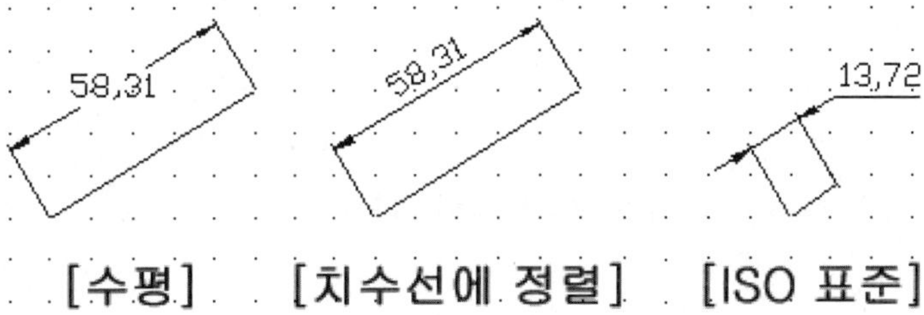

◎ [맞춤] 영역(Tab) – 치수 문자, 화살촉, 지시선 및 치수선의 배치를 조정한다.

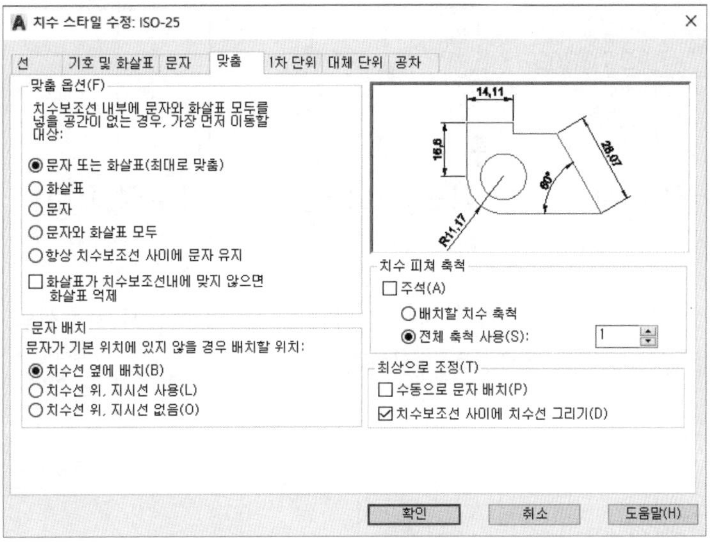

① 맞춤 옵션(F) 영역: 치수보조선 사이에서 사용 가능한 공간에 따라 문자 및 화살촉의 배치를 조정한다.

- 항상 치수보조선 사이에 문자 유지: 문자를 항상 치수보조선 사이에 배치한다.

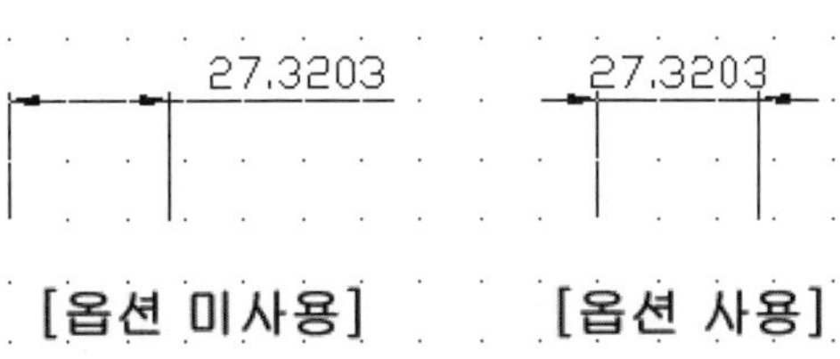

■ 화살표가 치수보조선내에 맞지 않으면 화살표 억제: 치수보조선 내에 충분한 공간이 없으면 화살표 억제

② 문자 배치 영역: 치수 문자가 치수 스타일에 의해 정의된 위치에서 이동하는 경우 치수 문자의 배치를 설정한다.

■ 치수선 옆에 배치(B): 치수문자를 치수선 옆에 배치하며 이동시 치수선도 함께 이동한다.

■ 치수선 위, 지시선 사용(L): 치수문자를 치수선 위에 배치하며 이동시 치수선의 이동은 없다. 문자가 치수선과 멀리 떨어진 경우 지시선을 작성한다.

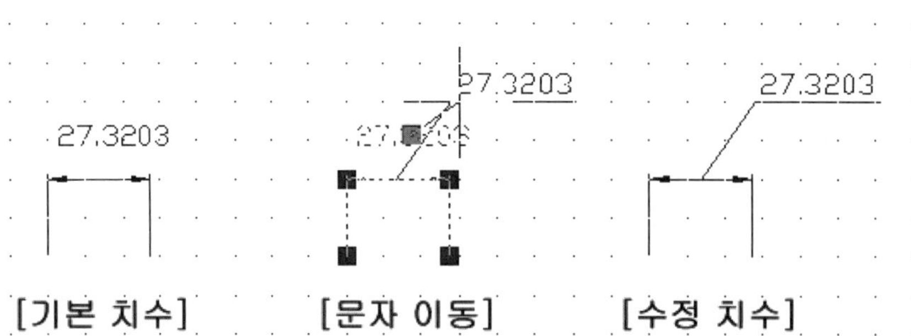

■ 치수선 위, 지시선 없음(O): 치수문자를 치수선 위에 배치하며 이동시 치수선의 이동은 없다. 문자가 치수선과 멀리 떨어진 경우에도 지시선을 작성하지 않는다.

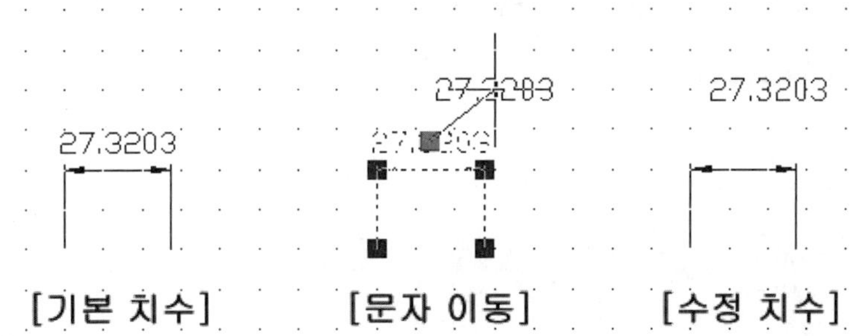

③ 치수 피쳐 축척 영역: 전체 치수 축척 값 또는 도면 공간 축척을 설정한다.

- 주석(A): 주석 축척을 사용한다.
  - 배치할 치수 축척: 현재 모형 공간 뷰포트와 도면 공간 사이의 축척을 기준으로 축척 비율을 결정한다.
  - 전체 축척 사용(S): 문자 및 화살촉 크기를 비롯하여 크기, 거리 또는 간격을 지정하는 모든 치수 스타일 설정에 대한 축척을 설정한다.

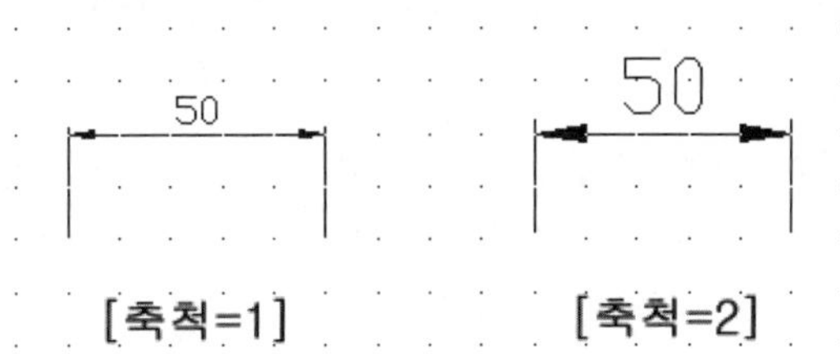

④ 최상으로 조정(T) 영역: 문자 배치를 위한 추가 옵션을 제공한다.

- 수동으로 문자 배치(P): 치수를 작성할 때 문자의 위치를 마우스로 지정한다.
  - 명령: dli [Enter↵] → P1 클릭 → P2 클릭 → P3 클릭 → P4 클릭

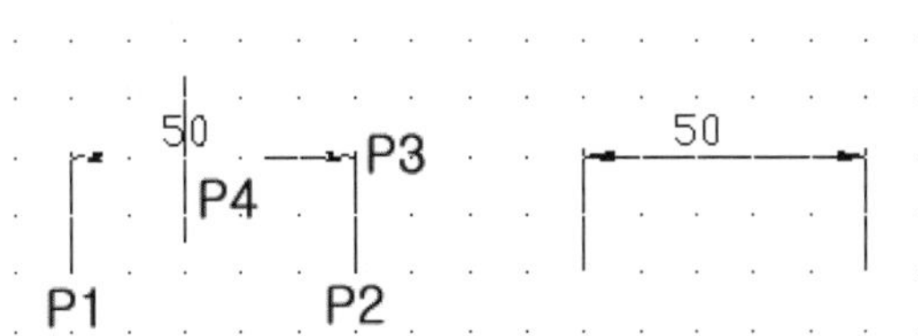

- 치수보조선 사이에 치수선 그리기(D): 화살촉이 측정된 점 바깥쪽에 배치되는 경우에도 측정된 점 사이에 치수선을 그린다.

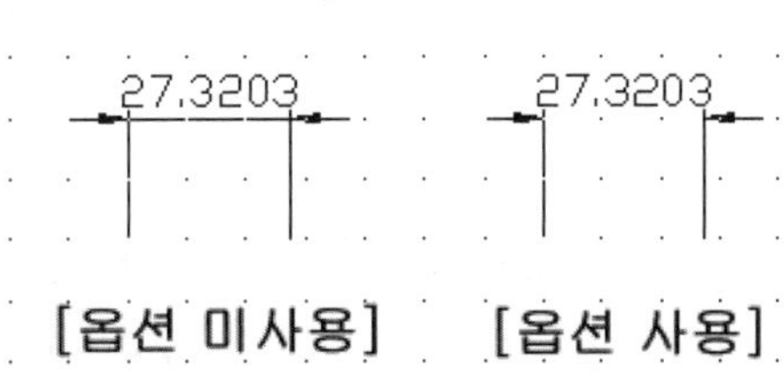

◎ [1차 단위] 영역(Tab) – 치수 문자, 화살촉, 지시선 및 치수선의 배치를 조정한다.

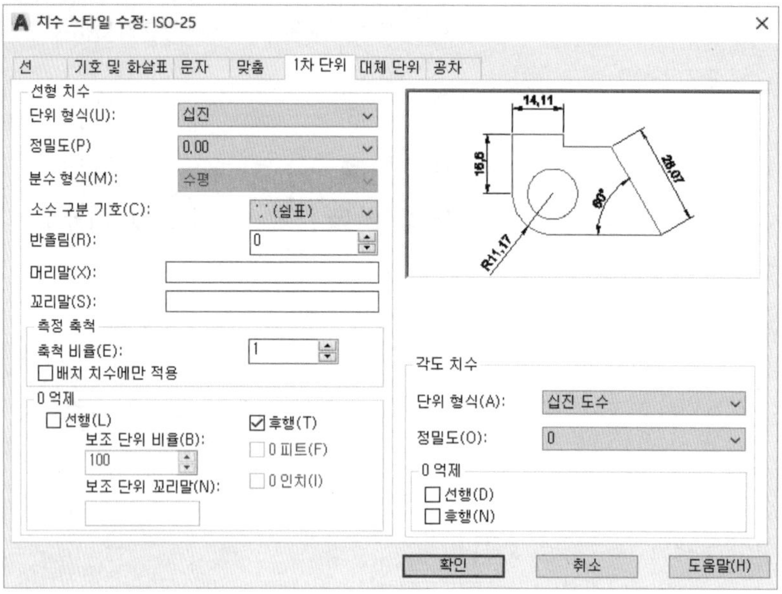

① 선형 치수 영역: 선형 치수의 단위 형식, 정밀도 등의 사항을 설정한다.

■ 단위 형식(U): 각도를 제외한 모든 치수 유형에 대한 현재 단위 형식을 설정한다.

■ 정밀도(P): 치수 문자의 소수점 자릿수를 설정한다.

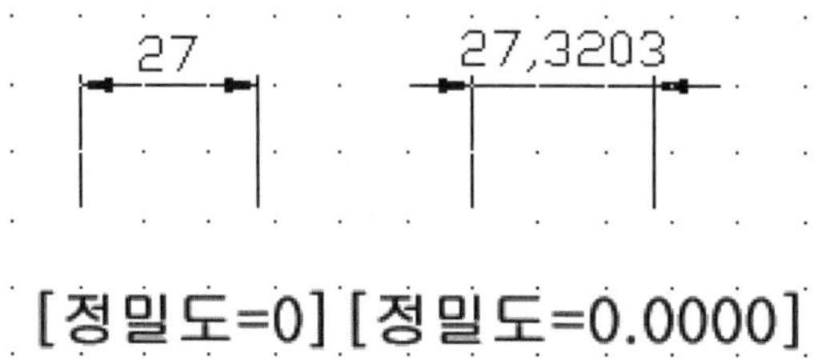

■ 분수 형식(M): 분수의 형식을 설정한다. 단위 형식이 분수로 설정되어 있을 경우 사용 가능한 옵션이다.

■ 소수 구분기호(C): 소수 형식에 사용할 구분자를 설정한다. 쉼표(','), 마침표('.'), 공백(' ')중 선택한다.

■ 반올림(R): 각도 치수를 제외한 모든 치수 유형의 치수 측정값에 대한 반올림 규칙을 설정한다. 예를 들어 0.25를 입력하면 모든 거리는 가장 근접한 0.25 단위로 되며 1.0 값을 입력하면 모든 치수 거리는 가장 근접한 정수로 반올림된다.

■ 머리말(X): 치수 문자에 머리말을 삽입한다. %%c를 입력하면 지름 기호가 표시된다.

■ 꼬리말(S): 치수 문자에 꼬리말을 삽입한다. mm를 입력하면 치수의 단위를 표시한다.

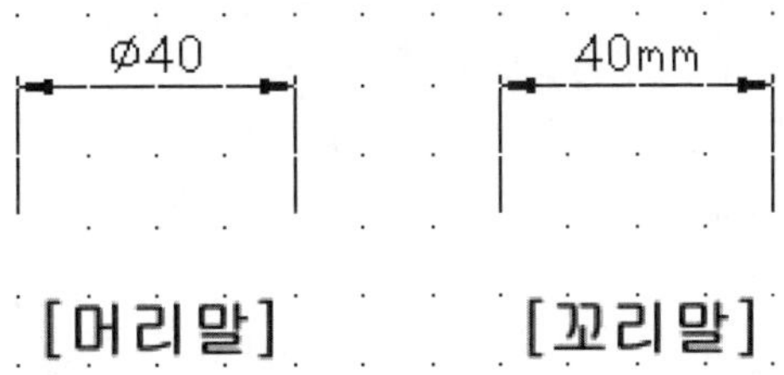

② 측정 축척 영역: 선형 축척 옵션을 정의한다.

■ 축척 비율(E): 선형 치수 측정값에 사용할 축척 비율을 설정한다.

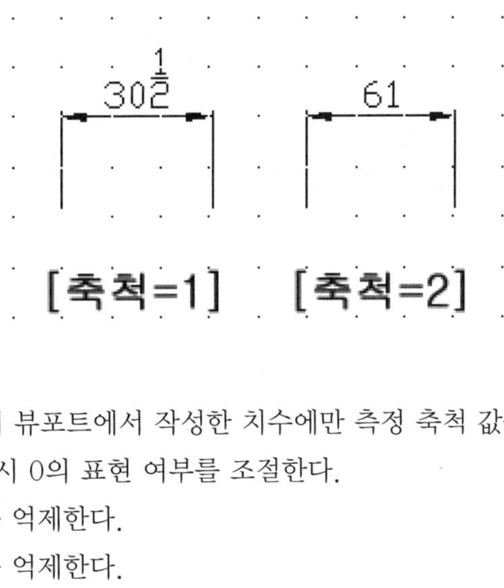

– 배치 치수에만 적용: 배치 뷰포트에서 작성한 치수에만 측정 축척 값을 적용한다.

③ 0 억제 영역: 치수 기입 시 0의 표현 여부를 조절한다.

■ 선행(L): 소수점 앞의 0을 억제한다.

■ 후행(T): 소수점 뒤의 0을 억제한다.

④ 각도 치수 영역: 각도 치수 기입 시 단위형식, 정밀도 및 0의 억제를 설정한다.

◎ [대체 단위] 영역(Tab) – 치수 측정값이 표시될 대체 단위를 지정하고 형식 및 정밀도를 설정한다.

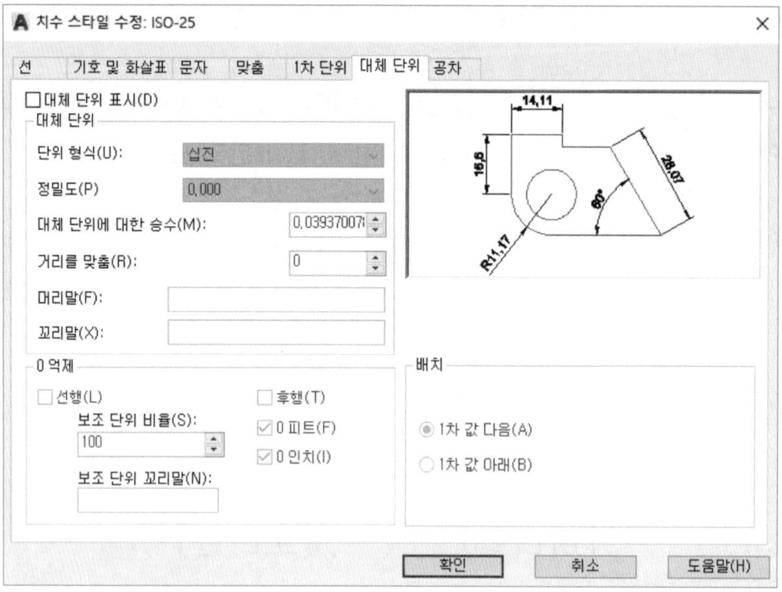

① 대체단위 표시(D): 대체단위 표시여부를 설정한다.

② 대체 단위 영역: 각도를 제외한 모든 치수 유형에 대한 현재 대체 단위 형식을 표시 및 설정한다.

■ 대체 단위에 대한 승수(M): 1차 단위와 대체 단위 사이의 변환 요인으로 사용할 승수를 지정한다. mm를 인치로 변환 하려면 0.03937을 입력한다. 1차 단위와 입력값의 곱이 대체 단위가 된다.

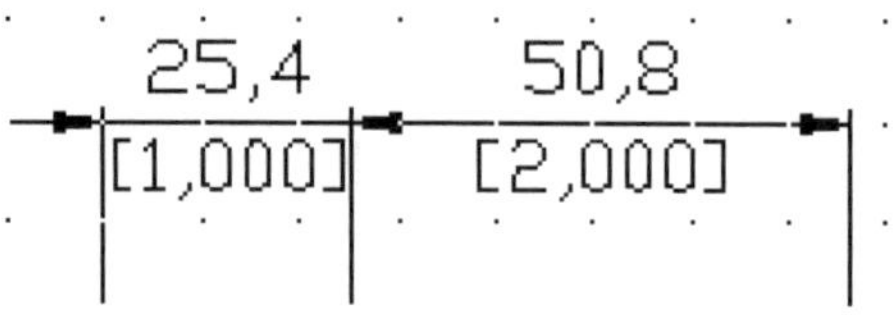

[mm를 인치로 대체]

■ 거리를 맞춤(R): 각도를 제외한 모든 치수 유형의 대체 단위에 대한 반올림 규칙을 설정한다.

③ 배치 영역: 대체 단위의 배치 위치를 지정한다.

[1차 값 다음] [1차 값 아래]

◎ [공차] 영역(Tab) – 치수 문자 공차의 표시 및 형식을 조정한다.

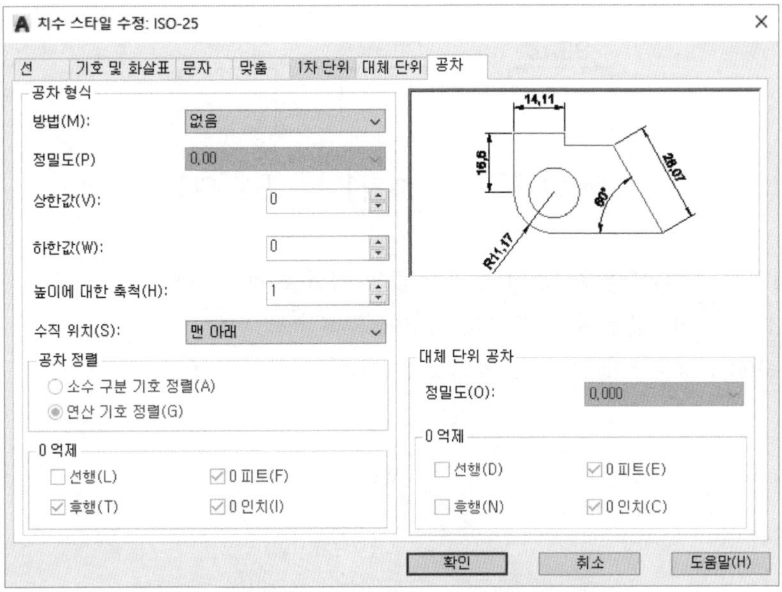

① 공차 형식 영역: 공차의 방법, 정밀도, 상 · 하한값 등의 표현 형태를 조절한다.

■ 방법(M): 공차의 계산 방법을 설정한다.

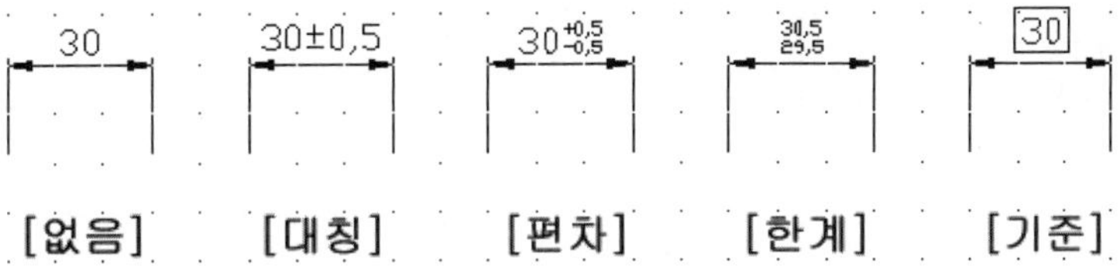

■ 정밀도(P): 소수점 자리수를 설정한다.

■ 상한값(V): 공차의 상한값을 설정한다.

■ 하한값(W): 공차의 하한값을 설정한다.

■ 높이에 대한 축척(H): 공차문자의 현재 높이를 설정한다.

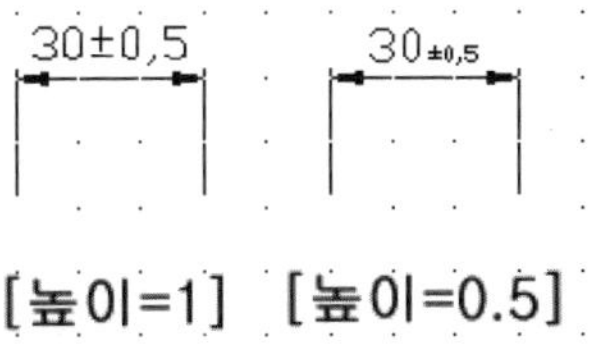

■ 수직 위치(S): 대칭 및 편차 공차의 문자 자리 맞추기를 조정한다.

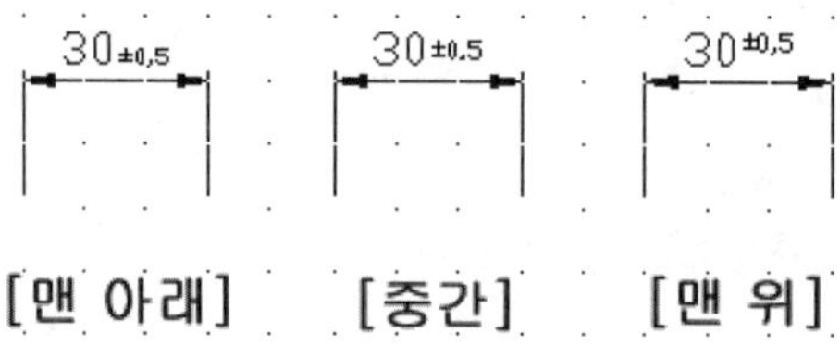

② 공차 정렬 영역: 스택 시 상위 및 하위 공차 값의 정렬을 제어한다.

■ 소수부 구분자 정렬(A): 값은 소수부 구분 기호에 의해 스택 된다.

■ 연산 기호 정렬(G): 값은 작동 기호에 의해 스택 된다.

CHAPTER

07

다중 지시선(Mleader)

Chapter 07

다중 지시선(Mleader)

[다중 지시선 도구막대]

01 다중 지시선(Mleader)

다중 지시선 객체를 작성한다. 일반적으로 다중 지시선 객체는 화살촉, 수평 연결선, 지시선 또는 곡선 그리고 여러 줄 문자 객체 또는 블록으로 구성된다.

(1) 명령: mleader (단축: mld) Space Bar 또는 아이콘 클릭

지시선 화살촉 위치 지정 또는 [문자(T) 사전 입력/지시선 연결선 먼저(L)/컨텐츠 먼저(C)/옵션(O)] 〈옵션〉:

지시선 연결선 위치 지정:

옵션사양

① 문자(T) 사전 입력: 다중 지시선의 문자를 먼저 작성하고 객체의 화살촉 위치를 지정한다.

② 지시선 연결선 먼저(L) : 다중 지시선 객체의 연결선 위치를 우선 지정한다.

③ 컨텐츠 먼저(C) : 다중 지시선 객체와 연결된 문자 또는 블록의 위치를 우선 지정한다.

다른 추가 옵션에 대한 설명은 지시선 스타일 부분을 참고하기 바란다.

(2) [다중 지시선] 명령 사용 예

같은 순서의 명령을 실행하더라도 옵션에 따라서 결과는 다르게 나올 수 있다. 다중 지시선 유형을 블록으로 선택한 후 연습을 하도록 한다.

① 명령 : mls Space Bar 또는 아이콘 클릭 → [다중 지시선 스타일 관리자] 대화상자 → [수정(M)] 클릭 → [다중 지시선 스타일 수정] 대화상자 → [지시선 형식] 탭에서 화살촉 크기 3 Space Bar → [내용] 탭 클릭 → [다중 지시선 유형] 영역에서 [블록] 선택 → [블록 옵션] 영역에서 [원본 블록] 선택 → [원] 선택 → [확인] 클릭

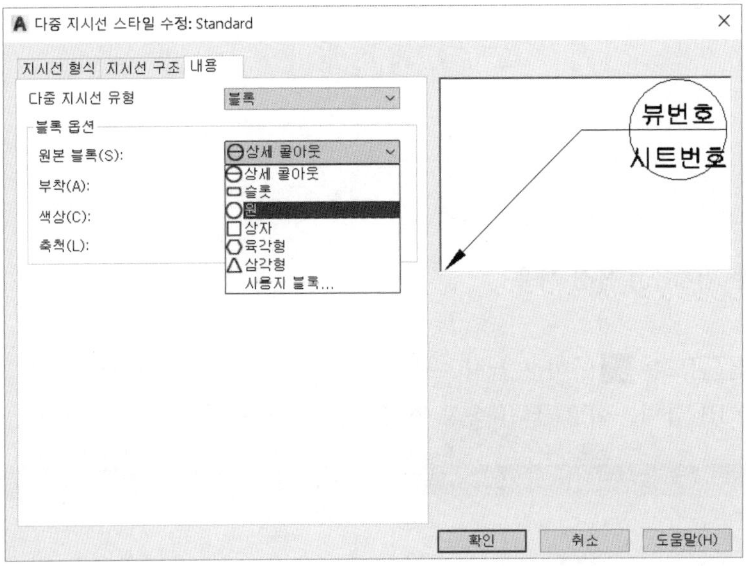

② [문자(T)] 사전 입력] 옵션 사용

■ 명령 : mld Space Bar 또는 아이콘 클릭 → t(문자(T) 사전 입력) Space Bar → [문자 형식] 대화상자 → '도면 1'로 입력하고 [확인] → 커서(+)에 '도면 1' 글씨가 같이 움직인다 → P1 클릭 → P2 클릭

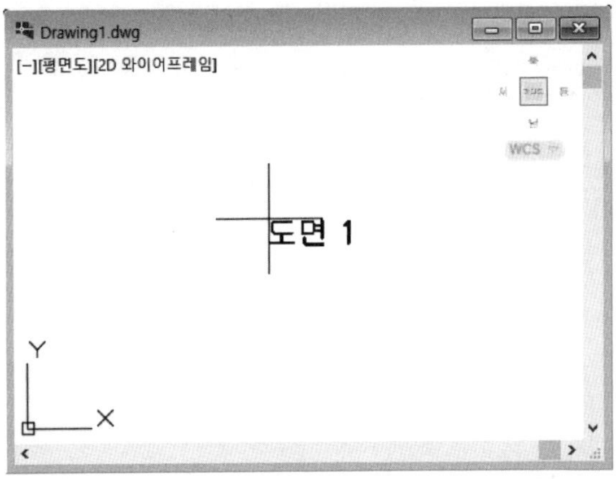

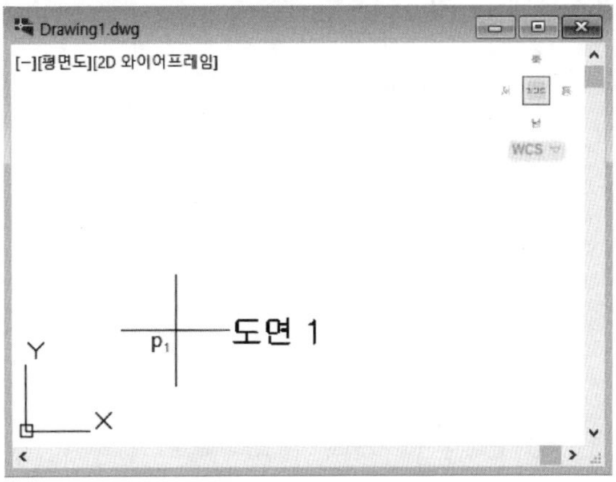

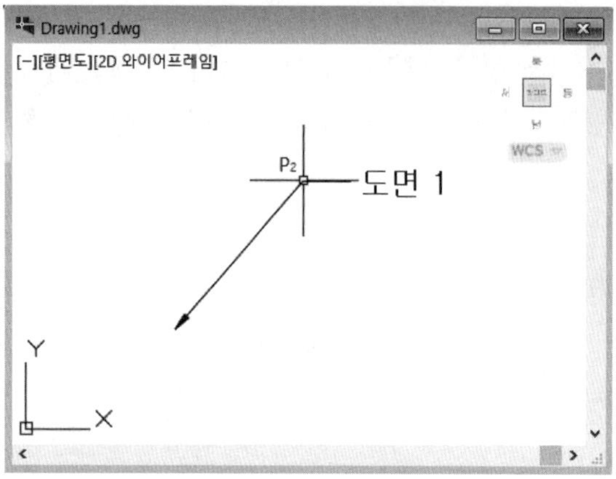

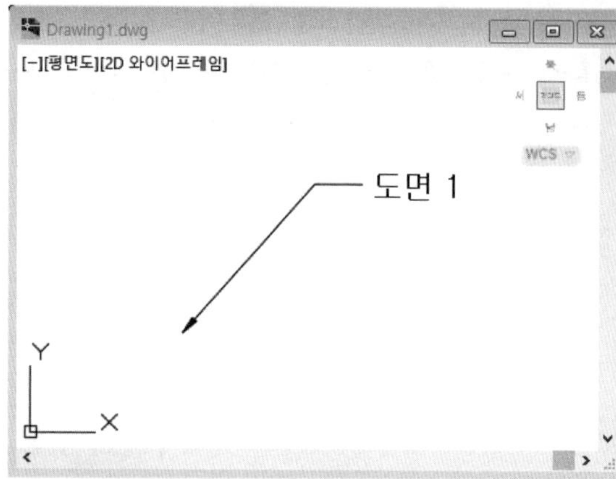

③ [지시선 연결선 먼저(L)] 옵션 사용

■ 명령: mld Space Bar 또는 아이콘 클릭 → l(지시선 연결선 먼저) Space Bar → h(지시선 화살촉 먼저) Space Bar → P1 클릭 → P2 클릭([속성 편집] 대화상자 – 태그번호 1 입력)

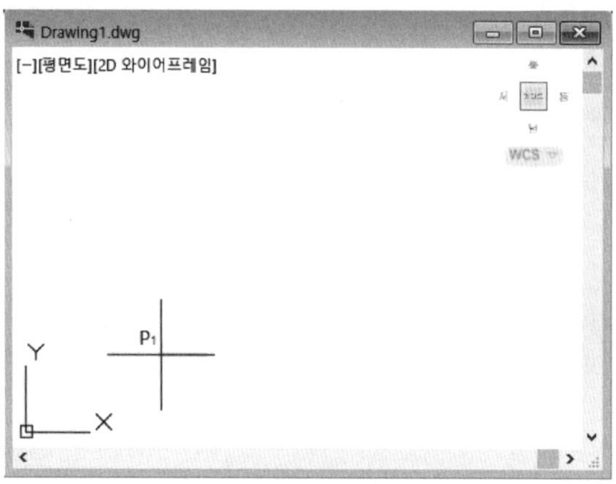

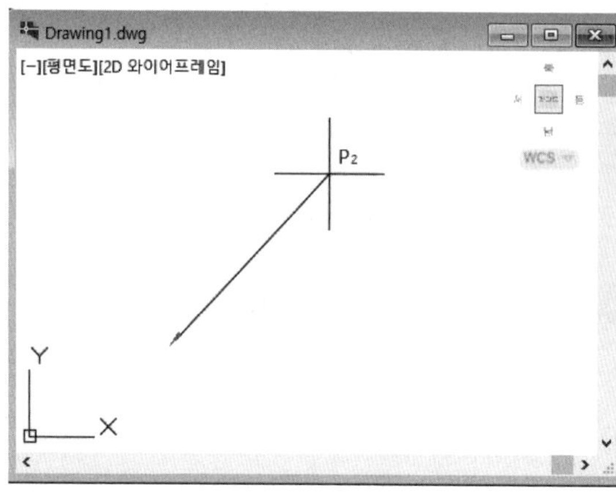

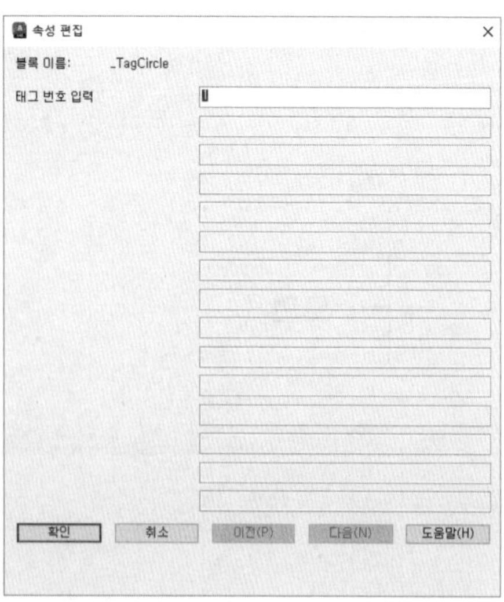

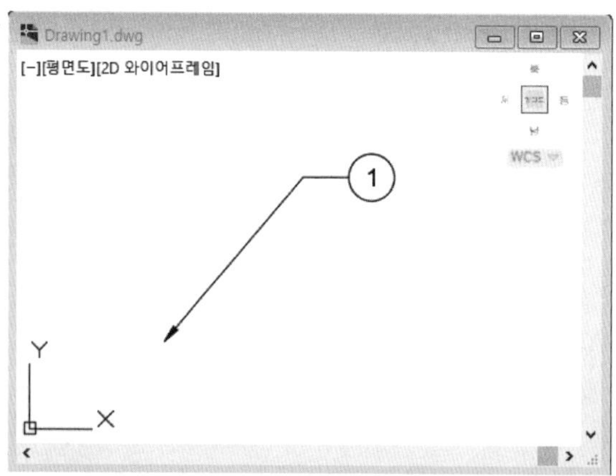

④ [컨텐츠 먼저(C)] 옵션 사용

■ 명령: mld Space Bar 또는 아이콘 클릭 → c(컨텐츠 먼저) Space Bar → h(지시선 화살촉 먼저) Space Bar →P1 클릭 → P2 클릭([속성 편집] 대화상자 – 태그번호 1 입력)

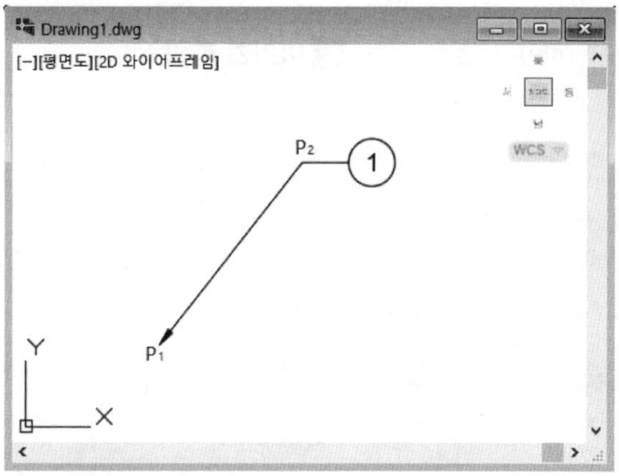

■ 명령: mld Space Bar 또는 아이콘 클릭 → c(컨텐츠 먼저) Space Bar → l(지시선 연결선 먼저) Space Bar →P1 클릭 → P2 클릭([속성 편집] 대화상자 – 태그번호 1 입력)

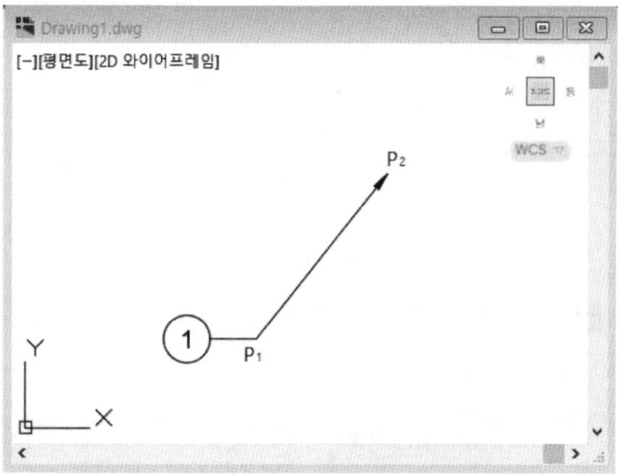

02 지시선 추가(Add leader)

다중 지시선 객체를 지시선을 추가하는 명령이다.

(1) 명령: mleaderedit (단축: mle) Space Bar 또는 아이콘 클릭

다중 지시선 선택:

지시선 화살촉 위치 지정 또는 [지시선 제거(R)]:

(2) [지시선 추가] 명령 사용 예

① [다중 지시선] 명령으로 다음과 같은 지시선을 그린다.

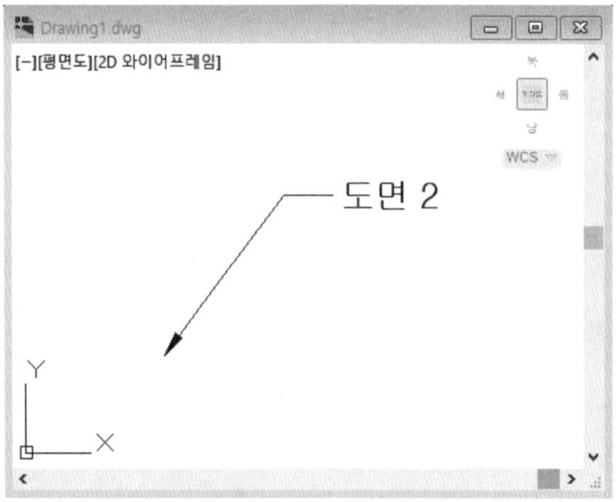

② [다중 지시선 추가] 명령으로 지시선을 추가한다.

■ 명령: mle Space Bar 또는 아이콘 클릭 → 커서 □ 모양 → 지시선 객체(P1) 클릭 → 커서를 움직여 다중 지시선을 추가 후 클릭(계속 지시선 추가 가능)

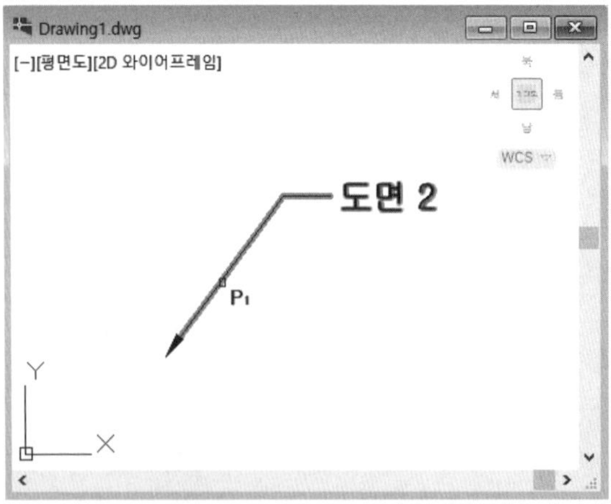

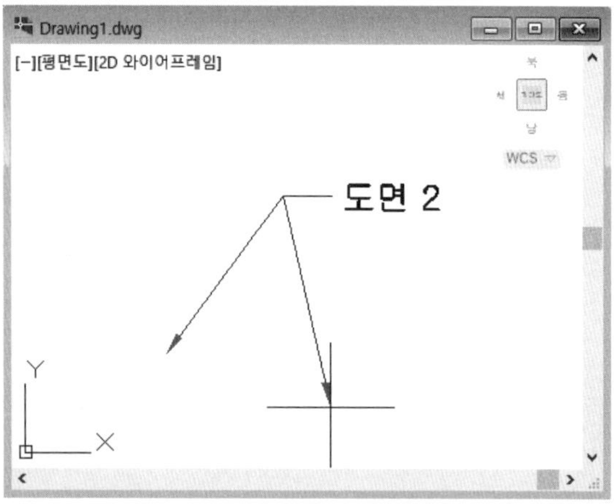

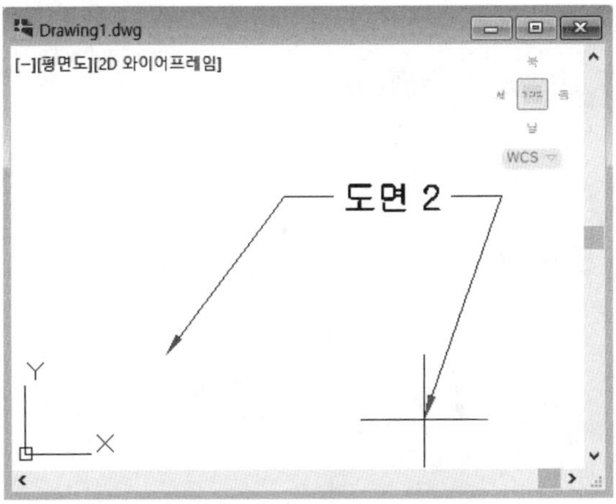

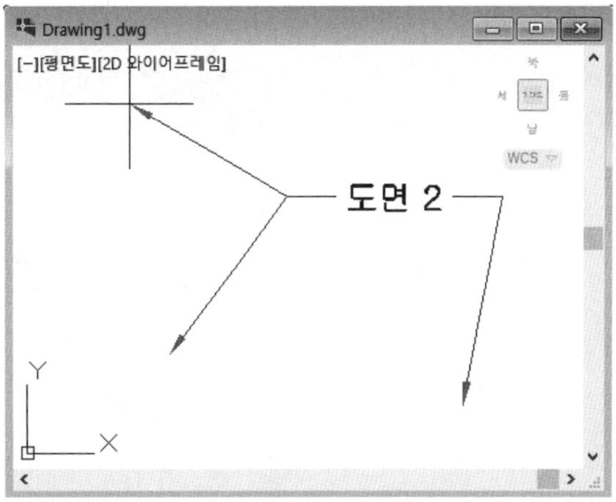

■ Space Bar (다중 지시선 추가 완료)

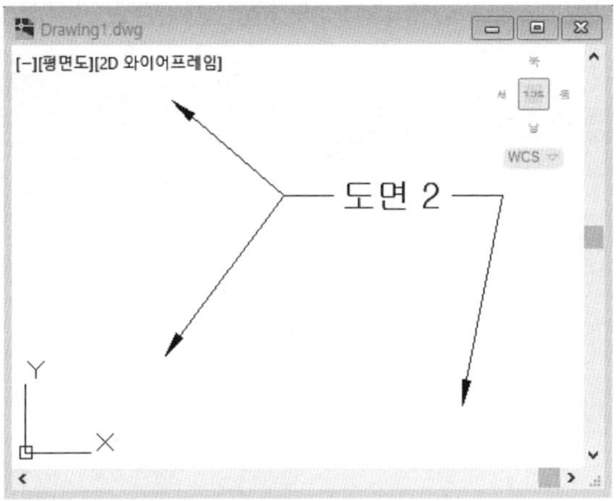

03 지시선 제거(Add remove)

다중 지시선 객체를 지시선을 제거하는 명령이다.

(1) 명령: mleaderedit (단축: mle) Space Bar 또는 아이콘 클릭

다중 지시선 선택: P1 클릭

지시선 화살촉 위치 지정 또는 [지시선 제거(R)]: r Space Bar

(2) [지시선 제거] 명령 사용 예

① [지시선 추가] 명령으로 다음과 같은 지시선을 작성한다.

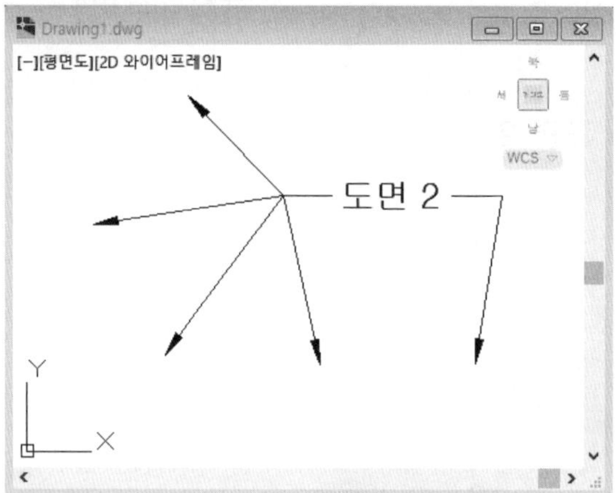

② 아이콘 클릭 → 커서 □ 모양 → P1 클릭 → Space Bar (추가 지시선 제거는 명령 반복수행으로 제거할 수 있다)

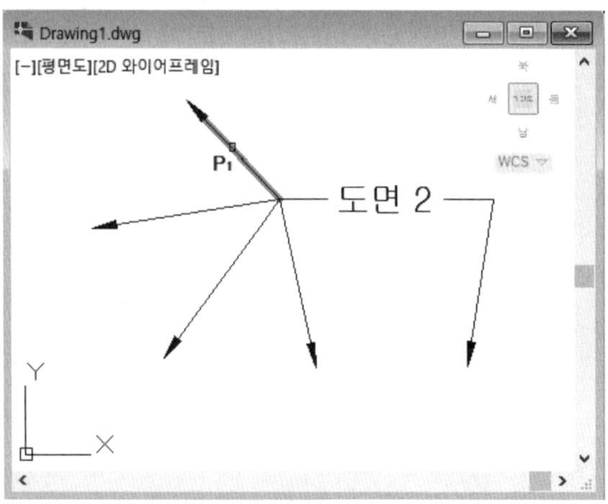

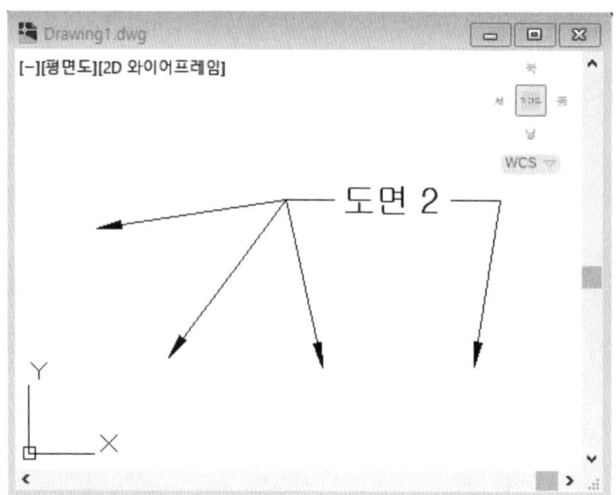

04 다중 지시선 정렬(Align Multileaders)

다중 지시선을 정렬한다.

(1) 명령: mleaderalign (단축: mla) Space Bar **또는 아이콘 클릭**

다중 지시선 선택:

현재 모드: 분산

첫 번째 점 지정 또는 [옵션(O)]: o Space Bar

옵션 입력 [분산(D)/지시선 세그먼트를 평행으로 지정(P)/간격두기 지정(S)/현재 간격두기 사용(U)] 〈현재 간격두기 사용〉:
두 번째 점 지정:

옵션사양

① 분산(D): 컨텐츠가 선택된 두 점 사이에서 일정한 간격으로 배치된다.
② 지시선 세그먼트를 평행으로 지정(P) : 선택한 다중 지시선의 마지막 지시선 세그먼트가 각각 평행이 되도록 컨텐츠를 배치한다.
③ 간격두기 지정(S) : 선택한 다중 지시선을 지정 간격으로 정렬한다.
④ 현재 간격두기 사용(U) : 다중 지시선 컨텐츠 간격을 그대로 유지한 상태로 정렬한다.

(2) [다중 지시선 정렬] 명령 사용 예

① [다중 지시선] 명령으로 다음과 같이 지시선을 작성한다.

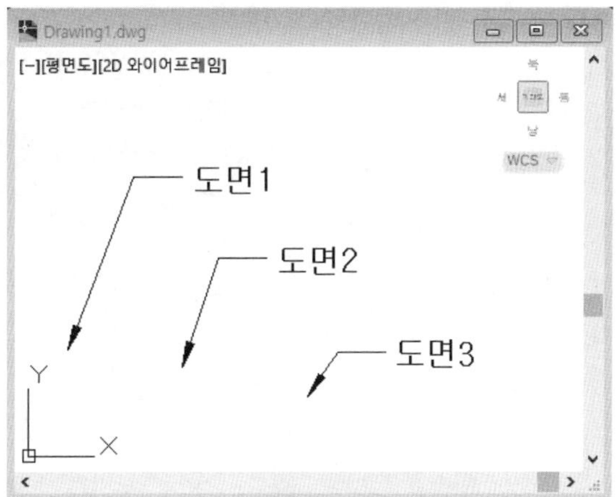

② [다중 지시선 정렬] 명령 사용 예

◎ [분산(D)] 옵션 사용

■ 아이콘 클릭 → 커서 □ 모양 → 객체 선택(굵은 파란선으로 표시) → [Space Bar]

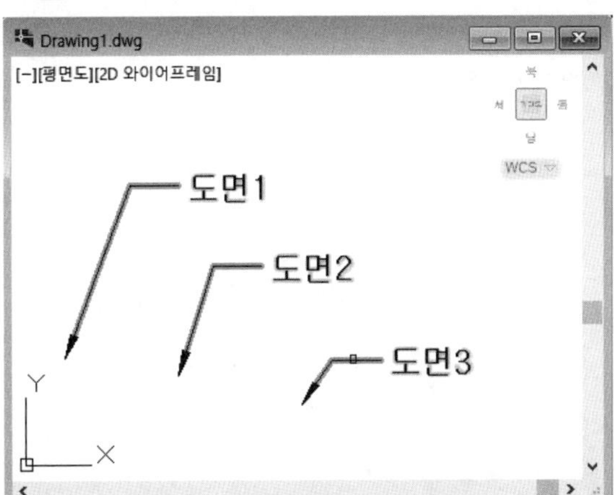

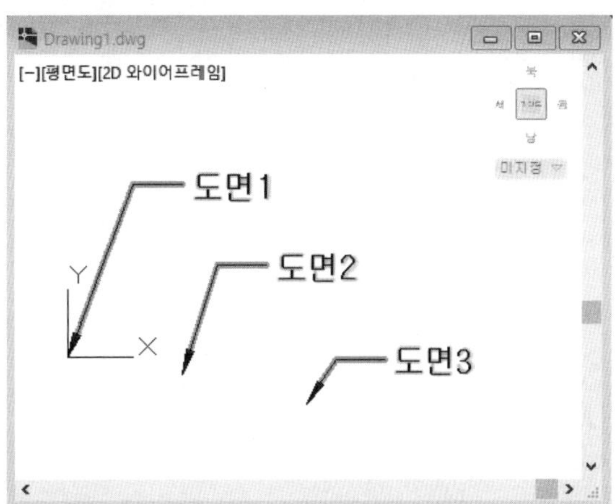

■ o(옵션) Space Bar → d(분산) Space Bar → 정렬 위치(P1) 클릭

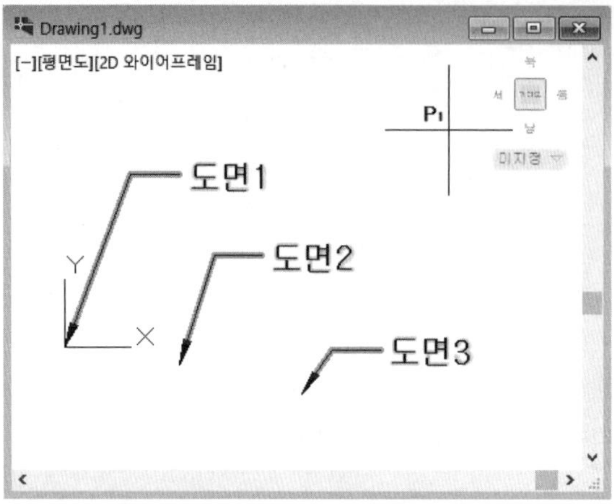

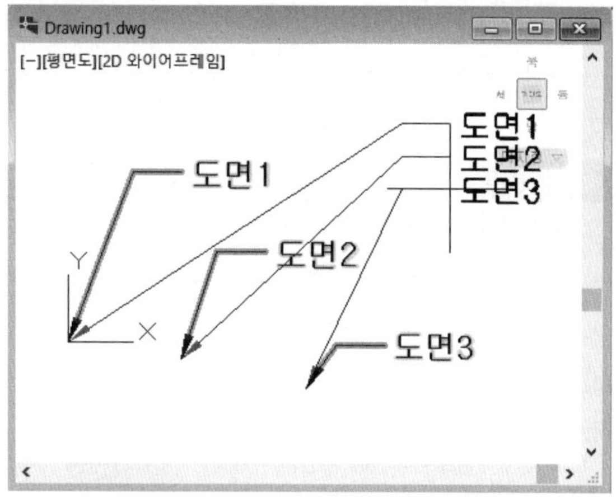

■ 다중 지시선 정렬 위치 클릭

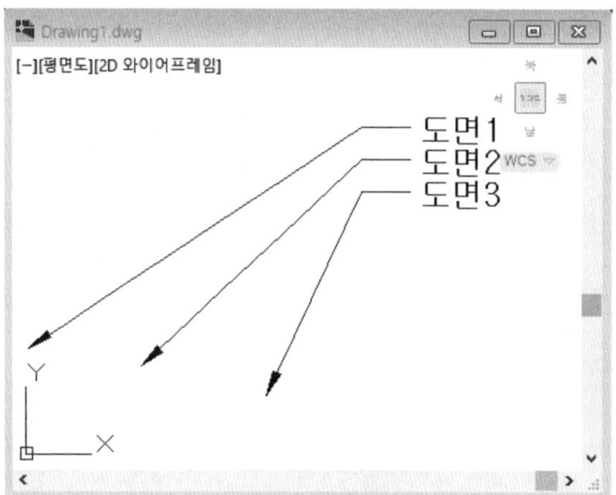

◎ [간격두기 지정(S)] 옵션 사용 – 선택한 지시선을 기준으로 동일한 간격으로 정렬

■ 아이콘 클릭 → 커서 □ 모양 → 객체 선택(굵은 파란선으로 표시) → Space Bar → o(옵션) Space Bar → s(간격두기 지정) Space Bar → 10 Space Bar → 커서로 위치(P1) 지정 클릭

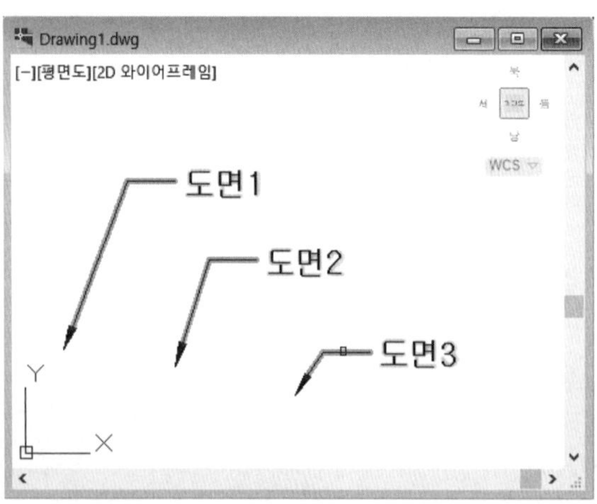

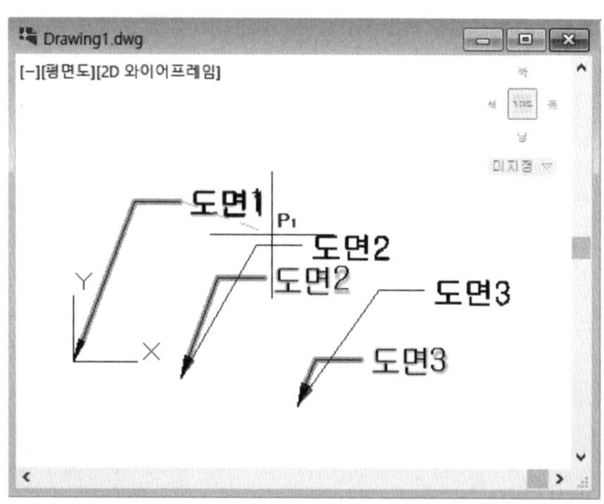

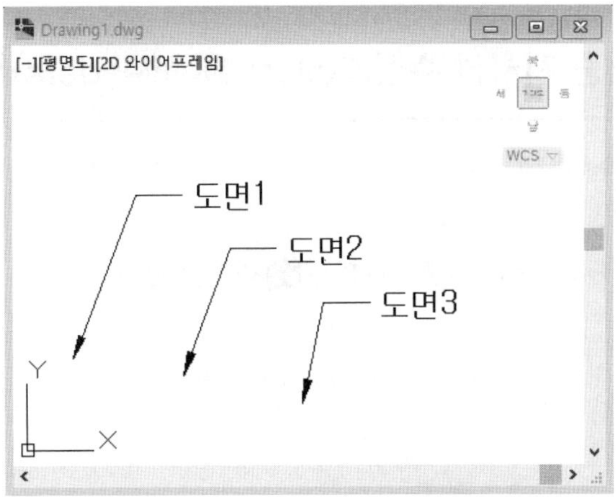

◎ [현재 간격두기 사용(U)] 옵션 사용 – 간격을 유지한 상태로 선택한 지시선과 평행하게 정렬

■ 아이콘 클릭 → 커서 □ 모양 → 객체 선택(굵은 파란선으로 표시) → Space Bar → o(옵션) Space Bar → u(현재 간격두기 사용) Space Bar → 커서로 위치(P1) 지정 클릭

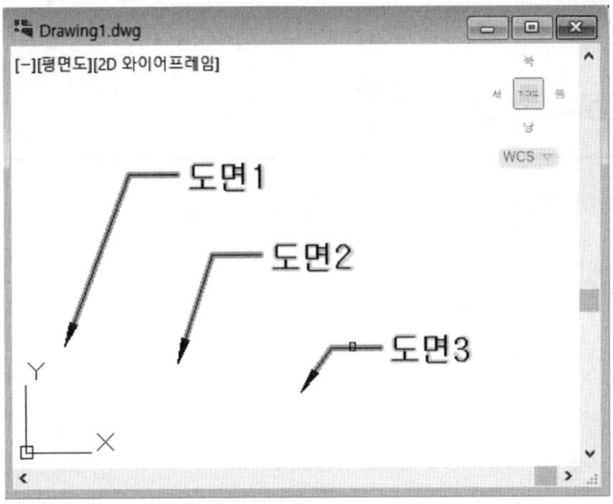

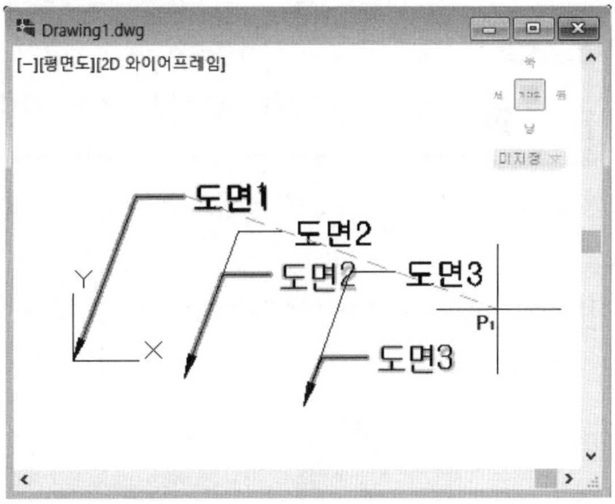

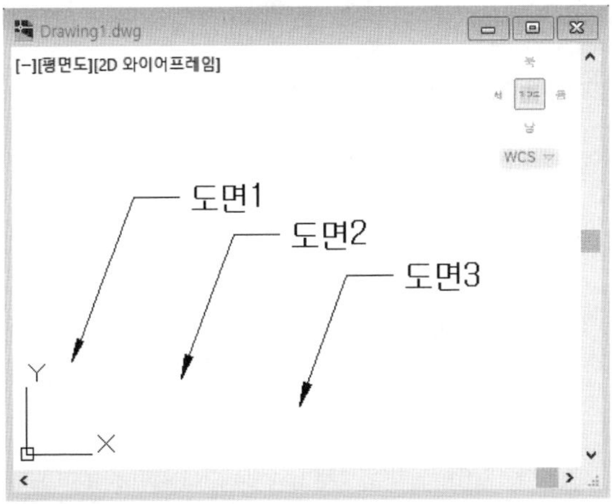

05 다중 지시선 수집(Collect Multileaders)

선택한 다중 지시선들을 마지막에 선택한 지시선을 기준으로 지시선에 부착된 그룹으로 한다.

(1) 명령: mleadercollect (단축: mlc) Space Bar 또는 아이콘 클릭

다중 지시선 선택:

수집한 다중 지시선 위치 지정 또는 [수직(V)/수평(H)/줄바꿈(W)] 〈수평〉:

옵션사양

① 수직(V): 다중 지시선 집합을 수직 방향으로 배치한다.

② 수평(H): 다중 지시선 집합을 수평 방향으로 배치한다.

③ 줄바꿈(W): 줄바꿈 된 다중 지시선 집합의 폭을 지정한다. 숫자는 다중 지시선 집합의 행 당 최대 블록 수를 지정한다.

06 다중 지시선 스타일(Mleaderstyle)

현재 다중 지시선 스타일을 설정하고 다중 지시선 스타일을 생성, 수정 및 삭제한다.

(1) 명령: mleaderstyle (단축: mls) Space Bar 또는 아이콘 클릭

[다중 지시선 스타일 관리자] 대화상자가 나타난다.

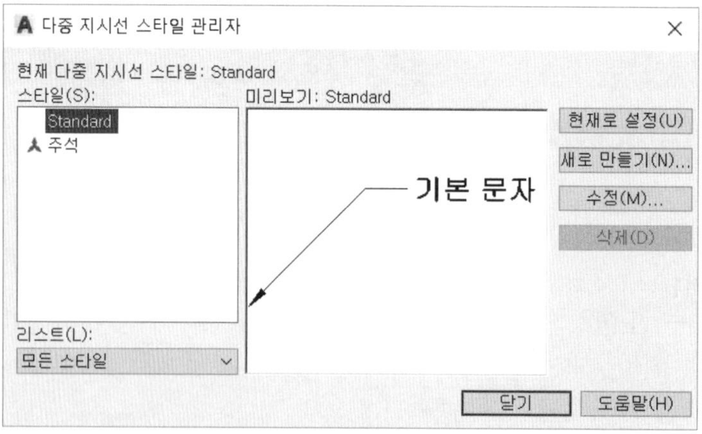

① 스타일(S): 적용할 다중 지시선 스타일의 이름을 표시한다.

② 미리보기: 선택된 스타일의 미리보기 이미지를 표시한다.

③ 현재로 설정(U): 선택된 다중 지시선 스타일을 현재 스타일로 설정한다.

④ 새로 만들기(N): 새 다중 지지선 스타일을 작성한다. 이 버튼을 클릭하면 [새 다중 지시선 스타일 작성] 대화상자가 나타난다.

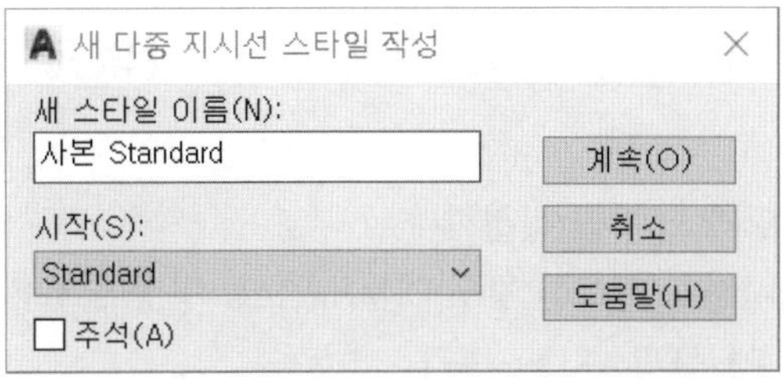

⑤ 수정(M): 다중 지시선 스타일을 수정한다.

⑥ 삭제(D): 선택한 다중 지시선 스타일을 삭제한다.

◎ [다중 지시선 스타일 수정]

① [다중 지시선 스타일 관리자] 대화상자 → [수정(M)] 클릭 → [다중 지시선 스타일 수정] 대화상자가 나타난다.

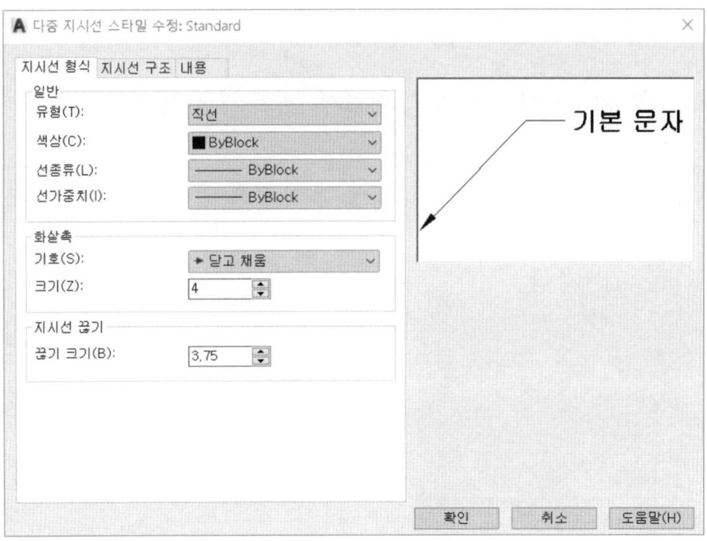

■ [지시선 형식] 탭 : 기존 다중 지시선 스타일을 수정한다.

– [일반] 영역: 지시선의 유형, 색상, 선종류 및 가중치를 설정한다.

- 유형(T): 지지선의 유형을 설정한다.

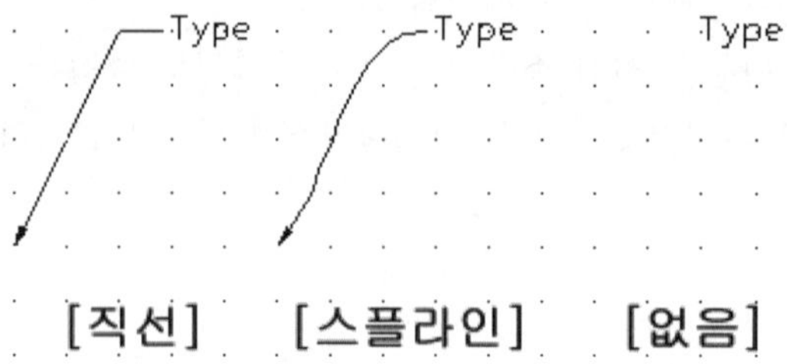

– 화살촉 영역: 화살촉의 모양과 크기를 설정한다.

– 지시선 끊기 영역: 다중 지시선을 선택한 경우 DIMBREAK 명령에 사용되는 끊기 크기 설정한다.

명령: dimbreak Space Bar → P1 클릭 → Space Bar

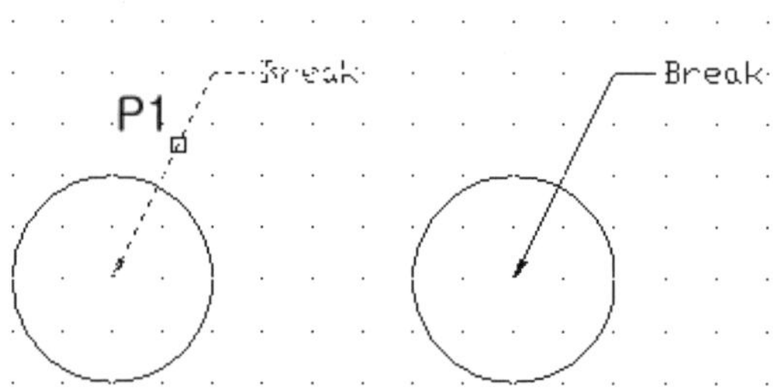

■ [지시선 구조] 탭 : 다중 지시선의 구속조건, 연결선, 축척 등을 설정한다.

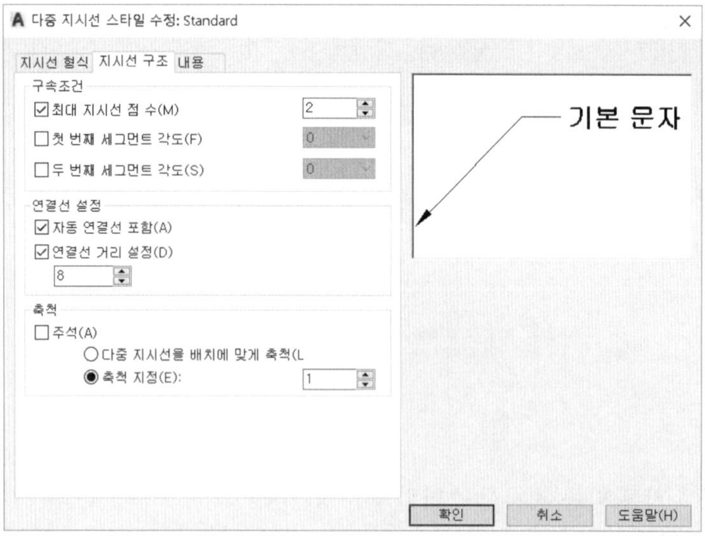

– [구속조건] 영역: 다중 지시선의 구속조건을 제어한다.

- 최대 지시선 점 수(M) : 지시선의 최대 점 수를 지정한다.

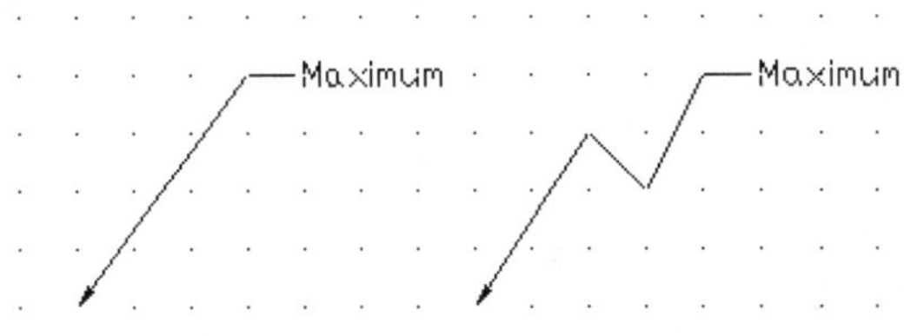

[점수=2] [점수=4]

- 첫 번째 세그먼트 각도(F) : 지시선의 첫 번째 점 각도를 지정한다.
- 두 번째 세그먼트 각도(S) : 지시선 연결선의 두 번째 점 각도를 지정한다.

– [연결선 설정] 영역: 다중 지시선의 연결선 설정을 제어한다.

- 자동으로 연결선 포함(A) : 수평 연결선을 다중 지시선 컨텐츠에 부착한다.
- 연결선 거리 설정(D) :다중 지시선 연결선의 고정 거리를 설정한다.

[거리=8] [체크 해제]

– [축척] 영역: 다중 지시선의 축척을 설정한다.

- 다중 지시선을 배치에 맞게 축척(L) : 모형 공간 및 도면 공간 뷰포트의 축척에 기반하여 다중 지시선의 축척 비율을 결정한다.
- 축척 지정(E) : 다중 지시선의 축척을 지정한다.

■ [내용] 탭 : 지시선 유형, 문자 옵션, 지시선 연결 등을 설정한다.

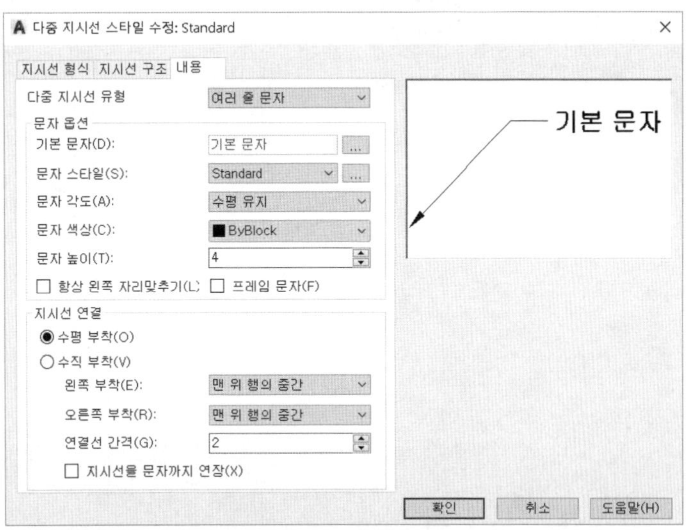

– [다중 지시선 유형] 영역: 다중 지시선에 여러 줄 문자 또는 블록을 사용할 것인지 등을 설정한다.

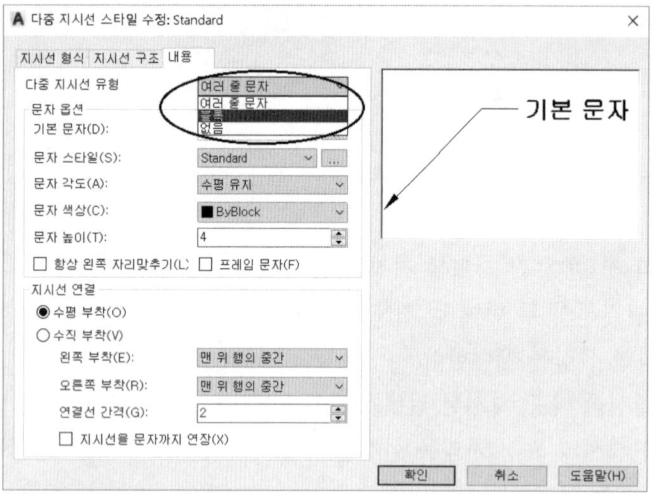

– 문자옵션[Text Options] : 문자의 모양을 설정한다.

- 기본문자 : 다중 지시선에 대한 기본 문자를 지정한다. 기본 문자의 설정 방법은 다음과 같다.
- [...] 버튼 클릭 → 기본문자 입력 → 확인

  기본 문자가 정의되어 있는 경우 다중 지시선을 작성할 때 "기본 문자 덮어쓰기 [예(Y)/아니오(N)]"의 선택사항이 나타나는데 '예'를 선택하면 새로운 문자가 입력되며 '아니오'를 선택하면 기본 문자가 그대로 입력된다.

– [블록 옵션] 영역: 다중 지시선 객체의 블록의 특성을 설정한다. 다중 지시선 유형에서 블록을 선택하면 블록 특성을 설정할 수 있다.

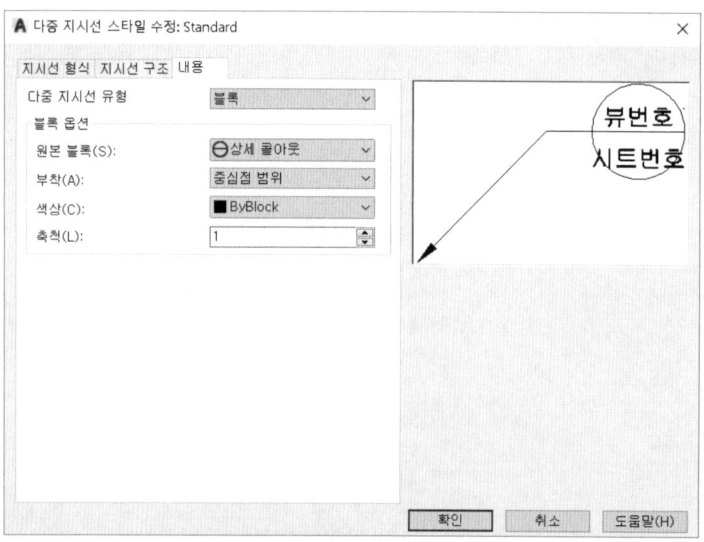

• 원본 블록(S) : 사용할 블록의 모양을 설정한다.

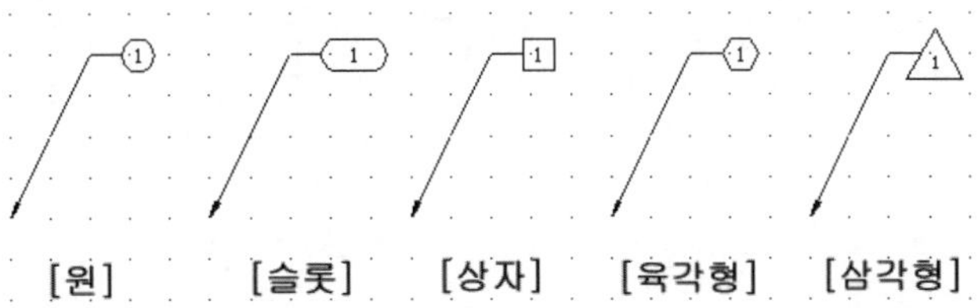

• 부착(A) : 사용자 정의 블록을 사용하는 경우 다중 지시선에 부착할 방식을 지정한다.

• 색상(C) : 블록의 색상을 지정한다.

– [지지선 연결] 영역: 지지선 연결 설정을 제어한다.

• 수평 부착(O): 수평 부착 설정으로 기본으로 설정되어 있다.

• 수직 부착(V): 3가지 설정이 있다.

▹ 왼쪽 부착(E) : 문자가 지시선의 왼쪽에 있는 경우 다중 지시선 문자에 연결선 부착 위치를 제어한다.

▹ 오른쪽 부착(R) : 문자가 지시선의 오른쪽에 있는 경우 다중 지시선 문자에 연결선 부착 위치를 제어한다.

▹ 연결선 간격(G) : 연결선과 다중 지시선 문자 사이의 거리를 지정한다.

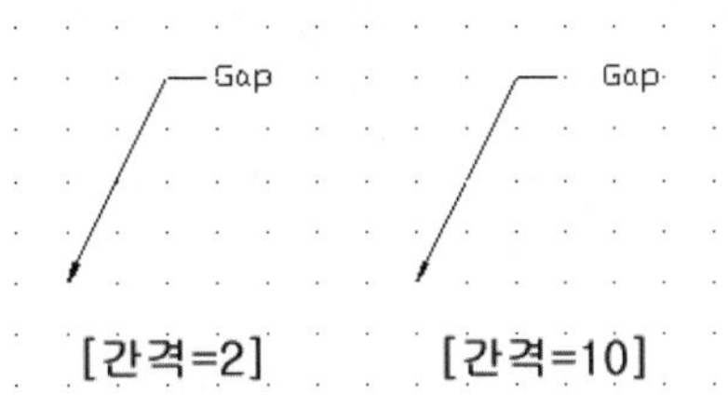

CHAPTER

08

전기설비 도면 그리기

Chapter 08

전기설비 도면 그리기

01 22.9[kV-Y] 수전설비의 단선도 그리기

(1) 수전설비 구성 요소

도면 요소	수량	도면 요소	수량
단로기(DS)	3 조	SC(전력용콘덴서)	1 대
피뢰기(LA)	1 조	OCR(과전류계전기)	1 조
지락계전기(GR)	1 대	TC(트립코일)	1 대
차단기(CB)	1 대	MOF(전력수급용계기용변성기)	1 대
Tr(수전변압기)	1 대	접지(E)	3 개소
PT(계기용변압기)	1 대	전류계(A)	1 대
CT(계기용변류기)	1 조	전압계(V)	1 대
AS(전류계절환스위치)	1 대	COS(고압컷아웃스위치)	2 조
VS(전압계절환스위치)	1 대		

(2) 수변전설비 심벌 만들기

① 피뢰기(LA) 심벌

■ [폴리선] 클릭 → P1 클릭 → P2 클릭 → w(폭) Space Bar → 10 Space Bar → 0 Space Bar → P3 클릭

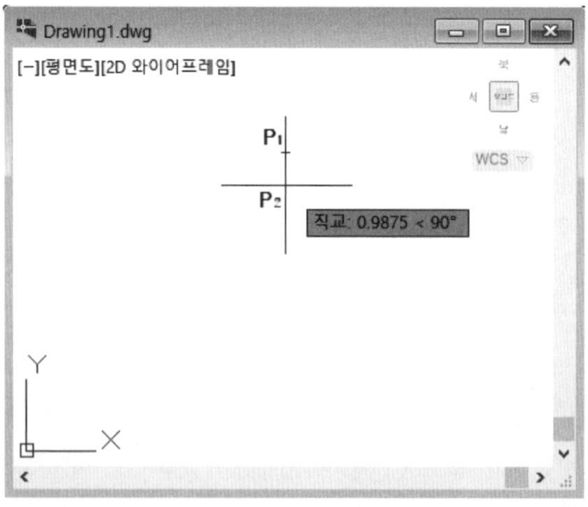

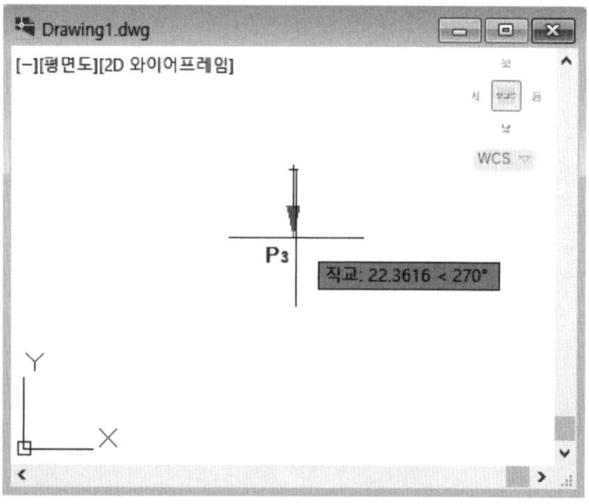

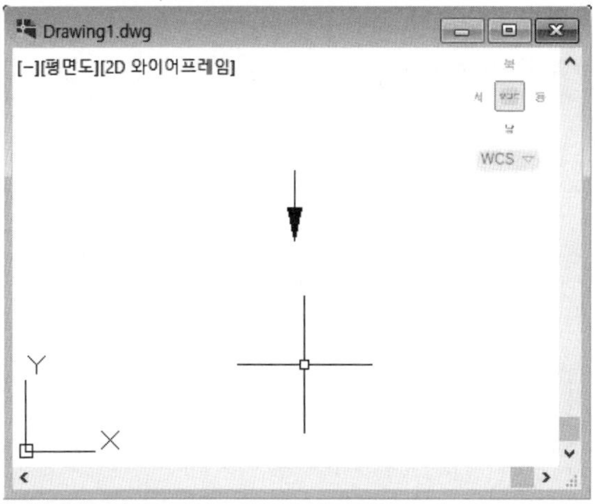

■ [복사] 클릭 → 객체 선택 → Space Bar → 커서로 복사 위치 이동 후 클릭 → Space Bar

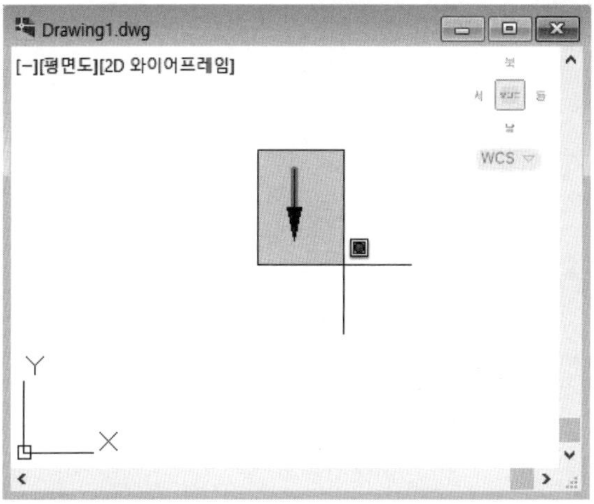

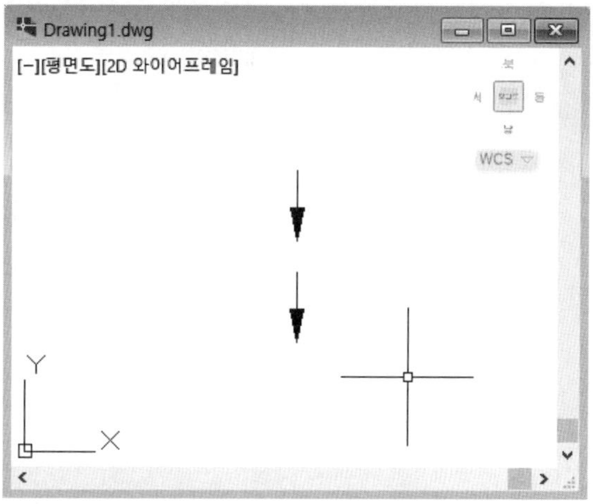

■ [회전] 클릭 → 객체 선택 → Space Bar → 회전 지점(P4) 클릭 → 커서로 회전 후 클릭

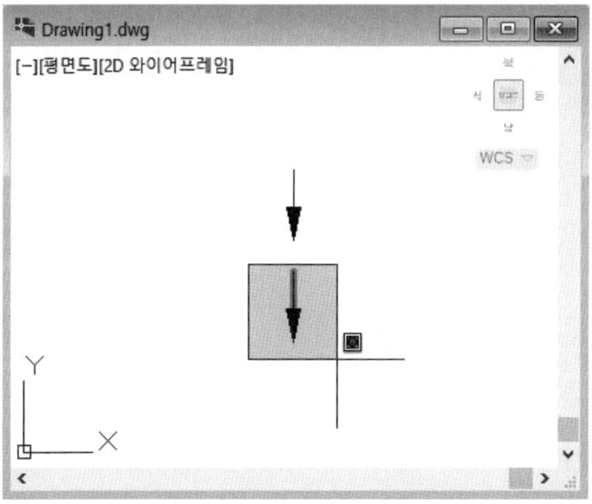

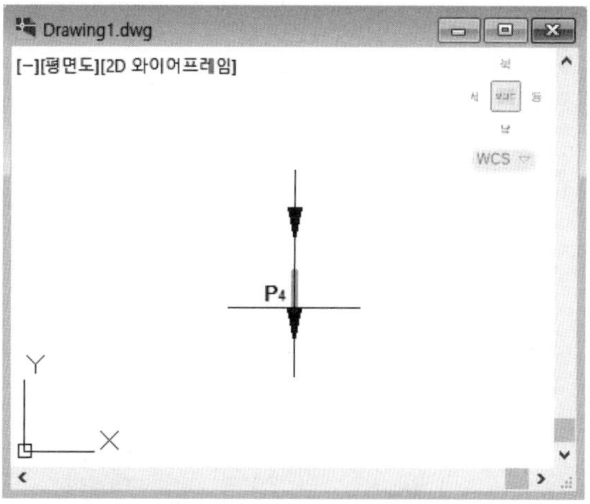

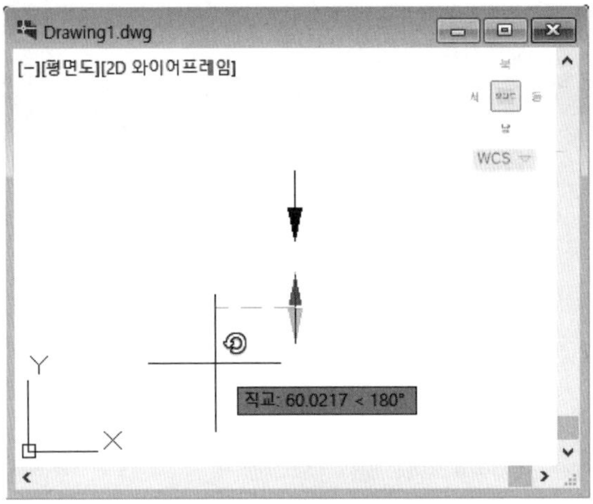

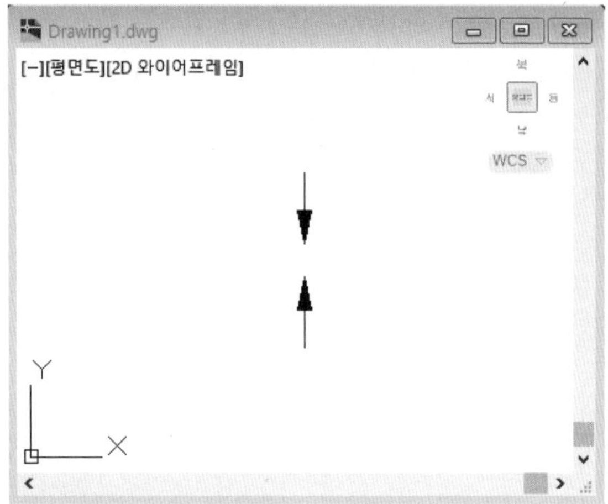

■ [직사각형] 클릭 → 직사각형을 그린다.

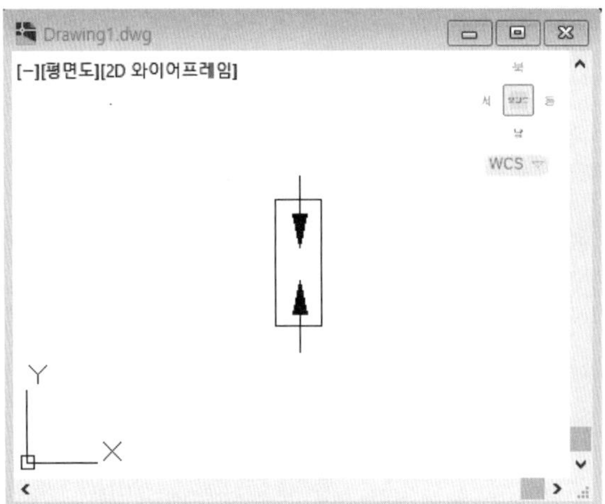

■ [심벌 블록화 하기] 명령: wblock Space Bar → [블록 쓰기] 대화상자 → [파일 이름 및 경로(F)] 를 클릭하여 '피뢰기(LA)' 로 지정 → [선택점(K)] 아이콘 클릭(P5)

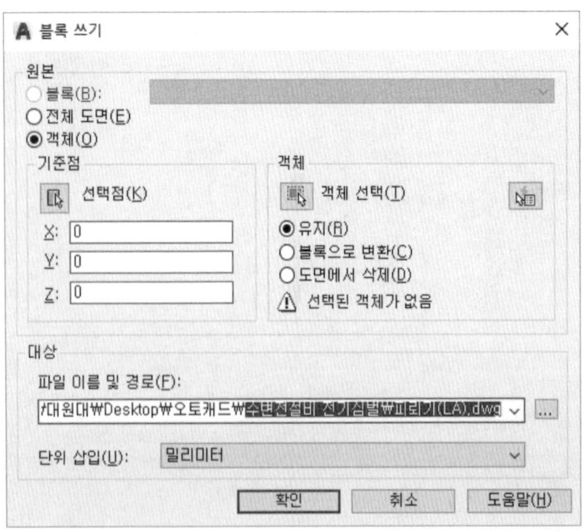

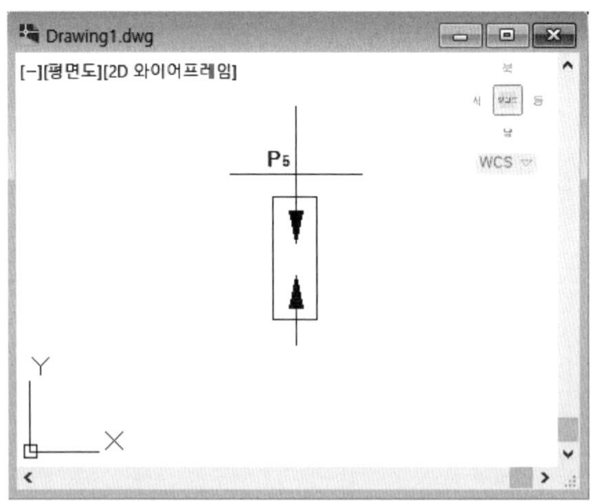

- 다시 [블록 쓰기] 대화상자 → [객체 선택(T)] 아이콘 클릭 → 객체 선택 클릭(커서 □모양) → 다시 [블록 쓰기] 대화상자 → [확인] 클릭

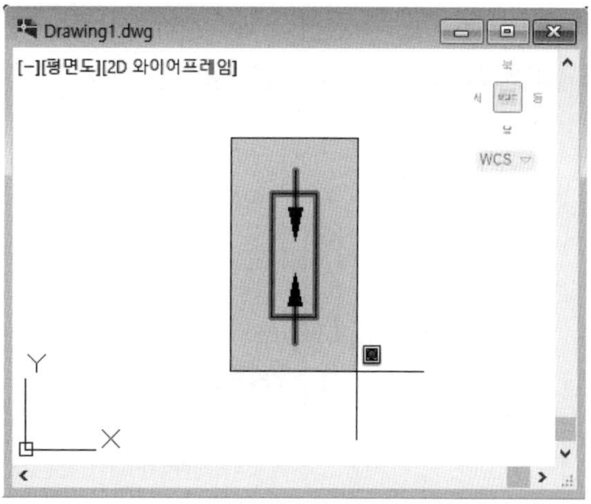

② COS(고압컷아웃스위치) 심벌

- [원] 클릭 → 원을 그린다([OSNAP](사분점)모드 켠다) → [선] 클릭 → 원에 접하는 선 작도 → Space Bar

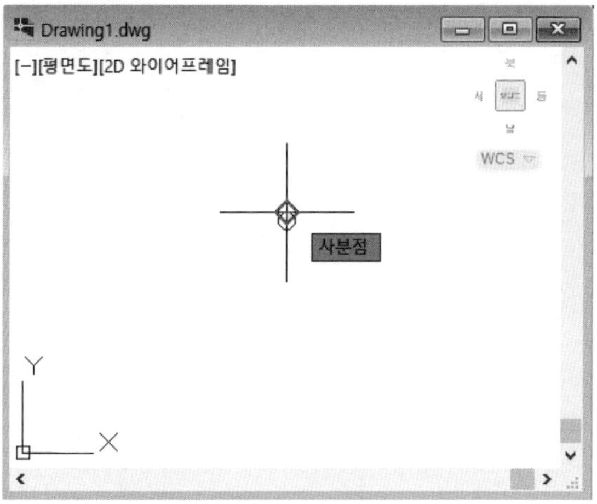

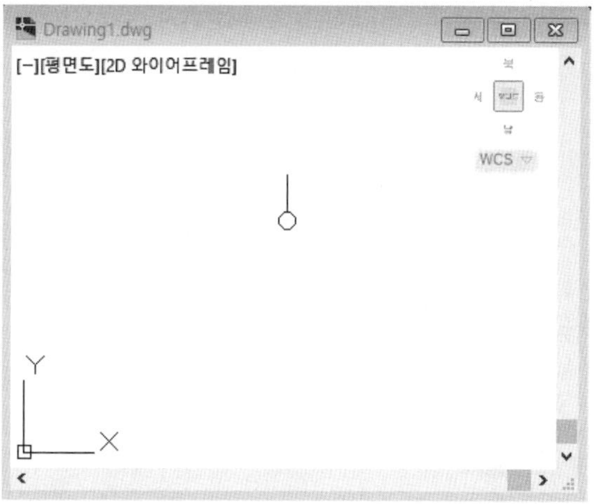

- [복사] 클릭 → 객체 선택 → Space Bar → 커서로 복사 위치 이동 후 클릭 → Space Bar

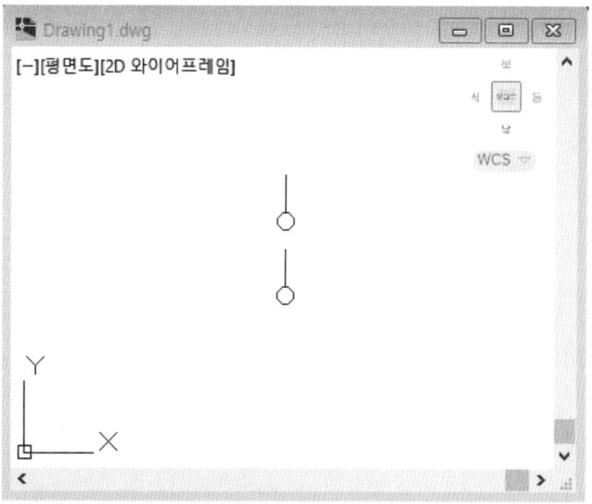

■ [회전] 클릭 → 객체 선택(아랫부분) → Space Bar → 회전 지점(P1) 클릭 → 커서로 회전 후 클릭

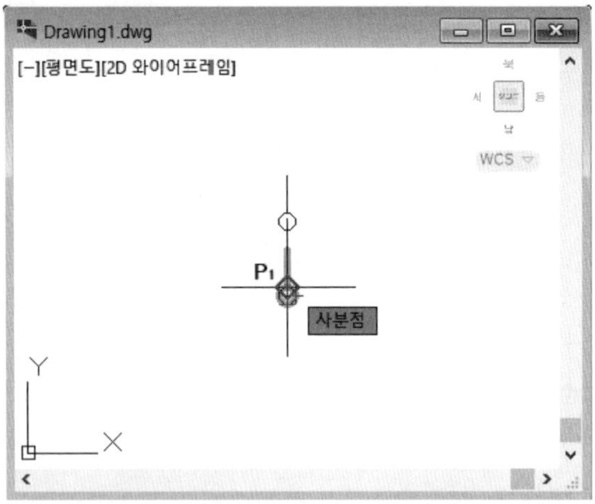

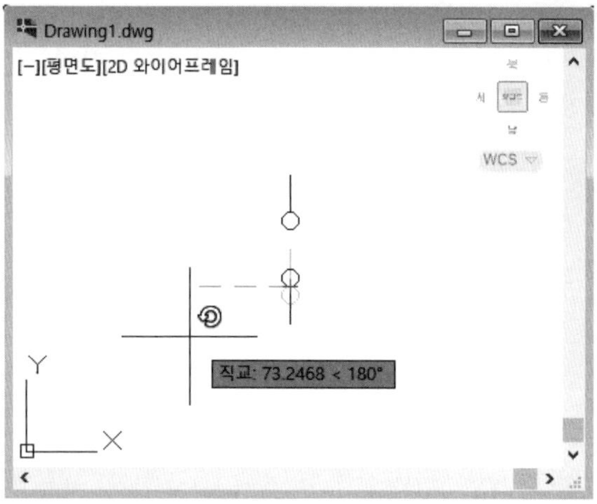

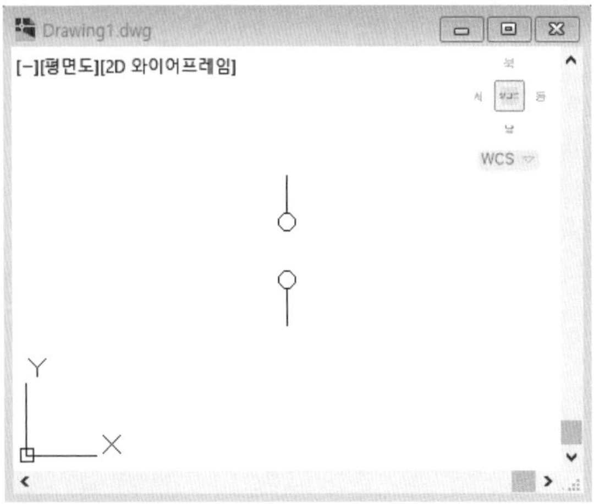

■ [선] 클릭 → 대각선을 그린다(직교 모드 끈다) → Space Bar

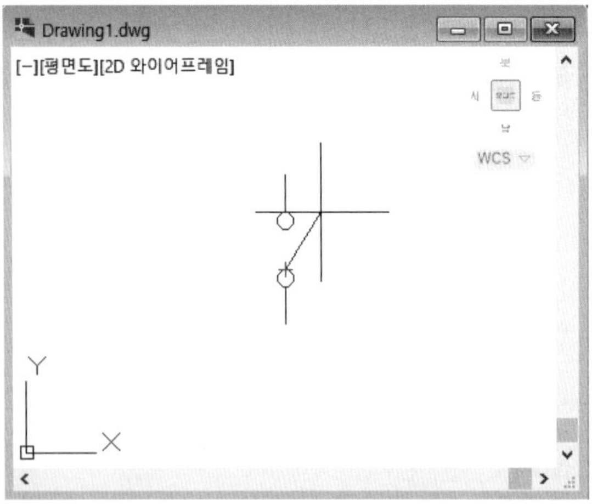

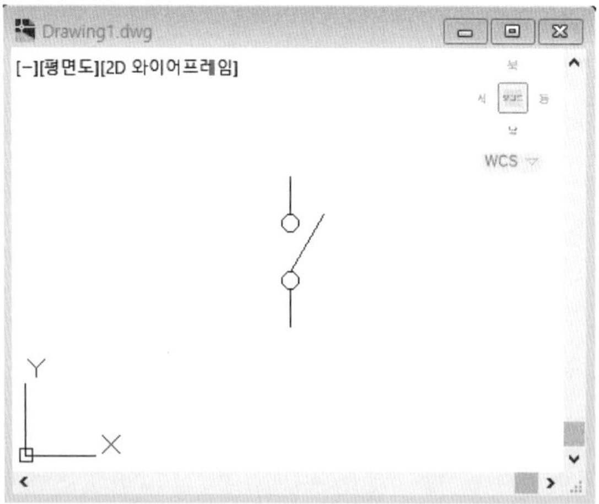

■ [호] 클릭 → 호를 그린다([OSNAP](사분점, 중간점)모드 켠다) → 클릭

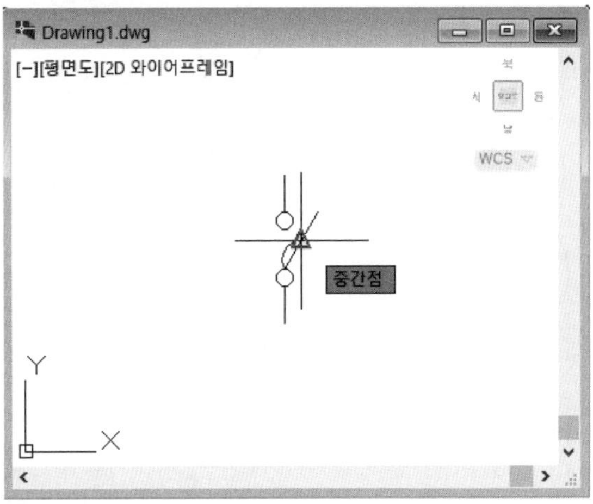

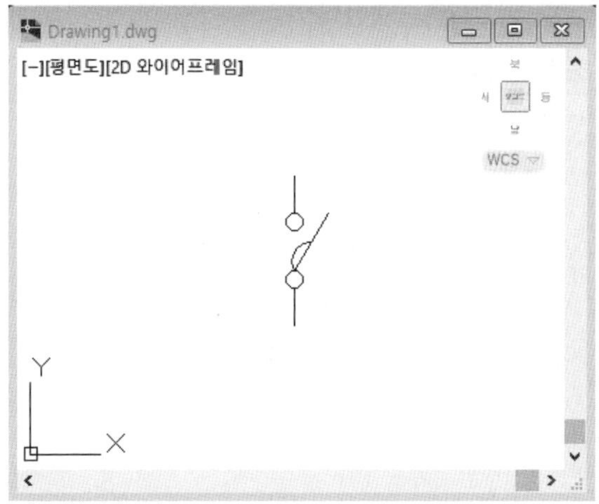

■ 호를 위에 [복사]하여 붙이고 클릭 → [줌 윈도우] 클릭하여 복사 호의 접속 상태 확인 → [이동] 클릭하여 정확히 접속 시킨다.

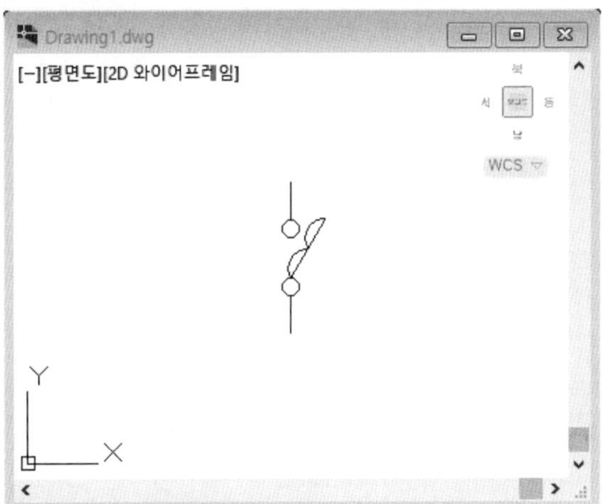

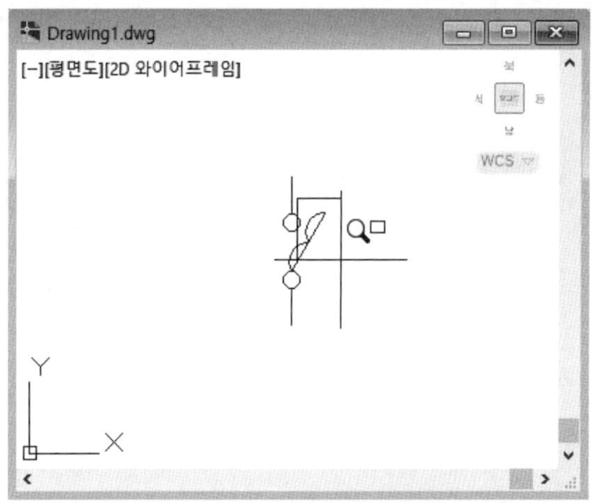

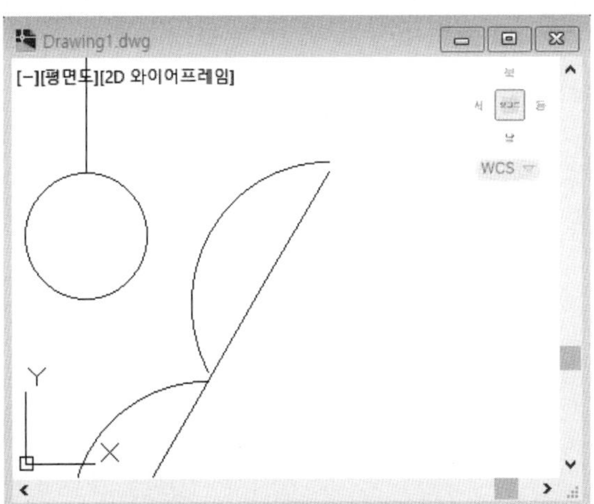

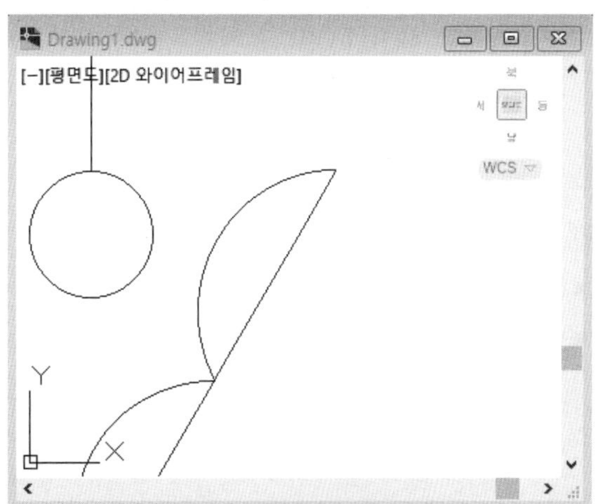

■ 복사한 호 객체를 클릭 → 중간 그립(P1) 클릭 → 반대편 그립(P2)까지 이동 클릭 → Space Bar → [줌 이전] 클릭한다.

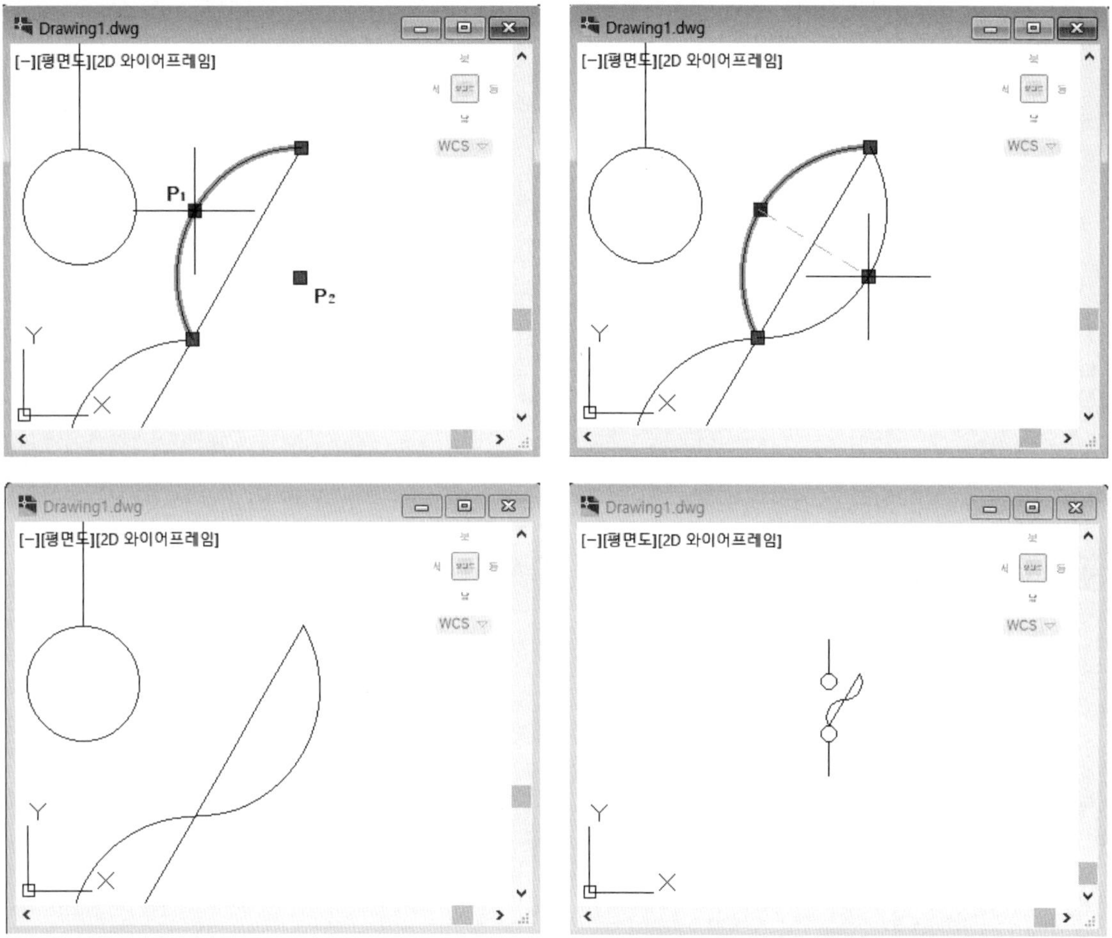

■ [심벌 블록화 하기] 명령: wblock Space Bar → [블록 쓰기] 대화상자 → [파일 이름 및 경로(F)] 를 클릭하여 'COS' 로 지정 → [선택점(K)] 아이콘 클릭(P5) → 다시 [블록 쓰기] 대화상자 → [객체 선택(T)] 아이콘 클릭 → 객체 선택 클릭(커서 □ 모양) → 다시 [블록 쓰기] 대화상자 → [확인] 클릭

③ 단로기(DS) 심벌

■ COS 심벌을 수정한다.

■ COS의 호 부분 클릭 → Delete 로 삭제시킨다.

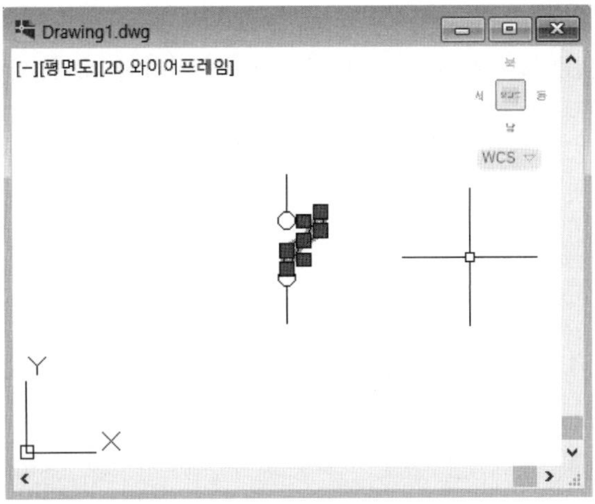

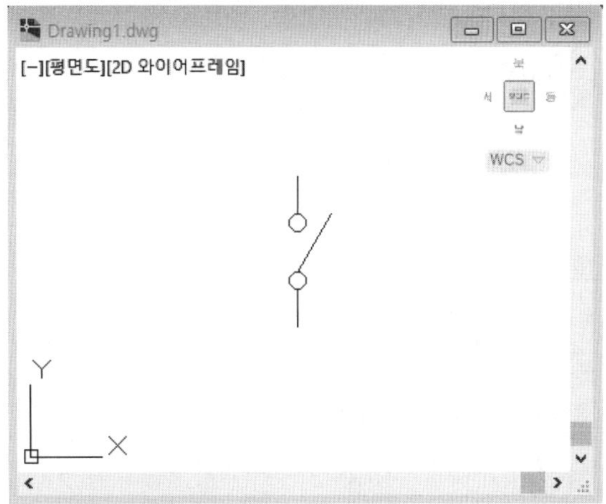

- [심벌 블록화 하기] 명령: wblock Space Bar → [블록 쓰기] 대화상자 → [파일 이름 및 경로(F)] 를 클릭하여 '단로기(DS)' 로 지정 → [선택점(K)] 아이콘 클릭(P5) → 다시 [블록 쓰기] 대화상자 → [객체 선택(T)] 아이콘 클릭 → 객체 선택 클릭(커서 □ 모양) → 다시 [블록 쓰기] 대화상자 → [확인] 클릭

④ 차단기(CB) 심벌

- 단로기(DS) 심벌을 수정한다.
- 단로기(DS) 심벌의 대각선 클릭 → Delete 로 삭제 → [직사각형] 클릭(직교 모드 켠다) → 직사각형을 그린다.

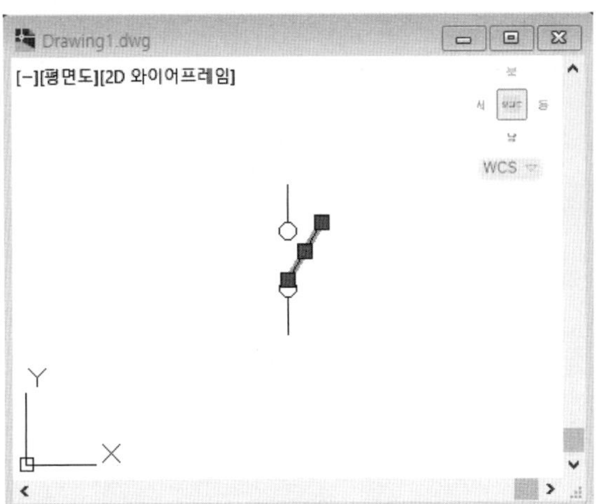

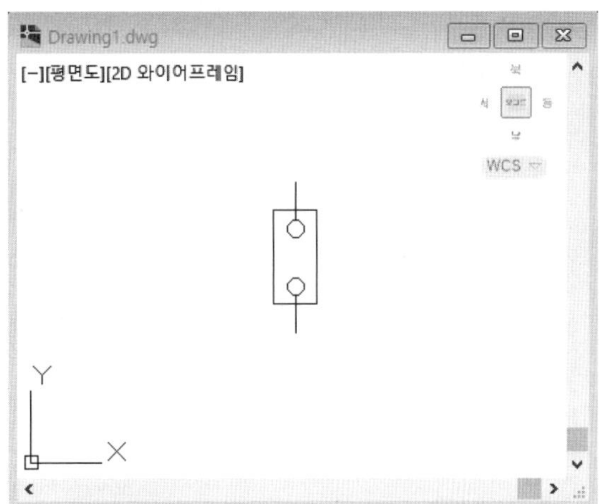

■ [심벌 블록화 하기] 명령: wblock Space Bar → [블록 쓰기] 대화상자 → [파일 이름 및 경로(F)] 를 클릭하여 '차단기(CB)' 로 지정 → [선택점(K)] 아이콘 클릭(P5) → 다시 [블록 쓰기] 대화상자 → [객체 선택(T)] 아이콘 클릭 → 객체 선택 클릭(커서 □ 모양) → 다시 [블록 쓰기] 대화상자 → [확인] 클릭

⑤ 플러그형 단로기부착형 차단기 심벌

■ 차단기(CB) 심벌에서 보완하여 완성 시킨다

■ 차단기(CS) 심벌을 [줌 윈도우] 로 확대 → 사각형을 그린다([OSNAP](중간점) 켠다) → 사각형 클릭 → 차단기 윗 부분으로 이동 클릭

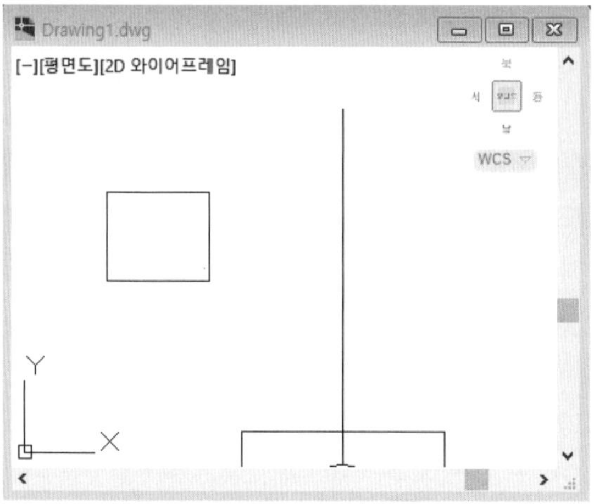

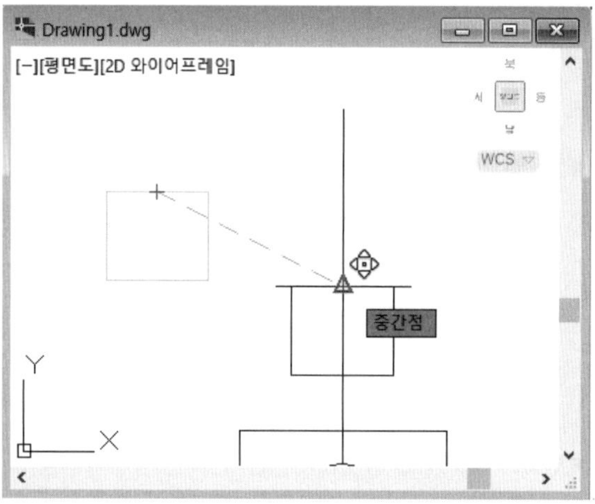

■ 사각형 내에 중간선을 그린다 → 대각선을 그린다([OSNAP](끝점, 중간점) 켠다) → Space Bar

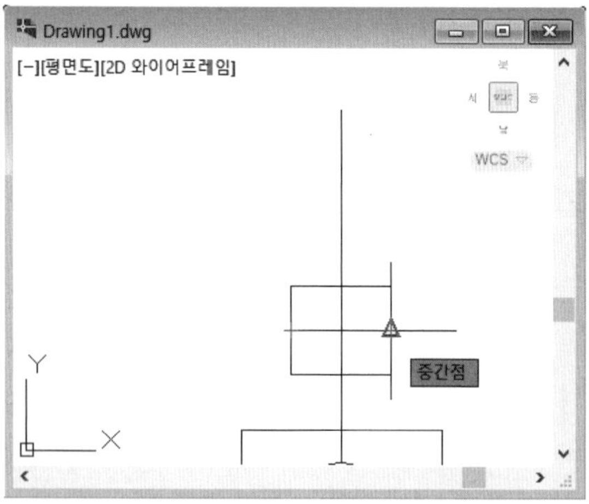

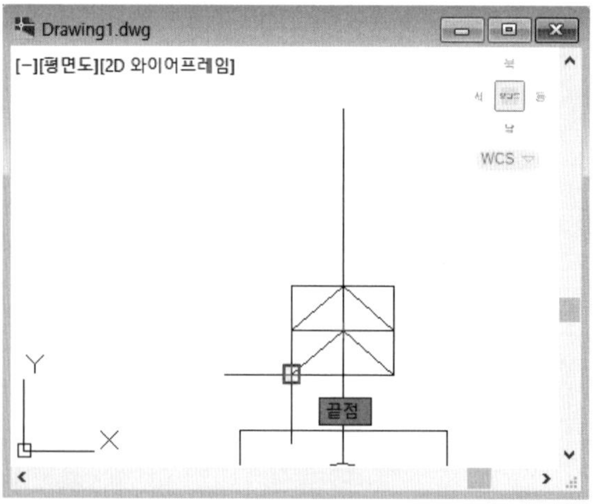

■ 사각형 클릭 → Delete 로 삭제

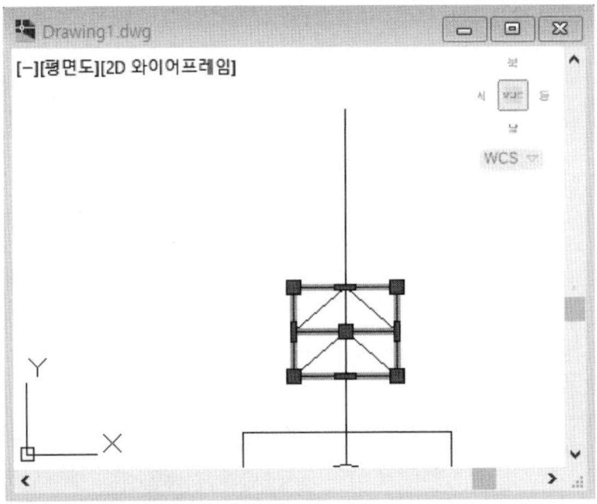

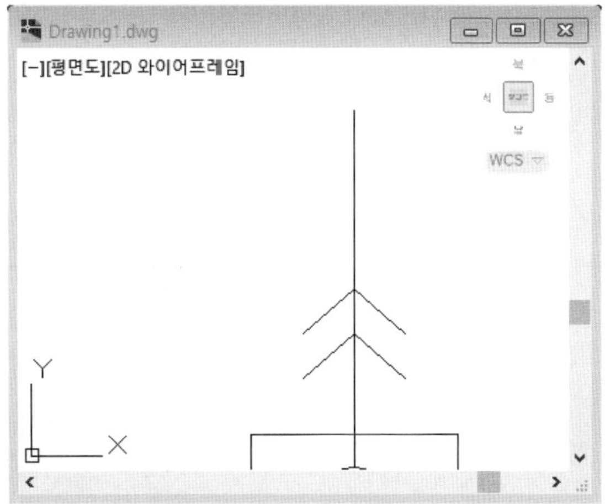

■ [줌 이전] 클릭한다.

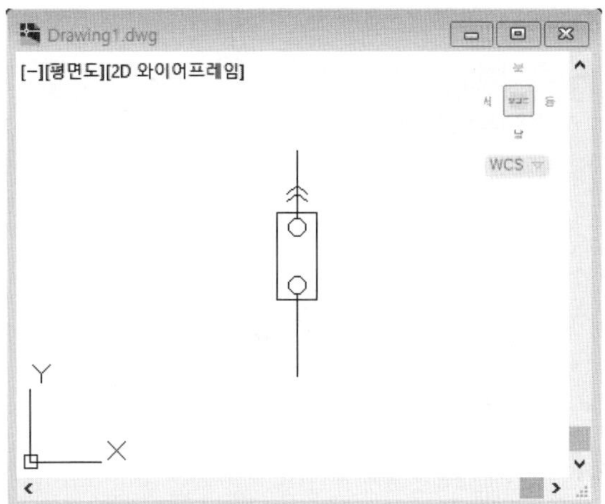

■ 현재까지 그린 심벌 전체를 복사한다 → [회전] 클릭 → 복사한 객체 전체 선택 → Space Bar (커서 + 모양) → 차단기 중간점(P1) 클릭 → 180 Space Bar → 회전시킨 객체 전체 선택 → [이동] 클릭 → 객체 중간점에 일치 클릭

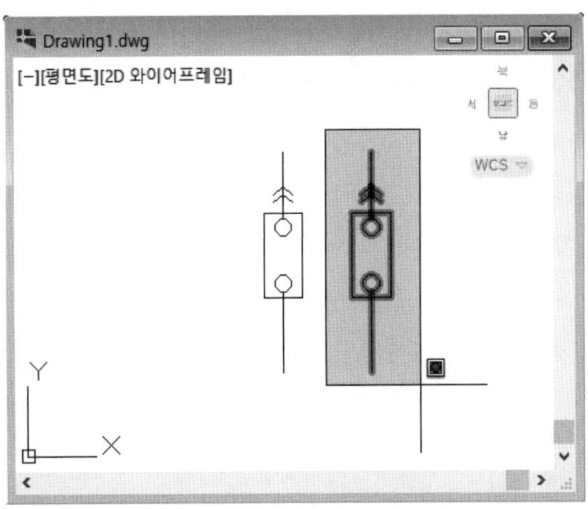

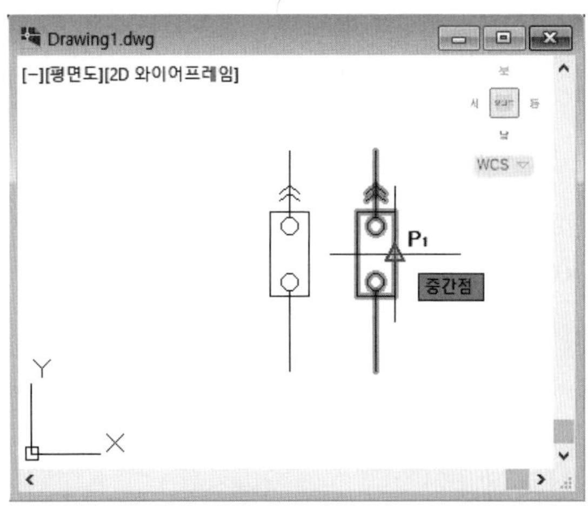

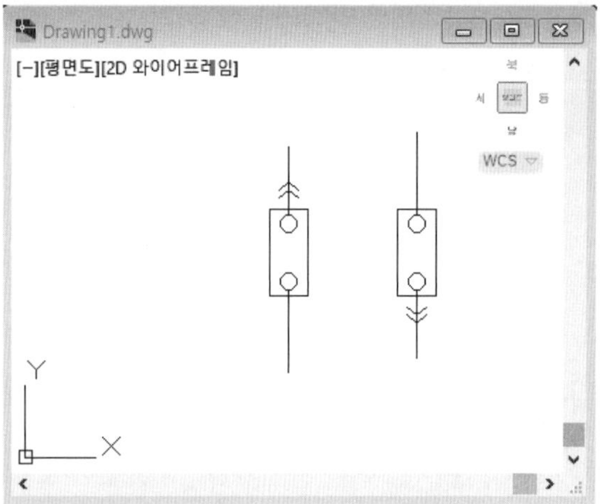

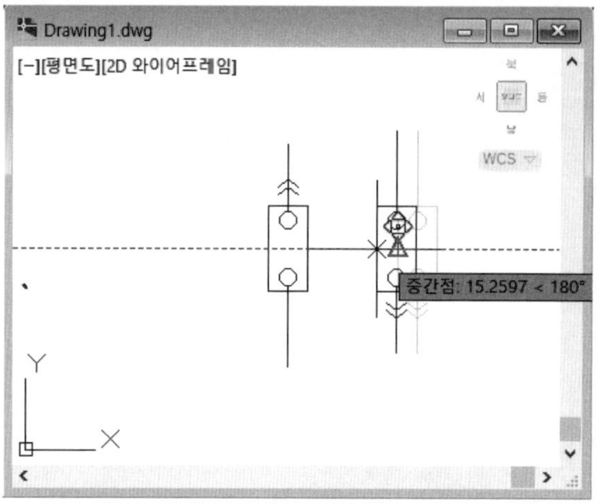

■ 기존 객체와 일치 후 클릭

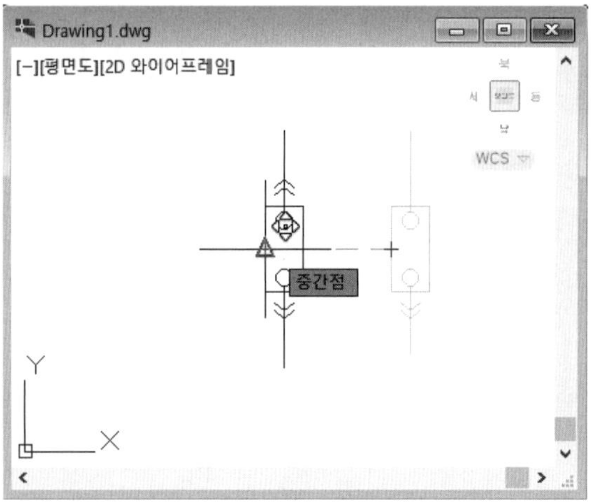

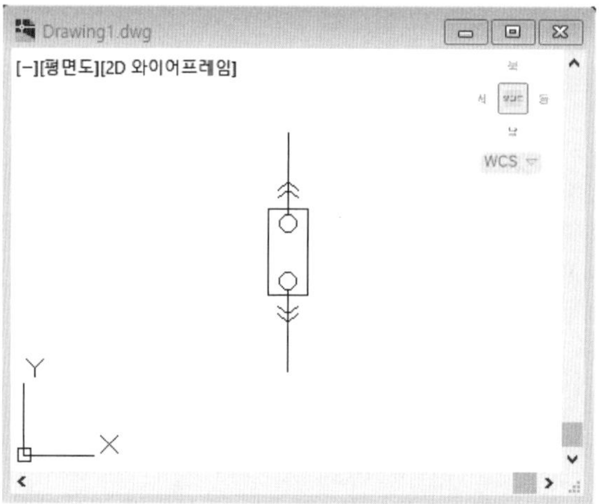

■ [심벌 블록화 하기] 명령: wblock Space Bar → [블록 쓰기] 대화상자 → [파일 이름 및 경로(F)] 를 클릭하여 '플러그형 단로기부착형 차단기(CB)' 로 지정 → [선택점(K)] 아이콘 클릭(P5) → 다시 [블록 쓰기] 대화상자 → [객체 선택(T)] 아이콘 클릭 → 객체 선택 클릭(커서 □ 모양) → 다시 [블록 쓰기] 대화상자 → [확인] 클릭

⑥ 전력용 퓨즈(PF) 심벌

■ COS 심벌과 동일하다.

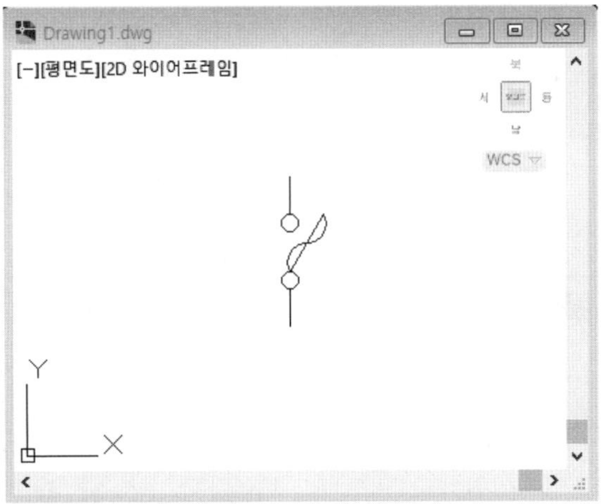

■ [심벌 블록화 하기] 명령: wblock Space Bar → [블록 쓰기] 대화상자 → [파일 이름 및 경로(F)] 를 클릭하여 '전력용퓨즈(PF)' 로 지정 → [선택점(K)] 아이콘 클릭(P5) → 다시 [블록 쓰기] 대화상자 → [객체 선택(T)] 아이콘 클릭 → 객체 선택 클릭(커서 □ 모양) → 다시 [블록 쓰기] 대화상자 → [확인] 클릭

⑦ MCCB(배선용차단기) 심벌

■ 단로기(DS) 심벌을 수정하여 심벌을 그린다.

■ 단로기(DS) 심벌의 대각선을 삭제한다.

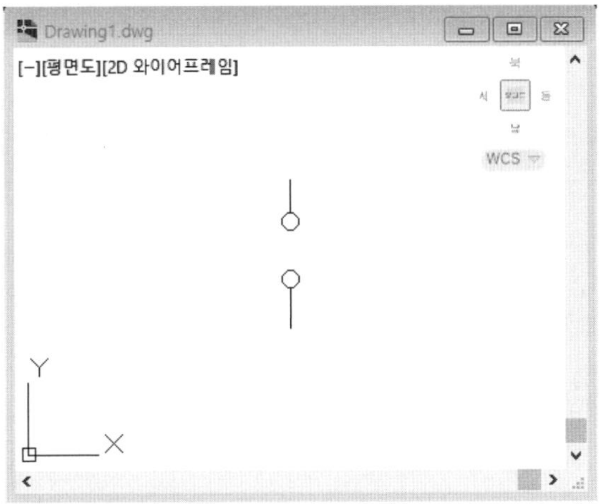

■ [호] 클릭 → 호를 그린다([OSNAP](사분점)모드 켠다) → 클릭

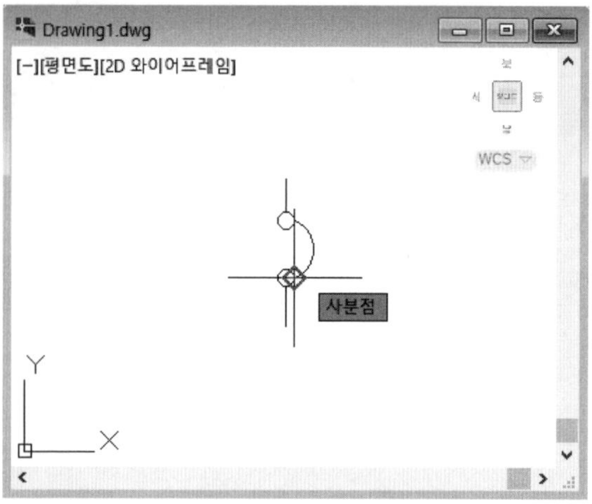

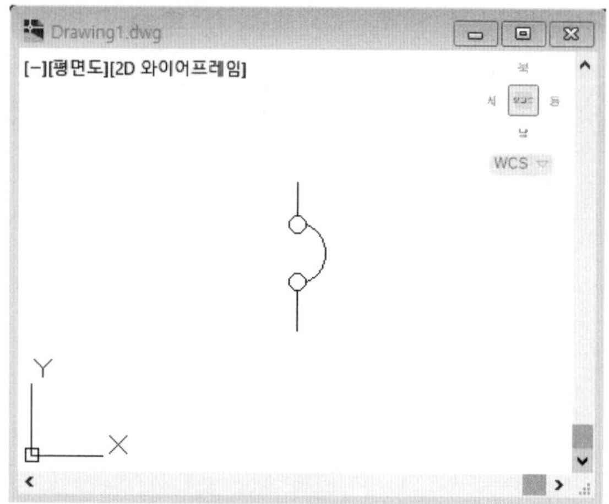

■ [심벌 블록화 하기] 명령: wblock Space Bar → [블록 쓰기] 대화상자 → [파일 이름 및 경로(F)] 를 클릭하여 'MCCB(배선용차단기)' 로 지정 → [선택점(K)] 아이콘 클릭(P5) → 다시 [블록 쓰기] 대화상자 → [객체 선택(T)] 아이콘 클릭 → 객체 선택 클릭(커서 □ 모양) → 다시 [블록 쓰기] 대화상자 → [확인] 클릭

⑧ 트립 코일(TC) 심벌

■ [호] 클릭 → 호(시작점과 끝점을 일치)를 그린다.

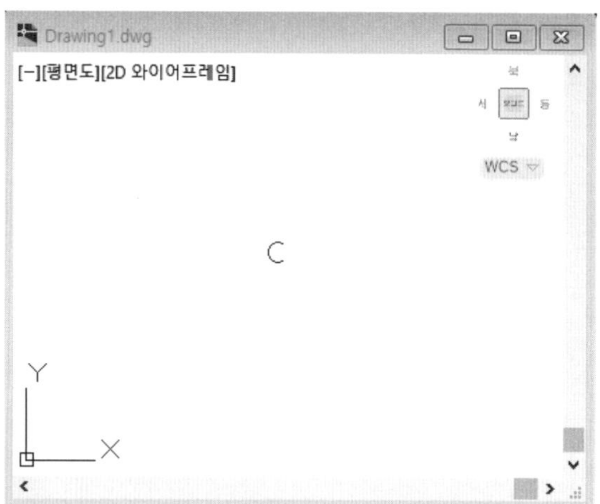

■ [줌 윈도우] 클릭 → 호를 확대 → [복사] 클릭 → 객체 선택 → Space Bar → 커서로 복사 위치 이동 후 클릭

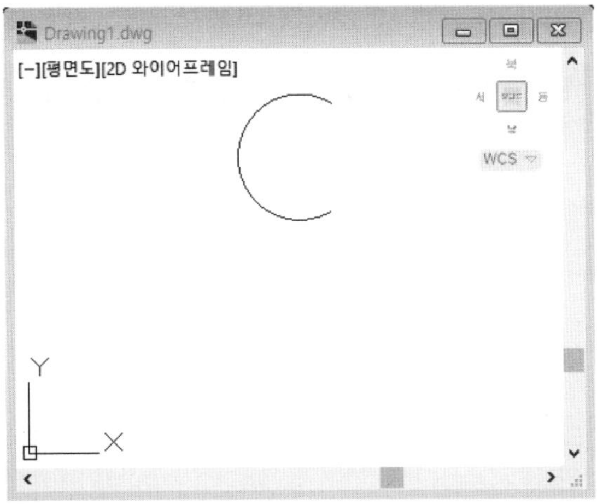

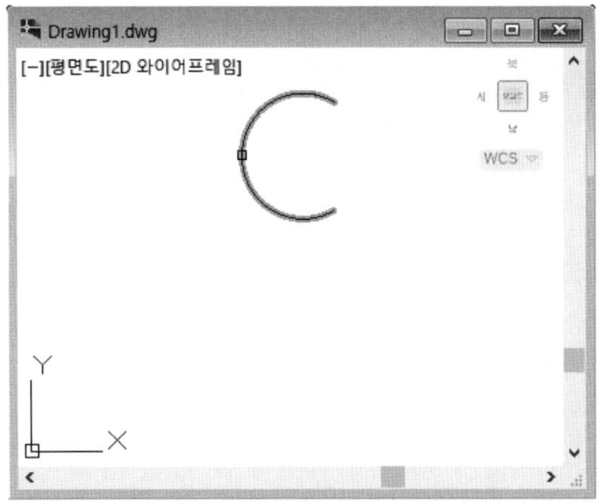

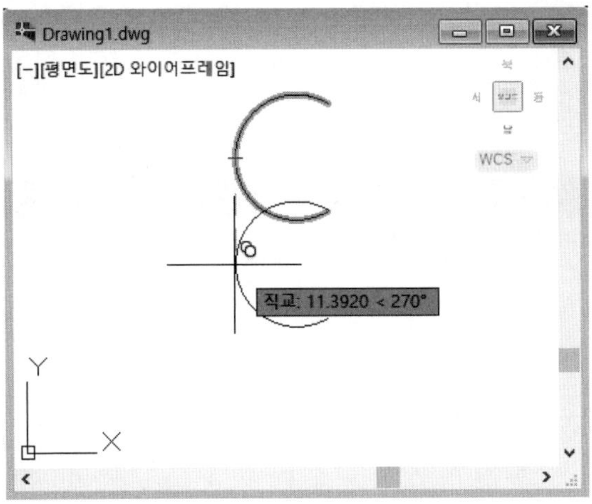

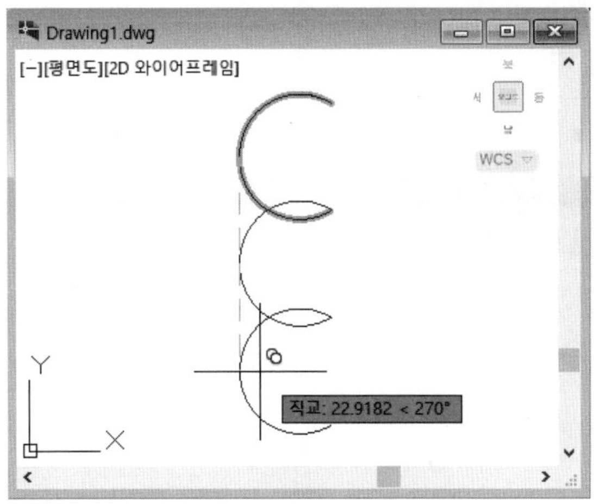

■ 완료되면 → Space Bar

■ [줌 이전] 클릭 → 이전 상태로 돌아감 → [선]을 그리고([OSNAP](사분점)모드 켠다) Space Bar

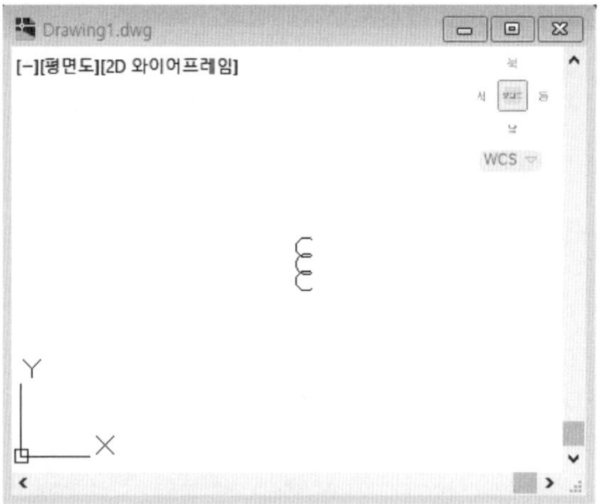

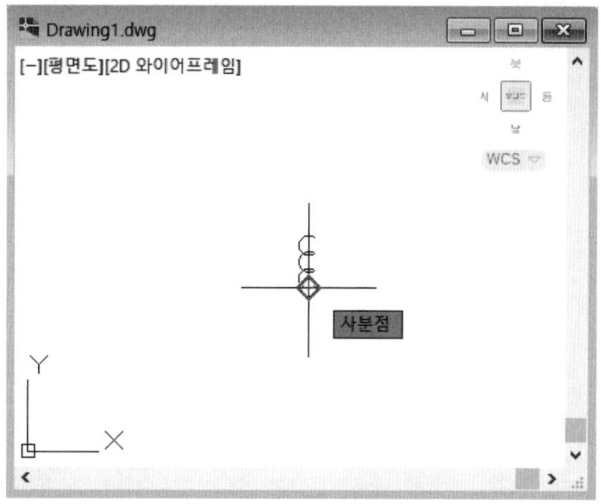

■ [자르기] 클릭 → 선과 호의 접속점을 마무리 → Space Bar

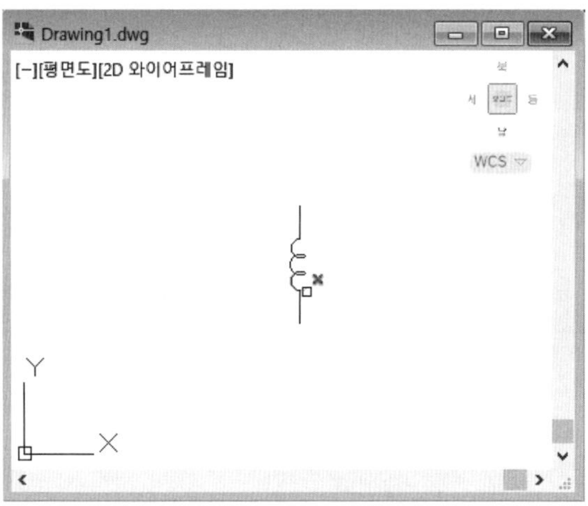

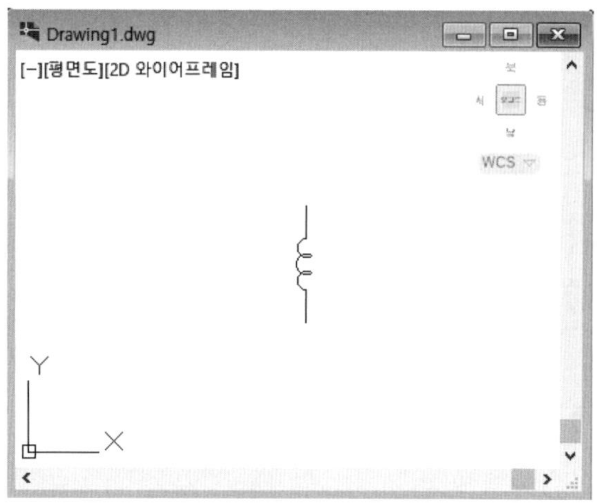

■ [심벌 블록화 하기] 명령: wblock Space Bar → [블록 쓰기] 대화상자 → [파일 이름 및 경로(F)] 를 클릭하여 '트립코일(TC)' 로 지정 → [선택점(K)] 아이콘 클릭(P5) → 다시 [블록 쓰기] 대화상자 → [객체 선택(T)] 아이콘 클릭 → 객체 선택 클릭(커서 □ 모양) → 다시 [블록 쓰기] 대화상자 → [확인] 클릭

⑨ 변압기(Tr)−원 심벌

■ 원을 작도하고 아래에 복사하여 붙인다.

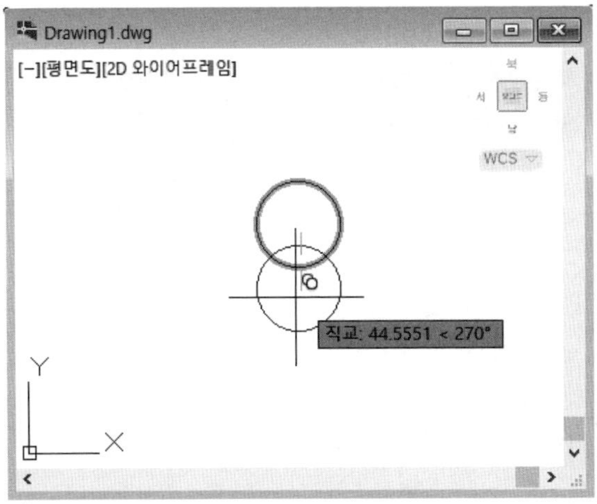

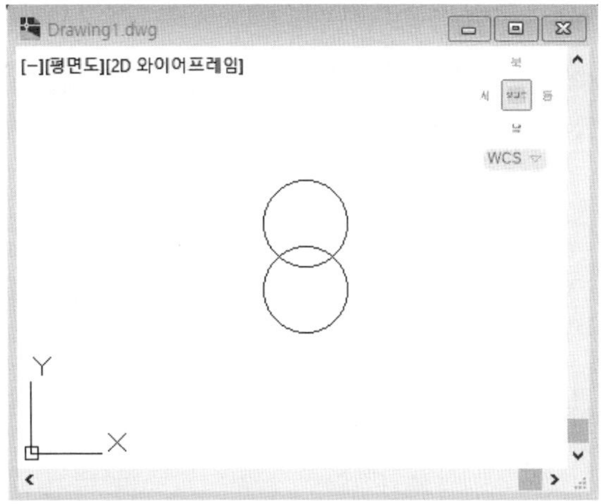

■ 선을 작도한다.([OSNAP](사분점)모드 켠다)

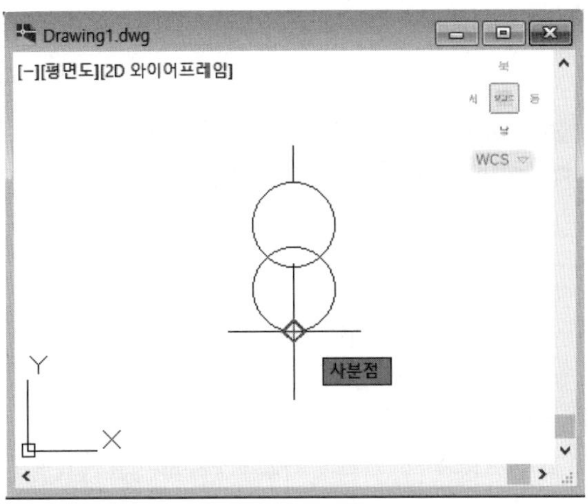

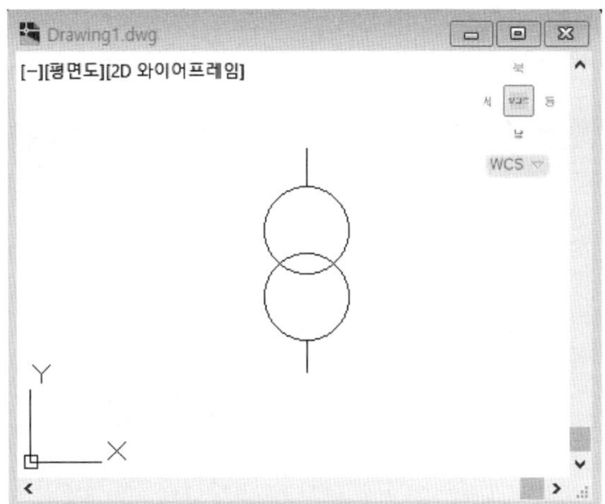

■ [심벌 블록화 하기] 명령: wblock Space Bar → [블록 쓰기] 대화상자 → [파일 이름 및 경로(F)] 를 클릭하여 '변압기(Tr)–원' 으로 지정 → [선택점(K)] 아이콘 클릭(P5) → 다시 [블록 쓰기] 대화상자 → [객체 선택(T)] 아이콘 클릭 → 객체 선택 클릭(커서 □ 모양) → 다시 [블록 쓰기] 대화상자 → [확인] 클릭

⑨ 변압기(Tr)–톱니 심벌

■ 선 그리기로 톱니 한 개를 그린다.([모눈] 모드를 켠다)

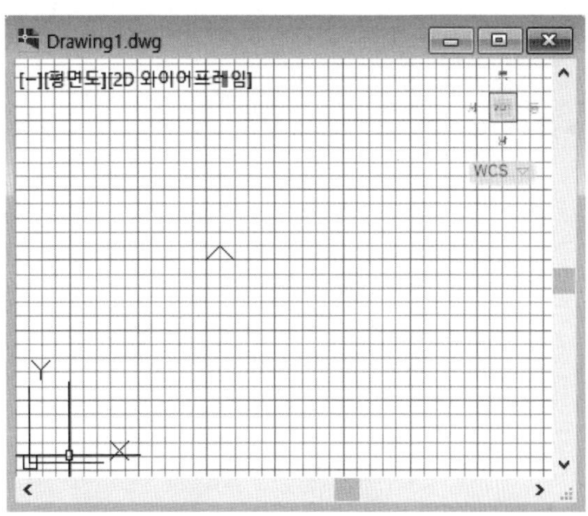

■ 복사하여 붙인다.([직교] 모드와 [OSNAP](끝점) 모드 켠다) → Space Bar

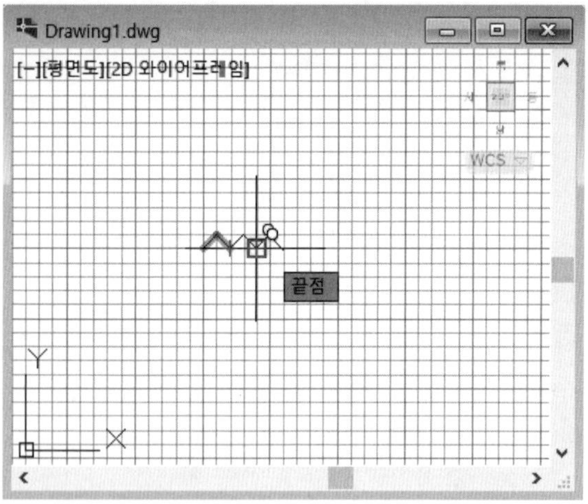

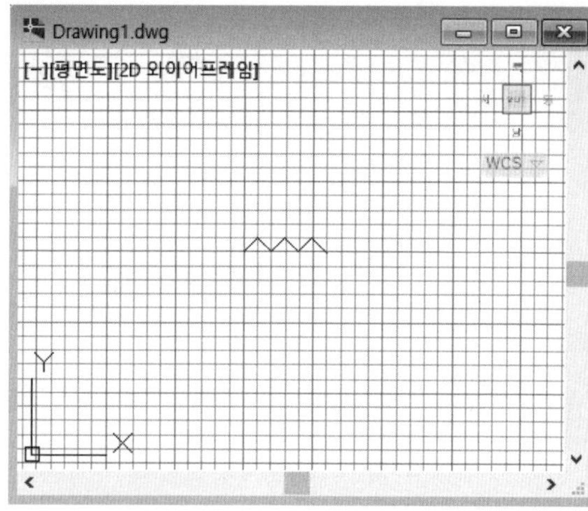

■ 톱니 전체를 복사 → 아래로 이동 → Space Bar

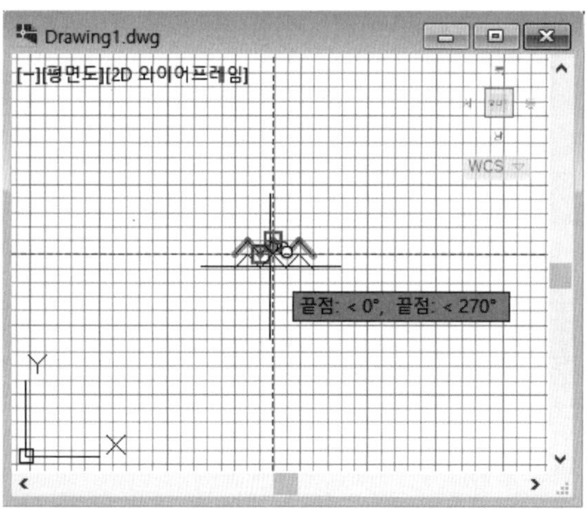

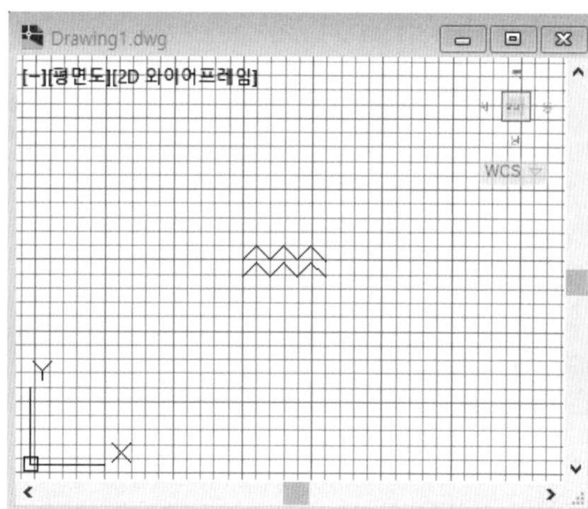

■ 톱니 중심에 선을 그린다.

■ [심벌 블록화 하기] 명령: wblock Space Bar → [블록 쓰기] 대화상자 → [파일 이름 및 경로(F)] 를 클릭하여 '변압기(Tr)-톱니' 로 지정 → [선택점(K)] 아이콘 클릭(P5) → 다시 [블록 쓰기] 대화상자 → [객체 선택(T)] 아이콘 클릭 → 객체 선택 클릭(커서 □ 모양) → 다시 [블록 쓰기] 대화상자 → [확인] 클릭

⑩ 변압기(Tr)-코일형 심벌

■ 호를 그린다.([OSNAP](끝점) 모드 켠다) → 복사 → 중심선을 그린다.

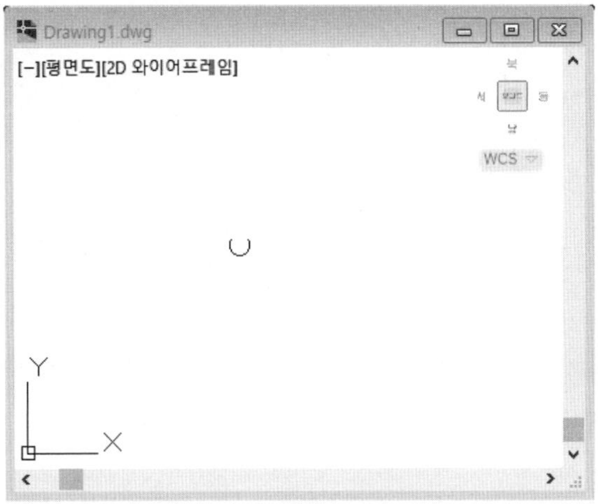

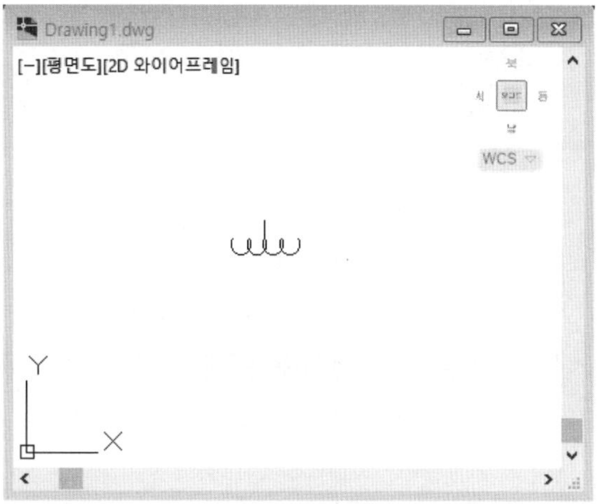

■ 아래로 전체 복사 → [회전] 클릭([OSNAP](끝점) 모드 켠다) → 180 → Space Bar

- [심벌 블록화 하기] 명령: wblock Space Bar → [블록 쓰기] 대화상자 → [파일 이름 및 경로(F)] 를 클릭하여 '변압기(Tr)-코일형' 으로 지정 → [선택점(K)] 아이콘 클릭(P5) → 다시 [블록 쓰기] 대화상자 → [객체 선택(T)] 아이콘 클릭 → 객체 선택 클릭(커서 □ 모양) → 다시 [블록 쓰기] 대화상자 → [확인] 클릭

⑪ 계기용 변압기(PT) 심벌

- '변압기(Tr)-톱니' 심벌을 회전시켜 수정한다.([OSNAP](끝점) 모드 켠다)
- [회전] 클릭 → 윗 쪽 톱니 전체 지정 → Space Bar → 회전 중심지정 클릭 → 중간 선 클릭(3점 그립 생성)

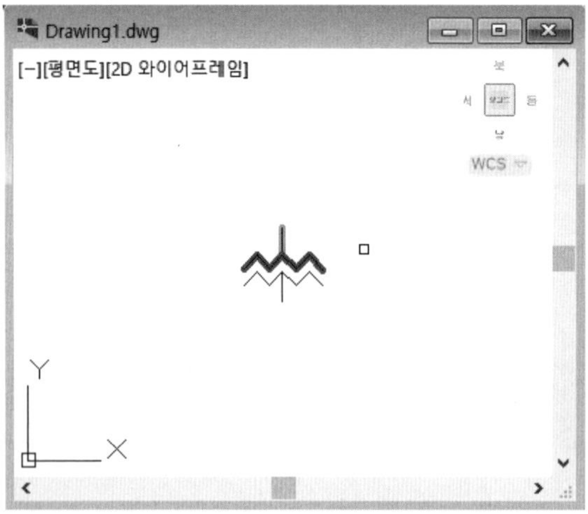

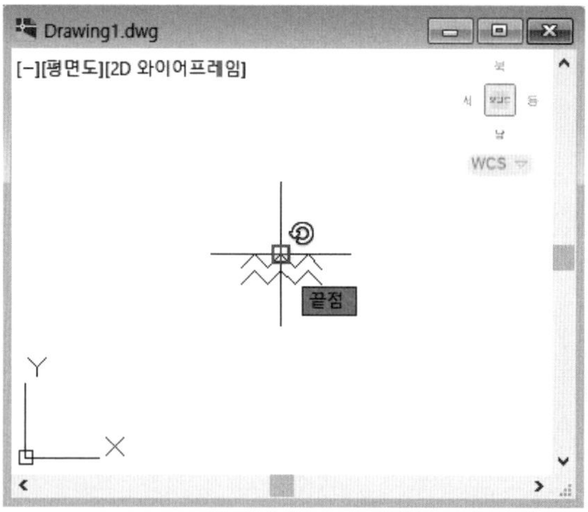

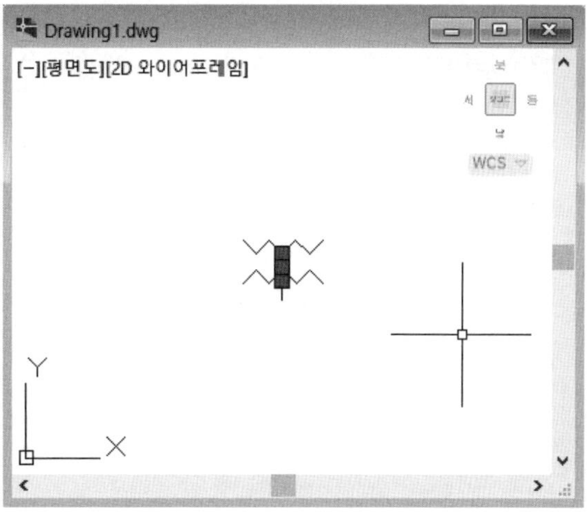

■ Delete → 윗 쪽 선을 그린다 → [회전] 클릭 → 객체 전체 지정 클릭 → Space Bar → 회전 중심점 지정 클릭 → 90 Space Bar

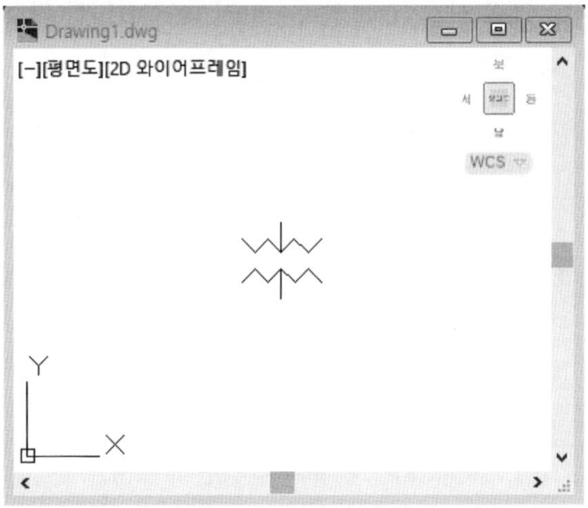

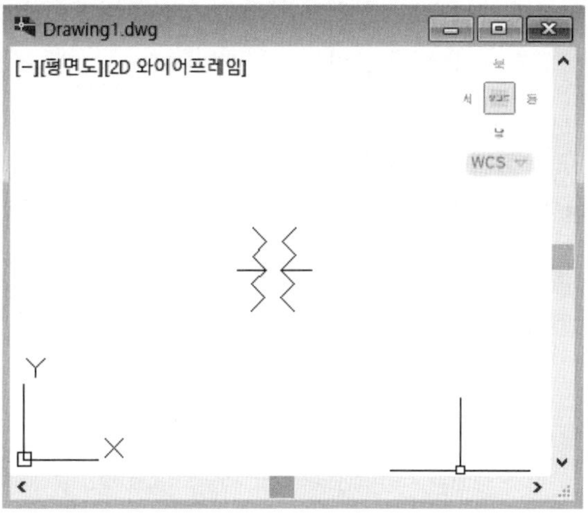

■ [심벌 블록화 하기] 명령: wblock Space Bar → [블록 쓰기] 대화상자 → [파일 이름 및 경로(F)] 를 클릭하여 '계기용변압기(PT)' 로 지정 → [선택점(K)] 아이콘 클릭(P5) → 다시 [블록 쓰기] 대화상자 → [객체 선택(T)] 아이콘 클릭 → 객체 선택 클릭(커서 □ 모양) → 다시 [블록 쓰기] 대화상자 → [확인] 클릭

⑫ 변류기(CT) 심벌

■ 선 그리기 및 복사 명령으로 다음과 같이 작도한다.

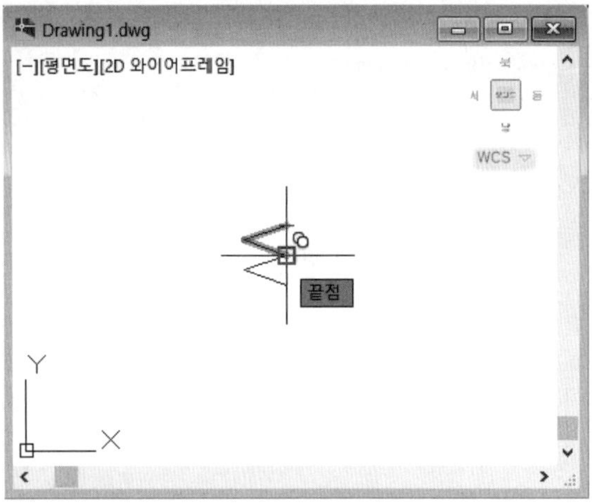

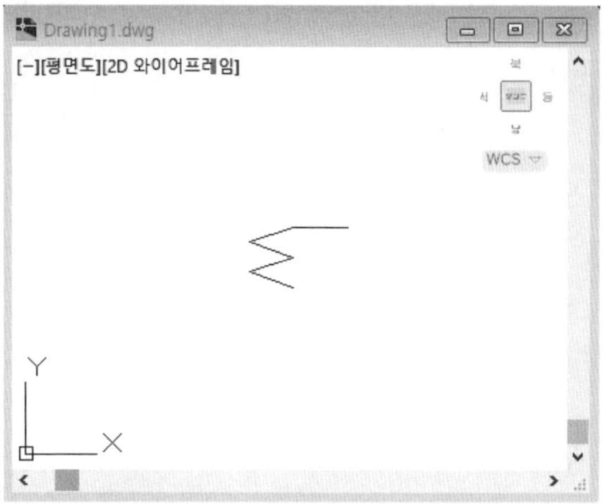

■ [심벌 블록화 하기] 명령: wblock Space Bar → [블록 쓰기] 대화상자 → [파일 이름 및 경로(F)] 를 클릭하여 '변류기(CT)' 로 지정 → [선택점(K)] 아이콘 클릭(P5) → 다시 [블록 쓰기] 대화상자 → [객체 선택(T)] 아이콘 클릭 → 객체 선택 클릭(커서 □ 모양) → 다시 [블록 쓰기] 대화상자 → [확인] 클릭

⑬ 영상변류기(ZCT) 심벌

■ '변류기(CT)' 심벌을 이용하여 영상변류기(ZCT) 심벌을 작도한다.([OSNAP](중간점) 모드 켠다)

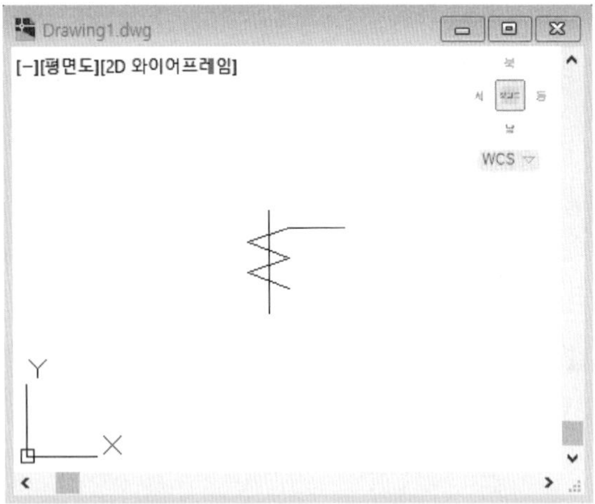

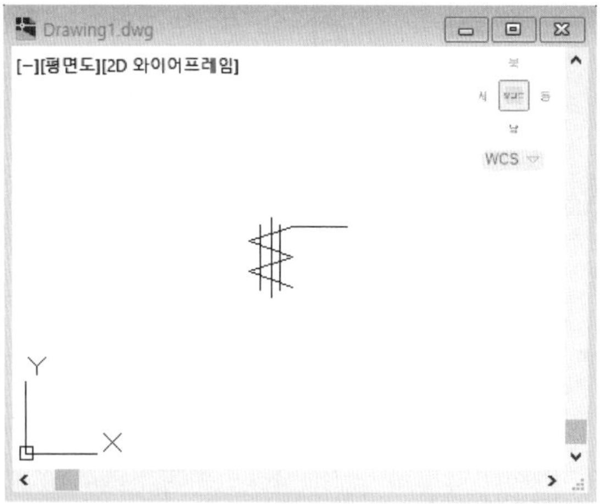

■ [심벌 블록화 하기] 명령: wblock Space Bar → [블록 쓰기] 대화상자 → [파일 이름 및 경로(F)] 를 클릭하여 '영상변류기(ZCT)' 로 지정 → [선택점(K)] 아이콘 클릭(P5) → 다시 [블록 쓰기] 대화상자 → [객체 선택(T)] 아이콘 클릭 → 객체 선택 클릭(커서 □ 모양) → 다시 [블록 쓰

기] 대화상자 → [확인] 클릭

⑭ 전압계 절환스위치(VS) 심벌

■ 원을 그린다.

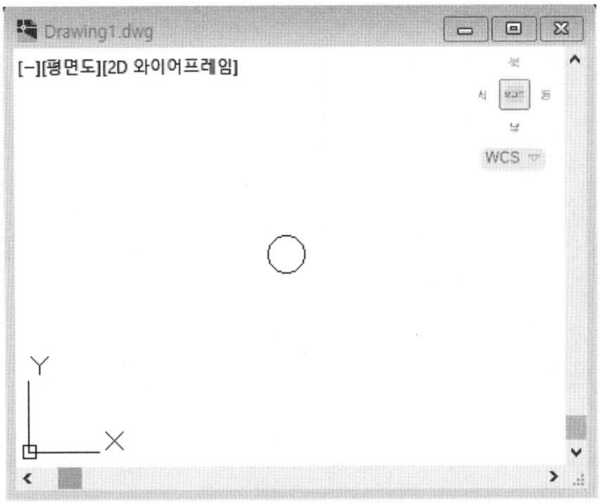

■ 선 그리기로 원 내부에 십자선을 그린다.([OSNAP](사분점) 모드 켠다)

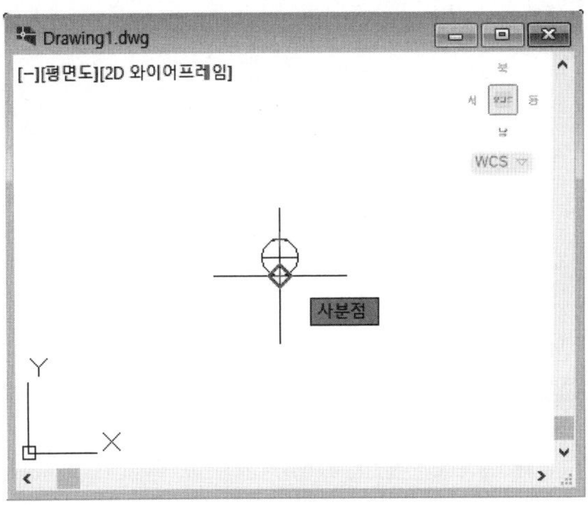

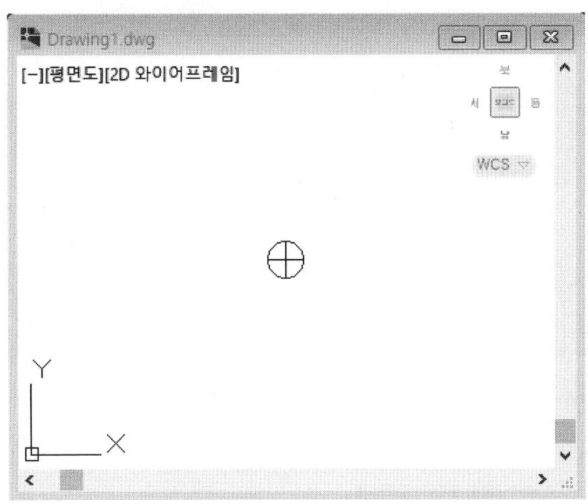

■ [심벌 블록화 하기] 명령: wblock Space Bar → [블록 쓰기] 대화상자 → [파일 이름 및 경로(F)] 를 클릭하여 '전압계절환스위치(VS)' 로 지정 → [선택점(K)] 아이콘 클릭(P5) → 다시 [블록 쓰기] 대화상자 → [객체 선택(T)] 아이콘 클릭 → 객체 선택 클릭(커서 □ 모양) → 다시 [블록 쓰기] 대화상자 → [확인] 클릭

⑮ 전류계 절환스위치(AS) 심벌

■ '전압계 절환스위치' 심벌을 이용하여 아래 부분에 선 그리기로 대각선을 그린다.([OSNAP](중심점) 모드 켠다)

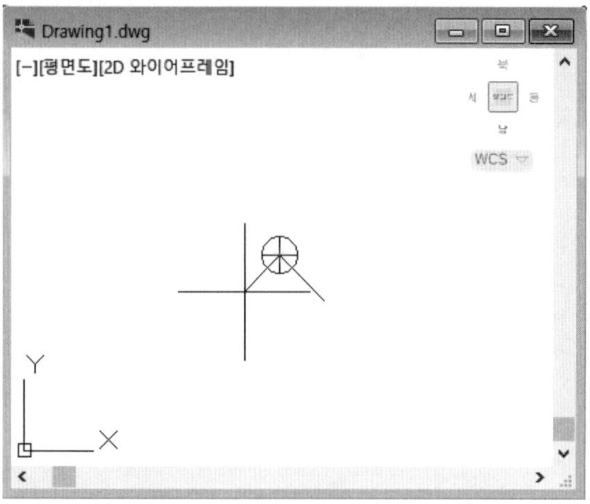

■ [자르기] 클릭 → 자를 객체 선택 클릭 → Space Bar

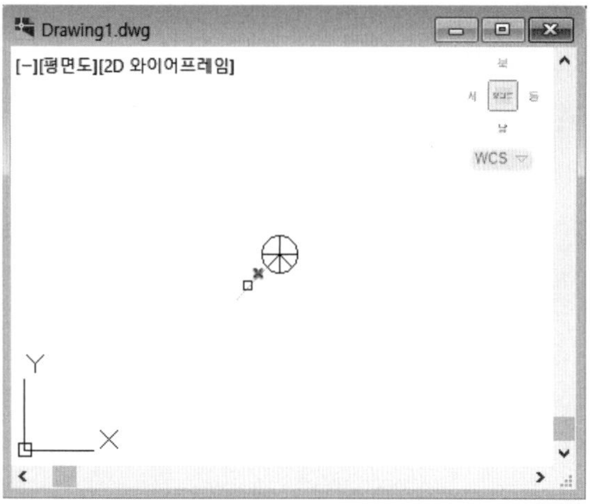

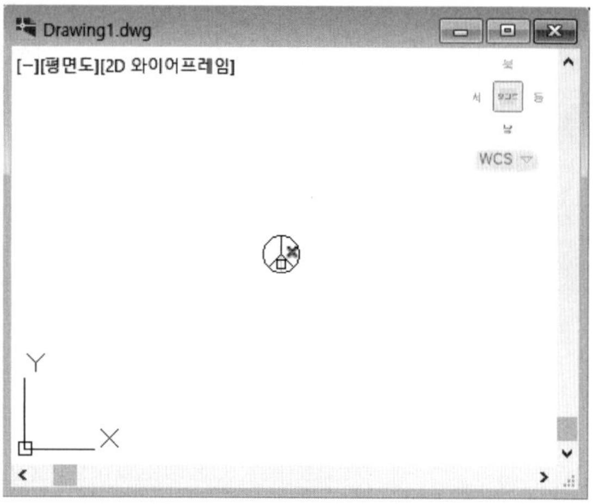

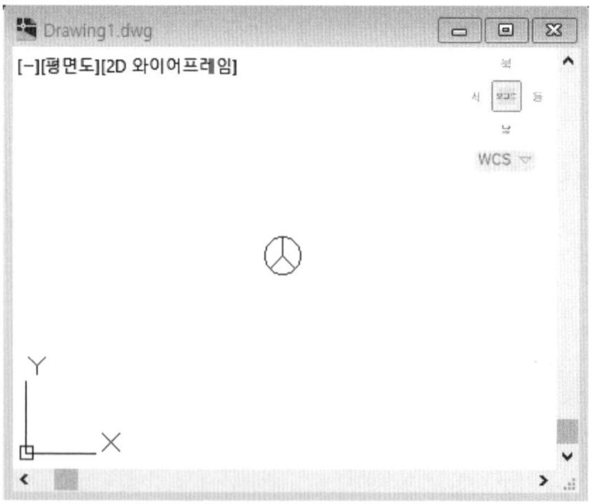

- [심벌 블록화 하기] 명령: wblock Space Bar → [블록 쓰기] 대화상자 → [파일 이름 및 경로(F)] 를 클릭하여 '전류계절환스위치(AS)' 로 지정 → [선택점(K)] 아이콘 클릭(P5) → 다시 [블록 쓰기] 대화상자 → [객체 선택(T)] 아이콘 클릭 → 객체 선택 클릭(커서 □ 모양) → 다시 [블록 쓰기] 대화상자 → [확인] 클릭

⑯ 접지(E) 심벌

- 선 그리기로 T 모양을 그린다.([OSNAP](중간점) 모드 켠다)

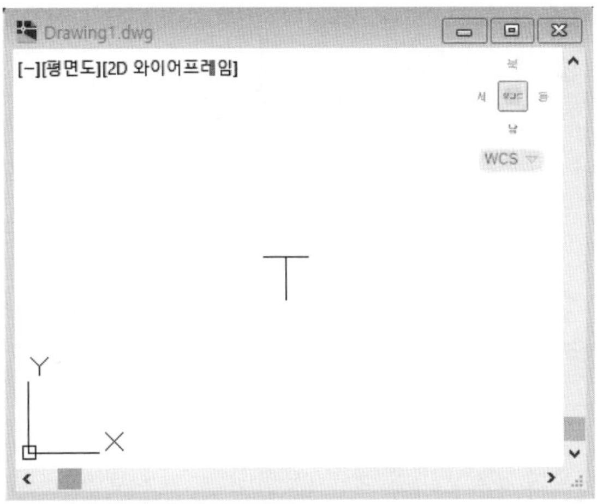

- 선 그리기로 역삼각형을 그린다.([OSNAP](끝점) 모드 켠다)

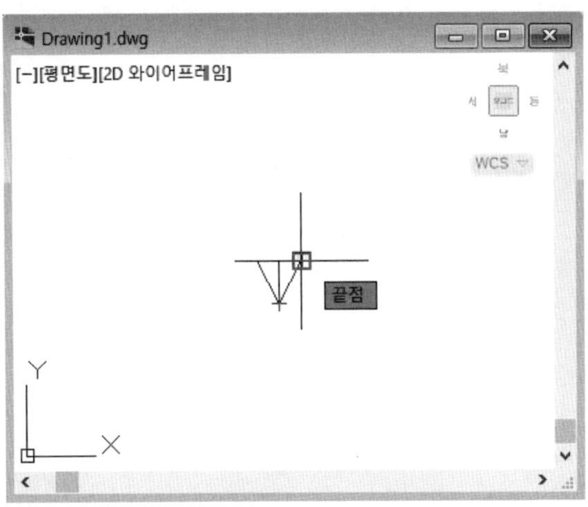

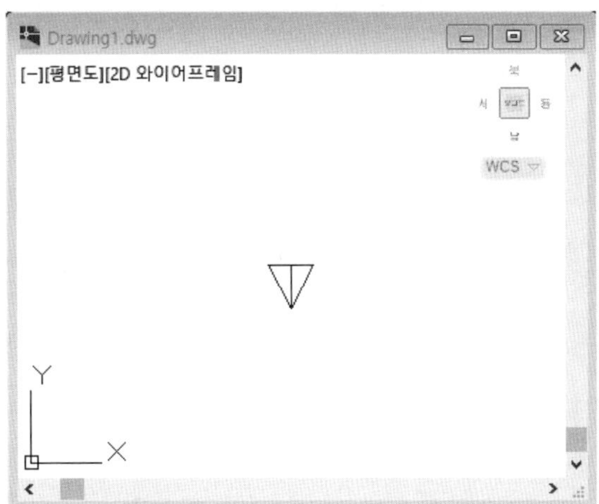

- 선 그리기로 역삼각형 내부에 선을 두 개 그린다.([직교] 모드 켠다) → 역삼각형 삭제 → 중심선을 그린다 → Space Bar

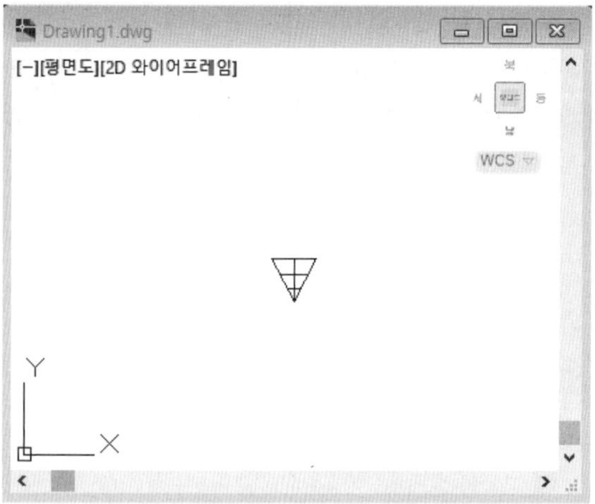

- [심벌 블록화 하기] 명령: wblock Space Bar → [블록 쓰기] 대화상자 → [파일 이름 및 경로(F)] 를 클릭하여 '접지(E)' 로 지정 → [선택점(K)] 아이콘 클릭(P5) → 다시 [블록 쓰기] 대화상자 → [객체 선택(T)] 아이콘 클릭 → 객체 선택 클릭(커서 □ 모양) → 다시 [블록 쓰기] 대화상자 → [확인] 클릭

⑰ 전력용 콘덴서(SC) - 단상 심벌

- 사각형을 그린다.([OSNAP](중간점) 모드 켠다) → 내부에 십자선 작도 → [간격 띄우기] → 3 Space Bar → 커서 □ 모양 → P1 클릭 → P2 클릭 → P3 클릭

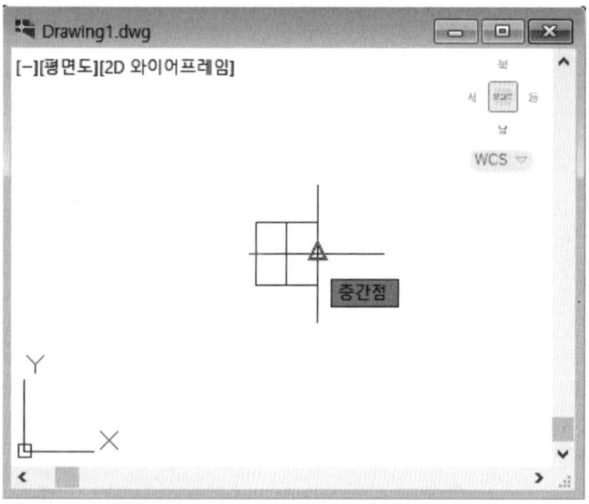

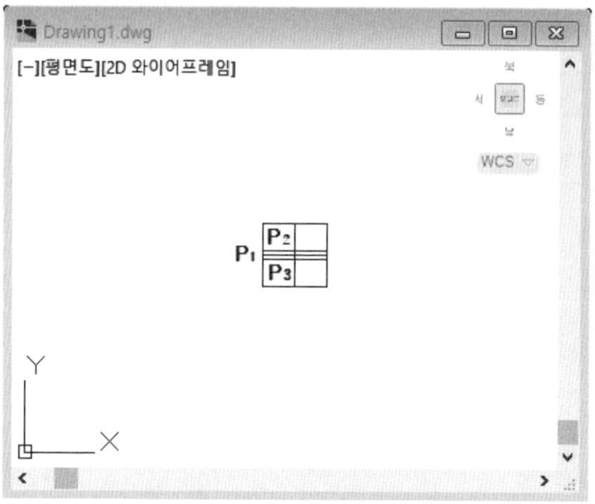

- [간격 띄우기] → 10 Space Bar → 커서 □ 모양(객체 선택) 클릭 → [줌 윈도우] 클릭 → 전체 확대

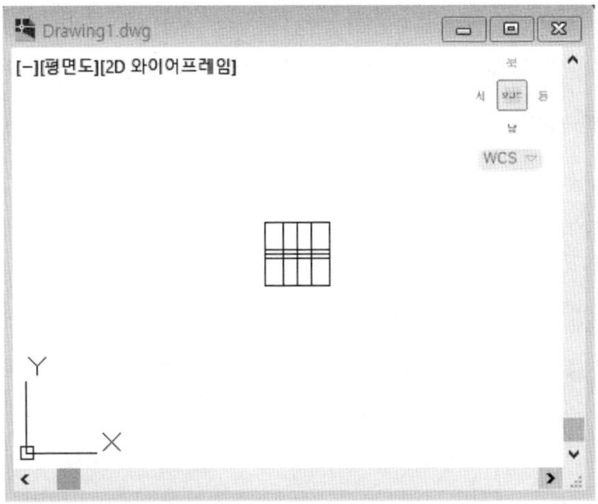

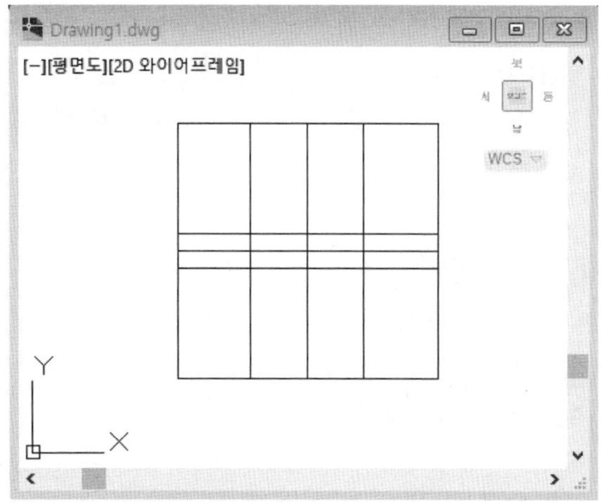

■ [자르기] 클릭 → 커서 □ 모양(객체 선택) 클릭

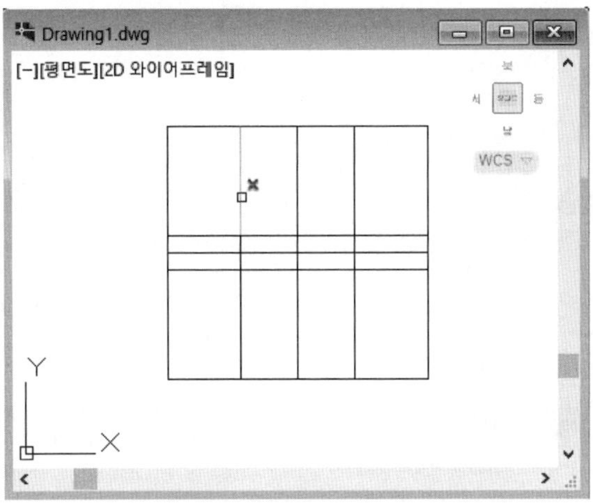

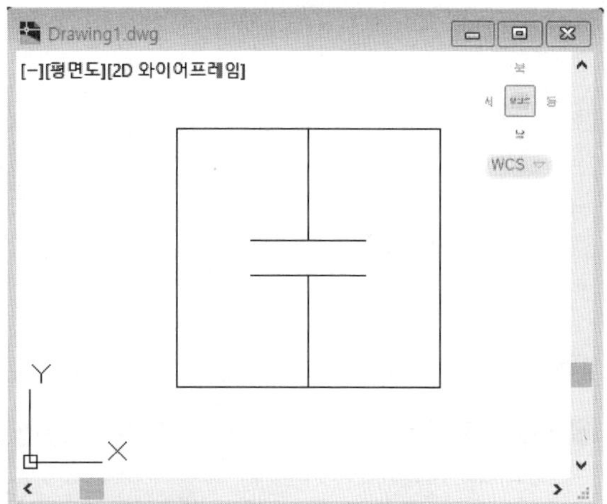

■ [줌 이전] 클릭 → 선 클릭 → 사각형 밖으로 연장 → Esc → Esc

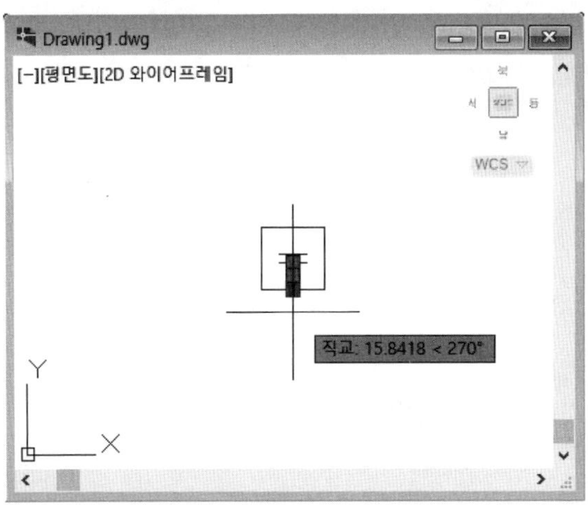

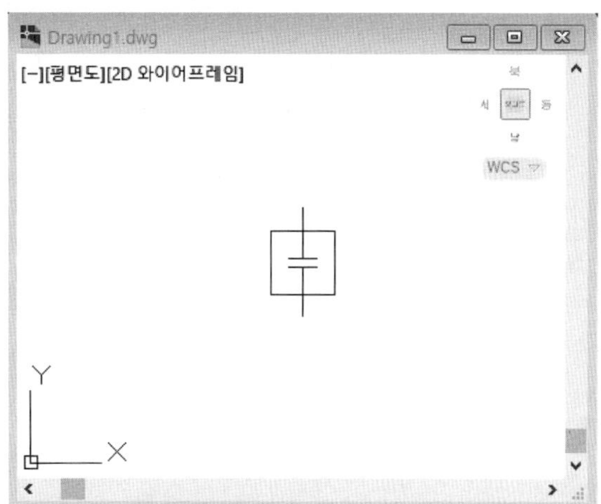

■ [심벌 블록화 하기] 명령: wblock [Space Bar] → [블록 쓰기] 대화상자 → [파일 이름 및 경로(F)] 를 클릭하여 '전력용콘덴서(SC)-단상' 으로 지정 → [선택점(K)] 아이콘 클릭(P5) → 다시 [블록 쓰기] 대화상자 → [객체 선택(T)] 아이콘 클릭 → 객체 선택 클릭(커서 □ 모양) → 다시 [블록 쓰기] 대화상자 → [확인] 클릭

⑱ 전력용 콘덴서(SC)-3상 심벌

■ '전력용콘덴서(SC)-단상' 심벌에서 → 사각형 삭제 → 전체를 복사한다.([직교] 모드 켠다)

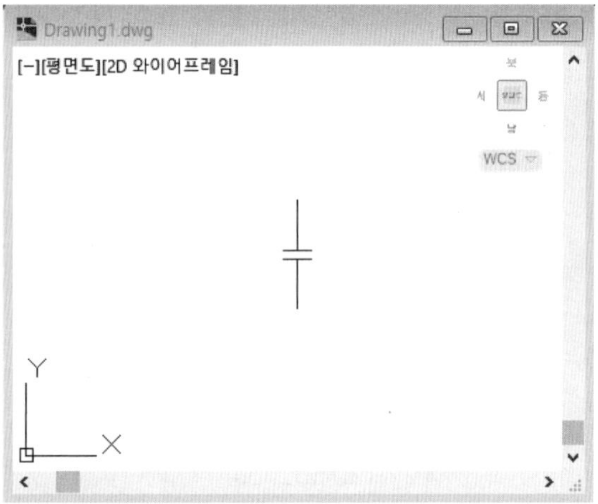

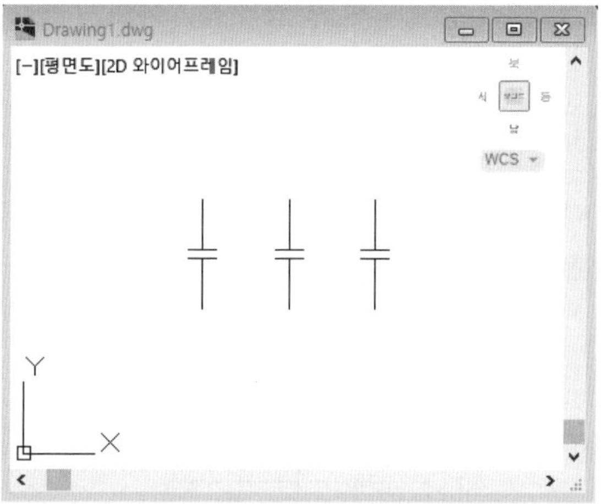

■ 중간 객체를 90도 회전([OSNAP](끝점) 모드 켠다) → 끝점에 맞춰 이동

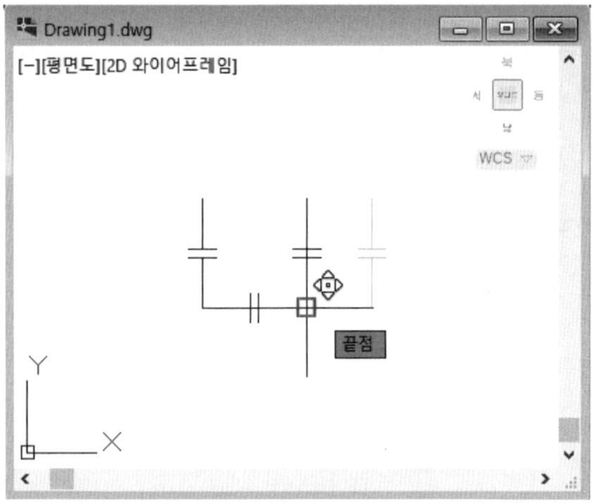

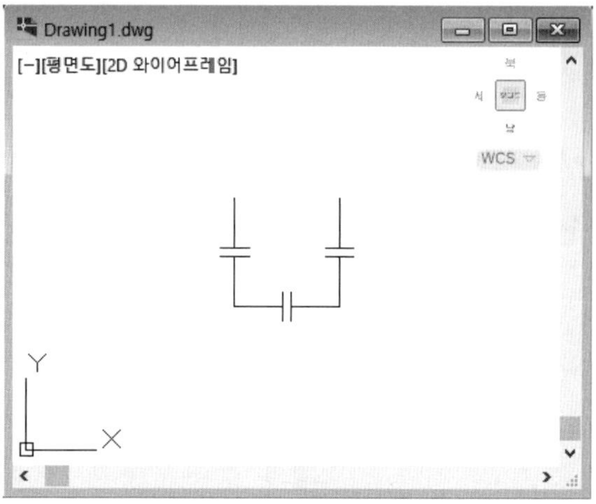

■ [줌 윈도우] 로 아래 객체 확대 → 중간선을 그린다.([OSNAP](중간점) 모드 켠다)

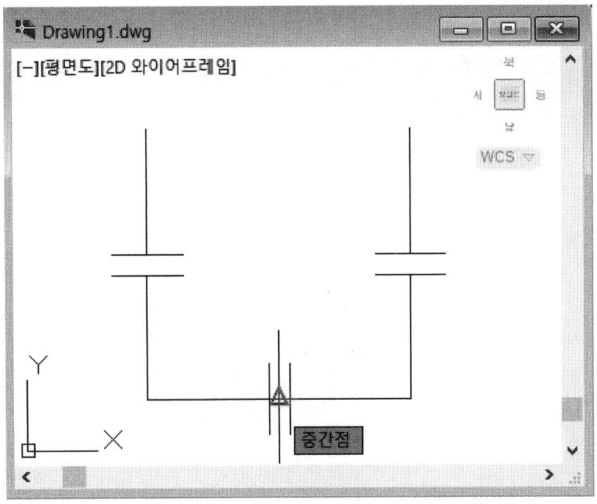

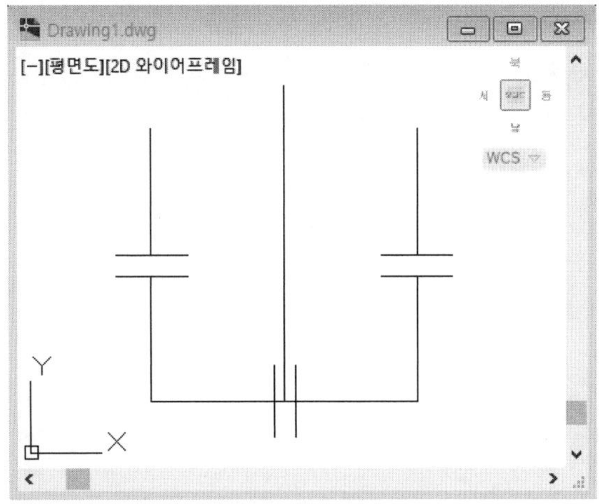

■ 수직 객체들을 [회전] 명령으로 회전시켜 중간선에 일치시킨다.([OSNAP](끝점) 모드 켠다)

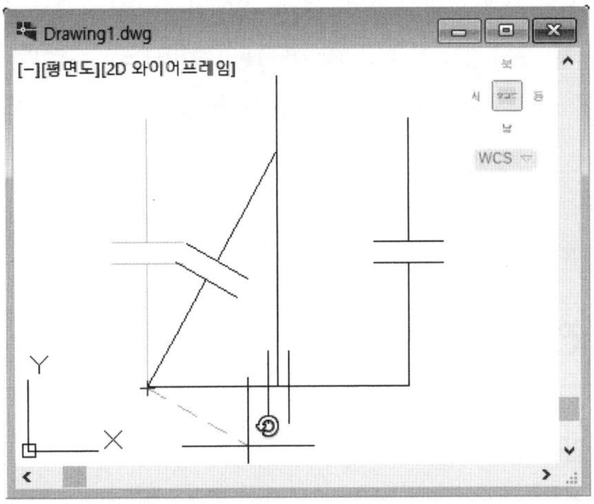

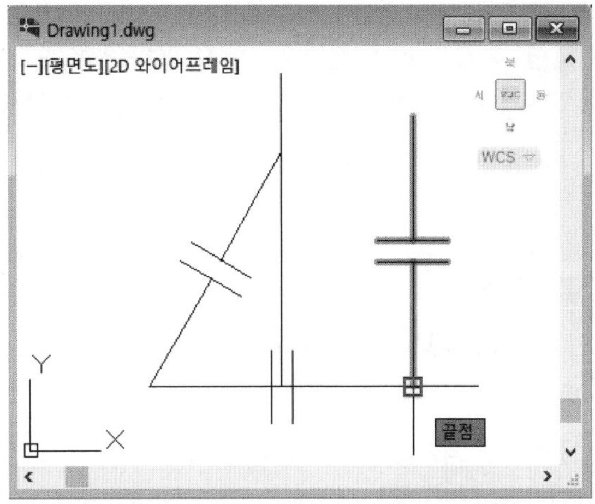

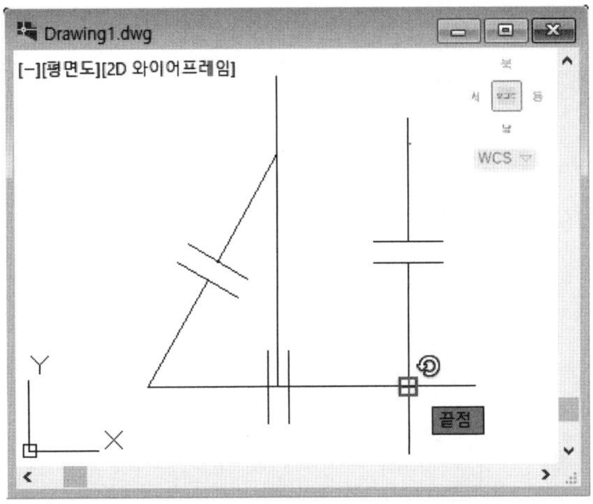

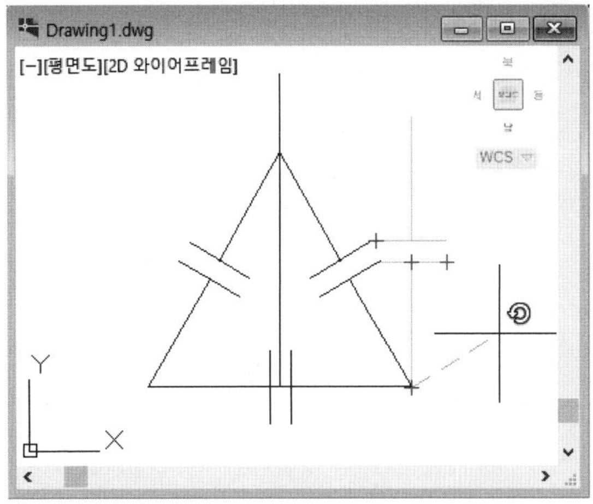

■ 중간선을 삭제 → [줌 이전] 으로 돌아간다.

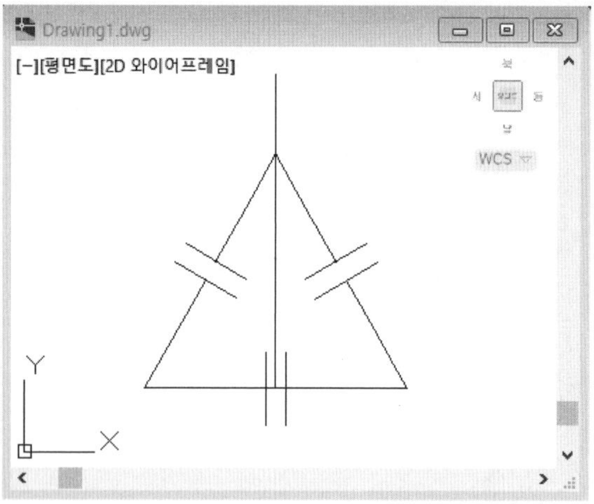

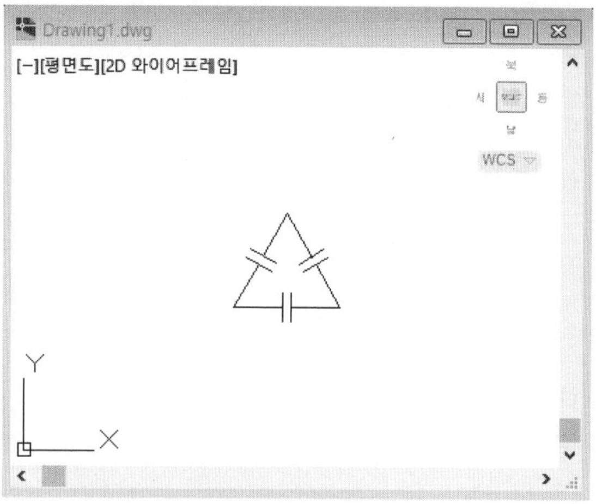

■ [심벌 블록화 하기] 명령: wblock Space Bar → [블록 쓰기] 대화상자 → [파일 이름 및 경로(F)] 를 클릭하여 '전력용콘덴서(SC)–3상' 으로 지정 → [선택점(K)] 아이콘 클릭(P5) → 다시 [블록 쓰기] 대화상자 → [객체 선택(T)] 아이콘 클릭 → 객체 선택 클릭(커서 □ 모양) → 다시 [블록 쓰기] 대화상자 → [확인] 클릭

02 [22.9kV–Y] 특고압 수전설비 그리기

(1) 작성한 심벌을 [블록 삽입] 을 이용하여 도면 작업을 한다.

① [블록 삽입] 아이콘 클릭 → [블록] 대화상자 → [라이브러리] 클릭 → [삽입 폴더] 아이콘 클릭 → [블록 라이브러리의 폴더 또는 파일 선택] 대화상자 → '수변전설비 전기심벌' 영역 → 기존 전기심벌 중 '단로기(DS)' 선택

※ 블록 삽입한 심벌은 블록으로 되어 있기 때문에 크기 조절은 가능하나 수정은 불가능하므로, 부분 수정을 하려면 [분해] 아이콘 클릭 → 객체 클릭(블록 해제) 후 수정가능하다.

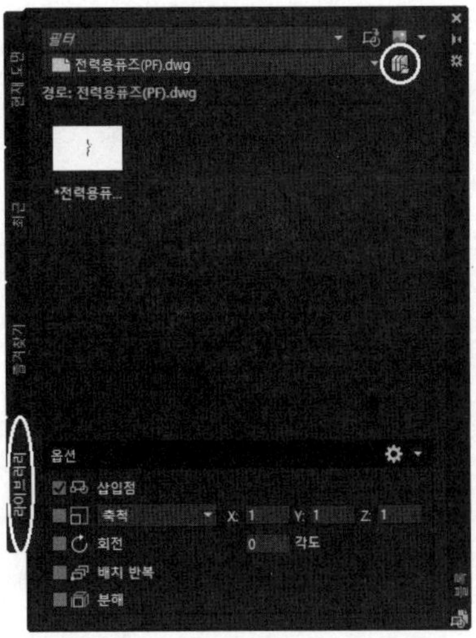

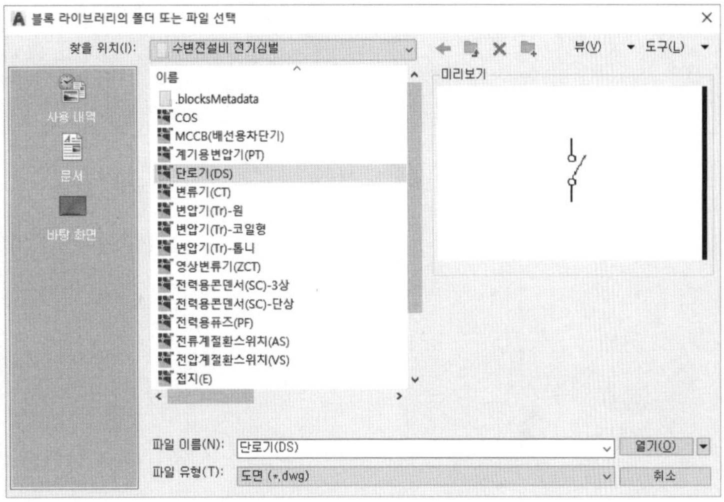

② [열기] → [블록] 대화상자에 '단로기(DS)' 등록된다.

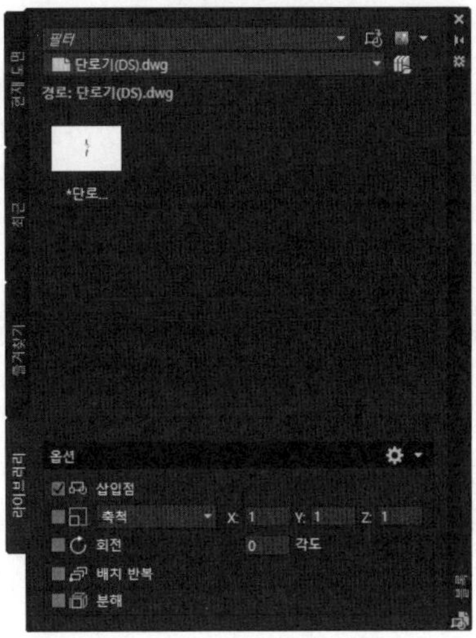

③ '단로기(DS)' 클릭 → 도면에 '단로기(DS)' 나타남 → 위치 지정 후 클릭(이 과정을 반복하여 수전 설비 도면 작업을 한다)

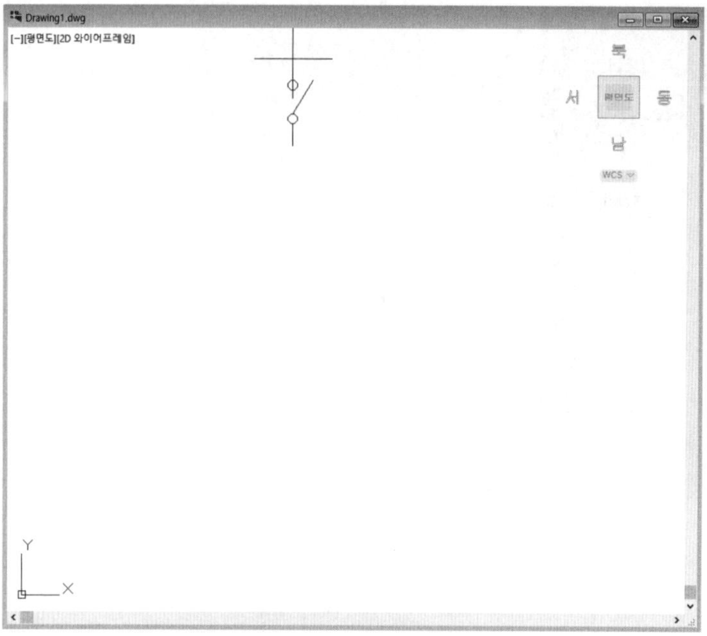

④ [블록 삽입] 명령을 이용하여 차단기(CB) 심벌을 지정하고, MOF 사각박스, 피뢰기 연결선 및 중앙 기준선을 직접 작도한다. [상태] 도구막대에서 [직교]와 [OSNAP] 모드를 적절히 사용하면 매우 유용하게 도면 작업을 할 수 있다.

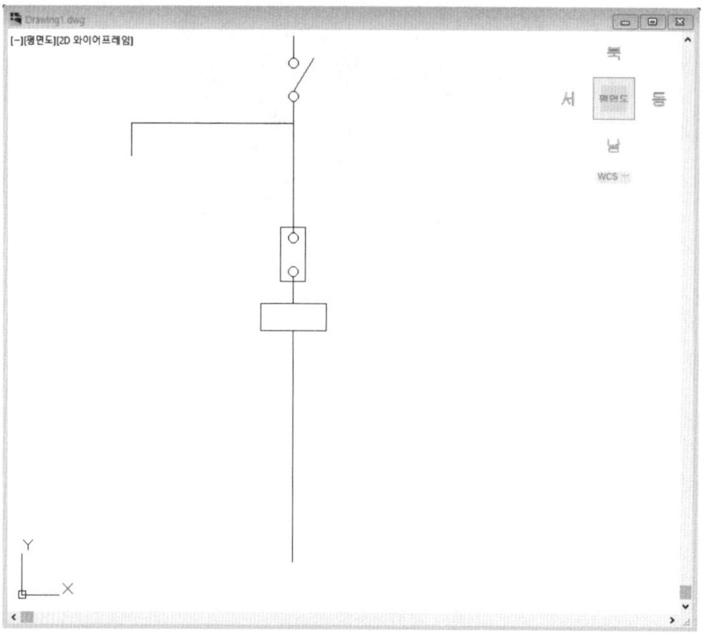

⑤ 전력용퓨즈(PF), 피뢰기(LA), 변류기(CT), 트립 코일(TC), OCR(과전류계전기) 원, 전류계 절환 스위치(AS), 지락계전기(GR) 을 직접 작도 및 [블록 삽입] 명령을 이용하여 그린다.

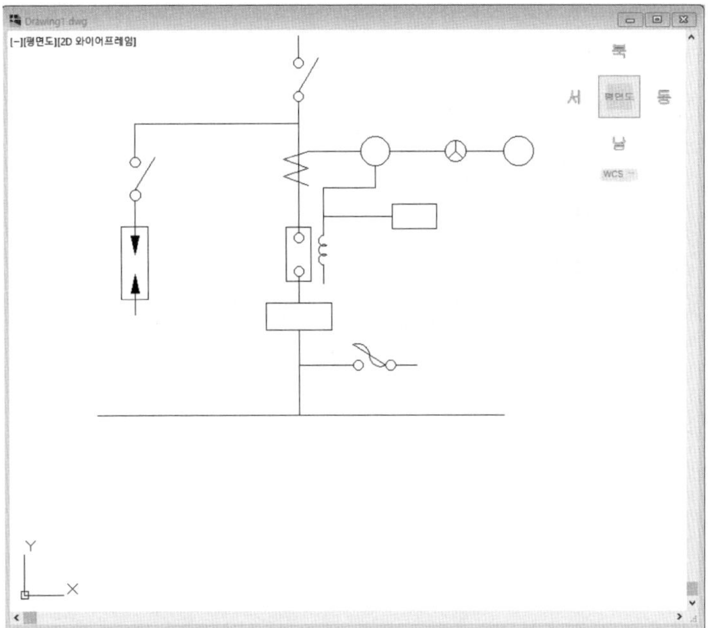

⑥ 계기용변압기()PT), 전압계 절환스위치(VS), 전압계(V)용 원, 변압기(TR)-톱니, COS, 전력용콘덴서(SC), 접지(E) 표시를 [블록 삽입] 및 직접 작도하여 그린다.

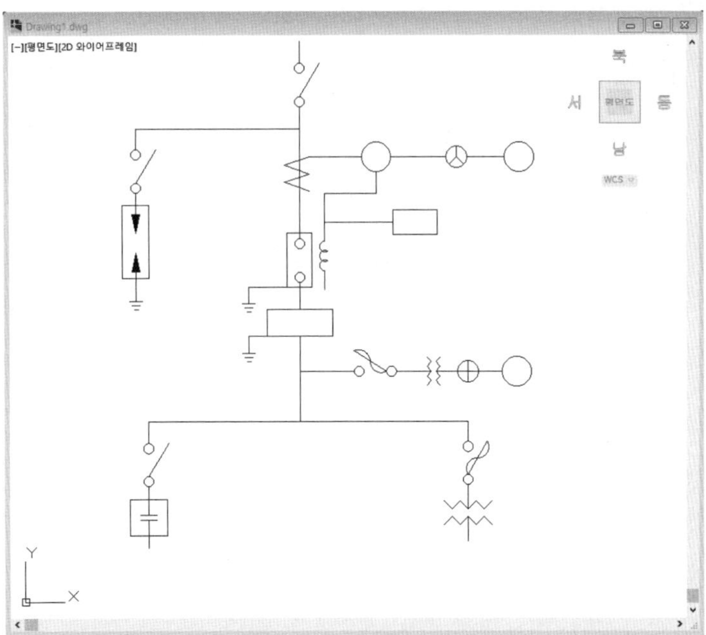

⑦ 심벌 명칭을 기입한다.

■ [단일 행 문자] A 아이콘 클릭 → P1 클릭 → 높이 지정(도면 상황에 맞게 설정) Space Bar → 0(각도) Space Bar

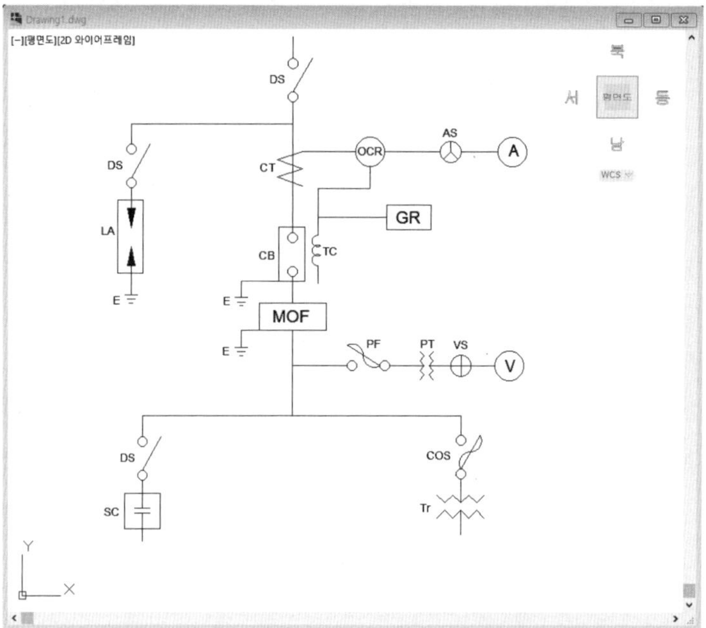

⑧ 접속점을 만들고 표시한다.

■ 명령: donut (단축: do) Space Bar → 0(내부 지름) Space Bar → 4(외부 지름) Space Bar → 커서 + 모양으로 접속점에 맞춰 클릭

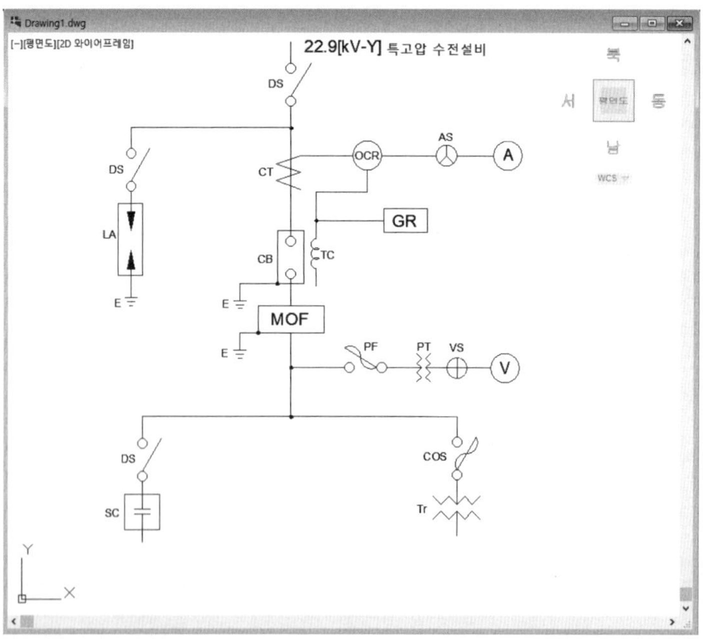

03 수전설비 도면 그리기

(1) 고압진상콘덴서(SC)+직렬리액터(SR)+방전코일(DC)의 복선도 그려보자.

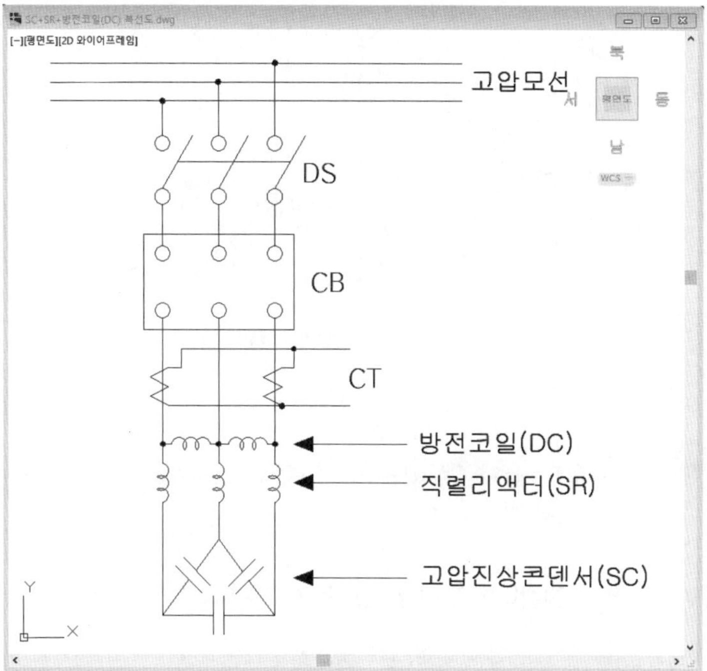

(2) 고압 수전설비의 단선 결선도와 복선 결선도를 그려보자.

[단선 결선도]

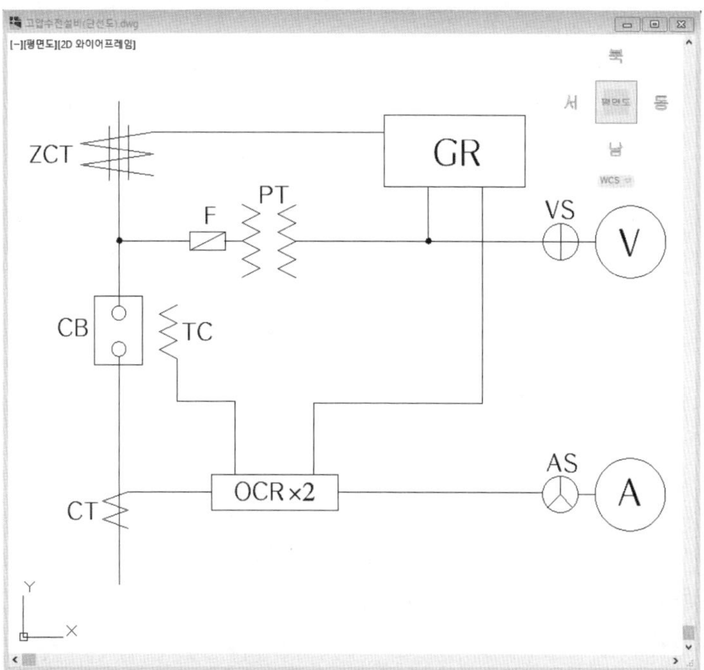

[복선 결선도]

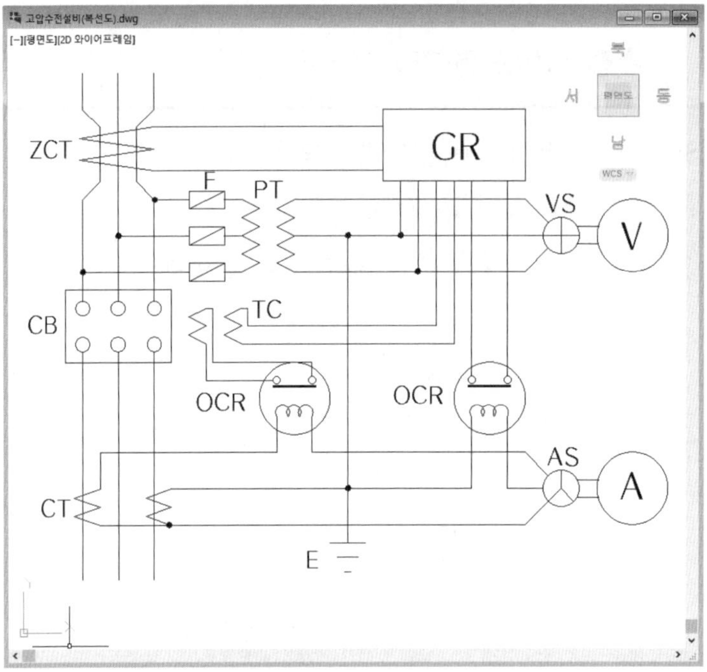

(3) 3Φ3W 22,000[V] 특고압 수전설비의 단선 결선도를 작도한다.

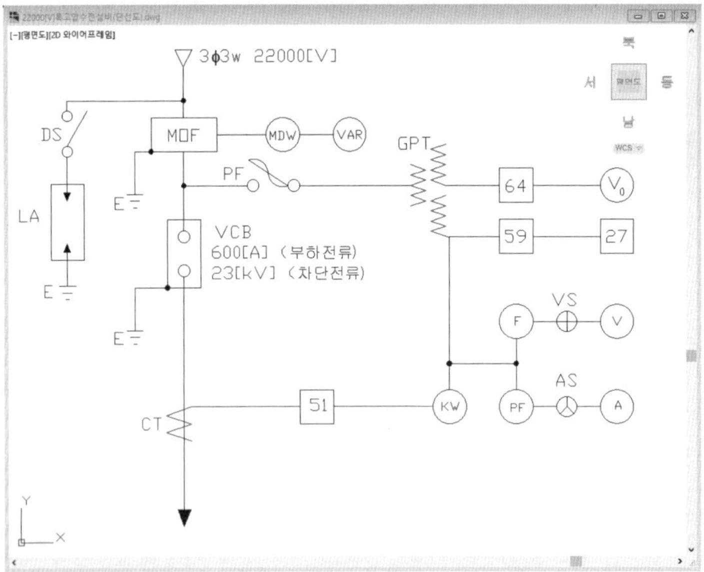

[각 기기별 설명]

① 27 : 교류 부족전압 계전기(UVR : Under Voltage Relay)

② 51 : 과전류 계전기(OCR : Over Current Relay)

③ 59 : 교류 과전압 계전기(OVR : Over Voltage Relay)
④ 64 : 지락과전압 계전기(OVGR : Over Voltage Ground Relay)
⑤ MDW : 최대 수용 전력량계
⑥ VAR : 무효 전력량계
⑦ MOF : 계기용변성기(Metering Out Fit)
⑧ V_0 : 영상 전압계

(4) OCR×3, OCGR 단선 결선도를 복선 결선도로 그려보자.

[단선 결선도]

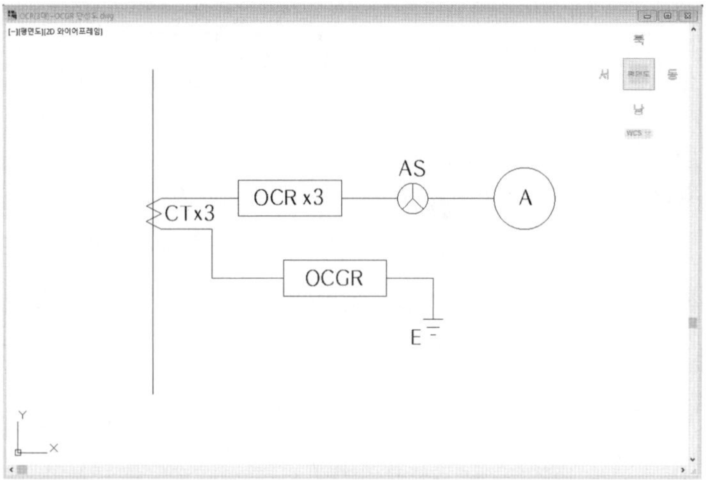

[복선 결선도]

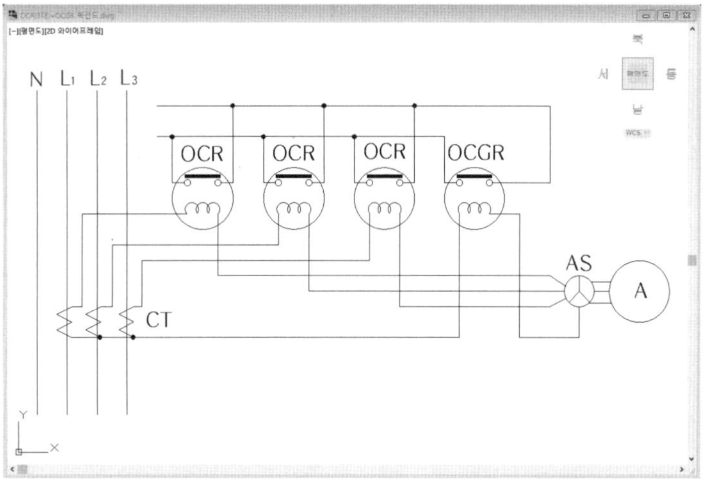

(5) 고압 3상 유도전동기 2대의 기동제어회로 단선 결선도와 복선 결선도를 그려보자.

[단선 결선도]

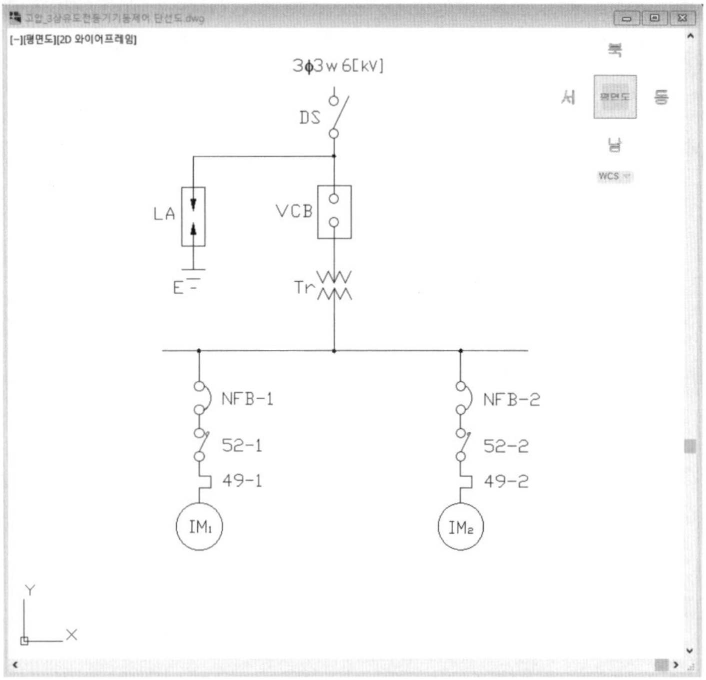

[복선 결선도]

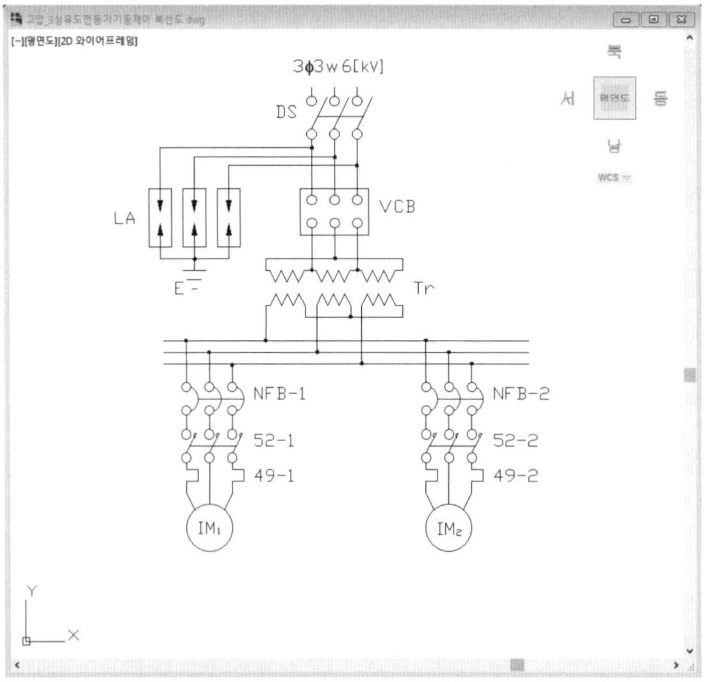

(6) 고압 수전설비 도면을 보고 수전설비를 작도하여 보자.

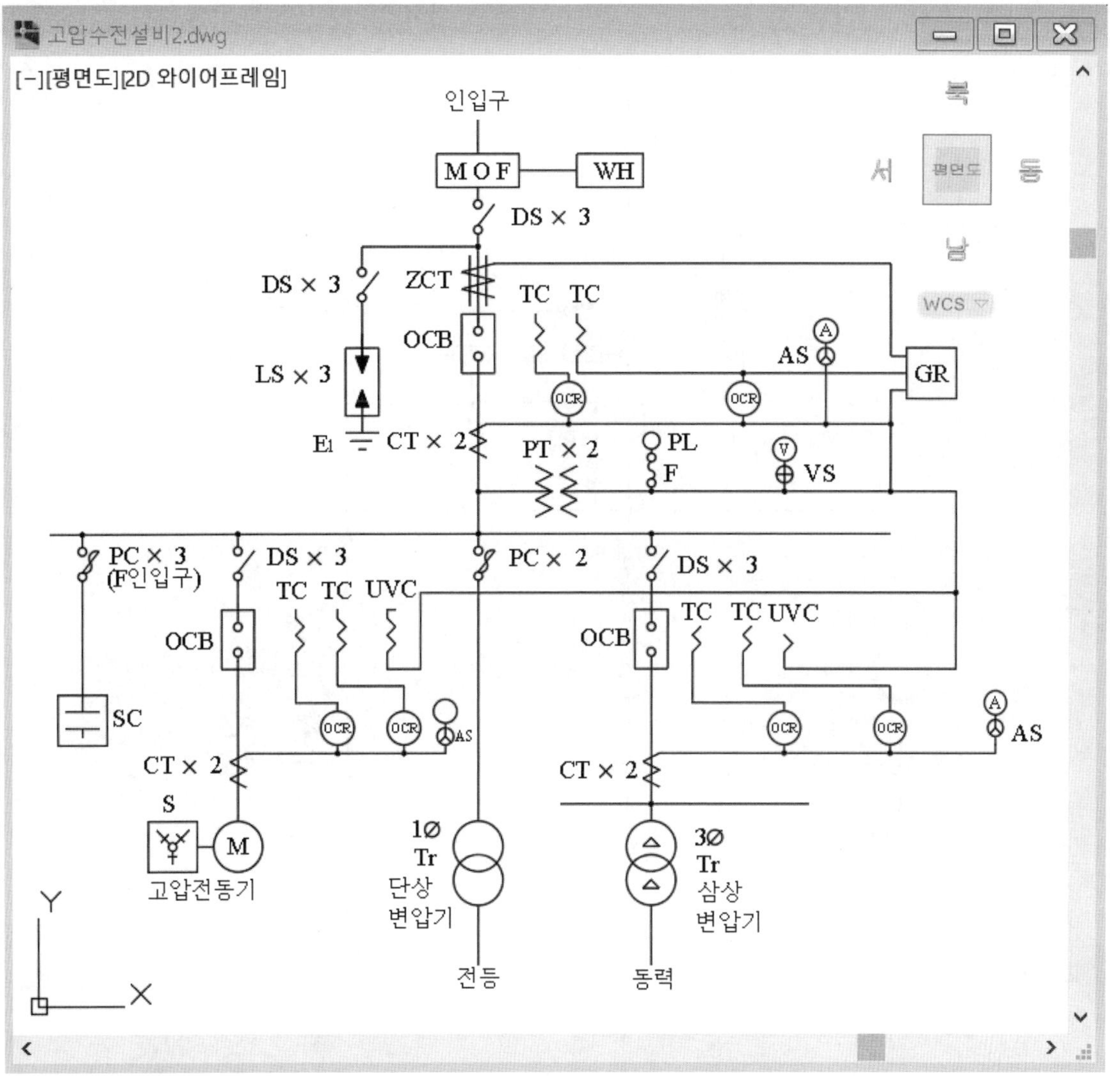

(7) 3φ4w 22.9[kV–Y] 특고압 수전설비 단선 결선도를 그려보자.

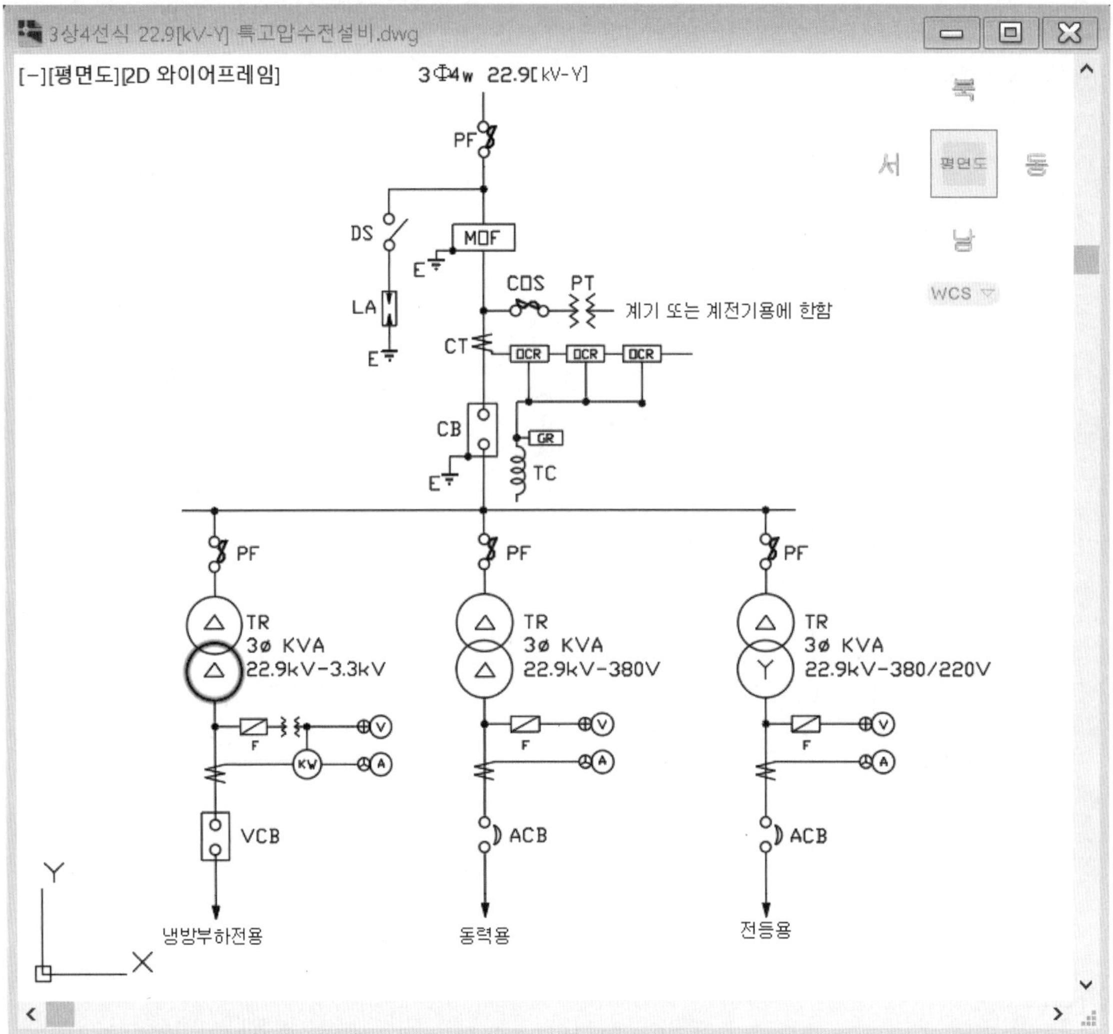

(8) 300[kVA] CB형 큐비클의 주결선도를 작도하여 보자.

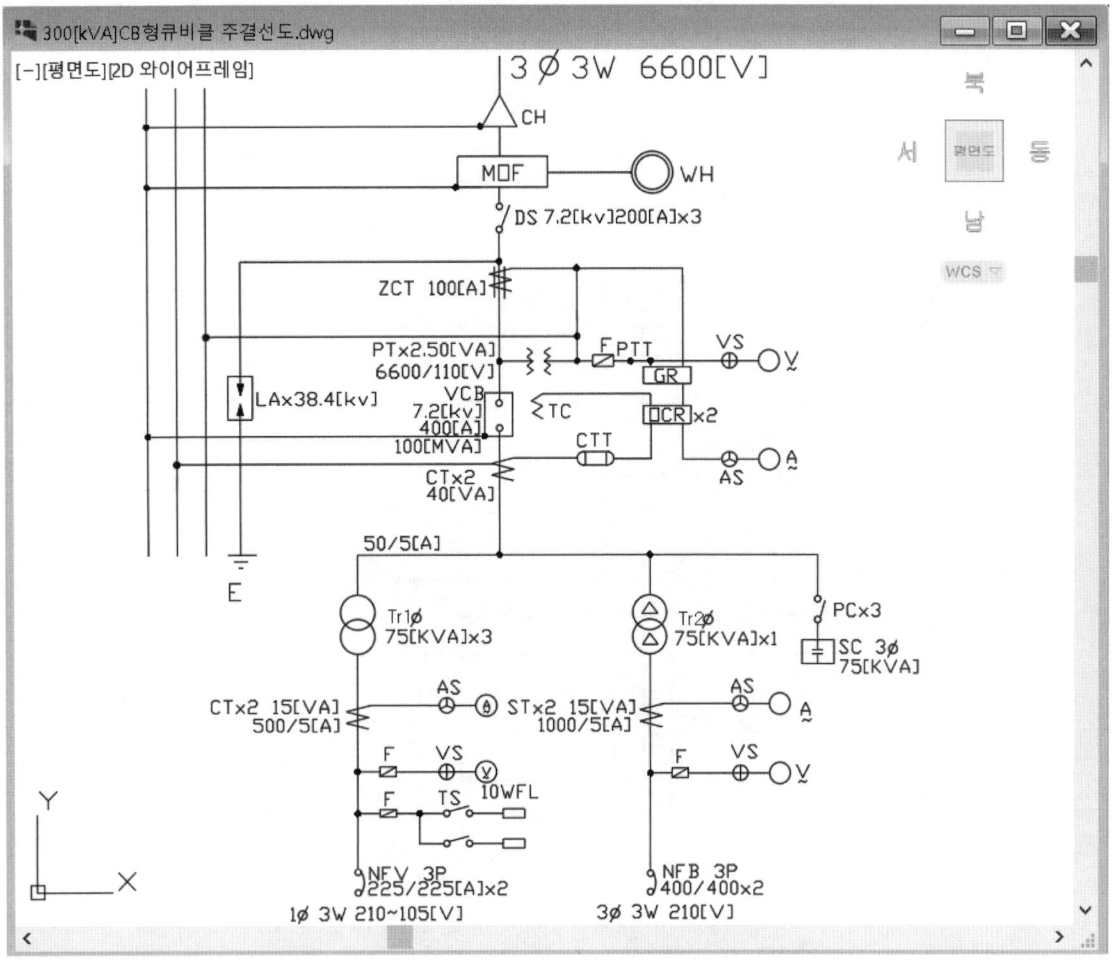

(9) 3φ3w 6000[V] 수전설비의 복선 결선도를 작도하여 보자.

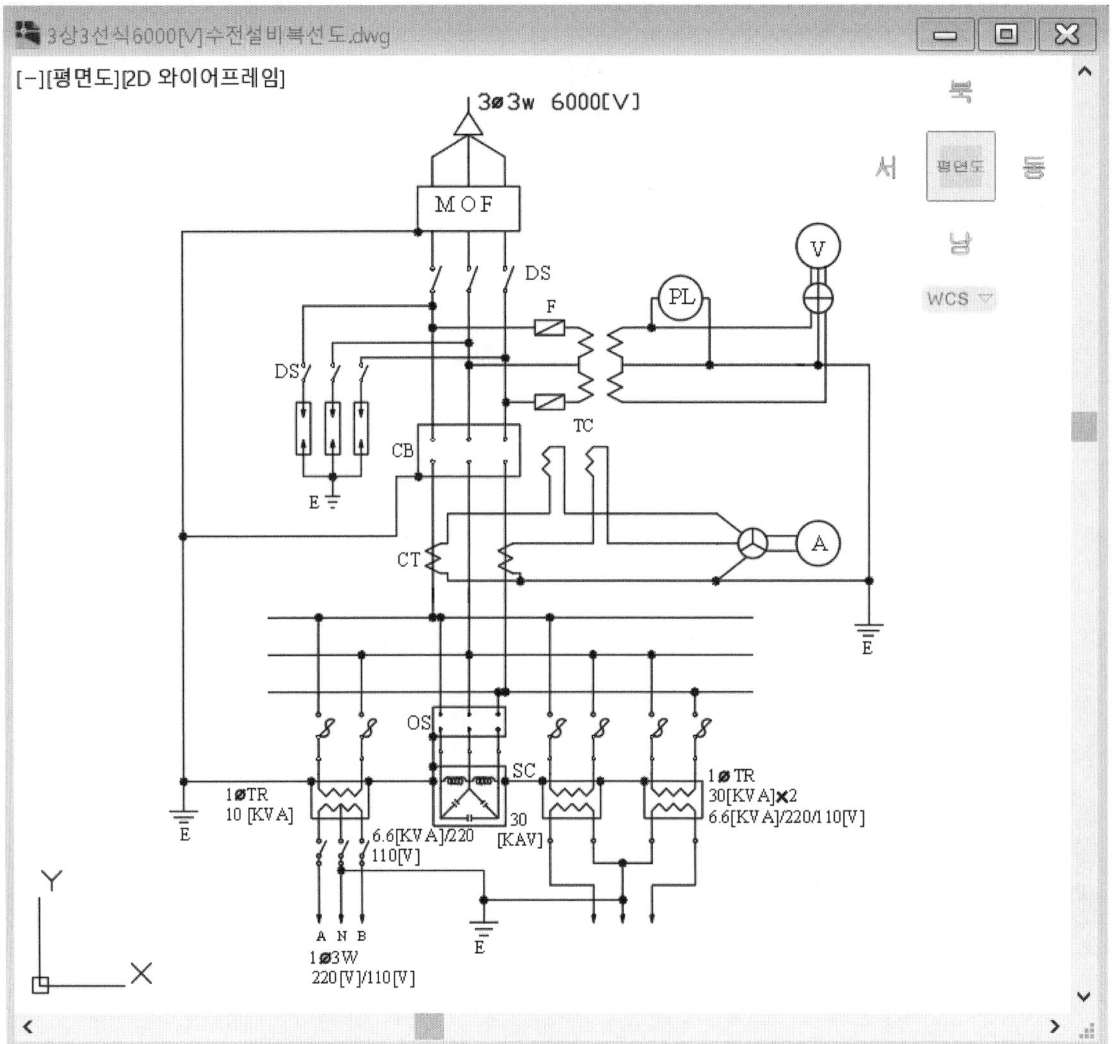

(10) 3φ3w 6600[V] 수전설비 단선 결선도 I 를 작도하여 보자.

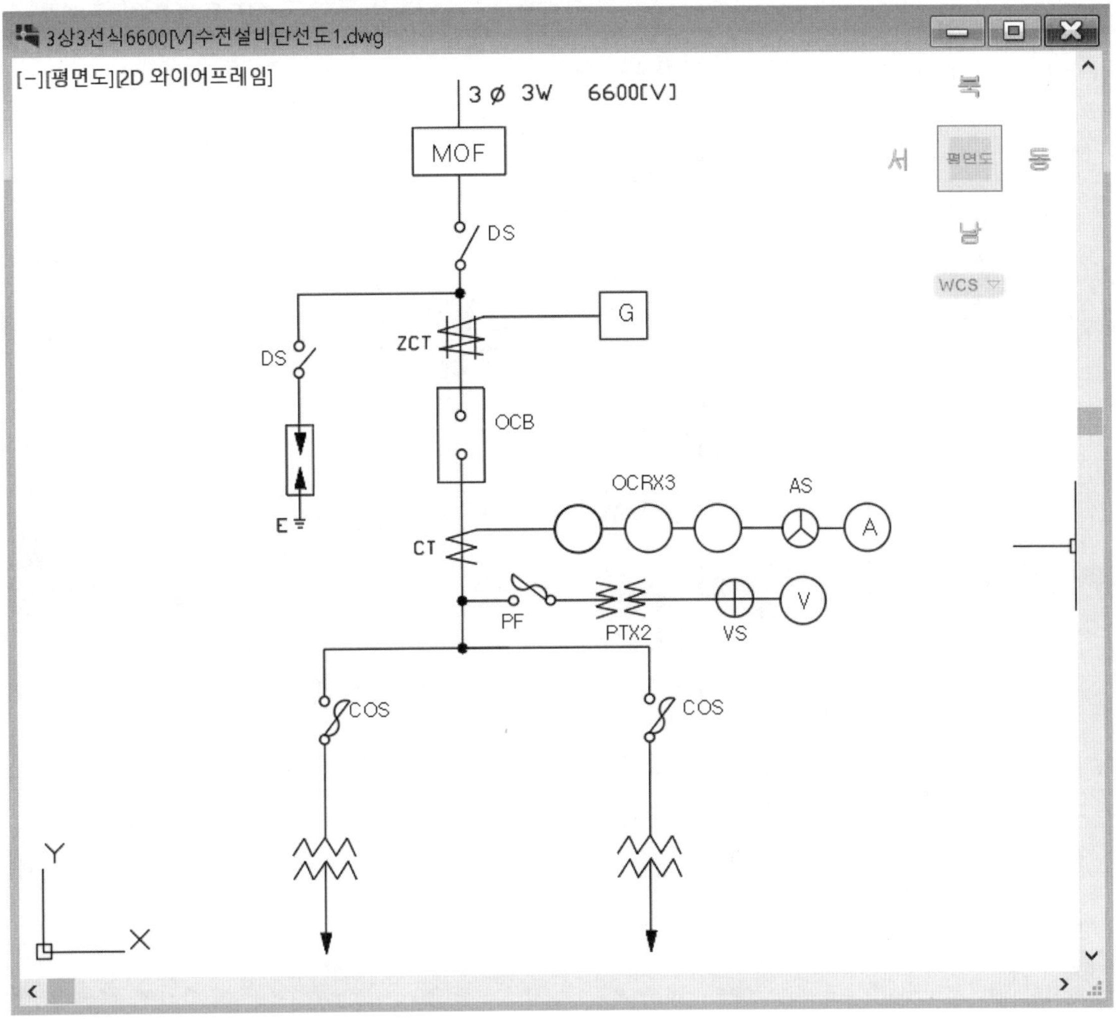

(11) 3φ3w 6600[V] 수전설비 단선 결선도 II를 작도하여 보자.

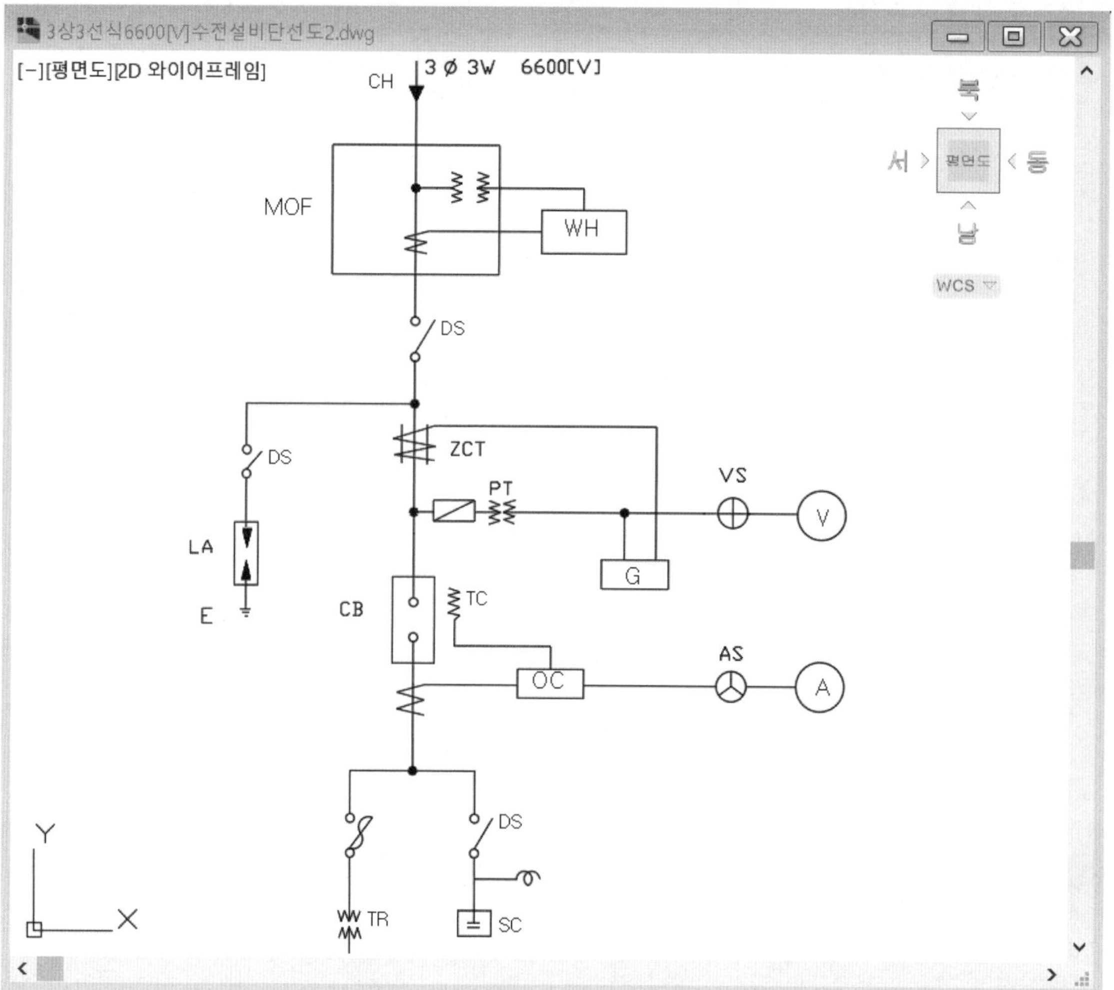

(12) 고압 수전설비 기본 단선 결선도를 작도하여 보자.

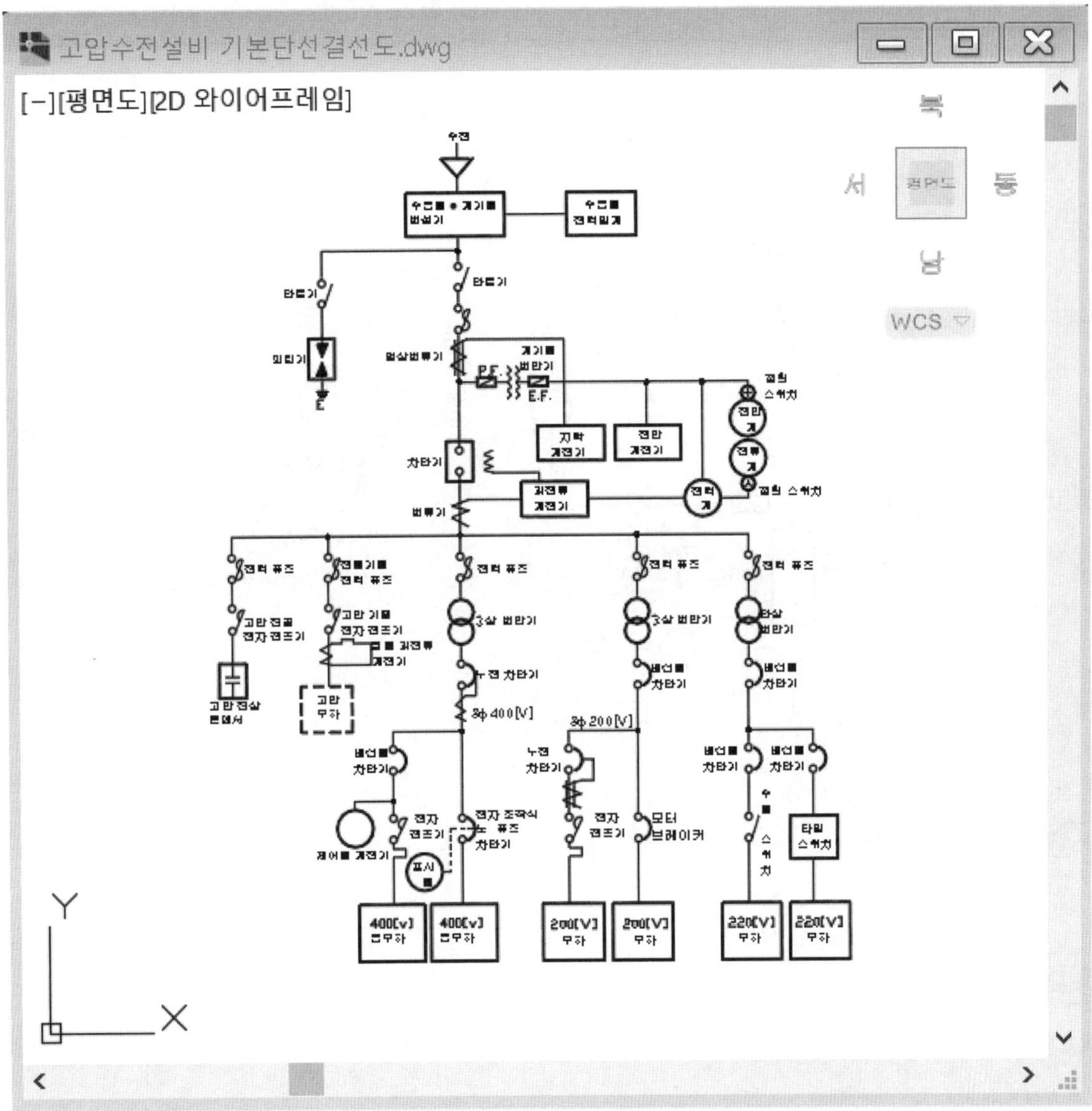

(13) 보호 시스템 단선 결선도를 작도하여 보자.

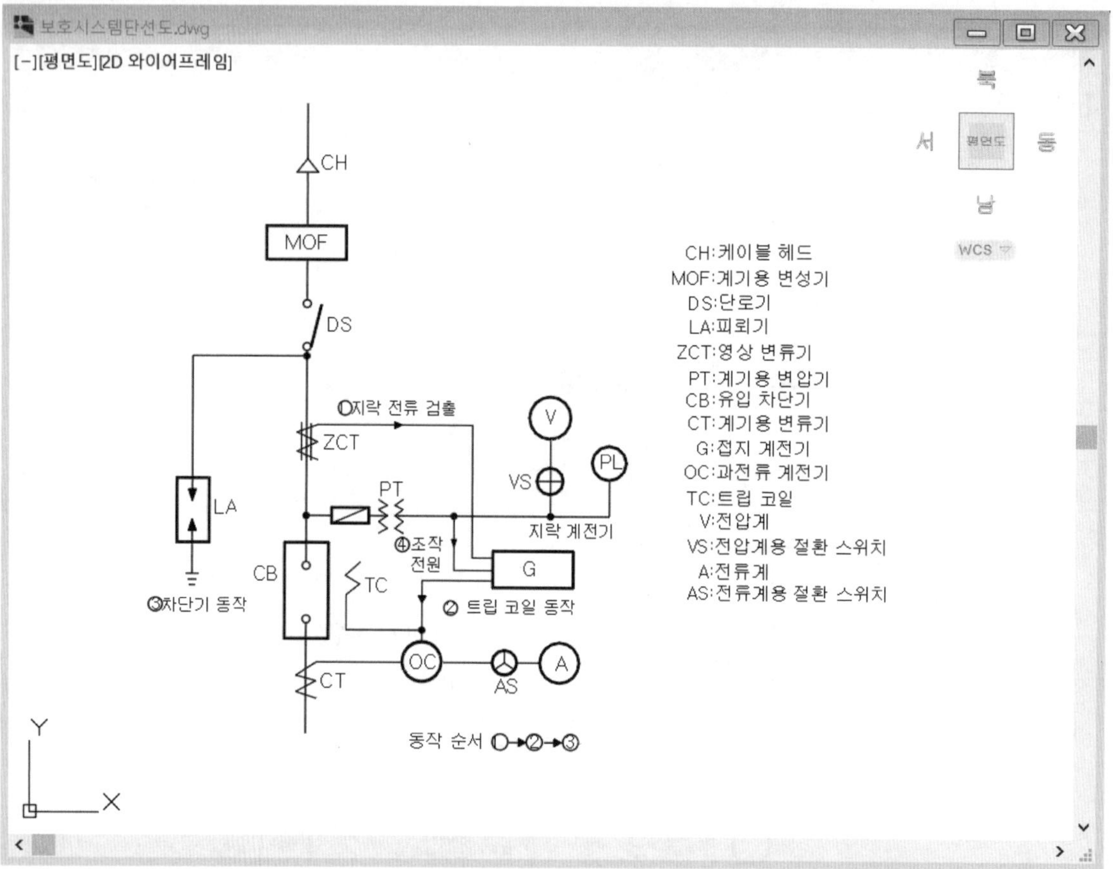

(14) 고압모터, 동력 및 전등용 전력을 공급하는 고압 수전설비의 단선 결선도를 작도하여 보자.

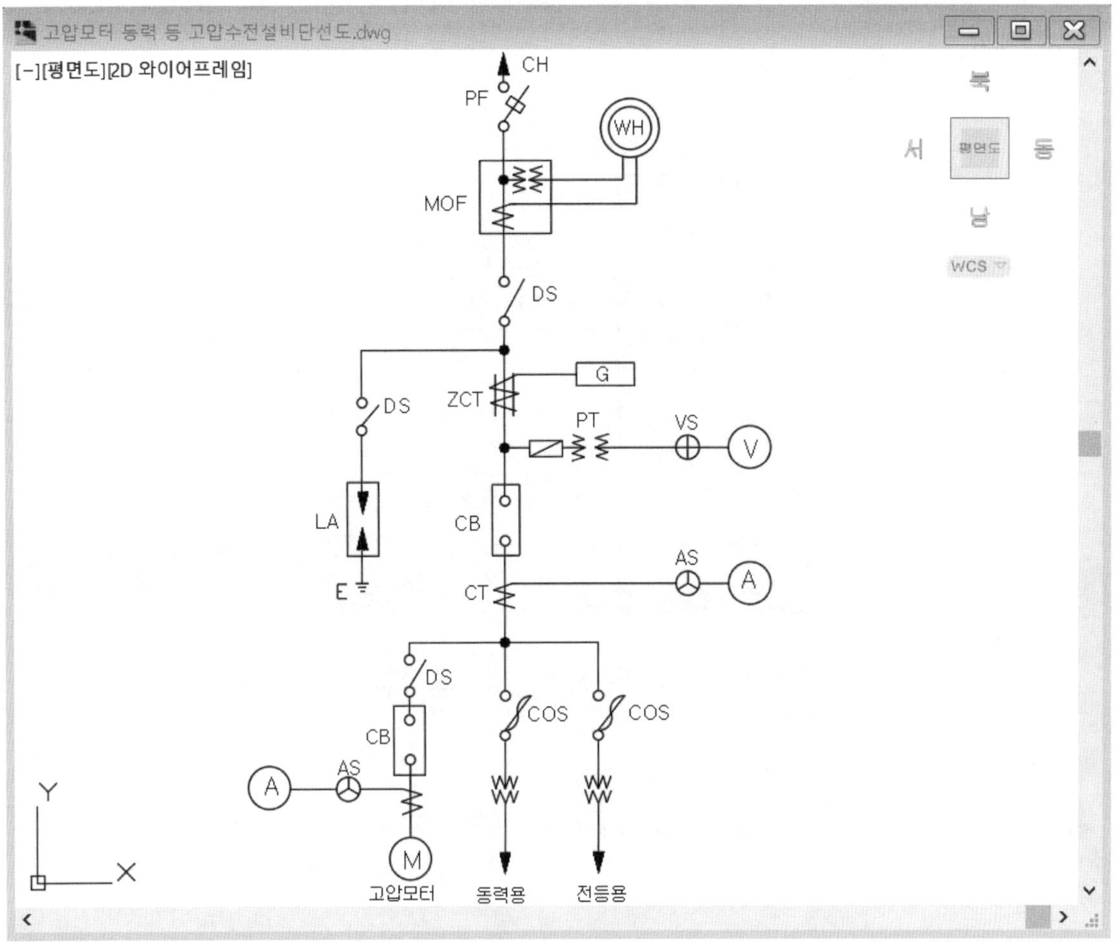

(15) 154[kV] 2회선 수전설비의 단선 결선도를 작도하여 보자.

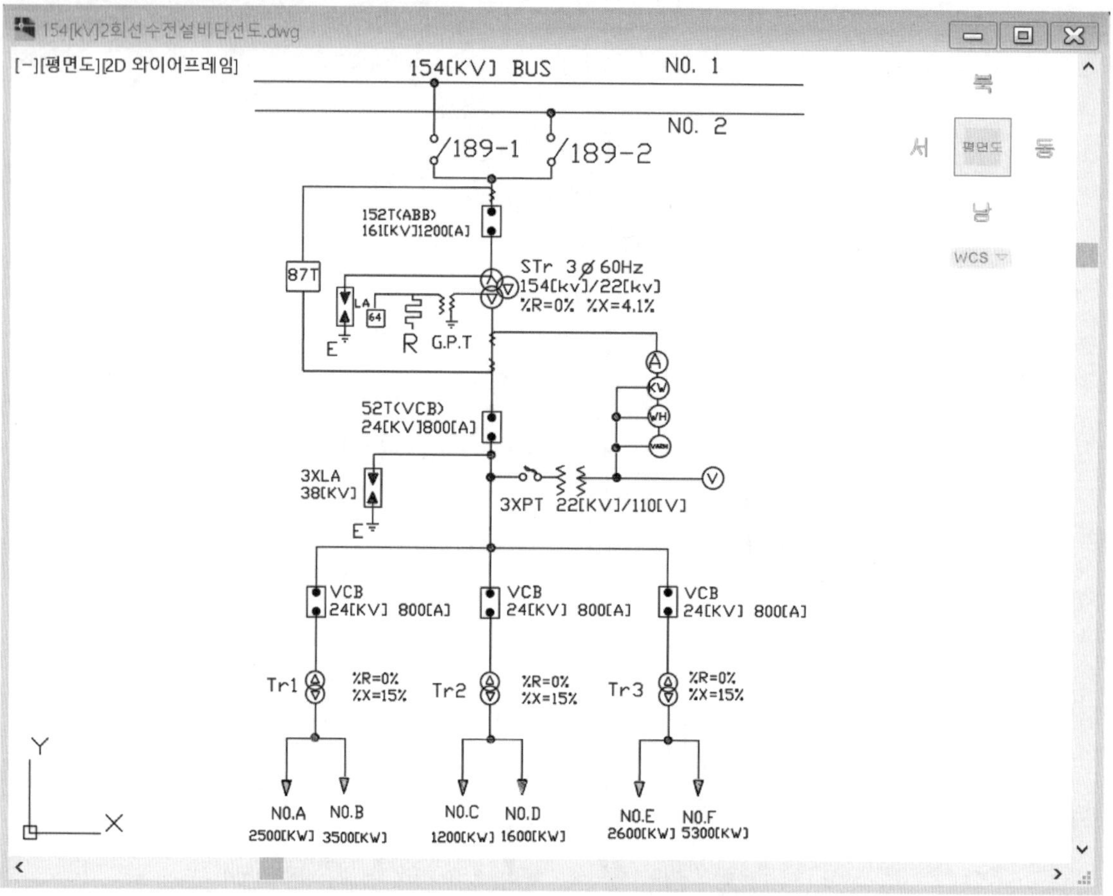

(16) 옥외 간이 수전설비 '사용 예 1'

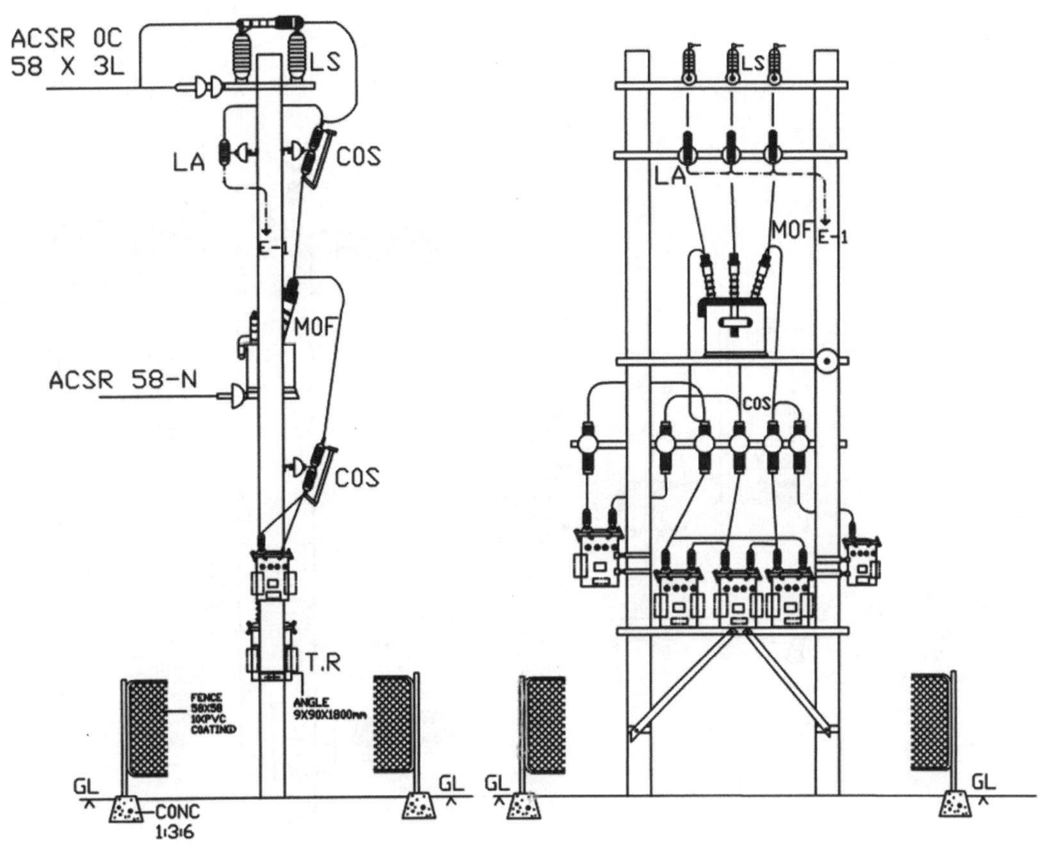

도명	옥외 간이수전설비 '예1'		
도번		척도	
성명			

(17) 옥외 간이 수전설비 '사용 예 2'

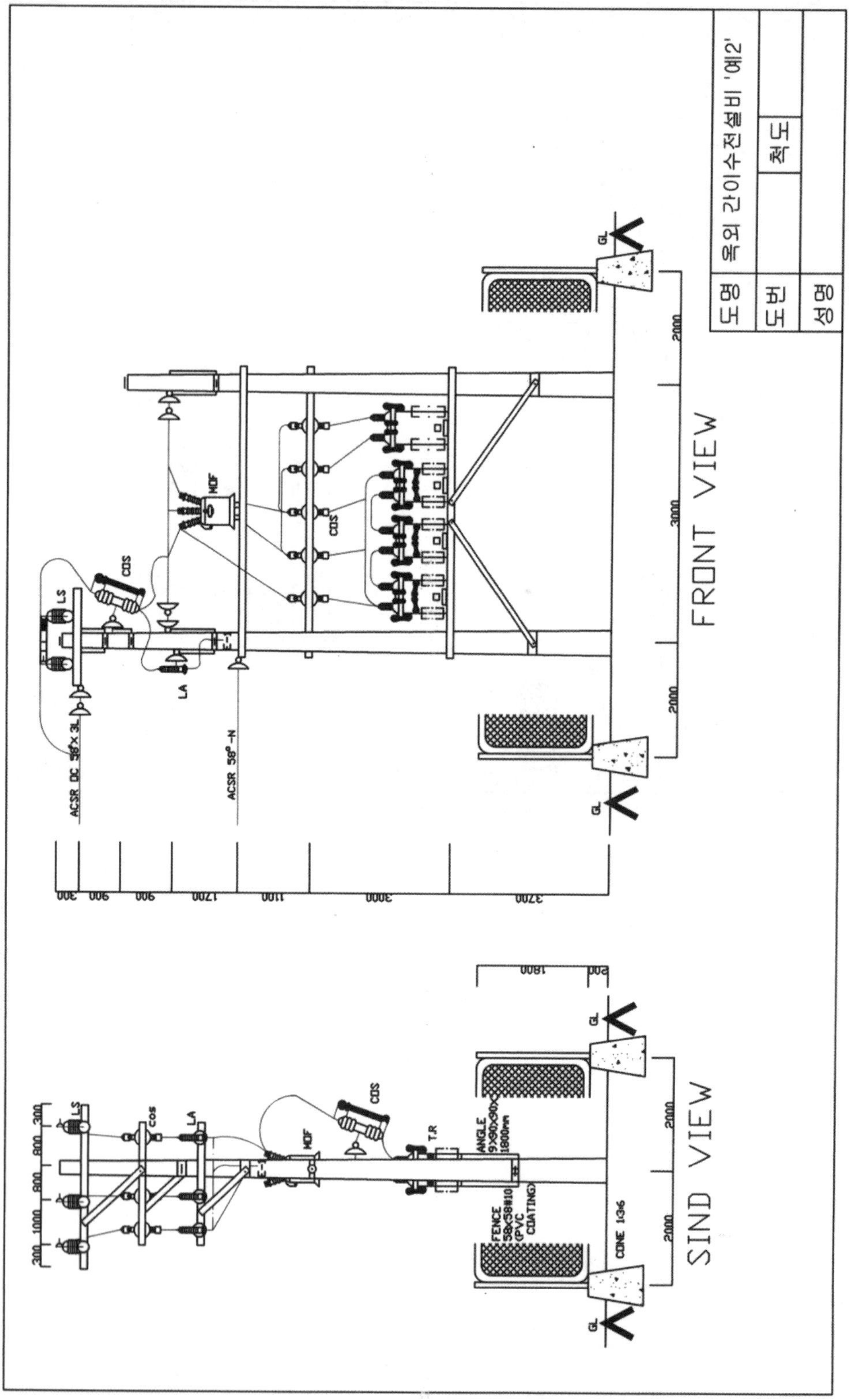

(18) 옥외 간이 수전설비 '사용 예 3'

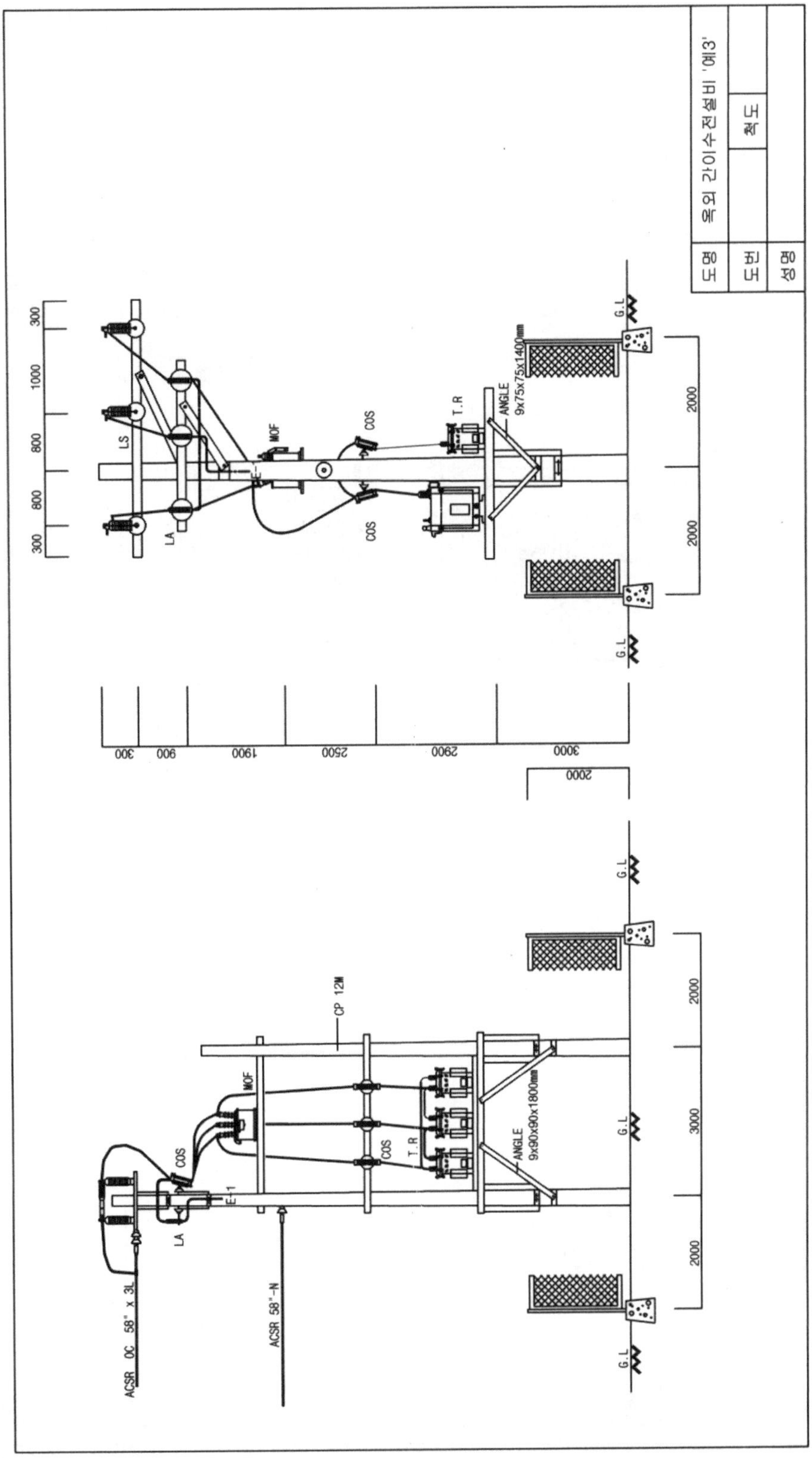

(19) 옥외 간이 수전설비 '사용 예 4'

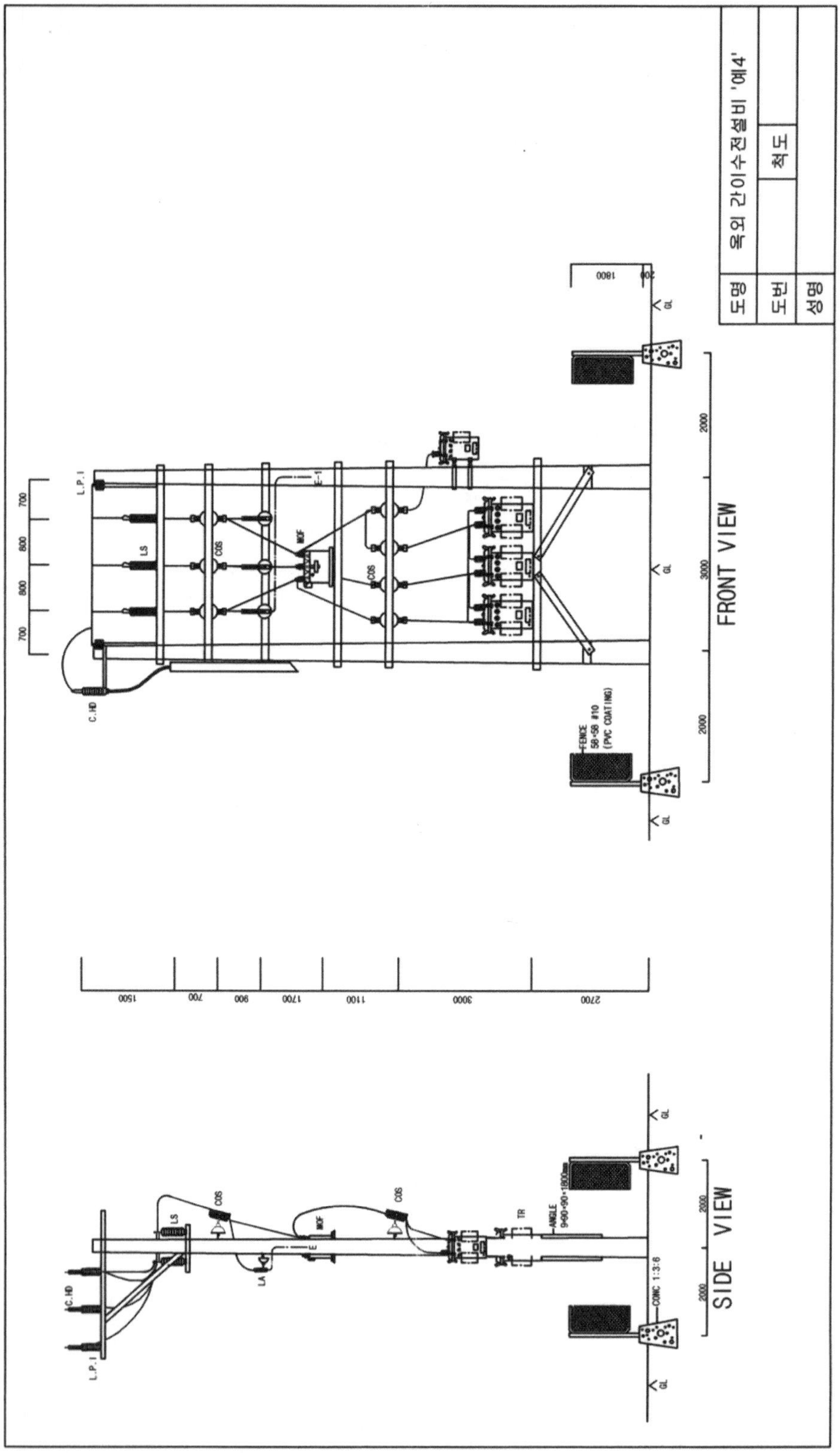

(20) 옥외 간이 수전설비 '사용 예 5'

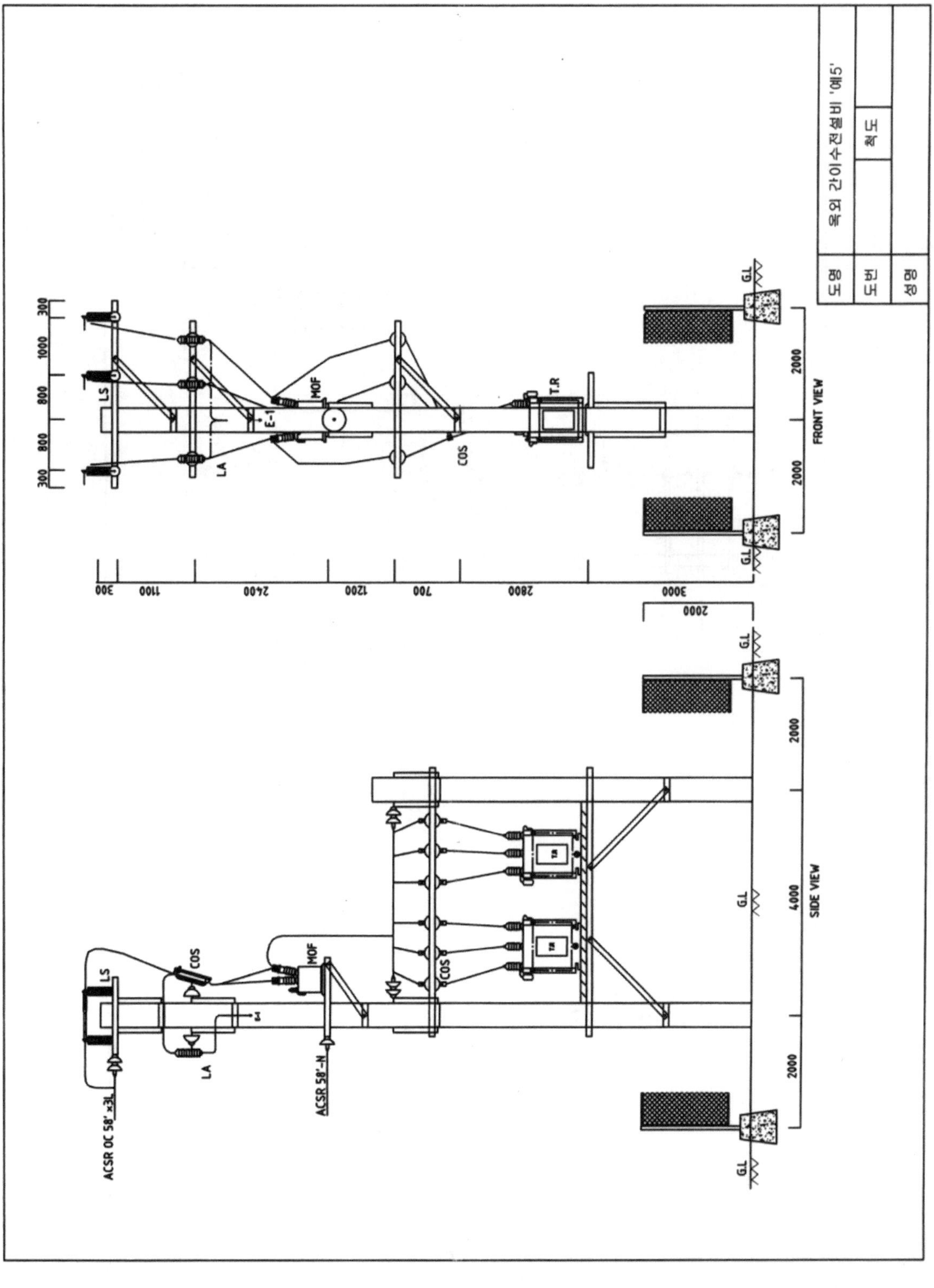

(21) 옥외 간이 수전설비 '사용 예 6'

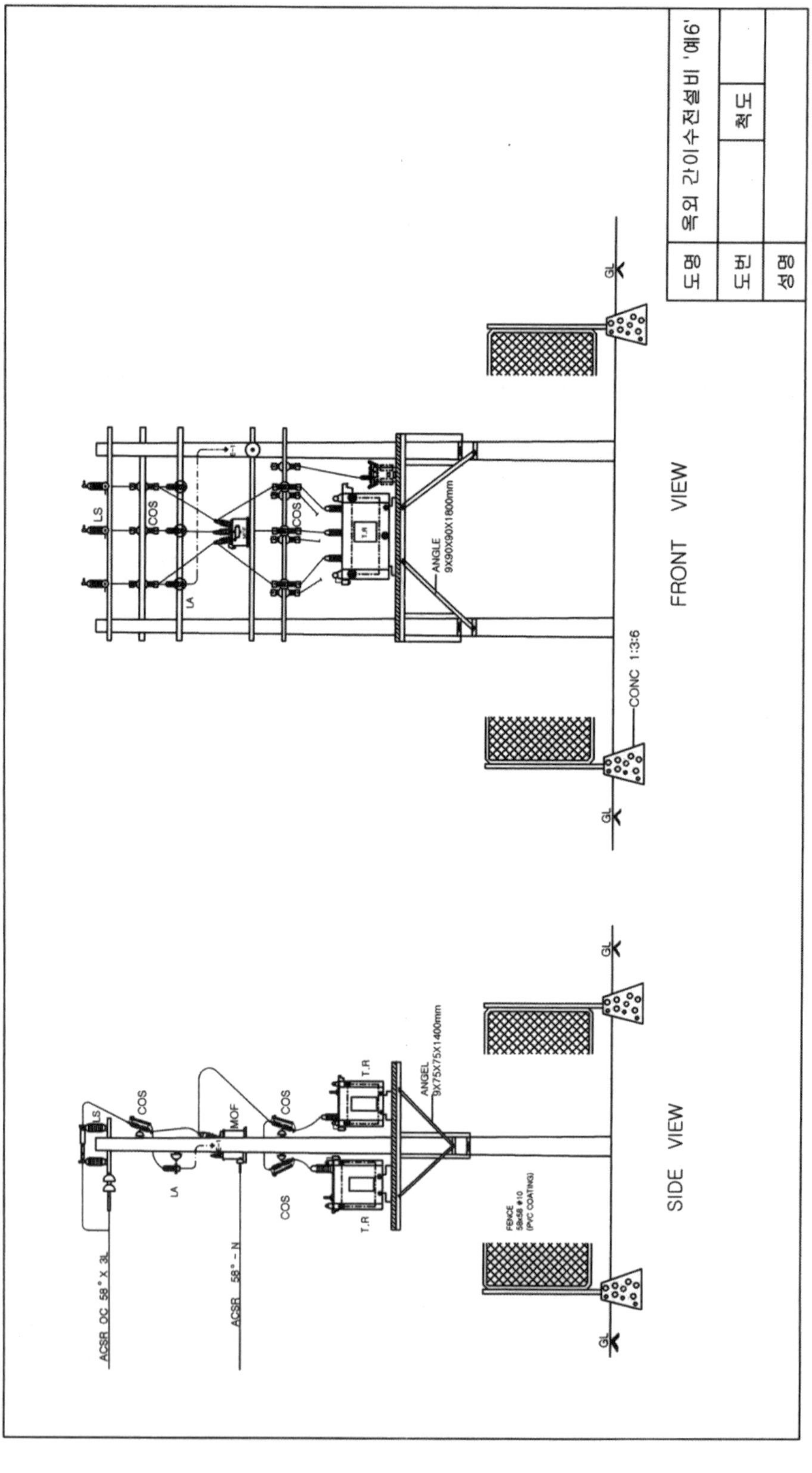

CHAPTER

09

평면도 및 옥내배선

Chapter 09

평면도 및 옥내배선

01 옥내심벌 그리기

(1) 콘센트 심벌

① [원]을 그린다.

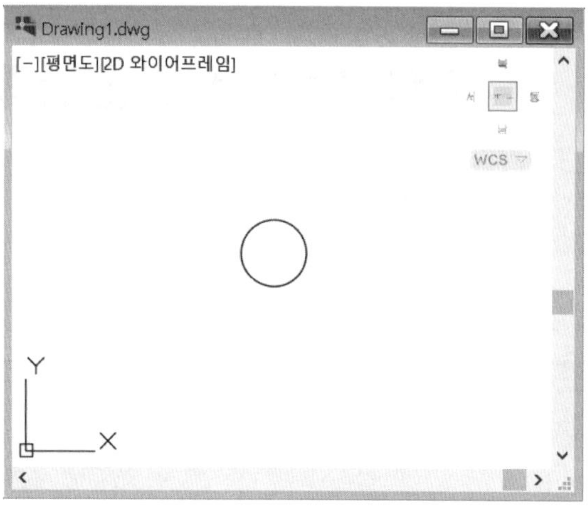

② [선] 그리기로 벽체선과 중심선을 그린다 → [줌 윈도우] 명령으로 확대하여 선 연결 상태를 확인한다.([직교] 모드와 [OSNAP](사분점) 모드 켠다)

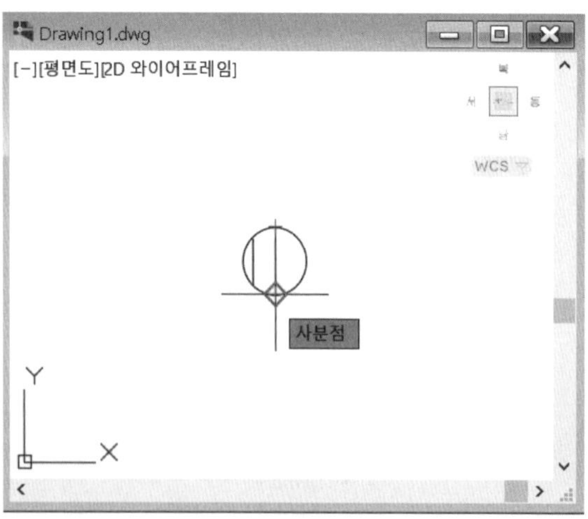

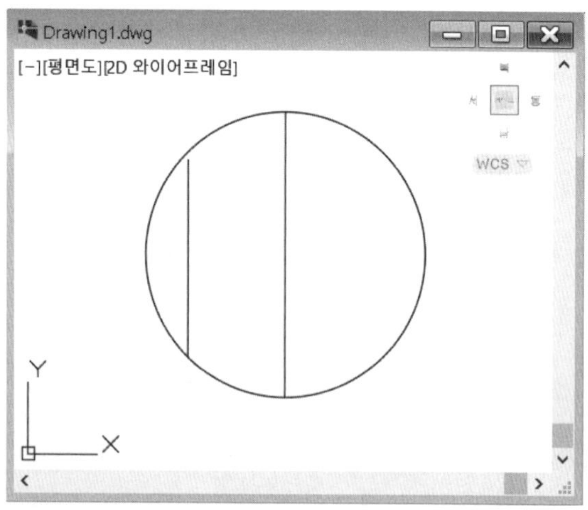

③ [연장] 아이콘 클릭 → 연장선 객체 클릭 → 내부 작은 원을 그린다.

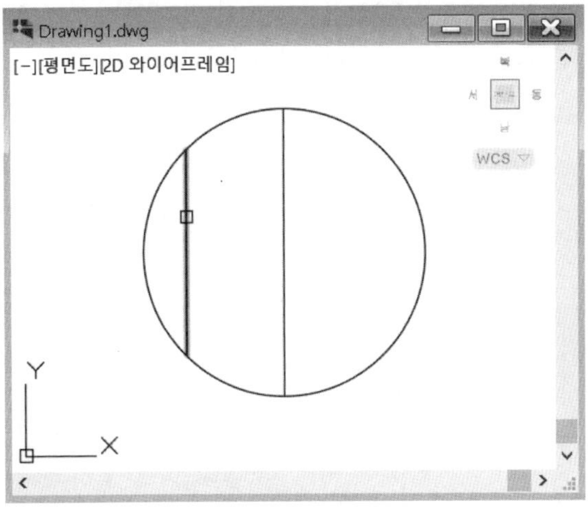

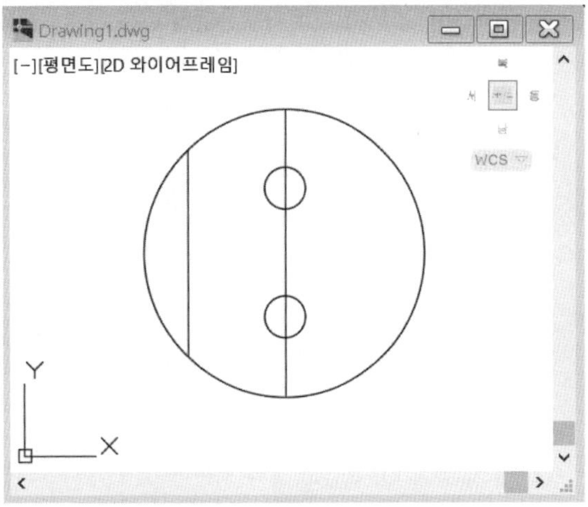

④ 중간선을 삭제한다.

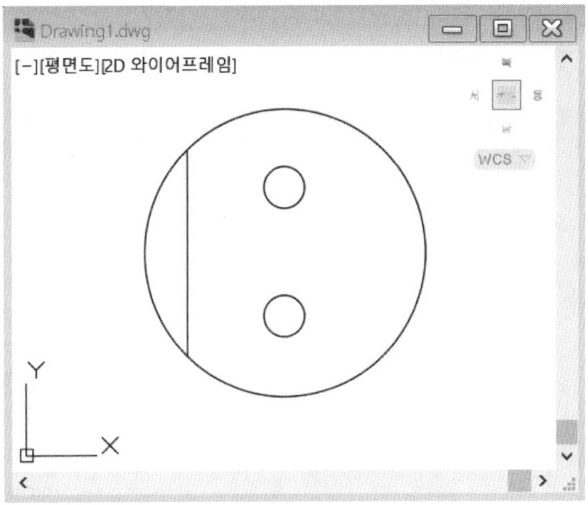

⑤ [해치] 아이콘 클릭 → [해치 및 그라데이션] 대화상자 → [견본] → SOLID 클릭 → [확인] → [해치 및 그라데이션] 대화상자에서 [경계] 영역에서 [점 선택(K)] 클릭 → 커서 + 모양 → 해치 객체 선택 클릭(굵은 파란색 선으로 표시)

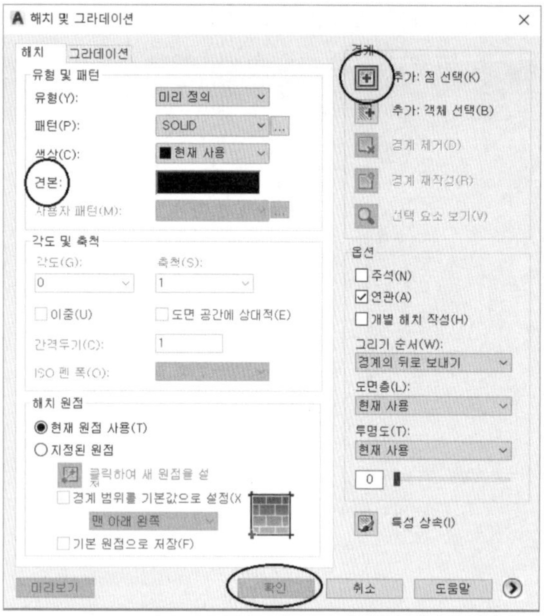

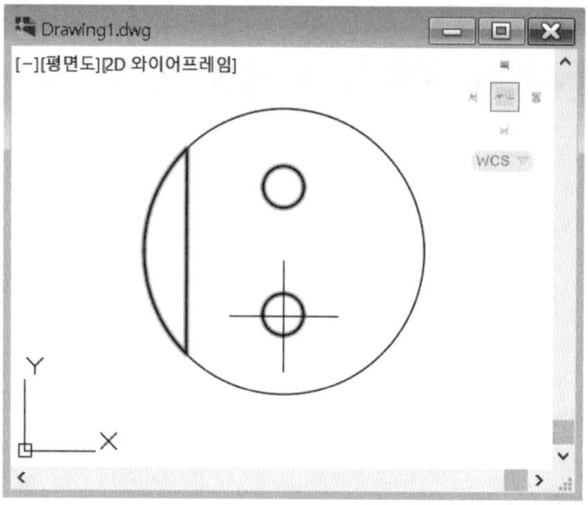

⑥ Space Bar → 다시 [해치 및 그라데이션] 대화상자 → [확인] 클릭 → [줌 이전]

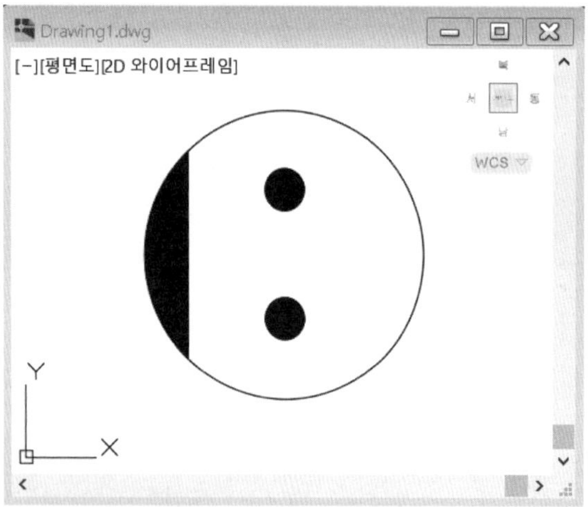

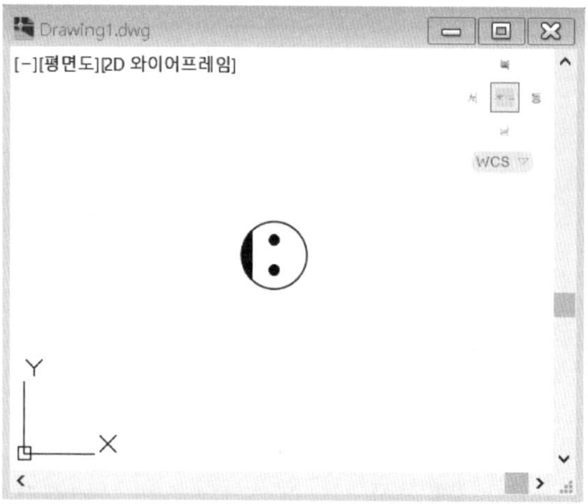

⑦ [심벌 블록화 하기] 명령: wblock Space Bar → [블록 쓰기] 대화상자 → [파일 이름 및 경로(F)] 를 클릭하여 '옥내배선 전기심벌/콘센트' 로 지정 → [선택점(K)] 아이콘 클릭(P5) → 다시 [블록 쓰기] 대화상자 → [객체 선택(T)] 아이콘 클릭 → 객체 선택 클릭(커서 □ 모양) → 다시 [블록 쓰기] 대화상자 → [확인] 클릭

(2) 비상 콘센트 심벌

① 원과 사각형을 그린다.

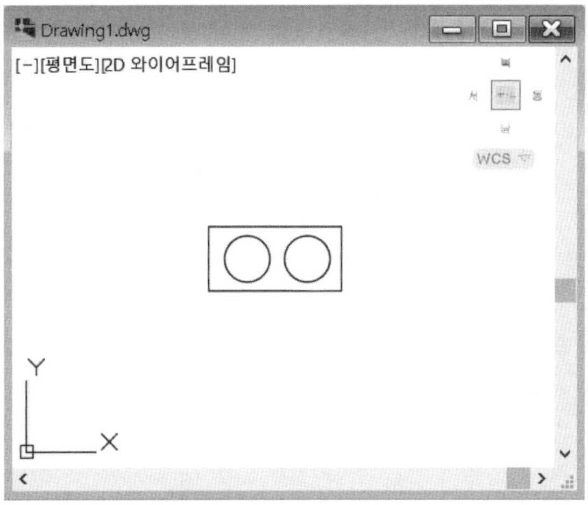

② 내부에 작은 원을 그린다.([줌 윈도우] 명령으로 확대) → 내부 작은 원을 해치 → [줌 이전]

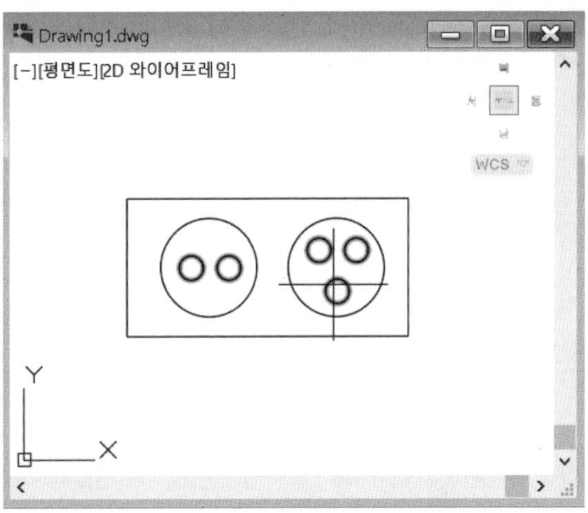

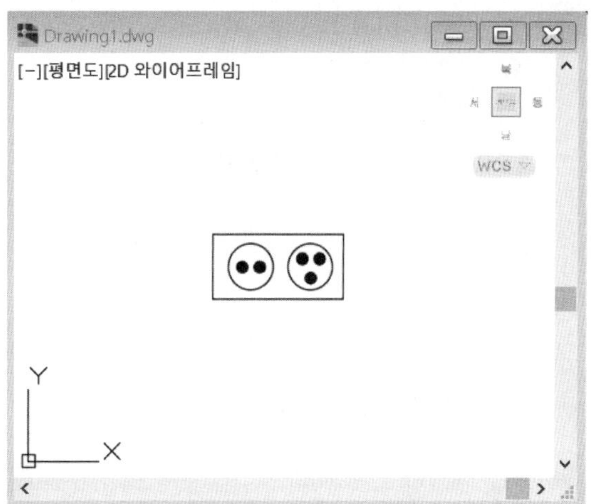

③ [심벌 블록화 하기] 명령: wblock Space Bar → [블록 쓰기] 대화상자 → [파일 이름 및 경로(F)] 를 클릭하여 '옥내배선 전기심벌/콘센트' 로 지정 → [선택점(K)] 아이콘 클릭(P5) → 다시 [블록 쓰기] 대화상자 → [객체 선택(T)] 아이콘 클릭 → 객체 선택 클릭(커서 □ 모양) → 다시 [블록 쓰기] 대화상자 → [확인] 클릭

(3) 형광등 심벌

① 사각형을 그리고 중간 지점에 십자선을 그린다.([OSNAP](중간점) 모드 켠다)

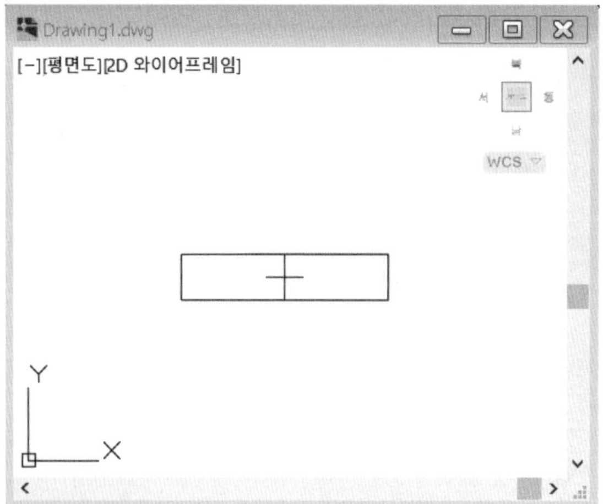

② 중간 십자선을 중심으로 원을 그린다.

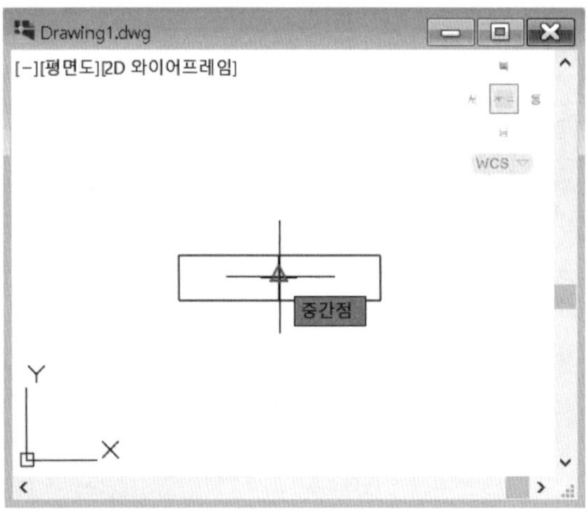

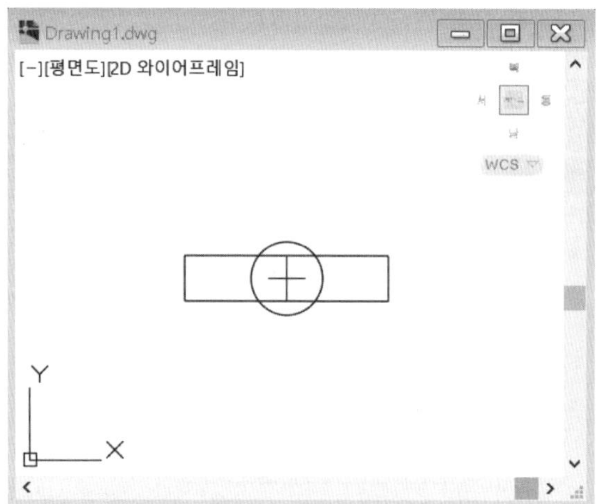

③ [자르기] 명령으로 내부 선들을 삭제한다.

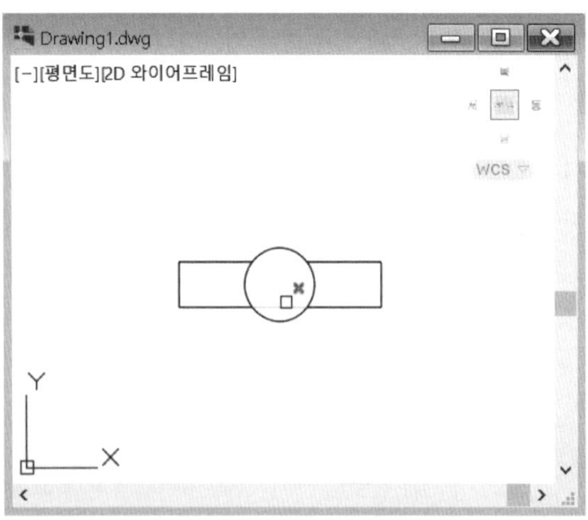

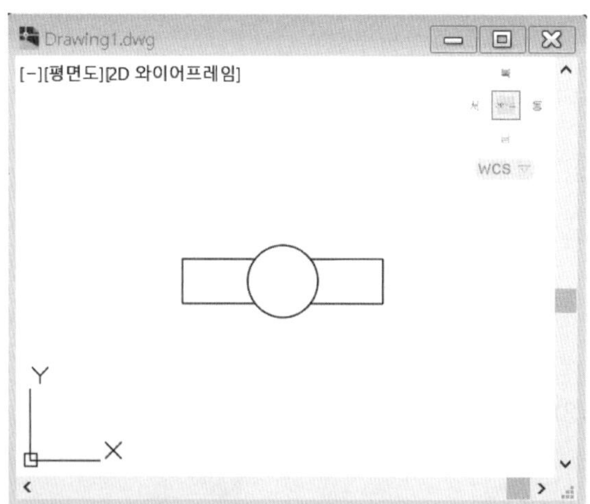

④ [심벌 블록화 하기] 명령: wblock Space Bar → [블록 쓰기] 대화상자 → [파일 이름 및 경로(F)] 를 클릭하여 '옥내배선 전기심벌/형광등' 으로 지정 → [선택점(K)] 아이콘 클릭(P5) → 다시 [블록 쓰기] 대화상자 → [객체 선택(T)] 아이콘 클릭 → 객체 선택 클릭(커서 □ 모양) → 다시 [블록 쓰기] 대화상자 → [확인] 클릭

(4) 옥외등 심벌

① 외부 원을 그린다 → 중심점에 + 선을 그린다. → 내부 원을 그린다.

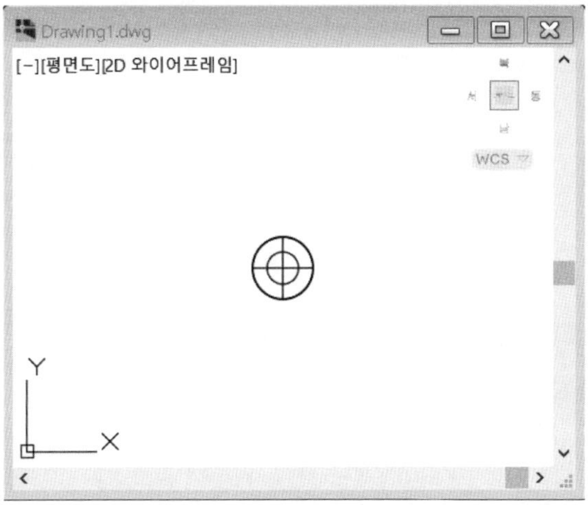

② [자르기] 명령으로 내부 선을 삭제 → [회전] 아이콘 클릭 → 45 Space Bar → 회전 시킨다.

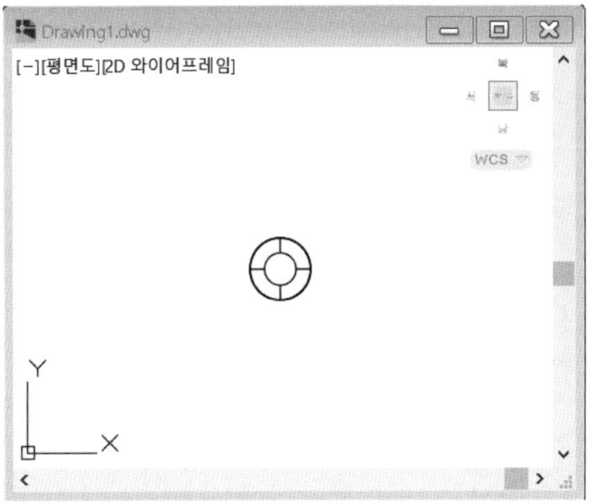

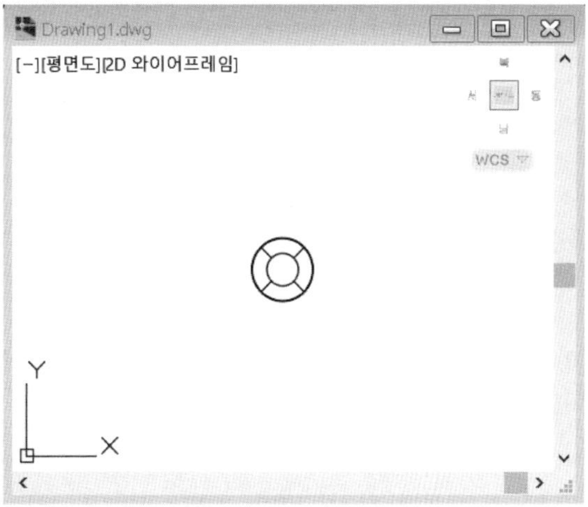

③ [심벌 블록화 하기] 명령: wblock Space Bar → [블록 쓰기] 대화상자 → [파일 이름 및 경로(F)] 를 클릭하여 '옥내배선 전기심벌/옥외등' 으로 지정 → [선택점(K)] 아이콘 클릭(P5) → 다

시 [블록 쓰기] 대화상자 → [객체 선택(T)] 아이콘 클릭 → 객체 선택 클릭(커서 □ 모양) → 다시 [블록 쓰기] 대화상자 → [확인] 클릭

(5) 유도등 심벌

① 원을 그리고 중심 십자선을 그린다 → 십자선 중심에서 45도 회전시킨다.

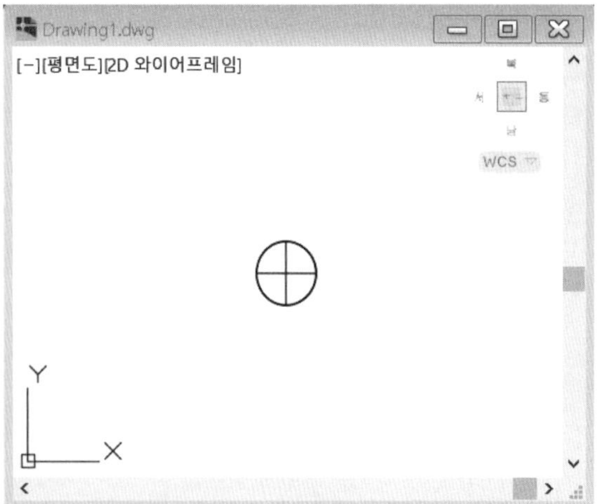

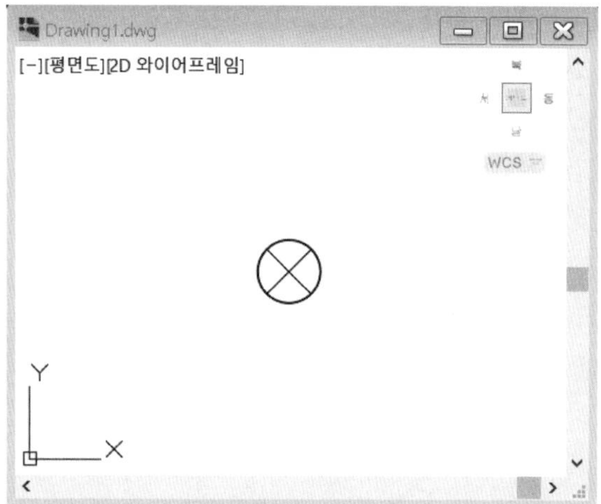

② [해치] 명령으로 해치를 한다.

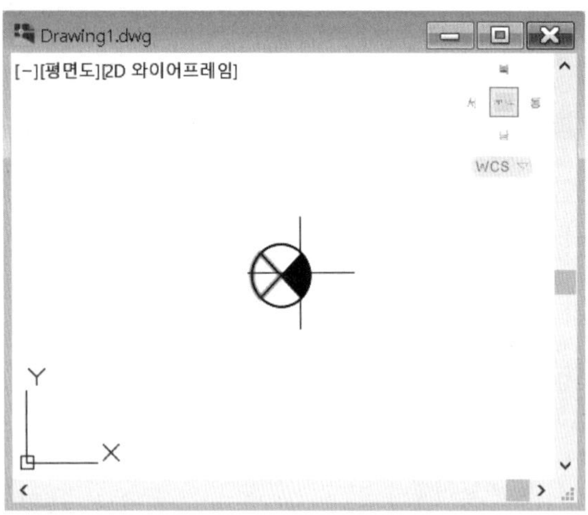

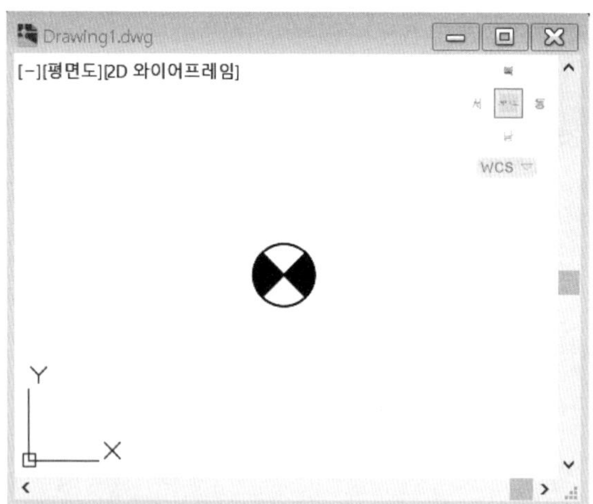

③ [심벌 블록화 하기] 명령: wblock Space Bar → [블록 쓰기] 대화상자 → [파일 이름 및 경로(F)] 를 클릭하여 '옥내배선 전기심벌/유도등' 으로 지정 → [선택점(K)] 아이콘 클릭(P5) → 다시 [블록 쓰기] 대화상자 → [객체 선택(T)] 아이콘 클릭 → 객체 선택 클릭(커서 □ 모양) → 다시 [블록 쓰기] 대화상자 → [확인] 클릭

(6) 환풍기 심벌

① 원을 그리고 중심에 십자선을 그린다 → [줌 윈도우] 명령으로 확대 → 내부 원을 그리고 복사한다.([OSNAP](사분점)모드 켠다)

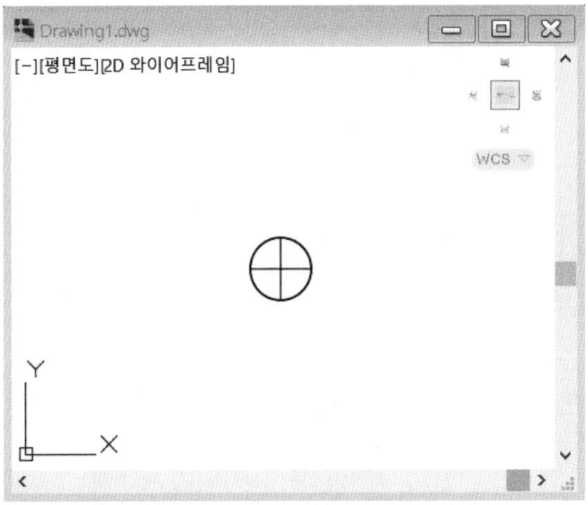

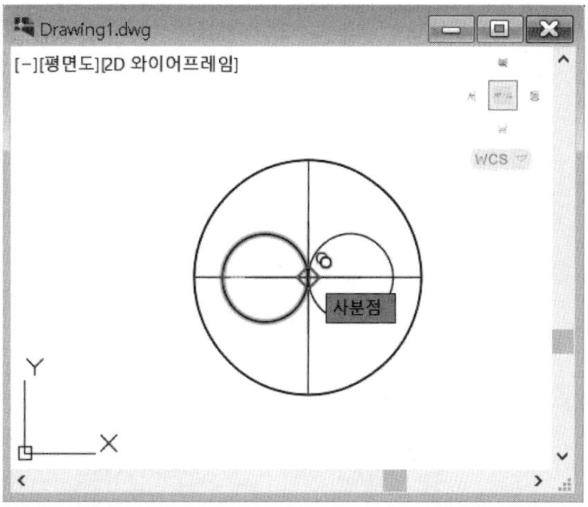

② 내부 십자선을 삭제 → [줌 이전] 클릭

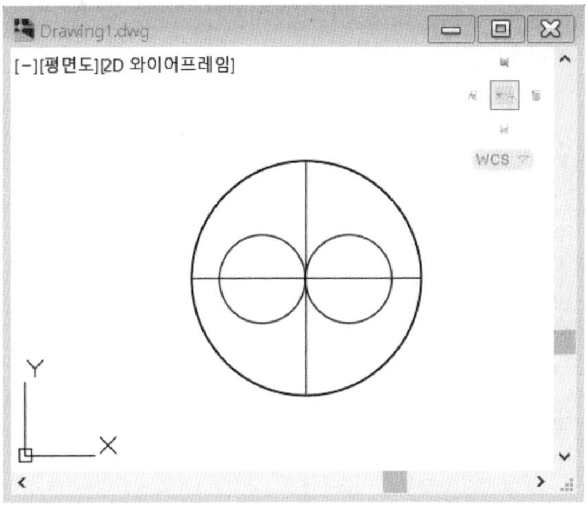

③ [심벌 블록화 하기] 명령: wblock Space Bar → [블록 쓰기] 대화상자 → [파일 이름 및 경로(F)] 를 클릭하여 '옥내배선 전기심벌/환풍기' 로 지정 → [선택점(K)] 아이콘 클릭(P5) → 다시 [블록 쓰기] 대화상자 → [객체 선택(T)] 아이콘 클릭 → 객체 선택 클릭(커서 □모양) →다시 [블록 쓰기] 대화상자 → [확인] 클릭

(7) 개방형 퓨즈(일반) 심벌

① 다음과 같이 작도한다.

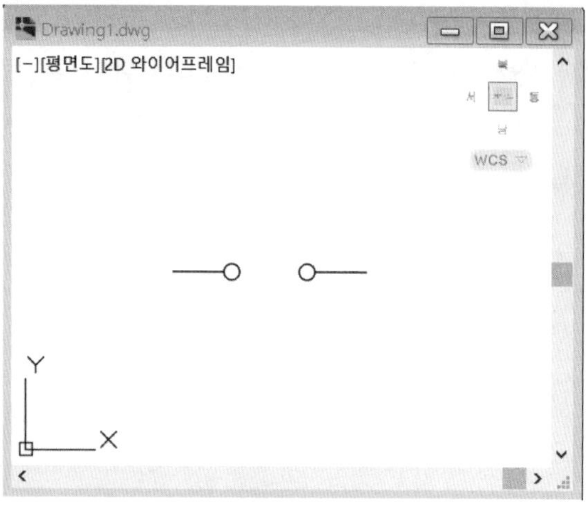

② 중간에 십자선을 그린다([OSNAP](중간점)모드 켠다) → [줌 윈도우] 명령으로 확대 → 중간에 호를 그린다.

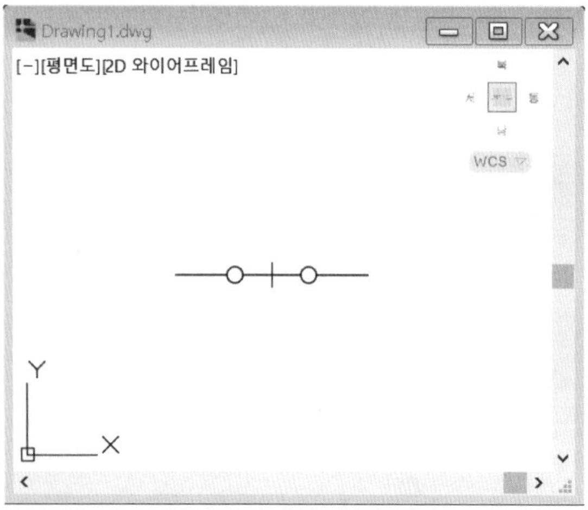

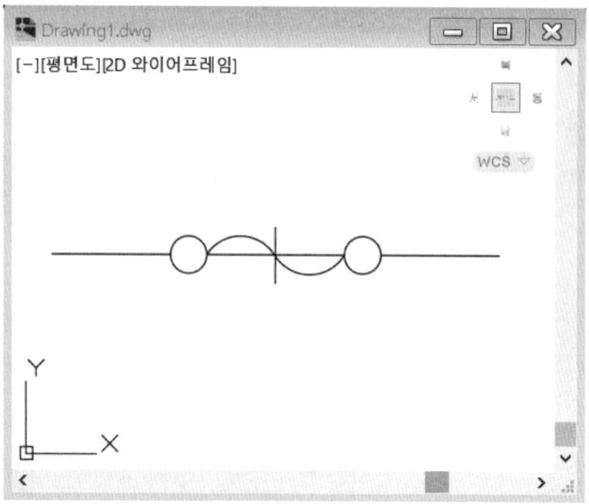

③ 중간 십자선 삭제 → [줌 이전] 클릭

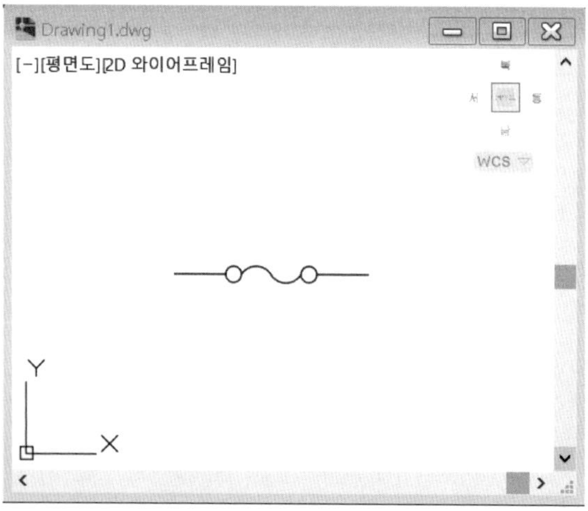

④ [심벌 블록화 하기] 명령: wblock Space Bar → [블록 쓰기] 대화상자 → [파일 이름 및 경로(F)] 를 클릭하여 '옥내배선 전기심벌/개방형퓨즈(일반)' 로 지정 → [선택점(K)] 아이콘 클릭(P5) → 다시 [블록 쓰기] 대화상자 → [객체 선택(T)] 아이콘 클릭 → 객체 선택 클릭(커서 □ 모양) → 다시 [블록 쓰기] 대화상자 → [확인] 클릭

(8) VVF용 조인트 박스 심벌

① 원을 그린다.

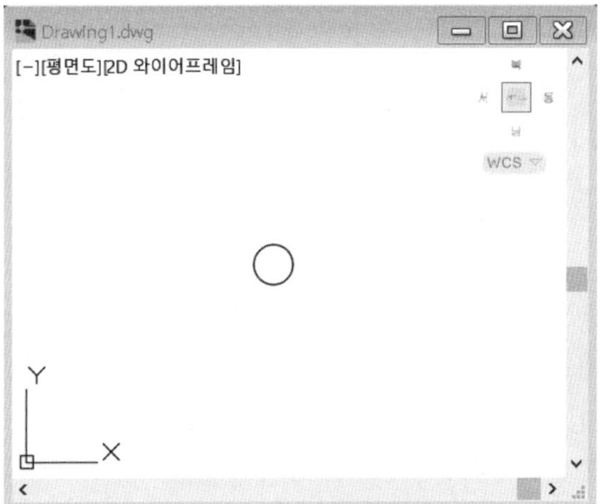

② [해치] 명령 → [해치 및 그라데이션] 대화상자 → [견본](ANSI31) → [축척] 0.25 → 점 선택(K)

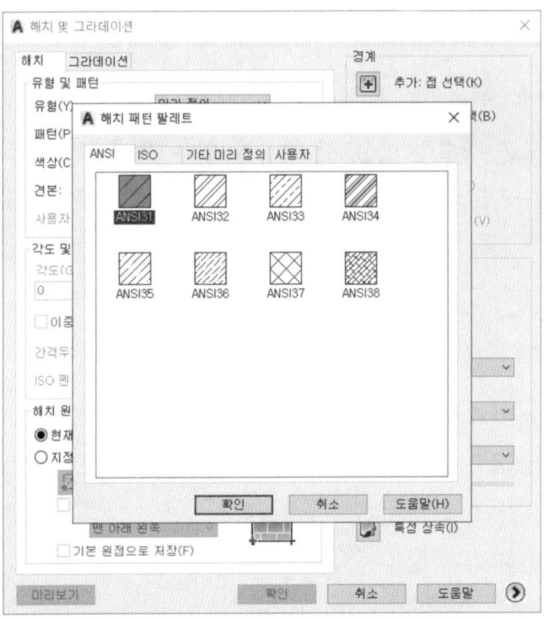

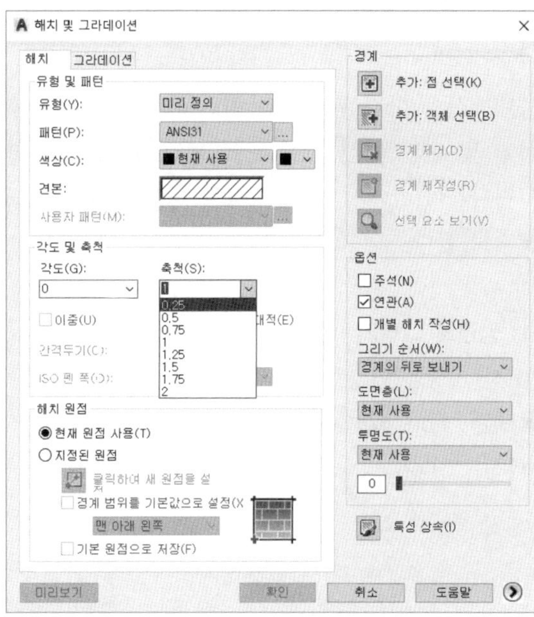

③ 객체(원) 선택 → Space Bar → 다시 [해치 및 그라데이션] 대화상자 → [확인]

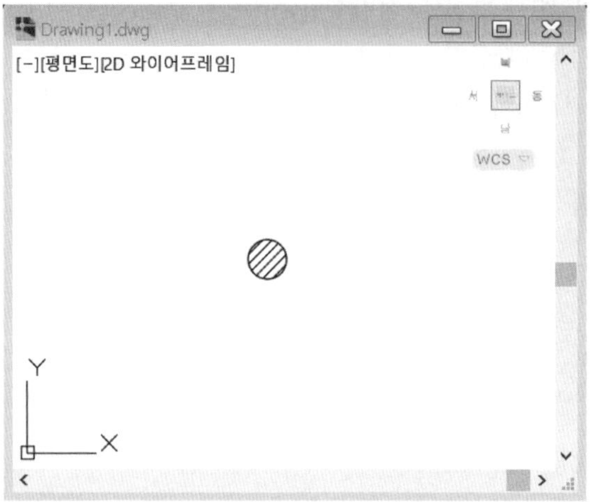

④ [심벌 블록화 하기] 명령: wblock Space Bar → [블록 쓰기] 대화상자 → [파일 이름 및 경로(F)] 를 클릭하여 '옥내배선 전기심벌/VVF용조인트박스' 로 지정 → [선택점(K)] 아이콘 클릭(P5) → 다시 [블록 쓰기] 대화상자 → [객체 선택(T)] 아이콘 클릭 → 객체 선택 클릭(커서 □ 모양) → 다시 [블록 쓰기] 대화상자 → [확인] 클릭

02 평면도 그리기

옥내배선을 하기 위해서는 평면도가 필요하다. 하지만 평면도가 주체가 아니므로 옥내 배선 시 전기 심벌 및 전기 배선이 한 눈에 보일 수 있도록 평면도를 작도할 때는 선 색상을 옅은 회색(8번)으로 그린다. 이 장에서는 [간격띄우기] 기능을 이용한 평면도를 작도하고 옥내 배선하는 방법을 살펴보기로 한다.

(1) 평면도 그리기

① 선 색상을 변경한다.

- 명령: col Space Bar → [색상 선택] 대화상자 → [색상(C)] 8 → [확인]
- [선] 그리기 명령으로 직선으로 평면도 외곽선을 그린다.

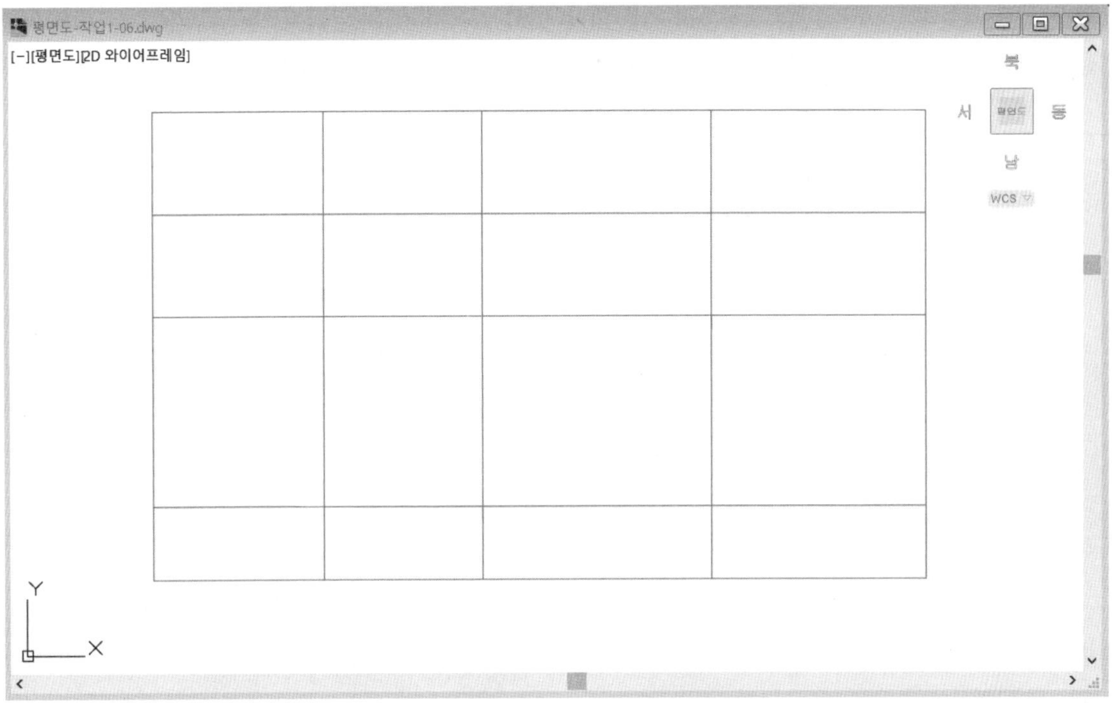

② [간격띄우기] 아이콘 클릭 → 10 Space Bar → 커서 □ 모양 → 기준 객체 클릭 → 커서 + 모양 → 간격띄우기 방향 지정 클릭(반복)

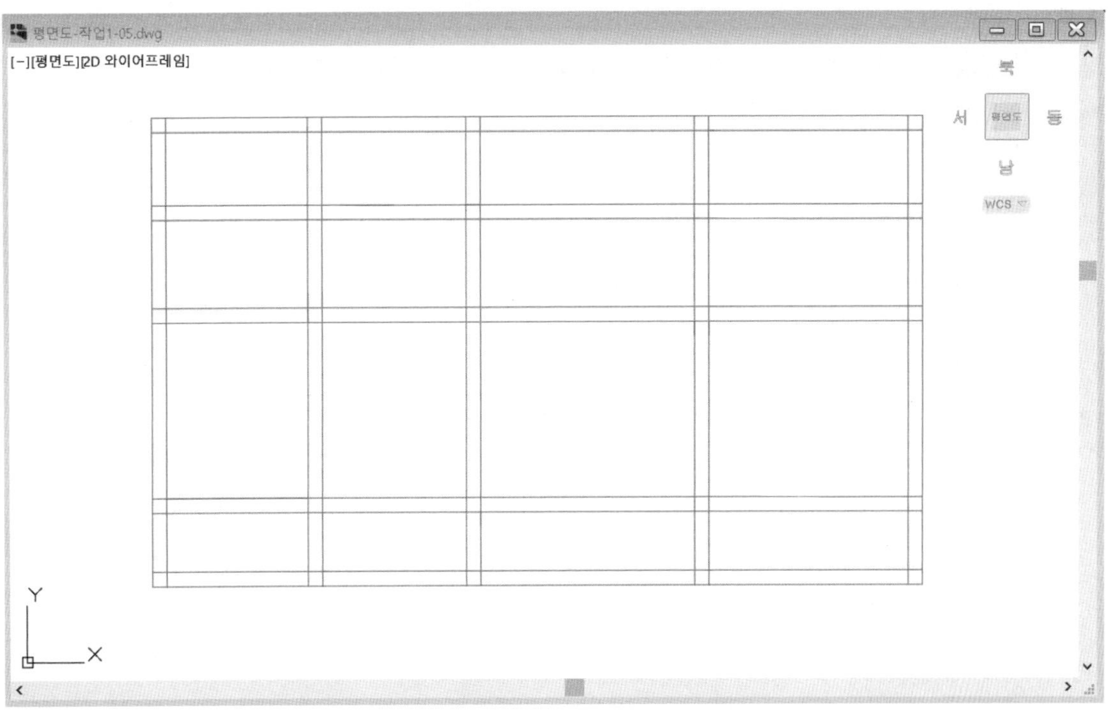

③ [자르기] 및 [지우기] 명령으로 창문이나 문이 있는 부분을 만들어 마무리한다.

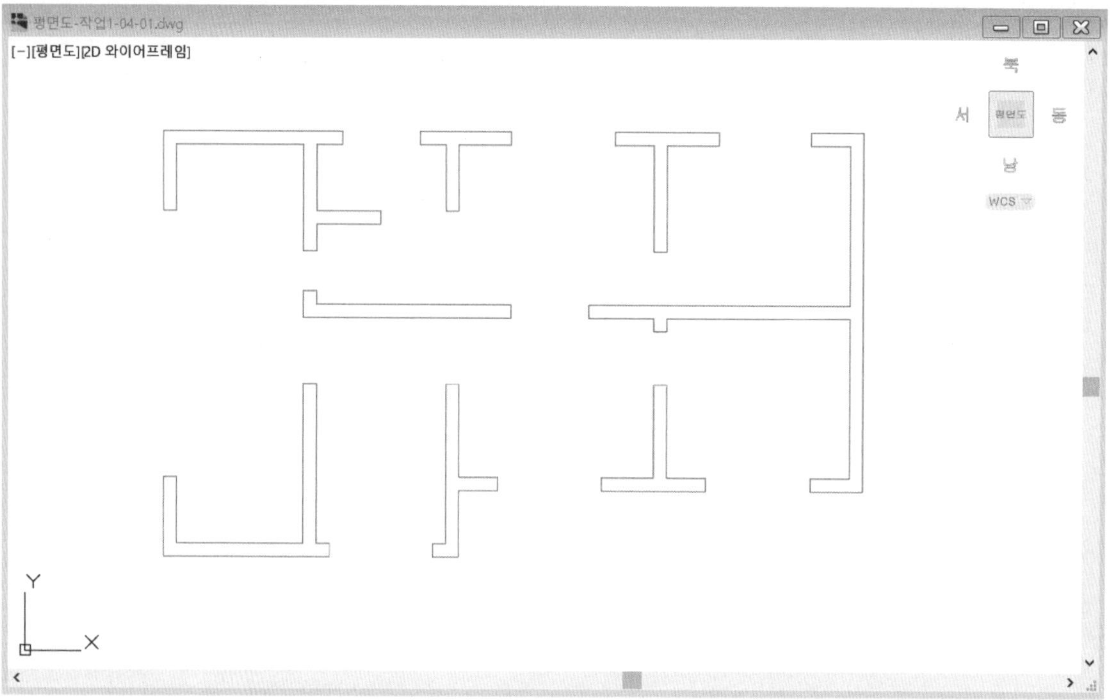

④ 미닫이문(창)을 작도한다.

■ 창 부분을 [줌 윈도우]로 확대한다.

■ 선을 3등분 한다

명령: div Space Bar → 객체 선택(커서 □ 모양) → 3 Space Bar (미닫이문 2군데 모두 분할)

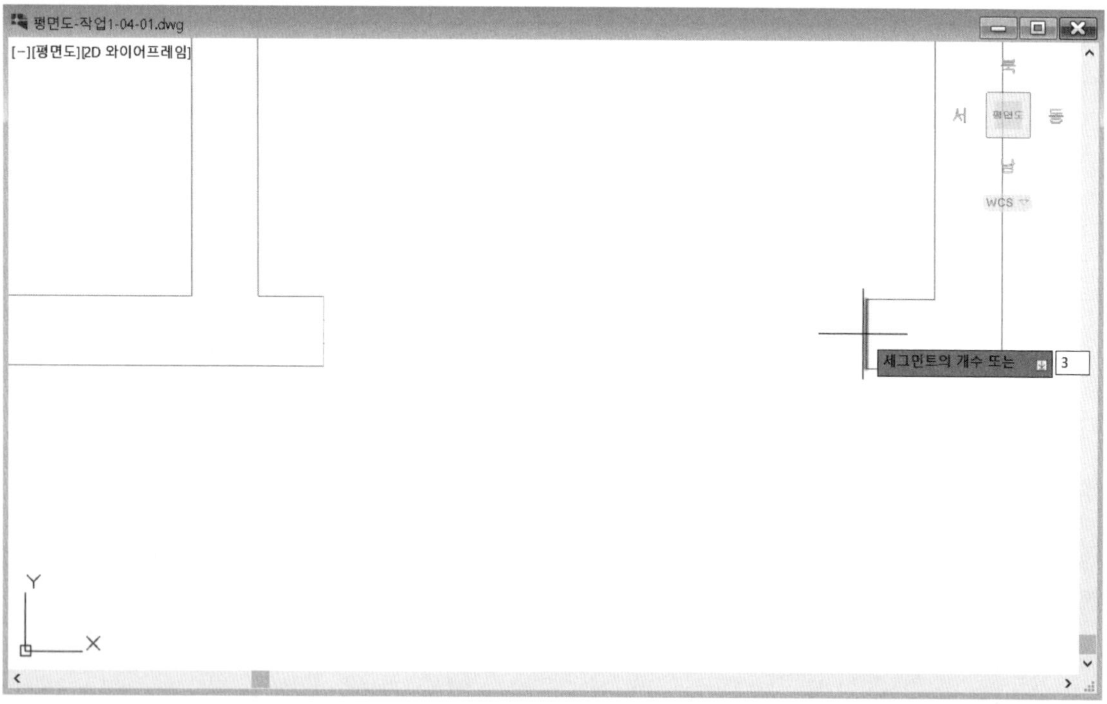

■ 3등분의 선 작도([OSNAP](노드) 모드 켠다) → 중앙에 선 작도

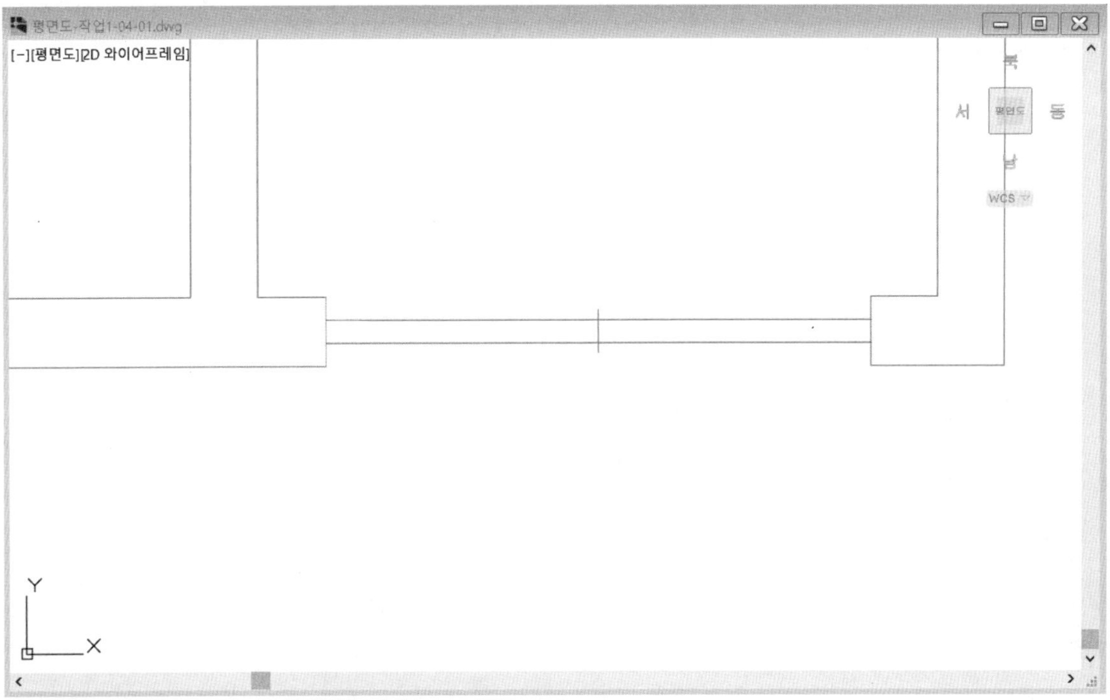

■ [자르기]와 선 연장으로 미닫이문(창)을 완성한다.

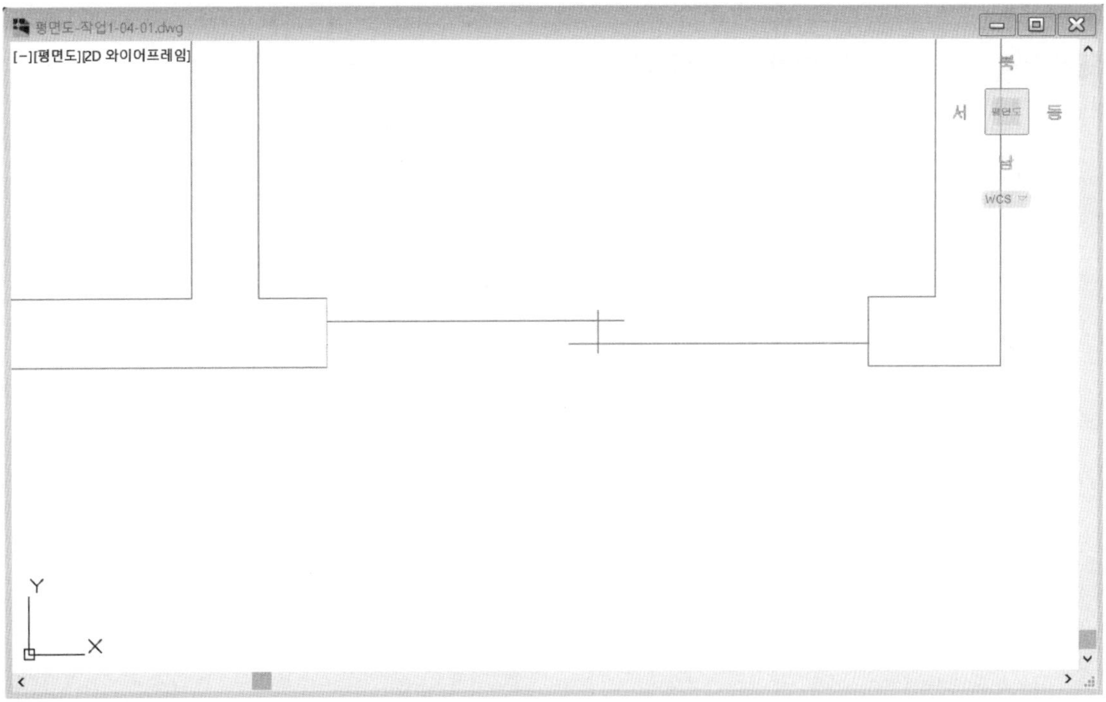

■ 나머지 미닫이문(창)을 완성시킨다.

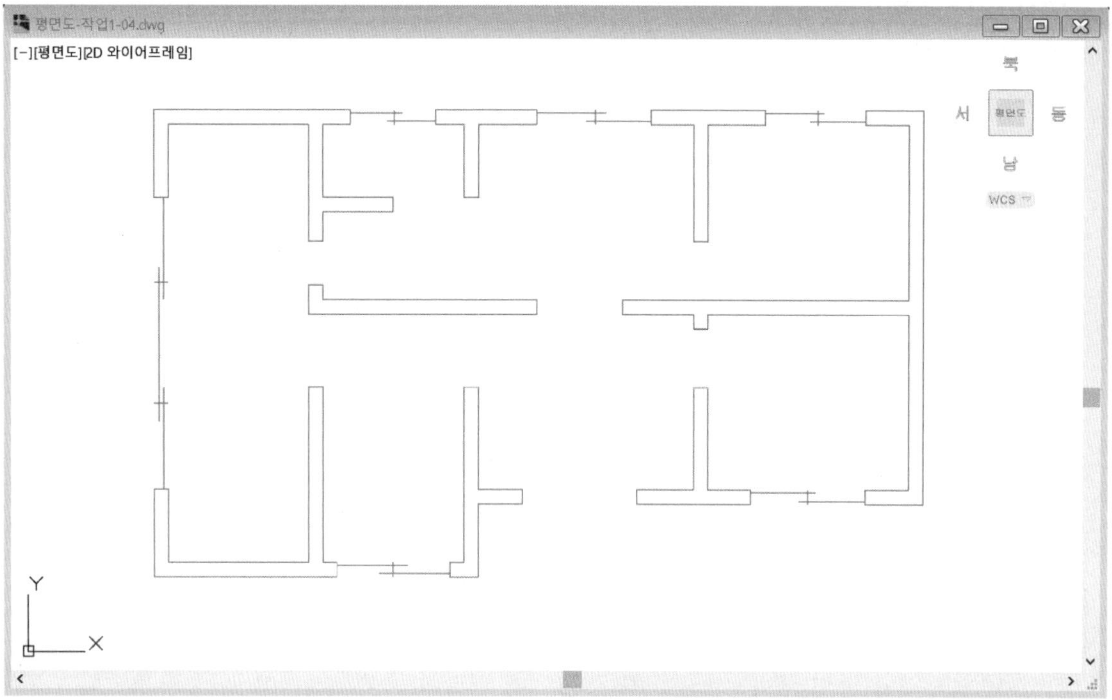

⑤ 여닫이문을 작도한다.

■ 문 부분을 [줌 윈도우]로 확대 시킨다.

■ [호] 명령으로 호를 작도한다.

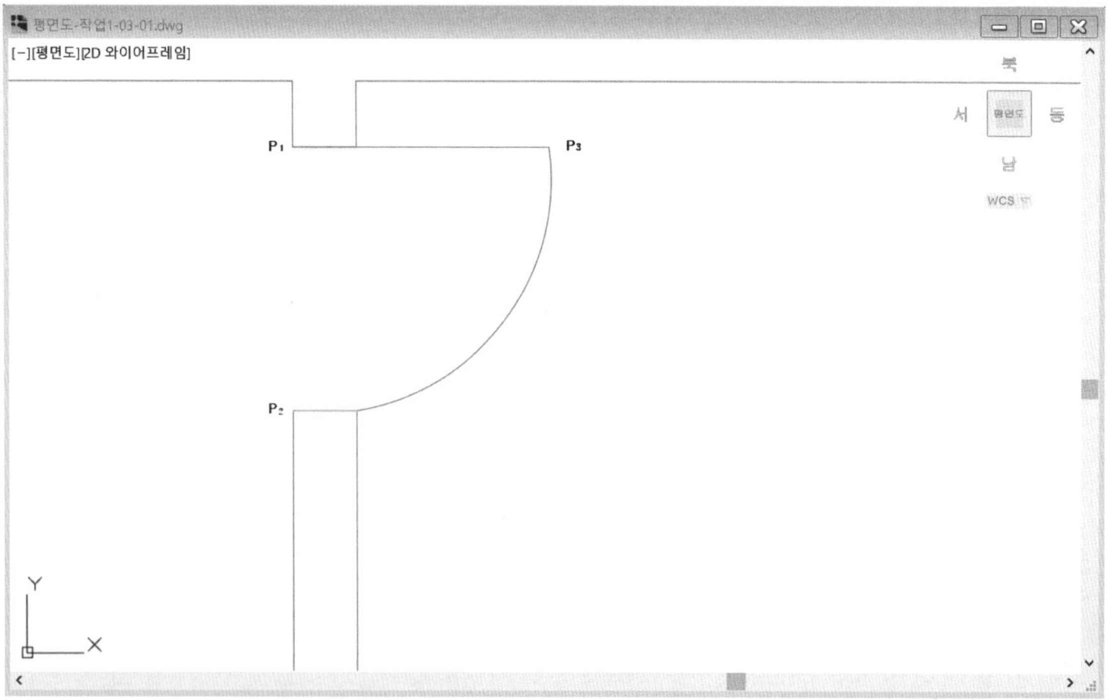

■ 여닫이문을 완성시킨다.

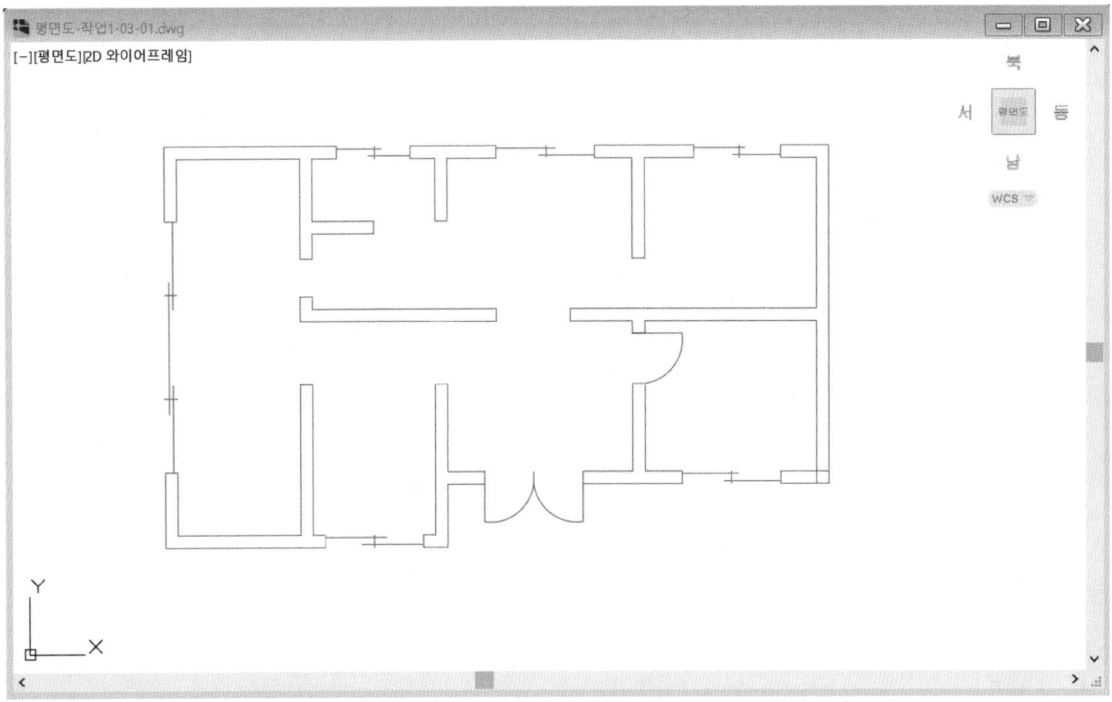

⑥ [블록 삽입] 명령으로 콘센트 심벌을 배치한다.

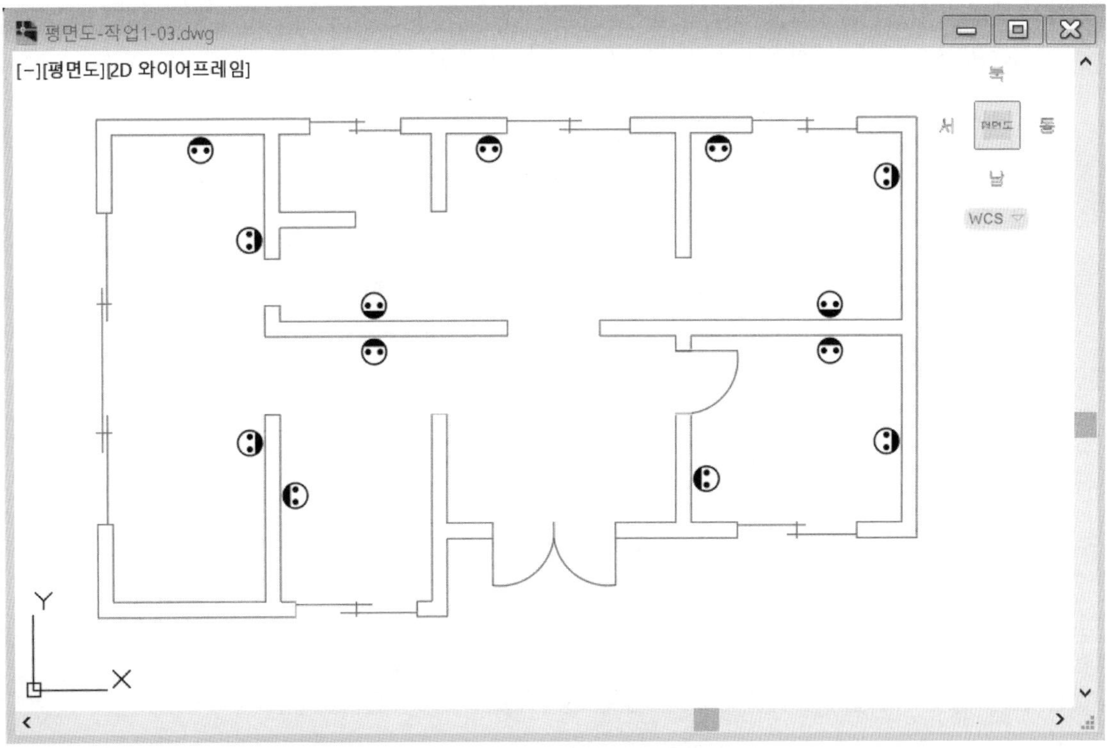

⑦ 형광등, VVF용 조인트박스 및 기타 전기심벌을 배치한다.

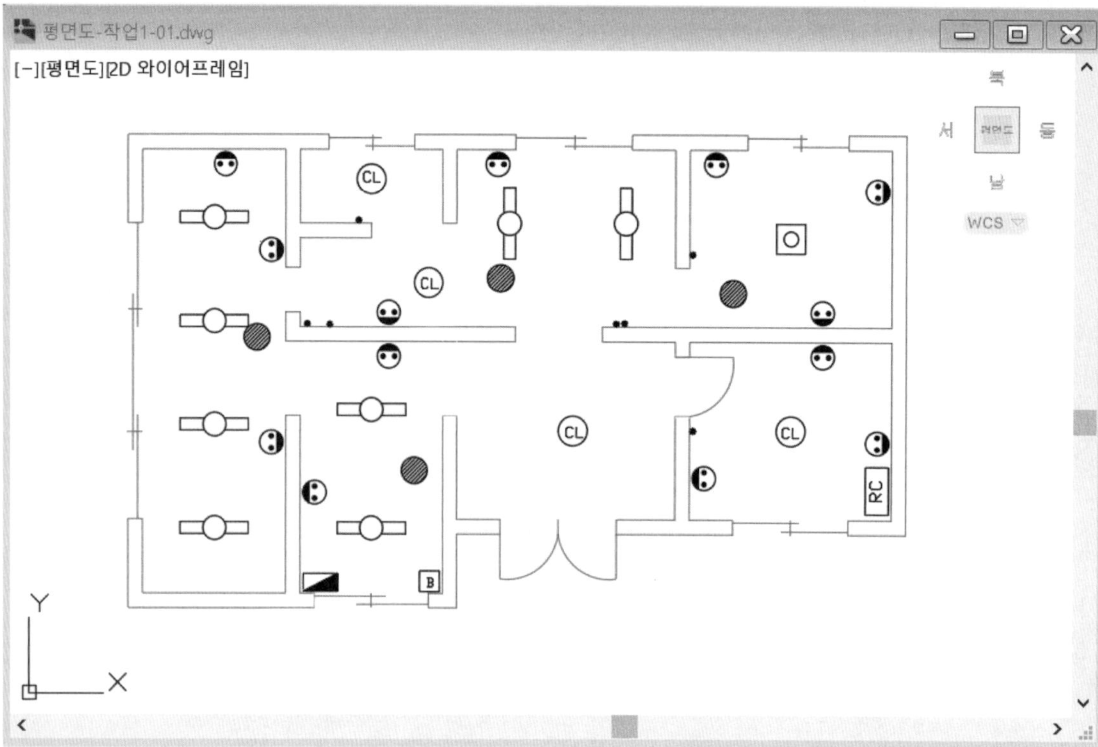

⑧ 전기 배선을 한다. 선 색상을 [ByLayer]로 설정한다.

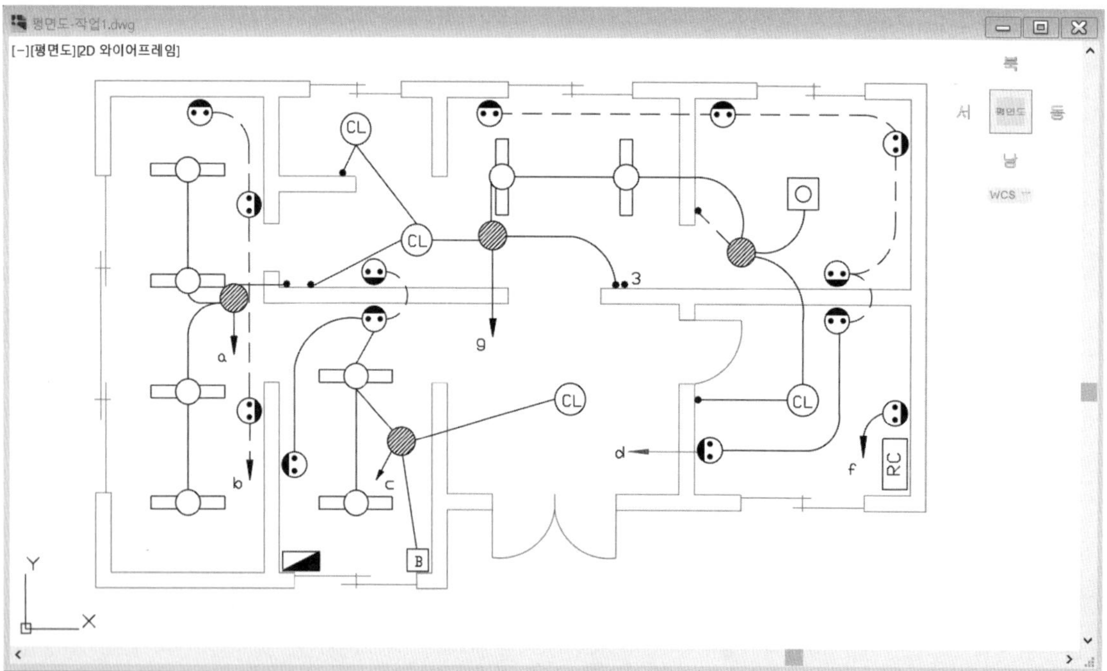

⑨ 벽체를 해치한다. 색은 회색(8번)으로 한다.

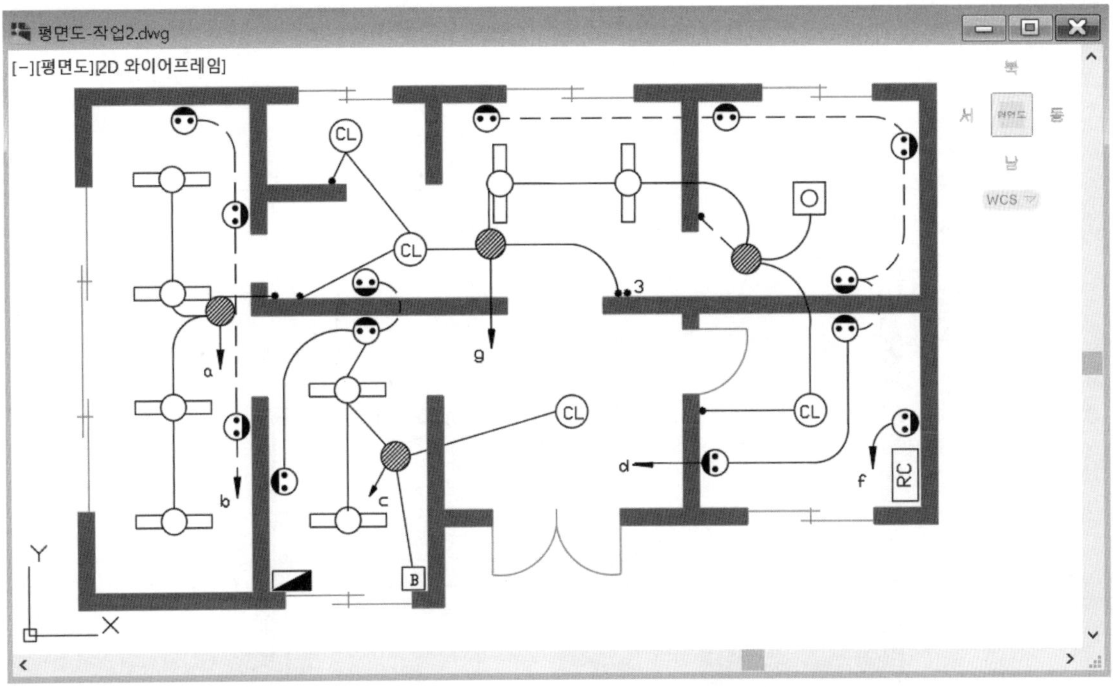

03. 다음의 평면도를 작도하고 전기 심벌 배치 및 옥내 배선을 하시오.

(1) 평면도 1

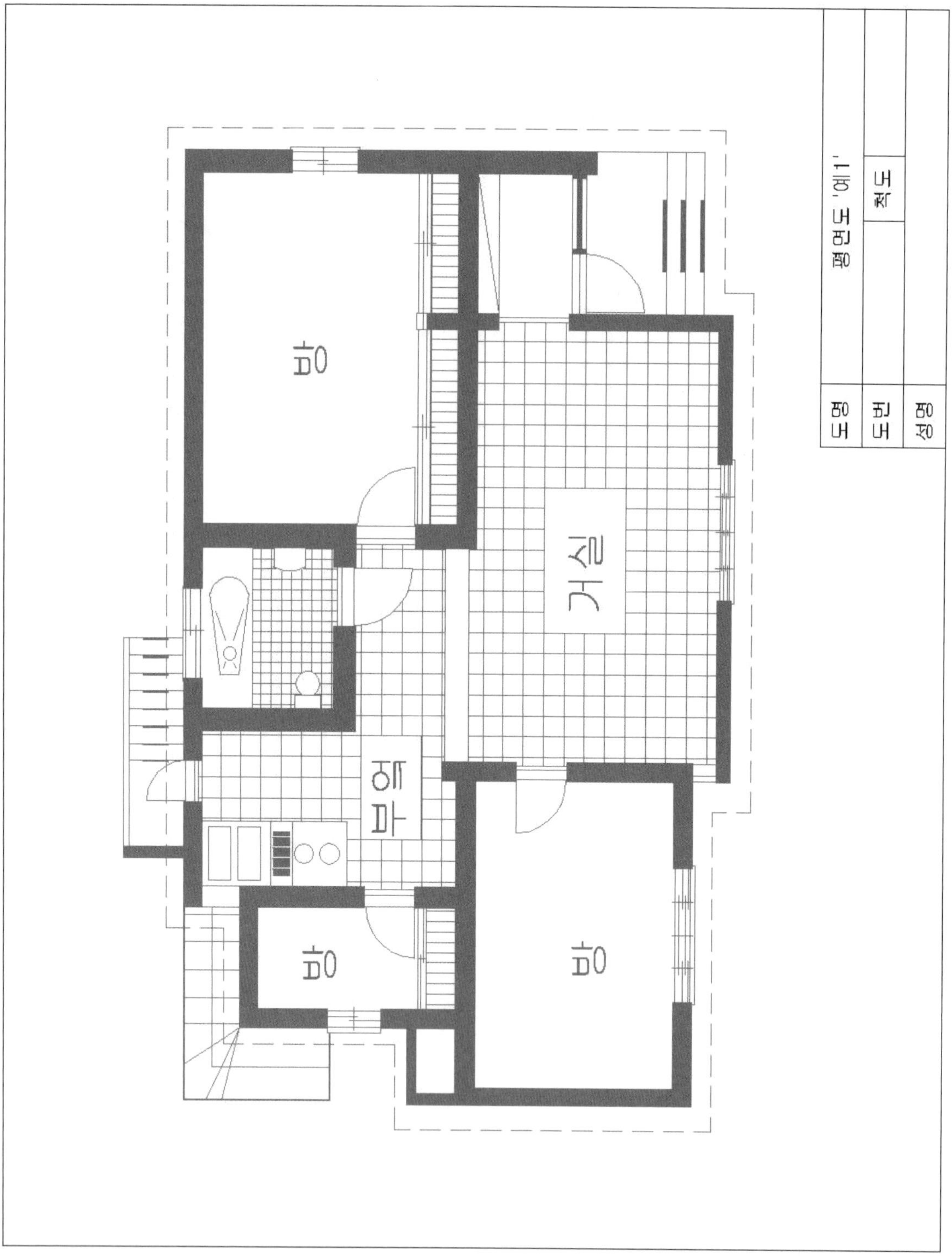

(2) 평면도 2

(3) 평면도 3

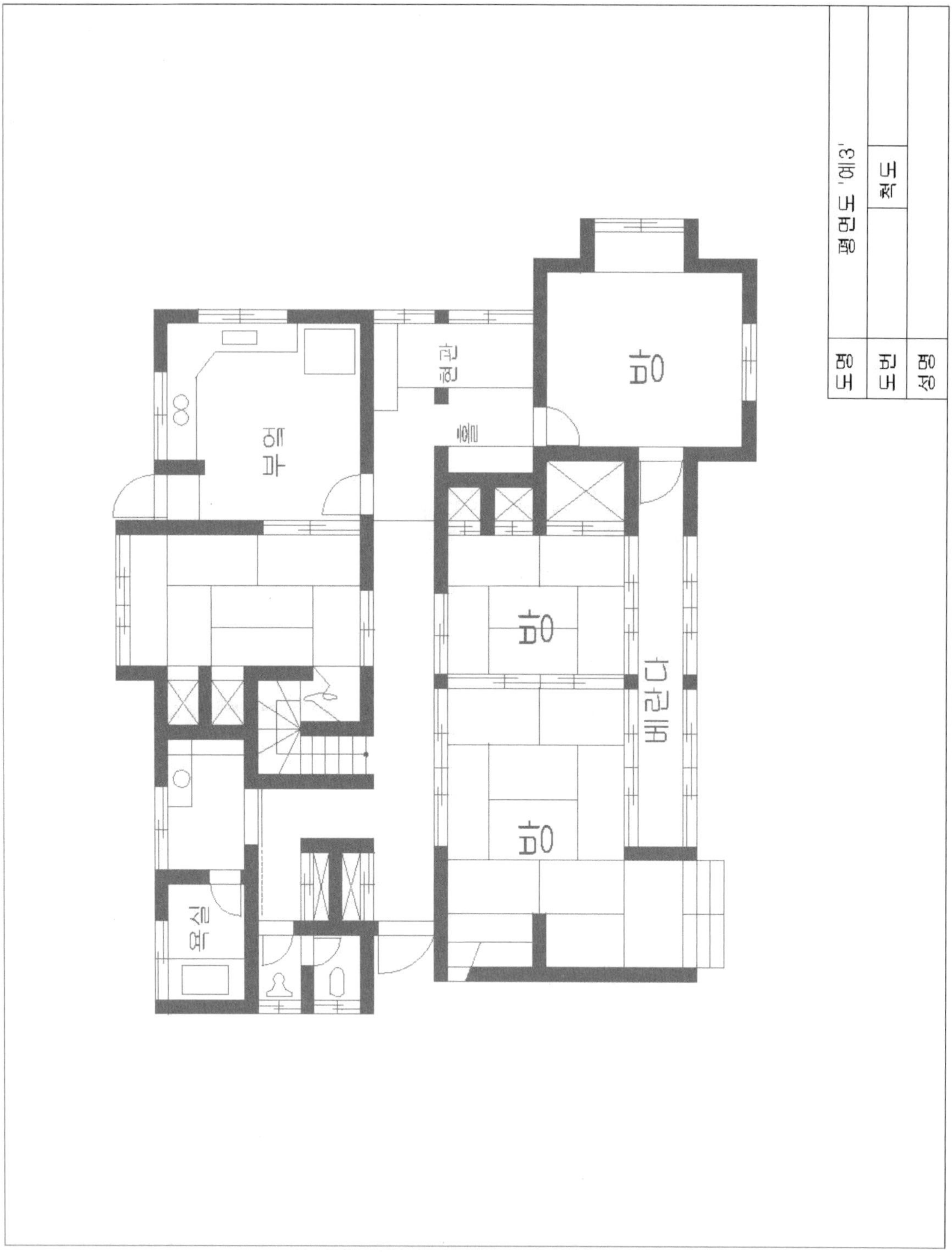

(4) 2층 건물의 평면도 및 옥내 배선 예시

① 1층 평면도 및 옥내 배선

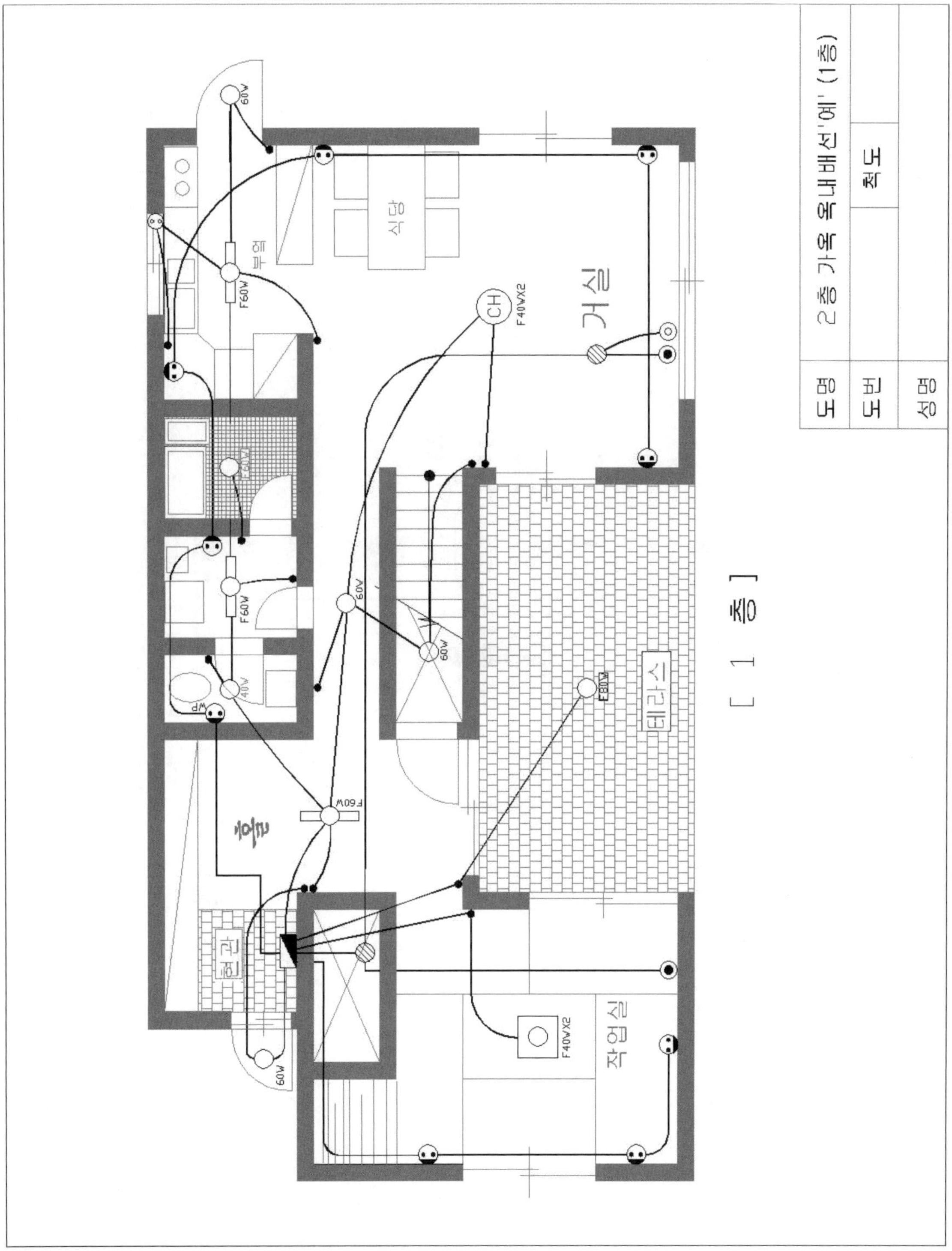

② 2층 평면도 및 옥내 배선

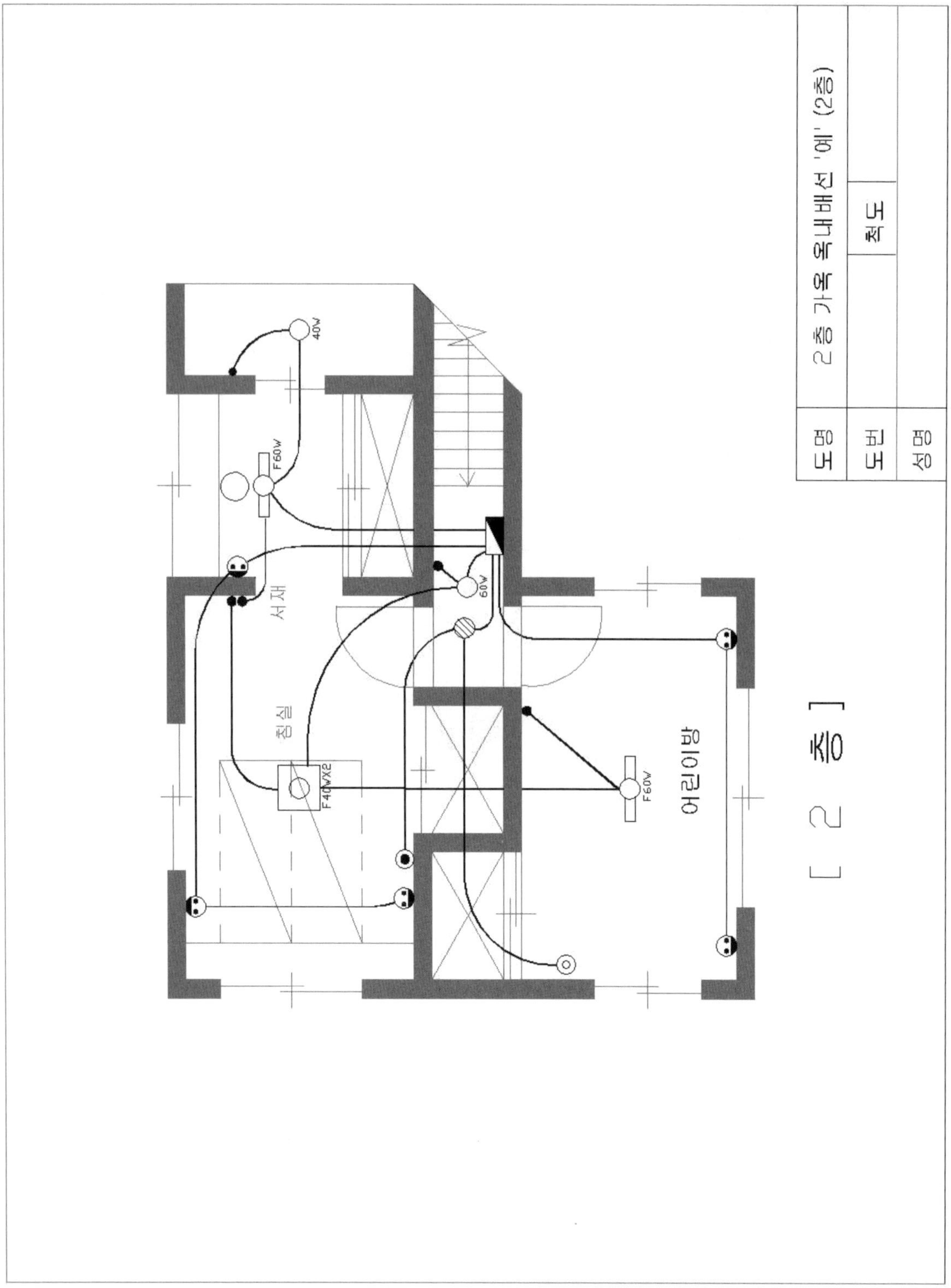

CHAPTER

10

출력하기 및 한글에 도면요소 붙이기

Chapter 10

출력하기 및 한글에 도면요소 붙이기

01 출력하기

(1) **명령:** plot [Space Bar](Ctrl+P) 또는 [플롯...] 아이콘 클릭 → [플롯-모형] 대화상자가 나타난다.

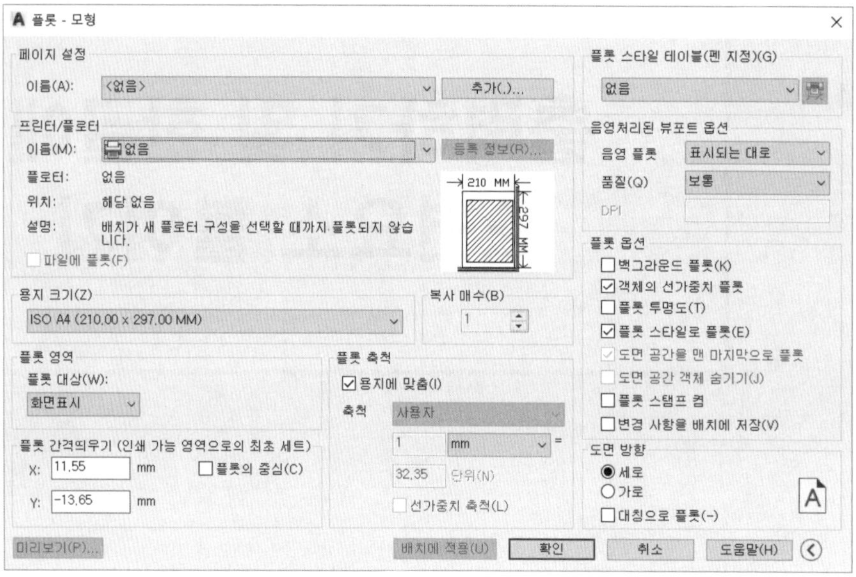

① [페이지 설정] 영역 : 도면의 페이지 설정 값을 설정한다.
페이지 설정을 추가하거나 저장된 파일에 설정 값을 가져와 사용한다.

- 이름(A): 현재 페이지의 설정이름을 표시한다.
- 가져오기: plot 설정 값을 가져올 도면을 선택한다.
- 추가(.)...: 현재 설정 값을 추가한다. [페이지 설정 추가] 대화상자가 나타난다.

② [프린터/플로터] 영역 : 프린터 또는 플로터의 종류를 선택한다.

- 이름(M): 선택 가능한 출력장치를 표시한다.
- 파일에 플롯(F): 플로터 또는 프린터로 플롯하지 않고 파일에 출력을 플롯 한다.

■ 등록정보(R): 현재 출력장치의 구성, 포트, 장치 및 매체 설정 값을 보거나 수정할 수 있는 [플로터 구성 편집기] 대화상자가 나타난다.

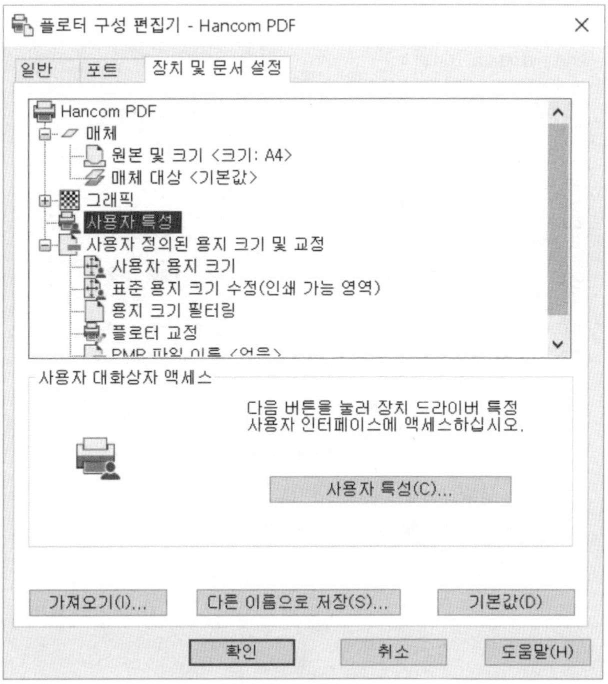

③ [용지 크기(Z)] 영역: 선택된 출력 장치에서 사용 가능한 표준용지의 크기를 표시한다.

■ 복사 매수(B): 복사할 매수를 설정한다.

④ [플롯 영역] : 도면의 출력 할 부분을 지정한다.

■ 윈도우: 사용자가 지정한 부분의 도면 영역을 출력한다.

■ 한계: 도면 한계 내의 도면들만 출력한다.

■ 화면표시: 현재 작업 화면에 표시된 도면 요소를 출력한다.

⑤ [플롯 축척] 영역: 출력 도면에 적용할 축척을 설정한다.

■ 용지에 맞춤: 출력 용지에 맞추어 출력한다.

■ 축척: 플롯의 정확한 축척을 정의한다.

⑥ [플롯 간격띄우기](인쇄 가능 영역으로의 최초 세트) 영역: 인쇄 가능 영역 또는 용지의 모서리를 기준으로 출력 영역의 간격 띄우기 값을 설정한다.

■ 플롯의 중심(C): 용지 중앙에 플롯을 배치하기 위한 X 및 Y 간격띄우기 값을 자동으로 계산한다.

⑦ [플롯 스타일 테이블(펜 지정)] 영역: 플롯 스타일을 선택한 후 편집 아이콘을 클릭하여 도면의 출력 시 선의 색상, 모양, 가중치 등을 설정한다.

⑧ [음영처리 된 뷰포트 옵션] 영역: 음영 처리된 뷰포트와 렌더 뷰포트가 플롯 되는 방법을 지정하고 해상도 수준 및 dpi를 결정한다.

⑨ [플롯 옵션] 영역: 선가중치, 플롯 스타일, 음영처리 플롯 및 객체가 플롯 되는 순서에 대한 옵션을 지정한다.

⑩ [도면 방향] 영역: 출력 시 도면의 방향을 설정한다.

(2) 도면 요소 프린터로 출력하기

① 다음과 같이 3φ4w 22.9[kV-Y] 특고압 수전설비를 작도한다.

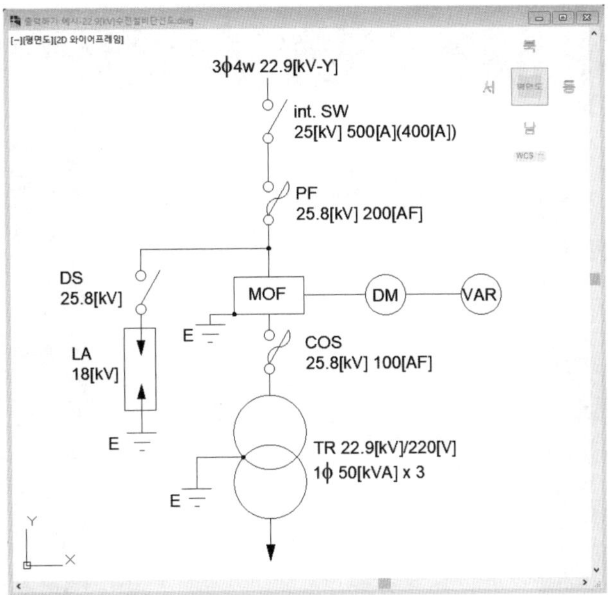

② 명령: plot Space Bar (Ctrl+P) 또는 [플롯...] 아이콘 클릭 → [플롯–모형] 대화상자 → [프린터/플로터] 영역에서 [이름(M)]에서 프린터 지정 → [용지 크기(Z)] 영역에서 출력 용지 지정 → [플롯 영역]의 [플롯 대상(W)] → [윈도우] 선택 → [플롯 간격띄우기(인쇄 가능 영역으로의 최초 세트)] 영역에서 [플롯의 중심(C)] 체크 → [플롯 축척] 영역에서 [용지에 맞춤(I)] 체크 → [도면 방향] 영역에서 [세로] 체크

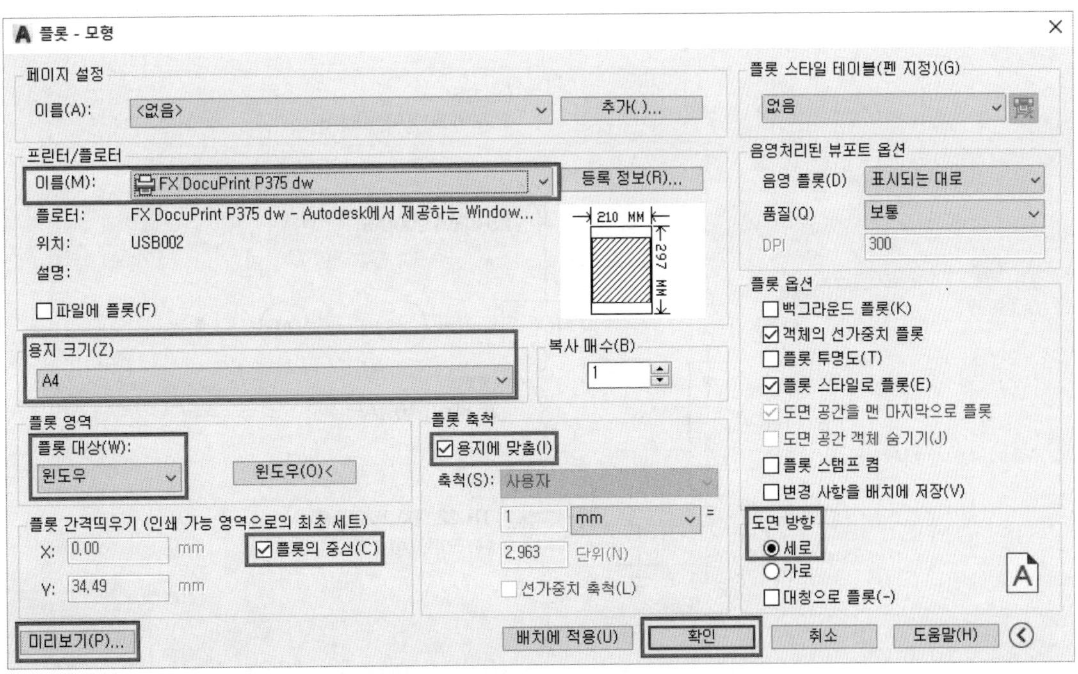

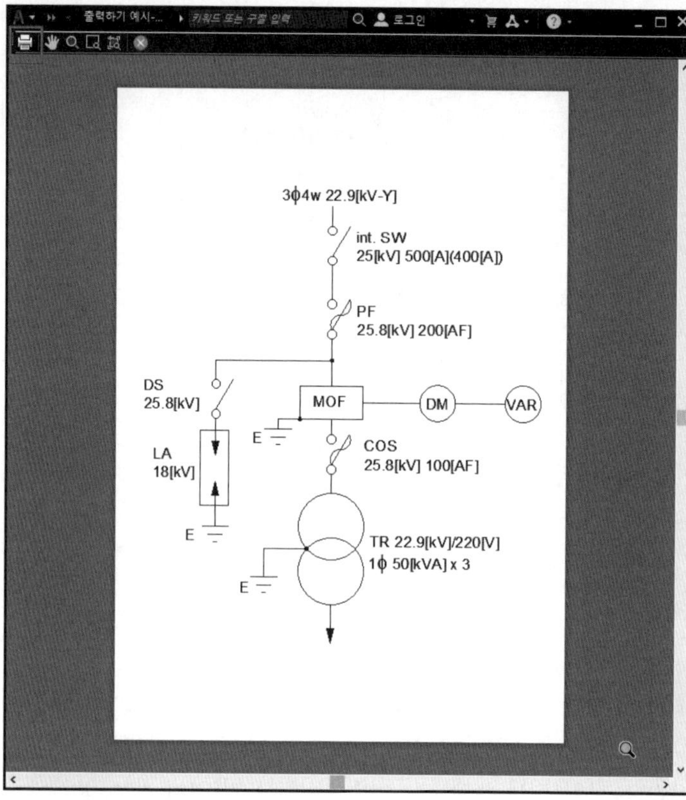

④ 🖶 아이콘 클릭 → 도면 출력 (또는 Esc → [플롯-모형] 대화상자 → [확인] 클릭)

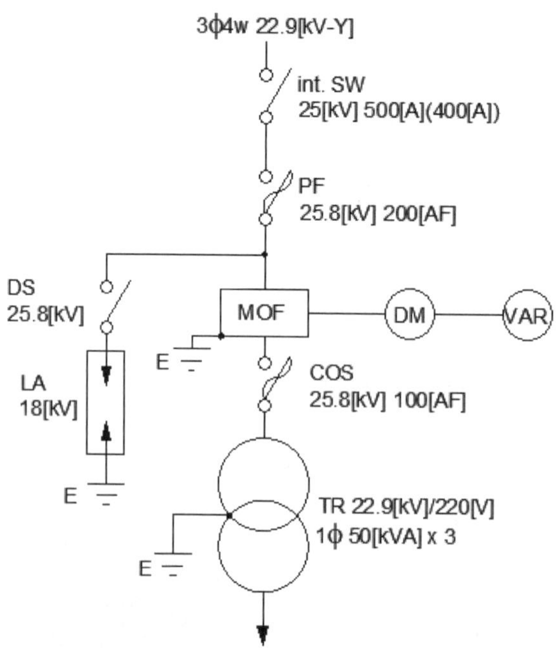

02 한글에 도면 요소 붙이기

AutoCAD 도면을 한글에 삽입하는 방법은 여러 가지가 있으나 간단히 두 가지만 살펴보기로 한다.

(1) 도면 요소 붙이기

① 도면 요소를 전체를 지정한다 → Ctrl+C(도면 요소 복사)

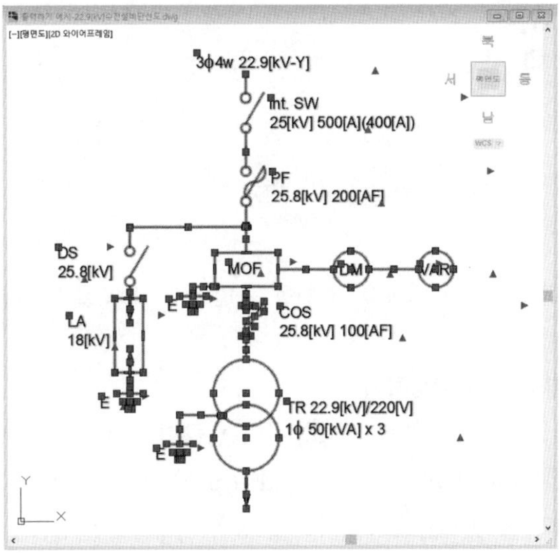

② 한글 실행 → Ctrl+V(도면 요소 붙여넣기)

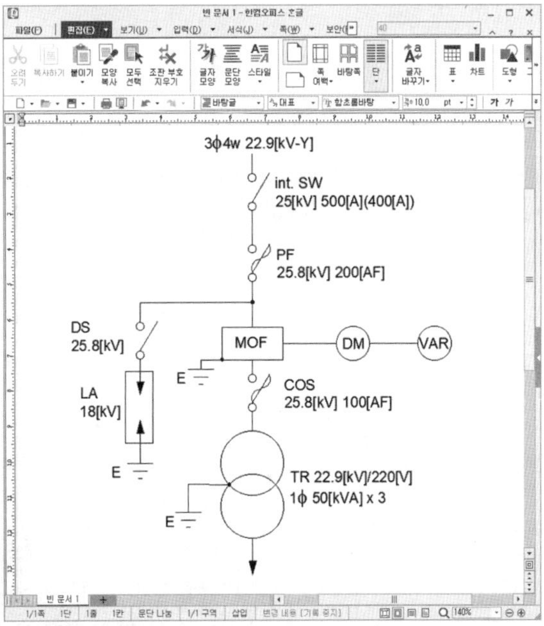

(2) 그림 파일(jpg)로 저장하기

① 한글에서 '다른 이름으로 저장하기' 로 ipg 그림 파일로 저장할 수 있다.

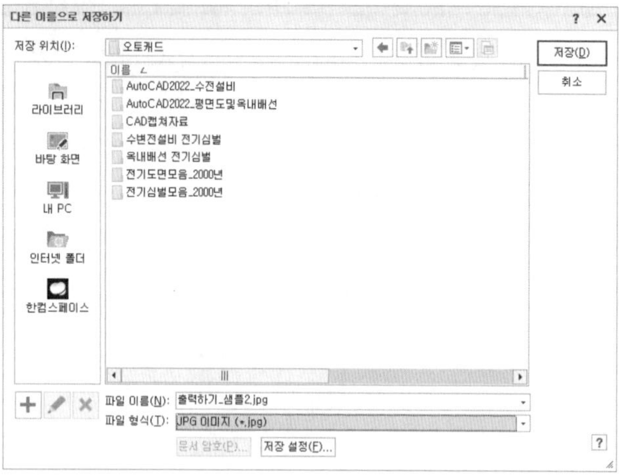

② 이 방식은 여백 공간이 한글 전체이므로 공간 활용 측면에서 다소 불리하다는 것이다.

(2) AutoCAD에서 그림 파일(jpg)로 저장하기

① 명령: plot [Space Bar] (Ctrl+P) 또는 [플롯...] 아이콘 클릭 → [플롯–모형] 대화상자 → [프린터/플로터] 영역에서 [이름(M)]에서 'Publish To Web JPG.pc3' 지정 → [용지 크기(Z)] 영역에서 'Sun 고해상도 (1600.00 × 1280.00 픽셀)' 지정 → [플롯 영역]의 [플롯 대상(W)] → [윈도우] 선택 → [플롯 간격띄우기(인쇄 가능 영역으로의 최초 세트)] 영역에서 [플롯의 중심(C)] 체크 → [플롯 축척] 영역에서 [용지에 맞춤(I)] 체크 → [도면 방향] 영역에서 [세로] 체크

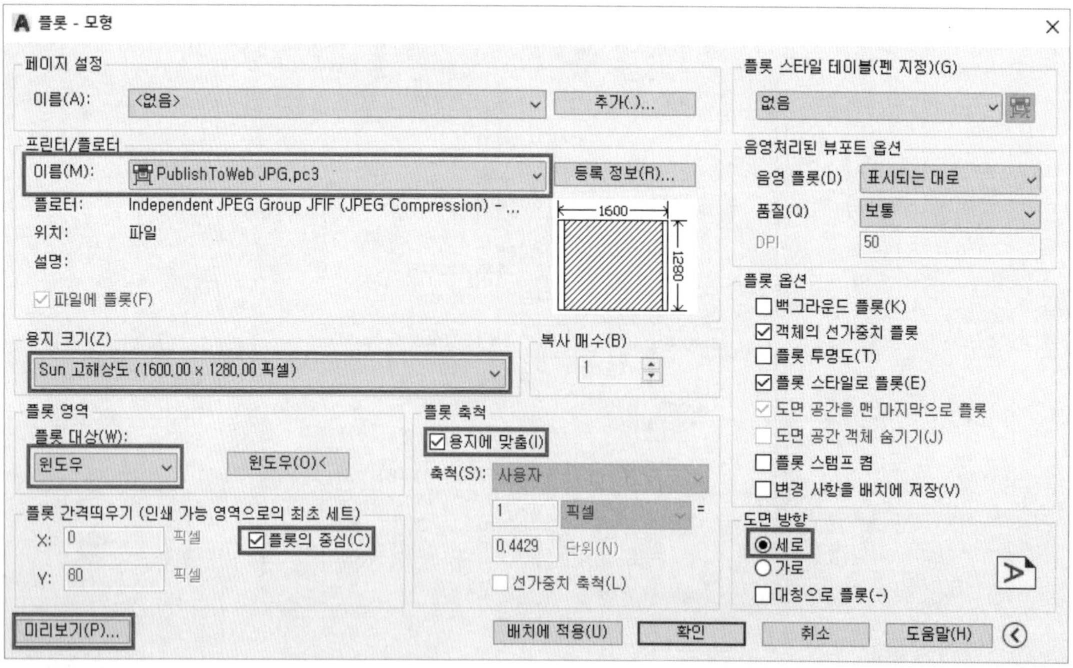

② [미리보기(P)] 클릭

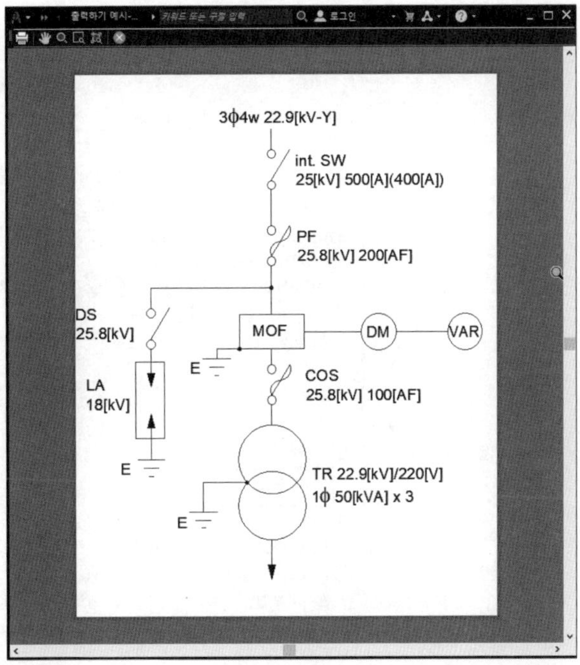

③ Esc → 다시 [플롯-모형] 대화상자 → [확인] → 파일 저장 위치와 파일 이름 지정 후 → [저장]

④ 한글에서 그림 붙이기

■ 한글에서 아이콘 클릭 → 저장한 도면 붙인다 → 세로로 도면이 붙여진다.

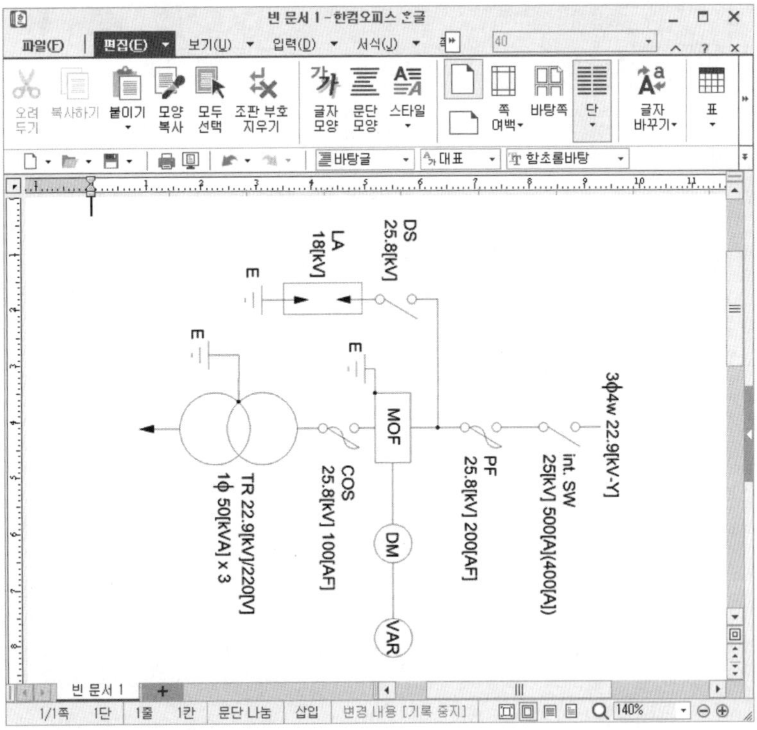

■ 객체 클릭 → (마우스) 오른쪽 버튼 클릭 → [개체 속성] → [개체 회전]영역에서 [회전각도(E)] 270도

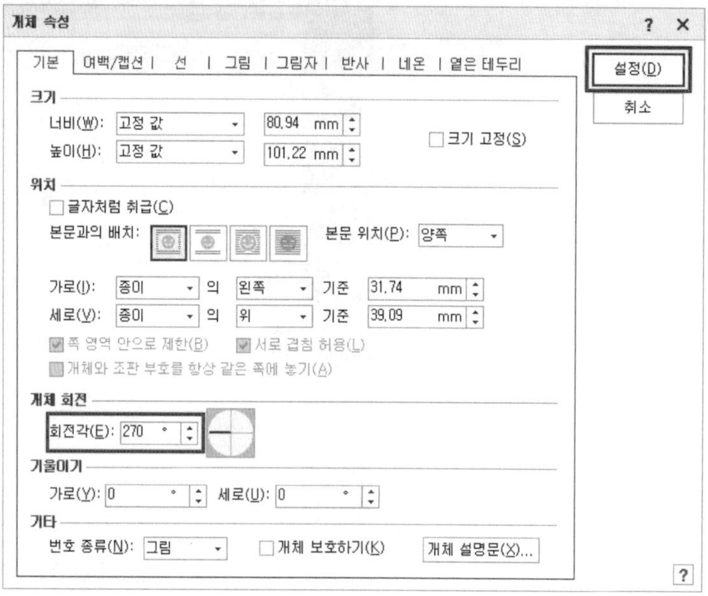

■ [설정(D)] 클릭 → 도면이 다음과 같이 된다.

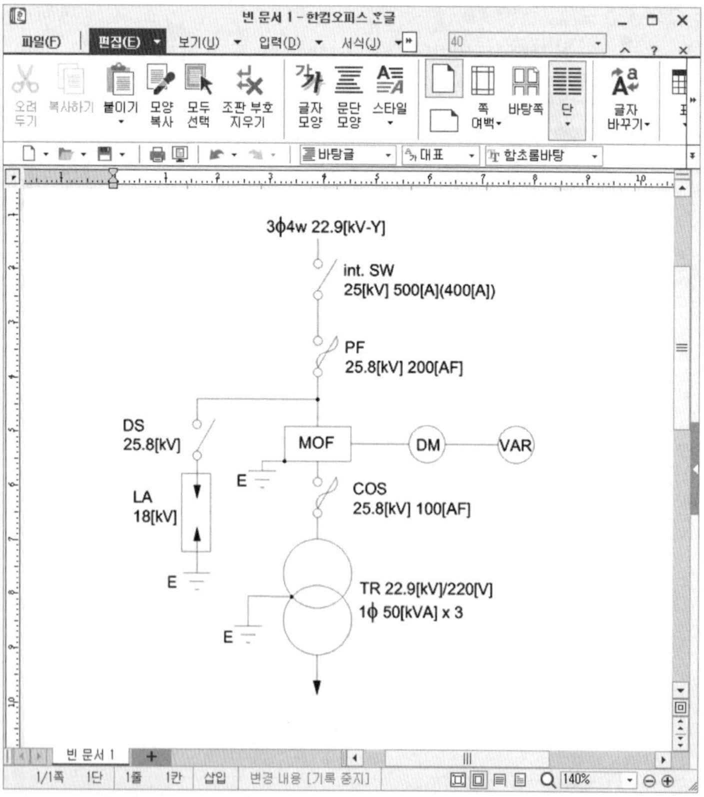

03 AutoCAD 저장 파일을 다른 확장자로 저장하기

내보내기(E) 기능을 이용하여 AutoCAD 파일이 아닌 wmf, eps, bmp 등의 확장자를 가진 파일로 저장이 가능하다.

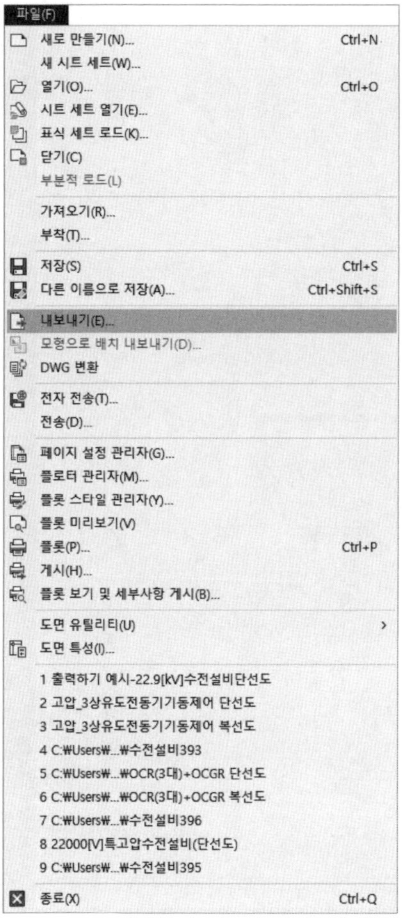

(1) 확장자 변경 단계

① 옵션메뉴 창의 [파일] 클릭 → [내보내기(E)] 클릭

② [데이터 내보내기] 대화상자 → [저장 위치(I)]와 [파일 이름(N)] 및 [파일 유형(T)]를 지정 → [저장(S)] 클릭

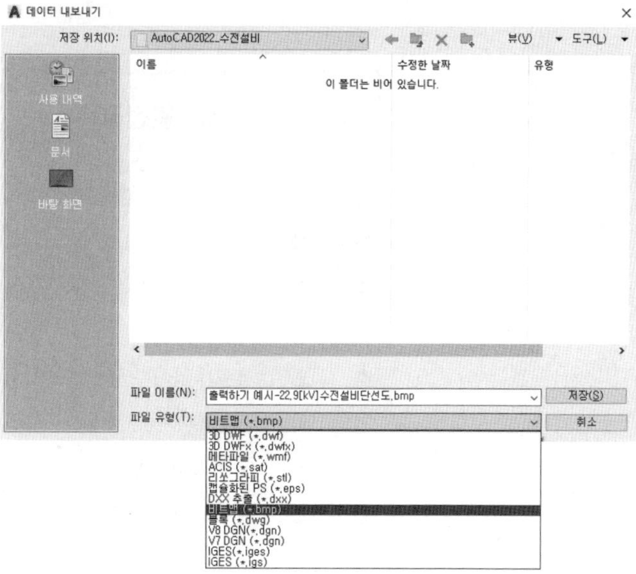

③ 확장자가 eps인 파일은 인쇄용으로 사용되는 파일이며, wmf, bmp인 파일은 한글에 삽입할 수 있으나 도면 한계 영역 전체가 파일로 저장되므로 도면의 일부분만을 필요로 하는 경우는 Photoshop등의 그래픽 프로그램으로 다시 작업을 하여 삽입해야 하는 번거로움이 있다. 이럴 경우는 앞 절에서 설명한 방법으로 도면을 삽입하는 것이 편리하며 도면한계 영역 전체에 도면이 작도된 경우는 위와 같은 방법으로 저장하여 삽입하는 것이 좋다.

전기 AutoCAD 완전정복

발 행	2025년 8월 20일	판 권 소 유
저 자	이충식, 조문택 공저	
펴 낸 이	정창희	
펴 낸 곳	동일출판사	
주 소	서울시 강서구 곰달래로31길 7 (2층)	
전 화	02-2608-8250	
팩 스	02-2608-8265	
등록번호	제09-90-92166호	

ISBN 978-89-381-0575-2-93000

값 27,000원